DIE ERINNERUNG BLEIBT

DIE ERINNERUNG BLEIBT

DONAUSCHWÄBISCHE LITERATUR SEIT 1945
EINE ANTHOLOGIE
BAND 1
A - D

HERAUSGEGEBEN
UND MIT EINER EINFÜHRUNG
VON
STEFAN TEPPERT

HARTMANN VERLAG
SERSHEIM

Dieser Band erscheint im "Donauschwäbischen Archiv" der "Donauschwäbischen Kulturstiftung", München-Sindelfingen, Reihe III: "Beiträge zur Volks- und Heimatgeschichtsforschung, Schulgeschichte", Band 59, ISSN 0172-5165-59; zugleich als Band 4 in der "Donauschwäbischen Kunst- und Geschichtsreihe" des Hartmann Verlags, Sersheim.

Die Deutsche Bibliothek — CIP-Einheitsaufnahme

Die **Erinnerung bleibt** : donauschwäbische Literatur seit 1945 ; eine Anthologie / hrsg. und mit einer Einf. von Stefan Teppert.
- Sersheim : Hartmann.
ISBN 3-925921-23-0
NE: Teppert, Stefan [Hrsg.]

Bd. 1. A - D. - 1995
 (Donauschwäbisches Archiv : Reihe 3, Beiträge zur Volks- und
 Heimatgeschichtsforschung, Schulgeschichte; Bd. 59)
 (Donauschwäbische Kunst- und Geschichtsreihe; Bd. 4)
 ISBN 3-925921-24-9
NE: Donauschwäbisches Archiv / 03; 2. GT

Copyright © 1995 by Hartmann Verlag, Sersheim

Alle Rechte,
auch das der photomechanischen Wiedergabe,
vorbehalten.
Umschlaggestaltung: Josef de Ponte, Schwaigern,
unter Verwendung seines Gemäldes "Markt bei Fünfkirchen"
Gesetzt aus der CG TIMES
Satz: Gertrud Solbeck, Mühlheim a. d. D.
Druck und Buchbinderarbeiten: Weihert-Druck, Darmstadt
Printed in Germany 1995
Gesamtwerk (6 Bände): ISBN 3-925921-23-0
Band 1: ISBN 3-925921-24-9

INHALT

Grußwort	7
Rückblende	9
Zur Einführung	13
Danksagung	27
Die Autoren und ihre Texte	29
Anhang	
Verzeichnis der Autoren, Texte, Entstehungsjahre oder Quellen und Lizenzgeber	627
Veröffentlichungen der Autoren	653

GRUSSWORT

Stefan Teppert, Kulturreferent der Landsmannschaft der Donauschwaben, legt in seiner donauschwäbischen Anthologie ein umfassendes wissenschaftliches Sammelwerk vor, welches eine Lücke für die gesamtdonauschwäbische Literatur schließt. Die weltweite Familie der Donauschwaben begrüßt diese sechsbändige Dokumentation unseres literarischen Schaffens.

Für die zunehmende Tendenz der einzelnen jetzt noch getrennten donauschwäbischen landsmannschaftlichen Vereinigungen zu einer gemeinsamen Landsmannschaft kann diese Anthologie eine große Hilfestellung und Verbindungsklammer sein, denn in ihr finden sich alle Donauschwaben in ihrer Literatur vereint oder finden wieder zueinander — ganz gleich, wo sie heute in der weltweiten Zerstreuung leben und in welchen Organisationen sie sich zusammengeschlossen haben.

Die Literatur insgesamt als wesentlicher Teil unseres donauschwäbischen Kulturgutes ist in hohem Maße geeignet, eine Brücke über Grenzen und Länder hinweg zu schlagen und die Identität unserer Donauschwaben neu zu aktivieren, zu stützen, zu pflegen und zu erhalten. Sowohl für die älteren, aber insbesondere auch für die nachwachsenden Generationen ist diese Anthologie ein Werk von bleibendem Wert und gibt Kunde über die literarisch-schöpferische Arbeit der donauschwäbischen Nachkriegszeit.

Ich habe Respekt vor dem Mut von Stefan Teppert, sich dieser wichtigen Aufgabe für seinen donauschwäbischen Volksstamm zu stellen. Mit Ernst und großer Sorgfalt ist dieses Werk entstanden. Es liegt Ihnen, verehrte Leser, mit dem ersten Band nun vor. Ich gratuliere dem Herausgeber zu dem guten Anfang seiner geplanten sechs Bände. Ihnen aber wünsche ich beim Lesen viel Freude und beim Studium eine gewinnbringende Lektüre. Nehmen Sie das Werk in Ihren Familien und Häusern, in Instituten, Bibliotheken und Forschungsstätten im Interesse an der donauschwäbischen Geschichte und Literatur freundlich auf.

Jakob Dinges
Bundesvorsitzender der Landsmannschaft der Donauschwaben
Präsident des Weltdachverbandes der Donauschwaben

RÜCKBLENDE

Die Donauschwaben — ein deutscher Neustamm

Aus Angehörigen verschiedenster deutscher Stämme, die nach der Verdrängung der Türken im 17. und 18. Jahrhundert als Siedler in das Pannonische Becken kamen, entwickelte sich der jüngste deutsche Neustamm, die Donauschwaben. Sie wurden von der kaiserlichen und ungarischen Hofkammer sowie von geistlichen und weltlichen Grundherren angesiedelt. Dabei erhielten sie in ihren Städten und Gemeinden die persönliche, wirtschaftliche und zum Teil auch die politische Freiheit. Das freie Bürger- und Bauerntum der donauschwäbischen Ahnen war für ihre ganze spätere Entwicklung bedeutsam. Die versprochenen Freiheiten lockten sie in das Donauland, ihnen zuliebe ertrugen sie Not und Tod, ihnen verdanken sie ihre wirtschaftliche, kulturelle und nationale Entfaltung.

Unter den Ansiedlern überwogen am Anfang die schwäbischen Zuwanderer, später die Franken und Bayern, zu denen sich noch Elsässer, Pfälzer, Hessen, Böhmerwäldler, Schlesier, Westfalen, Schweizer, nicht zuletzt Österreicher, aber auch Burgenländer u. a. gesellten. Die Donauschwaben umfassen alle eingewanderten westeuropäischen Kolonisten, ohne Rücksicht auf ihr Herkunftsland. Zu ihnen gehören auch die in geringer Zahl ins Land gekommenen Franzosen, Italiener und Spanier, sowie durch natürliche Einschmelzung die im donauschwäbischen Bereich vereinzelt lebenden Elemente südosteuropäischer Völker. Wie die Einwanderung selbst, die über ein Jahrhundert andauerte, vollzog sich auch das Zusammenwachsen dieser Menschen zu einem neuen Volksstamm erst in einem längeren Zeitraum.

Der Werdegang der Stammbildung der Donauschwaben kann wie bei keinem anderen deutschen Stamme bis in die Einzelheiten verfolgt werden. Zuerst mußten die Menschen einer angesiedelten Gemeinde zu einer Stadt- oder Dorfgemeinschaft zusammenwachsen. In Mundart und Tracht, in Sitte und Brauchtum gab es Verschiedenheiten, die erst im Laufe der Zeit ausgeglichen werden konnten. Der sich auf diese Weise ausformende Dorfgeist der schwäbischen Gemeinde entwickelte sich in der Folgezeit zum stärksten Bollwerk donauschwäbischer Lebensordnung und Stammesart. Es gab auch gewisse Unterschiede zwischen den Gemeinden in Sprache, Haltung und Lebensart, bedingt durch das verschiedenartige Herkommen der Siedler, die allerdings die gemeinsame deutsche Hochsprache, die in Kirche, Schule und Gemeinde ihre Pflege- und Übungsstätte hatte, und das gemeinsame Volkstum überwanden. Sie fühlten sich in der Fremde als "deutsche Leut", die inmitten einer andersnationalen Umgebung einer gemeinsamen deutschen Lebensordnung und Volkskultur verpflichtet blieben. Unter solchen Verhältnissen waren die Unterschiede im

Herkommen der Menschen in den Gemeinden der Donauschwaben harmlos, so daß sie in der Vergangenheit keine volkspolitisch entscheidende Rolle spielten. Die Stammesbildung der Donauschwaben erfolge schließlich nur dank historischer und politischer Faktoren. Die neue Heimat in Ungarn verlor von ihrer Fremdheit, weil sie ein Teil des Herrschaftsgebietes des Kaisers war. Die verschiedenen Länder des Habsburgerreiches hatten gewisse politische Eigenheiten. Allen gemeinsam war aber der übernationale Charakter der Regierung. Jegliches Volkstum war in dieser politischen Ordnung in seiner Entwicklung noch unangetastet, keineswegs bedroht. Deshalb sind die Ahnen der Donauschwaben eigentlich gar nicht ausgewandert, eher schon die Serben, Rumänen oder Bulgaren. Die Deutschen wanderten nur aus einem Teil des Kaiserreiches in ein anderes Gebiet der Herrschaft desselben Kaisers. Politisch und verwaltungsmäßig gesehen gab es aber in der neuen Heimat gewisse Verschiedenheiten.

So war das Banat nach der Befreiung ein kaiserliches Kronland, auch die Militärgrenze stand unter kaiserlicher Verwaltung. Die Städte hatten ihre Selbstverwaltung. In den übrigen donauschwäbischen Siedlungsgebieten wurde bald nach der Befreiung die ungarische Komitatsverwaltung eingeführt. Praktisch bedeutete das die deutsche Verwaltungssprache in den kaiserlichen Gebieten auch in der höheren Verwaltung, deutsche Verwaltung in den deutschen Gemeinden und Städten auf der unteren Ebene, lateinische Verwaltung in den ungarischen Komitaten und Landesbehörden. Nach 1848 wurde im kaiserlichen Kronland "Serbische Woiwodschaft und Temescher Banat", welches das donauschwäbische Kerngebiet umfaßte, wieder deutsche Verwaltung eingeführt, die auch in der Militärgrenze noch in Kraft war. Mit dem Ausgleich des Jahres 1867 und der Auflösung der Militärgrenze im Jahre 1872 wurde im ganzen donauschwäbischen Siedlungsraum die Komitatsverwaltung mit madjarischer, in Syrmien-Slawonien mit kroatischer Verwaltungssprache eingeführt, die zuletzt auch in den Gemeindeverwaltungen Eingang fanden.

Die politischen und verwaltungsmäßigen Verschiedenheiten hemmten allerdings nicht das Zusammenwachsen der deutschen Siedlungsgebiete.

Im Grunde genommen gehörten alle diese politischen Gebilde einem großen Ganzen an, der von Wien aus regierten Monarchie, der auch Ofenpest und Agram noch immer zugeordnet waren. Wesentlich bei dieser politischen Zugehörigkeit bleibt die Tatsache, daß die Donauschwaben in der östlichen Hälfte der Monarchie siedelten. Diese war nicht ausschließlich deutsch bestimmt, in ihr lebten verschiedene Völker und Volksgruppen, vor allem Madjaren und Kroaten, die aus historischen Gründen das Herrschaftsrecht in ihrem Bereich in Anspruch nahmen, aber auch Serben, Rumänen, Slowaken, Deutsche u. a. Bei dem Bemühen, ihre nationale und politische Macht auszuweiten, schwächten sie die Reichsgewalt und entzogen den Donauschwaben so ihren nationalen Rückhalt. Daher mußten die Donauschwaben sich zu nationaler Selbstbesinnung und Selbstverteidigung aufraffen. Das nationale Erwachen förderte letztlich die Stammesbildung, die durch die Aufteilung ihres Siedlungsraumes auf die Nachfolgestaaten Ungarn, Jugoslawien, Rumänien und die erforderliche nationale Notwehr noch weiter gefördert wurde. Damit ist aus der Gesamtheit der jungen deutschen Sprachinseln im Bereich der mittleren Donau und ihrer Nebenflüsse, die historisch und bis 1918 auch staatlich eine Einheit bildeten, aus der Notwendigkeit nationaler Abwehr und Selbsterhaltung der Neustamm der Donauschwaben entstanden.

Die Bezeichnung Donauschwaben fand erst nach dem Ersten Weltkrieg allgemeine Verbreitung. Freilich waren die deutschen Siedler auch früher schon unter dem Namen Schwaben bekannt. Sie nannten sich weitgehend selbst so und wurden auch von den Slawen und Madjaren so benannt. Die Bezeichnung Donauschwaben — von dem Gelehrten Hermann Rüdiger (Stuttgart) und dem Geographen Robert Sieger (Graz) 1922 geprägt — fand eine gute Aufnahme in der Fachwissenschaft und bei dem betroffenen Menschenkreis selbst. Die Nachfahren der deutschen Siedler vollbrachten unter diesem Namen Leistungen, die in die Geschichte eingegangen sind. Sie bekannten sich mit Stolz zu ihrem Schwabentum, auch als dieses verspottet und verfemt war. Das Donauschwabentum bedeutet eine in fremder Umwelt behauptete deutsche Lebensart, die sich unter gleichen wirtschaftlichen, historischen, politischen Einflüssen zu einer eigenartigen deutschen Stammesart ausformte. Das Bewußtsein und die Kraft der Gemeinschaft der Donauschwaben bewährte sich in der Katastrophe der Entwurzelung und Vertreibung, und sie errang unter diesem Namen auch eine gewisse Wertschätzung und Achtung in der Zerstreuung. Nicht nur in deutschen Standardwerken der Fachwissenschaft, selbst in das fremdsprachige Schrifttum fanden die Donauschwaben Eingang, z. B. in das Italienische als "Svevi del Danubio" oder in das Englische als "The Danube Swabians". Nur den Donauschwaben als einem selbstbewußten deutschen Neustamm kann die Bewahrung und Erhaltung des sittlichen und geschichtlichen Erbes an Erfahrungen, im Zusammenleben mit anderen Völkern in fremden Staaten gewonnen, für das ganze deutsche Volk gelingen.

Josef Volkmar Senz

(In: Geschichte der Donauschwaben. Von den Anfängen bis zur Gegenwart, Amalthea Verlag, Wien - München 1987[7], S. 17-19)

ZUR EINFÜHRUNG

Die donauschwäbische Literatur der Nachkriegszeit ist bisher noch nicht als ein stammesmäßig zusammengehöriges Phänomen betrachtet und versammelt worden. Zwar gibt es eine Reihe von Anthologien[1], von denen die meisten im damals sozialistischen Rumänien, einige wenige auch in Ungarn erschienen sind, sie berücksichtigen jedoch in keinem Fall mehr als die gerade schreibende deutschsprachige Schriftstellergeneration im eigenen Lande, größtenteils ohne sie nach Stammeszugehörigkeit zu sondern.

Wie berechtigt das Anliegen ist, gerade die donauschwäbische Literatur des halben Jahrhunderts seit Kriegsende über alle Staatsgrenzen hinweg als Ganzheit und corpus sui generis zu erfassen, beweist zunächst das fortbestehende Gefühl der Zusammengehörigkeit. Trotz Flucht und Vertreibung von 800 000 Menschen aus der pannonischen Heimat und der breiten Auswanderung in viele Teile der Welt ist das Bewußtsein donauschwäbischer Identität bei aller Integrationsbereitschaft in den neuen oder alten Heimatstaaten lebendig geblieben. In ihrer weltweiten Zerstreuung bilden die Donauschwaben heute eine verzweigte, in viele Länder hinausgewachsene Gemeinschaft — mit Schwerpunkten in Deutschland, Österreich, den Vereinigten Staaten, Kanada, Brasilien, Argentinien, Australien, freilich auch in den angestammten Heimatgebieten, besonders in Ungarn und noch im rumänischen Banat, organisierte Restgruppen gibt es auch wieder in Kroatien und Serbien.

Äußere Zeichen dieser Verbundenheit sind die zahlreichen gegenseitigen Besuchsreisen und Auslandstourneen von donauschwäbischen Kulturgruppen sowie die Existenz des Weltdachverbandes, ein Instrument für internationale Kooperation und ein Bindeglied zwischen den bislang vier, jetzt nur noch drei donauschwäbischen Landsmannschaften. Die soeben erfolgte Vereinigung zweier dieser Organisationen liefert das jüngste deutliche Signal donauschwäbischen Wir-Gefühls und stellt eine nachträgliche Teilüberwindung des unseligen Vertrags von Trianon dar, der 1920 den Territorialverband der Volksgruppe auf die Nachfolgestaaten Jugoslawien, Rumänien und Ungarn auseinanderdividiert hatte.

Wenn hier eine stammesbezogene Anthologie vorgelegt werden soll — aller Voraussicht nach in sechs Bänden —, so geschieht dies in der Überzeugung, daß einerseits Geschichte, Charakter und Kultur der Donauschwaben eigentümlich und eigenständig genug sind, daß andererseits ihr selbst in geographischer Zerrissenheit aufrechterhaltener Gemeinsinn noch stark genug ist, um dieses Zuordnungsprinzip zu rechtfertigen. Umgekehrt mag das Beieinander- und Versammeltsein der donauschwäbischen Literaten wiederum positiv auf Selbstbewußtsein und Solidarität der Volksgruppe zurückwirken, indem ihr ein Sammelspiegel vorgehalten wird.

Um dem Urteil der Öffentlichkeit nicht vorzugreifen, haben wir uns bewußt in Zurückhaltung geübt bei der Begutachtung dichterischer Qualität. Deshalb ist diese Sammlung nicht als Anthologie im engeren Sinn der Auslese (Blütenlese) nur des Besten, Medienwirksamen, Anerkannten, Bestandsfähigen entworfen, sondern im weiteren Sinn einer Bestandsaufnahme der Entdeckungen. Angesichts dessen nämlich, daß die Werke donauschwäbischer Autoren unseres Jahrhunderts noch nie eine Gesamtausgabe erlebt haben und nur in wenigen Einzelfällen von einer breiteren, über die eigene Volksgruppe hinausreichenden Leserschaft wahrgenommen worden sind, kam dieses Verfahren als einziges in Frage. Da diese Werke weitgehend verstreut, versteckt, verkannt und vergessen, unzugänglich, unaufgearbeitet und häufig unveröffentlicht sind, machen sie umfangreiche und langjährige Recherchen erforderlich. Selbst auf die Gefahr hin, wahllos genannt zu werden, haben wir auch ästhetisch stark angreifbare Texte und poetae minores aufgenommen, sofern sie in anderer Hinsicht — etwa in dokumentarischer, dialektologischer, soziokultureller, volkskundlicher — als interessant, aufschlußreich und beachtenswert eingestuft werden können.

Einen besonderen thematischen Schwerpunkt bei vielen der hier vertretenen Autoren bildet das komplexe Geschehen von Flucht und Vertreibung, der gravierendste Einschnitt in der Geschichte der Deutschen im östlichen Europa und gleichermaßen der Donauschwaben.[2] Er bedeutete den Verlust der Heimat, die gewaltsame Entwurzelung aus allen sozialen und kulturellen Identitätsbezügen, Enteignung und in vielen Fällen auch die Verschleppung in russische Arbeitslager. Außerordentlich hart betroffen waren die Deutschen Jugoslawiens. Soweit sie nicht vor dem Einmarsch der Roten Armee geflüchtet oder evakuiert worden waren, fielen sie als total Entrechtete in die Gewalt von Titos kommunistischen Partisanen, von denen die Intelligenzschicht massenweise erschossen oder bestialisch zu Tode gemartert wurde, während sie den Rest in zahlreichen Ausrottungslagern dezimierten. Mindestens 59 000[3] Zivilopfer haben die Donauschwaben Jugoslawiens zu beklagen. Noch bis 1948 waren Zehntausende in jugoslawischen Arbeitslagern zwangsinterniert.[4]

Solche Erlebnisse haben die Menschen mit bedrückender und traumatischer Intensität geprägt. Es ist verständlich, wenn die Überlebenden das Bedürfnis hatten, den Zeitgenossen und der Nachwelt zu überliefern, was sich bei den "großen Treibjagden" und in den "Schinderhütten"[5] abgespielt hat. Sie taten dies in Berichten, Briefen und Tagebuchaufzeichnungen, meist ohne literarische Ambitionen, in einer nüchternen, nur den Fakten verpflichteten Prosa der unheilvollen Bedrängnis, die jedoch bis heute an Aussagekraft nicht verloren hat. Vielmehr beginnt sie, von einem Standpunkt außerhalb der Zeitverhaftung mit ihren ideologischen Verengungen betrachtet, poetische Kraft auszustrahlen.

Komplementär dazu finden wir eine erst nach Ablauf von Jahrzehnten freigesetzte Erinnerungsliteratur. Sie entstand nach Überwindung des sprachlosen Schreckens, aus einer verkraftbaren Distanz, vielleicht zusätzlich begünstigt durch eine schon gesicherte Existenz oder die entspanntere politische Atmosphäre.

Obwohl sie in aller Regel das persönliche Erleben widerspiegelt, linear erzählt wird und sich nicht unbedingt durch künstlerische Imaginationskraft, Verdichtung und Vielschichtigkeit auszeichnet, liefert sie doch unersetzlich authentische Schilderungen vergangenen Lebens und bringt das ungeheure Geschehen von Flucht und Vertreibung mit seinen demographischen Verschiebungen gewaltigen Ausmaßes zur exemplarischen Faßlichkeit, zur Versinnbildlichung. In weit höherem Maße als die verallgemeinerernde Geschichtsschreibung und die Sozialwissenschaft, die auf fraglichem Gebiet ohnehin erhebliche Defizite aufweisen, bahnt diese Erlebnis- und Erinnerungsliteratur der mitleidsfähigen Anschaulichkeit Zugang, sie kann berühren, erschüttern und aufklären.

Wenn die Mutter aller Künste die Erinnerung ist, so lebt die Belletristik der Vertreibung in besonders hohem Maß aus ihr. In den Romanen, Erzählungen und Gedichten ist die Vergangenheit der Vertreibungsgebiete und -landschaften aufgespeichert, deren lebensechte Wirklichkeit sonst verblaßt und preisgegeben wäre. Die geistig interpretierte Landschaft, Milieu und Lokalkolorit, das Unverwechselbare des natürlichen und gestalteten Lebensraumes, das Wurzelwerk einer über Jahrhunderte im fruchtbaren Zusammenleben mit fremden Völkern gewachsenen Kultur, charakteristische Denkgewohnheiten, eine Ausfaltung von Mundarten, in denen sich umweltliche und fremdsprachliche Einflüsse niedergeschlagen haben, das individuell erlebte Schicksal des Heimatverlustes: dies alles ist in der erzählten Realität aufgehoben, dem Vergessen entrissen.

Heimatliebe und Heimweh durchziehen wie ein Leitmotiv die Hervorbringungen aller Schriftsteller, die als Erlebnisgeneration existentielle Einbuße erlitten, hier vorder-, dort hintergründig, von der Idyllik und nostalgischen Verklärung bis zur kunstvoll sublimierten Seelenheimat. So emotional und sehnsüchtig dieser neuralgische Punkt auch vorgetragen sein mag, mit dem ernsthaften Willen, an die Orte der Herkunft dauerhaft zurückzukehren, oder gar mit Gebietsansprüchen und Revisionismus hat er durchweg nichts zu tun. Auch ist nirgends etwas von Haß auf die Vertreiber zu spüren, wenngleich Unrecht und Leid nicht vergessen wurden. Wer schreibend reflektiert, hat die einseitige Rolle des puren Opfers oder nur Schuldigen bereits relativiert und überläßt das Urteil dem mündigen Leser. Dies jedenfalls ist für den Herausgeber ein qualifizierendes Merkmal zur Aufnahme in der Anthologie, wenn es auch noch keiner ausschließenden Anwendung bedurfte. Ganz im Gegenteil ist aus der "Trauerarbeit" der Vertreibungsbelletristik eine moralische Aufarbeitung der Jahrhunderthypothek des Zweiten Weltkriegs herauszulesen, zweifellos schwer errungene Versöhnlichkeit ist ebenfalls unüberhörbar. Damit hat diese Literatur brückenbauende und freundschaftstiftende Kraft. Für das entstehende Europa ist dies eine Pioniertat und gehört daher zu seinem Lernprozeß.

In diesem Sinne kommt auch die Literatur über Wiederbegegnungen mit der alten Heimat ohne Aufrechnung und geltend gemachte Ansprüche aus. Der typische Fall für den "Heimattourismus" ist es, daß die idealisierte Erinnerung nur noch Relikte der einstigen Lebenswelt vorfindet, bestenfalls zurückgebliebene Verwandte, aber die Häuser werden längst von Fremden bewohnt, die gastfreundlich und verständnisvoll sind, mit denen auch freundschaftliche Beziehungen aufgebaut werden, die aber doch in einer anderen als der heimatlichen Welt leben. Diesem Auseinanderklaffen zwischen äußerer und innerer Wahrheit, zwischen der verschwundenen Wirklichkeit der alten Heimat und ihrer bewahrten Geistigkeit, kann der Heimwehtourist nur in Richtung seiner neuen Heimat entkommen, die nun auch ihren Wert als solche bestätigt bekommt und den Charakter einer Ersatzheimat verliert.

Es ist vielleicht nicht überflüssig, den Begriff "Heimat" etwas näher zu betrachten. In unserem leidvollen Jahrhundert der menschenverachtenden Vertreibungen, der umwälzenden Wanderungsbewegungen, der Heimatlosigkeit und Vereinsamung, "in den Tagen des epochalen Niemandslandes"[6] steht "Heimat" millionenfach für etwas endgültig Verlorenes. Sogar dem Wort selbst wurde die Daseinsberechtigung aberkannt, obwohl im Deutschen nichts Gleichwertiges an seine Stelle tritt. Nicht im Dienste der Wahrheitsfindung, sondern in dem einer machtpolitisch diktierten Sprachregelung erhielt das Wort "Heimat" ähnlich anderen Vokabeln eine revanchistisch-reaktionäre Note und war lange Zeit diskreditiert und verpönt. Erst in den letzten Jahren erfährt "Heimat" eine positive Umwertung und wird als anthropologische Konstante, als "soziologische und geopolitische Kategorie"[7] rehabilitiert. Das "Recht auf Heimat" findet Eingang in die Minderheitengesetzgebung verschiedener Länder und gehört inzwischen auch zu den angestrebten Postulaten in der Weltpolitik, wenn auch die UN-Flüchtlingskommission "die zur Institution gewordene Ohnmacht"[8] geblieben ist.

Nicht nur Flucht und Vertreibung, "ethnische Säuberung" und die Ströme der Asylsuchenden haben den Heimatgedanken zu einem Brennpunkt neuer Nachdenklichkeit werden lassen, sondern schon der zivilisatorische Wandel seit der industriellen Revolution, der einen tiefgreifenden Abbau des Transzendenten mit sich brachte. Die Herrschaft des Verstandes und der technisch-ökonomischen Ratio über alles Subjektive im Menschen und über die zum Ausbeutungsobjekt degradierte Natur hat das Zusammensein von Erde und Himmel, das Miteinander von Diesseits und Jenseits zerrissen. Ohne Re-ligio, also Rückbindung, verliert aber auch die Erde ihren Charakter als Wohnstatt, ihre Heimatlichkeit. Entindividualisiert in einer ruhelos mobilen Massengesellschaft von Waren- und Informationskonsumenten, ungeborgen in der kalten Künstlichkeit und "Unwirtlichkeit unserer Städte"[9] und alarmiert von den rasanten Zerstörungen, denen der irdische Lebensraum ausgesetzt ist, sucht der moderne Mensch, wenigstens im Urlaub, Zuflucht und Ersatzheimat in noch unversehrt gebliebenen Landschaften, oder er setzt sich für den Umweltschutz und den Schutz des kulturell Gewachsenen ein, was meist einem Akt der Notwehr zur Erhaltung der heimatlichen Schönheit entspringt.

Als weitgehend agrikulturell und von der Überschaubarkeit einer dörflichen Lebenswelt geprägte Menschen waren die Donauschwaben vor der Katastrophe ihres Exodus' in der dichterischen Preisung ihrer Heimat naturverbunden und weltfromm. Später sind gerade die Heimatvertriebenen durch ihr Schicksal zu natürlichen Anwälten des Heimatgedankens und zu wachen Kritikern schwindender Wohnlichkeit und wachsender Umweltschäden geworden.

Integrationsbelletristik könnte man denjenigen Zweig der donauschwäbischen Nachkriegsliteratur nennen, auf dem die Ankunft in der neuen Heimat — oft verknüpft mit dem Verlust der Sprachheimat —, die Arbeitssuche und Eingliederung, die Teilnahme am Aufbau des jeweiligen Landes, das Entstehen von landsmannschaftlichen Organisationen zur Kultur- und Sprachpflege sowie die interkulturellen Beeinflussungen und neue Formen der Existenz thematisiert werden. Auch in Übersee sind die Fäden der literarischen Tradition nicht abgerissen, dies läßt sich vornehmlich für Nordamerika sagen, in geringem Umfang auch für Südamerika und Australien. Freilich konnte diese Tradition von den in Deutschland und Österreich gebliebenen Flüchtlingen erfolgreicher gepflegt werden, einerseits wegen ihrer überwiegenden Anzahl, andererseits wegen der unverlorenen Sprachheimat. Die Integrationsbelletristik ist noch als Ausläufer der Vertreibung zu sehen und ihr deshalb zuzurechnen, zumal die beschriebenen Schicksalswege nicht selten beide Themenkreise kontinuierlich durchlaufen. Was dabei an Milieu verlorengeht, wird an Welt hinzugewonnen.

Einen Sonderfall bildet die in Deutschland und Österreich geborene Generation von Schriftstellern. Teils setzt sie sich bekennend mit ihrer donauschwäbischen Identität auseinander und artikuliert dies literarisch, teils hat sie sich einer von der nicht problematisch gewordenen Herkunft losgelösten Thematik zugewandt, ohne deshalb die donauschwäbische Abstammung leugnen zu wollen oder zu können.

Zur auslandsdeutschen Literatur der Donauschwaben gehört nicht zuletzt die nach dem Krieg in Südosteuropa entstandene. Hier ist vor allem Rumänien wichtig mit einer verhältnismäßig zur donauschwäbischen Bevölkerung im Banat überaus reichen Entfaltung literarischen Lebens, zumindest wieder in den Jahren zwischen 1962 und 1975, als eine schlagartig einsetzende Fruchtbarkeit von im Lande verbliebenen und nachgewachsenen Autoren einen nie dagewesenen Reichtum der Produktion und eine

Vielfalt an Formen hervorbrachte. Voraussetzung dafür war der glückliche Umstand, daß die deutsche Sprache und Minderheitenkultur vom rumänischen Staat offiziell geduldet und in ihrem Bestand weitgehend erhalten geblieben waren. Es gab deutschsprachige Bildungseinrichtungen, Verlage, Zeitungen, Kritiker und Leser. Diese kulturelle Infrastruktur mußte allerdings in zähem Ringen gegen den uneingestandenen Assimilationsdruck von Zensur und Parteikontrolle verteidigt werden. Kluges Taktieren und oft genug Kompromisse konnten den Erosionsprozeß nicht aufhalten, aber verlangsamen. Wie in anderen totalitären Systemen war es auch in Rumänien seit der kommunistischen Machtübernahme zur Überlebenskunst geworden, zwischen den Zeilen lesen zu können. Denn alles, was deutsch geschrieben und veröffentlicht wurde, erfreute sich einer besonderen Aufmerksamkeit seitens der Securitate. In den sich ablösenden Eiszeiten und Tauwetterperioden unterlag das zugestandene Maß zur freien Meinungsäußerung je nach Argwohn und Nervosität des Überwachungsapparates starken Schwankungen. Natürlich entstand dabei auch eine Literatur der Opportunisten, Mitläufer und Lobhudler. Diese Sänger des verordneten Glaubenskanons und der Majestätsverherrlichung konnten in dieser Anthologie keinen Platz finden, sie sind auch sonst allerorten anzutreffen. Schwieriger war es mit einigen anderen Autoren von nicht geringer literarischer Kapazität, die aber im Ruch der Kollaboration mit den Machtausübenden stehen oder als zu kompromißlerisch gelten, ob zu Recht oder Unrecht, sei dahingestellt. Mangels Einblick in die komplizierten Verhältnisse und die innersten Beweggründe dieser Schriftsteller haben wir sie aufgenommen, sofern sich ihr dichterisches Schaffen einer propagandistischen Verzweckung entzieht oder nicht eindeutig unterordnen läßt

Zu Beginn der siebziger Jahre machte eine junge deutschsprachige Autorengruppe in der vergleichsweise liberalen westrumänischen Großstadt Temeswar auf sich aufmerksam. Ihr kritischer Umgang mit den ästhetischen Traditionen und ihr auf politische Veränderung gerichtetes Engagement trugen ihr den Namen "Aktionsgruppe Banat" ein. Mitglieder waren die Autoren Albert Bohn, Rolf Bossert, Johann Lippet, Gerhard Ortinau, Anton Sterbling, William Totok, Richard Wagner und Ernest Wichner. Ermuntert von einer "neuen" Nationalitätenpolitik des rumänischen Staates, begaben sie sich mit tabufreien Diskussionen, Experimentierfreude, Sprachwitz, literarischer und politischer Polemik auf Kollisionskurs mit den etablierten Verhältnissen. Einen literarischen Neubeginn suchten sie im "radikalen Sprung aus dem provinziellen Formenkanon und aus der Literatur der schieren Bedeutsamkeit"[10]. Drei Jahre lang genoß die Gruppe eine gewisse Narrenfreiheit, Zeit genug, um sich als eine herausragende Erscheinung innerhalb der rumäniendeutschen Literatur zu formen. Im Herbst 1975 wurde auch dem Geheimdienst die politische Brisanz der "Aktionsgruppe Banat" deutlich. Er bereitete ihr ein Ende mit Verhaftungen, Hausdurchsuchungen, Beschlagnahmung von Manuskripten und Büchern sowie zeitweiligem Publikationsverbot. Angesichts der staatlichen Repressionen sahen die meisten der ehemaligen Aktionisten keine Perspektive mehr, eine wirksame Oppositionsliteratur zu entwickeln. Das "Klima der Angst"[11] führte zu einem nahezu vollständigen Exil aller oppositionellen Intellektuellen während der achtziger Jahre.

Neben Mitgliedern der Aktionsgruppe sind einige weitere donauschwäbische Schriftsteller wie Herta Müller und Werner Söllner von Rumänien nach Deutschland ausgereist und haben hier ihre literarische Laufbahn fortgesetzt, hellhörig bis enthusiastisch begleitet von den aus einem Dornröschenschlaf erwachten Medien, die erstmals nach dem Krieg einer auslandsdeutschen Literatur zum Durchbruch verhalfen, allerdings doch erst von den hierzulande publizierten Werken dazu veranlaßt. Just der von Rolf Bossert 1986 noch kurz vor seinem Tod beklagte "Exitus der rumäniendeutschen Literatur" hat sie — sieht man einmal von dem mit Grund noch strittigen Gebrauch dieses Wortes ab — zur "fünften deutschen Literatur"[12] avancieren lassen, zu einem Zeitpunkt, als es sie eigentlich schon gar nicht mehr gab. Immerhin haben sich die in ihre sprachliche Urheimat zurückgekehrten Sprachgewaltigen zunächst mit ihren Beiträgen zur Problematik der Spätaussiedlung dauerhaft in die deutsche Literatur eingeschrieben.

Schließlich sei noch ein Blick auf die ungarndeutsche Literatur seit 1945 vorausgeschickt. Die Vertreibung der Hälfte der deutschen Bevölkerung Ungarns[13], die massenhafte Verschleppung zum Arbeitsdienst in die Sowjetunion sowie die These von der Kollektivschuld waren denkbar schlechte Voraussetzungen für die Entwicklung einer eigenen Literatur. Dieser Druck lockerte sich erst Mitte der fünfziger Jahre ein wenig, als eine verbesserte Nationalitätenpolitik den Minderheiten in der Volksrepublik die Pflege der Muttersprachen und der eigenen Kulturen zugestand. 1954 begann die Wochenzeitung des Verbandes der Ungarndeutschen zu erscheinen, seit 1957 wird jährlich der "Deutsche Kalender" herausgegeben, und die deutschsprachigen Sendungen von Radio Pécs/Fünfkirchen informieren auch über das literarische Selbstverständnis der Ungarndeutschen. Im Mittelpunkt vieler Sendungen stand damals der Schriftsteller Wilhelm Knabel. Er schlug 1967 in einem offenen Brief der "Neuen Zeitung" vor, nach dem Beispiel des Radiosenders den Nachwuchsliteraten Platz für Veröffentlichungen einzuräumen und ein Preisausschreiben zu veranstalten. Der 1973 tatsächlich ausgeschriebene Wettbewerb wirkte wie eine Initialzündung. Ein Jahr später war aus den überraschend zahlreichen Einsendungen die erste ungarndeutsche Anthologie der Nachkriegszeit "Tiefe Wurzeln" zusammengestellt. Als Folge dieser erfreulichen Resonanz nahm sich zunächst eine eigens gegründete literarische Sektion im Verband der Ungarndeutschen, bald danach der selbständige "Verband ungarndeutscher Autoren" der Schreibenden und ihrer Probleme an. Sie trafen sich, um ihre Arbeiten zu diskutieren, konnten sich in künstlerischen Fragen weiterbilden, Lesungen abhalten und publizieren. In annähernd jährlicher Folge erschienen so zwei Dutzend Titel: Anthologien sowie die Bände einzelner Verfasser.

Es fällt auf, wie stark das Bekenntnis zur Muttersprache, zur Heimat, zur eigenen Herkunft und Kultur die Texte bestimmt. Wie in einem Selbstfindungsprozeß werden diese Zentralmotive umkreist. Gleichwohl zeigen sich ganz unterschiedliche Richtungen und eine vielfältig ausgeprägte Suche nach Formen. Während etwa Georg Fath — der Nestor der ungarndeutschen Nachkriegsliteratur —, als Bauernsohn eng mit der Natur und den Traditionen des schwäbischen Dorfes verbunden, seine Inspiration dem Volkslied seiner Kindheit und Jugend sowie einem romantischen Lyrikverständnis verdankt, experimentiert die 1949 geborene Journalistin Valeria Koch als Kennerin Heideggers, Hölderlins, Rilkes und Ingeborg Bachmanns selbstbewußt mit modernen lyrischen Ausdrucksmöglichkeiten bei ihren Versuchen, aus der sprachlichen Diaspora auszubrechen und den eigenen Stil zu finden. Als einziger Romancier hat Márton Kalász (bürgerlicher Name: Martin Christmann) mit "Winterlamm" den ungarnschwäbischen Roman der Nachkriegszeit schlechthin geschrieben, allerdings in ungarischer Sprache. Darin ist ebenso einfühlsam wie ausgewogen und mutig gegenüber einem Tabuthema das Schicksal der Ungarndeutschen vor und nach dem Zweiten Weltkrieg aufgerollt, ein literarisches Dokument von hohem Rang.[14]

Die Literatur der Deutschen bzw. Donauschwaben in Ungarn existiert erst wieder seit den siebziger Jahren. Aus einer langen Phase ihrer Tabuisierung und ihres völligen Verschwindens mußte sie neu ins Leben gerufen werden und laufen lernen. Sie gibt zunächst einen Eindruck von der Situation der Volksgruppe und ist auch in erster Linie an diese gerichtet. Das Ziel war die Neubegründung einer heimischen deutschen Literatur, die Pflege und Entfaltung der lange unterdrückten Minderheitenkultur und -sprache. Die Initiative des Verbandes der Deutschen in Ungarn hat schöpferische Kräfte geweckt, die zumeist sicherlich weniger vom künstlerischen Rang her als in literatursoziologischer Hinsicht Aufmerksamkeit verdienen. Sie zeugen aber von der Existenz der Volksgruppe, diese wiederum erkennt sich in ihrer Literatur wieder. Nicht zu unterschätzen ist schließlich der von diesen Autoren gesuchte Kulturdialog zwischen Ungarn und Deutschland. Er könnte zweifellos zu Überlebensfähigkeit und Wachsen der zarten Keime dieser Literaturszene beitragen.

Die germanistische Literaturwissenschaft hat es bisher weitgehend versäumt, ihren im Ausland entstandenen Gegenstand zu erforschen. Wahrscheinlich sind die Ursachen dieses Defizits voreilige Geringschätzung, politische Opportunität, beschämende Unkenntnis und die Scheu davor, eine adäquate interkulturelle Methodik mit ihren unvermeidlichen Komplikationen zu entwickeln.[15] Auslandsdeutsche Literatur, auch Minderheitenliteratur oder Nationalitätenliteratur genannt, wird deshalb pauschal als peripher, marginal und unbedeutend abgetan, angeblich vernachlässigbar für den binnendeutschen Sprach- und Literaturraum, nur für die jeweilige Volksgruppe selbst relevant, dem heimischen Publikum kaum zu vermitteln. Diese Vorurteile verdienen es jedoch, in Frage gestellt zu werden.

Da eine in Außenbezirken und Enklaven fremder Sprachgebiete sich bildende Literatur zur Selbstbehauptung gezwungen ist und dabei wenig Auffrischung vom Mutterland erfährt, tendiert sie natürlicherweise zur Pflege des einst mitgebrachten Erbes, der bewährten Tradition. Sie ist der Gefahr ausgesetzt, provinzielle und antiquierte Züge anzunehmen. Genauso unübersehbar ist es aber, daß auch im Ausland das tradierte Formenrepertoire immer wieder mit neuem Leben erfüllt wird und sich in den kreativ verwandelten Ausdruck einer geschichtlich einmaligen Situation in andersartiger und andersnationaler Umgebung kleidet. Daneben spielen Einflüsse aus den Literaturen der Nachbarvölker herein und bereichern über ihre inhaltlichen und semantischen Elemente hinaus die Formensprache. Es dürfte daher einleuchten, daß die Germanistik hier ohne interkulturellen Ansatz nicht auskommt. Er ist der Schlüssel sowohl zum vollen Verständnis auslandsdeutscher Belletristik als auch zu ihrer angemessenen Bewertung.

Unter die auslandsdeutsche Literatur läßt sich mit gewissen Einschränkungen die Vertreibungs- und die Integrationsbelletristik subsumieren, insofern sich erstere erinnernd auf die Heimat in Südosteuropa und letztere auf die Integration im Ausland bezieht. Folglich wäre die in dieser Anthologie präsentierte Literatur zum Großteil — wenn nicht durch ihren Entstehungsort, so doch durch ihren Gegenstand — als auslandsdeutsch zu bezeichnen.

Es bleibt noch die Frage zu beantworten, wer ein donauschwäbischer Autor ist. Als Donauschwabe wird hier verstanden, wer entweder gebürtig aus den donauschwäbischen Siedlungsgebieten Jugoslawiens, Rumäniens und Ungarns stammt, wobei es keine Rolle spielt, wo er heute lebt, oder wer wenigstens einen Elternteil dieser Herkunft hat, oder wer sich als Donauschwabe bekennt und zugehörig fühlt, auch wenn er andersnationaler Abstammung ist. Nicht die Geburt also, sondern das Bekenntnis ist entscheidend.

Ob der einzelne Autor etwas Donauschwäbisches thematisiert oder nicht, ist kein bevorzugendes oder gar ausschließendes Kriterium. Bei den jüngeren Literaten tendiert die Themenwahl zu ihrer heutigen Umgebung, die der Welt der Eltern und Vorfahren nicht selten fremd gegenübersteht; die älteren Autoren behandeln mit wenigen, aber interessanten Ausnahmen donauschwäbische Sujets.

Auf einem Vorsatzblatt wird jeder Autor mit Kurzvita und Porträtfoto vorgestellt. Unter der Namenszeile erscheint der Ort seiner Herkunft sowie der jetzige Wohn- bzw. der Sterbeort, um die geographischen Lebenswege sinnfällig zu machen. Pseudonyme sind gegebenenfalls in der Kurzvita hervorgehoben, hinter dem Geburtsort wird in Klammern zusätzlich das Geburtsland mit Landschafts- oder Bezirksbezeichnung angegeben. Wegen der ungeklärten Grenzsituation im ehemaligen Jugoslawien wurde auf eine präzisierte Nennung der Nachfolgestaaten verzichtet, zumal zur Geburtszeit der Autoren der frühere Zustand gilt.

Die sich anschließende Textauswahl mit einem dem Umfang nach angestrebten Richtwert von zehn Seiten berücksichtigt nach Möglichkeit alle vorhandenen Gattungen sowie mundartliche Texte. Gedichtstrophen stehen immer nur auf einer Seite. Titellose Gedichte beginnen mit einem großen Initial. Die wiedergegebenen Texte sind ausnahmslos seit dem Kriegsende 1945 entstanden.

Im Anhang wird entweder das Entstehungsjahr jedes unveröffentlichten oder der Erscheinungsort jedes veröffentlichten Textes ausgewiesen. Wenn die Autoren Buchpublikationen haben, sind diese einschließlich historischer oder wissenschaftlicher Werke im Anhang aufgelistet, soweit sie uns zugänglich wurden. Dieses Hilfsmittel ist als Erleichterung für den Benutzer zwecks weiterführender und vertiefender Lektüre gedacht.

In der Hoffnung darauf, daß diese Bilanz eines halben Jahrhunderts donauschwäbischer Literatur auch über die Landsleute hinaus Interesse und Anklang findet, wollen wir sie den Donauschwaben, dem deutschen Publikum insgesamt und der Wissenschaft als eine zu prüfende Hinterlassenschaft, als Plädoyer gegen das Vergessen und Vergessenwerden übergeben.

Stefan Teppert, im Dezember 1995

Anmerkungen

1 Im folgenden eine gegliederte Übersicht donauschwäbischer Anthologien, ohne Anspruch auf Vollständigkeit, und Beispiele solcher, worin donauschwäbische Schriftsteller vertreten sind:
Gesamtdonauschwäbisch
– Adam Müller-Guttenbrunn, Schwaben im Osten. Ein deutsches Dichterbuch aus Ungarn, eingeleitet v. Adam Müller-Guttenbrunn, Eugen Salzer Verlag, Heilbronn 1911
– Donauschwäbisches Dichterbuch. Ausgewählt u. eingeleitet v. Martha Petri, Adolf Luser Verlag in Wien u. Leipzig 1939
– Anton Scherer: Die nicht sterben wollten. Donauschwäbische Literatur von Lenau bis zur Gegenwart. Ein Buch vom Leben der Deutschen u. ihrer Nachbarn in Südosteuropa, Pannonia-Verlag, Freilassing 1959
Rumänien
– Deutsche Dichter der RVR. Staatsverlag für Kunst u. Literatur, Bukarest 1953
– Freiheit. Eine Auswahl von Gedichten deutscher Dichter der RVR, Staatsverlag für Kunst u. Literatur, Bukarest 1955
– Deutsche Erzähler aus der Rumänischen Volksrepublik, Auswahl: Deutsche Redaktion des Staatsverlags für Kunst u. Literatur — ESPLA, Bukarest 1955
– Grenzgänge. Deutsche Dichtung aus Rumänien, hrsg. v. Dieter Schlesak u. Wolf Peter Schnetz, Regensburger Hefte 2, Mittelbayerische Druckerei- u. Verlags-Gesellschaft mbH, Regensburg 1969
– Macht Eich dorch Freed es Lewe reich. Schwowische Gsätzle aus 'm Banat. Gedichte in Banater schwäbischer Mundart, gesammelt, ausgewählt u. eingeleitet v. Karl Streit u. Josef Czirenner, Verlag des Hauses für Volkskunstschaffen, Temesvar 1969
– Worte und Wege. Junge deutsche Prosa in Rumänien. Eine Anthologie v. Hans Liebhardt, Kriterion Verlag, Bukarest 1970
– Wortmeldungen. Eine Anthologie junger Lyrik aus dem Banat, hrsg. v. Eduard Schneider, Facla Verlag, Temeswar 1972
– Fahnen im Wind. Eine Jubiläumsanthologie (30. Dez. 1942 - 30. Dez. 1972), mit 14 Graphiken, Kriterion Verlag, Bukarest 1972
– Worte unterm Regenbogen. Deutsche Erzähler in Rumänien. Eine Anthologie v. Hans Liebhardt, Albatros Verlag, Bukarest 1973
– Krieg im Scherbenland. Sathmarschwäbische Schwänke, Redaktion Franz Hodjak, Dacia Verlag, Cluj 1973
– Befragung heute. Junge deutsche Lyrik aus Rumänien. Mit sechzehn Graphiken. Auswahl und Vorbemerkung v. Claus Stephani, Kriterion Verlag, Bukarest 1974
– Der Sonne nach. Banater durchreisen, entdecken, erleben die Welt. Mit Beiträgen v. Nikolaus Berwanger, Heinrich Lauer u. Ludwig Schwarz, Kriterion Verlag, Bukarest 1974
– vorläufige protokolle. anthologie junger rumäniendeutscher lyrik, hrsg. v. peter motzan, dacia verlag, cluj-napoca 1976
– Im Brennpunkt stehn. Lesebuch mit Beiträgen der jungen und jüngsten Mitglieder des Temeswarer Literaturkreises "Adam Müller-Guttenbrunn", Kreiskomitee Temesch für

Kultur u. Sozialistische Erziehung, Auswahl u. Einleitung Anton Palfi, Temeswar 1979
- Ein halbes Semester Sommer. Moderne rumäniendeutsche Prosa, hrsg. v. Peter Motzan, Verlag Volk und Welt, Berlin 1981
- Pflastersteine. Jahrbuch des Literaturkreises "Adam-Müller-Guttenbrunn", Herausgeber: Nikolaus Berwanger, Eduard Schneider, Horst Samson, Temeswar 1982
- Fechsung. Lyrische Texte in banatschwäbischer Mundart. Zusammengestellt und eingel. von Ludwig Schwarz, Kriterion Verlag, Bukarest 1982
- Der Herbst stöbert in den Blättern. Deutschsprachige Lyrik aus Rumänien, hrsg. v. Peter Motzan, Verlag Volk u. Welt, Berlin 1984
- Deutsche Mundartautoren aus dem Banat. Hrsg. v. Dr. Anton Peter Petri, Veröffentlichung der Banater Schwaben aus Rumänien e. V., Arbeitsheft 14, München 1984
- Helmut Berner, Claus Stephani, Volksgut der Sathmarschwaben, N. G. Elwert Verlag, Marburg 1985
- Henning-Kaufmann-Stiftung zur Pflege der Reinheit der deutschen Sprache. Jahrbuch 1989. Rumäniendeutsche Gedichte u. Prosa, Jonas Verlag, Marburg 1994
- Hans Bohn: Weiden biegen sich im Wind. Banater Lesebuch aus bewegten Zeiten, Eigenverlag, Landshut 1995

Ungarn
- Tiefe Wurzeln. Eine ungarndeutsche Anthologie, hrsg. v. Erika Áts, Budapest 1974
- Die Holzpuppe. Ungarndeutsche Erzählungen, hrsg. v. Ludwig Fischer/Leo Koch/Oskar Petrovan/Georg Wittmann, Budapest 1977
- Das schönste Erbe. Eine Anthologie für ungarndeutsche Kulturgruppen, hrsg. v. Johann Schuth, Budapest 1978
- Bekenntnisse — Erkenntnisse. Ungarndeutsche Anthologie, hrsg. v. Béla Szende, Budapest 1979
- Igele-Bigele. Ungarndeutsche Anthologie, hrsg. v. Valeria Koch, Budapest 1980
- Zwischen Weiden und Akazien. Erzähl- u. Gedichtband aus der Branau (Ungarn). Eine Anthologie, ausgew. u. red. v. Dr. phil. Anton Tafferner, Schriftenreihe der Landsmannschaft der Deutschen aus Ungarn, München 1980
- Jahresringe. Ungarndeutsche Anthologie, hrsg. v. Béla Szende, Budapest 1984
- Útban a csönd felé. Magyarországi német költők, irók magyar nyelven. [Unterwegs zur Stille. Ungarndeutsche Dichter und Schriftsteller in ungarischer Sprache.], hrsg. v. Béla Szende, Pécs 1988
- Das Zweiglein. Anthologie junger ungarndeutscher Dichter, hrsg. v. Johann Schuth, Budapest 1989
- Tie Sproch wiedergfune. Ungarndeutsche Mundartanthologie, hrsg. v. Johann Schuth, Budapest 1989
- Bekenntnisse eines Birkenbaumes. Ungarndeutsche Anthologie, hrsg. v. Gyula Kurucz u. Johann Schuth, RWAG Dienste u. Verlag GmbH, Dortmund 1990
- Das Zweiglein. Nachrichten aus Ungarn. Anthologie junger ungarndeutscher Dichter, hrsg. v. Johann Schuth, Olms Presse, Hildesheim 1991
- Texte ungarndeutscher Gegenwartsautoren, hrsg. v. Jábnos Szabó, Elte-Chresthomatie 5, Germanistisches Institut der Eötvös-Loránt-Universität, Budapest 1994

Donauschwäbische Schriftsteller vertreten in:
- Ziel und Bleibe. Eine Anthologie der Künstlergilde, hrsg. v. Ernst Schremmer u. Hanns Gottschalk, Delp'sche Verlagsbuchhandlung KG, München 1968
- Kronenburger Lesegabe der Dichter und Schriftsteller anläßlich des zehnjährigen Bestandsfestes der Internationalen Lenau-Gesellschaft, hrsg. v. Nikolaus Britz, Wilhelm Braumüller Verlag, Wien 1974
- Alle Mütter dieser Welt. Anthologie ostdeutscher Autorinnen der Gegenwart, hrsg. v. Irma Bornemann, Helmut Preußler Verlag, Nürnberg 1978
- "Wer verzeiht, kann wieder lachen". Anthologie ostdeutscher Autorinnen der Gegenwart, hrsg. v. Irma Bornemann, im Eigenverlag des Frauenbundes für Heimat und Recht im BdV e. V., Bonn 1985

2 Vgl. Louis Ferdinand Helbig, Der ungeheure Verlust. Flucht und Vertreibung in der deutschsprachigen Belletristik der Nachkriegszeit, Otto Harrassowitz, Wiesbaden 1989[2]

3 Leidensweg der Deutschen im Kommunistischen Jugoslawien. Menschenverluste — Namen und Zahlen zu den Verbrechen an den Deutschen durch das Tito-Regime in der Zeit von 1944-1948, Bearbeitung und Gestaltung: Karl Weber, herausgegeben von der Donauschwäbischen Kulturstiftung, München/Sindelfingen 1994, S. 1019

4 Hitlers verbrecherischer Überfall auf Jugoslawien war der Auslöschung der dortigen Deutschen zwar vorausgegangen und hatte ihr gewiß auch zum Durchbruch verholfen, er kann aber dennoch nicht monokausal als Konsequenz daraus interpretiert werden. Neben dem Vergeltungsdrang spielten nämlich auch politischer Fanatismus, nationalistische Hetze, ältere Vertreibungsabsichten sowie Opportunismus und niederste Instinkte eine gewichtige Rolle.

5 "Man wird vielleicht später einmal jenen Teil unserer Literatur als den stärksten empfinden, der am wenigsten literarischen Absichten entsprang: all diese Berichte, Briefe, Tagebücher, die in den großen Treibjagden, Kesseln und Schinderhütten unserer Welt entstanden sind. Man wird erkennen, daß der Mensch im «de profundis» eine Tiefe erreichte, die an die Grundfesten rührt und die gewaltige Macht des Zweifels bricht. Dem folgt der Verlust der Angst." In: Ernst Jünger, Der Waldgang, Sämtliche Werke, Band 7, Klett-Cotta, Stuttgart 1980, S. 337 f.
Hier sollen nur wenige stellvertretende Beispiele solcher Aufzeichnungen gebracht werden, da sie und eine große Zahl von mündlichen Berichterstattern in die vierbändige Dokumentationsreihe "Leidensweg der Deutschen im kommunistischen Jugoslawien" (Vgl. Bd. 1: Ortsberichte, 1991; Bd. 2: Erlebnisberichte, 1993; Bd. 3: Erschießungen — Vernichtungslager — Kinderschicksale, 1995) eingeflossen sind. Ebenso konnten die meist unbekannten Verfasser von "Lagerliedern" nicht berücksichtigt werden. Sie liegen aber, gesammelt von Gottfried Habenicht, als druckreifes Manuskript vor und stehen zur Veröffentlichung an: "Leid im Lied. Südost- und ostdeutsche Lagerlieder und Lieder von Flucht, Vertreibung und Verschleppung", Johannes-Künzig-Institut für ostdeutsche Volkskunde, Freiburg i. Br. Den Schwerpunkt bilden darin Lieder aus dem donauschwäbischen Bereich.

6 Hans Christ, Ich suche nach Neuland. Lyrik und Prosa aus der Kriegs- und Nachkriegszeit, J. Fink Verlag, Stuttgart 1964, S. 47

7 Wolfgang Thüne, Die Heimat als soziologische und geopolitische Kategorie, Creator-Verlag, Würzburg 1986
8 Ebd., S. 12
9 Vgl. Alexander Mitscherlich, Die Unwirtlichkeit unserer Städte. Anstiftung zum Unfrieden, Frankfurt a. M. 1965
10 Ein Pronomen ist verhaftet worden. Texte der Aktionsgruppe Banat, herausgegeben von Ernest Wichner, Suhrkamp Verlag, Frankfurt a. M. 1992, S. 11
11 Widmar Puhl, Dichter für die Freiheit. Von der subversiven Kraft der Literatur in Osteuropa. Mit 100 Kurzbiographien wichtiger Dissidenten, Suhrkamp Verlag, Frankfurt a. M. 1993, S. 73
12 Der Begriff "fünfte deutsche Literatur" vermittelt ein einseitiges Bild, weil darunter nur das "jüngste Erscheinungsbild dieser Literatur" (Alfred Kittner) und innerhalb dieser Epoche wiederum nur der nähere oder weitere Umkreis der "Aktionsgruppe Banat" gemeint ist. Dabei wird die Existenz einer beträchtlichen Anzahl weiterer rumäniendeutscher Lyriker und Erzähler völlig ausgeblendet, die aus drei verschiedenen Siedlungsgebieten mit ihrer je eigenen Siedlungsgeschichte hervorgegangen sind: aus Siebenbürgen mit den Zentren um Hermannstadt und Kronstadt, aus dem Buchenland (Bukowina) mit der alten Universitätsstadt Czernowitz (gehört heute zur Ukraine) und aus dem Banat um Temeswar herum. Wenn von einer "fünften deutschen Literatur" die Rede ist, so wird weder zwischen diesen drei traditionell unterschiedlichen Kerngebieten differenziert, noch wird hinsichtlich der Donauschwaben nach den Verbindungslinien zum ehemaligen Jugoslawien und zu Ungarn gefragt.
13 1940 zählte die deutsche Bevölkerung Trianon-Ungarns noch 623 000 Menschen (vgl. "Die deutschen Vertreibungsverluste. Bevölkerungsbilanzen für die deutschen Vertreibungsgebiete 1939/50, herausgegeben vom Statistischen Bundesamt Wiesbaden, Kohlhammer Verlag, Stuttgart 1958, S. 380. Durch die Vertreibung verlor die deutsche Volksgruppe ihre gesamte Intelligenz. Mit den Ausweisungen, Verschleppungen und Enteignungen hörte sie in der bisherigen Form auf zu existieren. Als im Herbst 1944 der endlose Treck sich nach Westen bewegte, begann der umgekehrte "Große Schwabenzug", der bis in die 60er Jahre hinein nicht ganz versiegte. Heute sind die Ungarndeutschen mit über 200 000 Menschen die größte nationale Minderheit in Ungarn. Allerdings gaben bei einer Volkszählung 1980 nur 31 000 Personen Deutsch als Muttersprache an.
14 Elf Porträts ungarndeutscher Autoren liefert Ingmar Brantsch in seinem soeben erschienenen Band "Das Leben der Ungarndeutschen nach dem Zweiten Weltkrieg im Spiegel ihrer Dichtung", Eckartschrift Nr. 134, Wien 1995.
Vgl. auch: Ungarndeutsche Literatur der siebziger und achtziger Jahre. Eine Dokumentation, herausgegeben von János Szabó und Johann Schuth, Verlag Südostdeutsches Kulturwerk, München/Budapest 1991
15 Vgl. Alexander Ritter, Neun Bukarester Thesen zu Literaturentwicklung und Forschungsperspektiven: Deutschsprachige Literatur des Auslands, in: Die deutsche Literaturgeschichte Ostmittel- und Südosteuropas von der Mitte des 19. Jahrhunderts bis heute. Forschungsschwerpunkte und Defizite, herausgegeben von Anton Schwob, Verlag Südostdeutsches Kulturwerk, München 1992, S. 26-38

DANKSAGUNG DES HERAUSGEBERS

Ich danke allen Autoren, die sich bereitgefunden haben, mir ihre Arbeiten zur Verfügung zu stellen,
allen Verlagen, die mir freundlicherweise eine Nachdruckgenehmigung erteilt haben,
allen, die mir weiterführende Hinweise geben oder bei den oft schwierigen Recherchen helfen konnten.
Auch vorwegnehmend für die folgenden Bände sei dieser Dank schon ausgesprochen.
Dies gilt auch für den Bibliothekar im Haus der Donauschwaben, Ottmar Maier, der für mich die benötigten Bücher heraussucht und mir zu mancher Entdeckung verhalf.
Gertrud Solbeck, meiner Schwester, danke ich für die mitdenkende Arbeit am Computer.
Das Erscheinen jedes weiteren Bandes dieser Anthologie hängt davon ab, daß die Herstellungskosten des jeweils vorhergehenden gedeckt sind.
Deshalb danke ich besonders allen Spendern und Förderern, die das weitgesteckte Projekt mit ermöglichen. Bisher waren dies:
Donauschwäbische Kulturstiftung, München (3 000 DM); Anita Herr, Rastatt (1 000 DM); Anna Harich, Frankfurt (150 DM); Luise Kuriok, Hanau (150 DM); Anton Maschek, Wittlich (150 DM); Franz Mojse, Berlin (150 DM); Philipp Steyer, Völs/Österreich (300 ÖS).

DIE AUTOREN UND IHRE TEXTE

Otto Aczel
Komlosch — Nürnberg

Otto Franz Aczel wurde am 31. Juli 1929 in Großkomlosch (Banat/Rumänien) geboren. Vater: Dr. med. Georg Bittenbinder-Aczel (änderte 1917 seinen Namen); Mutter: Helene, geb. Schiffmann. Deutsche Volksschule in Großkomlosch. Gymnasium: Lenauschule und Loga-Lyzeum Temeschburg, Abitur 1948. Studium Mathematik und Physik am gew. Pädagogischen Institut (heute Universität) Temeschburg, 1951 Abschluß mit Diplom. 1951-59 wissenschaftlicher Assistent für Physik am selben Institut. 1959 aus politischen Gründen Unterrichtsverbot an der Hochschule. 1959-62 Gymnasiallehrer in Temeschburg, u. a. an der deutschen Abteilung in der Josephstadt. 1962 "rehabilitiert" und bis 1966 Dozent am Pädagogischen Institut (Physik/Chemie) Temeschburg. 1966-77 Dozent und 1977-90 Professor für Physik an der Universität Temeschburg. 1970 zum Dr. rer. nat. promoviert. 1986 "Dragomir Hurmuzescu"-Preis der Rumänischen Akademie der Wissenschaften. Über 60 wissenschaftliche Veröffentlichungen, Bücher, Aufgabensammlungen, Artikel. 1990 Aussiedlung in die Bundesrepublik Deutschland. Zur Zeit Rentner. Literarisches Debüt 1976 mit einer Parodie in der Neuen Banater Zeitung (N.B.Z.) Temeschburg. 1976-90 Mitglied im Literaturkreis Adam Müller-Guttenbrunn, eigene Lesungen. Veröffentlichungen: Gedichte, Kurzprosa, Rezensionen in N.B.Z., Banater Post, Der Donauschwabe und in den Anthologien: Fechsung, Pflastersteine, Jahrbuch des Literaturkreises Adam Müller-Guttenbrunn, Deutsche Mundartautoren aus dem Banat, Donauschwäbisches Humorbuch (in Vorbereitung).

Der Zeitenkreis

Die Gegenwart ist auf dem Zeitenkreise
ein Wanderpunkt,
der eilend stets die Zukunft überwindet.
Er hinterläßt auf seiner Reise
Vergangenheit,
die ungeklärterweise
am Kreis die Zukunft wiederfindet.

Der Zukunft Sterben ist das Heute,
ihr Leichnam (die Vergangenheit)
der Zeiten sichre Beute.
Der Mensch jedoch, der ist erfüllt
von dem nur, was schon dagewesen,
denn tot ist, was die Zukunft ihm verhüllt,
für die als Lebensbringer war erlesen
die Gegenwart, der Augenblick,
der sie erweckt aus tiefem Schlummer
seit Ewigkeiten, Stück für Stück.

Die Wissenschaft entreißt ihr nur
den Schleier stellenweise vom Gesicht
durch die Gesetze der Natur,
durch die die Zukunft zu uns spricht.
Des Menschen Schicksal aber bleibt verborgen
vom gütigen Gefüge unsrer Welt,
das alles im geheimen hält,
was aufgedeckt wird erst vom Morgen.

umkehrung

sie kannten sich
sie liebten sich
damals
als sie die liebe
noch nicht kannten

dann gingen sie
    jeder für sich
und weinten
    jeder nach dem andern
und lernten das lieben
    jeder mit einem andern

sie lieben sich nicht mehr
sie kennen sich kaum mehr
jetzt
wo sie die liebe
schon kennen

versöhnung

lieben,
für einander, miteinander
leben

dann einmal betrügen

leiden,
nebeneinander
leben

versöhnung:
ein weiterer betrug

Verweht vom Wind

Ich baute eine Burg im Sand, als Kind;
sie stürzte ein, es trug sie fort der Wind.
Ich baute mir ein Haus, als Mann, aus Stein;
es steht noch, weit — der Wind nahm mich allein.

Auguste Rodin

Aus deiner Bronze strahlt die Macht,
das Licht.
Du hast Gedicht
und Seele in den Stein gebracht.

Den "Denker" und das "Höllentor",
die "Danaide",
"Karyatide"
hebst zur Vollkommenheit empor.

Den Ruhm der Großen deiner Zeit,
Balzac, Hugo
und Bernard Shaw,
hat deine Meisterhand geweiht.

"Die Weinende", "Das ewige Idol"
für's Leid
und für die Freud
erwählst du zum Symbol.

Dein Kunstwerk ruht in den Museen.
Doch dort
wär nicht der Ort,
das Fest des Staunens zu begehen.

Denn dir gebührt die höchste Gunst
und Ehre:
auf Altäre
zu stellen deine hehre Kunst.

In heil'gen Kathedralen,
vor deinem "Kuß"
und "Frühling" muß
selbst Gott auf seine Knie fallen.

Ameise und Grille

Die Grille stimmte ihre Geige,
als schon der Tag ging auf die Neige,
die Sonne nur noch müde blinkte,
der Sommer schon zum Abschied winkte.

Sie trug ein Kleid aus Gold-Lamé
mit einem tiefen Dekolleté,
Gold auch am Finger und im Ohr,
Parfüm — von Christian Dior.
Es stand bereit in ihrer Näh
ein nagelneuer BMW.

Die Ameise, verdreckt, zerzaust,
kam auf dem Traktor angebraust.
Sie hat den ganzen Tag geackert
und sich auch sonst noch abgerackert.
Wir wissen's längst schon aus der Fabel,
im Sommer geht's ihr miserabel.

Sie fragte ihre Nachbarin,
die Grille, wo sie wolle hin.
Die gab als Reiseroute an:
durch Frankreich bis zum Ozean.
Als das die Ameise vernahm,
entgegnete sie voller Gram:

"Falls er noch nicht gestorben ist
und's Leben in Paris genießt,
bestell dem Dichter La Fontaine
von mir, er soll zum Teufel gehn.

Nur diesem ist es zuzuschreiben,
daß immer ich zuhaus muß bleiben,
von früh bis spät am Abend schufte
und nicht wie du nach Veilchen dufte.

Vergebens hat er prophezeit,
du würdest in der Winterzeit
an meiner Tür in Demut klopfen,
um dir den Magen vollzustopfen.

Hat dieser miese Idiot
denn nicht gewußt, daß in der Not
für den, der nicht die Arbeit liebt,
es heut ein Sozialamt gibt!

Er soll die vielen Bildungslücken
sich füllen lassen in Saarbrücken,
wo ihn sein Namensvetter glatt
im Fabeln übertroffen hat."

**Honeckers Ode
"An die Freunde"**

Seit die DDR versunken,
finde ich es ziemlich dumm,
daß ich nicht mehr siegestrunken
lasse Leute legen um.

Der Prozeß ist abgeschlossen,
da man glaubte, ich sei krank,
Richter und Parteigenossen,
habt für eure Hilfe Dank!

Für die jungen Mauertoten
— eigentlich sind's gar nicht viele —
sollen büßen Idioten,
ich bin abgehaun nach Chile.

Hier sind gute Freunde wieder
hilfreich auf mich zugeeilt;
wir vertrugen uns wie Brüder,
noch als Deutschland war geteilt.

Freunde haben überwiesen
Geld mir nach Amerika.
Treue Stasi, sei gepriesen!
Wieder warst du für mich da.

Seid willkommen, Millionen,
denn hier brauch ich sehr viel Geld,
um im Luxushaus zu wohnen,
nicht als Flüchtling unterm Zelt.

Dank will ich den Deutschen sagen
und vergießen Freudentränen,
weil's mir nicht ging an den Kragen,
wie's geschah bei den Rumänen.

Freunde wird's auch dort noch geben,
wo ich hin will, samt Gemahlin,
wenn wir beide nicht mehr leben:
zu Ceausescu und zu Stalin.

Vergangenheitsweh

Nicht Heimweh ist es, das uns plagt,
die man verfolgt hat und verjagt.
Wir wollen gar nicht mehr dorthin,
wo einst wir alles sahen blühn.
Wer würde sich um uns noch kümmern,
um unsre Häuser, die in Trümmern?
Was sollen wir denn dort noch tun,
bloß beten, wo die Ahnen ruhn
und wo die Gräber unsrer Lieben
vereinsamt sind zurückgeblieben?
Nein! Niemals mehr in jene Gassen,
die, nach uns trauernd, stehn verlassen,
dort wo durch Fenster Höhlen gähnen
und wo wir ließen unsre Tränen.
Wir sehnen uns nur nach den Jahren,
als im Banat noch Schwaben waren,
und drehen um ein gutes Stück
die Uhren gern im Geist zurück,
um in Gedanken hinzuschweben,
zu unserm damaligen Leben.
Es heißt nicht Heimweh, was uns drückt,
die Zeit ist uns nur weggerückt,

denn Heimat ist jetzt nicht der Ort,
aus dem vertrieben wir sind fort.
Es sind die "guten alten Zeiten",
die weit uns ihre Arme breiten.
Die Heimat liegt in ferner Zeit,
das Weh ruft nach Vergangenheit;
nicht Heimweh ist es, das wir kennen,
Vergangenheitsweh muß man's nennen.

Die Kaul

Am Dorfend, an der Maulbeerstroß,
do steht a Kaul, net tief, net groß.
Am Friedhof fahrt, glei newedran,
voriwer laut die Eisebahn.
Aaach wann's die Gäns un Ente heere,
sie losse sich vun ihr net steere
un schwimme rum es ganzi Johr,
nor net, wann's Wasser zu is gfror
un Kiner kumme her in Schare
for schliwre oder Schlittschuh fahre.
Es Wasser sammlt sich do une
aus 'm Dorf an, vum Artesibrunne.
Es is bis nuner dunklgrien,
for des kann niemand deitlich gsiehn
bis an de Grund, wu allerhand
Gerämpl leit im Dreck un Sand.
Des gsieht mer nor im Summer gut,
wann drauß die Sunn fescht brenne tut
un wann die Kaul ganz trucke leit,
weil's Wasser weg is mit der Zeit.
Mer hat de Eindruck, 's halwi Dorf
hat Schuh un Schlappe ningeworf.
A ausgedientes Kinerwägl
is jetz a Nescht for Wasservegl.
Uf aner Vasn is ka Gspur
mehr vorzufine vun Glasur;
sie steckt im Dreck bis an de Kopp
un newer ihr a gwissner Topp.

Sogar vun aam Biziklsitz
broot do es Leder in der Hitz.
A großi Freid han vieli dran,
zu binge her ihr Porzellan,
nohdem geblieb sin nor noch Scherwe,
die langsam in der Kaul dann sterwe.
Es is net scheen zu saan, doch koche
do in der Sunn aach Katzeknoche.
A lila Kandl for Kaffee
steht leer un traurich in der Näh,
un Gsellschaft leischte tut ehm noch
a alte Amper mit 'ma Loch.
For was sei ausgefransti Hosse
grad do hat aaner wille losse,
des werd a ewich Rätsl bleiwe,
sowie gebrochni Fenschterscheiwe,
a Sparherd un a Oferohr,
a dorchgeroschtni Blechlavoor.
Wann jemand alles zamm tät raffe
for ins Museum, kennt mer gaffe
paar Stunde lang mit 'm uffne Maul
uf des, was glee war in der Kaul.
Die Welt is doch gut eingericht,
weil die Natur tut ihri Pflicht
im Herbscht, wann's regnt un zum Schein
die volli Kaul werd wiedrum rein.

De Ota un de Tierpark

Am Sunntach han die Kiner wille
im Tierpark ihri Neigier stille.
Sie han de Ota scheen gebitt —
der is halt in de Tierpark mit.
Die Oma hat ne nohher gfroot,
wie sei Besuch is dort gerot,
weil er so lang war fort geween,
ob's richtich is so arich scheen?
De Ota, frieher im Banat,
hat traurich dann zur Oma gsaat:

"Es sin schun scheeni Viecher do,
die Zeit is ziemlich schnell verfloo.
Am beschte awer hat's mer gfall
vor vieli Johr derhem im Stall,
wie do die Pheer noch ware gstan,
die ich mer selwer gfiedert han —
un newedran die bravi Kuh;
die is gemolk gin morjets fruh
un oweds noh der Arweit aach,
hat zwanzich Liter gin am Tach.
Die Hingle sin im große Hof
mit Gäns un Ente rumgeloff.
Beim Tierl hat ke Klingl gschellt,
weil unser Tacki hat gebellt,
wann eener hat die Schleng beriehrt
un reinzukumme hat prowiert.
Am Rachfang, hoch bal wie die Kerch,
han sich gebaut es Nescht die Sterch.
Es Haus war immer voll mit Katze
un unser Quetschebaam mit Spatze.
Die Schwalwe han ihr Nescht sich gschickt
im Gang an de Plafon gephickt;
Un uf 'm Bode, iwerm Stall,
dort han mer immer Tauwe ghal.
Ke Winter hat net derfe sein,
wu net sin gschlacht gin drei, vier Schwein
un wu die Ferklche sich froh
gewänzlt han im warme Stroh.
Wie dann voriwer war de Kriech,
war's aus aach mit 'm eigne Viech.
Wann ich so denk jetz driwer noch,
dann is ke Troscht for mich de Zoo."

Enttäuschung

Es war nur ein Wort, ein leises, an mich.
Doch da war auch sein Ton.
Danach zog ich einen Strich,
leise, durch eine Illusion.

De Vogl im Käfich

Sei Kralle, die bieje sich fescht um de Stecke,
sei Welt is nix anres wie Droht un zehn Ecke,
Fors Fuder, des was mer ehm ferticher bringt,
verlangt mer als Lohn, daß er luschtich druf singt.

Er huckt meischtns ruhich un zwitschert sei Lied
un schaut in die Feiheit un werd nimmi mied.
Wann gejer die Freiheit er keck sich mol schnellt,
dann breche die Flitsche, wu ufheert sei Welt.

Die klaani Freid

Oft denkt mer sich, es geht net mehr,
die ganzi Welt, es Herz is leer.
Dann froot mer sich, for was mer lebt,
un find nix, was die Stimmung hebt.

Uf aamol awer hat mer dann
a klaani Freid, 's is net viel dran,
un doch werd's um uns wieder hell,
die Sorche, die vergeßt mer schnell.
Die Sunn scheint wieder, alles blieht,
ums Herz werd's warm un leicht im Gmiet.
Die Arweit geht jetz wie es Gspiel,
mer waaß, for was mer lewe will.

Wann mer sich awer vorbereit
uf a Ereignis, langi Zeit,
vun dem mer maant, mit Sicherheit,
es werd a ganz a großi Freid,
kann's aam mit Leichtichkeit passiere,
daß mer sich gwaltich an tut schmiere,
die Nas loßt hänge un meecht brille,
weils anerscht war, wie mer's hat wille.

Drum denk ich, is es immer gscheiter,
mer helft sich um a Stickl weiter,
wann mer a klaani Freid sich hofft,
die sicher kummt un ziemlich oft.

An Silvester

Als Kind han ich mich immer gstaunt,
daß am Silvester, zu Neijohr,
die großi Leit so gut sin glaunt.
For was, des war mer net ganz klor.

Als große Bu, als junge Mann,
wie ich dann selwer sin ufs Ball,
han ich des alles gut verstan
und mehr noch — 's hat mer arich gfall.

Jetz froo ich mich, wie werd des sin,
wann ich kann nimmi tanze gehn,
die Enkle for a Nacht wer krien?
Wer ich die Jingri noch verstehn?

Anna Maria Angeli
Miletitsch — Landau

Anna Maria Angeli wurde am 15. August 1944 in Miletitsch (Batschka/ Jugoslawien) geboren und getauft, Eltern: Anna Angeli, geb. Rohrbacher, Anton Angeli aus Gakovo; 26. April 1946 geglückte Flucht mit Hilfe von Mutter und Großmutter aus dem Lager Gakovo nach Villány-Viragos/Ungarn; Frühjahr 1947 weiter nach Wien, XII. Bezirk, in eine zerbombte Schule (Flüchtlingslager); Herbst 1950 Einschulung in eine Klosterschule; 1951 kommt der Vater invalid aus der Gefangenschaft zurück, Umsiedlung nach Deutschland; 1951-52 Lager Herten/Baden; 1952 Wohnungszuweisung in Haagen/Bd.; 1952-64 Schule (erhält in der 8. Klasse den Johann-Peter-Hebel-Preis), Berufsausbildung; 1964-76 Ehe — daraus Sohn (1965) und Tochter (1967); lebt heute als Gesundheitspädagogin in Landau. Unter dem Titel "Kein Wetter für Oleander" ist ein Buch über ihr Vertreibungsschicksal in Vorbereitung.

Kein Wetter für Oleander

"Eines Menschen Heimat ist auf keiner Landkarte zu finden — nur in den Herzen der Menschen, die ihn lieben." Todesursache: Schilddrüsenkrebs! Ich war 1955 ein Kind von elf Jahren und verstand nur eins: Oma hatte mich verlassen — von nun an war ich meinen Eltern ausgeliefert ...
"Sie starb an gebrochenem Herzen", ist die Diagnose meines heutigen Erwachsenenverstandes; das Leben hatte ihr zuviel genommen. Die "Heimat", das Land ihrer Vorfahren nahm sie nicht auf. Sie zeigt sich ablehnend, schroff, kalt. Ihren Mann hatten Partisanen am Tag vor Kriegsende weggeschleppt und erschossen. Weil er deutsch war — und die Deutschen hatten Jugoslawien angegriffen. Das ganze Dorf hatte in friedlicher Nachbarschaft mit den völkischen Minderheiten gelebt. Sie und ihre Familie wehrte sich gegen den Gedanken, man könne sie mit den Greueltaten von Hitler in Verbindung bringen. Doch Internierung und Vernichtungslager enthüllten die furchtbare Wahrheit ... Hier in Deutschland nun, "wo sie ja hingehörte", wußten die Leute nicht einmal, wo das Land auf der Karte zu finden ist, aus dem sie kam.
Es nützte ihr nichts, daß sie freundlich auf die Bevölkerung zuging, so wie sie es gewohnt war. Davon durchdrungen, daß Gutes nur Gutes hervorbringt, begegnete sie auch jenen freundlich, die sie wegen ihrer vielen Röcke und ihrer gestrickten Schuhe "Zigeunerin" nannten. Für sie war es kein Schimpfwort; einen Menschen wegen seiner Andersartigkeit zu diskriminieren, wäre ihr nie in den Sinn gekommen. Doch nicht nur ihr Aussehen, auch ihr Aussprache und ihr furchtloses Wesen lösten Mißtrauen aus.
Nicht nur, daß es "hier in Deutschland kein Wetter für Oleander" war — auch die Landschaft hatte Bedrohliches für sie bereit: Als sie das erste Mal Kühe am Berghang erblickte, glaubte sie, Hilfe herbeiholen zu müssen — so gefährlich sah das aus. Sie kam aus der ungarischen Tiefebene, und der nächste "Berg" mit 200 m Höhe war das Ziel von Klassenausflügen! Den "Kukuruz" (Mais), mit dem sie "zu Hause" ihre Familie ernährte, warfen sie hier den Kühen zum Fraß vor! Ja, der Ladenbesitzer des Hauses, in das sie zwangseingewiesen worden war, nahm vom geschlachteten Huhn nur die Fleischteile — und ließ die Innereien, die Füße und den Kopf für die Katze übrig! Gab es denn keine Armen im Dorf? Wie versündigten sich doch die Leute und wie schwer machten sie ihr die Verständigung! Auch ihre Kinder taten sich schwer zwischen Leuten, die glaubten, "den Krieg erlebt" zu haben, weil in der Nähe mal ein Bombe fiel.
In Österreich hatte sie wenigstens eine Aufgabe! Da wußten sie nicht, ob der Mann ihrer Tochter überhaupt noch lebte, und sie war — wie in dem Haus, das sie verlassen mußte — der starke Baum für Tochter und

Enkelin. Die älteren Angehörigen hatten die Brutalität des Hungers, der Kälte und der ausbrechenden Seuchen nicht überlebt; mit denen, die ihr blieben, wagte sie dreimal die Flucht.

Mit der Kleinen, für die im Lager schon die Totenkerze gebrannt hatte, grub sie im Schutt von Wien nach Hausrat. Während sie Blechgeschirr lötete, Seife kochte und Strohsäcke stopfte, ängstigte sie sich um die "Große". Diese arbeitete als Hilfskraft auf dem Bau, weil es für Flüchtlinge keine andere Arbeit gab. Russen fuhren in Wien knapp an den Gehsteigen entlang und rissen junge Frauen ins Auto, hatte sie gehört. Sie waren in einer zerbombten Schule untergebracht gewesen, wo die wohlgenährten Ratten durch die Gänge flitzten und sich die einzelnen Familien durch dünne Filzdecken gegen andere abzutrennen versuchten. So war es auch nicht zu verhindern, daß die Kleine Dinge sah, die zu verkraften sie noch nicht die seelische Reife hatte. Trotz dieser großen Not kamen für die Kleine der Nikolaus und der Osterhase, und die Glocken flogen am Karfreitag über die Dächer der Stadt nach Rom ... Ja, sie war der Mittelpunkt und tragende Teil der Schicksalsgemeinschaft. Auf dem Land, wo sie sich bei Bauern verdingte, war's fast wie "daheim". Halt nicht so heiß — und schlafen mußte sie mit der Kleinen im Pferdestall; aber es war doch ein Stück von dem, was bisher ihr Leben bestimmt hatte.

Ihre ererbte Zähigkeit ließ sie trockenen Humor hervorbringen, sich mit den Verhältnissen arrangieren und auf einen neuen Anfang hoffen: In Deutschland lebten inzwischen viele von ihren Landsleuten — und gehörte sie nicht auch dahin, wo vor 150 Jahren die Auswanderung begonnen hatte?

Als der Schwiegersohn aus der Gefangenschaft entlassen wurde, bekam sie die Möglichkeit, Deutschland als neue "Heimat" zu betrachten. Ihre bescheidene Rente und ihre ganze Tatkraft setzte sie hinfort zu möglichst gleichen Teilen bei den Familien ihrer beiden Kinder ein. Es war der Lauf der Dinge, daß sie im Haushalt ihrer Tochter zwischen die Puffer geriet; daran änderte auch der Umstand nichts, daß der Schwiegersohn sie immer noch respektvoll in der dritten Person ansprach, wie es "zu Hause" üblich war. Der Kleinen, der sie ihre ganze Liebe schenkte, konnte sie nicht zu dem Verständnis verhelfen, daß der Vater — auf den sie so lange gewartet hatte — und die Mutter so erbarmungslos miteinander stritten. Dabei waren sie doch jetzt endlich eine richtige Familie und in Deutschland.

Ihr offenes Haus, das in Jugoslawien jedem Bedjár (Zigeuner; auch Tippelbruder, Obdachloser) Gastfreundschaft gewährt hatte, war hier nicht wiederholbar. Ja, die Einheimischen hüteten ihre Güter mißtrauisch voreinander — sogar innerhalb der eigenen Familie.

Wenn sie gab, wie sie zu geben gewohnt war, argwöhnten oder spöttelten sie. Sie kämpfte zäh und verbissen, sich die Welt zu erhalten, die sie einmal besessen, oder wenigstens einen kleinen Rest davon. Doch so wollte man sie nicht haben! Auch ihre Tochter kam nicht mehr mit ihr zurecht

— oder sie nicht mit ihr; wer weiß das schon. Die Krankheit, die sich mit einem Kropf angekündigt hatte, begann sich auszubreiten.

Die Situation der Flüchtlinge hatte sich inzwischen gebessert, doch nur das konfessionelle Krankenhaus versprach etwas von dem Gewohnten zu geben. Nachdem sie begriffen hatte, daß nicht nur die Leute hier, sondern auch das Leben sie nicht mehr haben wollten, gab sie sich auf.

Matthias Annabring †
Kübekhausen — Stuttgart

Matthias Annabring wurde am 23. August 1904 in Kübekhausen/Kübekháza (Banat/Ungarn) geboren. 1914-19 Hermannstadt, 1919-22 Hatzfelder Realgymnasium; Juni 1922 Abitur; 1922-23 Graz, 1923 München, 1923-24 Berlin, 1924-28 Budapest, in Szegedin Studium der Rechts- und Staatswissenschaften; am 31.3.1928 in Szegedin zum Dr. jur. promoviert; seit 1924 Mitarbeiter von Jakob Bleyer, Sekretär, Rechtsberater beim "Ungarländischen Deutschen Volksbildungsverein"; 1930-38 Rechtsanwalt, Journalist in Budapest; 1938-41 Berlin, 1941-45 Budapest; 1945 Flucht in den Westen; 1948 Stuttgart Schriftleiter "Unsere Post"; seit 1951 Herausgeber der Reihe "Südost-Stimmen"; Vorsitzender der "Ungarndeutschen Landsmannschaft in Baden-Württemberg"; Leiter des "Heimatpolitischen Ausschusses der Landsmannschaft der Ungarndeutschen". Mitarbeit beim Rundfunk, besonders bei Radio Freies Europa; geschichtliche Werke über das ungarländische Deutschtum und den Freiheitskampf in Ungarn. Viel gelesen und gepriesen wurde sein 1953 in Stuttgart erschienener Band "Kreuz und quer durch das rote Ungarn. Tagebuch eines Donauschwaben aus der Zeit der Deutschenverfolgung in Südosteuropa". Matthias Annabring starb am 5. Februar 1961 in Stuttgart.
(Nach: Anton Peter Petri, Biographisches Lexikon des Banater Deutschtums)

Die Dame im Sommerkleid

Das Haus, in dem ich seit meiner Ausbombung im Herbst 1944 wohnte, war einer der modernsten Hochbauten der ungarischen Hauptstadt. Große Fenster im Treppenhaus und Glasgehäuse für den Aufzug gaben ihm ein vornehmes Gepräge. Wohl waren durch Mineneinschläge die Fensterscheiben der oberen Stockwerke zerstört, dagegen blieben die in den unteren Stockwerken, hauptsächlich aber der herrliche Aufzug unbeschädigt, zumindest bis gestern.

Als ich jetzt mit meinem russischen Telefonisten aus der Küche des Verwalters heraustrat, wollte ich meinen Augen nicht trauen. Eine solch vollkommene Zerstörung in so kurzer Zeit — von Mitternacht bis morgens acht — hätte sich die lebhafteste Phantasie nicht ausmalen können. Im ganzen Haus keine einzige ganze Scheibe, das Glasgehäuse des Aufzugs und selbst der Treppenaufgang bis zur Unkenntlichkeit demoliert und zerstört. Mir blieb es bis zum heutigen Tag ein Rätsel, mit welchen Mitteln die Russen dies erreichten, denn Granaten oder sonstige Sprengmittel wurden in dieser Nacht nicht verwendet, dies hätten wir hören müssen. Übrigens stand ich ähnlichen Rätseln im Zuge meiner Wanderungen durch Ungarn des öfteren gegenüber. (...)

Mit Mühe und Not gelangten wir über fußhohe Glassplitter und Trümmer in meine Wohnung im zweiten Stockwerk. Die Türen erbrochen, die Schränke durchwühlt, Lebensmittelreste und Kleidungsstücke durcheinander, der Fußboden beschmutzt, das war das Bild, das sich uns darbot.

An der Türschwelle zum Tageszimmer blieb ich wie angewurzelt stehen. Und was ich hier sah, machte mir erstmals deutlich, daß mit den Russen nicht nur der Sieger, sondern eine neue Welt Einzug hielt.

An der Wand gegenüber der Türe hing ein großes Ölgemälde mit vergoldetem Rahmen. Es stellte eine junge Dame in flatterndem Sommerkleid dar, mit breitem Strohhut und blauen Bändern. In der Hand hielt die Gestalt einen halbaufgespannten Sonnenschirm, neckisch mit den Augen zwinkernd, als würde sie einem galanten Abenteuer entgegengehen. Das Gemälde, wie die übrige Einrichtung des Zimmers, atmete die satte, selbstzufriedene bürgerliche Atmosphäre der Jahrhundertwende.

Vor diesem Gemälde nun stand ein russischer Soldat mit aufgepflanztem Bajonett, in der Stellung, wie man zum Sturm ansetzt. Er fluchte und schimpfte, und ich vermochte aus dem Schwall immer wieder das Wort herauszuschälen:

"Burschuj ..., Burschuj ..."

Da geschah etwas Überraschendes. Von haßerfüllten Worten begleitet stach er zuerst das eine und dann das andere Auge der Dame im Sommerkleid aus.

"Burschuj ..., Burschuj ..." Am Tonfall merkte ich, daß der rote Bilderstürmer erst jetzt so richtig in Rage kam. Er stach in die Herzgegend, in den Magen, in die Beine und gab sich erst zufrieden, als der Dame das Sommerkleid von oben bis unten aufgeschlitzt war.

Schon wandte er sich links an den Rundtisch mit Glasplatte, darunter viele Nippsachen hervorlugten, um mit seinem Gewehrkolben diesem spielerischen Volk von Kobolden und Nixen den Garaus zu machen. Als er aber meinen Begleiter und mich erblickte, hielt er inne. Seine Augen strahlten und triumphierend zeigte er mit seinem linken Daumen nach hinten auf das zerschlitzte Bild, als würde er sagen:

"Das habe ich doch gut gemacht! Nun, ich will auch euch was zukommen lassen, da habt ihr den Rundtisch, den könnt i h r zertrümmern."

Lachend verließ er den Raum, seinem Kameraden, dem Telefonisten, etwas zurufend, was dieser nicht gerade freundlich erwiderte. Der Telefonist war Bessarabier, seine Heimat gehörte bis 1941 zu Rumänien, einem immerhin europäischen Staat, dessen Bürger mit europäischen Begriffen und Vorstellungen vertraut waren. Er wußte den Verkehrswert eines Ölgemäldes und der Nippsachen einzuschätzen und hatte für Vernichtung wenig Verständnis, für Kriegsbeute dafür um so mehr.

"Dummer Prostule, dummer Bauer ...", sagte er abfällig und betrachtete sichtlich interessiert die zierlichen Gegenstände, die unter der Glasplatte standen.

Mit der volkstümlichen Zeichensprache für die Entwendung von beweglichen Gegenständen gab ich dem Telefonisten zu verstehen, doch lieber einiges mitzunehmen als zu zerstören. Er tat es ohne Zögern. Erst als seine Taschen zum Platzen voll waren, gab er sich zufrieden, ließ mich kurzerhand stehen und ging, ohne Gruß, wortlos seines Weges.

Eine Weile verharrte ich noch inmitten der Vernichtung. Dann stieg ich in den Bunker hinab. Ich wollte mich auf meinem Feldbett von den Strapazen der Nacht ausruhen. Trotz Müdigkeit konnte ich jedoch keinen Schlaf finden. Immer wieder betasteten russische Soldaten, die im Bunker ohne Unterbrechung aus- und eingingen, meine Taschen oder suchten unter den Betten Barischnyas, Mädchen, deren einige aus unserem Haus sie schon beim Namen riefen.

Mehr noch als diese dauernden Störungen hielten mich die quälenden Gedanken wach, die um die Szene mit der Dame im Sommerkleid und den Nippsachen kreisten und in der Frage gipfelten: Was nun? Was bedeutet all das, was sich um mich ereignet? Was der Bessarabier und was der Bilderstürmer?

Zwei entgegengesetzte Welten. Der Bessarabier noch soweit Europäer, um Freude am Besitz zu haben, der andere, der Russe, von einer Idee besessen, die ihn zum Zerstören, zum Vernichten treibt. Wer von beiden war der Bessere? —

Der Bequemere jedenfalls der Bessarabier, weil er uns als Durchschnittstyp des europäischen Landsknechts seit eh und je bekannt ist und weil wir wissen, daß er zu seiner Familie, zu seinem Herd zurückkehrt, sobald er die Uniform ablegt, um wieder nach jenen Formen zu leben, die seit zweitausend Jahren entwickelt und christlich-abendländische Formen genannt werden. Der andere aber, der Fanatiker, der Besessene einer Idee, erinnert er uns nicht an die Gefolgsmänner der Erneuerer, die im Laufe der Menschheitsgeschichte wiederholt auftauchten und die in der Vernichtung des Alten die wesentlichste Voraussetzung eines Sieges des Neuen erblickten, deren Wege mit Blut und Elend, mit Trümmern und Ruinen gesäumt waren, gleichsam als Dünger der angestrebten neuen Welt?

Die angestrebte neue Welt erwies sich in den meisten Fällen als Fata Morgana, als vorgegaukelter Wunschtraum der aufgepeitschten Massen, dessen Verfolgung unendlich viel Opfer verlangte und vermutlich auch künftig Opfer verlangen wird. Am Ende dieser Epochen der Vernichtung stand nicht die neue Welt, vielmehr die Renaissance, die Neugeburt und Weiterentwicklung des Alten, die Glorifizierung der aus den Trümmern und Ruinen noch geretteten Werte, der materiellen und sittlichen gleichermaßen ...

Wehe, wenn es nicht so war. Dann ging die Erneuerung mit der restlosen Vernichtung aller Werte einher, in deren Gefolge das Blut der Opfer versickerte und die Trümmer und Ruinen zu Sand und Staub verwitterten. Und vielleicht erst nach Jahrtausenden wird ein zufällig erhalten gebliebener und vom Sand freigewehter Stein dem Forscher verraten, daß hier eine alte Welt, eine alte Kultur versunken war.

Schwabenzüge 1945

Szegedin, die größte Stadt des ungarischen Tieflandes, war zu dieser Zeit der Durchgangsort für die hin- und herflutenden Flüchtlingsmassen Südosteuropas. Hier trafen sich die Grenzen der drei Nachbarländer Ungarn, Rumänien und Jugoslawien, hier waren die nächstgelegenen Grenzübergänge, und hier staute sich das heimwärts strebende oder schon wieder fliehende Banater und Batschkaer Schwabentum, hier fanden sich die ungarländischen Heimkehrer ein, in der Hauptsache Schwaben aus dem Ofner Bergland, vom Heideboden, aus dem Schildgebirge und der Schwäbischen Türkei sowie anderen Gebieten Ungarns, die sich vom Schwarzen Meer oder dem übrigen Balkan, von ihren Verstecken in den Karpaten oder Wäldern Kroatiens den Weg in die Heimat bahnten und hier in Szegedin Halt machten, um für einen Moment auszuruhen.

Bereits auf den Zugangsstraßen zur Stadt traf ich endlose Trecks heimkehrender Schwaben aus dem rumänischen Banat an. Wagen an Wagen bewegten sich die Kolonnen langsam voran. Den ausgezehrten Gäulen schien das Schneckentempo gerade recht zu sein. Man sah es ihnen an, daß sie inzwischen Länder durchquerten anstelle der gewohnten Äcker und harte Landstraßen anstelle der weichen Feldwege.

Um so ungeduldiger waren die Männer und Frauen, die abwechselnd neben den Pferden einhergingen oder auf den Wagen saßen. Sie waren nicht weniger mitgenommen als ihre Gäule, als ihre Wagen, das las man aus ihrem Gesicht, sah es an ihrem zerknüllten "Mendek" und an den verschwundenen Falten der Röcke. Die ganze Kolonne mit Mensch und Tier und Wagen und Geschirr glich einer einzigen Demonstration von Elend und Jammer, gestrigem Glanz und heutiger Not.

"Guten Tag, Vetter, wo geht's denn hin?" Mit diesen im Banat üblichen Anknüpfungsworten gesellte ich mich zu einem Mann mit fuchsrotem Bart, der, den Peitschenstiel in der Hand, neben zwei Gäulen einherging und offenbar ein schwäbischer Bauer sein mußte. Auf dem Wagen saß eine Frau, mit dem seidenen Sonntagstuch auf dem Kopf, im Schoß den übermüden Kopf eines Jungen haltend, der, ebenfalls rothaarig, die Regel vom Apfel, der nicht weit vom Baume fällt, ganz augenfällig bestätigte.

"Nem tudok — ich weiß nicht" — rief die Frau vom Wagen recht unfreundlich herab. Ich habe ihren Mann gefragt, wohin es ginge und zwar deutsch, sie aber gibt mir in schlechtem ungarisch Antwort, anstelle ihres Mannes. Vielleicht der Schlußakkord eines eben zu Ende gegangenen Familienzwistes, denke ich mir und will einlenken.

"Aber liebe Landsmännin, Sie brauchen sich nicht mit dem Ungarischen zu bemühen, Sie können mit mir ruhig deutsch reden, ich selbst bin doch Deutscher, ja sogar Schwabe wie Sie selber ..."

Nun bekam ich überhaupt keine Antwort. Dafür einen um so haßerfüllteren Blick, aus dem ich auch noch so etwas wie einen Vorwurf herauszulesen glaubte. Auch der Mann mit dem fuchsroten Schnurrbart blieb ablehnend.

"Hagyjon minket békében — lassen sie uns in Frieden" — gab auch er mir, allerdings mehr in bittendem Ton, ungarisch zur Antwort.

Ich stand vor einem Rätsel. Ein Irrtum schien ausgeschlossen. Dies waren Schwaben, Banater Schwaben, so konnten nur Schwaben ungarische Worte betonen, so falsch und doch so anheimelnd.

Ich gab meine Bemühungen, mit dem Mann ins Gespräch zu kommen, auf. Die Sache ließ mir aber keine Ruhe. So schloß ich mich denn einem anderen, einem dritten und vierten Wagen an, mit einem gewissen Abstand natürlich, mußte aber bei allen dieselbe oder ähnlich klingende Ablehnung einstecken. Bis ich dann von einem in schwäbisch, aber um so deutlicher, die notwendige Aufklärung bekam.

"Mer wolle hem, mer hän genung vum Teitsche; solang hän unsere Herre vun Teitsch und wieder Teitsch gepredicht, daß mer's jetzt satt hän. Loßt uns in Ruh', mer wolle hem. Und wenn mer Raatze oder Wallache were müsse, uns is es Worscht. Un die Petjare, die uns die Köpp vollgred't hän, daß die Teitsche die Herre sin und alle anre nix, die solle sich jo nimmi zeiche. Deni haue mer de Hosebode voll, daß es staabt."

Zum Zeichen dessen, daß er es bitter ernst meint, schwang der energische Bauer seine Peitsche durch die Luft, daß sie knallte.

In ruhigem, beherrschten Ton versuchte ich auf diesen leidenschaftlichen Ausbruch zu antworten. Ob es denn eine Sünde gewesen sei, sich zum Deutschtum, zur deutschen Sprache und zur deutschen Kultur zu bekennen?

"Des net" — gab mir der Alte schlagfertig zur Antwort — "mer kann awer Teitscher sein, ohne es mer de annre abschaut un verächtlich macht. Un do hän unsre G'studierte gar oft iwers Ziel g'schoss. In meiner Zeit, wo ich noch jung gwee bin, ware mer aach Teitsche. Mer hän mit em Vizig'span un Stuhlrichter allweil teitsch gered't un ihne aach oft die Meinung g'sagt, awer mer hän gewißt, wo die Grenze is. Bis doher und nimmi weiter. Unsre Herre hän awer kee Grenz gekennt. Hochmut gepaart mit Übermut un Unverstand, des war die Schuld an allem. Net umsonst haaßt's: Hochmut kommt vor dem Fall! Uns Schwowe is es so passiert."

Daß von unserer Seite Fehler geschehen seien und er, der alte Banater Bauer, in vielem Recht habe, mußte ich zugeben. Doch gab ich auch zu verstehen, daß unsere Haltung im allgemeinen eine notwendige Folge der geschichtlichen Entwicklung gewesen sei, der wir uns weder durch bewußte Aufgabe des Volkstums noch durch gleichgültiges Beiseitestehen entziehen hätten können. Wir waren uns dann am Schluß soweit einig, daß die Deutschen den Kurs, den sie bis 1933 befolgten, auch weiterhin beibehalten hätten müssen.

"War des viele Marschiere, Singe un Johle, des Schimpfe und Stänkre notwendig? Alles uff een Mensch, de Führer baue! Ich sin g'heilt for mei Lewe lang, iwerhaupt nach all dem, was ich uff der Flucht miterlebe han müsse."

Und nun schilderte mir der Bauer die Mühsalen, die er und seine Dorfsleute auf der Flucht, während ihres Aufenthalts in Österreich und auf dem Heimweg bis hierher auf sich nehmen mußten. Er versicherte, die vordem so festgefügte Dorfgemeinschaft habe den ersten Riß erhalten, als sie, die einfachen Menschen, zusehen mußten, wie im Trubel der Auflösung jeder nur seine Haut zu retten versuchte, wie gerade die "Großmauligen" wie "Kamfer" verschwunden seien und wie die Geschäftstüchtigen auch diese Not der Menschen zu ihrem Vorteil auszunutzen verstanden hätten. Besonders bitter äußerte sich der Alte über den Empfang, den man ihnen in

Österreich bereitet habe. Um Geld sei Futter und Heu für die Pferde genau so wenig wie Nahrungsmittel für die Menschen zu haben gewesen. Dabei habe in den Scheunen und Kammern noch so manches aufgespeichert gelegen. Ja, für Kleidungsstücke, Lederwaren, Pferdegeschirr, da habe man alles bekommen können.

"Schaut unsre großi Trugle (Truhen) an, die ware mol voll. Mer tät aach jetz meene, mer sin reiche Leit'. Des war eenmol. Die Trugle sin leer, was drin war, hän uns unsre eigne Brüder abgeluchst. Ihr kennt Euch gar kee Vorstellung mache, was unsre Leit' unnerwegs Sach' un Werts verschleidert hän. Drum sin die Leit aach so verbittert un saan, liewer drhem in der Höll' wie in der Fremd' im Himmelreich."

Nun bekam ich auch die Erklärung, warum diese Schwaben nicht deutsch reden wollten. Enttäuscht von der jahrelang als wahr vorgegaukelten neuen "Volksgemeinschaft" mußten sie feststellen, daß die Menschen der deutschen Lande genau so aus Fleisch und Blut waren wie die Erdenkreatur hier und überall und daß das Mutterland nicht die sichere Zufluchtsstätte war, wie sie es erhofft hatten. In der Hast der Flucht fanden sie nicht die Muße, zu ergründen, warum die Ichsucht gerade in deutschen Landen so groß gewesen ist, nicht die Erklärung, daß sie die Folge der langen Entbehrungen, der mit dem Krieg zwangsläufig einhergehenden Korruption und der gelockerten Moral war, und daß sie, die Volksdeutschen, im fernen Völkermeer sich in eine Illusion einlullen ließen, aus der sie viel zu unsanft herausgerissen wurden, um sachlich zu bleiben.

Diesen in kurzer Zeit so schwer geprüften Donauschwaben erschien in der kalten Fremde die Banater Heimat in einem Lichterschein, der Haus und Hof, Stallung und Zäune, Bäume und Sträucher, jeden kleinsten und früher kaum beachteten Winkel in einem Glanz zeigte, der Schlösser und Paläste zu armseligen Hütten verkümmern ließ. Diese glanzvolle Heimat noch einmal zu erlangen, war bei allen von der Flucht zurückkehrenden Donauschwaben das einzige und ausschließliche Ziel, für das kein Opfer zu groß schien. Die Parole hieß: Alles vermeiden, was unterwegs zu Schwierigkeiten führen könnte. Koste es, was es wolle. Es gilt, die Heimat lebend zu erreichen! Jeder hatte sich so etwas wie eine Rechtfertigung, wie sie sagten, "a Gsetzl" zurechtgelegt für den Fall, daß ihnen dieses oder jenes vorgehalten werden sollte. Das "Gsetzl" war bei allen gleich, als hätten sie sich verabredet. Man habe mit den Nazis nichts zu tun gehabt, man sei gewaltsam zur Flucht gedrängt worden, ja, ja, es habe schon Hitler-Anhänger gegeben, mit diesen habe man aber nicht das geringste gemein gehabt, im Gegenteil, man sei von ihnen ständig drangsaliert worden, übrigens hätten die sich schon lange vorher aus dem Staub gemacht, die Vagabunden, mit Gold und Schmuck, mit vollen Lastkraftwagen, man wisse allerdings nicht, wohin, wo sie sich versteckt hielten und ob sie überhaupt noch lebten; und so ging es weiter mit den Ausflüchten und Rechtfertigungen, die wie eine eingelernte Litanei klangen und vor dem kleinsten und unscheinbarsten ungarischen Rotgardisten abgeleiert wurden, in der Befürchtung, es könnte auch solch einer die Heimkehr vereiteln, wo man doch jetzt, in Szegedin, so nahe beim Ziel war, daß man beinahe den heimatlichen Kirchturm sehen konnte. Dabei hatten diese in selbstgezimmerten Uniformen einhergehenden Rotgardisten genau so wenig Interesse an den Menschen wie die Sowjetsoldaten. Für sie waren nur die Sachen, die Truhen wichtig, deren Deckel sie, gewandt auf den Wagen springend, immer wieder hoben, in den meisten Fällen aber, weil sie nichts vorfanden, fallen ließen und unverrichteter Dinge vom Wagen herabstiegen, erbost und fluchend, daß ihre Vorgänger solch saubere Arbeit leisteten. Hier auf der Landstraße, im großen Gedränge von Mensch und Tier gaben nationale Zugehörigkeit, Weltanschauung oder politische Haltung noch nicht Anlaß dazu, die Person der Person wegen zu verfolgen, sie mußten aber herhalten, um die allgemeine Plünderung — genannt sozialer Schichtwechsel — dem Scheine nach zu rechtfertigen.

Wer deutsch sprach, mußte gewärtig sein, als Hitler-Anhänger "entlarvt" und geschröpft zu werden. Was tat man? Man vermied es, deutsch zu reden. Die nächsten Angehörigen und Verwandten konversierten untereinander ungarisch, serbisch oder rumänisch, selbst wenn sie kaum einer der südosteuropäischen Sprachen mächtig waren. Dies führte oft zu den komischsten Situationen. War es da zu verwundern, daß auch die Banater Schwaben, die doch heim wollten, unter allen Umständen heim wollten, ungarisch radebrechten, solange sie auf ungarischem Boden waren, um nicht etwa als Nazis verschrien und auf ihrem Weg aufgehalten zu werden? Wenn man wieder in der Heimatgemeinde sei, dann werde sich schon alles wieder "einrenke", meinten sie, dort werde man schon wieder für Recht und Ordnung sorgen, man sei mit dem neu eingesetzten Dorfnotar, dem früheren "Pretschepter" (rumänischer Steuereinnehmer) seit jeher auf gutem Fuß gestanden, mit dem könne man reden, mein Gott, es werde halt etwas kosten, aber das sei man schon von früher gewohnt, "mer hat's ja."

So und ähnlich sprach mein alter Banater, dem ich nicht von der Seite wich, weil ich mir keines seiner Worte entgehen lassen wollte. Die nüchterne Beurteilung der Lage, der Lebenswille, getragen von der Anhänglichkeit zur Scholle und gepaart mit der Ergebenheit in das Schicksal, aber auch die Schläue verrieten den Kolonisten und Bauern, der den Südosten kennt und sich den Schwierigkeiten gewachsen fühlt. Er war der erste Mensch, an dem ich mich inmitten des Durcheinanders und der Ungewißheit aufrichten konnte. Wenn es nur galt, mit den Völkern des Südostens ins reine zu kommen, so war nichts zu befürchten, überlegte ich mir. Und als hätte der Banater meine Gedanken erraten, sagte er:

"Ich sin mit Wallache un Raatze, awer aach mit Ungre immer gut auskumm, wenn sie unsre Gattung Leit ware. Un so wars ball bei jedem Schwob im Banat un sonschtwo."

Unsre Gattung Leit! Ja, das war der Schlüssel. Der Schlüssel zum Rätsel, der Schlüssel zur Lösung! Unsre Gattung! Welch herrliche, donauschwäbische Prägung. Bauern und Handwerker, Tagelöhner und Arbeiter, ob sie Schwaben oder Ungarn, Rumänen oder Serben waren, sie alle gehörten zur selben "Gattung". Zur Gattung der Schaffenden, der Kämpfer und Streiter, verschmolzen seit Hunderten von Jahren, solidar durch Kampf und Arbeit gegen Sumpf und Wüste, gegen Not und Elend.

Beglückt drückte ich dem Banater Landsmann die Hand. "Ja, Sie haben das Richtige getroffen. Euere Gattung Leute werden sich wieder verstehen, sich die Hände reichen, denn über allem Ärger, über allen Zerwürfnissen und gezüchteten Gegensätzen steht etwas, was viele nicht wußten und auch heute nicht wissen, viele, die sich da als Führer der Völker protzig ausgaben, etwas, was euch alle wieder zusammenführen wird und zusammenführen muß, die Solidarität des Schweißes, des Schweißes, mit dem ihr seit Jahrhunderten den Boden düngt, damit er Früchte bringe."

Vor mir stand es klar wie die Sonne, daß diese Solidarität des Schweißes trotz der unseligen Jahre, die nunmehr hinter uns lagen, bei allen Völkern des Südostens unvermindert bestand und die sicherste Basis eines neuen Anfangs sein wird. In dieser Stimmung nahm ich von dem alten Banater Bauern Abschied. Ein weiteres Zusammenbleiben war nicht mehr möglich, da wir inzwischen die ersten Häuser der bäuerlichen Vororte Szegedins erreichten und die Wagenkolonne Halt machen mußte. Auch war es schon spät am Nachmittag. Es hieß, die Banater sollten über Nacht die Wagen und Pferde bei den Szegediner Bauern einstellen. Ich schaute eine Weile dem emsigen Getriebe, das nun einsetzte, mit Interesse zu. Man kam ins Gespräch, man schüttelte sich die Hand; die ungarischen Bauern mit ihren schwarzen, spitz auslaufenden Pelzmützen und die schwäbischen Bauern mit ihren eingedrückten Astrachanmützen oder pelzberänderten Kappen, wie sie da auf dem Fahrdamm standen, den Handel abschlossen, und bald hier und bald dort von Ungarn die Tore aufgemacht wurden und die Schwaben mit Pferd und Wagen einkehrten, war das nicht alles ein einziger unwiderlegbarer Beweis dafür, daß es die Solidarität des Schweißes tatsächlich gibt?

Ich wandte mich zum Gehen und schlug die Richtung Bahnhof ein. Es war hoch an der Zeit, daß auch ich nach einem Quartier Umschau hielt. Der Nebel, der sich auf die winterliche Stadt niederließ, wurde immer dichter und dichter. Kaum daß man eine Nasenlänge vor sich hinsah. Plötzlich steht in Leibesnähe eine Gestalt vor mir, in der ich einen Russen erkenne. Ich sage, etwas zurücktretend, unwillkürlich "Pardon", er, mir nachtretend, "Legitimazije jest" — und schon tastet er mir meine Taschen ab und zieht ungeniert meinen Geldbeutel aus der Tasche, den er mir erst zurückgibt, nachdem er nichts darin gefunden hat. Dann befiehlt er mir, ihm zu folgen.

Erst jetzt wurde mir bewußt, daß ich dem alten Banater Bauern vergessen hatte zu sagen, daß es ja wohl eine Solidarität des Schweißes gibt, die die Südostvölker wieder zusammenführen könnte, daß sie aber gefährdet ist und ein dunkler Schatten über ihr liegt. Rußland, Bolschewismus, Asien.

Der Russe geleitete mich zur nächstbesten Anschlagsäule und deutete auf ein großes Plakat.

"Rote Legitimazije ... Typhus ..." Er wiederholte einige Male diese Worte, deutete erneut auf das Plakat, als wollte er mir besonders nahelegen, den Text zu lesen, und ließ mich dann stehen. Eine Erklärung, warum er meine Geldbörse untersuchte, blieb er mir allerdings schuldig.

Jetzt verstand ich. In Szegedin herrscht Typhus. Auf dem Plakat las ich die Anweisungen, wie man sich zu verhalten habe, wo man sich ärztlich untersuchen lassen müsse und wie man die "rote Legitimation", eine Bescheinigung über das Ergebnis der Untersuchung, ohne die weder ein Zuzug noch ein Verlassen des Stadtgebietes möglich war, bekommen könne.

Der Aufforderung entsprechend, begab ich mich sofort an die angegebene Stelle, um mich untersuchen zu lassen. Auf einem große Gelände, das mit hohen Brettern umzäunt war und auf dem zwei Baracken standen, warteten einige hundert Personen auf Einlaß in die Baracken, wo ungarische Ärzte Reihenuntersuchungen durchführten. Ich ließ mir Zeit und blieb zunächst etwas abseits von der drängelnden Menge. Meine Geschäfte waren alles andere denn eilig. Wichtiger schien mir, durch dauernde Beobachtung die neue Situation richtig zu erkennen. So schlenderte ich auf dem großen Gelände herum, um bald hier, bald dort den Gesprächen wartender Menschengruppen zu lauschen. Es waren hier alle Sprachen des Südostens zu hören, ungarisch, serbisch, rumänisch, slowakisch, ja sogar bulgarisch, nicht zu sprechen von den Zigeunern, die sich wie immer recht laut gebärdeten. Bulgarische Soldaten, die auf der Seite der Russen kämpften und in Szegedin ziemlich zahlreich vertreten waren, bemühten sich, ihre Zigaretten in echt balkanischer Geschäftigkeit an den Mann zu bringen, für damals noch kaufkräftige Pengös natürlich; denn soweit waren die Verhältnisse in Szegedin, das fast kampflos in die Hände der Russe fiel, bereits gefestigt, daß zumindest die bulgarischen Bundesgenossen alles mit Geld bezahlen mußten, während das "zabralje" Vorrecht der Russen blieb.

Was ich vermißte, waren auch hier deutsche Laute. Dabei konnte der kundige Südosteuropäer auf den ersten Blick erkennen, wer welcher Nationalität war. So fiel es mir denn nicht schwer, nach einigen Rundgängen festzustellen, daß sich sogar sehr viele Donauschwaben auf dem Gelände befanden, ja, daß gerade sie vom Gedränge abseits standen und eine Zurückhaltung zur Schau trugen, die nicht so sehr aus Schüchternheit oder aus angeborener Selbstbeherrschung, sondern aus einem gewissen Angstgefühl herrührte. Besonders auffallend war es, daß die meisten dieser Schwaben ein gutes Serbisch sprachen, ihr Ungarisch aber unvollkommen war. Daraus schloß ich, daß es sich bei diesen nur um Schwaben aus dem jugoslawischen Banat oder der Batschka handeln könne.

Nach einigen Annäherungsversuchen gelang es mir, mit Schwaben ins Gespräch zu kommen. Sie waren womöglich noch verschlossener als die aus dem rumänischen Banat, mit denen ich mich auf der Landstraße traf. Erst als ich wiederholt andeutete, daß ich selber ihr Schicksal zu teilen habe, daß ich auch Deutscher, allerdings Ungarndeutscher sei, gewannen sie Vertrauen zu mir. Und was ich nun hören mußte, schien so unwahrscheinlich grausam, daß ich es kaum zu fassen vermochte. Man berichtete mir, daß im jugoslawischen Banat und in der Batschka ganze volksdeutsche Sippen ausgerottet und in bestialischer Weise niedergemetzelt, Kinder an die Wand geschleudert, Frauen skalpiert, ihre Brüste abgeschnitten und viele lebendig, noch röchelnd in die Erde gescharrt worden seien, nur weil sie deutscher Nationalität waren, unbekümmert darum, ob sie sich etwas zuschulden kommen ließen oder nicht.

Ich war erschüttert. Erschüttert, daß Menschen des Südostens, die Jahrhunderte hindurch dasselbe Kolonistenschicksal und bis vor kurzem dasselbe Minderheitenlos geteilt hatten, Deutsche und Serben so weit kommen konnten. Daß Haß und Rachegelüste ein Volk wie die Serben, die mit den "Schwaba" doch friedlich zusammenlebten, zu solchen Schändlichkeiten hinzureißen wußten. Gewiß, die Serben des Banats hatten unter der deutschen Besatzung kein leichtes Leben, und wer ihren übertriebenen Nationalstolz kannte, mußte auch für das bodenständige Deutschtum mit dem Schlimmsten rechnen, hatten doch die deutschen Besatzungstruppen den Banater Schwaben gewisse Vorrechte eingeräumt, um gegen die feindselige Stimmung der besiegten Serben, die sich in der Ermordung von zahllosen deutschen Soldaten und sonstigen Sabotageakten zeigte, ein Gegengewicht zu schaffen.

Mir kamen meine Erlebnisse in Erinnerung, die ich im Jahre 1942 gelegentlich eines Besuches im besetzten Gebiet des jugoslawischen Banats hatte. Es war an einem eisigkalten Januartag, als ich aus Geschäftsgründen eine Reise ins jugoslawische Banat antreten mußte, eine Reise, die mir, abgesehen von den Greueln der Kriegsfurie, die ich so nahe kennenlernte, nach Beendigung des Krieges beinahe zum Verhängnis wurde. Doch darüber später. Jetzt will ich mich nur darauf beschränken, was mir aus der Fülle meiner Banater Erlebnisse gerade in Verbindung mit dem eben Gehörten durch den Kopf schoß.

Da waren als erstes die zerlumpten serbischen Geiseln, die ich vor dem Bahnhof der Grenzgemeinde Oroszlámos an ebensoviel Galgen aufgehängt sah. Lauter Zivilisten, die aufgehängt für 24 Stunden als Abschreckung zur Schau standen, weil deutsche Landser von Partisanen aus dem Hinterhalt erschossen wurden.

Ein schauerliches Bild, die Oroszlámoser Galgen mit den Geiseln. Zu Tode betrübt, bestieg ich den Zug, um nach Betschkerek, der damaligen

Hauptstadt des besetzten Banats zu kommen. Ein Seufzer der Erleichterung entschlüpfte meiner Brust, als sich unser Zug in Bewegung setzte und Oroszlámos verließ. Man erzählte mir, daß ähnliche Fälle auch andernorts vorkamen, daß für die Taten der Partisanen Bürger und Bauern mit dem Leben hafteten.

Ich weiß nicht, wieviele serbische Zivilisten dafür, daß Widerständler Angehörige der deutschen Besatzungsmacht niederknallten, mit dem Leben büßen mußten. Auch war mir damals nicht ganz klar, nach welchen völkerrechtlichen Grundsätzen die Vernichtung menschlichen Lebens vorgenommen wurde. Angesichts der schauerlichen Szenen übermannte mich aber ein banges Gefühl, das ich während meiner wiederholten Reisen durch das besetzte Banat nicht los werden konnte. Eine bange Vorahnung befiel mich, die in dem Satz gipfelte: "Was dann, wenn es anders kommt?!" Ich wagte nicht, diesen Gedanken damals zu Ende zu denken. Es gab aber Banater Schwaben genug, die mir klipp und klar sagten, daß ein verlorener Krieg für Deutschland die Vernichtung des Banater Deutschtums bedeuten werde.

Erst jetzt, hier in Szegedin, nach den Gesprächen mit Deutschen aus dem Jugoslawischen fiel es mir ein, daß seinerzeit niemand die Frage stellte, ob es denn auch so sein müsse, ob denn die Banater nun tatsächlich mit Recht dafür verantwortlich gemacht werden können, was ohne ihr Hinzutun eine Besatzungsmacht aus militärischen Gründen getan hat? Denn haben etwa die Militärs vor ihren Beschlüssen und deren Durchführung die Banater gefragt, ob es recht sei, was sie planen und vorhaben? Nein und wieder nein. Das Gegenteil trifft zu; wenn Ratschläge seitens vernünftiger und gemessener Schwaben erteilt worden sind, hat man sie als "zivil" einfach abgetan. In Wirklichkeit wurden sie als Ratgeber gar nicht zugelassen. Grundsätzlich nicht.

Wer sich gewissenhaft Rechenschaft ablegte, sei er nun Serbe oder Jude gewesen, mußte sich sagen, daß die Banater Schwaben bei den von der deutschen Besatzungsmacht getroffenen Maßnahmen nicht mitwirkten, sie also für Exekutionen und sonstige Folgen des Kampfes zwischen Besatzungsmacht und Widerständlern nicht verantwortlich waren. Was also! Sollte ihnen das grausame Schicksal etwa deshalb widerfahren, weil einige unverantwortliche Heißsporne, Phantasten oder Konjunkturritter Kindereien trieben, wie etwa jener deutschstämmige Bürgermeister der Stadt Betschkerek, der an der Vorderfront des früheren Komitatshauses in ganzer Breite ein Band mit der Überschrift: "Dieses Land war, ist und bleibt deutsch" anbringen ließ? Mag sein, daß der Bürgermeister und einige Jugendliche, vielleicht auch kindische Greise ob dieser geistlosen, wahrheitswidrigen Protzigkeit sich in die Brust warfen. Wahr ist es aber, daß die echten, unverdorbenen Banater über diese Geschmacklosigkeit bestenfalls schmunzelten, dieserart ihrer Verachtung Ausdruck verleihend, mit der sie den gerade wegen seiner Geistlosigkeit bekannten krummbeinigen Knirps von selbsternanntem Bürgermeister bedachten. Ich war in Betschkerek wiederholt Zeuge von Äußerungen, die es an Abfälligkeit in dieser Sache nicht fehlen ließen.

Auch andere Fehler mögen seitens einiger Banater Schwaben, namentlich seitens solcher Einzelpersonen begangen worden sein, die sich zur damaligen Zeit aus Berlins Gnaden ungebührlich Rechte anmaßten und ein Verhalten an den Tag legten, das dem Banater Geist zuwiderlief. Ich erinnere mich an eine Fahrt von Großkikinda nach Groß-Betschkerek, die ich wegen Zugausfall im Lastkraftwagen der Kreisgeschäftsstelle der Volksgruppe mitmachte. Unterwegs, unweit von dem bekannten Banater Bad Melence — man nannte Melence zu dieser Zeit wegen der vielen Partisanen, die es hier gab, Klein-Moskau — kam uns eine Reihe von Schlitten entgegengefahren. Einer dieser Schlitten geriet auf der schmalen, im hohen Schnee ausgefahrenen Straße ins Gleiten und blieb vor dem Lastwagen, quer über der Straße, stehen, so daß wir halten mußten. Zudem wurde das Pferd scheu und war mit guten Worten nicht von der Stelle zu kriegen. Unser Kraftwagenführer, ein junger, uniformierter Banater Schwabe, glaubte diesen Fall als "Widerstandshandlung" eines Klein-Moskauer deuten und an Ort und Stelle bestrafen zu müssen. Er sprang vom Führersitz des Wagens herab und hieb mit einer Peitsche Kutscher und Gaul übers Gesicht, worauf der Gaul mit einem einzigen Sprung den Schlitten in den Schnee zerrte.

Der Weg war nun frei. Noch bevor unser Wagen weiterfuhr, sah ich das Gesicht des Serben, der im meterhohen Schnee stecken blieb. Und die Spuren des Peitschenhiebs und eine Härte im Ausdruck, die mehr sagte als hundert Worte. Ich konnte es nicht überwinden, den Uniformierten zu fragen: "War das richtig, was Sie taten? War der schuldig?"

"Ob richtig oder nicht, ob schuldig oder nicht, wir müssen diesen Burschen Respekt beibringen, sonst wachsen sie uns über die Köpfe."

Diese Sprache war keine Banater Sprache. Sie war nicht in diesem Klima gewachsen, so wie das Verhalten dieses jungen Deutschen in einen Kasernenhof, nicht aber in das Völkermeer der weiten Banater Landschaft paßte. Darin waren wir Fahrgäste einig. Dies konnte ich unschwer an den Mienen der Mitreisenden ablesen, die meiner unwillig gestellten Frage innerlich vorbehaltlos zustimmten. Und sie waren alle Banater Schwaben und gewiß gute Deutsche.

Diese und noch andere Bilder zogen an mir vorüber, als ich auf dem Gelände in Szegedin wartete, um auf Typhus untersucht zu werden, und als ich erfahren mußte, wie die Schwaben vernichtet und ausgerottet werden, nur weil sie Schwaben, weil sie Deutsche sind, vernichtet und ausgerottet, ohne befragt zu werden, ob sie eine Schuld auf sich geladen haben, ohne zu überlegen, daß Sippenhaft und Kollektivschuld Merkmale tiefster Rückständigkeit sind, gleichviel, wer sich auf sie beruft, der Deutsche oder der Serbe, der Russe oder der Jude.

Ich war zutiefst enttäuscht. Noch vor kurzem in voller Zuversicht, daß der Ungeist des Rassenhasses und des Nationalismus im Südosten wie weggeblasen verschwinden wird, sobald der Krieg vorüber ist und der Prediger dieses Geistes und seine Trabanten hier und überall beiseite geschoben sind, mußte ich nun hören, daß die Unmenschlichkeiten fortgesetzt und jetzt an deutschen Menschen verübt werden, in einer Form, die alles Bisherige an Grausamkeit überbietet. Da stimmt doch etwas nicht, sagte ich mir. Als ich noch das besetzte Banat bereiste, habe ich außer den Geiseln und außer dem Band mit dem unsinnigen Spruch und außer der Züchtigung des schlittenfahrenden Serben auch das gesehen, wie Schwaben und Serben sich von der deutschen Besatzungsmacht und von den Widerständlern gleichermaßen distanzierten, wie sie die Exekutionen verabscheuten und alles, was im Zeichen der sich "anbahnenden neuen Zeit", im Zeichen des Heldentums der Gewalt und Rücksichtslosigkeit geschah, aus dem tiefsten Grunde ihres Herzens haßten. Und wenn der Schnee zu schmelzen begann und die Sonne das erste Grün aus dem Boden lockte, wenn die Erntezeit kam und die Sensen gedengelt wurden und im Herbst der Boden nach neuer Saat verlangte, da waren sie auf ihren Plätzen, Schwaben und Serben, Ungarn und Rumänen, in brüderlicher Eintracht, trotz Besatzungsmacht und trotz Widerständlern, trotz der neuen Welt, die da kommen sollte und die sich in Phrasen und Schlagworten, in Schmähliedern und Haßgesängen austobte, für die niemand aus der Reihe der echten Banater Verständnis hatte, weil für sie andere Gesetze der Arbeit, des Kampfes und des Zusammengehens galten, Gesetze, die am Himmel, der sich über dieser gesegneten Erde wölbte, geschrieben standen und die nur verstehen konnte, wer in Generationen das Schicksal dieses Landes übertragen bekam.

Mir begann es langsam zu dämmern. Die Banater, Schwaben und Serben, Ungarn und Rumänen, sie vergaßen in der Zeit der Bedrängnis, da so viel Fremdes auf sie hereinstürzte, von außen hereinstürzte, ihre eigenen Gesetze, die sie jahrhundertelang gegen die Tücke der Natur so erfolgreich anwendeten, auch jetzt zu befolgen. Sie vergaßen, sich insgeheim die Bruderhand zu reichen für die Zeit, da der Sturm vorüber war, und sie vergaßen, sich gegen die Ansteckung und gegen die geistige Verseuchung, die von außen kam, abzusperren. Angekränkelt ließen sie die Wellen des im Westen modisch gewordenen Rassenwahns und die Flut des vom Balkan kommenden Sippenhasses über sich ergehen. Wie ein Gewitter, das über blühende Weizenfelder fegt, nahmen auch sie, die echten Banater, das Morden und Plündern, das von außen hereingetragen wurde, widerspruchslos hin; zuerst die Schwaben, später die Serben.

Darin liegt ihre Schuld. Darum mußten Tausende und Abertausende ihr Leben lassen. Weil sie ihr oberstes Gesetz, die aus der Solidarität des Schweißes geborene Pflicht des Zusammenhaltens gegen raumfremde Mächte vergessen hatten.

Betrübt von den Eindrücken, die ich hier gewonnen hatte, und den Erinnerungen, die so lebendig wurden, schloß ich mich der drängelnden Menschenmenge vor einer der zwei Baracken an, um je eher in den Besitz der roten Legitimation zu kommen. Neben mir stand einer der jungen Schwaben aus der Batschka, dem es ebenfalls gelungen war, aus den Krallen der Bestie Haß zu entkommen. Er war unter allen der Mutigste und scheute sich nicht, mir während des Anstehens einige Winke zu geben.

"Wenn Sie in Gefahr kommen sollten, nur hinaus zu den Ungarn, auf die Szegediner Tanyas. Die haben nichts gegen uns Deutsche, die sind sogar froh, wenn sie uns aufnehmen und helfen können", — versicherte mir der junge Batschkaer. "Ich selbst bin schon seit sechs Wochen bei einem Bauern auf der Tanya und will jetzt auch meine Verwandten dorthin nehmen. Der Ungar ist damit einverstanden."

Er gab mir im Flüsterton den Ort an, wo er sich aufhält, und erklärte sich bereit, auch mir einen Platz zu verschaffen, wenn es soweit kommen sollte. Ich dankte für die Hilfsbereitschaft.

"Vorher gehe ich aber noch heim, in mein Heimatdorf", — sagte ich ihm. — "Wenn das stimmt, was Sie da über die ungarischen Bauern erzählen, so wird es mir daheim auch nicht allzu schlimm ergehen, auch bei uns wohnen viele Ungarn, zwei Drittel des Dorfes ist ungarisch, und ich stand mich mit den Ungarn immer sehr gut."

"Das glaub ich, daß Ihre ungarischen Dorfsleute gut sind, aber Mischgemeinden sind nicht besonders geeignet zum Unterschlupf, zum Untertauchen, denn da gibt es immer Spitzel, die den Deutschen bei der GPU oder den Kommunisten anzeigen und ihm allerhand andichten. Besonders die Taugenichtse, die auf das Vermögen der Schwaben spekulieren, sind gefährlich. All das gibt's in rein ungarischen Gegenden nicht, dort sind wir noch immer der "német sógor" (deutscher Schwager), und von Deutschenhaß ist keine Spur."

"Seid Ihr Eurer viele von drüben, die schon da sind, auf den Tanyas", — fragte ich meinen jungen Freund.

"Nach meiner Schätzung mindestens 600 Schwaben aus Jugoslawien allein auf den Tanyas, die zu Sz-t gehörten, was weiter ist, weiß ich natürlich nicht, aber allmählich verbreitet sich drüben die Nachricht, daß man bei den Ungarn unterkommen kann, und so kommen immer mehr Flüchtlinge herüber."

Was ich jetzt hörte, war inmitten einer sinkenden Welt tröstlich. Tröstlich darum, weil es doch noch Menschen gab, die sich vom Haß freihielten und gleichsam Oasen der Menschlichkeit bildeten. Umtost vom Sturm haßgeschürter Leidenschaften, scheuten diese Menschen nicht die Gefahr, Deutschen Unterschlupf, Arbeit und Brot zu geben.

Jetzt, da ich neben dem jungen Batschkaer stand, ahnte ich noch nicht, daß nach einigen Monaten auch ich die Gastfreundschaft dieser braven ungarischen Südosteuropäer — sie waren es im besten Sinne des Wortes —

in Anspruch zu nehmen gezwungen sein und meinen Batschkaer Freund in der Tanyawelt Szegedins wiedersehen werde. Für heute wollte ich nur meine Legitimation und zusehen, wie ich auf kürzestem Weg in mein Geburtsdorf komme.

Nach langem Anstehen gelangte ich in die Baracke und stand nun mit entblößtem Oberkörper vor dem Arzt, der mein Hemd und die Achselhöhlen nach Läusen, diesen Verbreitern des Typhus, untersuchte. Wie ich heiße und wohin ich wolle — fragte mich plötzlich der Arzt. Ich nannte ihm Namen und Ort, worauf er mich auf die Seite rief und sagte:

"Ich kenne sie durch einen gemeinsamen Freund von der Universität her. Haben Sie keine besonderen Wünsche? Ich möchte Ihnen helfen, es schaut für Schwaben nicht gerade rosig in unserem Vaterland aus!"

"Müde und erschöpft bin ich", — gab ich zur Antwort. "Mir wäre mit Ruhe gedient."

"Gut, ich weise sie als typhusverdächtig ins Krankenhaus."

Mir war's recht. Mit der Einweisung ging ich ins Krankenhaus. Hier war ich nicht ganz unbekannt. Ein unerforschliches Schicksal wollte es so, daß ich schon in jungen Jahren die Bekanntschaft von Krankenhäusern machte, und gerade in Szegedin als meiner Kreisstadt gab es viele Ärzte, die mich persönlich in Erinnerung hatten, teils zufolge meines Leidens, teils von der gemeinsamen Studienzeit her. So war denn auch meine Aufnahme im Krankenhaus gemessen an den Zeitläufen recht herzlich, wenngleich mir die Wolken nicht entgehen konnten, die das Antlitz des diensttuenden Arztes überschatteten, und der mich mit den Worten empfing:

"Ich dachte, Sie sind schon über alle Berge, was für sie gewiß besser wäre. Nun, einerlei — ich nehme Sie auf."

Als ich in das Krankenhaus kam und die sauberen, frisch überzogenen Betten sah, nachdem ich vorher ein gründliches Bad genommen hatte, überkam mich das Gefühl der Geborgenheit, und unwillkürlich sprach ich die Worte:

"Heimat, wie ist es doch so schön in dir!"

Das war am Dienstag, dem 27. Februar 1945.

Josef Appeltauer
Temeswar — Hamburg

Josef Appeltauer wurde am 4. August 1925 in Temeswar (Banat/Rumänien) geboren. Seine Mutter war eine begabte Sängerin, sein Vater stand einer Faßbinderwerkstatt vor. Er besuchte die deutsche Abteilung der Missionsschule, das Piaristengymnasium, und erwarb 1949 das Ingenieurdiplom für Bauwesen an der Technischen Hochschule Temeswar, wo seine Laufbahn begann. 1950 Eheschließung mit Wilhelmine Juhasz. 1952 wurde er zum Dozenten für Festigkeitslehre und Elastizitätstheorie und nach seiner Promotion 1971 zum ordentlichen Professor ernannt. In den Jahren 1950-68 war er parallel als Entwurfs- bzw. Forschungsingenieur tätig. Sein Aussiedlungsantrag in die Bundesrepublik brachte 1973 einen Knick in seine Laufbahn. Er arbeitete bis zu seiner Aussiedlung 1985 als Oberingenieur am selben Lehrstuhl. Ließ sich in Hamburg nieder und arbeitete als wissenschaftlicher Mitarbeiter an der Technischen Universität Hamburg-Harburg (TUHH). Hat noch jetzt, nach seiner Pensionierung 1990, Lehraufträge an der TUHH und an der Fachhochschule Hamburg-Bergedorf inne. Neben seiner Lehr- und wissenschaftlichen Tätigkeit war Appeltauer zeitlebens an Theologie und Kunst interessiert und bringt seit 1963 seine Gefühle und Gedanken in Gedichten zum Ausdruck, die aber den Freundes- und Bekanntenkreis selten überschritten haben.

Morgenbesinnung

Weiß schimmert Schnee vor mir:
meine noch leere Erfahrung.
Gelb löst sich Ried im Moor
aus brauner Verdunklung:
fliehende Schatten
meiner schweren Träume.
Schwarz neigen Bäume sich
vor trübgrauem Himmel:
bin ich befreit nun für
Lebensgut des Tages?

Dir

Seit einem Menschenalter
gehst du den Weg mit mir;
du schillernd bunter Falter,
du reinstes Lied im Psalter,
du meines Lebens Zier.

Denn Tag um Tag in Stille
trug deine Liebe mich;
aus ihr erstand mein Wille,
es schwanden Torheit, Grille.
Ich danke inniglich!

Am Lohmühlenteich

Kennst du das Gefühl
widerstrebender Gedanken,
da sie sich fröstelnd einigeln
in kauziger Hocke?
So harrten die Möwen
auf blankem Eis.

Meinen Kritikern

Wie? Gedichte nennst du die,
lahm an Rhythmus, krank an Reim,
bar scharmanter Melodie?
Panschst du mit dem Filter beim
Verdünnen der Gefühle?
Solch Gefüge gläsern klar
scheucht den Dämon samt Talar
aus deiner Plappermühle.

Nein! Ein Dichter bin ich nicht!
Technik wirft mir ab das Brot.
Doch wenn mal die Kruste bricht,
knistern aus dem Morgenrot
der Sprache Wortgestalten.
Formempfinden gliedert wach,
läßt die Tiefenkraft hernach
im reinen Ausdruck walten.

Don Quijote

Hörst du mich, mühsam aufrechter Ritter der tristen Gestalt,
edelster Alter,
über all das altkluge, dich umzüngelnde Lächeln hoch erhaben;
selbst im berüchtigten Sturmritt,
die eigelegte Lanze gegen die windige Fratze der Mühle gerichtet,
Heiliger, du, der ungeschwächten Ideale?

Wie albern sind nun wir,
die wissend unsere Lanzen an kreisenden Flügeln zersplittern
und immer aufs neue reiten nach deinem alten Gebot!

HAMBURGER JAHRESZEITEN

Ballett

Die Rispen im hohen Ried
erglänzten vom Gold der Sonne
und tanzten zum leisen Lied
des Windes mit eitler Wonne.
Das Glitzern in großer Zahl,
das Springen, pompöses Wiegen
heißt stets eine neue Wahl,
bald flatterhaft, bald gediegen.

Frühlingswandel

Zwischen Bäumen in jungem Grün
leuchten fröhlich aus sattem Gras
helle Sonnen des Löwenzahns,
umringt vom Sternenheer
der zarten Gänseblumen.
Ich lachte vor Entzücken auf
als ich die Himmelswiese sah.
Dann war sie plötzlich kahl gemäht!

Übergang

Nördlich spätes Licht des Tages
liegt als blasser Kupferschein
fremd auf grünem Zelt der Bäume.

Selten siehst du solch ein vages
Scheiden in das dunkle Sein.
Es vertieft schon ferne Räume.

Sehnsucht

Vom lichten Wolkenrand
steig ich beherzt ins Blau.
Sein Glänzen gaukelt Pfand
von satter Himmelsau.
Ich tauche unentwegt
zu bodenlosem Grund.
Um mich bleibt unbewegt
tiefblaue Himmelsstund.

Herbstbirke

Sah ich dich schon, du Märchenbaum?
Du lächelst leuchtend weiß,
hältst goldne Taler frei im Raum.
Ein spätes Traumgeheiß?
Doch rütteln wage ich dich nicht;
sie könnten schier vergehn!
Nur Blätter lägen als Verzicht
in herbstlich kahlem Wehn.

Bäume im Göhlbachtal

Kleidet ihr euch so bunt
zu unserer Freude?
Warum entzieht ihr euch dann
in entfremdenden Dunsthauch?
Doch, ihr seid ja in euch
zu tiefster Ruhe verschlossen!
Wärmt dieser letzte Funke
erlöschend nur noch im Innern?

Illusion

Im aufgehäuften Schnee entstand
just eine kleine Berglandschaft.
Am höchsten Gipfel geht ein Hauch
von zarter Morgenröte auf.
Es ist noch keine Farbe.
Und dennoch glitzert still der Hang,
ein Bergkristall gar funkelt Dank.
Dann ist der Zauber jählings weg.
Nur mir verbleibt ein Widerhall
von wunderbarer Wärme.

Dezembermorgen

Sorgsam schreite ich durch Dunkel.
Im Zerrspiegel schwarzen Moors
glitzert nicht der Morgenstern.
Böen greifen in kahle Bäume.
Brausend zieht der Wind dahin.
Ich trage stumm mein kleines Leben
durch ein entfremdetes Tal.

*

Am Gardasee

Am Himmel unten läßt der Dunst
die Farben sanft verschwimmen.
Und Wasserspiegel leiht nur Gunst
der Röte rein zu glimmen.
Gerader Strich trennt klar davon
die weite Abendbleiche.
Wir lauschen müdem Doppelton:
wo schwebt im Sinn die Weiche?

Gunst des Augenblicks

Wie schwere Roben
kleidet die Maienpracht,
und wenn hier oben
Wind durch die Lüfte lacht,
beginnt ein behäbig Wedeln
durch samtgrüne Tracht der edeln
Sträucher und Bäume,
und der barocke Tanz
klingt durch der Räume
althergebrachten Glanz
wie vertraute Musik.

Guter Mond von La Palmyre

Durch sanften Dunstschleier
locktest du uns auf zittrigem Pfad
über das Wasser silbern hinaus.
Wir trauten uns nicht
der Lichtspur zu folgen.
Freundlich traf dann dein klarer Schein
im Pinienwald auf festen Weg.
Der führte uns sicher nach Haus.

Schubertsche Melodie

Dunkel duftende Blume,
Geheimnis irdischen Seins;
dünne nährende Krume,
Geheimstatt bitteren Weins;
tiefes Brodeln zu Ruhme
geheim gefestigten Steins;
zärtlich tröstende Muhme
in allen Fallen des Scheins.

Vor dem Bamberger Reiter

Gebannt schau ich zum Reiter.
Doch dringt mein Blick noch weiter.
Im Geistesraum steht heiter
der stille Freund, Begleiter
durch trübe Lebenstage.
Spür ich ihn meist nur vage,
stellt er nun stumme Frage,
wozu denn leise Klage?

Nachhall

Bittersüß aus Tiefen geigt
vertrauter Sang nun wieder.
Heimlich altes Schluchzen steigt.
Schon wendet Klang sich nieder.
Wenn auch müdes Haupt sich neigt,
strahlt noch das Licht der Lieder.

Kölner Dom. Dreikönigsfenster

Selbstverleugnend weicht dort Wand,
nur schlanke Pfeiler weilen.
Wölbung reicht der Rippen Band
als kreuzweis leichtes Eilen.
Bunte Fenster wandeln Licht
zu Flut von gelbem Weben.
Freundlich wirkt nun selbst Verzicht
in zögernd reichem Geben.

Limburger Dom

Wenn Leben in der Tiefe fließt,
am schroffen Fels der Müh, des Leids,
woraus mit sieben Türmen sprießt
erträumte Krone, die bereits
ins helle Schiff der Fülle führt,
mit Bogenwellen sanft erhöht,
dann fühlt man, wer hier liebend kürt
zu zeitentrückter Morgenröt.

Byzantinische Kuppel

Zuerst durchbrach das dunkle Einzelringen
um Gott zum Kreisrund hoher Dienstbereitschaft.
Von diesem Kämpfer strebt empor der Ringschaft
mit alter Sehnsucht steingewordnen Schwingen.

Doch nicht zu steil wird dann das Aufwärtsdringen.
Aus festem Glauben wölbt sich rund die Spannkraft,
und kann den Kuppelsims, gedrungen-erdhaft,
so wohlgefügt zum flachen Scheitel bringen.

Da ruht die Kuppel nun als Augenweide!
Stolz lädt sie ein zum heitren Gottesfeste
und schirmt vor niederm Haß der Welt und Neide.

Wie fürstlich reich empfängt sie ihre Gäste
im sonngewirkten blanken Strahlenkleide,
verteilt die Huld mit ladend weiter Geste.

Marienkirche zu Lübeck

Eingebettet in die Straßen,
wie der Herr in unser Leben,
wird man deinen hehren Maßen
nie gerecht, denn gleich daneben

drückt das Strebwerk lastend nieder.
Sollst du an der Scholle kleben?
Oder werden Bögen wieder
Aufwärtsdrang im dumpfen Streben?

Rührend schiefe Türme lugen
gleichsam blindlings in die Ferne;
wiesen stets den suchend Klugen

Himmelsrichtung weithin gerne;
den verwandten Bachschen Fugen
spitzen Helmstieg in die Sterne.

Mysterium

Du wurdest das Brot der Welt.
Bitten wir ums tägliche Brot,
lebst im Gebet Du auf.
Brechen wir das Brot unsren Lieben,
reichen wir ihnen auch Dich.
Ziehen wir aus, das Brot zu verdienen,
adelst Du Gemeinschaft des Wirkens,
daß jeder sein Brot erlange,
Dich unbewußt empfange!

Du

Wie sollten wir dich lieben,
geheimnisvoller Geist?
Da gabst du deiner Liebe
ein Menschenantlitz preis.
Es ist das Gegenüber:
zerschunden, dorngekrönt
im Opfergang der Liebe;
verherrlicht, lichtdurchstrahlt
am Himmel unsres Glaubens.

WANDELN VOR GOTT

Nachhall

Bittersüß aus Tiefen geigt
vertrauter Sang nun wieder.
Heimlich altes Schluchzen steigt.
Schon wendet Klang sich nieder.
Wenn auch müdes Haupt sich neigt,
strahlt noch das Licht der Lieder.

Symphonie

Auch Melodien hat Gott
unendlich viele.
Mit Geige, Horn, Fagott
ertönen Spiele.
Er schenkt den Seelensang
stets jedem eigen,
faßt tausendfachen Klang
im Weltenreigen.
Und jedem schwingt im Chor
die eigne Saite:
eröffnet heimlich Tor
zu Gottes Weite.

Der weihnachtliche Gott

Kaum kenne ich mich selbst!
So steige ich auch selten
in meine innerste Kammer.
Das Durcheinander
befremdet mich immer.
Und doch kommt der Herr zu mir.
Er ist ja im Stall erschienen!
Und pilgere ich zur Krippe,
geht meine Wirrnis mit
als Ausgangsort der Gnade.

Zustände

Gott zieht sich nicht zurück!
Wir nur igeln uns ein
in unser eignes Verlies.
Und klagen über Gottesferne.
Reißet die Fenster auf
für den Heiligen Geist,
und herrliche Freiheit
erfüllt dann das Haus.

Zwiespalt

Dunkler Wolken breite Bucht.
Übergroßer Morgenstern.
Glanz auch tiefste Trübe sucht,
bleibt in blanker Kühle fern.

Gott in der Welt

Wenn in meinen besten Stunden
Dein Geheimnis ich erahne,
willst Du anders Dich bekunden,
mich entreißen eitlem Wahne.
Im verzerrten Weltenantlitz
soll mein Mitleid dich erkennen,
tief erfaßt von solchem Bannblitz,
alles Leid als Deines nennen.

Erlösung

Vor Deinem Geheimnis, Herr,
verschwinde ich im Nichts.
Da findet mich Deine Liebe,
erhöht mich über die Welt.
Dieser endlose Zug
rettet mir das Leben.

Geheimnis

Versuche nicht, mit deiner Vernunft
das Geheimnis zu zerstreuen:
enttäuscht würdest du ins Leere stoßen.
Nimm mit deinem ganzen Menschsein
tiefes Geheimnis in dich auf:
leuchten wird dann auf einmal der Nebel.

Eucharistie

Dein verklärter Leib
ist Licht und Liebe.
Leben strahlen sanft
der Wunden Male.
Seligkeit umringt
dein stilles Nahen.
Wir versinken tief
ins Heil der Güte.

Sabine-Else Astfalk
Stuttgart — Pinsdorf

Sabine-Else Astfalk wurde am 13. September 1973 in Stuttgart/Bad Cannstadt geboren. Die ersten Lebensjahre verbrachte sie in Deutschland, dann folgte der Umzug nach Österreich, wo sie seitdem lebt. Ihre Schulzeit von 1979-91 absolvierte sie in der Privaten Klosterschule der Schulschwestern in Vöcklabruck. Nach der Matura 1991 begann sie das Studium der Publizistik, Germanistik und Anglistik in Salzburg, welches sie voraussichtlich in einem Jahr abschließen wird. Sie plant, als Journalistin im Printbereich tätig zu werden und erwirbt sich bereits jetzt Erfahrungen als freie Mitarbeiterin der Salzkammergut-Zeitung.

"Schwäbisches Erbe" im Studentenheim

"Es gibt nichts Besseres als an Kervusstrudel!" — "An was bitte?!" — So beginnen nicht wenige Diskussionen in der Küche meines Salzburger Studentenheims, nur daß das "Was bitte?" zum unveränderlichen Teil des Gesprächs geworden ist, während ich immer noch in der Lage bin, die Kommilitoninnen mit kulinarischen Neuheiten in Erstaunen zu versetzen. Nirgends macht sich mein "schwäbisches Erbe" so bemerkbar wie in der Studentenküche, nirgends wird es so offensichtlich, daß "die von wo anders herkommt!"

Bleiben wir doch gleich beim Kervusstrudel. Ich kann mich den ganzen Tag darauf freuen, wenn ich mich besonders konzentriere, fängt sogar der überfüllte Hörsaal an, nach ihm zu riechen. Wenn er dann wirklich aus dem Backrohr duftet, bin ich meistens nicht allein in der Küche, und so kommt es dann wieder zu einem "Was bitte?" Einzig meine Zimmerkollegin ist darauf trainiert, die für einen Österreicher so seltsamen Gerichte zu erkennen, nur mit der schwowischen Aussprache klappt es nicht so ganz. Allerdings kann man auch nicht von einem Einheimischen erwarten, daß er Worte wie "Hinglspaprikas", "Leckwarnudle", "Gepritschelte Krumbiere mit Kervus un Speck" oder, Gott bewahre, "Kappersupp" einwandfrei artikulieren kann. Daran fehlt es eben!

Nicht selten wird allerdings gedacht, daß es bei mir an etwas fehle, einmal sogar berechtigt, als ich meine Freundin fast ins Jenseits befördert hätte, weil ich im Eifer des Gefechts die Kappersupp mit etwas zu viel Essig behandelt hatte. Wenn ich ihr jetzt mit "Das ist schwowisch" komme, sagt sie "Jaja, wie die Kappersupp" und grinst. Meistens jedoch schlägt der Argwohn in hörbares Schnuppern um, und nicht selten steht jemand mit einem Löffel vor meinen Töpfen und fragt: "Darf ich mal?"

Nehmen wir zum Beispiel das Hinglspaprikas, dazu Nockeln und Saures. Mißtrauische Gemüter sehen mir beim Kochen zu und murmeln: "Ob des gut is?", wenn eine andere mit einem "Hm, was riecht denn da so toll?" in die Küche gestürmt kommt. Letztere schnappt sich einen Löffel und will gleich probieren, erstere warten vergebens, daß sie das Gesicht verzieht oder sogar tot umfällt.

Ein wichtiges Nahrungsmittel sind, wie bei allen Studenten, Spaghetti geworden. Es ist ein geflügeltes Wort in allen Studentenheimen, dieses "Nudeln mit Tomatensoße", und auch ich habe immer einen Vorrat an Tomaten im Schrank. Anders als bei meinen Kolleginnen jedoch, die sich nur von Spaghetti zu ernähren scheinen, kann ich auf eine Vielzahl anderer Nudelgerichte zurückgreifen, so zum Beispiel Nudeln mit Leckwar, Topfen, Mohn, Grieß oder Nüssen.

Es ist nicht zu verleugnen, daß die donauschwäbische Lebensart einen großen Einfluß auf mich ausübt, jetzt mehr als früher. Was ich in der

Kindheit als "Das ist halt so" betrachtet habe, bekommt immer mehr eine andere Bedeutung. Besonders jetzt, durch das Studium und das Zusammenleben mit anderen im Studentenheim, wird mir doch oft bewußt, daß ich mich in vielem von den "Ureinwohnern", wie ich sie manchmal nenne, unterscheide. Augenfällig wird das beispielsweise, wenn Kolleginnen Besuch von Verwandten bekommen. Immer findet eine sehr nette Begrüßung statt, bei uns allerdings würde es in eine — Spruch der Familie — "donauschwäbische Busselei" ausarten, die praktisch immer dort praktiziert wird, wo sich ein paar Schwaben treffen. Die österreichische Mentalität in allen Ehren, aber ich ziehe es doch vor, von allen "verbusselt" und gedrückt zu werden!

Lustig wird es auch, wenn sich meine Freundin und ich über etwas ärgern. Rutscht ihr, wie so oft bei uns, der Bleistift hinter den Schreibtisch, so heißt es "Kruzitürken" oder "So a Schmarrn"; muß ich hinter dieses unbequeme Möbelstück kriechen, so sage ich "Fall in die Marosch" oder in ganz schlimmen Fällen auch "Die Hund solle dich fresse", was dann damit endet, daß der Bleistift wirklich bei seinem "Guckahnl" hinter dem Schreibtisch bleibt.

Die größten Differenzen, wahre Klüfte, tun sich selbstverständlich bei den Eßgewohnheiten auf. Kochen wir zusammen, so beäugen wir uns gegenseitig argwöhnisch, damit ich bloß nicht zuviel Paprika reinschütte und sie keinen österreichisch-sauren Salat fabriziert. (Oft überlisten wir uns gegenseitig, und dann kommt es zu höchst spannenden Ergebnissen!)

Besonders in kulinarischer Hinsicht haben wir uns aneinander abgeschliffen: Ich esse österreichische Grießsuppe, sauren Salat, eingelegte "Rauna" — Rote Rüben, die bei uns ganz anders schmecken — und Kartoffelkäse, sie weiß bereits, wie gut die schwowische Worscht ist, vor allem die kleinen, verschrumpelten, in der Kartoffelsuppe gekochten, und daß der verflixt gute Schiwling einer österreichischen Kantwurst um nichts nachsteht. An die gute Rindssupp mit den viele Gelberüben, Zeller und Grünzeug hat sie sich gewöhnt, gebrotne Krumbiere findet sie auch nicht übel, einzig und allein gemieden hat sie bis jetzt den Bratkürbis — egal in welcher Form eine meiner Lieblingsspeisen —, um nichts in der Welt würde sie den anrühren! (Ich habe ihr allerdings prophezeit, daß ich sie noch dazu kriege!) Interessant ist es auch, mit ihr verschiedene Gerichte zu vergleichen, was für gewöhnlich mit den Worten "Wir machen des **ganz** anders" beginnt. Die größte Differenz ergibt sich hier beim Rindfleisch-Vergleichen! Österreichisch Tafelspitz genannt, kommt es mit Kartoffeln und Semmelkren auf den Tisch, für mich gibt es nur eine akzeptable Version, und das ist die schwäbische, mit "Krumbiere un Weichselsoß, Paradeissoß, Appelsoß oder Agrasselsoß".

Mein Großvater sagte mir einmal, daß die Schwowe gern und schnell vom Essen reden; ich scheine wirklich dazuzugehören, denn ich rede — schreibe sogar — nun schon die ganze Zeit davon.

Aber ehrlich, darüber läßt sich auch reden! In meiner Familie fällt oft der Satz "Die Schwowe waren schon gscheite Leut!", wenn es ums Essen geht. Es ist eine Vielzahl von Gerichten, die die Österreicher gar nicht oder nur in stark abgewandelter Form kennen, oder — noch besser — die sie erst durch uns kennengelernt haben. Welcher Österreicher machte schon vor 60 Jahren gefüllte Paprika? Oder gfülltes Kraut? Oder gfüllte Kervus? Bei vielen ist das heute noch nicht üblich.

Eine ganz himmlische Sache, die ich leider erst einmal gegessen habe, sind auch die "Maulbirre". Im Burgenland, diesem so schön pannonischen Fleckchen Erde, stehen noch richtige alte Maulbeerbäume. Meine Mutter, die mir schon so oft von diesen angeblich unübertrefflichen Früchten erzählt hatte, entdeckte sie am Straßenrand entlang der Friedhofsmauer eines kleinen Dorfes. Sie hatte kaum "Das sind ja Maulbeeren" gesagt, da war ich schon neben dem ersten Baum — mit schwarzen Beeren — und ich muß sagen, die Maulbirre waren wirklich unübertrefflich, obwohl die weißen — am Baum daneben — fast noch ein bißchen besser waren. Jedenfalls holten wir alles, was nach einem Gefäß aussah, aus dem Auto und machten uns daran, **echte** Maulbirre zu pflücken. Ein Schüsselchen davon brachten wir meinem Großvater mit, dem neben dem Genießen auch ein paar Schnurren über diese Früchte einfielen.

Was eben diesen Großvater betrifft, so erteilte er mir — dem Mundschenk beim sonntäglichen Mittagessen — schon oft die schwäbische Rüge: "Wenn der Richter sei Hingl nor fiedre tät, täte se doch krepiere!" In der Regel springe ich dann auf, um die Flasche mit dem guten Burgenländer Wein zu holen.

Auf den Punkt gebracht, kann ich nur sagen, daß es sich mit dem schwäbischen Erbe hervorragend lebt, das geht so weit, daß ich stolz bin, wenn mich meine Freundin eine "Zuagroaste" heißt, außerdem könnte ich mir ein Leben ohne Bratkervus einfach nicht vorstellen!

Oft gehört: "Kulturelles Erbe"

Gedanken einer 19jährigen zu ihrem Donauschwabentum

Vor nicht allzu langer Zeit stellte ich mir die Frage, wo denn eigentlich meine Wurzeln seien. Im Gespräch mit Freunden und Kommilitonen, alle gestandene Österreicher, wird immer wieder festgestellt: "Du kommst aber nicht von hier, du redest so anders!"

So begann ich mich denn zu fragen, wo ich hingehöre und, offen gesagt, das ist auch nötig, wenn — wie bei mir — die eine Hälfte aus dem Banat stammt, die andere aber württembergischer Natur ist.

Das Ganze entbehrt also keinesfalls eines gewissen Witzes, da ich somit ein Gemisch aus "schwowisch" und "schwäbisch" bin. Lange benötigte ich nicht, diese Frage zu beantworten; nach einigem Nachdenken fand ich heraus: "Ich bin eine Donauschwäbin!" (Und behaupte sogar, daß diese schwowische Hälfte weitaus größer ist als die andere, die "schwäbische".)

Seit ich weiß, daß ich eine "Schwowin" bin, ist es etwas gefährlich, mich zu fragen "Woher kommst du denn?!", da ich außer "Aus Oberösterreich" auch noch mit "Aber eigentlich sind wir Donauschwaben" aufzuwarten habe. Für gewöhnlich stoße ich mit dieser Antwort auf ungläubig-unwissendes Staunen, meist mit der in fragendem Tone gestellten Antwort: "Sag' mal, ist das so was ähnliches wie Siebenbürgen?!" Oft werden weitere Fragen gestellt, und ich freue mich, wieder über dieses Lieblingsthema sprechen zu können.

Zugegeben, manchmal steckt bei meinem Bekenntnis: "Ich bin ein Donauschwabe" eine Art "Elite-Gedanke" dahinter, frei nach dem Motto: "Wenn einige nicht mal wissen, was das ist, dann muß es doch etwas Besonderes sein!"

Oft, wenn ich die Erzählungen meines Großvaters und meiner Großtante höre, bedaure ich es, diese Welt für immer verloren zu wissen. Ich beneide jene, die das Glück hatten, zumindest einen Teil ihres Lebens in diesem "heute verklärten" Lande zu verbringen.

Ich bin mir sicher, daß ich, wäre ich 100 Jahre früher geboren, nirgends lieber als in dieser alten, durch ihre Sprachen und Völker so vielschichtigen Heimat gelebt hätte.

Selbst in den Geschichten, Erzählungen, Schnurren, Berichten und auf den alten Photographien wirkt alles so lebendig, so daß man fast das Gefühl hat, es zu kennen, ohne es je selbst erlebt zu haben.

Freilich wurde dieses Gefühl der Zugehörigkeit auch größtenteils durch meine Erziehung geweckt. Besonders habe ich dies meinem Großvater zu danken, einem Donauschwaben, wie er im Buche steht.

Seit frühester Kindheit wurde ich so mit diesem "kulturellen Erbe" konfrontiert, begann es erst nach und nach zu schätzen, dann zu lieben.

Eben muß ich lächeln, denn mir fällt ein, was sich vor kurzem ereignete: Das Telefon klingelte, Opa hob ab, der Sprecher meldete sich, und mein Großvater überfiel ihn mit den Worten: "Ja was willst denn schon wieder mit mir, dem Warjascher Kukuruzschwob?!"

Abgesehen von all den Gesprächen, Besuchen, im Dialekt der Heimat erzählten Geschichten, kommt hinzu, daß ich meine Liebe zum Flachland entdeckte, seitdem ich oft mit meiner Mutter Urlaub im nördlichen Burgenland mache. Alles, die Landschafts- und Bauform, die Vegetation und das Klima erinnern mich an das Land, aus dem ich stamme, in dem ich aber nie leben durfte.

Vielleicht klingt es seltsam aus dem Mund einer 19jährigen: Ich bin jeder Gegend dieser Welt zugetan, ich mag die Berge, die mich in meinem Heimatort umgeben, die Wälder und Flüsse, doch — das Herz geht mir nicht auf dabei. Das schafft nur die Landschaft, in der alles eben ist, in der einem der Wind der Puszta ständig um die Nase pfeift, in der die Häuser weißer werden und näher zusammenrücken, in der es bereits wieder Maulbeerbäume gibt.

Wenn mir auch die alte Heimat nicht zugänglich ist, so beglückt es mich, einen solchen Ersatz gefunden zu haben.

Jetzt kann ich meine Großmutter verstehen, die oft glaubte, die Berge ringsum würden sie erdrücken. Lange Zeit habe ich nicht gewußt, was sie damit meint, wenn man aber einmal auf der Ebene gestanden, in die unendliche Weite geblickt und eine Nase voll dieses Windes genommen hat, dann weiß man, wie's gemeint war.

Oft, wenn ich in dieser Gegend bin, werde ich rührselig. Meine Mutter pflegt dann zu sagen, das sei die "pannonische Schwermut", und dann freue ich mich immer, etwas wie "pannonische Schwermut" im Blute zu haben.

Wider das Vergessen

Gewalt und Völkermord aus der Perspektive einer Jugendlichen

"Wir haben gelitten, weil wir als Rumäniendeutsche für Deutschland büßen mußten." Dieser Satz stammt von Maria Mayer-Szimsco, einer Frau, die nach Rußland deportiert wurde. Ich gehöre zu einer Generation, der die "Gnade der späten Geburt" erwiesen wurde. Ich kenne Kriege aus den Nachrichten, Morde aus den Fernsehkrimis und Deportationen aus den schriftlichen Berichten von Betroffenen. Wenn ich mich mit der Vertreibung unserer Volksgruppe aus Rumänien beschäftige, versuche ich, mir vorzustellen, ich wäre an der Stelle einer der jungen Frauen gewesen, doch es kann mir nicht gelingen. Ich weiß nicht, wie es ist, um sein Leben fürchten zu müssen, seine Heimat und Familie nie wiederzusehen, zu hungern und fast zu erfrieren, in Bergwerken zu arbeiten, in Baracken zu schlafen und von Ungeziefer verseucht zu sein. Ich weiß nicht, ob ich fünf Jahre in Rußland überlebt hätte, ob ich, wie wenige, geflohen wäre oder aufgegeben hätte und gestorben wäre. Ich kann nicht begreifen, wie Menschen anderen solche Dinge antun können, und ich verstehe auch nicht, warum es meiner Generation vergönnt ist, in Frieden und Freiheit zu leben, wo erst vor 50 Jahren Menschen meines Alters und noch jüngere ihrer Volkszugehörigkeit wegen verschleppt und getötet wurden.

Viel wußte ich nicht über die Geschehnisse der damaligen Zeit. Ich habe mich in Geschichtsbüchern über Daten und Fakten informiert und versucht, hinter die politischen Gründe zu blicken. Doch auch die erschreckende Ziffer von 75 000 deportierten Rumäniendeutschen, von denen mehr als zehn Prozent nicht wiederkehrten, sagt mir weniger als nur ein Aufsatz eines Betroffenen, eines Menschen von 75 000. Ich kann mir unter abstrakten Ziffern nicht viel vorstellen, doch wenn man solch einen Bericht liest, wird die Zahl von einem Menschen besetzt, und erst dann beginnt man, das Ungeheuerliche zu begreifen, das geschah. Ein damals Deportierter berichtet über das Verlassen seiner Heimatgemeinde: "Es war der traurigste aller Trauerzüge, die es jemals ... gab; ein so schreckliches Ausmaß an herzzerreißenden Szenen hatte die Gemeinde noch nicht erlebt. Es war, als stürzte der Himmel ein vor soviel geballtem Leid und Schmerz, als ergösse sich ein Lavastrom über die Ortschaft, um jedes Fünkchen Leben auszulöschen." Wenn ich mir nun vorstelle, wie junge Menschen von allem, was ihnen lieb ist, weggerissen, von Soldaten mit Maschinengewehren flankiert, wie Vieh zum Bahnhof getrieben werden, wie Eltern, Großeltern und kleine Kinder versuchen, das Unvermeidliche aufzuhalten, dann kommen mir die Tränen, obwohl ich nichts von alledem erlebt habe. Wie nichtssagend ist dagegen die Zeile in einem Geschichtsbuch: "1945 wurde nahezu die gesamte arbeitsfähige deutsche Bevölkerung Rumäniens in die Sowjetunion gebracht."

Die Verschleppung der Deutschen war ein Holocaust, systematisch geplant und ausgeführt. Doch betraf er einen kleineren Teil der Bevölkerung eines Landes, das den heutigen Westen nicht sonderlich interessiert. Deshalb ist es an uns Schwaben, vor allem an meiner Generation, sich über die Geschehnisse zu informieren und sich ihrer bewußt zu werden. Die Menschen meines Alters neigen zum Teil dazu, die Grausamkeiten vergangener Jahre vergessen zu wollen oder sogar zu verleugnen. Andere wieder können nicht aufhören, wieder und wieder davon zu reden, und übersehen dabei aktuelle Probleme. Wir müssen uns nicht andauernd an dieses Vergangene erinnern, denn es stimmt, daß wir nicht mehr dafür verantwortlich gemacht werden können — es gibt keine Kollektivschuld —, doch dürfen wir nicht vergessen, was damals geschah, aus Verbundenheit mit den Betroffenen und auch, damit wir solche Barbarei nicht selbst einmal zulassen.

Ich habe gelesen, die Vertreibung der Schwaben aus Rumänien war bis zum Jahre 1972 ein Tabuthema in jenem Land. Vielleicht stehen die Rumänen jetzt mehr zu den furchtbaren Geschehnissen vor 50 Jahren, die Deutschen tun es sicher nicht. Die letzte Zeit waren Politiker und Medien fast ausschließlich damit beschäftigt, der Befreiung des Konzentrationslagers Auschwitz durch die Sowjetarmee zu gedenken. Doch wer dachte daran, daß die Russen in einer Ecke der Welt die Deutschen befreiten und fast zeitgleich versuchten, sie in einer anderen auszurotten, indem sie sie von ihren Familien und ihrer Heimat wegrissen und unter unmenschlichen Bedingungen nach Rußland deportierten? Wieviele Deutsche wissen überhaupt davon?

Für mich, die ich weder einen Krieg noch eine Verschleppung oder ähnliche Gewalttaten erlebt habe, ist es unverständlich, wie schnell die Menschen vergessen können. Vor 50 Jahren hat die Welt zum ersten Mal versucht, den "Feind" auszurotten, und heute? Obwohl man meinen sollte, keiner wolle mehr Gewalt, Mord, Todesangst erleben, verfolgen wir Tag für Tag in den Medien, wie in anderen Ländern Kriege geführt werden, in Bosnien, Tschetschenien, in den unentwegten Kämpfen zwischen Israel und Palästina oder den afrikanischen Staaten und, noch relativ unbedeutend, in Nordirland. Und was ändert es, wenn Politiker und Journalisten in der Presse feststellen, man müsse endlich mit dem "Blutvergießen" aufhören, sich gegen die Gewalt wenden, gegen den Krieg, gegen den Faschismus, gegen die "Säuberung" von Gebieten und den Rassenhaß; dadurch wird sich nichts ändern. Letztendlich ist es unwichtig, ob die Indianer in Amerika wegen ihrer Hautfarbe beinahe ausgerottet, die Juden wegen ihrer Religion ermordet oder die Deutschen wegen ihrer Volkszugehörigkeit vertrieben wurden. Es geht doch darum, daß die Menschen — jedes Land hat sich irgendwann schuldig gemacht — nicht aufhören können, andere zu hassen, töten oder ausrotten zu wollen. Diese Haltung muß sich in unseren Köpfen ändern, wir dürfen uns aber nicht damit begnügen, Gewalt verbal zu verdammen, um Tote zu trauern und Kränze an Denkmälern niederzulegen.

All Leben still nun schlafen will

Gedanken zu Allerheiligen

Mich erinnern diese Worte nicht nur an die Feste Allerheiligen und Allerseelen, sondern ich finde, daß sie, diese beiden Feiertage auch sehr treffend beschreiben. Zum einen ist aus der Sicht des Christen der Tod ein Schlafen, und erinnern wir uns eines lieben Verstorbenen, so denken wir doch meist nicht an ein wirkliches Leben nach dem Tod, sondern mehr an ein stilles, ruhiges, von allen Sorgen befreites Schlafen, was sich auch in

Worten wie "entschlafen" oder "für immer einschlafen" zeigt. Zum anderen paßt das "still schlafende Leben" auf die Natur, die sich im Herbst auf ihre Ruhe vorbereitet und im November schon im kalten Nebel und unter einer Frostdecke schläft. Gerade dieser Monat verläuft in Stille, denn der Oktober mit der letzten Ernte und dem letzten Gruß des Sommers ist vorüber, und die erwartungsvolle Zeit des Dezembers mit der Vorfreude auf das Weihnachtsfest ist noch nicht gekommen. Deshalb haben wir Zeit, in diese Stille hineinzuhören und an jene zu denken, die von uns gegangen sind und die wir noch gerne in unserer Mitte hätten. Eine Gedichtzeile sagt, "die Toten feiern ihr Lebensfest" zu Allerheiligen, doch kann sich kein Lebendiger so recht mit ihnen freuen, wenn er an dem Grab seiner Lieben steht. Wir sind traurig, weil wir schon so viele verloren haben; viele, an deren Gräbern wir nicht stehen können. Wir denken an unsere Verstorbenen und wünschten, sie wären bei uns, doch sollten wir eigentlich mit ihnen das Fest ihres Lebens und nicht das ihres Todes feiern, denn für den Christen gilt das Ende des irdischen Lebens als Beginn des wahren Lebens, frei von allem, was uns im Diesseits bedrückte. Die folgenden Zeilen sind ein Auszug aus einem Allerseelengedicht von Franz Ginzkey:

> *Eine kleine Gemeinde ist sorglich da, die hält ihre Toten in treuer Hut.*
> *Man bleibt sich unentrinnbar nah, für hüben und drüben.*
> *So ist es gut.*
> *An Blumen flammt ein ganzes Meer, das rauscht dir wie Gesang ins Blut.*
> *Kein Hügel blieb an Farben leer, an Liebe keiner. So ist es gut.*
> *Fern liegt die Welt, die dich entläßt aus ihrer Unrast, ihrer Pein.*
> *Die Toten feiern ihr Lebensfest und laden brüderlich dich ein.*

Der Brauch des Allerheiligen- und Allerseelenfestes wird schon seit langer Zeit gepflegt. Schon im Jahre 998 erklärte der Abt von Cluny in Frankreich den zweiten November als den Tag der Toten. In vielen Landstrichen wurde seither das Allerseelenfest begangen, als kirchlicher Feiertag erst seit dem 15. Jahrhundert. Der tiefere Sinn des Allerseelenfestes kommt schon am Allerheiligentag zum Ausdruck. Es ist ein Tag der Gemeinde, ein Tag, den alle mit dem Gang zum Friedhof gleich begehen, oft nicht nur an die Gräber der eigenen Familienmitglieder, sondern auch an die verstorbener guter Freunde oder Bekannter. Zusammen mit deren Familien erinnert man sich oft an vieles, was man mit dem Verstorbenen erlebte.

Da das Allerseelenfest auch in früheren Jahrhunderten ein Fest der Gemeinde war, spielte der Aberglaube eine große Rolle. Die Menschen glaubten, daß die Toten vom Mittagsläuten zu Allerheiligen bis zum Abend des Allerseelentages auferstehen und in ihre früheren Häuser zurückkehren könnten. Deshalb stellten sie Speisen und Getränke bereit und ließen in der Nacht eine Kerze brennen, um den armen Seelen den Weg zu erleichtern. Der Schriftsteller Peter Rosegger berichtet über den steirischen Brauch, am Allerseelentag keine Türen zuzuschlagen, damit sich keine arme Seele dazwischen verfange. Weiters achten die Menschen darauf, keine Gabeln, Messer oder Rechen mit den Spitzen nach oben liegenzulassen, damit sich die Seelen der Verstorbenen nicht daran verletzen könnten. So kindlich und naiv diese Vorstellungen auch scheinen mögen, von ihnen ist zu lernen, daß wir unsere Toten in unser Leben einbeziehen, ihnen nicht nur einen Platz in unseren Herzen, sondern auch in unseren Häusern geben, indem wir Fotografien von ihnen aufstellen und, auch wenn es uns traurig macht, von ihnen erzählen.

In einem Text heißt es, daß die Toten das Heimrecht verlangen. Sie wollen immer noch Teil ihrer Lieben sein, doch wenn man nur klagt und sie beweint, so scheuen sich alle, von ihnen zu reden. Doch sie wollen, daß man von ihnen spricht und sich erinnert; denn nur so können sie immer noch da sein.

Der Gang zum Friedhof am Allerheiligentag ist die Stunde des Gedenkens für die ganze Gemeinde. Nicht daß wir sonst auf unsere Verstorbenen vergessen, doch an diesem Tag werden wir besonders an sie erinnert. Wir stehen am Grab des einen stellvertretend für all die anderen, an die wir denken. Mein Großvater erzählte mir, früher mit anderen Flüchtlingen unter dem Friedhofskreuz gestanden zu haben, da alle Verstorbenen in der alten Heimat begraben sind. Und es waren so viele, an die man dachte: Großeltern und Eltern, im Krieg gebliebene Brüder und Schwäger und in aller Welt verstorbene Angehörige. Viele Vertriebene standen in unserem kleinen Ort damals unter dem Kreuz, jetzt kein einziger mehr, denn alle haben sie nun schon ein Grab in der neuen Heimat, an dem sie stehen. Und wenn wir jetzt an diesen Gräbern stehen, denken wir auch an jene, die niemals mit Kerzen und Blumen geschmückt oder von einem lieben Menschen besucht werden.

In unserer Trauer ist es einmal mehr die Theologie, die uns tröstet, denn sie spricht vom Allerheiligen- und Allerseelenfest als dem "dies natalis", dem Geburtstag der Heiligen und aller armen Seelen. Diese Bezeichnung finde ich sehr schön, denn sie sagt mir, daß die Verstorbenen an dem Tag wiedergeboren sind, an dem wir alle ihrer gedenken. Und ein Spruch sagt uns, daß man die Menschen, die man geliebt hat, nirgends als im eigenen

Herzen suchen kann. Und im Herzen eines liebenden Menschen wird der andere immer lebendig sein, auch wenn er nicht mehr auf dieser Welt ist. So können wir an den Gräbern stehen und unseren Lieben Blumen und Kerzen schenken, vor allem aber die Gewißheit, daß sie immer bei uns sein werden und das Heimrecht in unseren Häusern und Herzen haben.

Josef Gabriel der Jüngere hat den tiefen Sinn des Festes in einem Gedicht mit dem Titel "Allerseelen" ausgedrückt:

> *Kumm, geh mer in de Friedhof naus,*
> *Dort is em Dorf sei tiefes Haus!*
> *Das Oweri tät gar nit sin,*
> *Wär selles Tiefi nit dort drin.*
>
> *Kumm, brenn mer liewe Lichter an.*
> *Die zeitlich Frucht will Schnidder han!*
> *Die Krisantin neigt ihr Blumm*
> *Vor 'm Tod, so schwer, so schtumm.*

Erika Áts
Miskolc — Budapest

Erika Áts wurde am 11. August 1934 in Miskolc (Komitat Borsod-Abaúj-Zemplén/Ungarn) geboren. Sie entstammt einer bürgerlichen Familie. War langjährige Redakteurin des Wochenblattes der ungarndeutschen "Neuen Zeitung", später stellvertretende Chefredakteurin der Wochenzeitung "Budapester Rundschau". Sie hat sich als Herausgeberin der ersten ungarndeutschen Anthologie "Tiefe Wurzeln" (1974) verdient gemacht, setzte aber auch mit ihrem einzigen selbständigen Band "Gefesselt ans Pfauenrad" (1981) Maßstäbe. Dieser Band enthält eigene Gedichte in modernen freien Rhythmen sowie Nachdichtungen von ungarischen Poeten des 20. Jahrhunderts. Erika Áts lebt in Budapest.

Du meinst

Du meinst
er selbst hätte sich all das eingebrockt
ständiges Beleidigtsein
und undiplomatisches
Mit-der-Tür-ins-Haus
könne sich heutzutage
niemand mehr leisten
und so verscherzte er auch das restliche
Wohlwollen Zuständiger
außerdem
gäbe es da auch undurchsichtige Verwandtschaft
durch die ebenfalls Wirrwarr entstanden
sein Blick für jede Realität getrübt
doch solle man sich
zum Teufel
Manns genug
selbst beim Schopf packen
so wissest du nicht
ob opportun
trotz seiner eindeutigen Verdienste
für diesen Querulanten
dein Wort einzulegen
um das er bat

Ich meine
niemand schlägt um sich ohne Grund
die Welt
verwandelt sich auch nicht auf einen Schlag
in Windmühlen
bis Wille zu Stöcken erstarrt
bis sich ein Herz
zur Faust krampft
lang der Weg
hab Mut ihn abzusuchen
wobei du dir freilich in einem Schlagloch
möglich
die Knöchel verstauchst
mit dem Gesicht
in Nesseln landest
richte
wenn du dich aufgerappelt

Zu Dir laß mich beten

Zu Dir laß mich beten, Pfauenrad Weltall,
zu Deinen Milchstraßen, wo sich spiegeln unsere Mohn- und
                                                          Schlachtfelder,
Deinen Bausteinchen nicht mehr meßbar,
zufallsgeworden zu Sand, Silber, Seerosen,
zu Wind baumgesiebt, gesponnenem Nebel, mürben Ameisenhaufen,
hilfreichen Brücken,
Harmonikaspiel in Vorstädten.
Zu Dir, Unzählbargesichtiger!
Der Du gebierst Küken in Fäule
und Unterholz nährst mit fliegenumflirrtem Aas,
Früchte zeugest mit Bienen und loderst im Ansturm der Spermen,
in der Nabelschnur glühst Du und trillerst
aus Säuglingspopos muttermilchwarme Pupse,
zu Knorren verkrustest an schwere Stiefel aus Arbeit nach Hause
                                                          schleppenden Füßen,
zu Nußschalenschwielen an Handflächen Werkender,
bist die Klinge im Kreuz der Greisinnen, wimmerst
im faulen Zahn,
abträgst und aufbaust des Mutterleibs rosa schimmernde Wände,
während sich drehen die Zeiger des Mondes,
auf Mitternachtswiesen sich Liebende
bindest Du mit Seilen straffer Lust,
und tausendfach blühst Du in Lippen, Rosen, Korallen,
im Krebsgeschwür noch spielst Du Geburt,
vermehrst mit grausigen Knospen das junge Gewebe meines
                                                                     Geliebten.

Flammender Dornbusch, unendliches Werden!
Laß ab vom Opfer,
gebiete Einhalt
dem Einmaleins entsetzlicher Gesetze,
dem Jammer unsres hochherrlichen Wissens:
Und wenn zugrunde geht der Einzige,
so werden doch gebaut die blauen Kuppeln,
                            zerbrochen eherne Türen,
                            zerschlagen eiserne Riegel.
Weh nur den Tulpen, die aus einer Zwiebel,
                        Flüssen aus einem Quell,
                              reihengeschalteten Blutkreisen wehe nur!

Sieben vom Turm. Im Abenddunst sich kräuselt
Suppenduft. Jede Zeit
hat ihre Stunde.

Die Linde

Eine ungarndeutsche Erzählung

Die Linde — weit blickend — am Dorfrand
ihre Geburt in Niemands Erinnerung
nur im Alleswissen langsam ablaufender Gehirne
der von Sonnenrunzeln gezeichneten Dahingreisenden
lebt noch dem Lechner-Zacharias seine Stunde
des Ältesten derer die von oben gekommen mit Barken
den Spaten den stieß der Sohn in das Erdreich
und pflanzte ans Kopfende des Grabes den Setzling
daß sich der Vater festhalte dort an den Wurzeln
die seine Säfte ins Tageslicht leiten
ins Laub

Die Linde — weit blickend — am Dorfrand
in Jahresringen was war fest eingebaut
Bild-Ton-Emotionskonserve der Landschaft
und ihrer Kinder
nur mit dem überempfindlichen Taster
verständnisvollen Verstandes abhörbar
als Echo von Muß Soll und Möglich
in Überlandströmen
Unterweltfluten
in den Spuren des Sämanns und der Krater von Bomben
der Treulosigkeit in der Treue und der Treue in der Treulosigkeit
des miteinander Verschlungenseins
und des voneinander Verschlungenwerdens
eine Melodie aus tiefunterster Sehnsucht geboren
wie ein Volkslied
sich weitend
in jener Spirale der Dialektik
wo durch Wissen und Tun und Unwissen und Un-Tun
Gesetze sich drängen

über Stamm und Geäst ins Laub
Säfte von Schollen zum Licht

    Im Grün der Linde nisteten die Wunder,
    Sie sog den Sonntag in die Blätter ein,
    Den Duft von Mädchenröcken und Holunder
    Und den von Heu, dem Bett beim Stelldichein.

    Atmete, wenn sich hochstemmte der Abend,
    Der Burschen scheuen, dankbar-braunen Blick
    Über die Wiesen aus, die Greisin labend
    Mit süßem Sehnen: Drehdiezeitzurück.

    Wenn Kirmes war, dann trug sie ihre Blüten,
    Stolz wie ein junges Weib den Perlenkranz,
    Trank aus Trompeten, blanken Messingtüten
    Musik und Glut zum nimmermüden Tanz,

    Sie hieß die Ästchen zappelnd Polka zittern
    Und spielte mit den Liedern Ringlspiel,
    Ließ zausen sich von Fröhlichkeitsgewittern,
    Bis ihr die weiße Pracht zu Füßen fiel.

Die Linde ließ kreisen
den ätzenden Schweiß auf langschmalen Feldern sich Bückender
von Morgenstern bis Abendstern
das Salz ihrer Mühen von Schwarz über Grün
für das Gold
geschürft im Blitz der Sensen
verarbeitet zu jenem qualligen Weiß
mit Rinde wie ein Stück Baum
das sie verzehrten in ihrem Schatten

das Gespann
des Großbauern und die strahlensprühenden Pferdeleiber
schaute sie und die Not
des Kleinhäuslers im Milchsuppentopf
auf die Harm des Tagelöhners
der an ihren Stamm gelehnt
die Heller in der zerfetzten Hosentasche
in endlosem Ritual gegeneinanderrieb
tröpfelte sie Tau
es zischte
wie auf erhitztem Stein

daß Leute arm seien wenn sie nichts taugten
der Fleißige schafft's
vertrauet auf Gott er wird's wohl machen
mit immer denselben Armen
immer denselben Reichen
und jedes Jahr Kirmes
dann trug sie die Blüten
trank Fiedelklang

Die Linde — weit blickend — am Dorfrand
kein Zeichen
kein Komet
auch kein Krötenregen
als aufstieg
wie die Wirrnis von Gelsen über graugelbem Morast
ansteckend fiebernd die Wandlung
gestern
war noch die Luft klar Sonne blubberte im Gras
nun blähten sich Mauern wie überreizte Gedärme
und Schornsteine pafften Schwaden von Unbehagen
unter einem eng gewordenen Himmel
als auf ausgesoffenen Weinfässern
Kanzeln hölzernen Hasses
gereizte Gehirne das stutzige Stieren in den Augen
in flackerndes Kreuzigt Ihn verwandeln wußten
weil sie addierten die Sehnsucht nach Pferden und noch 'nem Stück
                                                                          Wiese
mit dem Ekel vor Einbrenn zu Suppe verdünnt
und den Schulden beim Krämer
    Täglich ein Huhn im Topf,
    Für alle Söhne Felder,
    Häuser, Gärten, Wälder,
    Die Steppen sind reich,
    Dort holen wir uns
    Die Ernte, das Gold,
    Das Reich!

Bis einer rief: *He, das stinkt!*
Zuerst haben sie ihn nur abgewinkt,
doch als er nochmals rief: Das Vaterland
wollt' ihr verraten, eure eigne Hand,
die hackt ihr ab! Aus Paul soll werden Saul?
Kam es im Chor: Du Rongyos, halt dein Maul!
Am Morgen war sein Fenster eingeschlagen,

mit einem Stein, gewickelt in Papier,
auf diesem stand: Wagst du noch was zu sagen,
kannst du erleben, *Was* und *Wer* sind *Wir*!

Da hat den Mund er nicht mehr aufgetan
und mied den Platz, wo öffentlich sie brüllten,
doch abends, wenn die Hügel sich verhüllten,
schlich er mit Freunden zu den Kellern hoch,
zuerst zu dritt, zu viert, und später noch
wars gar ein Dutzend, das da dischkuriert'
und weitergab der Frau, dem Ahn, dem Kind,
was Treue ist und was Verräter sind,
und wie man sich von der Krankheit kuriert.

Doch als im vierundvierzger Jahr, im März,
noch schlimmer wurde, was schon schlimm genug,
sagten sie sich: Nun hoch das schwere Herz!
Jetzt brüllt so laut wie Die: *Das ist Betrug!*
Laßt euch nicht von den Trommeln überdröhnen,
sagt's jedem Sohn: Falsch sind die Fahnen, falsch!
Die da in Prinzen Eugens Namen grölen,
fallen, ihr werd'ts erleben, auf den Arsch!
Söhne, seid auf der Hut, laßt euch nicht ködern,
denn die da mustern, sind des Teufels Brut,
sie winken uns mit Sieg, Feld, Speck und Knödeln,
dazu zu trinken aber gibt's nur Blut!

Wie zähes Eis, wenn heiße Winde hart
die Landschaft rütteln, barst das Dorf entzwei,
auch mancher Sohn zum Wolf des Vaters ward,
Wut, Weh und Wein verdickten sich zu Brei;
im Wirtshaus krachten Schädel zum Zerspringen
und aus dem Stiefelschaft die Klinge sprang,
wenn *die da* wollten ihren Szózat singen
und *die dort* fahren gegen Engelland.

Dann hat's der Büttel ausgetrommelt,
wie's jedem Defätisten geht:
Drum tut stets, was der Ruhe frommet,
ehe ihr merkt, daß es zu spät,
und hört, was man mir aufgetragen,
sie mußten schaufeln einen Graben,
dann hat man sie hineingeschossen,
den Grieber-Paul, den Lercher-Jochen,

so geht's dem, der nicht hören will!
Da ward's im Dorfe totenstill.

TOTENKLAGE EINER MUTTER UNTER DEM LINDENBAUM

Als du fortgingst, mein Kind, da blüht' der Salbei,
Kornblume, Mohn und Rosmarin,
du sangest, mein Sohn, als wär's dir einerlei
und zogst mit den andren dahin.
Was bekümmert, was bekümmert dich der Vögelein Gesang
und auch die Fuhrleute fahren,
das sangst du, mein Kind,
und noch lange im Wind
hört' ich die Melodie schlagen.

Ich wußt' auch, mein Sohn, daß dein Herz nicht so leicht,
so singt doch ein Kind, wenn es finster,
und hofft, daß sein Trällern die Ängste verscheucht,
mein Kind, jetzt blüht der Ginster,
und rosarot und rosarot
war dein Gesicht in der Wiege klein,
und du, mein Kind, du bist jetzt tot ...
    hejl, pupejl, was krabbelt im Stroh,
    die kleinen Wurigänschen, die schnattern ja so,
    hejl, pupejl, was wollen sie sagen,
    es schenkt dir die Mutter einen goldenen Wagen ...

Der Hans, der kam heim, der hat erzählt,
was da vorgefallen,
man hat euch und manche noch ausgewählt
in das Dörfchen einzufallen,
alles hat er erzählt, der Hans,
daß ihr Feuer aufs Feld gegossen
und zwei kleine Alte, die hockten auf dem Ofen,
die habt ihr niedergeschossen,
weil sie auf Gewehren gesessen sind,
die steckten unter den Fellen,
die Gewehre gehörten den Partisanen, ja,
das mußtet ihr denen vergällen.

Hejl, pupejl, der Hans, ja der lacht,
und sagt, wir soll'n sein auf dich stolz,
ich aber, mein Kind, seh das Häuschen an der Gracht,
er sagt, 's war ein Häuschen aus Holz.
Ich sehe die Leutchen am Ofen sich ducken,
und dich seh ich, dich seh ich Kind!
Wie soll ich jetzt meine Suppe noch schlucken?
Taub möcht ich sein und auch blind!
Es hing auch ein Bildchen über dem Bett,
aus goldenem Blech und mit Perlen ja nett,
die Mutter Gottes mit ihrem Kind,
das holtet ihr dorten heraus,
jetzt hängt's in dem Hans seinem Haus.

Der Hans, der meint: War halt Befehl.
Wer hat den Befehl ersonnen?
Hejl, pupejl, du bist mein Kind,
und nie wirst du wiederkommen.
Nie kann dich entreißen der Mutter Leid
dem Tod, diesem grausigen Brunnen.

   Hejl, pupejl, was krabbelt im Stroh,
   die kleinen Wurigänschen, sie schnattern ja so,
   wie soll ich die Alten im Dorfe noch grüßen,
   möchte dich rächen, möchte dich büßen!
   Wer hat dich von mir weggeschickt?
   Oh Kind, mein Kind, ich weiß es nicht,
   muß mit dir gehen ins Gericht,
   wer hat gesät den Samen?

   Schlaf, Wutzel, schlaf,
   im Garten sind die Schaf,
   die schwarzen und die weißen,
   die wollen das Wutzel beißen,
   dort drob' auf dem Berg die scheckige Kuh,
   die gibt dir dein Vater, wenn's heiratn tust,
   hejl, hejl, grüne Staud,
   rote Pupperl drauf,
   daß das kleine Wutzel schlafen kann ...

Die Linde — vereinsamt — am Dorfrand
Wie eine Seismographnadel bei fernem Erdbeben
ritzte sie Zeichen in das Eis des Himmels
witternd die Weite

woher gepanzerte Wogen sich schoben über Hürden von Hügeln
dröhnende rote Herzen
und Augen
in denen die in Brand gesteckten Weizenmeere
und das letzte Flehen der Altchen
malmender als jede Technik
Kanonen und Katjuschas
Abertausende Kilometer Fußbreit um Fußbreit
Tankbreit um Tankbreit
bezwangen

Die Linde im Panzergewoge
sah brodeln
tosen
sich winden in Krämpfen des Kommenden
den Mutterleib der Landschaft
sich werfen dem Firmament entgegen
und gebären
den Frieden

ein Wind kam auf
sachte und leis
tastend
wie liebende Hände
von werweißwoher flatterte ein Körnchen
in von Raupenketten gepflügte Furchen
Und Frühling ward's
die Linde wollte grünen
lauscht' bang ihren Säften
ersehnte das Prickeln in ihren Astspitzen
daß es sich ankündige
doch die Wurzeln
verbissen sich in das Erdreich
alles nach Oben Drängende drosselnd
daß es versickere in jähe Tiefen

Die Linde — verdorrtes Geäst
über Sonne und Lüfte
Düfte und Töne
brütet die Blinde

horchte aufs Kommen und Gehen der Züge
Züge, die auf Schienen knatterten
und auf aufgerissenen Landstraßen sich vorwärtsschoben

aus den moldawischen Bergen
Dörfern mit Namen wie Gottstehmirbei
herumgestoßen alle die Jahre
aus dem Oberland
vielleicht
in neue Heime
Züge
sich entfernend
sterbend im Rattern

wie Wirbelwind sprang es sie an
Verbissenheit und Groll
Sichverriegeln
Nichtdrandenkenmögen
verharmloste Harm
und die Bitternis des Übereinenkammgeschorenwerdens
auch Hoffnung
endlich auszuruhn

Aus den eingetrockneten Adern ihrer einst bauschiggrünen Lungen
pfiff Schwindsucht
sie klammerte sich
an die bunten Drachenfetzen in ihren Ästen
denn nichtswissend die Kinder
an den weißen Duft bleichenden Linnens
denn Frauen decken wieder Betten auf
wenn *hü-hott* und *hó-ha* den Boden bestellen

Ein Tag kam auf mit wonnewarmer Sonne
ein Trecker brummte am Feldweg vorbei
wie über Saiten des Cellos der Bogen strich das Summen
über die dürren Zweige der Linde
und sie flehte
    Ihr Wurzeln, entkrampft euch,
    ich möchte sehn,
    erblicken die Landschaft
    und die sie bestellen!
    Rüstet, ihr Säfte, zum Auferstehn
    hoch in der Sonne, der hellen!
    Höret, ihr Wurzeln, uns brauchen sie noch,
    das Laub, daß es labt in der Glut,
    es gibt neue Lieder, die möcht ich verstehn,
    Wurzeln, fasset Mut!

Es kam der Mai und sie sah übers Feld,
und wieder trug sie ihren Blütenschleier.
Und sah das Feld in einem Stück bestellt,
und hört' den *Kovács* spaßen mit dem *Mayer*.

Am Kirmestag, da spielte Blasmusik
zum Hochzeitsfest — was ganz nach ihrem Sinn,
denn schön die Braut, der Bräutigam so schick:
der Toni und die Oberländlerin.

Ja, dieses Glück, das wollt' sie fortan hüten,
liebkost' die Locken unterm Myrthenkranz,
und trank wie einst aus blanken Messingtüten
die Melodien zum nimmermüden Tanz.

Sie hieß die Ästchen zappelnd Polka zittern
und spielte mit den Lüften Ringelspiel,
ließ zausen sich von Fröhlichkeitsgewittern
bis ihr die weiße Pracht zu Füßen fiel.

Parabel einer Pantomime

Hommage à Picasso

Zwischen Beinhaus und Ringlspiel
suchen wir,
suchen
den Knopf, Kindheitsgold mit dem Anker,
seit wir den Matrosenanzug mit dem Trikot vertauscht,
Farbe Knochen-und-Blut,
zur Schau stellen unseren Schmerz, daß wir es Suchen,
das vom Faden gerissene Herz.

Schwimmt es mit den Fischen,
harpunenbedroht,
blökt es aus den Augen der Schafe auf dem Schlachthof,
der Schafe aus Lidice in Terezin?
Wimmert es siebenfach eingesiegelt
in den Fresken der greisgrauen Kapelle,

unter den Hufen jenes fahlen Pferdes,
darauf der Reiter, dessen Name Tod,
ihm Hölle folgt, und dem die Macht gegeben
zu töten einst das vierte Teil der Erde?

Halb so ungeheuer wie die Schützen
hinter der Scheune des Bauern Gorak,
vor deren Füßen ein Dorf Männer fielen,
weil sie hatten ein Du-und-Ich-Gesicht,
und der das filmte, *komm und siehe zu,*
hatte Augen.

Noch stehn sie herum auf dem Marktplatz der Zeiten,
vielleicht ist einer auf den Knopf getreten,
daß es bedarf des Zaubers lichter Geister,
zu finden unser Herz
mit dem Zeichen der Ankunft
dem Anker.

Sieh ihn dort tanzen, den phantastischen Alten von Antibes,
halbnackt, im Rhythmus lichterloher Blumen,
Berge wiehern ihm nach aus todwunden Nüstern
und Sonnen versickern im Sand
wie Stierblut.

Sieh ihn sich bücken hinab zu den Krümeln der Freude,
den Spuren des Mädchens glockenberockt,
geworden zu Tauben,
siehe ihn streicheln die Runzeln sich sonnender Greise,
singen im Chor der Ruder nach Noten des Flusses,
zu den Burschen laufen am Steg,
sich verfangen im Kinderknäuel vor dem Neubau.

Sieh, mit einer Tulpe auf langem Stiel
malt er aufs Pflaster
das Bild
des zerbrochenen und wiedererstandenen Clowns,
ein Tupfer goldglasierter Himmel,
auf dem die längst davongeschwebte Schwalbe
ihren lodernden Abdruck hinterlassen,
ist das Herz
inmitten der Stirn.

Troika

Sternsplitternde Schollenhufe,
Mondglitzernde Sichelkufe,
Finsternis ackernde Rufe:
Hei, der Schlitten — eisbemannt.

Lichtverfilztes Mähnenwallen,
Schnee, zerfetzt von Klingelkrallen,
Bergversetzendes Verhallen
vor der Föhren Orgelwand.

Nüstern — schaumig aufgerissen,
Flanken — glanz- und salzzerbissen,
Holzgesicht mit Augenritzen:
Baum, zweiästig, dreibespannt.

Ströme — windbeschnallte Zügel,
Wogen — schweißbereifte Hügel,
Brausen — nachtgetränkte Flügel,
Hei, über des Morgens Rand!

Johann Auer
Karawukowo — New York

Johann Auer wurde am 7. April 1928 in Karawukowo (Batschka/Jugoslawien) geboren. Nach der Volksschule besuchte er die Bürgerschulen: serbokroatisch, ungarisch, deutsch. Nach dem Umbruch 1944 und der harten Lagerzeit nach Österreich, wo der Anfang schwer war. Es gab keinen Weg zurück zum friedlichen Dorf und zu dem Kaufhaus, das die Eltern führten. Hatte seine Eltern in der Kriegs- und Nachkriegszeit verloren und seine jüngere Schwester zu versorgen. Möglichkeiten zur Fortbildung, in dieser Zeit war er freier Mitarbeiter für "Linzer Volksblatt", "Neuland", "Wegwarte", "Donauschwäbische Rundschau", "Salzburger Nachrichten", "Der Donauschwabe". Für den jährlichen Buchkalender der Donauschwaben und andere Jahrbücher schreibt er seit 45 Jahren. In Österreich wurde ihm empfohlen, auch in donauschwäbischem Dialekt zu schreiben: "Landsleit und andere Mitmenschen", "Lusticus". Für Kinder schrieb er das Büchlein "Trill und Trall". Im Jahre 1955 kam er in die USA, dort Ehe mit Barbara Keller aus Filipowa, aus der drei Kinder hervorgingen. In den Staaten verfaßte er eine Reihe donauschwäbischer Märchen. Aus der Lagerzeit unter Tito kam sein Tagebuch "Bittere Episode" in 52 Fortsetzungen zum Abdruck. Es fiel ihm leicht, in Mundart zu schreiben — wie aam dr Schnawl gwachse isch —, und als ihm "Der Donauschwabe" wiederholt schrieb, wie gut seine Spalte "Lirum-Larum ..." bei den Lesern weltweit ankommt, schrieb er viele Jahre weiter: Es wurden über sechshundert "Lirum-Larum ..."-Beiträge, die er den Nachkommen in einem Buch zusammenfaßte: "Schwowisch iwr alles!"

Ameriganisch is a schweri Längwitsch

Special fer die Schwowe von draus

Wenn mol Tänksgiwing vorbei is un ewriwär in dr Striehts die Christmäs-Bells ringe, dann is Zeit for Schapping, damit dr Sänta-Kloos dr Kids aa dene ihre Präsents bringe kann.

So manchr Dime un Quarter muß during de Jiehr bei jedr Passibility gsäft werre, bikos des is doch bei uns in dr Ju-Es-Ä aa nit grad so, wie sich des die Juropiäns denke: Mr braucht ner do dr Talr ufm Dreivway ufpicke. So iesi is des nit.

In dr Beginning is jo die Längwitsch fer alli Grienhorns a Prablem, bat des Guti is, daß mr for frie in die Ivning-Skuhl gehn kann. Die Tietschers sin enihau alli neiß Fellous, un so is des a Plähschr aa fer die Grounap-Piepl, wenn sie in dr Klässruum sitze leik die Boys un Görls.

Bei dr Kids geht des mit der Schproch fäst, die sin mit ihre Frends beinandr un tschäntsche ihre Zunge reitaway. Wenn sie mol die Bluudschihns aaziege un mit dr Beiks zwischr dr Kars reide, dann sin sie äniway schun nätschuraleist.

Hauewr, es is fer die junge Kids a Impruufment, wenn sie jetz aa in die deitsch Schul gehn kenne. Do lerne sie ät liest, wie mr ins alti Land a Brief reitet. Un unsr schwowischr Kälendr sollt ihne beim Riede aa nit diffikult sei.

Plenti vun unsre Leit sin in dr Siti. Die hän sich vum Farm-Leif schnell umgschtellt un arweite liewr in dr Fäktoris un Schapps. Serfor oune aa schun viel a Haus mit allm Kamfort, inkluding a Kahr, Tellrwischr, Wäkjumklienr, Wasching-Maschin un samteims in dr Bäckyard aa a Swimming-Puul. Do is viel Luxus, un wer plenti Mani hot, der besitzt aa, so wie drhaam die Großbaure, a Sallasch. Do awr eifachr: a Bungalo.

Of kors, do helft alles mit, wenn was im Bau is. Die Arweit, die dr Bricklejr, dr Karpntr, dr Päintr un der Plammr tut, werd ofn vun dr oun Fämili durchgfiert.

Well, an dem Stadtlewe kann mr samteims fer die Tschildren sarri fiehle, bikos die wisse ofn nitemol, wie a echti Kau ausschaut, dschäst weil sie nit in die Kontri kumme. Samteims sie sehne ner die Tiere dann, wenn sie in Zuh gehn. Un die Juropiäns denke, die Amis wäre alli Kauboys.

Eidontnoh, ob die nit denke, daß aa des Kaugummi vun der Kaus abstammt. Die in Dschörmäni un Ostria mache jo alles dr Ju-Es-Ä hintenoh, maibi die denke, mir importiere a nuh Kaltschr.

So. Schwoweleit, täk it iesi un harry ap wennr bisi sin. Ner awr nit vrgesse, daß ihr die Kids aa noch allweil deitsch lerne solle, un nit zuviel mixe! Un always draa denke: Mir sin Schwowe, odr Dänjub-Swabiäns in dr Ju-Es-Ä.

Das unbegrenzte Amerika

Wolkenkratzer und Erdhöhlbewohner,
Geizige Prahler und Dürreverschoner,
Reichtumbegehrende Dollarbaumgucker
Und zeitlos-gähnende Kaugummispucker.
Alles bekannt, denn alles war da —
Im unbegrenzten Amerika.

Speckspießgewandte Picknickfahrer,
Statt "yes" nur "ye"-sagende Modesparer,
Dann vollautomatische Säuglingsbetreuer
Und schreckenerregende Abgabesteuer.
Ultramodern seit Kolumbus es sah —
Das unbegrenzte Amerika.

Würstelstände in Drogerien,
Leute, die Hunden die Pelze anzieh'n,
Den Katzen in Kannen das Futter kaufen
Und die, die Kanarienvögel taufen.
Man leistet sich sonst noch so manches Trara —
Im unbegrenzten Amerika.

Geschäftsbegnadet, gut im Handel,
Hält Kaufmannswelt durch Jahreswandel
Dem Publikum die Waren feil,
Als wär's des ew'gen Lebens Heil.
Und kaum zu finden in Europa —
Wohl aber im unbegrenzten Amerika.

Nonstoplaufende Kinoprogramme,
Früchte auch von entferntestem Stamme,
Schuhputzer — Union-organisiert —,
Schwindler, mit allen Salben geschmiert.
Mit allen Wassern gewaschen — hurra!
Im unbegrenzten Amerika.

Mit Völkerstolz den Truthahn feiernd,
Vergnügt an den Nerven des Nächsten leiernd,
"Bei Phon" seine eigene Leiche bestellend,
Sich lebend unter die Toten gesellend.
Man staunt, wie es dann doch so plötzlich geschah
Im unbegrenzten Amerika.

Wunder und Fortschritt ohne Ende
Auch für jene gesottensten Restbestände
An Leuten, die nach Erklärung trachten,
Was wohl die Staaten zum Wunderland machten.
Es lag doch so ferne und ist nun so nah —
Das unbegrenzte Amerika.

Zwaa Banater Rekrute in Mazedonien

Schun vor mehr als zwanzich Jahr is die Gschicht passiert: Do ware mol zwaa junge Rekrute aus aam schwowische Banatr Dorf während ihrer Ausgangszeit aus der Kaserne in Vranje, Mazedonien, uff a Stadtrundgang gange, und uff dem Spazierweg sin sie aa an aanre raazische Kirch vrbeikumme. Um die zwaa junge Männr awr noch vorzustelle: Es war dr Fideli und dr Gregori.
Wie sie do vor dere Kirch stehn, sagt dr Fideli zum Gregori: "Sollte mr denn nit do nei geh, du hosch doch bestimmt aa noch ka raazischi Kirch vun innewenzich gsehne? Nahat, was maanscht?"
Sie hän sich geaanicht, obwohl sie a bissl vrstawwrt ware, not hän sie ihre Tschaika vum Kopf gnumme un sin neigange. Dr Pharrevettr odr Popa, wie mr do sagt, hot grad a Zeremonie ghalte un hot mitunr was aus seim Vollbart gepruttlt. Dr Fideli un dr Gregori hän natirlich nix raazisch vrstande, awr sie hän sich logischrweis in dere Fremde ganz manierlich benemme mächte, daß sie nit bei dr andre Leit während dr Messe so uffalle. Sie hän sich in a Bank ghockt. Wenn die Leit sich hiegekniet hän, hän sie aa hinternogmacht, wenn die sich gekreizicht hän, ware unsr zwaa Rekrute ka Augesblick zu spot un hän sich aa gekreizicht, unsoweitr. Uff aamool dreht sich dr Popa-gospodine während dr Zeremonie am Altar rum un richtet a Frage an die gläubige Gemeinschaft. Dr Fideli un dr Gregori hän des awr nit vrstande, was der dart raazisch gfrogt hot.
Do steht schun a jungr Mann newrm Fideli un Gregori in dr Bank uff, un die zwaa sin natierlich jetz a glei uffgstande. S ganze Publikum in dr Kirch hot glacht, un sogar dr Popa hot gschmunzlt.
Des war nämlich so: Dr Popa hot an die Leit bekannt gewe, daß in dr kommende Woch am Dienstag das Kind einer junge Frau getauft werde wird, un dr stolze Vatr soll aufstehn un sich dr Gemeinde vorstelle. — Servus Keisr un — Atje Schnitz!

Lirum Larum

Die Marjanbäsl aus Teroni hot als gsagt: "Berg un Tal kumme nie zamm, awr die Leit kumme zamm!" Was die Marjanbäsl do eigentlich gmaant hot, kann uf vrschiedeni Art ausglegt werre: Mr kann zammkumme, wu mr noch nie anand gsehne hot, odr wiedr zammkumme mit wem, wu mr schun a halwets Lewe nimm gesehne hot. Odr mit dem zammkumme, mit wem, den mr gar nie hot sehne welle. Sowie zum Bleischtift, bessr gsagt Beischpiel: dr Schteier-Exequent, der was jo wegr seim Beruf schun zu Christi Lebszeite a unbeliebtr Mensch war.
Odr andrscht zammkumme, mr werde vorgschtellt: "How do you do" — mit dr Gummischuh! Odr noch selmols, wu dr großi Buh sei "Mensch" vorgschtellt hot, un die Godl hot ner im Hintrgrund gephischprt: "Kann sie aa koche un ... gschpare?!" Odr gar die Urschlbäsl, die vom erschte Blick her sich schun gfrogt hot: "Wie ner die zwaa aa zammkumme sin?", odr gar: "Wu hot der die ner iwrhaupt uffgegawlt ...?"
Sel ware noch Zeite! Odr ware sel Zeite? Dr siebzichjährichi Niklosvettr, der jetz in Albuquerque, N. M., drhaam isch, gfrait sich iwr a jedr Besuch, um von Anno dazumol zu dischkuriere: Er vrzählt von selmols: "Waasch noch ...? Mir hän nix vun ama Nudist-Cämp gwißt un hän aafach so im Kotschtaaloch im Summr gebadet: vom Maulbeerebaam als Finfjährichi runtr ins Wassr ghupst — schließlich hämr jo zwaa Händ; aa Hand fer unte und die andr Hand fer die Nas zuhewe, un schun war mr im a Max im Kotschtaaloch. Des Wassr war jo vum viele Neihupse schun goldegeel, un do hot mr nim zuhewe brauche, 's war alles frei von Natur fer uns Knirpse!
Schtieniseppniklos hot mr sich gnennt, un alli im Dorf hän mich gekennt, mitm Schpitzname. Mei Mottr hot als nit gern eigwillicht, daß ich mit dr andre Fratze ins Kotschtaaloch bade geh, weil des war jo uff taal Plätz so tief, daß a Kirch drinn vrsoffe wär. Mei Mottr hot allweil gedenkt, daß 's Wassr ka Balke hot. Un selmols hawich nit viel bessr schwimme känne als wie a Wetzschtaa. Awr mitm viele Nexe un Sekiere hot mei Mottr doch am End eigwillicht, daß ich ins Kotschtaaloch bade geh, awr wie ich am Teerl nausgange bin, hot sie mr noch nougrufe: 'Gib owacht, weil wenn du vrsaufsch, nou kumm jou nit haam — schunscht schlagt dich dr Vattr halwr tot!' Un ich leb heint noch — fünftausnd Meile weg vom Kotschtaaloch — sel ware Zeite!" sagt dr Niklosvettr un loßt grieße!
Gib Owacht.

Der unvergessene Heimatfreund

Einige Wochen vor der großen Ferienzeit traf eines Morgens ein Fremder im Dorfe ein. Es wurden gerade die Wagen in den Gehöften zur Hanfarbeit bereitgestellt, und wer soll sich in den Dorfgassen auch viel um so einen Mann, der ohnedies unauffällig gekleidet ist, noch besonders kümmern? Er nahm in einem Gasthaus ein Zimmer, zahlte dann und ging wieder fort.
Sein erster Weg führte auf den Kirchhof. Dort ging er von Grab zu Grab. Bald war dem Totengräber das ungewöhnliche Verhalten aufgefallen, und er erkundigte sich schließlich, ob er ein bestimmtes Grab suche. Der Fremde schüttelte nur stumm den Kopf und ging von einem Grabhügel zum andern weiter.
Eben fuhr am nahegelegenen Eisenbahndamm ein Zug vorüber, und der Mann dachte bei sich, wie es eigentlich mit diesen schwarzen Transportern zugeht, sie nehmen einen aus der Dorfgemeinschaft, aus der schönen Jugendfreundschaft in die Fremde mit und wissen dabei selbst nicht, in welches neue Leben sie einen hineinführen.
Der Zug rollte wiederum vorbei, und so hatten sich auch seine Gedanken in die Ferne verloren ... Und jetzt steht er hier auf dem Friedhof, an den Ruhestätten seiner donauschwäbischen Ahnen und Vorfahren.
Am anderen Tag erschien der Fremde im Gemeindehaus und bat um Einsicht in die Einwohnerliste. Er machte sich kurze Notizen und ging, ein unergründliches Lächeln um seine Mundwinkel, seines Weges. Er ging über die Hutweide, und dann sah man den Fremden wieder lange am Ortsweiher stehen. Selbst für die vernarbten Runen, die in die Dorflinde geschnitten waren, hatte er ein Auge.
Auch eine längere Weile vorher, als er in der Dorfmitte an der Schule vorüberkam, wo die Kinder bei offenen Fenstern sangen, hielt er sich solange auf, bis die Liederstunde aus war.
Dann besichtigte er eingehend den ganzen Ort, hier und da nachdenklich verweilend wie einer, der mit seinen Gedanken woanders ist. Die Kinder grüßten ihn, und auch die Erwachsenen sahen sich nach dem Fremden jetzt um.
Gegen Abend des zweiten Tages schlug er den Weg zum alten Ziegelofen ein, der außerhalb der Ortschaft neben der Hotterstraße lag. Der Ziegelmeister, der den Fremden durch das Fenster kommen sah, trat aus der Kanzlei und fragte:
"Suchen Sie etwas?"
"Ja", sagte der Fremde gedämpft, "dich such ich, Franz!"
Der Ziegelmeister trat einen Schritt näher und musterte den Besucher von oben bis unten. Dann sagte er:
"Kennen wir uns? Ich kann mich nicht erinnern."

"Denk' an die Schulzeit zurück, Franz! Hier im Ziegelteich haben wir immer Fische geangelt."
"Bist du vielleicht der Heller?"
Kopfschütteln.
"Oder der Weinreich?"
"Auch nicht."
"Dann bleibt bloß der Bachert übrig."
"Erraten", nickte dieser jetzt und hielt freudig die Rechte hin.
Der Ziegelmeister schlug zögernd ein. "Na, und?" fragte er. "Du willst mich sprechen? Geschäftlich? Da ist leider nichts zu machen, Bachert. Das Geld ist rar. In welcher Branche bist du eigentlich auf der Reise?"
Das Lächeln auf Bacherts Gesicht erlosch.
"Keine Angst, Franz, ich bin nicht gekommen, um dir etwas anzudrehen. Ich wollte dich nur einmal wiedersehen, ehe es zu spät ist, und ein paar Jugenderinnerungen austauschen. So, deswegen bin ich also da. Ich sah schon unsere alte Martinskirche wieder, besuchte auch auf dem Friedhof dort jene in der Ewigkeit, nun, warum sollte ich nicht auch zu dir, meinem einstigen Schulkameraden, herschauen?"
"Asoo", druckste der Ziegelmeister, "aber weißt, ich werde gleich wieder in den Ringofen zurückgehen müssen. Jetzt habe ich keine Zeit. Vielleicht kannst du zum Wochenende vorbeischauen."
Bachert fühlte, daß sie sich fremd waren und daß es auch zum Wochenende nicht anders sein würde. "Schon gut, Franz", antwortete er, klopfte dem Ziegelmeister leicht auf die Schulter, wandte sich um und ging.
Im Dorf angekommen, suchte er gleich den Barbierer. Dieser kehrte eben seine Werkstube zusammen, guckte aber dann nach dem Kunden um und fragte: "Haarschneiden? Oder barbieren?"
"Barbieren", sagte Bachert und nahm im Lehnstuhl Platz. Während der Barbier einseifte, wurde er von seinem Kunden ausgiebig betrachtet. Das also ist mein ehemaliger Schulkamerad Konrad Lux, der von allen am höchsten hinauswollte, dachte Bachert. Lux war hier Barbier geworden. Warum auch nicht? Ein rechtschaffener Barbier ist immer besser als irgendwo in der Welt ein unbekannter Tenor. Bei weitem war Lux keiner von denen, die in der Schule in der "Eselsbank" sitzen mußten, als Sänger war er aber besonders talentiert und hatte von der Ausbildung seiner Stimme für das Theater gefaselt.
"Sie sind fremd hier?" begann der Barbier, indem er das Messer wetzte.
"Wie man's nimmt", sagte Bachert. "Ich kenne den Ort aus den Schilderungen eines gewissen Peter Bachert."
"Peter Bachert?" wiederholte der Barbier, "den kenne ich auch! Wir haben die gleiche Schulbank gedrückt. Wie geht es ihm?"
"Da bin ich überfragt", sagte Bachert, "ich habe seit Jahren nichts mehr von ihm gehört. Wie war er denn hier in der Schule, der Bachert? Können Sie sich noch erinnern?"

Der Barbier ging unverhofft in die Fragenfalle: "Gewiß, ich kann mich noch gut erinnern. Eine Leuchte war der Bachert nicht. Er hielt nichts von Musik. Unmusikalische Menschen sind mir immer fremd gewesen. Ich glaube auch nicht, daß etwas Gescheites aus ihm geworden ist."
Bachert kämpfte den Lachreiz nieder. "Ich glaube es auch nicht", meinte er dazu, "jedoch seine alten Schulkameraden hat er immer in Ehren gehalten!"
"So? Wirklich? Er hat auch alle Ursache dazu. Er war ein richtiger Spitzbub, und wir anderen kriegten meist die Prügel für ihn."
"Es scheint Ihnen nicht geschadet zu haben!"
Der Barbier lächelte höflich. Während er nun die Rasur an dem unerkannten Schulfreund beendet hatte, frage er dann nur kurz: "Alaunstein oder Kölnisch?"
"Kölnisch", sagte Bachert und ließ sich einreiben. Dann zahlte er und ging als Fremder davon wie er gekommen war.
Vielleicht bin ich gerade ein wenig sentimental, sagte er sich, wenn ich in ehemaligen Schulkameraden bei einem Wiedersehen nach so vielen Jahren noch hohe Gefühle voraussetze, wie ich sie hege, der ich fern der Heimat lebte. Vielleicht sind meine Erwartungen übersteigert, so daß das Verhalten des Ziegelmeisters und des Barbiers der Regel entspricht, hingegen was ich erhoffte, eine Ausnahme bedeuten würde.
Dennoch, er war verstimmt. Er ging früh schlafen, und morgen, überlegte er noch, bevor er einschlief, werde ich den letzten Besuch machen. Ob er wohl besser ausfallen wird? Dann will ich wieder die Heimreise antreten.
Anderntags war das Wetter trüb, und vom Ried und dem unteren Wald her flogen Haufenwolken über das Dorf, das für den Fremden immer noch alles bedeutete, es war doch sein geliebtes Heimatdorf.
Bachert schlug den Mantelkragen hinauf und wanderte den lehmigen Pfad zur Viehweide hinaus. Auf dem Wegweiser hockten zwei Raben, die krächzend vor ihm davonflogen. Langsam wurde eine Gestalt größer, die sich auf einen Stab stützte und regungslos in die Ferne blickte. Bachert näherte sich einer wogenden Fläche wolliger Schafrücken. Die Tiere wurden nach Bedarf von zwei Hunden umlaufen und so zusammengehalten. Die bellten auf, als sie den Fremden erblickten, und als sie ihm einige Schritte entgegenhuschten, schlugen ihnen die überall in den pannonischen Gebieten für Schäferhunde bekannten kleinen Holzprügel vor die Beine, die den Tieren vom Halsband senkrecht herunterhängen.
Der Schäfer wandte sich um und hielt die Hand über die Augen. Dann ging er dem Besucher mit langen, ruhigen Schritten entgegen. "Peter", sagte er und streckte die Hand aus. "Ich habe manchmal an dich gedacht. Willkommen hier in der Heimat!"
Bachert war ein wenig verlegen, denn im Augenblick hatte es ihm die Sprache verschlagen.

"Ist es möglich, daß du mich noch erkennst nach so langer Zeit?" fragte er bewegt.
"Kein Wunder, du hast noch genau denselben Gang wie damals."
"Damals ...", sagte Bachert.
"Ich verstehe, das Damals hat dich hergetrieben. Ist es nicht so?"
Bachert nickte.
Sie blickten sich an. "Siehst du, Valentin", begann Bachert, nach Worten suchend, "ich bin von Natur aus gewiß nicht rührselig, aber daß du mir zwanzig Schritte entgegenkamst, um mich in der Heimat willkommen zu heißen, das freut mich ehrlich."
Der Schäfer zeigte mit seinem Stab auf den nahen Laubwald, wo die Akazienbäume noch in vollem Grün standen, und meinte: "Erinnerst du dich noch, als wir uns dort manches Mal im Mai Akaziensalat zubereiteten?"
"... und wir uns dann auch gelegentlich an den scharfen Nadeln die Hosen kaputtgerissen haben ..."
"... und auch dann von unserem alten Lehrer Märzluft deswegen das Sitzleder verklopft bekamen?"
Er blieb den ganzen Nachmittag auf der Weide. Sie wurden nicht müde, Erinnerungen auszutauschen. Erst gegen Abend kam ihr Gespräch auf die Gegenwart zurück. Der Schäfer gestand, daß er mit Sorge in die Zukunft sehe, weil es noch fraglich sei, ob die Gemeinde auch weiterhin einen eigenen Schäfer halte. Im Notfall bliebe ihm ja das Gnadenbrot, aber das sei hartes Brot. "Und wie geht es dir, Peter? Hast du es in der Fremde zu etwas gebracht?"
Bachert drückte sich allgemein aus. Er sei soweit zufrieden, er habe ein gesegnetes Dasein und seine Arbeit. Mehr brauche er nicht. Und er sprach wieder von anderen Dingen.
Dann wurde es Zeit zum Aufbruch. Der Schäfer ging ein Stück mit. Beide fühlten, daß dieses Wiedersehen das letzte war.
"Leb wohl, Valentin!"
"Leb wohl, Peter!"
Ihre Hände griffen zusammen.
Als Bachert die Eisenbahnbrücke erreichte, blickte er nochmals zurück. Valentin war nur mehr ein grauer Strich, der regungslos auf der Weide stand. Da fiel der Nebel immer tiefer, und schon war die Sicht zu Ende. Bachert hatte noch einmal die Heimat gesehen. Mit dem nächsten Zug reiste er ab.
Wenig später feierte Peter Bachert, der verdienstvolle Begründer der Industriewerke Bachert & Sohn, die 300 Arbeiter beschäftigen, das erste Werksjubiläum, wobei ihm viel öffentliche Ehrung zuteil wurde. Am Abend des Festtages, im engen Familienkreis, setzte er die Seinen in Kenntnis, daß er den Schäfer Valentin Trauth in seinem donauschwäbischen Heimatdorf mit einer lebenslänglichen Rente bedacht habe.

Der Holzschuhbaum

Vor langer, langer Zeit lebte einmal in der weiten Donauebene ein Holzschuhmacher. Dieser arbeitete tagtäglich viele Stunden in seiner Werkstatt, hatte aber immer nur ein geringes Einkommen, mit dem er kaum seine Familie ernähren konnte. Das Weidenholz, aus dem er die Holzschuhe verfertigte, holte er sich in den Auen der Donau. Er war ein guter Meister seines Fachs und ging mit den fertigen Holzschuhen von einem Jahrmarkt zum anderen. Überall in diesem ebenen Land trugen die Leute damals Holzschuhe.

In den Auen wurden die guten Weidenbäume aber mit der Zeit immer seltener, weswegen sich der Holzschuhmacher große Sorgen machte. Er konnte nämlich für seine Arbeit nur das beste Holz gebrauchen — es durfte weder astig noch knorrig sein, sonst hätte er keine erstklassige Ware auf den Markt bringen können.

So ging er einmal betrübt im Auengelände umher und fand nirgends mehr das richtige Holz. Traurig überlegte er, daß er, wenn er keine Holzschuhe mehr machen könne, auch kein Geld mehr verdienen werde und somit seine Familie werde hungern müssen. Inzwischen war es dämmrig geworden, und der Holzschuhmacher wollte umkehren, weil er ja doch kein Weidenholz fand, als er sich noch einmal umblickte und auf einem hohen, knorrigen Weidenbaum ein kleines Häuschen sah. Es war mit Blättern bedeckt, und aus dem kleinen Rauchfang stieg pechschwarzer Rauch.

Wie er so dastand und sich wunderte, öffnete sich am Häuschen ein Fenster, und daraus rief ein winziges Männlein: "Nanu, großer Mann, was schaffst denn du mit einer Säge in meinem Revier? Ich bin hier Meister. Brauchst du vielleicht Weidenholz?"

Der Holzschuhmacher ging näher an die Weide heran und schüttete dem Zwerge sein Herz aus. Dieser empfand tiefes Mitleid und sprach zu dem armen Manne: "Holzschuhmacher, schneide bitte nicht meine Weide nieder und zerstöre damit mein Häuschen. Ich bitte dich darum! Du sollst dafür auch belohnt werden. Komme morgen wieder hierher, dann gehe ich mit dir und werde dir viele schöne Weiden zeigen. Auch will ich dir helfen, diese umzusägen."

Der Holzschuhmacher war über dieses Angebot sehr erfreut und ging eilends heim. Zu Hause angekommen, erzählte er seiner Frau und den Kindern jedoch nichts von dem Zwergmeister, aber diese merkten im Schein der Öllampe, daß sich im Gesichte des Vaters Fröhlichkeit widerspiegelte. Auf ihre Fragen sagte er nur kurz: "Morgen ist ein anderer Tag."

Was war das für eine lange Nacht für den Holzschuhmacher. Beim ersten Morgengrauen nahm er sein Werkzeug und eilte in die Auen. Als die Sonne aufging, hatte er das Häuschen des Zwergmeisters erreicht. Er rief hinauf in den Baum, und im nächsten Augenblick öffnete sich auch schon

das Fensterlein. Halb verschlafen guckte der Zwergmeister herunter, war aber gleich frohen Mutes, als er den Holzschuhmacher sah, strich sich mit der kleinen Hand über seinen silbergrauen Bart, setzte sich noch die zottige Zipfelmütze auf den Kopf und stieg herunter. Das Zwerglein reichte dem Holzschuhmacher kaum bis an die Knie, als es jetzt vor ihm stand. Kurz deutete es in eine Richtung, und schon schritten die beiden ungleichen Gestalten im Augelände eifrig vorwärts. Und wirklich, sie kamen in eine Gegend, die dem Holzschuhmacher völlig fremd war. — "Da", plötzlich streckte der Zwergmeister seinen rechten Zeigefinger aus, "da sind jetzt die Weidenbäume, die ich dir versprochen habe."
Zwölf Weiden aus erstklassigem Holz standen da und konnten frei verarbeitet werden. Vor lauter Freude stiegen dem Holzschuhmacher die Tränen in die Augen. Nach einem kurzen Frühstück gingen die beiden hurtig an die Arbeit. Jeder zog kräftig am Sägeblatt, und bald tönte dem kleinen Helfer der Klang der Säge wie Musik im Ohr. Er pfiff und sang und jubelte nach jedem fertigen Schnitt: "Ritze-ratze Sägeschnitt, wieder geht ein Holzschuh mit." Immerzu rief er diesen Spruch. So fällten sie miteinander alle zwölf Bäume und zerkleinerten sie. Dann erklärte der Zwergmeister: "Schade, daß es nur zwölf Bäume sind, denn in meinem Zwergenrevier ist die Dreizehn die Glückszahl." Er sah sich suchend um und fand tatsächlich die dreizehnte Weide, die aber sehr astig, knorrig und krumm gewachsen war. Der Holzschuhmacher wollte sie deshalb nicht umsägen, aber der Zwergmeister bestand darauf: "Sieh, Mann", sagte er, "diese Weide wird dir Glück bringen. Nimm sie mit!"
So zersägten sie auch noch den dreizehnten Weidenbaum. Der Zwergmeister war bester Laune und wiederholte seinen Spruch: "Ritze-ratze Sägeschnitt, wieder geht ein Holzschuh mit." Schließlich wurde alles auf einem Karren zum Holzschuhmacherhaus gebracht. Die ganze Familie war überglücklich, als der Vater wieder Holzschuhe machen konnte, die dann auf dem Markt verkauft wurden. Man hatte genug zu essen, und manches Geldstück konnte außerdem auf die hohe Kante gelegt werden. Es waren frohe Zeiten.
Als der Holzschuhmacher dann auch den dreizehnten Baum verarbeitete, brachte er nicht viel fertig damit. Das Holz war zu schlecht. Mit Mühe brachte er davon ein Paar winzige Holzschuhe zustande. Diese blieben dazu noch grün und wurzelig, was immer er auch damit anfing. Da kam er auf die Idee, diese kleinen Holzschuhe dem Zwergmeister — aus Dankbarkeit für seine Hilfeleistung — zu schenken. Er machte sich auf den Weg, doch als er ganz nahe an den Donaudamm kam, sah er, wie das Wasser in riesigen Strömen über den Damm stürzte und das ganze Land zu überschwemmen drohte. So schnell ihn seine Füße trugen, lief er zurück, wobei das Geschenk für den Zwergmeister seinen Händen entglitt, ohne daß er es in seiner Angst gemerkt hätte.

Die kleinen Holzschuhe wurden von den Wassermassen bis zum Zwerghäuschen geschwemmt, wo sie eine letzte Welle mit Schlamm zudeckte. Der Holzschuhmacher aber konnte seine Leute gerade noch rechtzeitig vor den Fluten retten — alle blieben am Leben.
Die Zeit ging dahin, und es kam der Tag, an dem der Holzschuhmacher keine Holzschuhe mehr hatte, die er verkaufen konnte, und wiederum drohte der Familie die Hungersnot. Da klopfte es eines Tages am Fenster, und als der Holzschuhmacher hinaussah, stand da der Zwergmeister. Dieser bat den Mann mitzukommen, denn er habe eine Überraschung für ihn. Sofort war der Holzschuhmacher bereit, den kleinen Helfer zu begleiten, und bald sahen sie den Weidenbaum, auf dem der Zwerg sein Häuschen hatte. Dort angelangt, bog der Zwergmeister die Äste auseinander, und dahinter stand ein Wunderding: ein herrlicher Weidenbaum, an dem viele, viele Paare fertiger Holzschuhe hingen. Ein Paar war schöner als das andere, und jede Größe war vorhanden. Der Holzschuhmacher fiel seinem Zwergenfreund vor Freude um den Hals. Als dieser wieder etwas Luft bekam, erklärte er: "Weißt du noch, ich sagte dir doch, daß die Zahl dreizehn in meinem Zwergenrevier Glück bringt?! Dieser reiche Weidenbaum wuchs aus den Holzschuhen, die du mir vor der Überschwemmung bringen wolltest. Sie haben in der Erde Wurzeln geschlagen, und jetzt hast du den Segen."
Innig bedankte sich der Holzschuhmacher beim Zwergmeister und ging heim, um seiner Familie den unverhofften Reichtum zu zeigen. Jetzt waren sie alle wieder froh, und wenn sie nicht gestorben sind, dann leben sie noch heute — dort, im Augelände an der schönen blauen Donau.

Franz Bahl
Tscheb — Bad Homburg

Franz Bahl wurde am 1. Oktober 1926 in Tscheb (Batschka/Jugoslawien) geboren. Serbische Bürgerschule in Backa Palanka, deutsche Bürgerschule in Neusatz, Jakob-Bleyer-Gymnasium in Budapest. Oktober 1944 Flucht vor den Russen. Aufenthalt in Österreich, seit 1946 in Frankfurt/Main und Bad Homburg. Abitur und Studium an der Goethe-Universität: Germanistik, Philosophie, Geschichte. Lehrer, Leiter eines Studienseminars in Frankfurt, Schulrat und Schulamtsdirektor in Frankfurt. Geschrieben: Hörspiele, Gedichte, die Romane "Schwarze Vögel", "Patrouillen der Nacht", "Spuren im Wind". Ein Bildband "Die Donau von der Quelle bis zur Mündung", Geschichtsbücher, wissenschaftliche Beiträge, Rundfunksendungen. Unveröffentlicht: zwei Gedichtbände, ein dreibändiges Romanwerk in Arbeit.

Am Fenster

Sagen ich gehe durch Steine
habe Hände die Kristalle schleifen
sehe am Himmel den Fisch
Netze auch über der Stadt
die Stelle wo rot in Malven
das blinde Auge der Welt
den Schein noch verdichtet
indes ich kanns nicht halten
im Kopf muß brabbeln lassen
den Geist der schwindet

Nachtgang

Bewegt unter dem gedachten Himmel
steigt mir der Mond ins Aug
seh ich Vögel nachtwärts sinken
offen dem vielfach versilbten Wort
das mich seit ich warte versucht
doch brabbeln muß ich da
unter dem Himmel was mir
die Wirklichkeit phantasiert

Chimäre

Unaufhaltsam die Tage
weiß man die Nächte der Wahrheit
nah hör ich Stimmen im Dachstuhl
knarren Mäuse die arme Seelen
verscharren im Wachschlaf
treib ich dahin möglich daß
ich längst da erwartet bin

Idylle

Kastanienblüten
an deinen Schläfen
die sichtbare Zeit
fallen Schatten
ins Abendloch
die weiße Hose zieh an
um wenn die Stunde schlägt
durch Wolken zu gehn

Waldgang

Müde geworden
sinkt mir der Kopf
auf die Knie denk ich
daß alles zu seiner Stunde
geschieht und könnte ruhn
ginge da nicht durch meinen
verengten Blick die Ameisenspur
verklumpt zu Haufen festgebissen
klammern sie würgen sie gegenseitig
sich tot und der Wald steht still
und schweiget durchs bunte Herbstlaub
steiget ein friedlich Abendrot
und Gott welch furchtbares Wort
kein Gleichnis sehn aber wer kann
die Welt verstehn mit scheuen Händen
trag ich die Leichen fort

Worte

Wer könnte die Geschichte
seines Herzens endoskopiert ertragen
ungefähr geh ich in seiner Spur
kann Worte zu Worten sagen
die Worte mit Worten hinterfragen
vom Leben bleibt nur die Schraffur
von Worten nun über Worte zu klagen
und manchmal die Faust vor dem Gesicht
um den Hals die stumm geflochtene Schnur
mehr nicht

Sätze

Nicht Revolutionäre
das Rindvieh habe die Welt
verändert alles
ist Augenblick
der Augenblick nichts
aber der Tod vielleicht
informativ eine Seifenblase
die platzt in jedem geht
eine Welt zugrunde
ich
polyfokel
zugeschüttet
mit Sinnschutt umkreise
die Reflexionsfigur Gott
solang die Verfallsdauer
reicht

Notiz

Wieder ein Tag mit Waschzwang
Frühstück also den Wiederholungen
der Wiederholung von Wiederholungen
und nachts die Warteschleife
in der ich den löchrigen Schlaf
umkreise universell erregbar
einst Gesinnungsträger
vom Glück verschont
Zeugnis abzulegen
nicht gefoltert
versorgt mit Titel Ehre Besitz
vor aller Welt in Würde gealtert
ganz ohne Scham gepflegt
das leere Gesicht
erinnert sich
nicht

Aus dem Romanmanuskript "Nimrod", Erstes Buch

Frühling also, warm die Luft im Haar, erste Mückenschwärme, die im offenen Sommerstand über Kuhschädeln tanzten. In Tscheb, seinem Heimatdorf, war er und fühlte sich fremd.
 Osterferien.
 Vor dem Haus unter dem Nußbaum hockte er und zerrieb herabgefallene Blütenkätzchen, seine Finger verfärbt. Eine Goldamsel nistete hoch in einer Astgabel, und wenn sie flötete, tat es im Herzen weh. Die heimgekehrten Störche flickten das Nest auf dem Nachbardach, klapperten beim Anflug, klapperten, sich voreinander verbeugend, im Nest. Nie hatten sie ein Schwesterchen mitgebracht. Als Kind mußte er das Mädchen sein, steckte in einem Hemdkleid und hing mit Ponyschnitt am Rockschoß seiner Mutter. Wenn jemand ins Haus kam, schlüpfte er unter den Rock. Jetzt, wo er wußte, daß sie es mit seinem Vater tat, konnte er sie nicht mehr frei ansehen. An einem Sonntagnachmittag vor einem Jahr war er überraschend nach Hause gekommen und hatte beide keuchend stöhnen gehört, sie: noch, noch, und er: kann nicht mehr, ich kann nicht mehr. Im Hinterhof beim Stroh hatte er sich verkrochen, bitter. Wünschte er wieder

zu verschwinden? zu sterben? Er lebte. Die Störche glitten in weiten Kreisen über den Ort, und der Himmel wölbte sich über Dächer und Bäume, enge Welt. Seine Tauben am Schuppen unter dem Dach gurrten, ja: seine lieben Tauben. Wie sie schnäbelten, sich küßten. Wie nimmersatt sie sich küßten. Und wie der Tauberich. Die Ferien waren lang.

Länger, endlos lang die großen Ferien im Sommer.

Der aufgeregt schnelle Abschied im Heim. Er hatte die kleine Matura, war schulentlassen und würde nicht mehr nach Neusatz zurückkehren. Nach Budapest in das dortige deutsche Gymnasium wollte er; alles war geregelt, sein Platz im Erziehungsheim gesichert. Auch Hilde würde nach Budapest kommen. Eva blieb zu Hause in ihrem Dorf, sollte warten und, was sonst, einen Bauernsohn heiraten. Sie schrieb gottergebene Briefe, im ersten gleich nach Ferienbeginn über sie stille Einkehr der Frau in den Kreislauf des Lebens. Ein Foto lag in dem gefalteten Blatt. Ernst das Gesicht zwischen den Zöpfen, streng unter dem Mittelscheitel, die Augen durch dich hindurch in eine Ferne gerichtet, die sie, die Peter nicht sieht.

Er arbeitete im Feld, sein Vater bewachte bei Palanka zwei Hanffabriken. Man befürchtete Partisanenübergriffe, nächtliche Brandschatzungen, Brückensprengungen. Die frisch aufgeschichteten Getreideschober, hieß es, wären besonders gefährdet. Die Banditen wollten die neue Ernte vernichten. Also hielten halbwüchsige Jungs auf dem Kirchturm ständig Ausschau nach Feuerzeichen im Tscheber Hotter. Die Mittagsglocke sollten sie läuten, wenn es irgendwo brannte. Es war heiß, staubig, trocken. Die Luft flimmerte über Fahrwegen und Feldern. Und überall zischten Sensen durch Weizenstroh, hörte man Dengelschläge, bündelten Frauen die Halme und holperten Pferdewagen zum Laden, ächzten zum Schoberplatz, wo Bündel auf Bündel flogen, bis ein stattlicher Schober stand. Schweiß, was sich bewegte, schwitzte, Pferde wie Menschen, ja selbst der stehende Himmel, der im diesig feuchten Dunststaub verschwamm. Mittags auf Stoppeln im kurzen Schatten der Wagen, Speck und Brot und Wasser und Wasser und noch einmal Wasser aus dem hölzernen Logel und saftig die Wassermelonen, kühl aus den Feldbrunnen geschöpft, in die man sie morgens gesenkt. Reglos auf Brunnenbalken klumpten Raben, Unheilsboten.

Harte Tage, dem Peter Purpus verging das Sehnen, Hilde und Eva und was er sich sonntags im großen Schatten des Nußbaums zusammenspann, phantasierte. Vor dem Haus konnte er sonntags träumen, wenn die kühlende Dämmerung kam und Gänse, vom Ried heimkehrend, den Staub auf dem Fahrweg aufwatschelten. Und Schwalben flitzten höher am Himmel, schrieben, was schrieben sie in die Luft. Und Frösche, erste Frösche im Ried, die quakten und das vielstimmige Konzert der Nacht anstimmten, einstimmten. Eine Hundehochzeit, die nicht enden wollte. Ein großer Hund über einem kleinen, sein Ding steckte wie festgeklemmt drin, er zog und zerrte und hechelte, es flutschte nicht raus. Und zwei andere Hunde schnuffelten, kläfften und bissen, verbissen sich, widerlich, he! Er grapschte nach Schollen im Straßengraben und warf. Sprünge, Winseln, Jaulen, die beiden stürzten, rutschten, verharrten wieder verstöpselt, hechelnd der Große über der Kleinen, die sabberte. In den Hof rannte er, griff sich die Mistgabel und schlug auf die zwei Kläffer ein, dann, als diese wegliefen, auf den großen, der mit lächerlichen Sätzen wegsprang, die Hündin mitriß und plötzlich freikam und heulend davonhetzte. Staub, sein Gesicht, sein Hemd naß. Er sah das steife Ding in seiner Hose, setzte sich auf die Bank unter dem Nußbaum, saß da und sah, wie der Staub sich legte, wie der aufkommende Abendwindhauch die Akazien am Straßengraben durchstreifte und langstielige Blätter bewegte. Am Maulbeerbaum neben dem Hoftor hingen schon daumenlang blaue Beeren. Stille, große Stille.

Natürlich gackerten Hühner.
Natürlich muhten da Kühe.
Natürlich wieherte irgendwo ein Pferd.
Natürlich tschilpten überall Spatzen.
Natürlich verschwanden die Schatten.
Natürlich klapperten Teller.
Natürlich rief Mutter zum Essen.
Natürlich säuselten Schnaken zur Nacht.

Die Petroleumlampe brannte am Tisch unter dem Aprikosenbaum im Hof, wo man aß, wo er las. Friedrich Nietzsche "Also sprach Zarathustra", daneben lag Marc Aurel "Selbstbetrachtungen". Ein Lehrer, Exilrusse und Fachkraft für Geschichte, hatte beide während eines Pausenrundgangs im Schulhof empfohlen. Die ersten "guten" Bücher, die sich Peter Purpus gekauft hatte.

(...)

... was versteht einer, wenn er nicht versteht? Ich wundere mich. Ich blättere in Marc Aurel und lese mich fest. Ich könnte zitieren, was er vermutlich gelesen hat. Folge Unterstreichungen und Bleistiftstrichen am Rand. Weiß nicht, ob ich sie irgendwann später angebracht habe oder ob sie von damals stammen. Ich blättere in Nietzsche, auch hier Unterstreichungen und Striche an Seitenrändern. Ich lese und verstehe Sätze und Satzfolgen, doch nicht, was sie im langen Zusammenhang meinen. Peter Purpus, ich schüttle den Kopf. Was versteht einer, wenn er nicht versteht?

(...)

Herbst in Budapest, die Kriegslage könnte besser sein.

Die Schule wird langweilig, Latein quält, Ungarisch lernt er nicht, Mathematik versteht er nicht, Hilde läuft einem anderen nach. Hilde, die tut, als wäre Neusatz nie gewesen.

Er schreibt Gedichte und Briefe an Eva.

Siebzehn war er geworden und Fähnleinführer im Heim. Eine schönere Schnur baumelt von seiner linken Schulterklappe zum Knopf an der Brusttasche. Im kalten Schlafsaal liegt er, krank. In den Bäumen — das Erziehungsheim liegt wieder an einem Park — unterhalten sich Amseln, und

Blätter fliegen, wirbeln am Fenster vorbei. Er liest, er schaut zum Fenster, er schaut zur Decke, er schaut auf seine Hand. Er möchte woanders sein. Er möchte ein anderer sein. Er möchte eine Offiziersuniform tragen. Er möchte im Knickerbockeranzug in Wien studieren. Er möchte etwas erfinden. Er möchte berühmt sein. Er möchte mit einer schönen Frau schlafen. Er hält sein Glied. Er schwankt, ob er soll oder nicht. Er liest. Er hat sich einen Band von Shakespeare geholt und wäre gern Hamlet auf einer Bühne. Aber. Aber er hat kein Gedächtnis, behält kein längeres Gedicht im Kopf, keine Ballade von Schiller und nicht den Erlkönig von Goethe. In Rußland liegen die Männer im Dreck. In Rußland kein Sieg. Er rollt auf den Bauch und vergießt keine Träne.

Ein Samstagnachmittag mit Sonne und Freizeit, er verläßt das Bett und geht in die Stadt.

Er läuft zur Donau, und dort, wo die Schiffe nach Wien und nach Belgrad dampfen, steht er und blickt aufs strömende Wasser. Die Kettenbrücke, drüben auf der Buda-Seite der Gellertberg, rechts die Burg mit der Marjas-Kirche. Unten am Ufer die heißen Thermalquellen, schon von den Römern genossen. Er könnte, er steht und geht stadteinwärts zum Bahnhof. Dort weiß er nicht, was er da verloren hat. In die Halle dampfen Züge.
(...)
Gute Tage, linde Lüfte, er schrieb Eva seine Gedanken über Sätze von Marc Aurel: "Sieh nach innen!" und: "Die Vernunft, die die Welt durchwaltet, weiß, in welcher Absicht sie etwas tut und was sie tut." Schließlich: "Nur an einem ergötze dich und finde darin deinen Frieden: von einer Handlung der Menschenliebe zur anderen zu schreiten und dabei stets Gott im Herzen zu haben."

Er hätte Bäume ausreißen können, wochenlang.

Die ersten Krokusse blühten und manche Sträucher leuchteten schon gelb. Die Amseln flöteten, und Busen wippten in offenen Mänteln und Jacken. Einmal in der Woche rasierte er seinen Flaum an Kinn und Wangen.
(...)
Wußte er, daß Judentransporte nach Auschwitz gingen? Ich vermute, er wußte, obwohl ich mich nicht erinnere. Ob die Zeitungen darüber berichteten? Ob das, was in der Stadt geredet wurde, das deutsche Gymnasium erreichte? Das Erziehungsheim wahrscheinlich nicht. Wenn er informiert war, ist dann die Tatsache, daß ich keinerlei Erinnerung habe, ein Beweis seiner Gleichgültigkeit? Hatte er nichts begriffen? Hatte er nichts begreifen wollen? Oder hatte er, jedoch bald alles vergessen? Ich sehe seinen Schatten auf dem Deck des Donaudampfers flußabwärts in eine laue Aprilnacht treiben, die verdunkelte Stadtkulisse im Grau zurücklassend und der Mondsichel zugewandt.
(...)

Türkenmond über der Puszta, erste Sterne, leuchtend einer am Horizont, Venus, er kannte sie. Von Liebe träumen, sie folgte der Sichel, Muschel, mußte bald, bald in die Muschel steigen. Er versuchte, etwas auf Sichel, Muschel, Herz und Stern zu reimen, kreiste um Herz und fern und ließ seine Sehnsucht brennen. Auch Eva, schwach Hilde, mächtig und stark die unbekannte wartende Frau. Dann Schmerz und gern, das Rauschen der Wasserräder, die feuchte Kühle, er hüllte sich in eine Kolter. Die schaufelnden Räder durchdröhnten das Schiff; er saß auf der Bank am Oberdeck, die eiserne Brüstung im Rücken, und schlief irgendwann ein. Erwachte irgendwann, Nachtdunst, Baumschatten, Mondsichel, Stern und Sterne und dumpf das Rauschen am Schiff, damals, wie damals vor gut einem Jahr, als die Abschlußklasse Knaben und die Abschlußklasse Mädchen in Neusatz aufs Schiff stiegen und in die helle Sommernacht sangen. Abschlußfahrt, Hilde an seiner Schulter, Mondsichel, Venus schon unterwegs, die Hände heiß, in den Achselhöhlen Schweiß, über den Köpfen dann eine Kolter, Griffe und Küsse und Griffe, bis endlich der Schlaf die Körper entspannt. Als er plötzlich erwacht, lehnt an seiner anderen Schulter ein anderer Kopf, Eva. Et atmet nicht, er sagt nichts, er schließt die Augen, er atmet doch. Warum wiederholt sich Glück nicht? Der Russe, sein Geschichtslehrer in Neusatz, hielt's mit Kairos, gebrauchte das Wort oft, glücklicher Augenblick, von Göttern geschenkter Zufall, greif zu, wenn du versäumst, nie wieder. Er, Peter Purpus, schlief ein.

Als das Schiff Mohács unweit der ehemaligen ungarisch-jugoslawischen Grenze passierte, wärmte eine ausgeschlafene Morgensonne seine eingeschlafenen Glieder. Allmählich begriff er, wo er sich befand, ließ sich besonnen, im Wachschlaf weitertreiben, mal Felder, Auenwälder, Dächer, Kirchturmspitzen an den näherrückenden entschwindenden Ufern, mal Fischreiher, Störche, Habichte, Bussarde am Himmel, mal das graublau bewegte, sich verfärbende Wasser im Blick und erfreut, wenn Fische aufschlugen und sekundenlang hinflitzten. Angeln, die vielen Nachmittage, die er am Seitenarm der Donau verbracht hatte, unter Weiden im Flachwasser stehend, während weißbauschiger Weidenflaum in Licht und Schatten schwebte und den Wasserspiegel wie Schaum bedeckte. Im Sommer spuckten die Bäume winzige Bläschen auf seinen Kopf. Unerklärlich, manchmal glaubte er, daß Regenfusel niederwehten. Lust verspürte er, sein Glück, Anglerglück, an freien Ferientagen zu versuchen. Ostern nicht, doch danach, falls er nicht arbeiten, im Feld mithelfen mußte. Er freute sich.

In Neusatz angekommen, glaubte er, Eva stünde am Kai und wartete. Er schaute sich nicht um, Eva würde rufen oder plötzlich vor ihm stehen. Nicht weit entfernt die Stelle, wo im vorletzten Winter die Serben und Juden abgeknallt worden waren, bevor man sie im Eisloch des Flusses versenkte. Etwas weiter entfernt die Stelle, wo er mit Hilde zum Wald schlenderte.

Wie kindisch er war. Ein paar Reisende, Begleitpersonen, die Wartenden eilten schon mit den Erwarteten weg.

Der Park, was wollte er da? wen sehen? wen suchen? Nie wäre Eva zu einer vorgeschlagenen Verabredung erschienen. Keine Bank, auf der sie — Nein, er umging den Park zur Bushaltestelle, sah dies, sah das, und im Bus dann ausgeschwitzt die gemischten Gefühle, heiß war's hinter der Scheibe. Die Futoger Landstraße entlang. Dörflich. Erdgeschoßhäuser. Kein Storchennest auf den Dächern. Wenig Höfe mit Schuppen und Scheunen. Dann, außerhalb zwischen Feldern und frischbelaubten Maulbeerbäumen, die holprige Schotterstraße, Pferdewagen, Pferde, die scheuten, Krähen, die Sonne und zwei Mädchen in seinem Rücken. Deutsche. Er konnte, wenn das Holpern und Rütteln aussetzte, Gesprächsfetzen aufschnappen und betrachtete seine Hände, seine am Vordersitz aufliegenden Finger. Schöne Hände, hatte eine gesagt, schöne schmale lange Finger. Der muß nicht arbeiten, hatte die andre gesagt. Er ließe seine Hände-Finger dort auf der Rückenlehne liegen, bis die Mädchen in Futog ausstiegen. Gut. Er fühlte sich.

An Begeć, dem Serbendorf vorbei, nach Gložan, dem Slowakendorf mit den blau gestrichenen Tür- und Fenstereinfassungen und den blauen Haussockeln. Ein Dorf, aus dem sich slowakische Knechte nach Tscheb, seinem Heimatdorf, verdingten. Sie waren katholisch, wenngleich anders, fremd. Aber fleißig, die Felder grün, grasgrün das Getreide, staubgrün der Hafer, weingrün die austreibenden Reben an den Sandhügeln zum tiefer gelegenen Ried hin, und die gehörten schon Tscheb, ein ansehnliches Stück davon seinem Vater, dort die Hütte, er konnte sie unter dem großen Nußbaum sehen. Ungeduldig ließ er den Bus beschleunigen, gespannt sah er Haus für Haus vorübergleiten, erkannte Frauen, die an Hoftoren tratschten oder Köpfe aus Fenstern reckten, um dem Bus nachzugaffen. Am Gemeindehaus vor dem Kirchpark stieg er aus und schleppte seinen Pappkoffer die breite Gasse hinab; guten Tag, guten Tag, schau an, der Peter kommt auch mal heim, ja, Peter, bist auch wieder da, grüß dich, sind Ferien, gell Peter, dann trat er durchs Tor, und der Hund bellte. Die Katze streckte sich am Aprikosenbaum neben dem Ziehbrunnen, und dort am Trog im aufgeweichten Erdreich wuselten Entchen, piepende gelbe Bällchen, die im Wasserschlamm schnäbelten.

Der Vater.

Peter konnte, bevor sie sich die Hand reichten, noch seine Tauben mit hochgerissenen Armen begrüßen.

Als er die Stube betrat, lag seine Mutter im Bett. "Komm her, mein Bub, schau, was ich da hab." Ein Bündel, ein Kopfkissen zusammengewickelt neben sich. Sie hob es an, ein Babygesicht, es schlief. Der Vater, als wäre er verlegen: "Dein Schwesterchen, schau mal, wie herzig, wie's schlummert."

Er näherte sich, im Kissen steckte ein zerknittertes Gesichtchen mit geschlossenen Augen und roten Flecken.
"Gefällt es dir?"
Er nickte, konnte seine Mutter nicht ansehen. Herzjesu über dem Bett an der Wand, sein strenger Blick und die Fingerspitze am blutenden Herz.
"Der Storch auf 'm Dach hat's gebrungen", lachte der Vater und redete, was man so redet, wenn der lange Kerl von Sohn, der lange abwesend war, heimkommt und vor einem neugeborenen Schwesterchen steht. Der sollte etwas sagen.
Ja, er mußte sprechen, etwas fragen, etwas sagen. "Wie heißt es? Wißt ihr's schon?"
"Wie du willst, du darfst den Namen aussuchen."
"Eva", sagte er und erschrak.
"Ja", meinte die Mutter, "ja", und fingerte am Wickelkissen herum.
"Ein schöner Name", sagte der Vater. "Es gibt zwar keine Eva in der Verwandtschaft, aber von mir aus kann sie Eva heißen."
Im Hof später streichelte Peter die Katze, was hatte er hier zu suchen? Im Blumengarten rote und gelbe Tulpen, Kaiserkronen, an der Hauswand verspätete Osterglocken, Narzissen, was hatte er hier verloren? Seine Tauben am Schuppendach, sie putzten sich, sie beschnäbelten sich, sie trippelten hin und her und brauchten nichts mehr. Am Brunnen die Entchen, er hörte das Piepiepiep gern. Im Hinterhof wie immer die Hühner, sollte er Eier suchen? Vertraut alles und fremd, er wünschte sich fort.
Diese plötzliche Fremdheit. Diese plötzliche Fremdheit in der Welt. Ich habe jene Osterferien überstanden, und nach Budapest zurückgekehrt, dauerte es nicht lange bis zur vielberedeten Musterung. Alle wurden als tauglich befunden. Im Mai bestanden die Abschluß- und die Vorabschlußklasse die Notmatura. Ich, obwohl im gleichen Alter, saß eine Klasse tiefer und bekam den Reifeschein nicht, würde also die Schule ohne Matura verlassen. Im Juni dann Aufregung, Sauferei, Abschied: Ich nach Pécs, deutsch Fünfkirchen, die anderen alle ins Reich zur Kurzausbildung, Waffen-SS. Mich hatte man freigestellt, habe nie erfahren warum. In der Baranya, im Gebiet von Fünfkirchen, sollte ich das Erziehungsheim einer neugegründeten deutschen Mittelschule leiten. Ich weiß nicht mehr, ob ich stolz oder beschämt war. Ich ahnte nicht, welches Glück ich hatte.
Nemetboly, den Deutschen als Deutschboly vertraut, ein wohlhabender Ort, überwiegend von Schwaben bewohnt. Häuser mit großen Höfen und Gärten säumten die breiten Gassen. Maulbeerbäume, Nußbäume und, den Fahrweg begrenzend, Akazien. Er bekam ein Zimmer, die sogenannte Paradestube, in der Hauptstraße, wo — wie überall in deutschsprachigen Dörfern — die reichen Bauern wohnten. Wenn er im Ort, also anwesend war, nahm er die Mahlzeiten mit der Familie ein, Bauer, Bäuerin und Tochter, letztere dicklich klein und etwas älter als er; ein Sohn kämpfte in Rußland, auch Waffen-SS. Seit Wochen keine Post mehr, die Frau

schweigsam. Die Tochter nachts unruhig in ihrem Zimmer nebenan, Licht an, Licht aus, Knarren der Bettstatt. Durchs Schlüsselloch der Verbindungstür konnte er schon nach einigen Tagen den Schein aufleuchten und verschwinden sehen, das Mädchen war häßlich. Sagte er sich, verschwitzt, und verschwitzt scharf riechend legte sie sich vermutlich ins Bett, rieb sich den juckenden Rücken am groben Leinen, den Hintern oder die dreckigen Füße. Er wusch sich im Hof am Brunnentrog, ließ sich im Dämmerlicht an der warmen Sommerluft trocknen, ahnte, er werde beobachtet. An den Mistlöchern der Höfe quakten die Frösche. Wie daheim, nur hing dort über dem unterscheidbaren Quaken ein durchgehaltener hoher Sington, hergeweht aus den Tümpeln und Teichen des Rieds, sein Froschgesang, Abend für Abend erwartet seit Kindertagen und eingesungen in sein Bewußtsein, tiefer noch, in seine Seele, ruhe, Frieden, Weh, Sehnsucht. Er schlief gut.

Das Internat, seit kurzem wie alle deutschen Internate in Ungarn in Erziehungsheim umgetauft, bestand aus etwa 50 Jungen und Mädchen, die in neuen Holzbaracken untergebracht waren. Auch der Schulunterricht fand in Baracken statt. Der eigentliche Leiter von Schule und Heim, ein junger Lehrer, überließ Peter die Aufsicht über die Gestaltung der schulfreien Zeit des Tages. Den Abend und die Nacht verbrachte er, der Lehrer, im Heim mit den Jungen und Mädchen, Kinder-Jugendliche von 13 und 14 Jahren. Peter mußte, vor allem an Wochenenden, in die umliegenden Dörfer, wo er Kulturabende für die deutsche Jugend abhielt. Man traf sich abends im Tanzsaal der Wirtschaft. In manchen Gemeinden erschienen die Mädchen noch in der altmodischen bunten Tracht, ließen die plissierten Röcke schwingen, während er seine Rede hielt über deutsches Volkstum, deutsche Volkskultur, deutsche Volksbildung, wozu die neuen Schulen gehörten, deutsche Volkstumspolitik und, natürlich, über diesen Verteidigungskrieg gegen Bolschewismus und Plutokratie. Dann sangen sie deutsche Volkslieder, den meisten Teilnehmern ganz unbekannt. Er, gewöhnlich in seiner Uniform, sang vor, und sie sangen, den Text verschleifend in lala oder summend, lauthals nach: Das Wandern ist des Müllers Lust/Muß ich denn, muß ich denn zum Städtele hinaus/Horch was kommt von draußen rein, und zum Abschluß tanzte man zur Akkordeonmusik bis spät in die Nacht, prima Stimmung. Er im Mittelpunkt. Er ein hinreißend hingerissener Tänzer. Er bewundert, warum nicht begehrt? Und meist übernachtete er in einer Paradestube im Ort, lag wahrscheinlich verlassen in einem nie benutzten Bett mit schwerer Gänsefederdecke, einem prall gefüllten Kopfkissen im Rücken, an dem man im Bett lehnte, aber nicht einschlief, wartete, bis schlechte verrückte Träume die Nacht verkürzten. Am Morgen dann heiße Milch. Das Motorrad im Hof, ein schöner Sommer. Nur die Nachrichten.

Die Nachrichten klangen schlecht. Keine Siegesmeldung, kein Durchbruch im Osten, obwohl versprochen, keine Wunderwaffe, die, vom Führer angekündigt, mit einem gewaltigen Schlag alles entschieden hätte. Gewiß, die V-1, die England in Angst und Schrecken versetzte, indes Italien verloren ging und die Amis in Frankreich landen konnten. Der Russe, jetzt warf er halb Asien in die Schlacht, schlitzäugige Mongolen, die, wo sie einfielen, Frauen und Mädchen vergewaltigten und Kinder verschleppten. In Rumänien, hieß es, am Karpatenbogen, würden die Horden auf neue deutsche Verbände treffen, auf Männer mit Panzern von ungeahnter Kampfkraft, die eisern entschlossen sind, nicht zu wanken und nicht zu weichen und den Feind zu schlagen. Er zweifelte, Peter Purpus zweifelte und hoffte und zweifelte und begann mit dem Heimleiter-Lehrer und der Frau, die, obwohl nicht Lehrerin, an der Schule aus Schulbüchern unterrichtete, in Weinkellern am Dorfrand zu saufen. Im hängenden Kessel auf offenem Feuer kochte — vermutlich die Frau — Hühnerpaprikasch, scharf gewürzt. Abende mit trunkenen Sonnenuntergängen. Dunkle Nächte, selbst wenn der Mond schien. Im Heim lärmten die Jungen, kreischten die Mädchen.

So verging Zeit.

Kirndorfer Feld

Welch Schicksal
leblos da zu sein
in unbegreiflicher Zeit
sprachlos erträgst du
meine brennende Stirn
Gott wie nah bist
du Stein

Nokturn

1

Blick in die Nacht die nichts
verbirgt im Kopf ein Rest von Lyrik
Bilder schön beseelt als sie noch Herz
noch Geist bewegten mir indes schlägt
Fernsehlärm durch Wände ins Gehör
und spür daß mir im hingeduckten Leib
die Seele fehlt der Geist im Warten
mir vergeht die gnadenlose Zeit
noch meine Finger krümmt ach
Nichtigkeit welch lieblich Wort

2

Im Klangbild steh
ich höre Regen tropfen
mir aufs Dach derweil
sich Sternphantasmen
unbegreiflich Räume schaffend
in Unendlichkeiten jagen
Zeitspiralen glühend
so durchs Weltall ziehn
daß mir die Stunden
Tage Jahre gnadenlos
im Sinn vergehn
wie Abraham wer könnte
sagen groß ist das Geheimnis
zwischen Gott und mir

November

1

Saß unterm Hut
auf der verlaßnen Bank
im Park der Nebelwind
die zeitverklumpten Poren
zu die Augendeckel
ja schon lang sind
alle Innenräume leer
bin ich in mir nicht
mehr daheim das Blatt
das seine Hand
berührt

2

Blick
aus meinem Leben auf
die Hand die schreibt
daß Rechenschaft
gegeben werde
einem der
am Fenster Schnee
ich weiß nicht ob
seh Flockenwirbel mich
der Tod am Ende
informiert

Spruch

Versprenkelt im Schatten
verloren gegangenes Licht
erinnert: was wir hatten
wir haben es nicht

bedenke ich was mir
verloren gegangenes Licht
versprenkelt im Schatten
spricht: was du geworden
du bist es nicht

Am Fenster

Und sehe die Sonne
pausenlos hinter Wohnblocks
sinken und stehe verlegen
im Herbst und tu mir
winken mit Krummhand und
Fuß weil ich doch heimgehen
muß dahin wo ich schon
lang vergangen
bin

Magdalena Ballmann
Liebling — Würselen

Magdalena Ballmann wurde am 2. Mai 1917 in Liebling (Banat/Rumänien) geboren. Vater: Friedrich Barth; Mutter: Elisabeth, geb. Klenk. Wohnhaft bis zur Auswanderung am 15. September 1990 in Liebling, seit 1990 in Würselen. Sie besuchte die Volksschule der Heimatgemeinde Liebling, danach Gymnasium und Handelsschule in Temeswar. War Beamtin in der Lieblinger Käsefabrik "JÖRG", dann Hausfrau. Nun nur noch Hausfrau und Rentnerin. Begann "für den Hausgebrauch" zu schreiben — Gelegenheitsgedichte für Dorf- und Familienfeste, auch für die Laienspieler ihrer Heimatgemeinde. 1958 begann sie als Volkskorrespondentin für den "Neuen Weg" zu schreiben und erhielt dafür 1964 und 1969 Ehrendiplome. Seit 1968 auch Volkskorrespondentin der "Neuen Banater Zeitung". Debüt in Lieblinger Mundart 1970 in der "NBZ-Pipatsch".

Ich sein ou Schwob

Ich stell mich vor:
Ich sein ou Schwob,
des sieht mr mer doch ou!
Die hoch Stern,
zwaa starke Hänn un flinke Bou.
Sunscht is net Bsundres viel
an mer noch drou.
Grad mei Sinn,
stark vun Statur,
im Schaffe do,
so pinktlich wie ou Uhr.
Net klou,
awer a net groß wie ou Boum.
Ou weißes Hemet,
ou schwarzi Hos,
ou Paar glitzriche Stiwl
hun ich ou,
ou Bruschlappe
mit Silwerkneppcher drou.
Hal was uf Ehr un Trei,
wu immer ich a bin,
sein trei meim Vaterland,
meim Houm,
meim Weib un Kin.
Ehr Leit,
ich helf eich aus 'm Troum,
im Siedbanat,
In Liebling sein ich dhoum.
Sein luschtich vun Natur
un net gen hinerm Owe.
Kumm oftmols aus 'm Heische.
Tu mr de Winter lowe,
weil ich beim Tanz,
beim Faschingsbal
so arich gen tu towe.
Nou hun ich Zeit,
die Täg sein korz,
die lange Nächt ich feier;
die Summerszeit
is mer for des zu teier!

Mei Mottr

Wie sein ich reich,
wann ich drou denk,
daß ich noch bsitz
des wertvoll Gschenk:
mei Mottr.

Sein schun bejohrt,
hun Mann un Kin;
die Wärm, die Treu
bei koum ich fin
so wie bei meiner Mottr.

Un is se alt
un blind un krank,
is mer um nix
so angscht un bang
wie um mei Mottr.

Ich mecht nie
unich Mottr sei,
sterbt se amol,
leet mich mit nei
ins Grab zu meiner Mottr.

PIPATSCH-Hymne

Wann's Sunntag werd, wann's Sunntag werd,
blieht unser schenschti Blum.
Sie blieht nor korz un recht bescheide,
hot bloß ou Blatt mit zwa Seide.

's is ou Blümche rot wie Blut,
ou jeder Schwob, der kennt se gut.
Trari, trara, tralalala, trari, trara, trala.

's Blimche is so rot wie Blut,
ou jeder Schwob, der kennt's gar gut.
Trari, trara, tralalala, trari, trara, trala.

's is ou Blimche rot wie But,
oum jede Schwob gebt's frische Mut.
Trari, trara, tralalala, trari, trara, trala.

Pipatsch, Pipatsch mer saan dr ehrlich,
for uns bischt du unentbehrlich!
Unich dich mißt mr leer ausgeh'n —
durch dich erscht werd de Sunntag scheen.
Blimche, Blimche rot wie Blut,
oum jede Schwob gfalscht halt so gut.
Trari, trara, tralalala, trari, trara, trala.

Pipatschblum, blieh nor so weidr —
in Fraad un Laad un Not.
Du bleibscht wie unser Mottersproch
so wichtich uns wie 's Wasser, Salz un Brot!
Trari, trara, tralalala, trari, trara, trala.

Ach Blimche, Blimche rot wie Blut,
was groß un klou unerhale tut.
Trari, trara, tralalala, trari, trara, trala.

Pipatsch! du ounzich liewes Schwoblat!
Blieh weidr unich Enn!
Noch weit iwer unsre Grenze naus,
sollt fehle in koum Schwowehaus!
Du bleibscht unser Blimche rot wie Blut,
so lang mr dich hun, geht's uns noch gut.
Trari, trara, tralalala, trari, trara, trala.

Vorbei

Die Fraad am Volksgut — de Mottersproch mecht ich do gen weidrgewe an unser Noukimmer die wu sich gar net vorstelle kennen, wie ehre Groß- und Urgroßeltre gelebt hun, unich Fernseher un viel zugar unich Radio. Freilich war des alles mol, wu mr noch all ou feschtes "Dehoum" hatn im scheene Liebling. Die gut Nochberschaft um am rum un die groß Freindschaft im ganze Dorf, was zammeghal hot in gute un beese Zeite.

Schun die Kindheit war so schee un houmlich, daß mr se nie vergesse kann, un wann's glei vun Luxusspielsache noch nix geb hot. Die Poppe aus Lappe un Fetz waren, hot mr demit net wenicher schee gspielt wie heit die Kin mit Schlofpoppe, was wumeglich gehe un rede kennen.

Ouni vun meine schenschte Kindserinnerunge bleibt de Majeboum. Der Brauch hot sich Enn vun de 30er Johre leidr verlor. Warum kann ich heit net sae. War vielleicht schun die Vorposcht vum Zweite Weltkriech schuld, odr gar de zu groß Hoffart vun sele Johre, wu ouner iwer de aner naus wollt.

In Liebling hots in meiner Kindheit bal in jeder Gaß vun dene 16, wu heit noch stehn, ou Majeboum geb. Den hun die Buwe ehre Mäd am 1. Mai houmlich ufgstellt, bei oum vun de Kumrade im Hinerhof. Dezu sein nou die Mäd bstellt wor for Tanze kumme. Schun die erschtklässer Mäd hatn die Ehr. Ehre Buwe waren die Drittklässer, un so is es weitergang, die Buwe waren all drei Johr älter wie ehre Mäd. Jeder Johrgang Buwe hat sei ajne Maieboum un dezu die Bande Mäd. Die Maiebäm waren all im Hinerhof in de Mitte, daß genug Platz war for Tanze. Dort is es alle sunntagnumitags gar luschtig zugang bis oweds bevor's dunkel wor is. Ouner vun de Kumrade war de Musikant, un die anre hun all fleißich tanze gedirft. Die was am beschte tanze hun kenne vun de Kumrade, hatn de grescht Ouwert. Die anre hatn awer do die bescht Gelejeheit for Lerne, un debei is es halt als passiert, daß se am uf die Lack- oder Spangelschuh getret hun debei. Vun de Mädcher war koum ouns, was net tanze hät kenne. Ougfang vum Walzer, Ländler, Zeppel- un Schnellpolke, bei dene die Reck zamt de Spitzreck nour so gfloh sein, weil domols waren noch alle Mäd in Tracht, sunntags sowie werktags. Aach de Stolztanz, de Sieweschritt un de Besemtanz is mit viel Jux getanzt wor. Damenwahl hot a misse sei. Wann die Buwe den ausgeruf hun, hätr mol siehe selle, wie die Mädcher all gsprung sein.

Am Pingschtsunntag war de letscht Tanz, nou hat de Maieboum ausgedient bis es aner Johr am 1. Mai. Uf den hun nou die Kin mit greschter Sehnsucht gewart, un so a Johr, des war so lang. Ich muß jetz noch oft denke: Jetz sein die Johre nour meh so lang wie domols ou Monat. Awer net nour die Kin, aach die Zuckerbäcker un die Sodawasser- un Krachelverkäufer hun debei die beschte Gschäfte gemach. Die Buwe hun net gspart, die Mäd mit Sießichkeide zu fiedre un jo kou Dorscht leide geloß.

Wann gutes Weddr war, hot als die Sunn schon haaß gscheint, un gstaabt hots net wenich in dem Hof, wu sich so an die 20-30 Paare beim Tanz getummelt hun. Wann's geregnt hot, war de Waaschoppe 's Tanzsaal.

Daß es dort scheener gang is wie heit ufm Parkett, kennen die Großeltre mit Sicherheit un gen bezeihe.

Ob's in anre Derfer a so schee gang is, tät mich interessiere. Leider war des amol un kummt nie wiedr. Mer hun zwar ou neie Heimat do gfun un sein an dankbar defor, awer die schee Gemeinschaft, wu mr gelebt hot wie in euner große Familie, die fin mr nimi.

Frühlingserwachen

Wenn nach langer Winternacht
Die Natur aufs neu erwacht,
dann beginnt auf Feld und Wiesen
erstes, junges Grün zu sprießen.

Dann entfalten leis und sacht
Blumenkelche ihre Pracht.
Wieder schmückt sich Flur und Heid',
denn es ist bunte Frühlingszeit.

Neues Werden dich beglückt,
Leg drum ab, was dich bedrückt,
Denn auf allen Pfad' und Wegen
Tritt dir froh der Lenz entgegen.

Selbst all die lieben Vögelein
stimmen ihr schönstes Loblied ein.
Schon morgens früh und abends spät,
trillern sie ein fromm' Gebet.
Es ist ein Jubeln fern und nah
Hurra, hurra, der Lenz ist da!

Loblied auf den Mai

Die Herzen jubeln dir entgegen,
alles sehnt dich herbei,
du wonnigster aller Monate,
du wunderbarer Mai!

Vorbei das Frösteln und Frieren,
statt dessen ein Duften und Blühen.
Gärten, Wiesen und Wälder verwandelt in Farbenpracht.
All das hast du schöner Frühling
und endlich du lieblicher Mai uns gebracht.

Fröhlich spielende Kinderscharen im Freien
erfreuen sich am hellen Sonnenschein,
zufriedene Bauern bevölkern
eifrig Wiesen, Felder und Hain.

Die sonnigen Maitage nehmen ihnen Härte und Plage
beim Ernten des duftenden Heus.
Du läßt einfach alle Herzen höher schlagen,
du lieblicher, wonniger Mai!

Gepriesen seist du, König der Monate!
Deine süßen Düfte, die lauen Lüfte in langer Nacht,
die sanft uns streicheln, denen der Winter mußte weichen,
überall gegenwärtig bist du, willkommener Mai!
Was uns allein betrübt, ist, daß es kein Festhalten für dich gibt.

Herbst

Es herbstet, und der Wind weht über Haferstoppeln,
Häslein munter über Flur und Felder hoppeln.
Die lieben Wandervögel in immer größeren Scharen
Ihre Probeflüge nach dem fernen Süden wagen.
Die bunte Färbung beginnt an Strauch und Bäumen,
Sie regt uns an zu herbstlichen Träumen.
Im Garten bereits die letzten Rosen blühen.

Die Gärtner sich schon um schöne Crysanthemen mühen.
Vorbei ist das herrliche Badewetter an weiten Stränden,
Seltener gewordene Sonnentage immer schneller enden.
Die Bäume legen ab ihr Prachtgewand schön brav,
Denn die Natur rüstet allmählich zum Winterschlaf.

Mein Spiegelbild

Wenn ich zuweilen mich im Spiegel seh,
fühl ich im Herzen ein leises Weh.
Ist dies noch mein Gesicht? scheint mir nicht klar —
wo ist der Glanz meiner Augen, wo mein blondgelocktes Haar?
Blieb mir nicht mehr davon als die Erinnerung?
Ist's schon so lange her, als ich noch jung?
O ja, es war vor vielen Jahren, als ich noch unbeschwert
durchs Leben ging und wenig hatte erfahren.
Die Augen sahen alles in schillernd hellen Farben,
allmählich wurden sie fahl und trüber allenthalben.
Nein, nein, die Jugend ist kein Geschenk für Ewigkeiten,
wir nützen ihre Frische und Energie,
um unseren weiteren Lebensweg vorzubereiten,
der uns oft auf dornenreiche Pfade führt,
die als Lehrjahre zu bezeichnen sich gebührt.
Danach erst gelangen wir zur Reife!
Nun wird es Zeit, daß ich's begreife.
Hatt' ich den Spiegel bös' verbannt,
heut' nehm' ich ihn erneut zur Hand.
Mit Ehrfurcht blick ich aufs ergraute Haupt
behaglich und zufrieden, was ich früher nie geglaubt.
Mal rauf, dann runter, so geht es auf der Lebensleiter,
nur hoch dabei den Kopf und immer heiter!
Scheint uns die Bürde auch manchmal zu erdrücken,
schon ein neuer Tag kann überraschend uns beglücken;
denn unser Schicksal verläuft genau nach einem Plan,
den keiner von uns Sterblichen bestimmen kann.
Und werfen wir einen Blick auf den Ablauf aller Dinge zurück,
stellen wir mit Erstaunen fest:
Es hat alles seine Richtigkeit,
geradeso, wie der Herrgott es uns erleben läßt.

Wann's nor nimmi trummelt

Friejer, wie der Peder-Vetter noch in Friede newer seine Rosin-Wäs gelebt hat, hots gar oft, manchmol zugar jede Tag im Dorf getrummelt. De Peder-Vetter wor ou zufriedener Mensch, nor die Rosin-Wäs war grad's Gegnteil un hot immer gejomert: "Ach, wann mr nor sterwe tät!" Des hot de Peder-Vetter arich gfuchst, un er hot sich gedenkt, der wer ich des Sterwewolle schun austreiwe!

Weil die Rosin-Wäs schun schwer gheert hot un de Trummler nie richtich verstehe hot kenne, is halt de Peder-Vetter immer horche gang un hot nou de Rosin-Wäs alles schee ausgeleet, was's getrummelt hot. An oum scheene Tag sieht die Rosin-Wäs, wie de Klourichter mit seiner Trummel die Gass reikummt un ruft ehre Mann: "Peder, geh mol schnell naus, ich moun 's trummelt!"

De Pederr-Vetter hot aa glei alles steje geloss un is schnell naus uf die Gass. Wie'r reikumm is un die Rosin-Wäs neigierich froot, was's getrummelt hot, saat'r ganz ernscht: "'s hot getrummelt, wer sterwe will soll glei ins Gmouhaus kumme, sich melde un ufschreiwe." Wie die Roson-Wäs des gheert hot, is se ganz verschrock. De Peder-Vetter hot se vun de Seit ou Weil betracht un nou gfroot: "Na, rosin, was machscht, gehscht?" Die Rosin-Wäs hot die Aa voll Träne un saat druf ganz verstawert: "Ach, ich wer warte, bis's nochmol trummelt."

Nie meh hot die Rosin-Wäs sich gmuckst, daß se sterwe will, un houmlich hat se oughal, daß's vum Sterwe jo nic meh trummelt.

De Geldbriefträger

Es war um die Zeit no 'm erschte Weltkriech, do waren mehner Familie uf Liebling gewanert kumm, under anre aa die vum Vetter Baschtl. Er hot ge'n uf Borch kaaft un aa arwete geloß, wannr's fertich kriet hot. Er hat sei Gasseteerche gut zugriglt un hat die gutglaawiche Leit, die ouhale kumm sein um ehre Geld, ruhich kloppe geloß.

So hat's sich zugetraa, daß 'r aa'm Lenhardt 500 Lei schulich geblieb war, un alles "Oukloppe" vum Schneider hot nix gnutzt. An oum scheene Tag saat de Schneider zu seiner Fraa: "Ev, heit machscht's Esse friehjer! Ich hun mr heit Nacht was ausstudiert un will mol wieder zum Baschtl gehje, ich muß doch schaue, wie mr zu unserm Geld kummen." Wie se geß hattn, is de Schneider glei in sei Bekesch gschluppt, hot sei Hegelstecke in die rechts Hand ghol un is losmarschiert uf 'm Baschtl sei Gerechtichkeit. Wie er so vor 'm Teerche steht un pumpert, ruft ufmol de Vetter Baschtl: "Wer is dann do drauß?"

Pfiffich wie die Schneidre schun sein, hot 'r sei Stimm ganz verstellt un geantwort: "De Briefträger mit Geld!" "Wieviel bringt 'r dann?" froot de Baschtl. "500 Lei!" war die Antwort. "Ei, traat se nor glei zu meim Schneider, der wart schun so lang druf, daß 'r allzemol ganz drnewer is un sich for de Geldbriefträger halt!" ruft vun drin de Vetter Baschtl un geht ruhich zurick in sei warmi Stub.

Peter Barth †
Blumenthal — Temeswar

Peter Barth wurde am 2. Juni 1898 in Blumenthal (Banat/Rumänien) geboren. Studierte in Klausenburg Pharmazie (1921-25), ab 1922 Assistent, Laboratoriumsleiter im Toxikologieinstitut bei Dozent Dr. Julius Orient; 1931-65 Apotheker in Ferdinandsberg (Otelu Rosu), danach einige Jahre in seinem Geburtsort. Gehörte dem Schriftstellerverband der SR Rumänien und der Temeswarer Schriftstellervereinigung an. Debütierte 1933 mit dem in Temeswar erschienenen Gedichtband "Flammengarben". Im "Donauschwäbischen Dichterbund" von Martha Petri sowie in mehreren Anthologien volks- und auslandsdeutscher Literatur — so z. B. in "Herz der Heimat" (1935), "Volk an der Grenze" (1937), "Rufe über Grenzen" (1938) und "Junge Banater Dichtung" (1940) — ist er vertreten. Der Adolf Luser Verlag Wien/Leipzig brachte 1939 den Peter-Barth-Band "Die Erde lebt" heraus. In Rumänien erschienen die von Andreas A. Lillin betreuten Bände "Purpurnes Schattenspiel" (Gedichte, 1971) und "Ich suche den Sommerpfad" (Gedichte und Prosa, 1975). Peter Barth starb am 1. März 1984 in Temeswar. In seinem Nachlaß befinden sich noch zahlreiche unveröffentlichte Texte und Tagebuchaufzeichnungen.

Den Neuzeitlichen

Getümmel in den Dichterhainen,
    verworren, sinnlos jedes Wort.
Die Sänger im Gezweige meinen:
    Nur fort von hier, nur fort!

Wo alle zetern, alle streiten,
    sich überbieten ohnegleich,
und auf zerzaustem Gaule reiten
    ins ferne Dichterreich.

Sie stolpern über Wortgerümpel
    und sehn den jähen Abgrund nicht.
Beschaut euch in dem Gassentümpel,
    greift nach dem Himmelslicht!

Verzerrt sind Stirn und Mund und Miene.
    Das soll ein echtes Kunstwerk sein?
Sogar die leblose Maschine
    sagt laut und klangvoll: Nein!

Laßt das Gefasel, laßt das Lallen,
    baut kunstbegeistert Satz für Satz,
und euch und allen wird gefallen
    der glanzumstrahlte Schatz!

Bemüht euch, stets die Form zu finden,
    und ernst und dennoch spielend leicht,
was euch noch hemmt, zu überwinden,
    daß ihr das Ziel erreicht!

Am Straßensaum der Jahrhunderte

Die Römer sangen hier, und vor den Römern sang
    ein unbekanntes skythisches Geschlecht
viel Jahrhunderte lang mit wehmütigem Klang,
    wenn sie geliebt, gefeiert und gezecht.

Der Daken und der Thraken dumpfes Lied erscholl
   auf diesen alten Straßen durch das Tal,
und manchmal hört man es noch grad so zaubervoll
   erklingen in den Nächten dämmerfahl.

Awaren jagten hin, und Goten eilten her,
   Gepiden lachten all die Höhen an;
und dunkel war die Steppenweise, schicksalsschwer,
   wenn sie der Hüne vorsang, der Alan.

Und Hunnen kamen hergeschossen mit dem Pfeil,
   der Rosse Wiehern hört man heute noch;
kein Grashalm blieb da stehn, kein Krieger konnte heil
   entkommen vor dem wütenden Moloch.

Jasygen und Magyaren streiften durch das Land
   und ließen ihre Spuren hier zurück.
Und über der Gitarre Saiten strich die Hand,
   der Barde sang gar manches Heldenstück.

Tatarenhorden, Türken zogen sengend wild
   mit ihrem Roßschweif da von Bühl zu Bühl,
vom Berg herunter auf das goldne Flurgefild,
   und Mordgeschrei erklang im Schlachtgewühl.

Von Osten und von Westen kreuzten Weg und Pfad
   die Völkerschaften sich auf Wanderung,
und immer wuchs, gedieh der Lieder neue Saat,
   und immer blieb die alte Weise jung.

Die Hirten aber sangen ihre Lieder fort
   und fort auf ihren Almen Jahr um Jahr,
und Tal und Berge widerhallten allerort
   vom Heimatsang der Sassen wunderbar.

Was da am Quell und Bach und Felsen haften blieb,
   an Blütenhängen, Bäumen und Gesträuch,
und was die Zeit da in die Landschaft niederschrieb,
   das sammle ich und übergeb es euch.

Mein Vaterhaus

Das alte lange Giebelhaus
 steht noch. Seit hundert Jahren
 trotzt es der Zeit, dem Windgebraus
 und schaut noch immer jünger aus
  nach all den Sturmgefahren.

Der First ist nicht mehr lattengrad,
 das Dach hat manche Beule;
 die Traufe sah schon manches Bad
 und überm schmalen Katzenpfad
  hört man zur Nacht die Eule.

Zwei Augen hat die Giebelwand,
 um weit hinauszuschauen
 ins breite freie Weizenland
 von Saum zu Saum, von Rand zu Rand,
  bis in die fernen Auen.

Stark ist der Bau und fest der Grund
 und stämmig steht die Mauer;
 es wohnt sich drinnen trautgesund
 von Kindheit bis zum Kräfteschwund
  bei Freude und bei Trauer.

Es ist nicht groß und ist nicht neu,
 ist räumlich ohne Leere;
 die Wände sind aus Lehm und Spreu,
 doch weiß ich nichts, was noch so treu
  und lieb und schön mir wäre.

Das Heimweh

Oh, leicht ist es zu gehen, schwerer aber zu vergessen!
   Geh hin in eine weite, fremde Ferne,
   wo Meere rauschen, wo im Haine Palmen und Zypressen
   gedeihen, und wo seltsam helle Sterne
   den Raum bevölkern! Immer aber wieder
     erklingen dir die alten Heimatlieder.

Du kannst zu Ehren kommen, reich, bewundert werden:
   die Jahre brausen voll dahin, und mählich
   gewöhnst du dich an alle Bräuche fremder Erden,
   hast Freuden und auch Freunde — aber selig
   und glücklich? Nein! Denn immer, immer wieder
     erklingen dir die alten Heimatlieder.

Es wachsen Kinder dir heran, die schon in einer
   ganz andern Sprache sprechen, neue Sitten
   und Spiele pflegen, und dir tut es weh, doch keiner
   fragt je danach. Die Zeit und du inmitten
   ihr werdet fortgetrieben. Immer wieder
     erklingen aber dir die Heimatlieder.

Ja, manche Nächte wirst du schlaflos, ruhelos verbringen,
   wenn andre sanft in ihren Kissen liegen;
   du hörst das Ährenrauschen, hörst die Schar am Rebhang singen
   und siehst die hohen Pappeln sich im Winde wiegen
   und biegen, und dann schluchzt du auf. Denn wieder
     erklingen dir der alten Heimat Lieder.

Die Zeit vergeht, Geschlechterreihen stehn um dich; in weher
   Erinnerung steigt auf vor dir der Hügel,
   worauf das Dörflein steht mit Wiese, Wald und Eichelhäher,
   und eilen willst du heim, nur heim! Und Flügel
   gibt dir die Sehnsucht. Immer, immer wieder
     erklingen dir der Heimat traute Lieder.

Die Schläfe glänzt dir silbern, stockend fließt das Blut im Leibe;
   der Gang ist müde; düster vor den Toren
   steht Er, der Tod; von ihm trennt dich nur eine
   dünne Scheibe, und vieles, was gewonnen, ward verloren —
   doch eines nicht, das geht mit dir hinwieder,
     der süße Klang der alten Heimatlieder.

Nur einmal

Nur einmal ist man achtzehn Jahre,
    nur einmal achtzehn Jahre alt,
    wo glatt die Stirn, gelockt die Haare,
        wo alles schallt und widerhallt!

Wo wir noch keine Lasten spüren,
    wo allerzeit sich weit und breit
    die Tore öffnen und die Türen
        zu aller Lust und Herrlichkeit.

Wo wir noch keine Jahre zählen,
    uns zeitlos dünkt ein jeder Tag,
    wo wir nicht sündigen noch fehlen,
        uns unbekannt des Schicksals Schlag.

Wo wir noch keine Schranken kennen
    und über Schlucht und Klippe gehn,
    gleich Phönix in der Glut verbrennen
        und immer wieder auferstehn.

Nichts wissen da von Leid und Schmerzen
    und unbeschwert das junge Blut,
    und wo uns tief im reinen Herzen
        der Zukunft bunte Abschrift ruht.

Nur einmal ist man achtzehn Jahre
    alt, und man würdigt, schätzt es nicht,
    bis grau und schütter uns die Haare
        und Schatten mehr zu sehn als Licht.

Lockung des Lebens

Komm, stell dich in den Wind,
    ganz frei und ahnungslos!
Des Himmels Segen rinnt
    dir in den keuschen Schoß.

Der Sonne volles Licht
    umspült dein Lockenhaar.
Der Blick im Angesicht
    ist wie der Quell so klar.

Die Wangen glühen dir,
    die Stirn ist weiß wie Schnee,
und dieser Busen hier
    kennt weder Leid noch Weh.

Dich wiegend schreitest du
    durchs grüne Wiesental;
dein Gang ist voller Ruh
    und ohne Zwang und Qual.

Dein Schatten wandelt mit
    als sei er golddurchwirkt,
in einem jeden Schritt
    sich holde Lust verbirgt.

Dein Herz schwingt mit, dein Blut
    trägt dich dahin durchs Feld.
In deinem Wesen ruht
    der tiefe Sinn der Welt.

Verstummt

Verstummt ist auf dem Attich das Geschwätz
   der Amseln, leer stehn all die Beerenteller.
   Der Wald vergilbt, das Tal wird breit und heller,
darüber webt das Licht sein buntes Netz.

Der Samen rinnt, nach eigenem Gesetz,
   zu Boden, und der Tag vergeht nun schneller.
   Die Flurengöttin schmückt ein Kranz, ein greller,
die Röcke sind ihr aufgeschlitzt und letz.

Voll Staub sind alle Blätter an den Bäumen,
   der Ackerhecken Laub wird braun und schütter,
   und frische Furchen spinnwebsilbrig schäumen.

Die lichten Wolken kleiden sich nun düster,
   die Hochstammbuchen zeigen ihr Gegitter,
   und weit im Kreis beginnt des Herbsts Geflüster.

Der erste Reif

Nun geht ein Würger durch die Welt,
   der grimme Blumentöter.
Weit irgendwo im Felde bellt
   ganz schauerlich ein Köter.

Sowie ich geh, fällt Blatt um Blatt
   mir vor die müden Füße,
als schicke mir, vergrämt und matt,
   der Baum die letzten Grüße.

Es raschelt unterm leisen Tritt,
   als weine jemand bitter.
Als zögen viele Seelen mit
   voll Grauen, voll Gezitter.

Ganz sachte regt der klamme Wind
    sich in dem Astgezweige.
Und horch, ein schmales Bächlein rinnt,
    als spiele jemand Geige.

Gott Pan irrt hin und her im Land,
    durchs öde Flurgelände.
Was schön gewesen, ist verbannt,
    vorbei das Glanzgeblende.

Er sucht die fernen Länder auf,
    wo Wärme herrscht. Denn immer
folgt er der lieben Sonne Lauf
    ins südliche Geflimmer.

Silvester

Nun schließt sich balde wiederum der Ring,
    den Monde bilden, Wochen, viele Tage:
    ihr Name war Erfolg und Mißgunst, Plage
und Frohsinn auch, der seltne Schmetterling.

O wie begann, wie voller Hoffnung fing
    es an! Verstummt war plötzlich jede Klage,
    die Zukunft lag noch rein auf Feld und Hage,
voll Möglichkeiten war ein jedes Ding.

Dann aber bröckelten die Tage sacht
    und auch die Hoffnung ab. Des Schuttes Halde
    wuchs an zu einem Leidensberge balde,

und Blumen prangten kurz in ihrer Pracht,
    damit wir desto tiefer es empfinden,
    daß uns an diese Welt nur Jahre binden.

Anfang Feber

Kein Mensch, allein die Lichter sind
   im weißen Winterdorfe wach,
  und eingeschlafen ist der Wind
     im wirren Dorngestrüpp am Bach.

Kein Sternlein flammt am Himmel auf,
   und auch der Mond hat sich verhüllt.
  Der Gipfelzüge Silberhauf
     ist hundertfältig tief zerknüllt.

Ein Frühzug rattert durch das Tal,
   doch niemand ist darauf erwacht,
  ganz sachte hebt und still und schmal
     ihr Schlummertuch die weiße Nacht.

Bloß in der weiten Ferne pfeift
   es einmal noch, und dann verstummt
  es jäh. Die Wälder sind bereit,
     die Bäume haben sich vermummt.

Mit Hochzeitsschleiern hat das Land
   sich weit und breit im Rund verziert,
  doch nirgend hebt die Braut die Hand,
     der Bräutigam, sieh, wie er friert.

Die Gäste aber warten noch,
   bis irgendwo am Flurgebiet
  hoch überm stillen Ackerjoch
     ertönen wird das erste Lied.

Dann werden Braut und Bräutigam
   und alle Gäste auferstehn,
  um fröhlich, lustig wundersam
     durchs junge Frühlingsland zu gehn.

Morgens früh im Felde

Der Morgenwind
    läuft hurtig wie ein Kind
    durchs hohe Gras der Hänge;
    der Wald ist laut,
    die Gräser sind betaut,
        es schallen Frühgesänge.

Ich steh am Rand
    des Ufers, und das Land
    liegt vor mir ausgebreitet;
    die Wiese blüht,
    und Halm um Halm erglüht
        im Feld, das grün sich weitet.

Der Klatschmohn loht
    im Kornfeld feuerrot,
    die blaue Blume leuchtet;
    das Laub am Strauch
    und an den Bäumen auch
        ist von dem Tau befeuchtet.

Die Straße geht
    durchs Feld, und Pappel steht
    bei Pappel da am Raine,
    und weithin blickt
    ein Dorf, die Glocke klingt
        und weiter wieder eine.

Ich geh durchs Feld,
    und mir gehört die Welt,
    ihr Reichtum sondergleichen,
    und reich im Sinn
    und vielmals reicher bin
        ich so — als alle Reichen.

März

Begrenzt von Bergen, die im Dunste stehen,
   ist dieses weite baumbestandne Tal.
   Das Land versinkt im Bodennebel fahl,
   durch den die kühlen Winde klafternd gehen.

Die Moderdüfte überm Hang verwehen,
   den Krumenspalten, locker, zart und schmal,
   entsprossen Hälmlein grün in großer Zahl,
   der Sonne ihre Neigung zu gestehen.

Was sind die Sorgen, was dein ganzes Streben,
   du Mensch, verglichen mit dem Wunderleben,
   das jeder Scholle, jeder kleinsten Zelle

entquillt? Was trägst du Kleinliches im Herzen,
   wo sich das Licht zum Brand entfacht im Märzen,
   damit sich alle Finsternis erhelle?

      Ein goldner Strahlenstrom
      umschlingt den alten Dom
      im Licht erblinken Wand und Dach
      und alles ist schon wach
      Die Ferne dehnt sich aus
      im Giebel, Baum und Haus
      und alles schillert auf
      im langen Wasserlauf

      Nicht säume lang
      du Morgenschein
      komm ohne Sang und Klang
      ins stille Haus herein
      Rings an der Wand
      erblicken Bild um Bild
      und blicken in das Land
      hinaus durchs Flurgebiet.

Ludwig Bauer †
Werschetz — Mittersill

Ludwig W. Bauer wurde am 15. Januar 1892 in Werschetz (Banat/Jugoslawien) geboren. Besuchte 1902-10 die ungarische Oberschule in Werschetz, studierte zuerst in Graz (1910-11), dann in München (1911-15), wo er 1914 zum Dr. phil. promoviert wurde. 1915-18 zeitweilig Fronteinsatz. 1919-22 Realschullehrer in Werschetz. Zur Erweiterung seines Studiums ging er vorübergehend wieder nach München. 1925 übernahm er die Bundesschriftleitung des Schwäbisch-deutschen Kulturbundes, dann die Zweigstelle des "Deutschen Volksblattes" in Werschetz und arbeitete als Berichterstatter für das Südbanat. Bauer hielt Vorträge und war literarisch aktiv, nachdem er bereits 1922 einen Gedichtband veröffentlicht hatte. Als 1941 die "Private Deutsche Lehrerbildungsanstalt" in Werschetz eröffnet wurde, sah sich Bauer zu ihrem Direktor ausersehen. Nach 1944 Deutschlehrer an der Eferdinger Mittelschule und am Realgymnasium Felbertal. Bauer hatte in den 30er Jahren einen "Banater Literaturpreis" ausgesetzt. Von seinem literarischen Schaffen in der Nachkriegszeit ist nach Lage der Recherchen nur das hier abgedruckte Gedicht "Die Flucht" veröffentlicht worden. Ludwig Bauer starb am 26. Juni 1963 völlig zurückgezogen in Mittersill/Österreich.

Die Flucht

Im Regensturz des Frühherbsts war es dazumal,
der Wein noch drauß im Berg, des Maises Frucht im Tal,
als jäh ein Schrei der Angst durch alle Gassen lief
und Weib und Kind von Haus zu Haus zum Aufbruch rief.

Seit jenem letzten Türkenkriege war's nicht mehr —
trotz aller Männer Mut und Blut und Waffenwehr —
daß sie die Faust des Schicksals trieb zu solcher Flucht,
so schrecklich war der Feind und seines Ansturms Wucht.

Der Hans, der Jüngste, hielt die Rosse fest am Strang,
im Donner der Geschütze schluchzt' die Liesl bang,
die Mutter griff noch einmal tief in ihre Truh ...
So ging's der längstvergeßnen alten Heimat zu.

In Hast flog manches noch aufs Fuhrwerk obenauf,
dann nahm der Treck der Hartbedrängten seinen Lauf,
doch jeder warf den Blick noch oft vom Flüchtlingspfad
zurück auf Haus und Hof, ins Heimatland Banat.

Ein Greis, der stand dabei an seines Gartens Zaun
und lugt' hinaus: der Himmel blau, die Erde braun,
die weite Flur, sein Stolz war dieses Müheland,
ein heilig Gut, sein Erbstück aus der Väter Hand.

Schon zog ganz nah an ihm der Wagen lange Reih
und auch sein Sohn mit einem Abschiedsgruß vorbei ...
Ihm war's, als sei der Seinen Tat für immer aus,
nichts drängte ihn, er blieb im Ahnendorf zu Haus.

Sie wandten sich so leicht davon und zogen fort
von allem, was ihr Liebstes war, vom Heimatort,
und ließen doch das Land zurück, des Ackers Saat,
ihr einzig Heimatland, ihr Heimatland Banat.

So stand des Alten erdverbundner Bauernsinn ...
Und Treck um Treck der Abertausend zog dahin;
verlassen blieb die Scholle dort und ohne Hut,
doch ihre Flucht, die schützte all ihr Sippenblut.

Kalt blies der Wind, der Regen schlug ans Wagendach,
und weh der Fahrt, wenn Achse oder Langwied brach,
die Räder furchten tief ins Erdreich wie der Pflug,
doch nur nach vorne riß der Rosse müder Zug.

Nach West und Nord, durch Hungarn quer ging's Schritt für Schritt,
und tief im Herzen trugen sie die Heimat mit;
arm war das Volk, und nichts blieb ihnen mehr
als nur ein ruhig Hoffen auf die Wiederkehr.

So ging es Tag und Nacht und viele Wochen lang
das liebe Donauland stromauf im Wandergang —
manch einen legte man am Weg in seinen Sarg —
bis endlich alle sie des Reiches Schutzwall barg.

Das war im Jahre neunzehnhundertvierzigvier ...
Doch du, o Mensch aus dem Banat, das merke dir,
daß dort genau zweiundeinviertelhundert Jahr
der Deutsche nur der Schöpfer allen Bahnbruchs war!

Maria Bauer
Baar — Schomberg

Maria Bauer, geb. Mohr, wurde am 1. März 1927 in der Gemeinde Bár/Baar (Baranya/Ungarn) geboren. Im Alter von drei Jahren Verlust der Mutter. Durchlief sechs Elementar- und drei Wiederholungsklassen, mußte sich schon in der Schulzeit als Dienerin ihr Brot erwerben. 1947 Ehe mit Andreas Bauer, aus der drei Kinder hervorgingen. Maria Bauer arbeitete 15 Jahre lang in der Schomberger Kinderkrippe und 12 Jahre als Briefträgerin. Bringt seit 1980 "Gedanken, Erlebnisse und Ahnengebräuche" als "einfache Volksdichterin ohne Diplom" zu Papier. Für Schulkinder verfaßte sie Theaterstücke, "so wie es sich begeben hat", und führte sie mit den Kindern auf (mit Fernsehübertragung). Organisierte verschiedene Klassen- und Heimattreffen, leitet in Somberek/Schomberg die Bibliothek des verstorbenen Pfarrers Valentin Pintz mit Ausleihe. Setzt sich für die Bewahrung der deutschen Sprache und der heimatlichen Gebräuche ein.

Die Katz und die Schwortakinde

Der Hund hütet das Haus. Die Katz fängt die Maus. Öfters auch im Nachbarshaus! Da Nochbar hot sei Speis ufglosst, die Nochbarskatz hot vun tuart den Schwortakinde gschtohln. Der hot ihr bessa gschmeckt wie die Mais. Da Haushear hots bemerkt, das Vieh is owa mit da Beut' davongrennt. Er kreischt laut: "Sapparlott, des Viech freßt Wurscht ohni Brot?" Der Prozeß geht beim Richter los: "Nochbr, du mußt mir den Schwortakinda gut tun!" "Was net noch? Was fällt dir ein? Du mußt mir mei Katz gut tun! Die is varreckt vun deim Schwortakinda! Vun heit an fängst du die Mais!" — "Herr Richte, ich man, bei mir is es Recht, sperrt mein Nochbar ins Arrest! Den Schaada leid i mal net!" Und die Katz lebt heit noch, wenn sie net verreckt is.

Wir fuhren Schlitten

In meiner Kinderzeit, als wir noch die Schule besuchten, war das liebste für uns das Schlittenfahren. Wir besaßen keine Stiefel und so warme Kleidung, wie es sie heute gibt, das war uns unbekannt. Unsere Backen waren rot, die Beine naß auf der weißen Schlittenbahn. Anstatt der Stiefel waren nur Klumpen an den Füßen, ausgestopft mit Stroh und Heu. Sie waren schwer. Von Frieren haben wir ja nichts gewußt, wir waren abgehärtet wie der Fuchs im Wald. Die warmen Wollbatschker waren im Winter immer naß. Die Sohlen waren nicht von Leder, nur von Tuch, in das sich der Schnee leicht einsaugte.

Am Abend steckte Mutter sie ins Ofenloch. Häufig waren sie dennoch nicht getrocknet. Mutter mußte sie bereits alle Tage ausbessern. Der Zwirn war aus Hanf, die Sohle aus Tuch, deshalb konnten wir sie oft zerreißen. Brüder-Schwester: eine Reihe, wie die Holzstiegen in einer Reihe. Ich erinnere mich mit voller Freud' an meine schwere, doch frohe Kinderzeit.

Die Staffier

Von Hanf woarn einst die Klaida bestellt,
A jedr hot sich's selbst heargstellt:
Den Hanf gebaut, gerät, gebrochen,
Die Weiwa hun ihn zum Faada gschpunne,
Der Weber hot'n zu Tuch dan gwebt,
Die Mutta draus die Kleida gnäht.

Onra Bauerstochta ihr Staffier
Hot miss besteh aus zwelf Stick a hier:
Zwelf Tischtuch, zwelf Brottuch und a zwelf Handtuch,
Zwelf Messreck, Nochmittogreck, Werktogreck und sou weita noch.

Schof woarn im jedn Haus,
Weil ma die zum Fußgwand braucht.
Die Schofwoll woa zum Fooda gschpunna,
Die hot ma zu Patschka un Strimpf gnomma.

A jede Braut hot an Hucklsack voll kriegt.

Zwaa Bettstatt khern douch a dazua,
Mit zwa Decka, sechs Polsta und dopplt Iwazug.
Do wara oft net Gäns gnung,
Die Feda san doch sou flankaleicht.
Gäns und Enta habn missn schlappra bei jeda Leit,
Far Eltarn, die Madl habn, woa's friha scha Glick,
Beim Ausstaffiera dreht's owa zum Unglick.

Die Muttr hot missn spinna, sticka, näha, sogoa bei Nocht,
Bis sie bei ihra Tächta die vielma Zwölf hot ausgebracht.

Weihnachtsfest

Das Christkindlein steht vor der Tür,
Es klingelt leise mir und dir.
Ins Ohr, ein Klang — dem Glauben.
Im Sinn, ein Klang — der Hoffnung.
Ins Herz, ein Klang — der Liebe.

Glaube, Hoffnung und Liebe!
Kann bringen uns den Frieden.

Das Christkind ruft!
Kommt alle in der Heilig Nacht.
Ins Kirchlein ein um Mitternacht.
Erwartet mich mit Jubelklang.

Ich komm!
Zu euch mit meinem Segen.
Bringe euch Liebe und innigen Frieden.

Nikolaus Bauer
New York — New York

Nikolaus Bauer, geboren am 10. März 1935 in New York, USA. Sohn von Wendel Bauer aus Segenthau und Katharina, geb. Schwarz, aus Kreuzstätten im rumänischen Banat. Aufgewachsen in Neu-Arad (Banat/Rumänien). Absolvierte 1953 die Lehrerbildungsanstalt in Temeswar. Unterrichtete zwölf Jahre lang Grundschule (Mathematik, Musik und Zeichnen) in Manoster, Deutsch-Sankt-Peter und Glogowatz. Absolvierte 1965 das Musikkonservatorium in Klausenburg (Cluj) ohne Frequenz. Emigrierte 1965 mit Familie nach New York. Arbeitete dort 25 Jahre lang als Bankbeamter bis zu seiner Pensionierung.

Mein Heimatdorf

Ich stehe schlicht und stolz
in eurer Mitte
und nenne mich ein Schwabenkind
und staune, wieviel Deutsche,
Schwabenkinder
zu diesem Feste heut
versammelt sind.

Was ist der Zweck, die Ursach'
eures Kommens?
Was ist des Schwaben
höchstes Gut?
Es ist das Bild der unvergeßlich
schönen Heimat,
das unentwegt im
Schwabenherzen ruht.

Als Prinz Eugen im Jahre
siebzehnhundertsiebzehn
das mächt'ge Türkenjoch
zerschlug,
begann nach fünfzig Jahr
der Drang nach Osten,
genannt der Große Schwabenzug.

Vom Deutschen Baum hat
sich der Ast entwickelt,
vom Schwarzwald bis ans
Schwarze Meer.
Aus Elsaß, Baden, Pfalz und
and'ren Ländern,
da kam der sogenannte
Schwabe her.

Sein Leitweg war die schöne
blaue Donau,
der Rest war Schilf und Sumpf
und Sand.
Ein trostlos' Bild von Armut, Not
und Krankheit,
als "Grab des Schwaben" war es
auch bekannt.

Doch aus dem Elend steigt der
trotz'ge Schwabe!
Er werkt und wirkt mit Geist und
wucht'ger Hand
und bildet aus dem öden
Schilfgelände
für sich ein neues Schwabenland.

Wo Krankheit herrschte,
spielen frohe Kinder,
wo Sumpf war, duften Wald
und Feld,
wo Elend einst, da blühen
schmucke Dörfer,
ein wahres Wunderwerk,
die neue Schwabenwelt!

In jedem Dorfe ankern stark
drei Stützen:
die Kirche, Schul- und
Elternhaus.
Sie lehrten Redlichkeit
und Fleiß und Treue,
von der Wiege bis ans
Grab hinaus.

Dein Schwabendorf! Kannst
du es je vergessen?
Der Ort, wo deine Wiege stand.
Ob nah, ob fern, es bleibt
in deinem Herzen
das schönste Dorf
im ganzen Land.

Im Traume hörst du oft der
Heimat Glocken.
Wohin das Schicksal
dich auch warf,
dein liebstes, allerschönstes
Fleckchen Erde,
es war und bleibt dein
Heimatsdorf.

Wahre Freunde

Als ich noch ein Jüngling war,
War die Welt so wunderbar,
Doch ich wollte nur erwachsen sein.
Als ich dann erwachsen war,
War mir plötzlich alles klar,
Reichtum muß der wahre Sinn des Lebens sein!
War der reichste Mann der Welt,
Hatte Hab und Gut und Geld,
Glücklich aber war ich nicht!
Mein Herz war so leer, wußte nicht ...

Refrain: Freunde, wahre Freunde
Sind wie ein Stern am dunklen Firmament.
Freundschaft, treue Liebe,
Sie sind das einz'ge, das zählt!

Kaufte mir das größte Schiff,
Reisen war der Inbegriff,
Wollte in die weite Welt hinaus.
Als ich dann die Welt geseh'n,
War auch sie für mich nicht schön,
Heimweh brachte mich zurück ins Elternhaus.
Doch dann hab' ich sie geseh'n,
Sie war, ach, so wunderschön!
Machte sie zu meiner Frau.
Sie liebt all mein Geld, doch nicht mich ...

Refrain: Freunde, wahre Freunde ...

Bin ein junger Mann nicht mehr,
Lieb das Leben trotzdem sehr,
Und ich weiß, was wirklich wichtig ist:
Vater, Mutter, treue Frau,
Kinderlachen sind genau
Das, was ich ein halbes Leben hab' vermißt!
Viele Freunde hab' ich heut.
Freunde, die sind stets bereit,
Dir in allem beizustehn.
Und das ist so schön, denn ich weiß ...

Refrain: Freunde, wahre Freunde
Sind wie ein Stern am dunklen Firmament.
Freunschaft, treue Liebe,
Sie sind das einz'ge, das zählt!

Aus meinen Lebenserfahrungen

Die Freude und Bereitwilligkeit, mit der wir schenken,
und nicht die Gabe macht den Geber.

*

Wer Gutes tut und Gutes denkt,
der macht sich selber ein Geschenk.

*

Harte Schicksalsschläge brechen nie den Starken.
Es ist der Schwache, der versagt.

*

Der Feige bleibt in Fesseln, der Tapfere zerreißt sie.

*

Wer seine Schwächen selbst besiegen kann,
ist in seinem Buch ein Held.

*

Ein Leben, bestehend nur aus Freude und Glück,
konnte noch kein Sterblicher sein eigen nennen.

*

Alles im Leben hat seine Grenzen:
Strenge, Nachsicht, Freud und Leid.
Die Grenzen nie zu überschreiten,
ist das Geheimnis der Glückseligkeit.

*

Es ist eitel, ewig das Glück zu jagen,
es ist weise, es im eig'nen Herzen tragen.

Versuche nie, den anderen,
aber am wenigsten dich selbst zu täuschen.

*

Süß und bitter, heiß und kalt, Glück und Elend,
alles liegt so nahe beieinander.
Wer sie gleichmäßig meistert,
ist der wahre Lebenskünstler.

*

Beschränke deine Wünsche und Ziele
auf die fürs Leben wichtigen,
denn jeder Wunsch und jedes Ziel
setzt zumindest eine Entbehrung voraus.

*

So viele Menschen wollen ewig leben,
doch das einzig Wichtige wird oft leichtsinnig vertrödelt.

*

Vom Berge stürzt die Wasserflut
und glaubt, sie sei allmächtig,
doch ihre Bahn ist vorbestimmt,
und sei sie noch so prächtig.

*

Beachte die Taten eines Menschen,
und du wirst seinen Charakter leicht erkennen.

*

Der Wille ist angeblich das halbe Werk,
doch nur Einsatz und Hartnäckigkeit versprechen Erfolg.

*

Wer nicht in der Startlinie steht,
kann und wird beim Endziel nie dabei sein.

Erhard Baumung
Mramorak — Karlsruhe

Erhard Friedrich Baumung wurde am 26. Januar 1925 in Mramorak (Banat/Jugoslawien) geboren. Besuchte in seinem Heimatort die Volksschule und anschließend die Deutsche Bürgerschule in Belgrad. Erlernte den kaufmännischen Beruf und war als Verkäufer bis zu seiner Einberufung zum Deutschen Heer tätig. Im April 1942 wurde er, 17jährig, zur Division Prinz Eugen abgestellt. Ab Mai 1945 Kriegsgefangenschaft, zuerst beim Engländer, wurde später an Jugoslawien ausgeliefert und dort im Dezember 1948 aus der Gefangenschaft entlassen. In Belgrad als Zwangsarbeitsverpflichteter heiratete er Christine Schübler aus Feketitsch in der Batschka. Ohne Zutun und gegen seinen Willen wurde ihm die aberkannte jugoslawische Staatsbürgerschaft wieder aufgebürdet, was zur Folge hatte, daß er sechs Monate in Titos Armee Dienst leisten mußte. Im Juni 1954 gelang ihm mit seiner Familie die Einreise in die Bundesrepublik. Um seine Erlebnisse festzuhalten, begann er die Schriftstellerei und veröffentlichte im Lauf der Zeit in "Der Donauschwabe" und im "Donauschwaben Kalender" Erlebnisberichte und Erzählungen, u. a.: "Ziegenbock Tschetnik", "Fiskultura i sport", "Angst oder das Schäferstündchen des Intendanten", "Immer diese Helden", "Schulprobleme eines kleinen Donauschwaben", "9. Mai 1948, Kriegsgefangenenlager 534 Jablanica", "Wahl ohne Qual", "Selbst der Bischof war dabei", "Schmerzhafte Umerziehung", "Es geschah vor 45 Jahren".

Reinhold, unser Lagerarzt

Gewidmet den Kameraden des Kriegsgefangenenlagers 534 Jablanica

Nennen wir den Helden meiner Tatsachengeschichte einfach Reinhold. Unser Freund war nicht irgendeiner aus der Masse. Er war einmalig. Vor einem Jahr war er noch Stabsarzt in der besiegten Wehrmacht. Heute ist er Lagerarzt im Kriegsgefangenenbataillon 534 Jablanica in Bosnien-Herzegowina. Er ist von unschätzbarem Wert für unser Lager. Er war auch für die Großbaustelle der Firma "Hydrogradnja", für die wir arbeiten mußten, der zuständige Medizinmann. Weit und breit mangelte es an Medizinischem Fachpersonal und an Ärzten. Seinerzeit waren deutsche Ärzte und Zahnärzte "Gastarbeiter" in Jugoslawien. Dieses waren Folgeerscheinungen von Titos Handhabung mit der "Inteligenzija". Auch die Zivilbevölkerung der näheren Umgebung unserer Baustelle, zum Großteil waren dies Muselmanen, wurden von Reinhold ärztlich betreut. Ein besonderer Glücksfall aber war unser ausgedienter Stabsarzt, und eine unausschöpfbare Quelle war Reinhold für die Geschäfte unseres Partisanenkapitäns Mujo, unser Lagerkommandant — seine Hanuha, seine Frau, nannte ihn zärtlich Mujaga —, der alles mögliche vermarktete und verscheuerte. In seiner weitläufigen Familie war immer irgendwo Bedarf für billige Handwerker. Mujo verkaufte uns in unserer Freizeit. Er kassierte, und wir arbeiteten. Manchmal gab es etwas zum Essen für uns. Eine Kostaufbesserung wurde von Mujo geduldet. Geld mußte an ihn abgegeben werden. Sein orientalischer Handelstrieb war unersättlich und unerschöpflich. Auch unser Medizinmann wurde gehandelt, und seinen Arbeitslohn kassierte Mujo ab.

Reinhold, die rheinische Frohnatur, verstand es ausgezeichnet, mit den ihm gegebenen spärlichen Mitteln und Möglichkeiten viel zu erreichen. Sein Humor half ihm, mit seinen Patienten so manche Klippe zu umschiffen, so manche Unannehmlichkeiten zu bewältigen und viel Leid zu mindern. Machte mal einer von Mujagas Verwandten dem Doktor eine Kleinigkeit zum Geschenk, und der Kapitän erfuhr davon, dann war der Teufel los. Übrigens, der Kommandant und der Mediziner verstanden sich gar nicht. Damals — 1946 — wie auch heute noch stand ein Mediziner um ein Vielfaches höher in Achtung und Gunst der Bevölkerung als ein Partisanen-"Kapetano". Mujo ärgerte dies, und er ließ es merken.

Reinhold pochte auch sonst auf seine Rechte als gefangener Stabsarzt. Er drang bei Mujo auf die Durchführung der Vorschriften der Genfer Konvention und die ihm zustehenden Möglichkeiten als Jünger Aeskulaps. Der Partisane verstand nur Bahnhof. Wahrscheinlich hatte er noch nie etwas von diesen Vorschriften gehört. Sein Unwissen verunsicherte ihn und brachte ihn in Abwehrstellung, in Harnisch. Unser Reinhold trug immer noch auf seiner schon sehr verschlissenen Uniformjacke die Schulterstücke eines Stabsarztes, und sein Käppi zierten die silbernen Litzen eines Offiziers. Mujo waren Schulterstücke wie Silberlitzen ein Dorn im Auge. Wenn sich die beiden in die Haare gerieten, was sehr oft der Fall war, zog Reinhold immer den Kürzeren. Am Ende solcher fruchtloser Dispute fand sich der Doktor immer wieder im Arrest. Als Knast diente unsere Entlausung.

Um den sehr anhänglichen kleinen Quälgeistern, den Läusen, an den Kragen zu gehen, bauten wir uns eine Entlausungsstation. Ein einfaches Mauerwerk mit den Ausmaßen von eineinhalb mal zwei Metern und einer Höhe von etwa zwei Metern, mit einem Dach obendrauf. Dieses Häuschen stand auf einer Stahlplatte und konnte unter der Platte beheizt werden. Den Läusen wurde so kräftig eingeheizt, und auf diese inhumane Art sollte ihnen der Garaus gemacht werden. Wurde dieses Häuschen nicht zweckerfüllend beansprucht, gab es eine ideale Arrestzelle ab. Reinhold war eine Art Stammgast in dieser unwirtlichen Behausung.

In seiner knappen Freizeit nützte Reinhold seine bastlerische Begabung zur Entspannung. Er bastelte viele nützliche Dinge für seine Praxis, aber auch so manches Musikinstrument für unsere Lagerkapelle. Einige Gitarren stammten aus der Werkstatt unseres Mediziners.

Für alle Fälle war Reinhold dabei, einen Marschkompaß zu fertigen. Durch bestimmte Wicklungen eines Drahtes, durch welchen elektrischer Strom geschickt wurde, sollte in Stück Blech von einer Konservendose zur Magnetnadel verwandelt werden. Mujo kam dazu und wollte wissen, was das werden sollte. Reinhold erklärte ausführlich den Grund der Bearbeitung des Blechstücks und seinen Zweck.

Mujo verstand in seiner Eigenart als Lagerkommandant den Arzt nicht, und für Reinhold war es wieder an der Zeit, die Entlausung aufzusuchen. Drei Tage und drei Nächte bei Wasser und Brot verschwand unser Guter im Kittchen.

Mit Decke und Blechnapf begab sich Reinhold, wie er zu sagen pflegte, zur Meditation.

Es begab sich zur selben Zeit, als ein Weib gesegneten Leibes vor ihrem schwersten Stündchen stand, daß sich eine Schar von weiblichen Personen in einem kleinen Zimmer drängte. In diesem Raum sollte die werdende Mutter niederkommen. Unter den Klageweibern auch Mujos Eheweib und weitere Frauen aus Mujagas großem Familienclan. Die Hochschwangere hatte es nicht leicht, es sah nach Komplikationen aus. Alles Wehklagen, alle Klagelieder und Gesänge der um das Wochenbett versammelten Frauen wollten nichts helfen. Man besann sich Mujos und seines Lagerarztes. Der "Schwabo", der "Doktore", er sollte helfen.

Die Weiber zeterten, der Kommandant rief und befahl, der Posten lief, der Doktor kam nicht. Unser Freund hatte seine Prinzipien. Er blieb in der Entlausung, in seiner Meditationszelle. Stur wie ein Maultier beharrte er auf seinen drei Tagen Arrest. "Der Kommandant hat gesagt drei Tage, und was der Kommandant sagt, das muß ausgeführt werden." Er blieb, wie befohlen. Unverrichteter Dinge und völlig ratlos erstattete der Posten seinem Kapitän Meldung. Der "Doktore nece", er will nicht. "Erst nach weiteren zwei Tagen, nach Verbüßung seiner drei Tage Haft, will er kommen. Erst Entlausung, dann Entbindung."

Die Situation spitzte sich kritisch zu. Die werdende Mutter litt bitterlich, die Klageweiber heulten jämmerlich, Mujo kochte über. Beim Karten- oder Dominospiel, in der "Kavana" mit seinen "Drusches", seinen Genossen, durfte er kein zweites Mal gestört werden. Tobend erschien der Bösewicht mit einem MG-bewehrten Wachposten auf der Bildfläche vor der Entlausung. Mit Händen und Füßen gestikulierend, wilde Flüche und Verwünschungen ausstoßend, überfiel er unseren Reinhold. Der zeigte sich ungerührt, phlegmatisch. Was die Wut Mujagas noch steigerte. Erschießen war das Mindeste, was Mujo dem Arzt anbot. Die Schimpfkanonade des Kapitäns kann hier aus ästhetischen Gründen nicht wiedergegeben werden. Reinhold meditierte ganz in sich versunken auf seiner verlausten Decke in der Entlausung.

Nach langem Palaver, von unserem Medizinmann bis auf das Letzte ausgereizt, wurde die Reststrafe aufgehoben. Reinhold erlebte eine Begnadigung — Mujo eine Niederlage. Nun war der Doktor bereit zu helfen, Mujo ging zu seinen Gesellen in die Kneipe zurück, der Posten trottete davon, und Reinhold eilte zu der hilfsbedürftigen Wöchnerin.

Der Anschein, daß nun alles im Lot war, trügt jedoch. Das Theater ging nun erst richtig los. Schneller als gedacht, schneller als Reinhold aus der Entlausung entlassen war, hockte er wieder darin.

Das gleiche Drama, zweiter Akt: die klagende Mutter, die jammernden und heulenden Weiber, ein tobender Mujo und ein freiwillig einsitzender Reinhold. Gleiches Szenenbild: die Entlausung, davor der Kommandant, diesmal ein größeres Aufgebot von MG-bewehrten Wachposten und ein ausgedienter deutscher Stabsarzt.

Was war geschehen? Was hat unseren Freund so in Rage gebracht? Der "Drugarica", der Genossin ging es schlecht, der Arzt wollte nicht helfen. Aus einer riesigen, sehr lautstark geführten Debatte konnte ich als Dolmetscher folgendes zwischen Reinhold und dem Kapitän vermitteln: Erstens störte den Arzt das übervolle Entbindungszimmer. Die wehklagenden Weiber müßten alle raus aus der Bude. Mujo versicherte, eigenhändig alle Weiber rauszuschmeißen, einschließlich seiner "Hanuha", seiner angetrauten Ehefrau. Auch die Kommandeuse sang dort mit den anderen Weibern. Das weit größere Problem war die werdende Mutter. Überlieferte Sitten und Gebräuche, was in Generationen bis heute mitgebracht wurde und Hunderte von Jahren Gültigkeit hatte, das konnte auch die nun eingebrochene, von dem gewonnenen großen Befreiungskrieg eingeführte "Kulturea" nicht von heute auf morgen wegwischen. Im Knien, mit dem

Kopf auf dem Boden gegen Osten gebeugt, wurden die Neuankömmlinge empfangen. Alle wurden so geboren, und auch die Kinder sollten so zur Welt kommen in Mujos Sippe.

Für unseren Reinhold war das ein Rätsel mit sieben Siegeln. Die Welt war für ihn auf den Kopf gestellt. So war er es nicht gewöhnt. Seine schulmedizinische Ausbildung ging von einer anderen Lage aus. Der Kapitän begriff nicht, versprach aber, dies zu ändern.

Wir begaben uns alle an den Ort des Geschehens. Allen voran Mujo. Er stürmte das Zimmer, räumte mit den Klageweibern auf und befahl der werdenden Mutter, sofort allen Anordnungen des "Doktores" zu gehorchen. "Du legst dich auf den Rücken, wenn es der Doktore will, verstanden?" Die Ärmste hatte verstanden und lächelte müde.

"Doktore, nun zeig', was du kannst und bring' einen gesunden Knaben zur Welt, oder ich erschieße dich." Mit diesen Worten verließen wir den Raum. In einer entfernten Ecke des Hofes hatten sich die Weiber versammelt und jammerten. Unsere Gruppe mit Kapitän, den Posten, dem werdenden Vater und mir hatte unweit des Hauses Stellung bezogen.

Der Schrei des Neugeborenen, es war ein kräftiges Mädchen, löste die Spannung. Die Weiber jubelten, der frischgebackene Vater holte eine Flasche schlechten Fusels aus einer Ecke, Mujo strahlte wie ein Putzlumpen, wir freuten uns alle. Alle schüttelten Mujo die Hand, als ob er was vollbracht hätte, und die Weiber küßten verstohlen die Hände von Reinhold. Mujo verkündete, daß unser Mediziner ein feiner Mensch sei und nun nicht mehr in die Entlausung müsse. Er selber gehe nun in die "Kavana", um Domino zu spielen und auf das Wohl des Neugeborenen anzustoßen. Die Fuselflasche kreiste in der Runde der Wachposten, und bald tanzten sie ihren "Kolo", eine Art Reigen, und sangen dazu ihre Lieder, in denen sie den großen Sohn ihres großen Volkes priesen.

Zwischenzeitlich hat sich vieles geändert dort unten in Jablanica, seit unser Kriegsgefangenenbataillon mit seinem Medizinmann Ende 1948, damals, als wir aus der Gefangenschaft entlassen wurden, Jablanica hinter sich ließ.

Der alte Djemalj wird Vater

Es war 1949 in Belgrad. Ich war zwangsarbeitsverpflichtet in einem Betrieb des Innenministeriums von Serbien.

In der Bürobaracke, einem einfachen, niederen Bau, bestehend aus einem langen Mittelgang, an welchem links und rechts die einzelnen Büroräume lagen, stand in jedem der Zimmer ein Kanonenofen. Jedes dieser Exemplare mußte einzeln geheizt werden. Geheizt wurde bei Bedarf mit Abfallholz und schlechter Braunkohle. Um die Öfen zu bedienen, wurde vom Betrieb ein Arbeiter abgestellt. Djemalj hieß der Heizer. Er war ein kränkelnder älterer Mann, einer von meinen Freunden, den Schiptaren, ein netter, einfacher Mann. Nach einer bestimmten Zeit der gegenseitigen Beschnupperung stellten wir beide fest, daß wir eine bestimmte Gemeinsamkeit hatten. Beide hatten wir für das gegenwärtige Regime nichts übrig. Wir wurden so zu einer gewissen Art von Verbündeten bzw. von Vertrauten. Auf unseren gemeinsamen Gegner konnten wir — wenn es keiner hörte — kräftig schimpfen und klagen.

Djemalj kam mit seiner Sippengemeinschaft nach Belgrad, um Geld zu verdienen. Daheim — im Kosovo — hatte er Frau und Kinder zurückgelassen. Fünf kleine Skipetaren warteten daheim bei seiner Frau auf das Geld, das er in Belgrad verdiente. Djemalj lebte hier äußerst bescheiden, wie alle seine Freunde auch. Er gönnte sich nur ein karges Essen und begnügte sich manchmal mit den Resten der anderen, welche auf den Tischen der Mensa liegen geblieben waren. Alles, was er von seinem Lohn erübrigen konnte, brachte er zur Post, um es seinen Lieben zukommen zu lassen. Seine Entlohnung war nicht üppig, doch bedingt durch die große Zahl seiner kleinen Kinder und das dafür auszuzahlende Kindergeld kam Djemalj, nach seiner bescheidenen Meinung, auf ein beträchtliches Einkommen.

Wir waren so gut befreundet, daß ich ihm seine private Post an seine Frau in seiner Heimat erledigen durfte. Ich genoß sein volles Vertrauen. Hemmungslos schrieb ich für ihn Briefe ins ferne Kosovo. Leider sollte solches nicht ohne Folgen bleiben. Djemalj war des Lesens und Schreibens nicht kundig. Hatte er einmal das Bedürfnis, sich mit einigen Worten an seine daheim bei den fünf kleinen Kinderchen gebliebene Schefika zu wenden, dann mußte ich einen Brief schreiben. Inhaltlich waren all die Briefe die gleichen. Djemalj hatte nicht viel zu sagen, und was gesagt werden mußte, das überließ er mir, ich wüßte schon, was geschrieben werden muß, meinte der Gute.

Mit diesem seinem bzw. meinem Schreiben ging dann die Ehefrau zum Imam — dem geistlichen Oberhaupt in seinem Ort — mit der Bitte, den Brief von diesem lesen zu lassen. Auf umgekehrtem Wege bekam Djemalj seine Post von daheim, mit welcher er zu mir kam, um sich diese vorlesen zu lassen. Reibungslos funktionierte diese Verbindung, so dachte ich zumindest in meinem jugendlichen Leichtsinn und meiner naiven Unerfahrenheit. Eines Tages aber stellten sich ganz andere Tatsachen ein. Dieses Hin und Her sollte seine Folgen haben. Djemalj brachte mir wieder einmal ein Schreiben seiner Schefika zum Lesen. Dieser Brief stimmte mich vorerst recht traurig, um dann in mir bis dahin völlig unbekannte Gefühle zu wecken.

Mein Freund überließ mir voller Freude die Nachricht, ich solle mich damit beschäftigen, solange er noch eine Dringlichkeit verrichten mußte.

Oh Schreck laß nach, was war im fernen Kosovo passiert, was mußte ich lesen. Was hatte bloß Schefika, die Daheimgebliebene, meinem Freund angetan. Da schrieb doch der Imam, der Geistliche, daß Schefika und das Neugeborene — das sechste von Schefikas Kindern — gesund und wohlauf seien. Ein kleiner, kräftiger Junge sei es, welchem die Gute das Leben geschenkt habe. Ganz der Vater sei es, das Kleine. Nichts Gutes ahnend durchblätterte ich die Urlaubskartei im Büro, um wie befürchtet feststellen zu müssen, daß Djemalj länger als ein Jahr keinen Urlaub gehabt hatte und immer in Belgrad weilte, sein geliebtes Kosovo und seine "Hanuha", seine Frau, nicht besucht hatte. Allein der Gedanke, daß die Frau auch meinen Freund hätte besuchen können, beruhigte mich für kurze Zeit. Die Ungewißheit nagte an mir. Wie bringe ich diese Neuigkeit bloß dem Djemalj bei, sollte irgend etwas nicht stimmen. Doch waren meine Sorgen absolut nicht vonnöten. Vorsichtig und äußerst schonend ging ich vor, als ich meinen Freund fragte, wann er denn im Urlaub war und wann seine Frau hier bei ihm geweilt hatte. Nichts war's, weder hatte er seine Lieben noch sie meinen Freund besucht. Djemalj hatte Belgrad nicht verlassen, und Schefika war daheim im Skipetarenland geblieben. Warum diese blödsinnige Fragerei, empörte sich mein Freund, ich solle endlich vorlesen und damit basta.

Nun gut, er will es so haben. Ich las also vor und ließ nichts aus. Schön und deutlich, wie dies der Imam geschrieben hatte. Djemalj hörte, staunte und freute sich maßlos über die Ereignisse daheim. Ich war restlos verblüfft. Djemaljs Freude und Ausgelassenheit wollten mir nicht einleuchten. Herrlich schön, meinte er, noch ein gesundes Kind und noch einmal mehr Kindergeld. Was soll man dazu sagen? Soll ich aufklärend auf meinen Freund Einfluß nehmen? Fünf Kinder nennt er sein eigen, nein Aufklärung ist sicher nicht angebracht. Und doch, einfach so ein sechstes Kind nur wegen des Kindergelds, nein, da muß ich meinen Freund belehren. Ich versuchte es, und er verstand mich nicht, und das war gut so. Ich mühte mich ab, ich wollte ihm klar machen, daß außer dem Kindergeld gar nichts stimme. Rein biologisch sei das Kind nicht unterzubringen. Djemalj war da ganz anderer Meinung. Seine Feststellung riß mich gar vom Sessel. Erst bedauerte Djemalj mich und meine Dummheit, dann aber klärte er mich auf. Was heißt hier keine Verbindung mit seiner Frau, mit seiner Schefika? Ich persönlich, sein Freund, hätte doch laufend an sie diese Briefe geschrieben und Schefika genauso alle Briefe wieder beantwortet, und ich hätte diese ihre Schreiben doch vorgelesen, was soll diese blöde Bemerkung von keiner Verbindung, ob ich denn nicht denken könne? Tatsächlich war ich nicht imstande zu denken. Ich brauchte einige Zeit, um diese Theorie zu begreifen und mich von dieser Feststellung zu erholen bzw. mich mit ihr anzufreunden.

Ich beglückwünschte den Vater und berücksichtigte in meiner Kartei das Neugeborene wegen des Kindergelds. In meinem tiefsten Inneren verspürte ich ein ganz neues Gefühl. Ich verspürte so etwas wie Vaterstolz.

Zur Feier des Tages saßen wir abends beisammen und redeten viel von daheim, Djemalj vom Kosovo und ich vom Banat, von den Kindern und den Zurückgelassenen.

Sein Sippenführer war wohl nicht ganz der Meinung meines Freundes über das Kindergeld, aber er freute sich mit uns und stärke Djemalj in seinem Glauben.

Béla Bayer
Waroli — Bonnhard

Béla Bayer wurde am 7. Mai 1951 in Waroli/Váralja (Tolnau/Ungarn) geboren. Lebt in Bonnhard/Bonyhád. Seine Gedichte, Essays und Nachdichtungen erschienen in mehreren Zeitschriften, seine deutschsprachigen Gedichte in der "Neuen Zeitung" und im "Deutschen Kalender". Gehört zu den Verfassern der Anthologien "Das Zweiglein" und "Bekenntnisse eines Birkenbaumes". Bekennt sich zur verbessernden Kraft des inspirierten sprachlichen Zwanges.

Trockendock

Was ich mitbekam:
die Wärme im Hafen
des Mutterschoßes,
die Einsamkeit des
Wanderers, die Freude
des mit sich selbst
Kämpfenden.

Mit jagte Piratensehnsucht
hinein in kichernde Nebel.
Auf dem sich wiegenden Boot
glaubte ich, nach Hause
geschaukelt zu werden.

Mein Lächeln ist Verschwendung.
Für den täglichen Bissen Brot,
immerwährende Pein.

Bloß mocht' ich nie sein,
war aber nie anders,
immer pudelnackt.
Verkümmerte Sterne, wie meßt
ihr die Zeit? An meinem Mund
Brombeerlila. Mit trauter Umarmung
bedeckt mich die Nacht.

Nostalgie

Schmerzlich lächelnd,
mit nassen Füssen,
suche ich
auf Spielplätzen
von Gestern
etwas, das keinen
Namen mehr hat.
Bunte Blätter
treiben im Bach.
Mir ist, als
müßte jetzt
Schnee fallen.

Gebet

Behüte, Gott,
die befruchtenden
Träume
und die Landnahme
meiner Phantasie!

Behüte, Gott,
die Nähe meiner Mutter
und mein früheres Gesicht
im Spiegel!

Behüte, Gott,
meine Absolution
und die Stille
meines Mundes!

Nur die dreißig
Silberlinge ...
Nur sie nicht, mein Gott!
Nur sie nicht!

Sonett

Ich liebe dich wie der Herbst
seine verwaisenden, dornigen Wildkastanienpuppen
liebt, und wie die Idee
die Ordnung unserer Werte liebt.

Ich liebe dich, wie der Wind
seine eigene Flucht
über die Strenge der sinnenden
Schneefelder liebt.

Ich liebe dich wie das Geschwätz
der Säfte in den Hymnen
der knallenden Knospen.

Ich liebe dich so, wie die
betäubenden Ähren die goldene
Belastung des Sommers lieben.

Heute noch ...

Nichtiges Fieber der Felsenspitzen
ist heute noch
der Anschein der Wasserwüste:
Sonnenschein
hinter meinen Pupillen.

Heiligtum ist die Gegenwart,
Aufschub — die Minute:
nach keinen Passionsblumen
rufen die Kreuze der Möwen.

Tote Muschel —
Fugenmusik:
plagen sich
meine morgigen Träume.

Abschied

Die Vergessenheit
überzieht sich
mit Häutchen.
Die Worte
werden schwielig
auf unseren Lippen.
Es dämmert.
Zu sich rufen mich
weitentfernte Töne.

Impromptu

Die Romantik hat sich
am Werktag verkrochen,
es friert mein Blut.

Ich lobe und verdamme
das Sternbild
deiner Hüfte:

Ich habe Göttin gemalt
ohne Kontrolle
als Vorbild zu deinem Gesicht.

Wehrlos an Dich gekettet.
Trittst Du in stetig wandelnder
Gestalt aus der Stille.

Erbe

Was mein Vater
für mich
hinterließ,
erbte er
selbst schon.
Sein angestammtes
Vermächtnis
— der ewige Mißmut.

Sein Erbe
lebt weiter —
Bei mir kann die Aufgabe
nicht mehr
Instinkt sein.

Der Beobachter

Brennend leuchtende
Blütenpracht
des Feldmohnes
bewahrt mit süßem
Glauben
Hoffen und Wiederkehr
Deiner Minuten

Liebe

Kerniger Sinn
hängt auf den
Heidekrautfasern
deiner Existenz.
Ich schreibe
Gedichte durch
perlenbeschlagene
Nächte an Dich.

Wunsch und Realität

Wunsch und Realität
sind zweischneidende
Verszeilen.
Lange dämmert nicht
dein Augenblick
in meinem Gesicht.
Die Zelle
unserer Sinne sind
verbannte Bewegungen.
Armereichend,
meilenweit.

Reimspiele

an Judith

Mit deinem Blicke
bedeck mich bitte,
lösch mein' Durst
um deine Lippe!

Laß uns durch
die Wunderbrücke,
zerbrechen
die Totenstille.

Wörter

Pfeiler sind sie zu
einer Gedankenbrücke.
Möglichkeit auszudrücken
die Schönheit des Lebens.
Helfen Trümmer
zwischen den Menschen
beseitigen.
Sie geben das Pfand
der Sicherheit,
was wir errichten sollen.
Wörter —
waren die ersten Fragen
sind
Heiligtum der Gegenwart
und begleiten uns
zum Grab.

Wehrlos

Die Romantik hat sich
am Werktag verkrochen,
es friert mein Blut.

Ich lobe und verdamme
das Sternbild
deiner Hüfte:

Ich habe Göttin gemalt
ohne Kontrolle
als Vorbild zu deinem Gesicht.

Wehrlos an Dich gekettet.
Trittst du in stetig wandelnder
Gestalt aus der Stille.

DOCH

Das Bewußtsein
überwindet die Zügellosigkeit.
Ich sollte dich
für immer ausschließen
aus mir.
Doch: ich verwandle
dein Bösesein —
und obwohl du
mich wegwerfen wolltest,
bleibe ich bei dir.

AQUARELL

Der Kirchhügel geht schlafen
nur ein Klatschmohn hält sich wach.
Der Abendstern kreist leise
auf 'm Lager unsrer Nacht.
Bald sinkt alles in Ruhe
die Sonne winkt zum Abschied
von endlos weiten Stoppeln
Schober summen ein Lied.

KRAFTBORN

Vor mir sehe ich Deine Augen —
braun wie frischgepflügter Acker,
duftend Deine Lippen von süßen
Hagebutten.
Stürmisch wie der Herbstwind schlägt
Dein Herz und läßt mich das
Entbehren der vergangenen Tage
vergessen, meine Hand in Deiner —
Kraft und Ruhe liegen darin
und die Größe rauschender Orgel-
klänge: für immer.

Mutter

Wiegenlied
in der Ecke
des Mangels.

Umsonst rege
ich mich
vor deinen Augen.

Schmerzensschrei
flüchtet sich
aus meiner Kehle.

An dein Gesicht
verbannt mich
unser Gott!

GEBET

Mein Gott, bitte, behüte
die fruchtbaren Träume
und die Landnahme
meiner Phantasie!

Mein Gott, bitte, gib mir
die Nähe meiner Mutter
und das Gesicht des
eingestampften Spiegels!

Mein Gott, bitte erteile
mir Asolution
und die Stille
meines Mundes!

Nur die dreißig
Silberlinge ...
nur sie nicht, mein Gott,
nur sie nicht!

Jakob Bechtold †
Budakeszi — Pfarrkirchen

Jakob Bechtold wurde am 22. August 1888 als erstes von 16 Kindern einer deutschen Kleinhäusler-Familie in der ehemaligen deutschen Großgemeinde Budakeszi/Wudigeß (Ofner Bergland/Ungarn) geboren. Nach Besuch der Volksschule seines Heimatortes kam er an eine Realschule in Budapest und anschließend an die K. u. K. - Infanteriekadettenschule Preßburg, dann an die Theresianische Militärakademie in Wiener Neustadt. Von dort wurde er 1910 als Leutnant zum K. u. K.-Feldjägerbataillon Nr. 28 ausgemustert. Auf Grund seiner in Wien erworbenen Lehrbefähigung wirkte er an den Militär-Erziehungsanstalten "Bocskay" in Budapest und ab 1923 bis zu seiner Pensionierung 1942 an der Militärschule in Köszeg/Güns in Westungarn als Lehrer für Erdkunde, Deutsch, Naturgeschichte und Zeichnen. Ab 1914 war er außerberuflich auch journalistischer und zeichnerischer Mitarbeiter verschiedener ungarischer Blätter. Den Schwerpunkt bildeten Arbeiten für das damals beste ungarische Witzblatt "Borsszem Jankó". Hier gewann er eine Landeskonkurrenz für Humoresken, bei "Képes Ujság" (Illustriertes Blatt) den 2. Preis für Kriegszeichnungen. Nach dem Ersten Weltkrieg gab er selbst zwei humoristische Blätter "Dugó" (Sport) und "Bohóc" heraus. Nach dem Zweiten Weltkrieg war er in Deutschland Mitarbeiter verschiedener Heimatzeitungen und Heimatkalender. Kleine Novellen, Essays und Karikaturen von Bechtold brachten auch der Bayerische und der Süddeutsche Rundfunk. Der ehemalige Oberst machte sich auch als Sportler einen Namen. Er errang im Laufe seiner Laufbahn bei verschiedenen Wettbewerben, hauptsächlich als Pistolenschütze, aber auch in der Athletik und im Tennisspiel, insgesamt 107 Medaillen und 86 Ehrenpreise. 1936 nahm er als auserwählter Schnellfeuer-Pistolenschütze an der Olympiade in Berlin und 1939 an der Weltmeisterschaft in Luzern teil. Noch in Ungarn erschien sein Handbuch über das Schnellfeuerschießen, das erste seiner Art überhaupt. Seit 1945 lebte er mit Frau und Tochter in Pfarrkirchen/Ndb. Jakob Bechtold starb am 30. August 1982 in Pfarrkirchen.

Die Bierpreiserhöhung

Der Stapfinger Wastl und der Huber Loisl sitzen bei Weißwurst und Bier. Der Wastl stochert sich schon die Zähne und blättert in einer heutigen Zeitung.
"O mei!" seufzt er, "scho wieda is a Flugzeug ogstirzt; olle dö wo in saßen und a die Besatzung san hi ..."
Antwortet der Loisl gefaßt: "Oiso, waßt, Wastl, wea si af an Eroplan aufisetzt, dea muaß van Haus aus damit rechna, daß ea owastirzn ko, mei Liawa. Mei Voda hot oiwei gsogt: Wast net aufigstiegn, wast net owagfoin, und hättst mei Schwesta gheirat, wäast mei Schwoga worn ... Die Luft, die is ebn dinn, und wann wos passiert, do kannst di nindascht ohoitn, wannst net grod an Foischiam umhost ... und wann a nochat iwahaupt aufgeht ..."
Wastl: "... und a Gruabnunglick is a passiert! Fufzehn san vabrennt und siebzehne san iwahaupt tot ..."
Der Loisl seelenruhig: "Siagst, dös mitn Gruabnunglick is a so a Sach. Dö Leut, dö da owisteign, dö wern hoit guat bezoit, und drum reskierns eahna Lebn, damit s' bessa vadeana. Mi tatn s' net mit zehn Rössa unta die Erdn bringa, hestns i war scho tot, und nochat gangat i jo sowiesa va söwa owi."
Wastl hat schon wieder etwas Gruseliges gefunden: "... und a mords groß Erdbebn is in Japan entstandn ... 12 000 Tote und 2 000 Vamißti, lauta Japana."
Loisl, das Phlegma selbst: "Ja, an Erdbebn! Dö gibts in Japan drentn so häufi wia bei uns die Zibebn. Dös is hoit a Natuakatastrupfn und mit dene muaß ma si hoit ofindn, wia bei uns, zanbeispü, mitm Blitz. Mei Liawa, wann dea amoi irgendwo eischlogt, nochat schlogt a ebn ei und haut oillas zam, samt'n hl. Forian. Ma muaß scho as Lebn so nehma, wia 's kummt, und net oillwei meckan und klogn und schimpfa ... Schau: Dar ane fliagt in da Luft oda fahrt mit 'n Schiff sei Lebn lang und stirbt nochat im Bett an a afochn Agonie, und dar andre geht in da Stodt schee schbaziern und 's foit eahm a Muschkatl samt 'n Topf af 'n Kopf und scho is a hin, da Tropf. Ma muaß oillas nehma wias kummt, sog i!"
Da macht der Wastl einen Zucker, als hätte ihn eine Hornisse irgendwo gestochen: "O jeojeoje", schreit er auf, "do schau hea: 'n Bierpreis hams um 10 Pfennig erhöht!!"
Schon ist der bisher so ruhige und schicksalsergebene Lebensphilosoph, der Loisl, neben dem Wastl: "Wos host gsogt?! Den Bierpreis hams erhöht? Zag amoi, dös ko i net glaubn! ... Meinar Sööl ... Kreuzkruzitürkndonnawetta! Do höat si oilli Gmiatlichkeit auf! Oiso siagst, dös is scho a wirklichi Katastrupfn ... dös gibt a Refoluziou, sog i da, a Refoluziou, weast sehgn! Jo wos glaubn denn dö, daß ma van klorofaniertn Wossa so

narkotisiat san, daß mit uns ta kenna wos nua wöin? Wia mit an Opariatn am Sezirtisch? Na, dös net! Dös geht ja direkt gegn unsarn Voikscharakta ... dös is jo a vakappte Entnationalisinierung! Warum kastrians uns net glei?! Soin ma denn ganz entartn? Daß ma die Russn aufhoitn soin, bis si die Amrikana af 'n Südpol ogsetzt ham is net gnua, iatz woin s' uns a no 's Biatrinka ogwöhna und mechtn, daß ma vielleicht Kracherl saufn? Begreifst dös, Wastl, ka Bia, sondarn a Wossa soin mia trinka, mia Baiern, a Wossa! Oisdann was zvui is is zvui!" (Haut mit der Faust auf die Tischplatte, daß die Keferloher nur so umeinandertaumeln, als wären sie allesamt schiefe Miniaturtürme von Pisa.)

"I sog da wos, Wastl: Mei Voda sölig is amoi —im erstn Wötkriag nou — af 'n Plattnsee — dea is irgendwo do in Ungarn druntn — tschinaklfoahrn ganga ... Und mittn im Plattnsee hot sei Tschinakl a Loch kriagt und is untaganga. Er war a guata Schwimma, mei Voda, und wea mit da Zeit a sicha rausgeschwumma, wenn net a so a teiflischi Hitz gwesn war. Aba bei dera großn Hitz is a afoch vadurscht. Vastehst as: vadurscht, mittn im großn Wossa! Dös war a echta Baiar! ... Und iatzat soi i, sei Suhn, a flissigi Haarpomad saufa, a Kaka Kola, wos an angebli angenehm aufregt, aba nua unangenehm aufregt, wei s' an iwahaupt net aufregt ... Wastl, paß guat auf, wos i dia sog: I schwör dia, wann s' net owagenga mit die Bierpreis, nochat, schör i dia, Wastl ..." Der Wastl, ahnend, welch Schreckliches Loisl sich auszusprechen anschickt, hält seine Hand auf Loisls Mund: "Net sogs aus, um Gottas Wülln, net sogs aus, Loisl!" Aber Loisl ist nich mehr zu halten: "Dann, mei liawa Wastl, jawoi, dann vazicht i iwahaupt afs Bia und trink nua mehr Limonad! Jawoi: Limonad, damits d' as waßt!"

Wastl: "Aba Loisl, liawa Spezi, oillas glaub i dia, aba dös, daß d' a Limonad saufst, dös net, na, dös goarnet!"

Loisl: "So, net glaubst as mia? (zur Kellnerin) Fanni, he, Fanni, bringst ma glei no a Paar Weißwürscht und — a Limonad dazua!" Die Fanni muß sich anhalten vor Schreck: "I waß net, wos heut mit meini Ohrwaschl is ... i hob s' do erst ausgwoschn und doch hör i so schlecht ... Entschuidings, Hear Huawa, hob is recht vastandn, a Limonade woins za die Weißwürscht?"

Loisl: "Ganz guat host as vastandn, Fanni, jawoi, a Limonade, a Li-mo-na-di! Und bstöll, bitte, glei an Koprata a, damit a mi vasegnt, wann ma dabei wos zuastessn soit."

Der Wirt kommt ganz verstört herbeigelaufen: "Aba, Herr Huawa, dös wern s' do mein Lokal net otuan! Limonad za d' Weißwürscht! Da kumm i jo in d' Zeitung!" (Er tappt sich mit dem Zeigefinger an die Stirne, um dem Wastl anzudeuten, daß dem Herrn Huber sicherlich im Oberstock was passiert sein könnte ... vielleicht ein leichterer Schlag bei "dera" Hitz.) Die Gäste in der Nähe staunen mit offenem Mund und kopfschüttelnd zum Loisl hinüber. Einer von den Stammgästen — er war Sanitäter im vorläufig letzten Weltkrieg — faßt den Loisl am Puls: "A geh, Loisl, 's feit si jo gar nix net ... wea do vanünftig ... Daß d' lebnsiawadriassig bist va wegn dö Biapreis, dös vasteh i ja ... Wannst di umbringa tätst deswegn, dös vastehat i a, aba deswegn muaßt do net glei a Limonad za die Weißwürscht trinka! Schau, Loisl, mi wurmt 's ja a, konnst ma 's glaubn, aba i hob scho a Gegnmittl gfundn: I trink um a Maß oda zwa mea und spül ma damit dn Ärga runta ... So muaßt as a mocha, Loisl ... Geh, bring do ka Schand af dein Noma ..."

Man kann es verraten: Dem Loisl kam diese Rede gerade wie bestellt, denn schon beim Gedanken, die Fanni könnte tatsächlich ihm, dem Huber Loisl, eine Limonade kredenzen, von der er auch trinken müßte, kam sein Magen ins Drehen. Darum antwortete er, den Schein wahrend, langsam zugebend, aber innerlich sehr erleichtert:

"Oisdann, sollst recht hobn, Spezi. Aba dös muaß i schon no sogn, daß i af so ana Demokrazie pfeif, wo sowas — ohne a Volksbefragung — vorkomma ko. Jawoi: Pfeif i , hob i gsogt, owa du waßt scho, wos i hob sogn woin ... Oisdann, Fanni, bringst ma glei zwoa Maß za die Weißwürscht. Aba den Biabrauern soi da Bauch solang grimma, bis mit 'n Biapreis wida runtagenga, dö Bluthami, dö leidign!" (Allgemeines Aufatmen, daß die Vorhänge wackeln.)

Die Wawi-Basl und das Heimweh

Wiederum wurde es, schon zum zwanzigsten Male nach der Vertreibung, Weihnachten.

Die ungarndeutsche Familie saß mit einigen nahen Verwandten um den Weihnachtsbaum beisammen. (Man muß, bitte, beachten, was man unter "nahen" und "entfernten" Verwandten verstehen kann: Ich habe eine entfernte Verwandte, die Wawi-Basl, die wohnt im Haus nebenan, und einen ganz nahen Verwandten, der lebt unten in Australien, 20 000 km entfernt.)

Die Wawi-Basl war also auch da: ein altes, verwuzzeltes, sanftes Weiblein, von dem allbekannt war, wie sehr es unter der Vertreibung litt und unerleichtert jetzt noch leidet, so daß es wohl tagtäglich ein Schneuztüchel naßseufzte. "A junggi Pflanzn kou ma nou vasetzn, owa a sou an oida (alter) Pam (Baum), wia i ana bin, des schlogt in an fremdn Eadn kani Wurzln mea" — pflegte sie zu klagen.

Am Heiligen Abend wurden, naturgemäß, besonders viele alte Erinnerungen aufgefrischt, und das stimmte sie, die Wawi-Basl, in höchstem Maße wehmütig, so daß ihre Heimweh-Tränen das Stückchen Torte schier versalzten. Auch die kleine Flasche "Leányka-Wein", welche speziell für sie unlängst ein Besucher aus Ungarn gebracht hatte, trug das ihre bei, war sie doch so starken Getränkes längst entwöhnt. Kein Wunder, daß sie dann, als nach einigen donauschwäbischen Liedern die ungarische Platte "Csak egy kislány van a világon ..." (Nur ein Mädel gibt es auf der Welt) aufgelegt wurde, in ihrem weichen Polstersessel, sanft lächelnd, einnickte ... Na, dachte man, die Wawi-Basl ist jetzt sicherlich zu Hause, in Ungarn, in ihrem Dorf, in ihrem Haus.

Als aber die Platte zu Ende ging, wachte sie plötzlich auf — denn nicht nur vom Lärm, auch von plötzlich einsetzender Stille kann man aufgeweckt werden —, schlug mit ihren dürren Armen wild um sich und wimmerte flehentlich um Hilfe ... Einige sprangen, Schlimmes befürchtend, hinzu, rieben sie — wie wir es als Buben mit erstarrt schlafenden Maikäfern übten — ganz wach: "Was ist denn los, Wawi-Basl, feut (fehlt) Euch wos?" Als sie ganz bei sich war, kam es bebend über ihre runzeligen Lippen: "O mei, Kinda, i hob an schrecklichn Tram (Traum) ghobt! Af amoi san ungrischi Soidon (Soldaten) von an Lastwogn owagsprunga, ham mi fest pockt und ougschria, i muaß iatz sofort mit eahna zruck noch Ungarn, in die oidi Heimat!" (Natürlich sagten es die Soldaten ungarisch: Na, Borbála szaktársnö, gyerünk, haza, Magyarországra!)

Düsenzwillinge

Die Zwillinge kamen innerhalb einer Stunde auf die Welt. Später war bei dem einen als Geburtsland Deutschland, beim anderen England angegeben. Früher war derartiges undenkbar, aber jetzt, im Zeitalter der Düsenmaschinen, kann es vorkommen, daß eine Mutter, etwas vorzeitig, hoch oben, in 10 000 Meter Höhe niederkommt und mit Zwillingen vom Himmel herniederkommt, wobei sich der eine Zwilling noch über Deutschland, der andere aber schon über England, als zusätzlicher Passagier, anmeldete. (Die Teilstrecken-Fahrtpreise lassen sich mit Tabellen leicht errechnen.) Es waren "Eineiige" und einander vollkommen gleich. (Besonders der eine.) Um Verwechslungen vorzubeugen, hat man dem einen ein Täfelchen mit dem Buchstaben "D", dem anderen (Oder war es umgekehrt?) eines mit großem "E" an den noch ganz kleinen großen Zeh angebunden. Sie gedeihen prächtig und werden, dank aufopfernder Fürsorge der Mutter, zusehends von Tag zu Tag älter. (Den alten und schlechten Witz, daß sie in einigen Jahren leichter auseinanderzuhalten sein werden,

da der eine vielleicht nur bis 900, der andere aber bis 1 200 wird zählen können, will ich, anstandshalber, gar nicht erwähnen.)
Zu welchen Komplikationen es beim Zusammenwohnen im elterlichen Haus nach ihrer Vermählung kommen kann, das gehört in eine schlüpfrige Operette.
Wir hatten solche ganz gleiche eineiige Zwillinge in der Militärakademie in Wiener Neustadt: die zwei Mandelsloh-Brüder. Bei schriftlichen Prüfungen, bei denen jeder die Frage des anderen besser hätte beantworten können als die ihm gestellte, wechselten sie einfach ihre Plätze. Auf einem Urlaub soll es vorgekommen sein, daß der eine sich rasieren ließ, nachher der andere ins Geschäft ging und klagte, schlecht rasiert worden zu sein, worauf der Meister dem Lehrling eine "Watsche" verabreichte und, unter vielen Entschuldigungen, den Unrasierten mustergültig glattrasierte. Irgendwo fanden sie ein Restaurant, in welchem man mit einem Mittagessen-Ticket soviel essen durfte, wieviel man nur wollte bzw. vermochte. Nachdem sich da der eine vollgefressen hatte, ging er auf einen Moment mal hinaus, und zurück kam der andere, der sich dann auch vollstopfte.

Ob es wahr ist, daß sie sich vor und hinter den leeren Rahmen des zerbrochenen schwenkbaren Toilettenspiegels stellten und gegenseitig die Rolle des Spiegelbildes spielten, kann ich nicht beschwören. Auch soll es irgendwo ein ähnlich gleiches Brüderpaar gegeben haben, bei denen es der eine bis zum Minister, der andere nur bis zum Amtmann gebracht hatte. Sie lebten mit ihren verschiedenwertigen Pensionen zusammen. Als der Amtmann eines Morgens den Minister-Bruder a. D. schlaggetroffen tot im Bette traf, meldete er ganz ruhig an, der Amtmann sei gestorben, und bezog weiter die Ministerpension seines verblichenen Herrn Bruders.

Der Eiffelturm (und ich)

Der Eiffelturm feiert sein 75. Geburtsjahr. Er ist also genau so alt wie ich, als ich 75 war (Ist doch merkwürdig, nicht wahr?).
Es stimmt nicht, was da einige meiner Verehrer behaupten, daß nämlich der Turm sozusagen als Gedenkmonument meiner Geburt errichtet wurde und die Pariser Weltausstellung nur zufällig und nebenbei zu jener Zeit stattfand. Und wenn es auch so gewesen wäre: ich und meine Eitelkeit, wir hatten damit nichts zu tun. Es ist vielmehr nur Zufall — glaube ich! —, daß damals, als für seine vier Füße die Grundplatten gelegt wurden, ich vom unbarmherzigen Schicksal, boshafterweise, zur Gastrolle auf dieses Gestirn verurteilt wurde.

Er erreichte in kurzer Zeit die Höhe von 300 Metern, während ich zu meinen 1,72 Metern so an die 25 Jahre brauchte, woraus ersichtlich, wie weit die Natur hinter Werken der Technik zurückbleibt. Ihn, den Turm, bestaunten bald Millionen, mich höchstens einige Menschen: Eltern, Großeltern, Basln und Vettern und, geschäftlich, die Hebamme. Ja, auch die Godel, die meiner erholungsbedürftigen Mutter "Penallsuppen", Hendelfleisch und Zuckerbäckereien brachte. (Welch letztere ich, bei folgenden Nachwüchsen, immer wieder sehr schmackhaft fand.) Als auf den Eiffelturm schon Hunderttausende emporkrabbelten, krabbelte ich noch, mit einem leinenen, in Zuckermilch getunkten Semmel-Schnuller umher (man nannte ihn bei uns "Zuzzel") und wurde auch "gehutscht", bis es mir schwindlig wurde und ich entschlief. (Auf der alten Wiege stand die Jahreszahl 1841; sie wurde bestimmt von den mütterlichen Ureltern für meinen Großvater Georg Martin angefertigt, der in jenem Jahre als kleiner Juri zur Welt kam.)

Da ich zwei Beine habe, der Turm aber deren vier, steht er stabiler als ich, obwohl er bei mittlerem Wind an der Spitze wahrnehmbar schwingt, während ich erst bei Windstärke "fünf Liter" wackle. Auch vierfüßige Tiere haben vier Beine, was insbesondere Melker (Schweizer) bei der Kuh schätzen sollten, denn hätte sie — die Kuh — nur zwei Füße, so könnte sie leicht schwanken, was das Melken sehr erschwerte. (Man sieht: Allweisheit der Schöpfung!)

Um Komplikationen bei der Namensverteilung des Turmes vorzubeugen, ließ man den Eiffelturm einfach von einem Ingenieur namens Eiffel erbauen, und auch mein Vater trug meinen Namen, sozusagen zur Legitimierung.

Wenn die vielen Menschen oben ankommen, dann stellen sie fest, wie herrlich die Welt dort unten ist, und steigen wieder herab. Man kann auch einen Lift benützen, der aber nur von jenen in Anspruch genommen wird, die sich Kräfte ersparen wollen, um nachher überzeugend über die Beschwernisse des Aufstieges und den so argen Muskelkater renommieren zu können. Die ungeduldigen Selbstmörder springen einfach herunter. Bisher haben sich über 350 Menschen mit Hilfe der Anziehungskraft der Erde selbstgemordet. Nur einer kam wunderbarerweise ohne Verletzung davon: er überlegte es sich nämlich schon auf der zwoten Stufe und stieg ab.

Wer oben ist, der ißt auch oben, in der Gaststätte auf der Plattform. Meist Faschiertes von schwindelfreiem Getier, wie Gemsen, Bergziegen und Lämmergeier. Natürlich ist der Preis dort oben entsprechend hoch, so daß die Geldbörse, dort oben auf der Plattform, nach dem Zahlen, auch platte Form annimmt.

Manchen schwindelt es oben, was jedoch nicht heißt, daß die Leute unten nicht schwindeln, sondern nur, daß die Anfälligkeit fürs Schwindeln in höheren Positionen stärker ist.

Spuckt man bei entsprechendem Ostwind hinunterwärts, dann fallen die Tropfen, vielleicht, auf die Lustschlösser Versailles und Trianon, was als Werturteil über die dort geschlossenen Unfriedensschlüsse verstanden werden kann.

Der Turm besteht aus 18 000 Stahlstreben. (Dies verleitet mich zu einem unqualifizierbaren Witz: Ließe z. B. der Filmschauspieler Viktor Stahl so einen Stahlträger mitgehen, so könnten die Franzosen berechtigt sagen: Der Stahl stahl Stahl, au!) Der Turm hat auch 25 Millionen Nieten, wohingegen ich nur eine einzige habe, und die bin ich selber. Übrigens sind die 25 Millionen festgenagelten Nieten des Turmes im Vergleich zu den frei in der Welt herumlaufenden Nieten eine winzige Minderheit. — Der Spitze zu verjüngt sich der Turm, was viele ältliche Damen zum Aufstieg verleitet, irrtümlich hoffend, daß sich diese Verjüngung — parallelerweise — auch bei ihnen einstellen könnte.

Wie nach dem Turmbau zu Babel verstehen sich die Menschen auch jetzt nicht: Der eine sagt Befreiung, der andere nennt es Unterjochung; der eine behauptet aufzurüsten, um den Weltfrieden zu wahren, dem anderen wirft er vor, durch Aufrüstung den Frieden zu gefährden; mit demselben Mund verkündet er das Selbstbestimmungsrecht der Völker und vorenthält es den Deutschen; manche predigen Gleichberechtigung aller Rassen und bevorzugen, auf Kosten anderer, ihre eigene. Und von Toleranz sprechen die Intolerantesten ... Der eine sagt BIBEL! — der andere BEBEL! Und das Ergebnis? BABEL!

Auf in den Kosmos!

Nun erlebten wir es, daß ein lebendiger Mensch einen kosmischen Flug überlebt hat ... Welche Perspektiven! Es wird bald soweit kommen, daß die Wawi-Basl an der Raketenkasse eine Umsteigkarte zum Neptun verlangen und den Schaffnerpiloten bitten wird: "Sans so guat und sogns ma, wann i zan Neptun umsteign muaß, dort wohnt nämli mei Tochter mit ihrm Mo, der is a Metzga, und a schens Eignheim hams a scho ..." " Auf dem Saturn müssen S' umsteigen" — antwortete der Pilot. "Dank schen", meint die Wawi-Basl, "sagns mas halt nochat, wei i bin a Heimatvatriewani und kenn mi da no net aus ..." Ihr Schwiegersohn ist nämlich vom Mond auf den Neptun emigriert, weil die Sowjets auf dem roten Mond keine selbständigen Metzger dulden. Es gelang ihm, einige junge Mondkälber über die Grenze in die unbelichtete Mondhälfte zu treiben und in eine zum Neptun abgehende Rakete zu verfrachten. Diese Jungtiere waren

Nachkommen des von einem sowjetischen Tierarzt künstlich besamten Mondkalbes. Seit jener Zeit gibt es schon eine Unmenge von Rindviechern auf dem Mond, fast so viel wie auf unserer Erde. Die notwendigen Weideflächen wurden mit Selbstdüngung durch die Mondkälber erschaffen. Aber hasten wir nicht, sondern gehen wir schön der Reihe nach.

Wie wir wissen, umkreiste der Russe Gagarin im Jahre 1961 als erster die Erde. Na ja, es war ja eine ganz schöne Leistung, aber doch nur so, wie wenn eine Fliege eine Edamerkäse-Kugel umflöge, um ein Löchlein in der Zellophanumhüllung zu erspähen. Bis der Hopsa zum Mond gelang, vergingen Jahrzehnte, und bis zum Sprung auf andere Planeten Jahrhunderte. Aber es gelang! Und Adenauer der 74ste schickte gelegentlich des Landens auf dem Saturn eine ausgesprochen warm gehaltene Glückwunschdepesche an Chruschtschow den 74sten, die stille Hoffnung hegend, daß nun doch — vielleicht — bald neue Grundflächen gefunden werden können, um die heimatvertriebenen Bauern anzusiedeln. Es sei das nur mehr eine Frage der Zeit und der Geduld, die zu üben sich die vertriebenen Bauern doch in so anzuerkennender Weise befleißigen ...

Aber zuerst kam der Mond an die Reihe. Während es den Amerikanern gelang, einen vom Cap Carneval abgeschossenen Explorer (1 250 kg) durch Niedergehenlassen in den Pazifik vor dem Zerschellen an der Mondoberfläche zu bewahren, hatte ein sowjetischer, 40 Tonnen schwerer Sputnik (Nr. 555) das Pech, auf dem Monde glatt landen zu müssen. Der Pilot mußte — leider — sogleich zurückkehren, weil seine Frau die Starterlaubnis nur unter dieser Bedingung gegeben hatte ... Aber bald wurden dann die ersten Aerobusse — Gesellschaftsfahrten — nach dem Mond geflogen. Schon im ersten befanden sich mehrere wichtige Personen. Ein sowjetischer Oberfunktionär stieg als erster aus. Er steckte eine rote Fahne in den Mond und rief laut: "Den hamma sicher, verkünden Hamma und Sichel!" Während der Besitzergreifung schlich sich ein sowjetischer Tierarzt hinter das Mondkalb und besamte es künstlich. (Worauf sich das Mondkalb betrogen fühlte und dem Tierarzt mit dem Hinterhaxen einen Schlag versetzte, daß er jetzt noch als Satellit um den Mond kreist.) Ein Filmproduzent, ein brauner, drängte sich an den Mann im Mond und machte ihm einen sechsstelligen Antrag, wenn er in einem Breitwandfilm "Lebensborniertheit II" die Hauptrolle zu übernehmen bereit wäre. Als Partnerin könne er sich auswählen: die B. B. oder die Loll B. oder die Loren, die Monroe, die Romy, die Mannsfield, die Taylor oder alle zusammengenommen. Der gute Mann im Mond streichelte nur stur seinen wüstgrausen Bart und verstand nichts. Ein Vertreter wollte ihm — zu Reklamezwecken — einen bartrodenden aber hautschonenden Selbstrasierer schenken. Eine Jemandin forderte ihn auf, unbedingt und sogleich dieser Religionsgemeinschaft beizutreten, wenn er nicht ewiglich in heißem Öl zähneknirschen wolle ... Ein Fotoreporter interjuhte ihn und knipste ihn von vorneo (für ein Blickfangtitelbild). Als er ihn aber auch von hintero fotografieren wollte, wehrte der Mann im Mond strickte ab. (Weil nämlich seine Krachlederne hinten vom Mondgestein total zerfetzt war — was ja auch genug Erklärung dafür ist, warum uns der Mond niemals seine Hinterseite zuwendet!) Schließlich kam noch ein ältliches Fräulein dahergestöckelt, schaute ihm tief in die Augen und bekannte, daß sie sich immer schon so einen Mann wünschte, wie er einer ist ... überall so haarig ... der noch mit keiner was zu tun hatte ... und daß sie ihn schon, ach, wieviele Nächte hindurch, bei Mondhelle, bewundert habe ... Sie besitze ein kleines Haus, beziehe eine gute Rente und sei sehr sehr kinderliebend ... Da wurde der gute Mann ganz wild, sprang auf und lief mit Riesenschritten auf einen Berg hinauf und verschwand in dessen Mondkrater. Alles Rufen und Hofieren blieb erfolglos: Er kam nicht herfür. Da erschien ein schlauer Bayer — Hundhammer 74 hieß er — nahm aus seinem Rucksack eine Flasche Salvatorbräu, zwei Weißwürste und ein Büschel Rettich heraus und schwenkte alles über der Krateröffnung. Und siehe da: Ein Schnauben hob an, und mit geblähten Nüstern kam der Mann aus der Tiefe hervorgekrochen. Er konnte diesen Düften einfach nicht widerstehen ... So stellte es sich bald heraus, daß der gute Mann ein Bayer, ein Ururbajuware ist ... Er wurde — so erzählte er — samt seinem Kalb, welches er in der Gegend der oberbayerischen Seen weidete, auf einem mordstrumm Erdenstück in den Weltraum hinausgewirbelt ... Man könne sich vorstellen, was er ausstehen mußte in dieser langen Zeit, wenn ihm allnächtlich die Düfte der Weißwürste und Radis in die Nase stiegen ... Sein Seufzen habe man aber ebenso nicht vernommen wie jenes der verliebten Paare im Mondschein. Ihn zu überreden, mit zur Erde zu kommen, war nur mehr ein Kinderspiel. "Aber nur nach Minka!" — war seine einzige Bedingung. (Für Preußen und andere Exoten: Minka heißt soviel wie München!)

Die Rakete wird bald zurückkehren. Was diese Attraktion für unseren Fremdenverkehr bedeutet, kann man sich vorstellen, d. h. gar nicht vorstellen.

Soweit mein Artikel. — Bevor ich so einen Artikel in die Zeitung schikke, lasse ich ihn vorher immer von meiner höheren Tochter (168 cm) durchlesen. Denn: Gefällt er ihr nicht, dann ist er gut. Nachdem sie ihn durchgelesen hatte, sagte sie: "Na, soweit ganz gut, aber wie konnte dieser Urbajuware auf dem Mond leben, wo es doch dort keine Luftschicht gibt?" Ich belehrte sie: "Du solltest meine Artikel genauer lesen! Schrieb ich nicht, daß Radi- und Weißwurstdüfte ihm in die Nase krochen? Wie es Radiumemanationen gibt, so gibt es auch Radiemanationen. Die sind für uns Bayern wichtiger als Luft! Du warst doch schon am Stachus, nicht wahr? Na also! Sage mir, was atmest denn Du dort, Luft oder Benzindämpfe? Hast Du noch nicht bemerkt, wie die Münchner in den Roten Hahn hineinflüchten, um sich dort die Lungen mit Weißwurstduft und Radiemanationen vollzutanken, mit soviel, daß sie in der verbenzinten

Neuhauser Straße das nächstgelegene Lokal erreichen? — Es wäre wohl katastrophal, wenn man heutzutage zum Leben in einer Großstadt Luft benötigte! (Ich hoffe, daß es mir mit meinem Vortrag gelang, ihre lebensfremde Umverziehung zurechtzurücken.)

Zan Fosching

Liawi Landsleut, dös muaß i vazöhn,
Wos do neili a Landsmo hot wöin:
Dea guadi Mo is kuma af amoi
Bloßfiassig za unsan Schwobanboi
Und ozogn hot ghobt a nua bloß
A Hemat und so a Gatyahos.
An frein Eitritt hot a valangt,
Wei des so af da Eiladung stand,
Daß fia Trochtla da Eitritt frei,
Oiso unentgöldli sei.
"Jo, Jo", hams gsogt, "des stimmat jo a,
Wannst a Trochtgwand hättst und ka Maschkera!"
"Maschkera? Jo wos reds es do zam?
In unsan Doaf, in Ungarn daham,
Uhni Ausnahm hobn trogn dö Trocht
Mia Mannsbüda — bei Tag und Nocht!"

Robert Becker
Fünfkirchen — Surgetin

Robert Becker wurde am 25. Februar 1970 als erstes Kind einer Arbeiter- und Bauernfamilie in Pécs/Fünfkirchen (Baranya/Ungarn) geboren. Muttersprache: Deutsch. Kinderjahre im halb deutschen, halb ungarischen Dorf Szederkény/Surgetin. Besuch des deutschen Klassenzugs des Klara-Leőwey-Gymnasiums in Pécs 1984-88. Anschließend zwölf Monate Militärdienst. Studium der Theologie in Jena (vier Semester), dann Religionspädagogik in Graz (vier Semester). Seit August 1994 verheiratet. Arbeitslos. Literarische Versuche seit 1983 in deutscher und ungarischer Sprache. Veröffentlichungen in den Anthologien "Das Zweiglein" und "Bekenntnisse eines Birkenbaumes".

Ver-suche

ein zweckloses Leben
ein loses Leben (ohne) Zweck
ein Lebenszweck-Los
ein ausgelostes Leben
— zwecklose Lösung

Schade

daß die Gesellschaft
keine Partei ist;
denn sonst würde ich
nie eintreten!

Bahnhof

vor dem Panoptikum der Züge
Stummfilm im Getöse
Räder wie in einer Uhr
drehen dich mir näher

Irrgang

listige Strahlen
umzüngeln
den ausgetrockneten
Pflaumenbaum —

eilige Ameisen
klettern
an seinem Stamm
herum
als hätten sie
auch etwas
verloren

Geplündert

erinnere mich.
am zitternden Feuer
rot — rot vor Scham:
versuche meinen Platz zu finden.
mein Volk — von der Geschichte vertrieben
geschändet unsere Häuser — abrißreif
immer leiser werden unsere Lieder:
feines Sausen noch — dann Stille.
jede Bleibe ohne Sinn
und doch:
        aus Trotz.

R. B.

allzu normales Blut
in meinen Adern.
nur Sonnenaufgang
Handspitzen — Wiesentau:
ein Splitter vom feurigen Tanz.

Stilleben

schwindlig ächzen
heute die Kastanien am Weg
im Arm des Windes
schielen die Blätter

die Schritte raspeln
an Steinchen geschliffen
geschrumpft tasten
die Sträuche am Rand

rot wimmeln deine Haare
im verschlafenen Tag
abgerundet sitzt die Wiese
in moosigen Augen

rhythmisch pochen
zerströmte Sekunden
deine Finger tasten Stille
im lauschenden Blick

Russiko

wie Salbe war ihr Blick
als sie im Lächeln
den Dreck der Tage verbarg.
nach Jasmin roch die kurze Zeit:
Worte haben sich geregt
und Ruhe plauderte
aus unseren Gliedern.
sternig schwingt der Tee
in silbernen Tassen —
in seinem Dampf
löste uns der Augenblick.

Mein Opa

Großvater schlägt den Takt
aus voller Kraft am Tisch:
"Mein Leben, mein Leben!"
— sagt er, schreit er,
brüllt er.

Großvater tanzt, tanzt
mit der Windsbraut.
Den letzten Sturm
seines Lebens
führt er gegen den Tod.

Erinnerung am Jenenser Bahnhof

Stahlräder quietschen.
Dieser Zug fährt nicht mehr ab.
Schon lange ist er
in vergangenen Epochen unterwegs:
Der Schaffner lodert fahnenrot
im luftleichten Raum.
Schon tönt das alte Kampflied
in gegenstandsloser Nostalgie.
Grau bröckeln die Straßensteine
meiner bekannten Gassen
und winkend sammeln sich
alte Freunde unter meinem Hut.
Im Dampfkessel brodelt die Kraft —
Bitterrauch steigt wie Nebel
feucht in meine Augen.
Ein Pfiff durcheilt die Stille.

Dämmerung

Töne stampfen. mit allen Pulsschlägen
bröckelt ein Stück Jugend ab
und radieren sich Bilder
aus einer Erinnerung
— die es nie gab.

Pegasus — eine Versprechung

Einmal frißt er aus Deiner Hand.
Er nimmt den Würfelzucker an
und läßt Dich reiten, reiten.

Dann wirst ein Teil des Pferdes
wie Deine geheimen Gedanken,
als sie ernste Kentauren waren.

Gekritzel an der Wand der Dunkelheit

geh fort!
Vogel flieg fort!
eine Sonne liegt in blassen Kissen
und weint rote Meere

Vogel!
mein Bett steht im trüben Mondkalk
schau doch auf den gestrigen Abend!
krähe gegen unschuldige Minuten!

flieg fort!
Vogel geh fort!
reiße blutige Fetzen
aus allen verschwiegenen Worten!

Lebensraum — Wolkenland

Die Wolken wiegen die Sonne
im stillen Traum.
Etwas dunkel ist es schon
in meinem Baum.

Ich lasse meine Gedanken
auf den Weg.
Sie sollen doch noch ein wenig
herumflattern!

— Sie können es aber nicht —

Die Militärflugzeuge
weben gerade
das Kondensstreifennetz.
Und meine Gedanken
hängen schon daran.

Sachen

Langsam verdorren
stille Nächte in meiner Seele
schwarze Handschuhe
greifen nach mir
— abends
blühen Blumen noch
nur des Blühens wegen —

stille Nächte
Handschuhe schwarze
Tannengeruch:
Blüten des Abends.

Parallele

So lange wir die Zukunft
gebaut haben,
waren Fahrräder angekommen. Zwei.

— Aus einer anderen Welt.

Hier war nichts gewesen.
Wir selber waren ja auch nicht.
Nur einige Flammenhaar-Zündhölzchen
ritten auf ihren Besen. — Unsere Gedanken.

Ja ... wir sind Visionen nur.
Träume eines Riesen.
Und wenn er aufwacht,
schüttelt er den Kopf
und sagt nur so viel:
— Nicht das habe ich träumen wollen!
(Die Radfahrerinnen suchen weiter
das Atlantis des Daseins.)

Blind

Deine Beine schlucken meinen Blick
— eine Schlange bist
weinende Wackelsteine
setzen sich im Sand
neben deinen roten Mantel
in dem du wie ein Papagei
in den Mond geflogen bist.

Unsere Worte
warten schon im Moor
des Jenseits gekreuzigt

wir zappelten
noch ein wenig
versuchten
einige farblose Seelenlappen
aneinander zu passen

dann ließen wir die Hände
still in unseren Schoß sinken:
der Abend pulsierte
ins Zimmer
die Uhr tickte
immer lauter
die Welt wurde taub
und draußen
landeten
die ersten Schneeflocken

Einsam

Ich habe die Stille verloren
und die Finsternis
auch den Mond

Die Bäume sind mir geblieben
der Straße entlang

Wenn sie am Bus vorbeifliegen
schau'n sie mich immer an

EMIGRATION

1. der Satz
   rattert an
   Wörtern entlang
   und durchquert
   die Landschaft
   schriftreicher Seiten
   bis zur Öde
   des schneeweißen
   Blattes
   wo er den Sträfling
   der Schrift hinterläßt
   und im Dampf
   der aufstrebenden
   Buchstaben
   verschwindet

2. der Satz
   verschwindet
   rattert an
   Buchstaben
   der aufstrebenden
   Wörter entlang
   und durchquert
   im Dampf
   die Landschaft
   schriftreicher Seiten
   wo er den Sträfling
   des schneeweißen
   Blattes
   der Schrift hinterläßt

3. der Satz
   hinterläßt die Schrift
   des schneeweißen
   Blattes
   verschwindet
   wo er den Sträfling
   schriftreicher Seiten
   — die Landschaft
   den aufstrebenden
   Wörtern entlang —
   im Dampf
   durchquert

4. der Satz
   durchquert
   im Dampf
   das schneeweiße
   Blatt
   hinterläßt die Schrift
   Wörtern entlang
   dem Sträfling
   der aufstrebenden
   schriftreichen Seiten

5. der Satz
   schriftreicher Seiten
   durchquert
   im Dampf
   des aufstrebenden
   Schneeweiß
   der Blätter
   den Sträfling

6. der Satz
   des Sträflings
   schriftreicher Seiten
   durchquert
   das Blatt
   schneeweiß

7. der Satz
   — Schneeweiß
   des Sträflings —
   durchquert
   das Blatt

8. der Satz
   durchquert
   das Blatt

Michael Beißmann †
Apatin — Elwood

Michael Beißmann wurde am 27. Januar 1907 in Apatin/Abthausen (Batschka/ Jugoslawien) geboren. Nach Besuch der dortigen Volks- und Bürgerschule erlernte er den kaufmännischen Beruf. Schon seit früher Jugend nahm er regen Anteil am Apatiner Vereinsleben. Nach Heirat und einem zehnjährigen Aufenthalt in Sonta kehrte er 1938 nach Apatin zurück, wirkte dort als Instrukteur des Gewerbe-Burschenheims. In diesem Jahr schrieb er den Text der Operette "Fischerleben" (Musik von Kapellmeister Anton Karatschonyi), die in Apatin einige Male mit gutem Erfolg aufgeführt wurde. Verfaßte damals auch lustige, aus dem Leben der Donauschwaben gegriffene Kurzgeschichten in den Witzblättern "Die Lüge" und "Die Wespe", seit den 50er Jahren in "Neuland", "Der Donauschwabe" und in den "Apatiner Heimatblättern". Während des Krieges diente Beißmann zunächst im ungarischen Heer, wurde später als Dolmetscher von der Wehrmacht eingesetzt und schließlich zur Waffen-SS eingezogen. Nach dem Krieg lebte er in Ungarn und Österreich, wanderte 1951 nach Australien aus; zuerst in Melbourne, seit 1954 in Adelaide ansässig. Michael Beißmann starb am 23. August 1974 in Elwood, einem Vorort von Melbourne, im Alter von 67 Jahren.

Eugenien

Do henn mol die Zeitunge a ganzr Wirwl gmacht, daß dr Tito un sei Partisaner dr Schwowe in die Schuh schiewe welle, daß sie uf a Schwowestaat "Eugenien" aschperiert hätte, wu jo a Kuh aa noch lache muß do drüwr. Wenn sie dr Apetinr des in die Klumpe hätte schiewe welle, do hätt' die bucklich Welt schun entr die Ahre gschpitzt un hätt ufgharcht. Weil "Apatinien", des wäre schun glaabhaftr gwest wie Eugenien. Des hätt' no schun ama manche Politikr zu denke gewe, weil wie Jugoslawien noch a Königreich war, henn sie schun mit Argusauge uf die Apetinr gschaut.

A manchr werd sich noch erinnre, wie sie die Fotballspielr vum Burschnheim wegr ihre geele Hemetr un schwarze Hose beschuldicht henn, daß sie Österreich reschtauriere welle, un wie sie no, wie sie uf Tschanoppl henn fahre welle, in Sambar eigkastlt ware sin. Dr Polizeihauptmann hot nit nogewe un hot sie üwrzeuge welle, daß die österreichische Fohne ogeblich schwarz un geel war. Un wenn onr no fallt un Barzlbaam schlagt, no is's doch Propaganda, hotr gsagt. Wie des no dr Wert, wu die Kaufleut ihre Verein ghat henn, erfahre hot, do hotr no ufgepaßt wie a Haftlmachr, daß sich jo dr Weiß nit zwischr dr Roth un dr Grün Heinr setzt, weil's no haaße könnt, sie hätte die rot-weiß-grüni Fohne ghißt un daß sie mit Ungarn liebäugle. Do wär no wiedr dr Teufl los gwest.

Die führende Politikr ware sich jo bewußt, daß Apetin zu jedr Zeit a Kaisr- odr a Königreich, a Zarereich, a Scheichtum odr a Herzogtum sei hätt' könne, uni daß sie vun auswärts a Herrschr hätte importiere müsse, wie des vieli Ländr als mache henn müsse. Hätte sie in Apetin a Kaisrreich ufrichte welle, do wär no dr Kaisrtischlr gwest far es Staatsowerhaupt. Fars Königreich wär dr Könichwagnr, fars Scheichtum wär dr Scheichklampfre, fars Zaretum wär dr Zarfotballspielr un fars Herzogtum wär dr Herzogmaure dogwest. Grafe un Barone hätt' mr jo a ganzr Ofädlr voll zammbringe könne fars Owerhaus. Un was die Hauptsach is, Apetin hätt' in seim Vatrdarf mehr Helde aufweise könne wie manchr Staat in seim Vatrland. Un des ware ka so exbeliewichi Maulhelde, sondern direkt geboreni Helde, die sich aa Held gschriewe henn.

Wemr jo in dr Apetinr Gschicht so zruckblättre tut, stoßt mr uf so manchi Heldegschicht, wu om bal dr Ochtem steh bleibt, wemrs durchlest. Wemr uns nar die Heldegschicht oschaut, was die Apetinr im 1848er Jahr vollbrocht henn, no werd mr's vrsteh, warum dr Koschuth die Apetinr nit vrgesse hot. Weil des war domols gar nit so einfach, wemr's dopplt gnumme un dreifach zammglegt hot. Domols henn sie die Karnone noch nit am Fließband gmacht so wie heinzutag. Un die Apetinr henn domols iwr hunrt uf dr Polinsl in onre Raih steh ghat. Wie domols die Hulifischr mit dr Nochricht kumme sin, daß dr Jelatschitsch mit seinr krawatische

Armee bei Essegg die Drau iwrschritte hot un bei Apetin iwr die Done will, daß'r im Koschuth in dr Rucke fallt, do henn ihm awr die Apetinr a Knopp var die Nas gmacht. Alli Baure henn ihre hinri Wagegschteller uf die Polinsl gebrocht, dart henn no alli zammgriffe un die dickschte Bääm umghackt, mit Teer eingeteert un no uf die hinre Wagegschteller drufglegt, daß's ausgschaut hot wie a Karnon. Wie dr Jelatschitsch no vun iwr dr Done die Trumm Karnone do hiwe steh hot gsege, do hotr sich schön wiedr zruckgezottlt. Wie dr Koschuth vun dr Heldehaftigkeit dr Apetinr ghört hot, do sin ihm nar die Träne iwr die Backe grunne, weil'r a richtichr Ungar war, die wenn sie traurich sin un aa wenn sie froh sin allweil greine. Ons is sichr: Wenn dr Koschuth den Krieg nit vrlare hätt', hätte an allne hinre Wagegschtellr in Apetin die Kriegsvrdienschtmedailln rumgepaumlt.

Im sechzehn Jahr hot aa nimi viel gfehlt, daß nit wiedr a Apetinr in die Weltgeschichte eigange wär. Es war nar an om Haar odr bessr gsagt an om Gwehr ghonge, daß dr Martinvettr, dr Schustr, nit dr Krieg mit Rußland beend hätt'. Er hot vum Kriegsbeginn oone allweil außm "Pester Tagblatt" in sei altes Moßbichl ufgschriewe, wieviel Russe daß gfalle un wieviel in Gfangeschaft grote sin. Wiere's mol zammgewe un mit dr Bevölkerungszahl vun Rußland im Lexikon vrgliche hot, do hotr sei Hammr un Knierieme in dr Eck geschmisse un is zum Notäri gange. Er hot a Gwehr vrlangt, weil'r mit dene paar, was noch iwrich sin, dr Krieg ausmache will. Dr Notäri hot ihm awr ka Gwehr gewe, drum hot dr Krieg aa noch iwr a volles Jahr gedauert.

Also an dere Kriegsvrlängerung sin die Apetinr unschuldich.

Dr Trulatschki Sepp

Dr Trulatschki Sepp un sei Urschl ware jo weit iwr die Grenze Apetins bekannt. Sogar wenn uf dr Done die Schiff sich gekreuzt hen, do henn als die fremde Schiffleut dr Apetinr Schiffleut mit ihrem Sprochrahr zugrufe: "Was macht eire Trulatschki Sepp?"

"Er loßt eich schee grüße", henn als no die Apetinr zruckgrufe. Un drbei war wedr dr Trulatschki Sepp noch sei Urschl vun Apetin. Wu sie herkumme sin, des hot mr jo nie richtich erfahre könne. Nar weil sie vun iwr dr Done ware, hat mr halt gwißt, daß sie vun driweriwr ware. Dr Trulatschki Sepp un sei Urschl hätte jo nit emol die Tauwe bessr zammtrage könne, die hot jo direkt dr Herrgott erschaffe far anandr. Sie ware alli zwa stark fleißig un alli zwa aa a bißl vrkloppt.

Schun noch anre karze Zeit, wure sich uf ama Santemr-Eck-Salasch far a Beresch vrdingt hot ghat, henn ihn aa schun alli Leit in Apetin un Umgewung gekennt. In selre Zeit is a jedr katholische Mensch am heiliche Owet in die Mette gange. Entr ob die Leit als no gange sin, henn sie no die Kerzle im Fenschtr ogebrennt, die was im Fruchttellerle dart iwr den Owet gstanne sin, un henn die Roß un Küh ufgweckt, daß sie nit schloofe, wenn es Chrischtkindl uf die Welt kummt.

Dr Trulatschki Sepp, der was sich jo var kama Teufl gfercht hot, der hat a anri Modi einführe welle. Er hot sei drei Bereschnochbre iwrredt, daß sie desmol, statts in die Mette geh, bei ihm Kartespiele were. Un daß des im geheime bleibt, daß die Weiwr des nit schun entr erfahre un schun drvar Zirkus mache, hot a jedr sei Wart gewe. Dr Wei, was sie sich far den schöne Karteowet besargt henn, den henn sie beim Trulatschki Sepp in ama Kukrutzlaabhäufl gut vrsteckelt.

Es wär a alles geheim gebliewe, wenn dr Trulatschki Sepp nit allweil im Schloof gredt hätt. So hot no die Urschl unrem Siegl dr Vrschwiegenheit des Geheimnis dr drei Bereschnochbre weitr gewe. Un do henn die Weiwr — die Zusi, im Matheis seini, die Kata, im Marko seini, un es Wawi, im Adam seini — schun dr Plan zu dr Gegenoffensive ausgarwet un sich so vrhalte, wie wenn sie vun dr Männr ihrem Plon nix wüßte.

Wie no mol es Chrischtkindl am Owet schun iwrall do war un die Äppl, die Nusse, die derre Kwetsche un a Pomranschn ama jede gebrocht ghat hot, sin die Männr zum Trulatschki Sepp un henn ogfange, Karte zu spiele. Wie die Zeit no war far in die Mette geh, sin die Weiwr sie rufe kumme. Die Männr henn schun ganz scheeni roti Ahre ghat vun dene viele "Kontra", was sie gewe, un vun dem viele Wei, was sie zu sich gnumme henn.

"Na, wie stehts mit euch? Sinr bald bereit far die Mette?" frogt im Matheis sei Zusi.

"Harch mol Zusi", sagt dr Trulatschki Sepp, "die Mette is jo nar far die Weiwr un far die alte Männr, die die Karte nimi sege. Awr nit far uns jungi rischtichi Männr."

"Trulatschki Sepp, frevl nit iwr unsr Herrgott, weil es gibt aa noch a Teufl", sagt die Kata.

"Wie, du monsch, daß dr Teufl sei eigeni Freundschaft beißt? Du hosch vrgesse, Kata, daß ich mit seinr Schwestr vrheirat bin", sagt dr Trulatschki Sepp un is sich jetz selwr schun viel größr varkumme, weil sei Kartepartnr so kräftig iwr sei Witz glacht henn.

"Schäm dich nar a klones bißl, du großgoschetr Ding. Wenn dich mol am Bendl hot, no wersch ohalte um gutes Wettr", sagt die Urschl.

"Na gut", sagt dr Trulatschki Sepp. "Geh nar jetz schee in die Mette un singe dart 'Stille Nacht, heilige Nacht'. Mir were do schee 'O Zusanna, ist das Leben noch so schön' far Abwechslung singe. Un wennr unrwegs dr Teufl zufällig treffe sellte, den könnr no herschicke zu mir. Sagnr ihm aa glei, daß dr Trulatschki Sepp nit in die Hose macht, un wennr sei ganze Teufl vun dr unrscht Hell mitbringt. Sagnr ihm a glei, er soll sei Totehemet nit vrgesse glei oziege, weil ich vrbrech ihm alli Knoche im Leib zu kloni Stückle un vrreibn zu Mehlstaab mit meine bloße Fingre. Un vrgesse ihm nit zu sage, daß'r sei Großmutter a mitbringe soll, die wasn no im Leintuch in die Hell zrucktrage kann." Dr Trulatschki Sepp is sich jetz selwr schun so groß varkumme, daß dr Herkules, dr alte Grieche ihre Nationalheld, wie a erschtklassr Schulbu sich newr ihm varkumme wär. "So, un jetz trinke mr mol ons uf dr Teufl un uf sei leiblichi Großmuttr", sagt dr Trulatschki Sepp. In ihrem schallende Lache henn sie gar nit bemerkt, daß die Weiwr die Kuchl vrlosse henn.

"Geh mr nar glei niwr zu uns, ich hab dart schun alles varbereit", sagt die Nanni. "Ich hob den Nomittag vum Lehre ufm Großsalasch sei Krampusgwand, wu're als am Nikloiowet oziegt, far die Kindr vrängschtre, ausgliche. Ich hab a noch zwa Kuhglocke un a Stareretsch vrschafft." No hot a jedi noch a Kuhkett gnumme, un die Nanni hot zu allem noch ihre schwarzr Katr mitgnumme. Die Urschl is no vargange, daß dr Hektor, ihre Hund, nit bellt un mit seim Gebell die gottlose Kartespieler nit warne tut, bevor sie varem Fenschtr gstanne sin, wu die Urschl schun am Owet ufgreiwrt hot.

Dr Tisch, wu sie Karte gspielt henn, war grad varem Fenschtr gstanne, un es Schmalzlicht hot die Beleuchtung besargt. Die Kartespielr henn nix Schlechtes geahnt. Sie henn als so uf dr Tisch gekloppt, daß die Kukrutzkern, um die wu sie gspielt henn, als iwr dr Tisch gekurglt sin. Grad hotr Adam, dr Nanni ihre Mann, a Kontra gewe un hot ausgholt mit dr Hand, daß'r herzhaft uf dr Tisch kloppt, do is sei Blick ufs Fenschtr gfalle, wu die Nanni mit ihrem Krampusgwand vrmaschkrt gstanne is. Sei Blick is ganz starr ware, die Hand, wu're so kräftig ghowe hot, die hotr sinke gloßt, un aus dr anre Hand sin ihm die Karte gfalle. "Och Gott, dr Teufl", hotr noch sage könne, no is alles programmäßich wie dr Blitz vor sich gange.

Es Fenschtr is ufgfloge, die Kata hot mit ama Schneeballe gsargt, daß totali Finschtrnis eigetrete is, weils Schmalzlicht mit ama Volltreffr mitm Schneeballe vum Tisch gfloge is. No hot die Zusi noch dr Katr nei uf dr Tisch gschmisse. Der hot no die Gläsr iwr dr Tisch gstraft un is iwr sie naus in dr Kuchl hin un her grennt un hot bal des und bal des anri umgschmisse. Jetz hot die Uraufführung dr Teuflsserenade, vum hellische Orschestr intoniert, ogfange.

Do hot jetz a jedr in dr Fischtring a sichri Deckung gsucht. Dr Adam hot sich unr dr Tisch gmacht, dr Marko hot unrem Sparherd Obdach gfunne, dr Matheis hot sich hinr dr Kummodkaschte gezwängt, un dr Trulatschki Sepp hot sei Schlappe ausgezoge, hot sich uf dr Bauch glegt un is hinrschlich, sowie die Krebse, unr dr Kinr ihrem Bett vrschwunde. Des Kettegerassl, was allweil mehr an Lautstärke zugnumme hot, hot alle die

Haar gegr dr Himml gstellt, außr'em Matheis seine, weil der schun pluttkoppet war. Wie jetz die Kuhglocke eigsetzt henn drzwische zu paumple, is's noch ferchterlichr ware. Die Stareretsch, die jetz fortissimo eigfalle is, hot dr jüngschti Tag vrebenbild. Wie jetz zu dem Hellekonzert dr Hektor die Soloeinlag gheilt hot, do hots allne dr kalti Schweiß am Kerpr rausgetriewe.

Im Trulatschki Sepp wars jetz klar, daß dr Teufl sei Hand im Spiel hot, weil dr Hektor, der doch schunscht ka Mensch ins Haus loßt, jetz a noch mitheult in dr Teuflsmusik. Er hot sich so weit wie möglich unrs Bett gezottlt, dr Trulatschki Sepp. Uf omol hotr a markerschütterndr Schrei ausgloßt: "Hilf, hilf! Er hot mr in d' Zewe gebisse. Hilf! Er loßt mich nimi aus." Weil ka Hilf sich gezeigt hot, un der nit un nit ausgloßt hot, do hot sich dr Trulatschki Sepp in seinr Todesangscht zu etwas entschlosse, daß dr Teufl moone soll, er hot mit anra Pischtol gschosse un no vrleicht sei Zewe ausloßt. Er hot alli Kräfte zammgnumme, dr Ochtem oghalte, un no wars a schun gepassiert, weil die Ladung wahrscheinlich zu stark war.

Weils Teufelskonzert uf den märterliche Schrei ausgsetzt hot, war alles mäuslstill. Mr hot nix ghört in dr Kuchl, weil sich konr vun dene Kartespielr nit emol schnaufe getraut hot. Gsege hot mr a nix, weils stockfinschtr war. Umsomehr hot mr awr uf omol a iwlriechender Gruch gschmeckt, der was allweil mehr an Gruchstärk zugnumme hot.

A Kichre un Laches, was vun dr Tür herkumme is, hot jetz die Todesstill, die was in dr Kuchl gherrscht hot, gebroche, un dr Hektor is a schun vun om Vrsteck zum anre grennt un hot die vrstecklte Kartespielr abschnufflt. Indem hot die Urschl a Reibhölzl ogebrennt. Wie no mol es Schmalzlicht wiedr gebrennt hot, sin sie halt onr nochm anre aus ihrem Schluppwinkl in Varschei kumme. Wie dr Hektor dr Trulatschki Sepp im Gsicht abgschleckt hot, do is wiedr Lewe in ihn kumme. Glei hotr erleichtrt ufgschnauft. Awr wie're unrem Bett rauskrawle hot welle, is's nit gange. Der hot allweil noch mit eiseni Zähn sei Zewe feschtghalte.

"Heb'n, Hektor! Schlage doch den Teufl tot, wennr mich nit ausloßt", hotr Trulatschki Sepp vrzweiflt gschrie. Die henn sich alli ogschaut anand un henn gedenkt, dr Trulatschki Sepp is iwrgschnappt. Do hot dr Marko sich entschlosse, sei Freund, dr Trulatschki Sepp, vun allem Iwl zu befreie, un gehts wies geht. Er hot sei Schnappmesser ufgschnappt un hotr Ochtem oghalte, weil dr Gstank unr dem Bett nit zum ertrage war. No isr nunr gekrawlt. Kaum a paar Sekunde drno is dr Trulatschki Sepp rausgekrawlt vun unrem Bett un hot zruckgrufe: "Marko, hoschn hin, den Hund?"

"Na", sagt dr Marko, "sie is noch ganz."

"Sie? Wars sei Großmuttr?" frogt dr Trulatschki Sepp.

"Na, a Ratzefall", sagt dr Marko, "un die is do am Bettfuß ogebunde."

"Jesses Marand Josef", schreit die Urschl un schlagt die Händ iwrem Kopp zamm. "Ich habs ihm noch sage welle, daß ich die Ratzefall unrem

Bett ufgstellt hab, weils mich so gedunkt hot, wie wenns Ratzedreck wär, wie ich heint fruh ausgekehrt hab. Awr mit dem Kuchebacke haw ich ganz vrgesse druf."

Do henn alli ogfange zu schreie un zu lache, daß sie sich die Bäuch ghowe henn, nar dr Trulatschki Sepp nit, weil er war sich im Roßstall wiedr salonfächich mache. Sie henn noch glacht, wie dr Trulatschki Sepp zruck kumme is. Do sagt die Zusi: "Na, was is, du großgoschetr Held, schämsch dich nit, wegr anre Ratzefall in Hose mache?"

"Ich hab gar nit in die Hose gmacht, nar in die Gatjrhose", sagt dr Trulatschki Sepp.

Noch dere Gschicht hot sich dr Trulatschki Sepp nirgends mehr könne sege losse, weil sie ihn iwrall nar gfoppt henn. Un es hot nit lang gedauert, no is dr Trulatschki Sepp mit seinr Urschl un mit seine zwa Buwe vrschwunde, so wiere ufgetaucht is. Ka Mensch hot gwißt wuhin. Un wennr nanit gstarwe is, lebtr heint noch.

Do hört sich alli Gemütlichkeit uf

Dr Hansvettr war so a richtichr Gemütsmensch. Mr hot schun bal sage könne, er is die Gemütlichkeit selwr. Iwrhaupt wanr so unr tags sei Schläfl hot mache könne, do hotn nix aus dr Fassung gebrocht. Wenn als ufs Feld nausgfahre is, hotr sich als aus Leibskräfte ausgraneit. Weil dr Keschi un die Sartascha zwa gscheiti, vrläßlichi Roß ware, wu dr Weg allonich gwißt henn, hot dr Hansvettr sich uf sie aa vrlosse. Weil die zwa Roß so entgegekummend gegr die anri Transportverkehrsteilnehmer ware, sin sie uni "Hot" odr "Wischt"-Geschrei odr Zoomgezarr ama jede Wage, was ne entgege kumme is, sche varschriftsmäßich ausgwiche. Drum hot aa dr Hansvettr, wennr uf dr Wage gstiege is, mit ruichem Gwisse dr Zoom an die Wageleix ghengt un is aa glei seelenruich eigschlofe, weil'r gwißt hot, daß sei Wage beim Keschi un bei dr Sartascha in guti Händ is. Die andere Baure henn aus Zuvarkummeheit im Hansvettr gar nit gegrüßt, wu des Nitgrüße jo stark gegr die Apetinr Sitte vrstoße hot. Des alles awr nar darum, daß sie ihn nit ufwecke. So hot dr Hansvettr vun Ofang dr Fahrt schloofe könne, bis die Roß mit ama Ruckr steh gebliewe sin. No hotr gwißt, daß sie uf dr Urwari okumme sin. Wenn dr Hansvettr no abgstiege is, hotr im Keschi un dr Sartascha dr Hals getätschlt, was dene je liewr war, wie wennr sie a halb Stund mit dr Peitsch vrhaut hätt'. Sogar es Hutschl, dr klo Gidran, der was dr ganz Weg mit seim Glöckl am Hals newrem Wage hergsprunge is, hat sich vum Hansvettr dr Hals tätschle gloßt. Schließlich hot's jo aa zum Gspann gheert.

In des Geschlof hotr Hansvettr sich schun so neiglebt oder neigschlofe ghat, daß's ihm ganz alles ons war, ob des uf'm Wage oder in dr Kerch war. Wennr sich hingsetzt hot, is'r a glei eigeduselt. No wenn dr Franzvettr, dr Syndikus, in der Kerch mit'm Klinglbeutl is absammle gange, no hotr als im Hansvettr mit dem Klinglbeutl so lang unr dr Nas rumgrappelt, bis dr Hansvettr mit dr Hand es Klinglbeutl weggstoße un gsagt hot: "Hutschi, geh weg do!" Un weil dr Franzvettr a so a richtichr Apetinr Gspaßvogl war, hotr ihm noch a Weil so mit'm Klinglbeutl unr dr Nas rumgvesprt, bis dr Hansvettr no im Schlof gschrie hot: "Gidran, du Sakrament, du blutichr! Gehsch jetz nanit bal zum Teufl un losch mich in Ruh." No is dr Franzvettr als mit ama Schmunzle weitrgange un hot dr Hansvettr ruich weitrschlofe gloßt.

Awr omol do hotn sei Gschlof doch auß'r Rand un Band gebrocht. Des war wiere ufm Sambare Mark war. Do isr in seine neue Schlappe die ganz lieb lang Zeit ufm Mark hin un her ghatscht, daß'r schun müd war wie a Hund. Drum hotr sich schun ganz domisch uf die Homfahrt gfreit, daß'r sich wiedr oschtendich ausranei kann. Weil dr Zug, der was iwr Apetin uf Hodschag gfahre is, schun dart var dr Station gstanne is, so is dr Hansvettr aa glei eigstiege un schnurgrad uf dr Kartezwickr zugange.

"Herr Kalaus", hotr Hansvettr gsagt, "sein so gut un tun mei Kart glei zwicke, weil wenn ich mich mol hinsetz, no schlof ich aa glei. Un wemr no uf Apetin kumme, no sein so gut un schiwe mich ausm Zug naus. Wenn ich im Schlof aa vrleicht grob were sellt, do brachnr euch nix draus mache." No hotr ihm noch a Sechsrl in die Hand gedruckt far Trinkgeld. Uf des hin hot dr Kartezwickr varem Hansvettr gsalutiert un die Absätz zammghaut. Wenn do Spare dro gwest wäre, die hätte Feuer gschlage. In dr Militärsproch hot des ghaaße: "Befehl iwrnumme bis zur Ausführung."

Des hot dr Hansvettr beruicht, un er war noch nitemol fescht gsotze, hotr aa schun gschnarcht.

Uf omol beutltn dr Kartezwickr un schreit: "Hodschag! Endstation! Alles aussteige!" Do reißt dr Hansvettr die Auge uf un schreit: "Was hennr gsagt, Hodschag?" Im Kartezwickr is's jetz aa nimi alles ons gwest. Er is blaich ware wie a Kässäckl un hot kha Wart mehr rausgebrocht. "Do hert sich doch die Gemütlichkeit uf", schreit dr Hansvettr, "du Schuft, du Niemand, du Fahnewettlr, du Blosl Teteretler, du Mehet-a-vonat-Schreier." Alles mögliche hot dem dr Hansvettr gsagt, nar gnädicher Herr nit.

Do mont so a braatgoschetr Hodschaagr: "Un ihr, Herr Kalaus, ihr losse euch des alles vun dem großgoschete Apetinr gfalle? Klagene ei, ich geh far Zeuge."

"Ach was", sagt dr Kartezwickr, dem wiedr die Sproch kumme is, "des is jo alles nix. Was werd erscht dr anr sage, den ich mit ihm vrwekselt un in Apatin nausgmisse hab."

Sichr is sichr

Dr Michl war a jedr Tag nar omol darschtich und des vun zeitlich in dr Fruh bis in die sinket Nacht. Wassr hotr sich kons trinke getraut, weil'r Angscht ghat hot, daß'r vum Kärntner Wassr a Kropf kriegt. Far Bier un Wein hotr awr ka Geld ghat. Es is ihm also nix anres iwrich gebliewe wie Darscht leide.
　Do wars mol an ama so schmutich heiße Summrtag, wus wiedr ufm Bau gstaabt hot wie vrruckt. Wiere mitm Toni homzus geht vun dr Arwet, gehts im Michl wie a Blitz durch dr Kopp: "Wie wärs denn, wenn ich dr Toni eilade tät uf a Glas Bier?" Weilr gwißt hot, daß dr Toni a Kavalier is bis uf die Haarwarzl, do hotr sich gedenkt: "Der zahlt bestimmt die Zech."
　"Kumm Toni, geh mr uf a Glas Bier", sagt dr Michl. Un weil dr Toni im Michl ka Korb gewe hot welle un aa a großr Darscht ghat hot, isr halt mitgange. Es is im Toni jo glei a bißl vrdächtig varkumme, daß dr Michl ihm a Bier zahle will.
　Wie sie ihre Bier ausgetrunke ghat henn, fangt dr Michl o, in seine Säck rumzusuche. Er hot awr gwart, daß dr Toni sage werd: "Loß nar Michl, ich wer schun zahle." Awr dr Toni hot nix gsagt un des hotr ganz stad gsagt. Wie jetz dr Michl schun's dritti Mol ofangt sei Säck aussuche, do is im Toni die Gall iwrgange. "Kristumjat", sagt dr Toni, wie kummsch denn drzu, mich zu ama Bier einlade, wenn 'd nit emol a Grosche in deim Sack hosch?"
　"Ha hosch du aa ka Geld bei dir?" frogt dr Michl ganz vrdattrt.
　"Nit emol a wietichr Hellr", sagt dr Toni un hot gezittrt var Wut. "Willsch, daß mr uns Apetiner noch far Zechprellr do hinstellt?"
　"Na destwege brauchsch dich nit glei so aufrege", sagt dr Michl. "Des is alles nar halwr so schlimm. Ich wer schun dr Wertin a luschtichi Gschicht vrzähle, un wenn sie im beschte Lache is, no vrschwinde mr, un die vrgeßt, daß mir nit gezahlt hen."
　"Geh mr weitr", sagt dr Toni. "Du monsch vrleicht, daß die dr uf dei Geblödl reifallt?"
　Wie's zum Zahle kummt, sagt dr Michl: "Eh, Frau Wertin, kenne ihr die Gschicht vun meim Landsmann, vum Burg Hans?" "Noch nie ghert", sagt die Wertin. "Des war so, die Gschicht", sagt dr Michl, "mei Landsmann, dr Burg Hans, is zeit zwanzich Jahr uf Australien ausgwandrt. No isr zu Besuch homkumme. Noch dr Kerch hotn sei altr Schulfreund, dr Balzr, getroffe. «Servus, Burg Hans! Ja lebsch denn du aa noch? Wu bisch denn allweil, daß mr dich nit siegt? Wie geht's dr denn?»
　«Ja wasch denn nit, daß ich var fufzeh Jahr uf Australien ausgwandrt bin? Un ich haaß jetz nimi burg Hans, sondrn Johnny Börg. Un geh tuts mr prima. Ich hab dart so a P.T.Y.L.T.D., des is so a Aktiengesellschaft,

gegründet, un do bin ich dr Direktr von dem Warehaus. Do geh ich allweil varmittags a Stund ins Büro un unrschreib die wichtigscht Post. No geh ich hom un leg mich a halb Stund uf die Terras. No geh ich Golf spiele, no kumm ich hom un tu mittagesse. No leg ich mich wiedr a halb Stund uf die Terras. No geh ich in Keglklub. Un des geht so jahrei un jahraus.»

«Ha, un warum hasch du jetz Börg?» frogt dr Balzr weitr. «Klingt Burg nit schönr?»

«Schun, schun», sagt dr Hans.«Awr wasch, die Australier redde doch englisch, un die Engländr hen scheinbar a Haß iwr dr 'U'. Drum sage sie entwedrscht 'Ö' odr 'A' odr a 'I' zum 'U'. Schreiwe tutr Burg un sage tutr Börg; so wennr schreibt Burgundr, no sagtr Börgöndr; odr wennr schreibt Buttr, no sagtr Battr; odr schreibtr Sunn, no sagtr Sann; odr Bus, no sagtr Bas.»

«Du, ich mon nar, dene hen die U-Boote zuviel Ärger gmacht, weil sie den 'U' so hasse», mont dr Balzr. Wie dr Balzr homkummt, vrzähltr aa glei seim Weib, dr Wawi: «Was monsch, Wawi, wen ich heint getroffe hab? Dr Burg Hans. Du kenschn doch. Der was im Ungare-Briefträger sei Terus gheirat hot. Die sin jo jetz schun fufzeh Jahr in Australien, un es geht ne stark gut. Es haaßt nimi Burg. Weil die dart zum 'U' 'Ö' oder 'A' sage. Un die Terus haaßt jetz Teras.»

«Na sowas Vrrucktes. Gibts denn des aa noch uf dr Welt, wu mr anrscht sagt wies haaßt?»

«Jo», sagt dr Balzr, «bei uns in Apetin. Wenn's a altr Gaul is, no sagt mr altes Roß. Un wemr's ufs Papier entwerft, no schreibt mr altes Pferd. Un in Wirklichkeit is's a altr Krampe.»"

Wie no die Wertin glacht hot, daß 're bal es Zwerchfell grisse is, sagtr Michl zum Toni: "Los, geh mr." Wie sie no a paar Häusr weg sin, sagtr Toni: "Tu mol bißl langsam, Michl, ich bin glei zruck." Un rennt noch omol ins Wertshaus zruck. Wiere kummt, frogt dr Michl: "Was hosch denn noch omol im Wertshaus gmacht?"

"Es Wexlgeld, die vier Schilling, haw ich dr Wertin vrlangt, wu sie mit dem Gelach vrgesse hot zruckgewe. Sunscht könnts ihre mol kumme, daß mit vrleicht nit gezahlt hätte."

Josef Berger
Mercydorf — Nürtingen

Josef Berger wurde am 7. Juli 1924 in Mercydorf (Banat/Rumänien) geboren. Besuchte sieben Klassen der Volksschule seiner Gemeinde. Erlernte den Maschinenschlosserberuf in Temeschburg, wo er auch die Berufsschule beendete (drei Jahre Banatia). 1943 wurde er Soldat und geriet 1945 in russische Gefangenschaft, aus der er im April 1951 entlassen wurde. Kehrte nach Temeschburg zurück, wo er bis zu seiner Pensionierung 1984 arbeitete. 1990 verließ er seine Heimat, um sich in Nürtingen auszusiedeln, wo er heute lebt.

Das Banat

Ich kenn' ein kleines, nettes Land,
das in der ganzen Welt bekannt,
mit gold'nen Äckern, reicher Saat,
der Schwaben Heimat: "Das Banat"!

Mit edlen Reben ist's umgeben.
Dies hilft der Menschen Stimmung heben.
Dort froh das Leben man genießt,
und Lust und Sang vom Herzen sprießt!

Dort, wo's ein fesches Jungvolk gibt,
wo jeder nur in Treue liebt,
das ist das Land, wo ich geboren,
dem hab' die Treue ich geschworen.

Das schönste Fleckchen Erd' für mich
ist das Banat ganz sicherlich.
Weil da doch meine Wiege stand,
bleibt es für mich das schönste Land!

Die Gräber uns'rer toten Ahnen,
die wollen uns, die Schwaben, mahnen,
dies Land getreu und stolz zu hegen
und uns'rer Väter Sitte pflegen.

Verachten woll'n wir diesen Schwaben
und ihm zugleich ein Fluchwort sagen,
der dieses schöne Land nicht ehrt,
der ist des Namens "Schwob" nicht wert.

Winterbetrachtung

De Berch on 's Tal sin im Wintergwand,
de Himl on aach es Ackerland.
De Schnee hat de Wald en die Knie gezwung
on aach de Strauch, of dem de Vogel hat gsung.

Of de Gass die Leit im Winterrock gehn,
die Kener em Kreis om de Schneemann stehn.
De Kokosch, wu immer gscherrt ofm Mischt,
sitzt aach jetz bei de Hingle em Nischt.

Net nor die Biene sin jetz noch em Schlof,
aach die Kieh em Stall on die Schof.
Alles hat sich de Macht vun der Natur onerstellt,
Mensche, Tiere on aach es Feld.

Außer der Blum, die mer an de Scheiwe gsieht,
wu grad nor em Winter blieht,
bleibt onser Pipatsch em Winter aach grien,
des kann mer jede Samschtach doch gsiehn!

Onser Tracht

Bei ons em Dorf, o Leit ich saa,
werd noch die schwowisch Tracht getraa!
Gschterkte Reck en Falte gleed, so wie e Bichel,
on aach e seidnes Schultertichel.
E Himmit met Buschärmel dran,
was kann mer do noch Schen'res han?
Es Sammetleiwl, des wisse alli wohl,
kennt mer bei ons wie bei Schwowe iweroll.
Es gheert zu de Mercydorfer Tracht,
wel's onser Mädle fescher macht.
Die Spitzescherz on e geblumtes Band,
e Herzl am Hals is doch bekannt.
So wor's schon immer, so is es heit,
on soll's aach bleiwe jedi Zeit!

Wann fangt 's Fruhjohr an?

Wann mer die Schneeschaufel nimmer brauche tut
on statt die Pelzkapp traat e Hut,
wann's Wasser nimmer gfriert em Faß
on's Dracheflieje losse macht viel Spaß,
wann die Schwalwe do sin wieder
on die Fresch ons senge Lieder,
wann de Kuckuck ruft met Lischt:
Wer baut des Johr mir e Nischt?
Wann doch beim helle Tach noch kann
die Pipatsch lese jede Mann,
wann die Kieh mehr Milich gen
on die Täch schon länger sen,
wann die Sonn schon Wärme spend,
dann hat de Winter bal e End!

Wann die Fässer all sin leer
on ke Schnaps on Wein is mehr,
wann mer saat: Die Kält is hin,
on die Hingle schon mehr Aier gin,
wann die Beern anfange bliehe
on die Sterch iwer onser Heiser flieje,
wann en Johrmark schon werd gred,
wer om 's Faß an de Kerwei geht,
wann die Hase fresse frische Klee
on die Lerche trillert in de Heh,
wann die kloone Gänsle kaum vom Ai heraus
drauß em Wasser schwimme, is de Winter aus!

Wann die Lample pleere of de Hutweed drauß
on niemand bleibt mehr em Haus,
wann ons de Garte ruft, die Rewe on de Beem,
die Blume on alles, was schon munter is vom Träm,
wann die Piple aus de Aier schluppe
on die Kener drauß met ihre Puppe
spiele schon em warme Sand,
dann is es Fruhjohr komm zu ons ens Land!

De Gschmack kommt nie zu spot!

De Gschmack oder Guste, wie mir Schwowe saan, es doch ganz verschieden. Drom han die Alte schon frieher gsaat: Die Guste on die Ohrfeigen sen ganz verschieden. Oder: Dem eene gfallt de Hut, dem anre die Kapp. Des es halt alles Gschmacksach, hat de Aff gsaat, wie er en die Schmeckseef gebiss hat.

Meiner Seel, er hat aa recht ghat. Wann die beschti Hochzeitskechin als e Supp kocht, wu sicher gut es, kommt doch Salz on Pfeffer of de Tisch gstellt. Do kann mer schon feschtstelle, wann der eent oder der anri denoh greift, daß de Gschmack verschieden es. So werd's aach met dem Jergelvetter seine gepfefferte Witze gween sen. Manche werd mene, daß so etwas ke Kraft on ke Saft hat. Anre awer were saan, daß alles zu stark gepfeffert es. Wer hat jetz recht?

Sieße Witze hat mer noch nie gheert, wahrscheinlich aus dem Grond, weil doch die Sießichkeit em menschliche Kerper arich schade tot. Es gebt Mensche, die sogar die Arweit ofgen han, wel's doch jeder weeß, daß die Arweit es Lewe sieß macht! On drom han ich immer liewer des Gepfefferti. Do muß mer vielleicht hechstens nieße debei, on des es gsonder wie zockerkrank zu sen.

Mei gottseelichi Großi hat schon immer behaupt: Jung on gsond es besser wie alt on krank! Un längscht han ich iwer die gepfefferte Gschichte doch Kritik heere misse. Ments Lissi: "Nantschi, es wohr, daß du am Samschtachowed Geburtstach abghal on nor lauter bessre Leit englad hascht? Awer wie ich gheert han, wor der Jerglvetter aach dort, hat der net de Gäscht de Appetit vertrieb met seine gepfefferte Gschichte?" Es Nantschi drof: "Er hat schon wie immer met seine gepfefferte Witze ongfang, grad wie ich die Supp ofgetraa han. Ich han ihm awer kurz gsaat: 'Entweder hernd er of zu verzähle oder kenned er onser Ham verlosse on weiter gehn!'" — "Des hascht ganz gut gmach, Nantschi, do wore dir die Engladne nor dankbar gween", saats Lissi. "Des menscht du. Horch nor weiter zu: Er es ofgstan on hat sich of de Wech gmach, do drof sen die anre alli wie of Kommando von em Hauptmann aach ofgstan on sen metgang, daß sie es End noch heere von dere Gschicht, on sen, wie die Supp schon kalt wor, zuruckkomm. Jetz urteil du! Ich men, eemol werd doch jeder of de richtiche Gschmack komme."

Wer kann am scheenste singe?

Also, weil doch 's "scheen singe" e angeborenes Talent is, sin manche Leit arich stolz off ihre Talent, anre awer losse's so weit komme, daß aus dem Talent e Leidenschaft entsteht. On so war's aach de Fall beim Vetter Ludwich gewen.
 Schon als Kind hat er hochwertiche Teen aus seim kleene Meilche von sich gin. Später awer, wie er schon in die Schul gang is, hat er nor lauter Zehner beim Singe in seim Schulzeignis ghat. Bei Vorstellunge is er, de kleeni Ludwich, immer mit großem Beifall for sei Gsang abblaudiert wor.
 Wie er greßer gin is, hat de Ludwich angfangt, mit seim Gsang "Kariere" zu mache. Awer, wie mer doch weeß, hat alles uf dere Welt sei Anfang on sei End. On daß des aach mol hat misse komme, des is gewiß. Awer niemand hat dran gedenkt, daß des so schnell, so ganz schnell werd kumme ...
 Die Sach war so: De Vetter Ludwich hat gheirat, on sei Weib hat aach e "Leidenschaft" ghat: Sie wor stark eifersichtich. On aus der "Leidenschaft" is bal — wie des so verkehrt im Lewe passiert — e großes "Talent" entstan. Des Talent hat 'm Vetter Ludwich sei Talent iwertroff, un sie ('m Vetter Ludwich sei Alti) hat ihre Mann beim Hemgehn von eener Singschule bei eem scheene Mondscheinowed mit eener (aach) talentierti Nochberin in ihrem Gassetierl angetroff. Gsong han die zwei derbei net ...
 Ab domols wor's aus mit der Singerei for de Vetter Ludwich. On aach for die jungi Nochberin. Defor hat 'm Ludwich sei talentiertes Weib gsorcht!

Mercydorfer Schweinschlacht

So oft nor die Red vom Schweinschlachte is, muß ich dran denke, was sich vor lange Johre, wie ich noch e kleene Lausbu wor, en onsrem Dorf abgspielt hat.
 De Vetter Juri, de Vetter Baschtl on de Vetter Wilm sowie selbschtverständlich aach ihre Weiwer wore zum Schlachte geruf zum Gerschtenikels Vetter Sepp en de Kreizgass. Am Owed vorher han die engeladne "Schlachter" schon e Ausschußsitzung engeruf on e Programm for de nägschte Tach gemach. Ihre Meinung wor, daß de Vetter Sepp renrumple muß! Met dem Entschluß sin se noh eener drei Stunde langi Sitzung on finf Liter Wein je Haschtmichgsiehn en die Nischter, daß se am Morjet

gut gelaunt schon fruh an die Arweit kenne. Am nägschte Morjet, es wor e saukaltes Dezemberwetter, han die drei kuraschierte Männer derfor gsorcht, daß die zwaa fette Bariche, ohni viel zu schreie, bal en de Molter gelee on gebrieht wore. Punkt zwelf wor alles soweit fertich, nor Worschtmache on es Fettauslosse sin geblieb.

De Vetter Wilm, der sozusaan de Hauptschlachter gspielt on des Worschtmache gut verstan hat, wor seiner Sach ganz sicher, drum hat er flink zugegriff, so daß de Hauseigentimer gar net bemerkt hat, daß er en zwaa Werscht anstatt Worschtfleisch alte Stremp on Fetze ningeton hat. Die zwaa Werscht wore, weil se die schenste wore, als Gschenk en de Stadt beim Onkel, den die Familie Gerschtenikel immer eschtemiert hat, schon de nägschti Tach engetroff.

De Mim Nantschi, em Vetter Sepp seim Weib, is es iwel gin, wie sie die Reklamazion dorch e Postkart gheert hat, ihre Mann awer hat e rondi Nas gemach on dezu gement: "Nix fer ungut, e Platsche Kuhmischt for e Strohhut!" on er is mem erschte Zug, ofgebindelt wie e Tragtier, mit richtichem Hausworscht on em Kruch Wein zum "Neie Johr" en die Stadt gfahr, om die Freindschaftsbeziehunge weiter ofrechtzuerhale.

Zornich un schlachfertich

Es war e grimmich kalte Tach, de Vetter Gusti hat awer misse en die Stadt fahre, er wor nämlich zum Gericht vorglad als Zeije. De Wech bis zum Bahnhof hat ihm schwergfall, er hat misse dorch de hohe Schnee gehn. In dem Waggon, of den er schwer ofsteije hat kenne, weil die Treppe aach ganz vereist wore, hat die Heizung net funkzioniert. De Vetter Gusti hat gleich sei Kraa von seim Winterrock iwer die Ohre gezoo on ee Zigrettel nohm anre angebrennt, bis de Zug endlich met eener Verspätung von iwer dreiviertel Stund en Temeschwar ankomm wor. Zornich hat der alti Hufschmied sich schon e Plan ausgearweit, so lang er em ungheizte Zuch gsitzt war.

"Ob schuldich oder net, beim erschtbeschte Eisenbahner, mit dem ich zammkomm nohm Absteije, muß ich mei Biere anbringe!" De Zug is engfahr on stehngeblieb, die Leit han aach schon angfang absteije, de Vetter Gusti hat sich noch schnell e Zigrettel angebrennt. Do gsieht er e Eisenbahner. "Aacha!" hat de Vetter Gusti for sich gsaat, "der hat vielleicht aach e Wort renzurede, far die Zieg fahre losse." Er red ne an: "Kennt Dir mir bittscheen saan, wieviel Uhr jetz is?" Der Eisenbahner fangt an sei Mantel ofmache, dann sei Jankl, bis er endlich mol sei Uhr aus 'm Hosesack hat kenne raushole. "7 Uhr on 18 Minute, awer wann ich frooe derf, hat Dir ke Uhr bei Eich?" — "O jo", ment de Vetter Gusti schlachfertich, "ich han schon aach e Uhr bei mir, awer wer de Teiwel will dann bei so eener Saukält sei Uhr aus 'm Sack hole? On zum anre han ich mich iwerzeije wolle, ob die Eisenbahner e anri Uhrzeit han wie die anre Leit, weil die Zieg nie noh de normali Zeit fahre!"

Katzehoor an de Flasch!

De Daumedickls Jerich wor e akkurate Mann, en seine Wertschaft is alles tipptopp gween. Fleißich on strebsam wor net jeder en seim Dorf wie er. On nie is er bei jemand met der Tier en die Kuchel gfall, so vornehm wor er. Niemand konnt ihm nohrede, daß er e Windbeitel wor. En seim Beruf, den was er schon e halwi Ewichkeit ausgeiebt hat, hat er sich nie schäme misse, die Reefe, was er ofgezoo hat of die Waanräder, oder die Hufeise, was er de Pheer of die Huf gnagelt hat, hätt mer ruhich eener Kommission von seiner Brantsch vorstelle kenne, er wor nämlich de beschte Schmied, den es eh on je em Dorf gen hat. Er hat met Recht die Lederschirzen getraa!

Awer net nor des, er hat aach Zugtiere on Hornvieh kuriere kenne. Dezu hat er sich e Diplom em erschte Weltkriech erworb. Er hat alli Haustiere (außer Ratze on Meis) enewenzich sowie auswenzich gekennt on alli Krankheite konstatiere on behandle kenne. On deswegen hat er sich e gute Ruf als Viehdokter en die ganzi Umgebung gschafft, weil er so manches Stickl Vieh em Teiwl aus de Klowe geriss, ich men demet, of die Fiess gstellt on gsond gmach hat. Mit em Wort gsaat, de Vetter Jerich wor de Mann, der net nor de Kopp ghat hat, daß die Krawatten net vom Hals rutscht. Nee, er hat oft genuch bewies, daß sei Kopp for was anerscht zu gebrauche is. So mancher hat ne om e Auskunft oder e Ofklärung gebitt. Jeder hat Vertraue en den ofgeweckte Mann ghat, on do drof war er stolz wie e Zaunkeenich on hat sich gfiehlt wie e Vogel em Hanfsoome, wann die Leit ihm gedankt han for sei gute Rot. Des wor halt alles Wasser of seine Miehl.

Weil bei ihm awer de gute Rot net teier wor, wie mer saat, on er net zu dene gheert hat, die was es Geld onerm Strohsack versteckt hale, hat er nie was abghol for e Rezept oder for e selwer präparierti Schmier. Er hat des seine Landsleit immer selwer iwerloss, was ihne so e Medikament wert is.

Do hat sich eemol zugetraa, daß de Baschtls Juri aus 'm Nochbersdorf aach of em Vetter Jerich sei Hilf angewies wor, weil sei Kuh krank on sei Fille en e Nagel getret war. Er hat die Medikamente on die dezu gheeriche Rotschläch vom Veterinär entgegengnomm. E Flasch mit gutem Hausraki, die er en de Pherdskutze eingewickelt ghat hat, hat er of de Tisch gstellt on is devon. Dem alte Kurschmied han schon die Aue gfunkelt, on er hat noh de Flasch gegriff, de Stopper rausgezoo on zu seim Schreck, wie er sich e gute Schluck vergunne hat welle, wore paar Hoor von de Kutze an de Flasch gepeckt. Er hat sich engebild, des wäre Katzehoor. Von damols an hat de Vetter Jerich ke Getränk mehr aus de Flasch getronk, nor aus Rakistample oder Weingläser. Es Trenke awer hat er doch net ofgen.

Ein peinlicher Irrtum

Wann's aach schon vor mehr wie vierzehn Täch passiert es, was ich eich verzähle well, wer ich's doh net vergesse, on wann ich zwanzich Johr en Pension sen wer.
 Leit, stelle eich mol vor. Wie ich die vorvorichi Wuch aus de Arweit gegen die Eisenbahnstazion en de Stadt gang sen, for me'm Zug hemfahre, es vor mir e Weibsbild mit hohe Steckle, gfärbte Fengernägel on fremde Hoor ofm Kop gang. Wahrscheinlich hat sie es net so eilich ghat wie ich, sa daß ich se schon vor dere großi Bruck oner de Linie enghol han. Wie ich awer paar gute Schritt hiner ihr gan sen, es mir etwas ofgfall, on was mene dir, was des wor? So beim Gehn hat sich ihre Rock en zwaa geteelt, weil die Noht ziemlich lang ofgetrennt wor. Ohni viel zu denke, iwerhaupt an nix Schlechtes, han ich gsaat:
 "Freilein, an Eierem Schoß es die Noht ofgang!" Was die mir awer geantwort hat, kann ich eich gar net beschreiwe. Alles nor net Gnädiche Herr oder Dankscheen hot se gsaat. "Schäme Dir Eich net? Des kennd Der Eierem Weib oder Eierem Mädel saan" on noch viel anres ... Na, des hat mer gfehlt, mir ments em Mensch nor gut on owe drof kriet mer de Bockel voll.
 Die Red es mer stehn gleib, von denke wor gar ke Spur mehr, on wie vom Mond gfall sen ich, ohni e Muckser von mir zu gen, hiner dere moderni Dame weitergang.
 Wie ich mich von dem Schreck e bessl erholt ghat han on mei Hernkastel wieder ongfang hat zu funke, es mer aach die Red wieder komm on ganz hart wie aus eener Kiehhalterblos han ich gsaat: "Daß Ders wisse, Dir engebildnes Trutschl, ich han's Eich nor gut gment, von mir aus

kenne Der aach met verressenem Gwand en de Stadt romlaafe, wichtich, daß Der modern seid."

Ich awer wer mich nie wieder om die Schlitze von de anre Weiber kimmre, ob die vore, hine, rechts oder links oder von mir aus of 'm Bockel sen. Währenddem sen ich munter gen, on mei Traam wor aus. Gottseidank daß mei Weib nie etwas von meim letschte Buwesteckel heere werd, es soll doch nor oner ons bleiwe!

Onser alte Spiegl

Seit mei Weib in Pension is gang —
es is jo kaum zwaa Monat lang —,
do fallt mir etwas of im Haus,
sie macht sich gar Gebrauch do draus.

Schaut morjets en de Spiegl nin,
was soll do net in Ordnung sin?
No später ich desselwi gsieh,
was schaut se nor, was is dort drin?

Bevor se 's Glas holt von de Aue,
tut se nochmol in de Spiegl schaue.
Holt dann de Spiegl von de Wand
on halt ne fescht en ihrer Hand.

Schaut ihre Bild von nägschtem an,
was kann mer do noch änre dran?
No ruft se mich on saat mer dann:
"Horch mich mol an, mei liewer Mann:

Ich han mir geschter so gedenkt,
wie lang der Spiegl do schun hängt?"
Ich awer men do drof ganz glatt:
"Wieso welscht du des wisse grad?"

Ment drof mei Weib: "Ich wel dir saan",
on schaut mich ganz verzweifelt an,
"kannst dich erinnre, vor dreißich Johr
wor alles scheen, des Gsicht, die Hoor.

Was menscht du?
Saa e Wort dezu."

"Mir kaafe ons, o meiner Trei,
e neie Spiegl morje gleich,
in dem mir ons nor jinger gsiehn,
den alte häng mer hine hin!"

Was will der Mann am Tisch do saan?
Vielleicht a Neiichkeit iwertraan,
er streckt de Zeigefinger weg,
des hat jo aach bestimmt sei Zweck.
Des Weib macht awer liewe Aue,
ihr is bestimmt aach net zu traue.
Den anre Mann tut des net kränke,
an so was brauch er gar net denke.
So bleibt's als immer wohr on gut:
Dem een die Kapp, dem aner de Hut.

Es kann doch kaum was Scheneres sen, wie Dank for alles Guti gen.

Der, was satt is, hat leicht iwer de Hunger rede.

Aach under eener Schnepskapp kann mer stehn wie uner eem Zilinder.

Es is net desselwi, ob du kannscht oder nor menscht, du kannscht.

Zuerscht iwerleje, dann urteile on nohher rede.

Net behaupte, was du nor gheert hascht.

Meister is nor der, was vorzeige kann, was er von em anre verlangt.

Geb zu, daß du mehr net weescht, wie du weescht.

Einbildung is es Gegenteil vun Ausbildung.

De Witzmacher

E Witzmacher is de beschte Komrad,
des hat mei Großmotter schon immer gsaat.
Er macht nie e trauriches Gsicht,
leet of Rederei ke Gwicht.
Lacht for alli Leit,
en guter on aach schlechter Zeit.
Triebsaal tut er aach net blose,
macht Witze, for die Kener on die Große,
behaupte will er, daß met Freed
ee jeder leicht dorch's Lewe geht.
Drom losse mir die Sorche sen,
so lang's e Witzmacher tut gen.

Vom Elternhaus zieh ich ...

Vom Elternhaus zieh ich am heutigen Tag,
wo die Wiege stand, in der ich einstens lag.
Die Mutter ging da ein und aus,
drum bleibt's für mich mein Elternhaus.
Manch Glück hab ich empfunden:
Die Jugendjahre sind mir hier entschwunden.
Die Mutter und die Wiege sind nicht mehr,
es bleibt jetzt alles öd und leer.
Auch ich muß jetzt gehen,
der Herbstwind wird wehen.
Der Herbst wird vergehen, der Winter wird kommen,
ich hab von hier schon Abschied genommen.
Schnee wird auch fallen auf Blume und Baum,
ich werd' es nur sehen im Schlafe, im Traum,
die Sonne wird scheinen und Frühling auch sein,
der Sommer wird kehren ins Elternhaus ein.
Und komm ich dann wieder in unseren Ort,
will ich sehen das Elternhaus dort.
Ein Gebet verrichten in Andacht ganz still,
weil der Herrgott im Himmel es eben so will.
Vor 'm Kreuz meiner Mutter im Friedhof dort drauß',
dann wird mir das Grab auch zum Elternhaus.

Ljiljana Wilhelmine Berić
Belgrad — Zagreb

Ljiljana Wilhelmine Berić wurde am 18. Januar 1950 in Belgrad/Jugoslawien geboren (Vater: Kroate, Mutter: Hermine Bichler aus Franztal/Semlin), besuchte in Ogulin die Volksschule, übersiedelte dann zur Familie des Vaters nach Zagreb. Absolvierte das Gymnasium und diplomierte in Medizinischer Biochemie. Als Studentin arbeitete sie in den Ferien bei der Göppinger Firma Müller im Labor, seit 16 Jahren im Krankenhaus Rebro, dem größten Kroatiens, auf dem Gebiet der Nuklearmedizin. Zur Zeit besucht sie die theologische Fakultät an der Uni Zagreb, arbeitet viel in der Humanitären Hilfe und möchte später mit ihrem Mann in die Diakonie. Für ihre Gedichte erhielt sie verschiedene Preise, schreibt in kroatischer und deutscher Sprache. Zu einer Buchveröffentlichung kam es noch nicht, jedoch werden ihre Gedichte regelmäßig in dem jungen Organ "Deutsches Wort" der "Volksdeutschen Gemeinschaft" in Zagreb abgedruckt, wo sie aktives Mitglied ist.

Donaufluß

Donau, Fluß unserer Seele,
alle Geheimnisse weißt du,
verbinde unsere zerstreuten Menschen,
du fließt dort, wo unsere
Dörfer und Häuser, unsere Bäume und Vögel einst waren.
Schöne Volkslieder höre ich in der Ferne,
in meinen Träumen werden sie wach.
Donau, sag uns, wie war es früher?
Erzähle unsere Vergangenheit!
Nur du bist noch dort geblieben
und hast alles gesehen,
auch damals, wie meine Oma sagt,
als große Scharen in unbekanntes Land gehen mußten,
um Zukunft zu gründen
und Heimat zu finden.

Donau, deine Wellen tanzen
und kleine Fischchen warten,
was Neues und weiter sein wird.
Wir wünschen, ans Ufer zu kommen,
vielleicht erheben sich Bilder vergangener Zeit.
Wohin sind unsere Leute verschwunden,
was ist alles geschehen?

Donau, kannst du mir sagen heute,
steht das Haus meiner Mutter noch?
Tante und alle Verwandte,
lebt jemand dort
oder ist alles fort,
sind neue Felder, oder ist doch etwas geblieben?
Sag es mir bitte, ich bin durstig zu wissen.
In den Wurzeln meiner Familie möcht ich stehen.

Fließe nur weiter, liebe Donau,
besuche überall alle.
Meine Sterne werden dir sagen:
Es sind einige noch geblieben,
leben weiter mit starken Sinnen,
einmal wieder sich zusammenzufinden
und an Vergangenes Zukunft zu bauen.

O liebe Donau, du bist Legende,
die Ader unseres deutschen Körpers,
bist Verbindung durch all die Länder und Heimat,
weil alles haben unsere Alten verloren,
und nur mit deiner andächtigen Welle
können wir weiterleben
und uns in einer Seele zusammen heben.

Die Sonne in Franztal

Die Sonne in Franztal scheint so stark.
Meine Mutter weint in der Ecke.
Ihr Alter.
Die Bilder springen und tanzen
In Gedanken
An schwere Vergangenheit.
Dort ist jetzt ein anderer Name
An der Tafel der Stadt,
Andere Leute leben in den alten Häusern,
Alles ist anders, alles neu,
Nur Luft und Fluß sind noch bekannt.
Und obwohl das schwer am
Herzen steht, ist es unmöglich weit,
Niemand versteht's.
Ein Stück Liebe in der Seele wärmt,
Es war damals sehr schön.
Schlechtes Land ist fruchtbar geworden.
Alte Sätze klingen in den Ohren,
Die Großmutter sagte:
Den Ersten der Tod,
Den Zweiten die Not,
Den Dritten das Brot.
Sie haben die Früchte ihrer Mühe
Stehen lassen,
Eine neue Zukunft gegründet,
Weit neues Leben und Heimat gefunden.

Krieg in Kroatien

Steht dort im Felde rot der Mohn in Blüte,
oder tropft rot das Blut aus den Wunden der Krieger?
Ist das ein Aufschrei des Mädchens
oder das Zwitschern der Vögel auf blühenden Zweigen?
Rauscht dort der Regen in Abertausenden Tropfen,
oder strömen da Tränen um die gefallenen Helden?
In mir wimmeln die Fragen,
doch eine Antwort ist nicht zu finden.

Bekannte Schritte wecken mich auf,
es naht mir der lächelnde Jüngling,
doch ich erkenne ihn nicht.
Gestern noch war er ein Kind,
jetzt steht ein Mann vor mir.
Ernst ist sein Angesicht,
der Körper in eine Uniform gehüllt,
in der Hand ein Gewehr,
am Halse zittern die Adern,
vor seinen Augen brennt noch sein Dorf,
in der Nase haftet noch immer
der Geruch von Leichen und Pulver,
Leichen der Eltern, Freunde und Nachbarn.
Er schreitet weiter — mit ihm Tausende anderer —
in die Ungewißheit des Krieges.
Der Krieg ruft, daß sich noch ein Tor auftut
und Einlaß gewähre
in das Reich der Schmerzen und Angst,
wo alle Freiheit schwindet
und der Frieden unsichtbar wird.

Ich wende mich ab ...
ich kann sie nicht mehr erkennen,
die Dörfer und Städte,
gespenstisch erheben sich die Ruinen.
O Gott, wie läßt sich der Haß
nur wieder in Liebe verwandeln,
wie können die Todesgeschosse abgehalten,
die Schneiden der Sicheln,
zur Ernte bereit,
umgedreht werden?

Halte doch endlich inne, Satan,
mit Mord und Zerstörung!
Ich ertrag den Anblick weindender Frauen
und zerbombter Häuser nicht mehr.
Keine Vasen sind mehr auf den Tischen zu finden.
Dort liegen aufgehäuft die Leichen geliebter Söhne,
geschmückt mit Blumen der Brandstätten
und benetzt von den Tränen der Kinder.
Zu einem letzten Kuß kommen die jungen Frauen
ganz in Trauer gehüllt
und treten leise ab in den Winkel der Einsamkeit.
Was werden Leben und Krieg
noch alles von ihnen fordern?

Das Klagegeschrei der Trauer bleibt gänzlich ungehört,
übertönt von Granaten und Kanonendonner.
Junges Leben kommt auf und vergeht gleich darauf.
In ständigem Wechsel sind Leben und Tod.
Wenn die Nacht sich herabsenkt,
kreisen in Lied und Gedanken
auf weichen Hügeln für immer
die Augen des Freundes, die sich schlossen.
Langsam erlöschen die Feuer.
Das Heer möchte Frieden bringen und Freiheit
der bangenden Jugend.
Glocken beginnen zu läuten —
geschlagen hat Satan die Stunde
in seinem blutigen Krieg.
Im Gebet die Hände gefaltet,
enteilen von den Lippen die Worte dir,
was nun sein wird, was das Morgen
uns bringen wird? Gott entgegen.
Blutegel der bitteren Rache
kriechen an uns herauf,
doch spüren wir jetzt auch,
wie unsichtbare Hände uns streicheln
und Kraft uns verleihen,
daß wir die Herzen nun öffnen
und auf blutigem Grund
das Haus der Zukunft uns bauen.

Geist der Wahrheit ... Geist Gottes ... Geist der Liebe,
nach Dir hungert schon lange unser so krankes Herz.
Wer wird die Tage zählen, bis alle Wunden heilen,

bis wir aufs neue bereit zu Freude und Frohsinn sind?
O Gott, steh Du uns bei
und lehre uns neue Gebete
für ein besseres Morgen,
für die Kraft zum Verzeihen.
Namen sind es gewesen
mit Nummern von Kennkarten,
die sich versündigt haben
und den Tod uns gebracht.
Die übrigen wurden doch auch unschuldig hingeopfert.
Hilf Du auch diesen Menschen,
daß sie Haß und Rache entgehen,
daß sie endlich begreifen,
wie wir auf dieser Erde allesamt
Kinder unseres Gottes sind,
der uns Schutz gewähren
und die Sünden verzeihen wird.

Gemeinsam werden wir einst Satan
auf immer verjagen
und von Trauer befreit
Brot und Wein wieder teilen,
sitzen am gleichen Tisch
und das heilige Mahl
zum Gedenken an unseren Herrn Jesus Christus feiern.
Dies wird unsere Kraft und Stärkung sein.
Er, der sich selbst geopfert um unserer Sünden willen,
Er allein ist unser Herr,
Gebieter von Liebe und Leben.
Bedenke doch, o Christ, bedenke,
vergeben sind alle Sünden unter dem Kreuzesstamm!
Behalte nun in Deinem Herzen
immer die zehn Gebote!
"Liebe dich selbst und liebe Deinen Nächsten."
Das muß in unserem Leben
die alleinige Richtschnur sein.

Weit von hier

Weit von hier,
wo Abfall wir gelagert,
sind die Knochen von meinem Großvater
und anderer alter Familien
und auch von vielen Erzählungen, Bekannten,
welche dort geblieben sind,
kein Kreuz am Friedhof,
keine Blumen auf der Erde,
nur Erinnerungen
sind noch in unseren Herzen.
Sie liegen dort alle
einsam, ohne Besuch
und Kerzen,
nur tief in der Seele sind große Schmerzen.

Haß

Ich bin betrunken vor Haß,
meine Augen sind traurig und naß,
und schwere Wörter gehen vom Munde raus;
ich habe Angst, normal zu spazieren
oder zu bleiben drauß'.
Und Liebe ... ist so tief im Herz geblieben;
wem soll ich sie geben,
wen darf ich lieben,
Bilder von meinem Schicksal fressen mich langsam.
Ich darf nicht weiter so sein,
muß mich ändern,
oder ewig werde ich bleiben einsam.

Brille

Ich habe unser altes Haus gefunden,
ich bitte fremde Leute, ob ich kann alles angucken.
Sie haben mich traurig angeschaut.
Sie konnten nicht meine langsamen Schritte und hungrigen
Blicke verstehen.
"War das Euer Haus", haben sie mich gefragt,
ja, ja einmal war das,
aber jetzt ist alles Vergangenheit,
ich lebe in einer anderen Stadt, von hier sehr weit.
Ich habe mit jeder Wand gesprochen,
im Hof habe ich jeden Baum berührt,
und am Ende in einer schmutzigen Ecke
habe ich die Brille von Oma gefunden
und gleich in meine Tasche genommen.
So ein Glück habe ich lange nicht erlebt;
ich nahm die Brille wie ein Dieb
und ging gleich zurück.
Meine Oma war mit mir;
ich weiß, sie ist gestorben,
aber die Brille ist da,
welche gehörte ihr.

Wein

Wir trinken zusammen
roten Wein;
meine Oma sagt schon,
er ist so gut, wie der meine war.
O liebe Oma, wann war das?
Sie dachte und weinte gleich
mit leerem Glas.
O liebe Kinder, das war damals,
o damals in unserem Heim,
es war der Moser, ein Künstler des Weins;
von einem Schluck ist dir schon ganz warm,
und in Herz und Kopf ist es so schön,
gute Laune und viel Freude,
es war sicher nicht so wie heute.
Aber solche Bilder kommen nie mehr zurück.
Ihr mußtet mit viel Liebe und Mühe
von uns Alten lernen,
und solche Trauben haben,
solchen roten Wein machen,
nur arbeiten, arbeiten, arbeiten —
und lachen,
das ist eine Schicht, die
wir alle haben.
Ja, das sieht man gleich:
Wir sind Schwaben.

Wer sind wir?

Wir sind geboren ... ohne Identität.
Wir waren nur Einwohner in altem Gebiet.
Leere verlassene Häuser haben andere genommen.
Wir haben mit den Eltern ein neues Leben begonnen.
Wer sind wir?
Geheimnis war es;
Nur immer dieselben Wörter
Haben so weh getan.

Mein Herz in Sindelfingen

Ich habe meinen Kern gefunden,
ich habe vergessen alte Wunden,
ich bin so stolz und zufrieden,
ich bin jetzt mit meiner Hauptwurzel verbunden;
ich bin heute wiedergeboren,
ich bin in meiner Seele reich geworden,
ich werde nie mehr als verwundeter Vogel
fallen zu Boden,
ich bin nicht mehr allein,
ich weiß, was mir Hoffnung kann bringen,
ich weiß, das ist ewige Verbindung,
mein Herz mit seinem Kern in Sindelfingen.

Helmut Berner
Großbrembach — *Ravensburg*

Helmut Berner wurde am 15. November 1944 in Großbrembach (Thüringen) geboren. Aufgewachsen ist er in Sukunden (Sathmar/Rumänien). Die Grund- und Hauptschule besuchte er in Sukunden bzw. Sagas, anschließendes Studium an der deutschen Lehrerbildungsanstalt in Temeschburg. Nach Ablegung der Staatsprüfung am Pionierpalast in Temeschburg bzw. in Wolfsberg (Banat) als Lehrer tätig, ab September 1964 Lehrer, dann stellvertretender Schulleiter an der Allgemeinschule Nr. 1 (Klasse 1-10) in Oberwischau. Hauptamtlich ist er seit 1977 Schul- und Abteilungsleiter am Körperbehinderten-Zentrum Oberschwaben in Weingarten, wohin er 1973, nach seiner Flucht aus Rumänien, kam. 1966-73 war er in Rumänien Mitarbeiter mehrerer deutscher Zeitungen und Zeitschriften und ab 1971 Mitglied des Landesrates der deutschen Werktätigen in Rumänien. Veröffentlichungen auch in rumänischen Zeitungen (Kurzprosa), Autor des ersten Singspieles "Dr Braitling" in sathmarschwäbischer Mundart und der ersten sathmarschwäbischen Schwanksammlung "Krieg im Scherbenland". Berner ist auch Herausgeber mehrerer Werke, u. a. der Bücher "Beiträge zur Geschichte der Sathmarer Schwaben. 60 Rundbriefe" von F. Flesch, "Zipser Ssangl" und ""Jüdische Hirtengeschichten" von C. Stephani sowie der Gedichtanthologie "Wurzeln im Licht". Sein letztes Buch "Volksgut der Sathmarschwaben" erschien beim N. G. Elwert-Verlag in Marburg a. d. Lahn. Berner ist in der Landsmannschaft der Sathmarer Schwaben seit 1977 aktiv, zunächst als Schriftleiter des Heimatbriefes, als Stellvertretender Bundesvorsitzender und als Bundeskulturreferent. Seit 1989 ist er Bundesvorsitzender und Landesvorsitzender Baden-Württemberg der Landsmannschaft der Sathmarer Schwaben sowie Aussiedlerbetreuer. Als Leiter der "Sing- und Trachtengruppe der Sathmarschwaben — Ravensburg" erzielte er beachtliche Erfolge. Seinen Bemühungen ist auch die erste ethnographische Ausstellung in der Geschichte der Sathmarschwaben und die Gründung des sathmarschwäbischen Heimatmuseums im Freilichtmuseum Kürnbach bei Bad Schussenried zu verdanken.

Wie einst

noch
liegen blanke Hänge
hell erglüht
im Sphärenbrand geduckt

noch
rauscht der märende Bach
beständig
die Antwort der Zeit

noch
ist alles wie einst
hier — wo die Sonne
abends seltsam blinkt
und Einsamkeit
die Sehnsucht trinkt

nur
die Orchidee fehlt
das heiße
Lächeln des Sommers
am steinbeschwerten
Ufer
jetzt einsam stämmt
der Rufer
hängende Zweige
einer Trauerweide
und wartet
auf ihre zweite Geburt

Übereinstimmung

Wir haben uns
zusammengeredet

zusammen schweigt
es sich besser

Wir haben uns
auseinandergeredet
aber nie ausgeredet
niemals zerredet
wir haben uns nichts,
gar nichts verschwiegen

im Zusammenreden
im Auseinanderreden
im Miteinanderreden
im verhaltnen Reden
im Zusammenschweigen

haben wir
uns gefunden

Heimkehr

heimkehrend
ins Heimatlose
indoktrinierte
Hohlköpfe suchten
zu sezieren die
Persona non grata

sie fragten Löcher
im Bauch speiübel mir
suchten im Gepäck
in allen Taschen
Brust und Schenkel
gründlich abgeklopft
die Hosen ausgezogen

Sag, wo hast du
was versteckt
du Klassenfeind
du Schandfleck

durchwühlt der
Koffer auf der Bank
umkrempelt die
Mütze in der Hand
hofften sie zu finden
geheime Verstecke

Sie suchten nicht
in jener Ecke
die gar nicht tief
unter meiner Schädeldecke
am Schlagbaum vorbei
geschmuggelt hat
Gedanken an das Osterei
und so manch anderlei

Komm

Komm, komm bald,
rufe ich
und laß das Diadem
der Gestirne
für die große Nacht
denn die Kühle
sich namend
wird hart sein müssen
im Brunnen
durch den Zoll

Habe kein Gold,
noch Silber
dir zu schenken
nur den Schnee
des Augenblicks
armes Seelengut
befriedigt und
betäubt durch
mein Lied

Durchleuchtung

hier meine Ausweise

den persönlichen,
amtlichen vertriebenen
steht alles genau darin
mein Spiegelbild

meine Namen unscheinbar
doch von Makel besetzt
weil fremdklingend

geboren dort, bei
Buchenwald, als
unerwartet viele starben,
Dresden brannte und
Vater — der Flüchtling
verkohlte Leichen
aufsammeln half

meine Größe wie sie
sehen ungeeignet
zum Waffentragen
das Paßfoto schwarz-weiß
mit Ecken und Kanten
wie sich's gehört
aber nicht nur dies ehemals
offiziell abgestempelt

Augenfarbe undefinierbar
Blick unangenehm tief

jetzt wißt ihr
alles über mich
euch bleibt auch
nichts verborgen

nun weiß ich
ihr kennt mich
weiß aber auch:
ihr wißt gar nichts,
wißt nicht einmal,
was ich von euch denke

FLUCHT

Eines Tages
werde auch ich mein Haus verlassen
und mich langsam entfernen müssen —
von dem Kreuz,
das wir in unserem Hof errichteten,
von dem Trog,
in dem Mutter uns das täglich Brot buk,
vom Wagen,
mit dem wir nach Thüringen flüchteten,
vom Holzpflug,
mit dem ich unsere Felder bestellte,
vom Garten,
in dem die Blumen blühten,
die ich Mutter zur Kirchweih schenkte ...

Eines Tages
werde ich mich erinnern
an das ewige Vermächtnis:
an das Kreuz
an das Brot
an den Wagen
an den Holzpflug
an den Garten
an die Blumen ...

Suche

Einst
berührten deine
Finger meine
schmerzende Stirn
deine Arme mich
fest umschlangen
als vom Licht umhüllt
du ritztest scharf
ein dreifach Kreuz
aufs täglich Brot

Einst
als die Sonne
im Kirchturm aufging
bin ich aufgebrochen
aus deiner Umarmung
die mir beinah
den Atem nahm
und zog mit ihr
in leisem Faltergesirr
an Schranken vorbei
gewundene Pfade lang

Nun
nach endlos langen
Wegen angekommen
trage ich dein Lied
auf meinen Lippen
gebe es gleich Harfen
frei dem fliehenden
Wind auf der steten
Suche nach dir meine
Hände sich verzweigen

Gesegnete Morgen

Schon seit Tagen schlief er unruhig, wachte häufig auf, zog vorsichtig die Decke über seine Frau, rückte den Stuhl ans Fenster und schaute in den dichten Nebel hinaus. Hin und wieder blinkten Lichter auf in den zerissenen Nebelschwaden, und ihm war, als wären es Weihnachtskerzen, Lichter wie einst daheim. Oft sah er diese schwankend tänzelnden Lichter einer Sturmlampe, wenn er morgens mit Vater in den Stall ging und beim Melken half. Sie tauchten auf beim Nachbarn, am Brunnen der Dorfstraße, im Haus gegenüber — und jedesmal weckte einsam, doch vertraulich klingendes Geklirre den schummrigen Morgen.

Seltsam, wie Jugenderinnerungen jetzt immer häufiger von seinen Gedanken Besitz ergriffen.

Viele Jahre ist es her; seit vielen Jahren liegt sein Vater unter der Erde, unter russischer Erde, irgendwo in der Ukraine, unweit vom Lager Nr. 1037 bei Tschistekowa. Nur weil er Schwabe war, wurde er dorthin verschleppt, um "Wiederaufbauarbeit" zu leisten. 1946 sei er durch einen Unfall umgekommen, hieß es offiziell. Zeugen wollen wissen, daß er wie ein Hund totgeschlagen und gleich nackt, ganz nackt, auf das schneebedeckte Rübenfeld geschmissen worden sei. Erst im Frühjahr habe man ihn begraben können, dort bei Tschistekowa. Wie mag es wohl aussehen, das Grab? Ist es von Blumen bedeckt oder von Unkraut überwuchert?

Bei diesem Gedanken pflegte er sich früher schuldvoll auf die andere Seite zu drehen, doch seit Tagen gelingt es ihm nicht mehr, wieder einzuschlafen — und schon gar nicht jetzt, vor Weihnachten. In jedem Lichtschein taucht der Hof seines Vaters auf, umgeben von Nebel, mit der großen Scheune, Schuppen, dem Garten und Stall. Es sollte mal sein Hof werden — doch andere wollten es anders —, und sie fuhren ihn, mit Großmutter, Mutter und den Geschwistern in eine andere Gegend, in eine weite, öde Ebene, in der kein Haus stand. Sie gruben Löcher in die Erde, als der erste eisige Wind trockene Grashalme zum Knistern brachte. Dann wärmten sie sich am offenen Feuer, buken vom letzten Mehl, das Großmutter unter Aufsicht eines Milizmannes eilig in den Tornister schüttete, ihren Weihnachtsfladen. Reihum ging der Fladen, jeder brach sich ein Stückchen, achtete aber darauf, nicht zu viel abzubrechen. So blieb noch etwas übrig, und der Fladen wurde wieder von Hand zu Hand gereicht. Zitternd brach man das letzte Stück, als Großmutter wie einst zu Hause das schönste Weihnachtslied auf Erden anstimmte.

Diesen Abend kann er nicht vergessen — den Abend, an dem sie sich verzweifelt in ihre spärlich beleuchteten Löcher verkrochen, den Fladen teilten und Großmutter mit fast verzweifelt heller Stimme "Stille Nacht, heilige Nacht ..." sang.

Es war der Abend der Ostwinde. Sie kamen unerwartet, heulten auf, als wollten sie diese stille Nacht verteidigen, mit sich fort tragen, fort in die Samischebene, in die vertraute Umgebung, auf den Hof des Vaters, in das längliche, erhabene und einladende Bauernhaus mit fränkischem Giebel, in welches Vater viele Fremde bat, in dem er vielen Brot, Speck und dampfenden Glühwein auf den Tisch stellte. Wer mag jetzt wohl an diesem Tisch sitzen?

Haus, Hof, Stall, die heulenden Winde, Erdlöcher, Enkelkinder und die Tochter, die sind jetzt weit weg.

Zuerst zogen die Kinder fort, dann fuhren sie weg, er und seine Frau. Nun lebt er mit seiner Frau allein, in einem kleinen Ort der Voralpen. Der Tochter schicken sie, wie eben gestern, kleine Päckchen in einen kleinen Ort der Vorkarpaten.

Gestern, wie sie den Christbaumschmuck, den sie von einer jungen Frau im Büro des Durchgangswohnheimes erhielt, ins Päckchen legte, hatte sie gesagt: "Sie sollen sich freuen. Für uns ist es nicht der Mühe wert ..."

"O doch, Maria, wenn auch nur wir beide da sind, wollen wir doch unser Weihnachtsfest feiern." Dann hatte sie gesagt: "Den Zweig schmücken wir morgen, so daß er fertig ist; vielleicht kommen unsere Kinder."

Dann schwiegen sie. Er nahm den Zweig, nagelte ihn unter Großmutters Kruzifix an die Wand. Sie wickelte den Rosenkranz um ihre linke Hand und schrieb einen Brief an die Tochter.

Er aber setzte sich ans Fernster. Seine Gedanken schweiften wieder in jene frühe Zeit zurück, in der er noch auf dem Hof des Vaters lebte. Er liebte seinen Vater sehr. Als Vater an jenem Morgen vorsichtig zu ihm hineinsah, war er fünfzehn. Nur einen Spalt breit öffnete er die Tür, zog sie gleich leise wieder zu und flüsterte halblaut: "Maria, der Junge schläft so gut. Ich möchte ihn nicht wecken. Wenn ich nur ohne ihn fertig werden könnte."

"Weck ihn nur, du brauchst ihn", erwiderte die Mutter. "Außerdem ist er kein Kind mehr. Es ist an der Zeit, daß er mehr zupackt." "Ja", meinte der Vater. "Aber es ist mir arg, ihn zu wecken."

An jenem Morgen erfuhr er, daß sein Vater ihn lieb hatte — damals mit fünfzehn. Jetzt gab es kein Herumtrödeln mehr, und er beeilte sich, wenn auch noch fast taumelnd vor Schlaf, in den Stall hinaus. "Vater", hatte er gefragt, "was meint man denn mit dem Stall und der Krippe?" "Na, eben einen Viehstall", hatte sein Vater geantwortet, "so wie der unsere."

So war also Jesus in einem Viehstall geboren, und die Hirten und Weisen aus dem Morgenland waren in den Stall gekommen, um ihre Geschenke zu bringen!

Geschenke — im Stall?! Warum eigentlich nicht. Vater würde sich bestimmt freuen. Er könnte früh aufstehen, schon vor vier, sich in den Stall schleichen, ausmisten und das ganze Melken besorgen. Er würde alles allein tun, und wenn dann sein Vater hereinkommt, würde er sehen, daß alles bereits getan war.

In jener Nacht vor Weihnachten mußte er vielleicht zwanzigmal aufgewacht sein und jedesmal ein Streichholz angezündet haben.

Kurz vor drei stand er auf und zog sich an. Die Kühe blickten verschlafen und verwundert drein. Auch für sie war es früh. Aber sie ließen ihn gewähren und er brachte jeder Kuh einen Arm voll Heu, warf schwungvoll den Kuhdung durchs Mistfenster, holte dann die Melkkübel und Milchkannen. Nie zuvor hatte er allein gemolken, trotzdem kam es ihm geradezu leicht vor.

Er dachte dabei an Vater und Mutter — wie überrascht sie sein würden, wenn sie die vollen Milchkannen sehen würden. Melken war diesmal keine Anstrengung mehr, sondern ein Geschenk für Vater, der ihn lieb hatte.

Als er wieder in seinem Zimmer war, hatte er nur wenige Augenblicke Zeit, in der Dunkelheit seine Kleider abzustreifen und ins Bett zu schlüpfen, denn er hörte bereits seinen Vater kommen. Er zog die Bettdecke über die Ohren, um sein Keuchen zu dämpfen.

Die Tür wurde geöffnet ...

"Marte", rief Vater, "wir müssen aufstehen, auch wenn es Weihnachten ist."

"Ja, Vater", erwiderte er verschlafen. "Ich gehe schon mal voran", sagte sein Vater. Die Tür schloß sich, er lag still da und lachte leise in sich hinein. Bald würde Vater es wissen. Endlos waren die Minuten — dann hörte er Vaters Schritte. Wieder ging die Tür auf, und er lag still.

"Du willst mich wohl zum Narren halten?" Vater stand neben ihm und zog die Decke weg.

"Es ist doch Weihnachten, Vater!"

Er fühlte, wie sich die Arme seines Vaters um ihn legten.

"Mein Bub, ich freu mich ..."

Ach, was für ein Weihnachten war das, als Vater beim Frühstück alle ermahnte, gut zuzuhören, und erzählt hatte, daß er, Marte, ganz aus eigenen Stücken aufgestanden sei. — "Es war das schönste Weihnachtsgeschenk, das ich jemals bekommen habe. An diesen Weihnachtsmorgen erinnere ich mich jedes Jahr", flüsterte er leise vor sich hin. Sie hatten sich beide daran erinnert, und jetzt, da die Heilige Nacht nahte, erinnerte er sich allein an jenen gesegneten Weihnachtsmorgen. Er stand auf, nahm den Tannenzweig von der Wand und ging leise in die Küche hinaus. Mit einigen Äpfeln und Nüssen, zwei Kerzen und ein bißchen Watte begann er, den Zweig sorgfältig zu schmücken.

Das war rasch getan. Die Zeit verstrich im Flug wie damals vor langer Zeit in Vaters Stall. Dann holte er aus der Holzkiste, die seit einigen Monaten, so wie sie ankam, randvoll gepackt, im Keller stand, die Geschenke für seine Enkelkinder heraus.

Aus dem Koffer nahm er ein kleines Päckchen, in dem er das Geschenk für seine Frau wohl verwahrte. Es war nicht groß und nicht teuer — aber es sah fast so aus wie die Kette, die er ihr vor der Hochzeit geschenkt hatte, mit einem kleinen herzförmigen Anhänger, der ihr damals so gut gefiel. Er hängte das Päckchen oben hin, ganz an die Spitze des Zweiges. Leise, um seine Frau nicht aufzuwecken, schlich er sich ins Zimmer zurück, brachte den Tannenzweig erneut unter Omas Kruzifix an, trat einen Schritt zurück und betrachtete ihn. Er war noch nicht zufrieden. Er wollte seiner Lebensgefährtin sagen, wie sehr er sie liebte.

Es war lange her, seit er ihr das gesagt hatte, obschon er sie in einer besonderen Art mehr liebte als in ihrer Jugend.

Er setzte seine Brille auf, zündete eine Kerze an und setzte sich an den Tisch.

Mit zittriger Hand begann er zu schreiben — einen Brief an seine Frau. "Mein liebe Maria ...", begann er.

Als er fertig war, verschloß er ihn — den Liebesbrief an seine Frau — und hängte ihn an den Baum, wo sie ihn als erstes sehen würde, wenn sie aufwachte.

Sie würde ihn lesen, überrascht und gerührt sein und merken, wie sehr er sie liebte. Es wird ein gesegneter Morgen wie damals zu Hause, auf Vaters Hof.

Kumm hewele

Wenn de kummscht,
kumm hewele 'rei
i aiser Schwobaländle
wo dr grumm Brunneschwenkel
vum alte Hirtebrunne
d' Zeit azeuget
wo d' Wolke und dr Wind
über 's vuraucht Dach
ihrne Weag feaged

wo d' Egge no
a dr 'gleubte Wand
voar dr Scheier
uf's 's Stiarze
warted

kumm hewele, dohear
wo d' Mädele
vu de Gässele
mit Wiesestraißle
i d' Kirche gond,
und z' Obed ihrne
Fiaßle miad beim
alte Wiedebam
im Woaidebächle
wäsched

Sei hewele,
sei g'stätt,
wenn de kummscht
i 's still Döarfle
wo d' Sunnerose
stolze Mädle
dr Tag aa'lächled
se all'wei mit
ais drehjed
und d' Kolbe vuwieage
i dr Himmel wachsed
d' Appere und Milone
i d' Sunne zwinkred
und d' Traube
a de Reabestöck
giduldeg uf dr
Wimmlet warted

Wenn de kummscht,
kumm helinge 'rei
i aiser Ländle
wo hilzerne Wäge
under de Agaze teckred
dir noche gond
die niea vulond

Sei hewele
wenn de kummscht
zum Maulbierbom
am Hofbrunne
wo Mädele und Biable
uf em Bänkle singet
und alte Laitle
bidächteg vuzähled:
's ischt emol g'sei,
Annilei, Kathrei, Marei

Sei hewele,
wenn de eitritscht
zu aisre Leit
und d' Nacht a
ihrne Stirne schlaat
uf em Esch
undrem Holder
's Vuzähle vugoht
so isch es g'sei
laß es sei
's ischt scho spät
und bald vubei

Wenn de gohscht,
gann hewele 'naus
vum Voaderhaus
wo am Obed
wenn's d' Bäm g'frore hot
d' Muatter die' g'gwieaget,
dir g'sunge hot
vum weiße Schof:
"Schlof, Mareile, schlof!"

Gann hewele 'naus
vu aisrem Ländle
wo's so stille ischt,
daß de dr Wind
vuzähle herescht

laß dei Liead i dr Weite
wenn dei Lächle miad
neab dr Seages liege bleibt
vuschlage dr Himmel
uf de Dearfle lait
Annilei, Kathrei, Marei
's ischt emo' g'sei

Vorwegnahme

Kann sein
daß ich dich
mein Gedicht
nicht mehr schreibe
denn erzwingen
will ich dich nicht

Sehe dich auch wenn
meine Augen werden
ausgebrannt
rufe dich auch wenn
meine Zunge mir wird
ausgerissen

Fühle dich in mir
und schreibe dich
auch wenn meine
gewölbte Stirn zermalmt
am Wegrand liegen bleibt
weil keiner sie sät
ihre Spur wird
staubverweht
weil — was Morgen
schon rostgenagt
nicht sang die Weise
von Ruß und Asche

Vinzenz Bernhardt
Batsch-Brestowatz
— Mount Druitt

Vinzenz Bernhardt wurde am 8. April 1916 in Batsch-Brestowatz (Batschka/Jugoslawien) geboren. Er besuchte die Volksschule in der Heimatgemeinde und zwei Klassen der Bürgerschule in Apatin, war 1932 Gründungsmitglied der Jugendgruppe des Schwäbisch-Deutschen Kulturbundes. 1939, mit der Heirat, zog er sich von seiner öffentlichen Tätigkeit zurück, um sich der ererbten Landwirtschaft zu widmen. Er stand dem Führungswechsel von 1939 in der Zentrale des S.D.K.B. skeptisch gegenüber. Die Wintermonate 1942/43 benützte er, um in Szegedin Landmaschinen-, Motoren- und Fahrschulen zu besuchen und die ungarische Sprache zu erlernen. Von der Freiwilligen SS-Aktion distanzierte er sich und zog es vor, Mitte 1944 in die ungarische Armee zum 5. Autokommando Szegedin einzurücken. Englische Kriegsgefangenschaft. Seine Familie machte Enteignung, Vertreibung, Verschleppung in die Vernichtungslager mit, konnte aber nach Österreich entkommen. In der damaligen aussichtslosen Lage entschlossen sie sich 1949, nach Australien auszuwandern. Der Neubeginn in Australien machte wieder Umschulungen notwendig. Nach abgelaufenem Staatskontrakt ging Bernhardt zu einer Privatfirma, wo er aus dem Maschinenraum zum Supervisor avancierte, und verblieb an seinem Arbeitsplatz fast 28 Jahre, bis er 1981 in den Ruhestand trat. Eva und Vinzenz Bernhardt waren in ihrer neuen Heimat New South Wales stets tätig, sowohl bei den Donauschwaben der St. Raphael's Kirchengemeinde als auch bei der Frauenschaft des Mt. Druitter Hospitals und anderen Organisationen. Als "Laie" schreibt er Aufsätze, heimatverbundene Gedichte und Prologe, die bei den australischen Donauschwaben-Treffen guten Anklang finden. Eva und Vinzenz sind bei solchen Treffen auch immer orgnisatorisch tätig. In den vergangenen Jahren längere Reisen: dreimal nach Europa und Asien, dabei jedesmal in die alte Heimat und den Geburtsort Batsch-Brestowatz. Innerhalb Australiens gingen sie 'auf Safari' wie auch zu Besuch bei Landsleuten, die sich hier niederließen und es ebenfalls nicht bereuen, sich in Australien eine neue Heimat geschaffen zu haben.

Von Australien in die alte Heimat

Als wir Europa vor 17 Jahren verließen, hatten wir wenig Hoffnung, die alte Heimat jemals wiederzusehen, zumal wir als Vertriebene nach Australien auswanderten, vor dem Nichts standen und ganz von vorne beginnen mußten.

Aber wir hatten den Vater und andere liebe Verwandte in Europa zurückgelassen, mit denen wir wohl Briefe wechselten, die aber die persönliche Begegnung und Aussprache niemals ersetzen können. Auch der Wunsch, einmal die alte Heimat wiederzusehen, wurde von Jahr zu Jahr stärker. Intensive Arbeit und größte Sparsamkeit trugen dazu bei, daß an die Verwirklichung unseres sehnlichsten Wunsches allmählich gedacht werden konnte. Und als wir dann von einer verbilligten Gruppenreise erfuhren, die die "Deutsch-österreichische Gemeinschaft" mit der Lufthansa vorbereitete, meldeten wir uns sofort.

Das Reisebüro "Olympia Expreß" sorgte in vorbildlicher Weise für die notwendigen Papiere, und die "Deutsch-österreichische Gemeinschaft" veranstaltete uns zu Ehren einen reizenden Abschiedsabend, bei dem den Damen der Reisegesellschaft Rosen und den Herren eine kleine Flasche Likör überreicht wurden, während die Musik "In der Heimat, in der Heimat, da gibt's ein Wiedersehen" spielte.

Als Tag des Abfluges war der 12. Mai 1966 und als Zeitpunkt 13 Uhr angesetzt worden. Nach Erledigung der Formalitäten wurden wir auf dem Flughafen durch eine kleine, von der Lufthansa arrangierte Party überrascht. Der Sekretär der "Deutsch-österreichischen Gemeinschaft", Dr. Gebels, ersuchte mich, die Reiseleitung zu übernehmen. Gleichzeitig übergab er mir die Teilnehmerlisten, Rundfahrtpläne und vieles andere.

Nach herzlicher Verabschiedung ging es zu unserer Maschine, einer Boeing 707, die sich Punkt 13 Uhr in den blauen Sommerhimmel erhob. Wir waren freudig bewegt, denn unser Traum vom Wiedersehen mit der alten Heimat sollte nun in Erfüllung gehen. Aber wir konnten diesen Gedanken nicht lange nachhängen. Der Flugkapitän begrüßte uns, teilte uns das Wichtigste über Höhe und Dauer des Fluges mit, und die Stewards servierten ein erstklassiges Essen.

Bald sahen wir unter uns klar und schön die rotbraunen Bergketten des Mount Olga inmitten einer unermeßlichen Weite, aus der ab und zu verkrustete Salzseen aufglänzten. Langsam verschwand die große Öde Zentralaustraliens, die in das Buschland der Küstengebiete überging.

Wir verließen den Kontinent, und das offene Meer glänzte in der Abendsonne. Nach kurzer Zwischenlandung in Singapur wieder Aufstieg, der einen herrlichen Ausblick auf die Wasserwege der Stadt, Palmenalleen und über viele Inseln eröffnete.

In den Abendstunden erreichten wir Bangkok, wo uns beim Aussteigen glühende Hitze empfing. Doch Paßkontrolle und Fahrt zum Ratah-Hotel dauerten nicht lange, und dort sorgte eine Klimaanlage für eine erträgliche Temperatur. Ein Reiseführer erwartete uns, der uns über die bevorstehende Rundfahrt informierte.

Am nächsten Morgen konnten wir vom Fenster unseres im dritten Stockwerk gelegenen Zimmers beobachten, wie die Menschen vor ihren Haustüren den orangerot gekleideten Mönchen Essen ausfolgten, ein Sitte, die ihnen ewige Seligkeit verspricht. Nach einem guten Frühstück brachten uns Autobusse zum Fluß, und mit dem Motorboot ging es zum "floating market", dem Gemüsemarkt der Gärtner, die in den frühen Morgenstunden ihre Erzeugnisse auf dem Fluß zum Kauf anbieten.

Zu beiden Seiten des Flusses standen Pfahlbauten, in denen aus armseligen Geschäften Kleider, Tücher, Seide, Töpfe, Tischler- und Spielwaren, Andenken, Früchte und Lebensmittel verkauft wurden. Ein ungeheuer buntes und lebendiges Bild! Auch eigenartige Silberwaren und Holzschnitzereien waren zu sehen. Das Wasser des Flusses rann schmutzigbraun vorüber und verbreitete einen nicht eben angenehmen Geruch.

Wir besuchten auch das berühmte Kloster Phra-Prang, dessen Türme aus Porzellanmosaik im Sonnenschein glänzten und schon von weitem zu sehen waren. Die Pagode ist 67 Meter hoch. Im Kloster Wat-Po konnten wir einen 12 Meter hohen und 49 Meter langen liegenden Buddha und viele kleinere Buddhas aus purem Gold bewundern. Auch verschiedene Grabdenkmäler reicher Buddhisten besichtigten wir. Die Stadtrundfahrt am Nachmittag führte am Königspalast, dem Marmorpalast und am Freiheitstempel vorbei.

Weniger erfreulich war der Besuch des Chinesenviertels, vor allem wegen des penetranten Geruchs, der uns dort entgegenschlug. Hitze und Luftfeuchtigkeit waren so bedrückend, daß wir alle das Ende der Rundfahrt herbeisehnten. Immerhin hatten wir viel Interessantes gesehen. Erschreckend ist die Armut und Primitivität der Menschen und unvorstellbar der Verkehr in der Stadt: Motorräder, dreirädrige Lieferwagen, Autobusse, alles in eine Fülle von Neonlichtreklame getaucht. Unser Führer beantwortete geduldig alle unsere Fragen und machte uns auf alles Sehenswerte aufmerksam.

Über Karachi flogen wir nach Kalkutta, das schon von weitem als glänzendes Lichtermeer aus der Dunkelheit auftauchte. Die nächste Landung erfolgte in Dharan, dessen Flugplatzgebäude in orientalischem Stil bei einem internationalen Preisausschreiben den ersten Preis erhalten hat.

Noch einmal gab es einen kurzen Aufenthalt in Kairo, und schon am nächsten Morgen drehte unser Flugzeug zwei Schleifen über Rom. Deutlich sahen wir den Petersdom, das Kolosseum, Sportanlagen, Arenen und Brücken. Wenig später überflogen wir Mailand, die Alpen, den St. Gotthard, die Schweizer Seen und den herrlichen Bodensee. Über dem

Schwarzwald verabschiedeten sich Flugkapitän und Personal von uns, und wir bereiteten uns auf die Landung in Frankfurt vor, die sich bei herrlichem Wetter und strahlendem Sonnenschein vollzog.

Wer kann das Gefühl beschreiben, nach so langer Zeit wieder deutschen Boden unter den Füßen zu haben! Zoll- und Paßkontrolle wickelten sich schnell ab, und schon sah man liebe Bekannte, die von der Wartehalle aus grüßten und winkten. Die Reisegruppe löste sich auf: jeder strebte seinen Lieben zu. Es gab rührende Szenen des Wiedersehens, und die Freude, daß das Langersehnte Wirklichkeit geworden war, war groß.

Im Flughafenrestaurant nahmen wir mit Onkel und Kusin einen Trunk ein, um dann die 20-km-Fahrt bis zu ihrem Wohnsitz in Jügesheim anzutreten. Schon auf dieser Fahrt gewannen wir einen gewaltigen Eindruck von Deutschland: erstklassige Straßen, peinlich sauber gehaltene Ortschaften, viele neugebaute Häuser und Siedlungen mit gefälligen Parkanlagen, vor jedem Haus wenigstens ein Auto und ein außerordentlich reger Verkehr. Das ist also das Wirtschaftswunderland! Die Menschen sind durchwegs gut gekleidet, und keiner trinkt, wie wir feststellen konnten, Wasser, um seinen Durst zu stillen.

Das Erzählen und Fragen wollte kein Ende nehmen, zumal mein Onkel Rückwanderer aus Brasilien ist und wir sozusagen aus zwei Erdteilen auf einem dritten zusammengekommen waren.

Etwas unangenehm empfanden wir den deutschen Amtsschimmel, der uns drei Tage warten ließ, ehe wir unseren neugekauften Opel Rekord benützen konnten. Dann aber ging es los. Der neue Wagen lief wunderbar, und wir hatten uns bald an den anfänglich ungewohnten Rechtsverkehr gewöhnt. Wunderschön war die Fahrt auf der Straße Langen-Heilbronn dem Neckar entlang nach Stuttgart.

Zwei Tage hielten wir uns in Zuffenhausen bei einer Kusine auf, besichtigten das Schloß, den Fernsehturm und anderes und setzten dann unsere Reise nach Ulm fort. Da suchten wir selbstverständlich das Ahnen-Auswanderungsdenkmal auf, das am Ufer der Donau steht und daran erinnert, daß unsere Vorfahren von hier aus in den "Ulmer Schachteln" die Donau abwärts zogen und daß deren Nachfahren nach dem Zweiten Weltkrieg wieder in die Urheimat zurückkehrten. Ein schlichtes Denkmal, das von der 250jährigen Geschichte unserer Volksgruppe kündet.

Nach einem Blick auf das Ulmer Münster ging es weiter zur Tante nach Augsburg-Haunstätten. Ein Abend in Weidhofen bei der anderen Tante und ein weiterer Abend bei Onkel und Kusine in Freising schlossen sich an. Auch dort gab es viel zu sehen: der Dom mit seiner unterirdischen Kapelle aus der Zeit der Glaubensverfolgung, der "Weihenstephan", der seit 1080 besteht und die älteste Brauerei Bayerns ist. Hier verbrachten wir einen schönen Sonntagvormittag im Braugarten bei Musik und Gesang.

Dann fuhren wir weiter nach München zur Schwägerin. Auch hier gewaltige Eindrücke: Maximilianeum, Rathaus, Hofbräuhaus, die Bauarbeiten für die U-Bahn und das Olympiastadion. Manches war noch so, wie ich es aus der Zeit vor 30 Jahren in Erinnerung hatte, aber vieles war natürlich in unserer schnellebigen Zeit auch anders geworden.

Nach einigen Besuchen bei Freunden und Landsleuten und einer Tante in Berchtesgaden wechselten wir nach Österreich hinüber. Vor uns lag in einer herrlichen Gebirgslandschaft die Festspielstadt Salzburg, die mit Recht als eine der schönsten Städte der Welt gerühmt wird. Selbstverständlich ließen wir es uns nicht entgehen, Mozarts Geburtshaus zu besuchen, auf die Festung und zum Café Winkler hinaufzufahren und von dort einen herrlichen Rundblick zu genießen. Damit hatten wir die ersten 1 000 Kilometer zurückgelegt.

Über den Fuschlsee, Wolfgangsee, Traunsee fuhren wir nach Traunkirchen, wo wir übernachteten. Dann nahmen wir den Weg längs der Donau nach Gmünd, Krems, durch die Wachau, diese herrliche Wein- und Obstgegend Österreichs mit den typischen Winzerdörfern bis nach Stockerau. Dort suchten wir das Lenau-Museum auf, das daran erinnert, daß der Dichter eine Zeit hindurch auch in dieser Stadt gelebt hat.

Wir machten hier Quartier und besuchten von da aus Wien, besichtigten verschiedene Museen, fuhren nach Schönbrunn und in den Prater. Da gerade Pfingsten war, konnten wir die vielen blumengeschmückten Fiaker bewundern, mit denen die Firmpaten nach altem Brauch ihre Firmlinge spazieren führten.

Drei Tage später überschritten wir die ungarische Grenze und hatten den Eindruck, in eine andere Welt zu kommen. Zum ersten Mal sahen wir uns Stacheldrahtverhauen gegenüber, sahen wir acht Fuß hohe Zäune mit Wachttürmen, von denen aus Wachtposten, mit Maschinenpistolen bewaffnet, die Gegend kontrollierten.

Als sich der Schlagbaum geöffnet hatte, ließ man uns hinein, nahm uns die Pässe ab, ließ uns auf einem eingezäunten Parkplatz warten, holte uns dann zur Identifizierung, machte Stichproben in unserem Gepäck, reichte uns die Pässe wieder zurück und ließ uns nach einstündiger Wartezeit weiterfahren. Nochmals öffneten sich vor uns zwei Schlagbäume, und dann befanden wir uns hinter dem Eisernen Vorhang.

Auf den Straßen gab es wenig Verkehr. Ein ungewohntes Bild boten die langen Ketten von Hunderten von Landarbeitern auf den Rüben- und Maisfeldern. Das also war die Arbeit in den Kolchosen!

Zu Mittag aßen wir in Esztergom, aber das Mahl hatte nichts mehr mit der früheren guten ungarischen Küche zu tun. Bald war Budapest erreicht. Vom Reisebüro Ibusz wurde uns das am Ostbahnhof gelegene Hotel "Szabadság" zugewiesen. Hier gab es abends ein köstliches ungarisches Essen bei Zigeunermusik, mit Aprikosenschnaps und vorzüglichem Wein. Wir unternahmen eine Stadtrundfahrt, auf der wir die Zitadelle, den Gellertberg, die Bastei, die Mathiaskirche, das Parlament, das Volksstadion, die Magareteninsel und noch vieles andere sahen. Immer noch sind die

Schäden, die durch den Krieg und die Revolution des Jahres 1956 entstanden waren, nicht ganz behoben. Es wird wohl noch viele Jahre dauern, bis Budapest wieder im alten Glanz ersteht.

In Magyarujvár, früher Dunapentelen, besichtigten wir das moderne Stahlwerk mit angeschlossenen Arbeiterwohnungen, Sportplatz und Kinos. Das war eigentlich das einzige Fortschrittliche, was wir sahen. Alles andere ließ zu wünschen übrig. Die Straßen waren gut.

Bei der Weiterfahrt nach Dunaföldvár gerieten wir weiter in die ungarische Tiefebene, in der immer häufiger die für die Pußta charakteristischen Ziehbrunnen und weidende Viehherden zu sehen waren. Die schönen bäuerlichen Volkstrachten sind im Verschwinden, und es wird die Zeit kommen, wo Juliska und Piroska nur noch auf Trachtenfesten zu sehen sein werden. Viele einst blühende Bauernwirtschaften sind verschwunden, dafür stößt man überall auf Erdgas- und Erdölbohrtürme.

Unsere nächsten Ziele waren Kalocsa und Baja, wo ein Onkel besucht wurde. Hier hat sich in letzter Zeit manches gebessert. Aber die Jugend, die nichts anderes kennt, schwimmt ganz im sowjetischen Fahrwasser.

Mit der Fähre setzten wir nach Mohács über, wo auf dem Hauptplatz der kleinen Donaustadt heute noch ein Denkmal zu sehen ist, das drei Mädchen — ein ungarisches, ein deutsches und ein schokatzisches — zeigt, die Hand in Hand ein Symbol für das friedliche Zusammenleben der Nationen darstellen. Aber heute leben hier nur noch wenige Deutsche.

Bei Batina gelangten wir auf jugoslawisches Staatsgebiet. Eine Grenzüberschreitung ohne Stacheldraht und Wachtürme. Nur eine Rampe und ein Grenzpolizist. In fünf Minuten waren alle Formalitäten erledigt. Unser Wagen schien mehr zu interessieren als wir Menschen.

Unweit der Grenze sahen wir das Denkmal "Julka", das daran erinnert, daß hier 20 000 Partisanen im Kampf gegen die deutschen Truppen gefallen sein sollen.

Bei Bezdan fuhren wir wieder mit der Fähre über die Donau und konnten bald feststellen, daß es hier außer großen Kollektiven und Staatsgütern auch Privatwirtschaften gibt. Die Straßen sind bedeutend schlechter als in Ungarn. Am Nachmittag erreichten wir Sombor, wo wir beim Schwiegervater und Schwager einkehrten. Einige Tage der Wiedersehensfreude und des Erzählens vergingen wie im Fluge.

Dann machten wir uns auf den Weg in unsere Heimatgemeinde Batsch-Brestowatz, wo alle unsere Vorfahren und auch wir bis zur Katastrophe von 1945 gelebt hatten. Je näher wir dem Ort kamen, desto schlechter wurden die Straßen. Schlaglöcher und unvorstellbare Mengen von Staub machten ein schnelles Fahren unmöglich, mit 10 bis 20 Stundenkilometern bewegten wir uns vorwärts. Die zum Ort führende Straße war früher von Maulbeerbäumen gesäumt. Nun ist alles abgeholzt. Auf den Straßen erblickten wir nur fremdartig gekleidete Menschen mit dunkler Hautfarbe, die uns scheu und mißtrauisch nachsahen. Alles war ganz anders, als es in unserer Erinnerung gelebt hatte.

Vor dem Gemeindehaus, wo früher der Wochenmarkt abgehalten wurde, hat man einen Park angelegt und ein Denkmal mit einem roten Stern aufgestellt. Wir fuhren zum Onkel und dann — vorbei an der ehemaligen Mühle eines Verwandten, wo es verheerend aussah — zum Elternhaus. Auf der Straße wucherten Gras und Gestrüpp, die Bretter des Tores waren verfault, die Dachrinnen verrostet, die Dachziegel schadhaft, Giebel und Rauchfang verfallend, das Pflaster ausgefroren ... holprig. Trostlos und verkommen war alles.

Mit tiefer Beklemmung gingen wir über die Stiegen. Auch auf dem Gang dasselbe Bild: die Zementplatten teilweise herausgefallen, der Farbanstrich an Türen und Fenstern abgeblättert. Der Brunnen war noch vorhanden, aber vom Gartenzaun standen nur noch die Eisenpfosten. Der Hinterhof war mit Hühnermist bedeckt. Ställe, Kornkammern, Schuppen und Maisdarre glichen Ruinen.

Die jetzigen Bewohner kamen uns freundlich entgegen, führten uns überall herum und hatten auch nichts dagegen, daß wir fotografierten. Es sind arme Menschen, deren geringer Privatbesitz es ihnen nicht erlaubt, für die Instandsetzung des Hauses etwas zu tun.

Danach fuhren wir zum Elternhaus meiner Frau, wo es womöglich noch trostloser aussah. Aber auf den Granitstiegen am Eingang war noch der Name des Vaters zu lesen — ein letztes Zeichen dafür, daß hier einmal deutsche Menschen gelebt haben.

Nachdem im Jahre 1945 die Deutschen enteignet und vertrieben worden waren, hat man 5 000 Kolonisten aus den Südgebieten in unsere Häuser gesetzt. Außerdem leben noch 2 000 alteingesessene Serben in Batsch-Brestowatz. Einige Häuser, besonders die kleineren, waren besser erhalten. Mit gemischten Gefühlen fuhren wir zur Kirche. Der Zaun rundherum abgetragen, die Kreuze verschwunden.

Es war gerade Sonntag, und da für den Rest der hier lebenden Deutschen alle 14 Tage eine Messe von einem Priester gelesen wird, der den ganzen Bezirk betreut, konnten wir einer Messe beiwohnen. Mit großer Freude stellten wir fest, daß sich im Inneren des Gotteshauses nichts verändert hat. Im Gegensatz zu früher war diese hl. Messe nur von 25 Personen besucht, so daß sich die Worte des Priesters in dieser leeren Kirche fast schaurig anhörten. Uns schien es, als ob sogar die Heiligen aufblickten. Einst waren meist tausend Menschen bei den Gottesdiensten anwesend, und Chor und Orchester verschönten die Meßfeier, besonders an hohen Festtagen. Hatten doch seinerzeit über 4 000 Deutsche in Batsch-Brestowatz gelebt. Und heute sind es nur noch 25. Und es wird nicht lange dauern und auch sie werden verschwunden sein. Angesichts dieser leeren Kirche kam uns die Tragödie des schwäbischen Volkes so richtig zum Bewußtsein.

Nach der Messe hörten wir mit tiefer Ergriffenheit das Geläute unserer Glocken, so vertraut, wie eben nur Heimatglocken klingen können. Die zwölf Zentner schwere Glocke hatte einst unser Großvater der Kirche gespendet.

Auf dem Friedhof erwartete uns ein erschütternder Anblick: Grabstätten und Grüfte zerstört und geschändet und nur ab und zu noch ein bekannter Name auf den umherliegenden Grabsteinen zu lesen. Stumm gedachten wir unserer Toten und aller, die seit 1776 hier gelebt und gearbeitet hatten und deren Nachfahren nun in der weiten Welt zerstreut sind.

Wir besuchten auch einige Freunde in den Nachbargemeinden, die uns in schwerster Zeit beigestanden hatten. Überall wurden wir freundlich aufgenommen.

Nach dreiwöchigem Aufenthalt verließen wir über Werbaß und Neusatz die Batschka. Hier schien überall eine gute Ernte bevorzustehen, nur hinter Peterwardein schienen die Felder weniger ertragreich zu sein.

Unser nächstes Ziel war Agram. Hier besuchten wir das Grab von Kardinal Stepinac, die Kathedrale, die Altstadt und den Friedhof. Dieser ist der schönste und gepflegteste von allen, die wir bisher auf unserer Reise zu sehen bekommen hatten.

Nochmals hielten wir uns kurz im Kurort Rohitsch-Sauerbrunn (Rogaska-Slatina) auf und passierten dann, ungehindert wie bei der Einreise, die österreichische Grenze. Mit einem Schlag änderte sich das Bild: sorgsam gepflegte Häuser mit leuchtend blühenden Blumen auf den Balkons. Eingehend besichtigten wir die schöne Stadt Graz mit dem Schloßberg, machten einige Einkäufe und fuhren dann über den Packsattel nach Klagenfurt und an den Wörther See. In Villach übernachteten wir. Die Strecke Spittal a. d. Drau, Millstätter See, Hochalpenstraße, Heiligenblut, Franz-Josefs-Höhe wird uns wegen ihrer unvergleichlichen landschaftlichen Schönheit unvergeßlich bleiben.

In Innsbruck kamen wir gerade zur Sonnwendfeier zurecht. Es war ein herrlicher Anblick, als auf allen Höhen die Sonnwendfeuer aufflammten. Tags darauf setzten wir die Fahrt über Liechtenstein nach Zürich fort. Hier beeindruckte uns die Bahnhofstraße, wo die großen Banken ihren Sitz haben und trotzdem nichts von Hast und Eile zu verspüren ist.

Bei Basel-Belpont war Frankreich erreicht. Unser Wagen hatte inzwischen 5 000 Kilometer zurückgelegt und mußte überholt werden, bevor wir unser nächstes Ziel — Paris — ansteuerten. Ich muß offen gestehen, daß ich mir von der Größe Paris' keine richtigen Vorstellungen gemacht hatte. Hier erwarteten mich der dichteste Verkehr und die schwierigsten Situationen, die ich je erlebt hatte. Einen Parkplatz zu finden, ist hier fast ein Ding der Unmöglichkeit. Viel Interessantes sahen wir auf einer Stadtrundfahrt: Museen, Notre-Dame, Napoleons Grab, Sacré Cœur, den Luxemburger Garten und den Eiffelturm. Erwähnenswert ist auch der Lebensmittelmarkt, der sich nachts auf offener Straße abwickelt. Selbstverständlich ließen wir uns auch einen Mitternachtsbummel mit einem Blick in das Pariser Nachtleben nicht entgehen.

Drei Tage später verließen wir am frühen Morgen das noch schlafende Paris. Wir hatten gut daran getan, denn die Ausfahrt dauerte nur dreiviertel Stunden, während wir zur Einfahrt während des Tages vier volle Stunden gebraucht hatten. Über Nancy-Freiburg durchfuhren wir im Regen den Schwarzwald, und an der hier noch schmalen Donau entlang gelangten wir nach Rottweil, wo wir übernachteten. Über Konstanz und Ludwigshafen erreichten wir den Bodensee. Von Lindau, wo wir vorzüglich zu Mittag aßen, besichtigten wir die Insel Mainau und trafen am Spätnachmittag in Freising ein. Hier schloß sich uns ein Kusin an, mit dem wir an den Chiemsee fuhren und das Märchenschloß Ludwigs II. besichtigten.

Tags darauf ging es über das Ettal nach Oberammergau. Hier ergötzten wir uns an den buntbemalten Häusern, den Holzschnitzereien und dem Festspielhaus. Garmisch-Partenkirchen und die herrliche Berglandschaft waren wieder etwas für Film und Kamera.

Ein paar Tage München, ein paar Tage Stuttgart schlossen sich an. In Heidelberg ließen wir den Zauber des Schlosses und des Neckars auf uns einwirken, und nicht minder gefesselt waren wir von einer Rheinfahrt von Rüdesheim bis Koblenz. Wir fuhren mit dem Auto die eine Uferseite hinauf, die andere hinunter und besichtigten dabei auch einige Burgen und Schlösser, die den Touristen zugänglich sind, und angesichts des Schönen, das wir zu sehen bekamen, sagten wir auf die in dem bewußten Lied gestellte Frage aus tiefster Überzeugung: "D a r u m ist es am Rhein so schön!" Wir deckten uns nochmals mit gutem Rheinwein ein und nahmen am Niederwaldkanal Abschied vom sagenumwobenen Rhein.

Inzwischen war es Juli geworden, und im Kurpark von Wiesbaden war es gut sein. Über Rüsselsheim, wo wir die Opel-Werke besichtigt hatten, trafen wir wieder in Jügesheim beim Onkel ein, dem wir unseren Wagen übergaben, mit dem wir 8 000 Kilometer gefahren waren. Mit einem Besuch bei Landsleuten in Langen neigte sich unsere Europareise dem Ende zu. Am 25. Juli trafen alle Teilnehmer des Charterfluges wieder in Frankfurt ein, und niemand bestritt, daß wir uns auf die Heimreise freuten. In den Schmerz, von den Lieben, die hier zurückbleiben, Abschied, vielleicht auf Nimmerwiedersehen, nehmen zu müssen, mischte sich die Vorfreude auf das Wiedersehen mit den Lieben, denen wir entgegenflogen.

Wir flogen die gleiche Route zurück bis Bangkok, von wo wir spät abends Hongkong erreichten. Nach erfrischender Nachtruhe im Hotel unternahmen wir eine Rundfahrt durch diese hochinteressante Stadt. Welchen ungeheuren Kontrast bildet das unsagbare Elend auf den Wohnbooten in der Hongkongbucht zu den Luxushotels im Stadtinnern! Noch nie im Leben hatten wir eine so übervölkerte Stadt und soviel Armut gesehen. Ständig war man von bettelnden Kinderscharen umgeben. Da die Preise so verlockend waren, besorgten wir auch einige Einkäufe, und so bereuten wir es schließlich nicht, diesen Abstecher nach Hongkong gemacht zu haben.

Da unser Gepäck inzwischen ziemlich umfangreich geworden war, mußte es mit dem Schiff verfrachtet werden. Das war zwar etwas umständlich, aber es klappte, denn es ist alles gut am Bestimmungsbahnhof angekommen.

Über Manila erreichten wir Darwin, wo wir zu unserer Freude wieder australischen Boden betraten. Im Flughafenrestaurant feierten wir den Geburtstag unseres lustigen Eduard, der so etwas wie mein Sorgenkind gewesen war. Kurz vor Sydney überraschte uns noch ein gewaltiger Sturm, dessen Stärke wir ganz schön zu spüren bekamen. Die zehn Minuten Verspätung, mit der wir daraufhin in Sydney landeten, bat der Kapitän zu entschuldigen. Sie waren aber "free of charge".

Bei der Landung erwartete uns kaltes, regnerisches Winterwetter, das uns aber angesichts der Freude des Wiedersehens mit unseren Lieben nichts anhaben konnte.

Ich möchte nicht schließen ohne die Feststellung, daß wir froh waren, wieder zu Hause zu sein. Denn für viele von uns ist Australien schon wirklich Heimat geworden. Den Verwandten und Landsleuten in Deutschland und in der alten Heimat entbieten wir nochmals herzlichen Gruß!

Heimat

Heimat ist, wo wir das Weltlicht erblickten,
wo zärtlich die Mutter in den Armen uns wiegte,
wo zögernd die ersten Schritte wir machten
und Elternaugen uns liebend bewachten.

Dort, wo wir schreiben und lesen lernten
und das Beten mit fromm gefalteten Händen,
wo als Kinder wir spielten im munteren Kreis
und über Pfützen glitten bei Frost und Eis.

Wo am Sonntagabend bei Musik und Gesang
die Dorfjugend tanzte zum fröhlichen Klang.
Wo die Liebste wir wählten aus der Mädchen Runde
und uns Treue schwuren zum ewigen Bunde:

dort, wo wir das Tagwerk der Väter erlernten,
das Pflügen und Säen, das Mähen und Ernten,
wo Feste wir feierten mit manch reichem Schmaus,
bis das Schicksal trieb uns aus Hof und Haus.

Unter Zwang mußten wir unsere Heimat verlassen.
Fremde kamen und zogen in unsere Gassen.
Verstummt sind die Glocken, die Kirche steht leer.
Die Gräber der Lieben find't man nicht mehr ...

Von den Gütern das Treueste, das wir verloren,
ist das Fleckchen Erde, wo wir geboren.
Nur die Sehnsucht bleibt, sie trotzt dem Geschick
und sie gibt uns im Traum uns're Heimat zurück.

Nikolaus Berwanger †
Freidorf — Ludwigsburg

Nikolaus Berwanger wurde am 5. Juli 1935 in Freidorf (Banat/Rumänien) geboren. Mit 15 Jahren jüngstes Mitglied des "Deutschen Antifaschistischen Komitees" in Rumänien. Über diese Organisation kam er 1952 als Journalist zur deutschen Tageszeitung "Neuer Weg", Bukarest; ab 1958 in Temeswar NW-Korrespondent für die Region Banat. Studierte dort Germanistik und Rumänistik. Ab 1969 bis zum Spätherbst 1984 war er Chefredakteur der "Neuen Banater Zeitung" (NBZ), Temeswar. 1957 trat er der "Rumänischen Arbeiterpartei", später "Kommunistische Partei Rumäniens", bei. Er war Mitglied des Büros des Kreiskomitees Temesch der RKP, stellvertretender Vorsitzender des Rates der Werktätigen deutscher Nationalität in Rumänien, Vorsitzender der deutschen Bevölkerung im Banat, Abgeordneter des Kreisvolksrates, stellv. Vorsitzender des rumänischen Journalistenrates, Mitglied im Leitungsrat des Schriftstellerverbandes der SRR, Mitglied im Leitungskomitee der Temeswarer Schriftstellervereinigung, Mitbegründer und Leiter des Literaturkreises "Adam Müller-Guttenbrunn". Wirkte für die Gründung des Schwäbischen Heimatkunde-Museums in Lenauheim, die Eröffnung der Stefan-Jäger-Gedenkstätte in Hatzfeld; Mithilfe bei der Gestaltung des Jahrmarkter Dorfmuseums und der Gedenkstätte für Adam Müller-Guttenbrunn. 1987 war er als wissenschaftlicher Mitarbeiter beim "Deutschen Literaturarchiv" in Marbach am Neckar. 1986/87 Aufenthalte als Gastdozent an den Universitäten von Portland, Oregon, und Albuquerque, New Mexico (USA). Ab Januar 1989 bis zu seinem Tod war er Pädagogischer Mitarbeiter der Schiller-Volkshochschule in Ludwigsburg. Berwanger war Mitglied des Verbandes Deutscher Schriftsteller (VS) und des Deutschen Journalistenverbandes (DJV) sowie stellvertretender Vorsitzender des Internationalen Instituts für Regionalsprachen und Dialekte (Wien), Mitglied der Internationalen Lenau-Gesellschaft (Wien), des Literaturvereins "Turmbund" (Innsbruck) und des "Josef-Reichel"-Bundes (Güssing). Nikolaus Berwanger starb am 1. April 1989 in Ludwigsburg, Baden-Württemberg.

Schwäbischer Seiltänzer

fünfzig meter
über dem meeresspiegel
unter ihm
nur stecknadelköpfe
der tanz beginnt
seine große nummer
sein tanz auf dem seil
fest gespannt ist es
fest gespannt
sind auch seine nerven
armer schwäbischer seiltänzer
wer will dich noch
wer braucht dich noch
und doch schauen alle
wie eine prüfungskommission
der tanz beginnt
seine große nummer
sein tanz auf dem seil
fest gespannt ist es
fest gespannt
sind auch seine nerven
zuerst tanzt er
eine feurige polka
der schweiß rinnt
wie ein wolkenbruch
dann einen schwindligen walzer
der seine gedanken
wie die mutter
ihr wickelkind schaukelt
jetzt tanzt er
einen müden tango
wer hält ihn fest
seine knie zittern
alles ist in bewegung
auch die stecknadelköpfe
unter ihm
der himmel will die erde küssen
komm zu dir
armer schwäbischer seiltänzer
wer will dich noch
wer braucht dich noch

die stecknadelköpfe
sie haben ihr bißchen hirn
in die große welt geschickt
mit einem flugzeug
zehntausend meter
über dem meeresspiegel
worauf wartest du
auf den applaus
mit zehn fingern
wühlen sie in schichten
die stecknadelköpfe
sie brauchen dich nicht
auch deinen tanz
auf dem festgespannten seil
brauchen sie nicht
deine große nummer
die ist vorbei
— leb wohl
armer schwäbischer seiltänzer
leb wohl

abends auf der heide

ein stiller herbstwind
flüstert mir pausenlos
die schönsten melodien
einer heilen welt ins ohr
ich aber werd von
trostlosen betonfriedhöfen
verzerrten gesichtern
untreuer freunde
und einstürzenden giebeln
im glühenden feuer
der untergehenden sonne
wie die letzte banater ameise
herzlos zermalmt

Unser Nußbaum

Im Herbst, wenn sich die Natur gemütlich oder weniger gemütlich ihr Bett macht, um mal gut auszuschlafen während der Wintermonate, denke ich, ohne zu wollen, an unseren Nußbaum. Um diese Jahreszeit fingen seine Blätter zu flattern an, wie wenn sie über Nacht Flügel bekommen hätten, und die kleinen, gesunden Steinnüsse verwandelten sich in meiner Phantasie in den besten Kuchen der Welt, den meine Mutter uns immer an Allerheiligen, umrahmt von einem herrlichen Duft, feierlich auf den Tisch stellte.

Und wie schön war es im Frühjahr, wenn er die Augen öffnete und die Sonne glücklich anblinzelte, als wollte er ihr für die Wärme danken, mit der sie ihn zu neuem Leben geweckt hat, unser Nußbaum. So plötzlich war er wieder voller Kraft und Saft, ja, er hätte sicher auch hell und laut gejauchzt, unser Nußbaum, der leider nicht mehr atmet, wie auch mein Vater, der ihn als Junge gepflanzt und wie sein eigenes Augenlicht behütet hatte.

Geblieben ist die Erinnerung. Sie aber ist so reich und so schön, sie ist unauslöschlich, solange nur noch einer lebt, der ihn gekannt hat, unseren Nußbaum.

In seinem Schatten saß meine Mutter wenige Stunden, bevor ich zum ersten Mal auf dieser Welt atmete. In seinem Schatten hat uns die gute Oma in den Schlaf gesungen, wenn die Sonne nach dem Mittagessen wohlwollend auf uns herablachte. In seinem Schatten stand meine "Gehschule", in der mir die ersten Schritte glückten. In seinem Schatten habe ich mit meinem Griffel die ersten Buchstaben auf eine mit Naturholz umrahmte Schiefertafel gemalt. In seinem Schatten saßen wir um den von meiner Mutter mit viel Liebe gedeckten Tisch, wenn im August zu unserer Kirchweih die Gäste kamen. In seinem Schatten haben mein Bruder und ich von der großen Welt geträumt und sind in Gedanken auf allen Meeren herumgesegelt. In seinem Schatten haben wir mit hungrigen Augen, aber voll der Hoffnung, fünf Jahre auf unseren Vater gewartet. In seinem Schatten stand der erste Sarg nach Kriegsende, und wir weinten still vor uns hin. In seinem Schatten erzählte ich meinen Kindern von meiner Kindheit im Schatten des Nußbaums.

Unser Nußbaum, der die Geschichte meiner Familie mitgeschrieben hat, ob es stürmte oder schneite, ob es blitzte oder donnerte, ob schwarze Wolken am Himmel hingen und auf Unheilvolles hindeuteten, oder ob die Sonne uns wieder Vertrauen in den morgigen Tag einhauchte. Er schrieb die Geschichte mit, abends, wenn das Froschkonzert am Dorfrand uns mit seinen verzauberten Melodien in eine Welt versetzte, die ich heute nur mehr als Erinnerung deuten darf, die mir aber Gott sei Dank nie jemand nehmen wird können ...

babylonische liebeserklärung

ich fahre keinen schwarzen mercedes
esse am liebsten in der griechischen taverne
versüße mir das leben mit baklawa
die lyrik der slawen beschwingt meine seele
meine lieblingsmarke ist der rote aus bordeaux
melancholische romanzen aus rumänien
treiben mir ehrliche tränen in die augen
das beste eis hat immer noch giovanni
der mann aus napoli mit dem pechschwarzen haar
nach einem slibowitza schwör ich auf jugoslawische bohnensuppe
und träum von chinesischen frühlingsrollen
ich laß mich von den gewieften
bocciastars im schwäbischen park mitreißen
liebe nordische möbel und hasse schwedische gardinen
ich flitze mit dem orientexpreß durch nacht und nebel
die ostermesse im ehrwürdigen stephansdom
erscheint mir täglich als ewiger friedensappell

wenn ich jetzt noch öffentlich verkünde
daß ich gerne mit kreolenfrauen schlafen würde
und den zierlichen gang der asiatinnen so bewundere
dann heißt es sicher laut und hart
total versnobt unsere deutschen

nur sachte meine damen meine herren
von wo wollen sie überhaupt wissen
daß ich ein echter deutscher bin
vielleicht bin ich ein bürger aus babylon
der den legendären völkerturm
zu einem sinnvollen unozentrum
ohne vetorecht umfunktionieren will
und dafür alle grenzen ausradiert

ufrichtich

ich sin bis iwer die ohre
in unser banat verliebt
jetzt wu die bravi natur
sich de winter aus de aue wischt
und die leit ufm friedhof
die erschte blume gieße
ich han jedes breesel erd geere
und die sunn wann sie mich anlacht
ich han jede windhauch geere
und de reje wann er mich frisch macht
ich han es froschkonzert am dorfrand geere
ich han de letschti schwengelbrunne
un de erschti storch an de kaul geere
die wu sehnsucht han wie ich
noh em mittachleite uf de heed
und vum lewe meh han wille
wie nor esse trinke un schlofe

ich haß den vieli beton
weil er so groo is un so kalt
ich haß die heiser ohne gewl
un troom von akaziebeeme
wann die sunn blottre brennt
ich haß alli baggre
weil se die erd
wie a fetze verreiße
un aus uns mensche zwergle mache
ich haß alli arte vun rakete
weil se langsam awer sicher
unser ruh umbringe
ich haß die dummheit
weil se mit de feigheit
uner een tuchet schluppt
ich haß alles was kinschtlich is
un troom jede nacht
vun pipatsche un vun kornblume

spätes bekenntnis

weil es in mir rumort
wie in einem vulkan
sekunden vor dem ausbruch
will ich aus tiefstem inneren
partikel meiner seele
an die oberfläche fördern
ich experimentiere nicht
mit dem bewußtsein
und spiele weder
mit dem geist der zeit
noch mit dem geist der erinnerung
ich versuche nur
meine unruhigen gedanken
in buchstaben umzusetzen
in der hoffnung einen zustand
wie das suchen nach einem halt
zu klären und zu verbessern
in meinem kopf ist kein gift
und auch kein ballast gelagert
was wie lava aus mir strömt
sind ehrliche überlegungen
bittere erfahrungen
unverschleierte absichten
ich vermisse zu oft das vertrauen
in den guten kern im menschen
und verabscheue
die blinde untertänigkeit jener die den selbst
an die wand gemalten teufel
wenn es befohlen
auch mehrmals täglich
mit zehn fingern wieder abkratzen
ergötzt mich deshalb
die unruhe dieses menschenschlages
wünsche ich meinen freunden
nur aus diesem grund
mehr ruhe und weisheit

frage

unsere welt
ist ein riesenstadion
auf dem pausenlos
und oft unfair
gespielt wird
wie könnte man
die spielregeln ändern
falls es überhaupt
welche gibt

Als ich noch ein Junge war ...

Als ich noch ein Junge war, flogen am Gründonnerstag die Glocken unserer alten Kirche einfach davon. "In die große Welt", erklärte uns die Oma. Wir Jungen gingen dann *ratschen*. Wie gerne bin ich in allen Gassen herumgestrolcht ...
"Jeder muß uns hören", entschuldigten wir den Krawall, früh am Morgen, vor dem Mittagessen, vor dem Abendbrot.
In der Nacht auf Ostersonntag kamen die Glocken, müde wie jeder Wanderer, von ihrer langen Weltreise zurück.
Nach der Auferstehung waren sie plötzlich da.
Wir jauchzten, daß man es weit über das Dorf hinaus hören konnte, wenn sie uns auf einmal strahlend und fröhlich wieder grüßten.
Wie sie nur die Stunden des Schweigens zwischen Gründonnerstag und der Auferstehung verbracht hatten?
Geheimnisvoll stellten wir uns die Frage, ob sie wohl von freundlichen Menschen ins Haus gebeten worden waren?
Heute an Ostern erwarte ich die Glocken meiner Kindheit, alle Glocken meiner Heimat als Gäste. Ich will sie reichlich bewirten, ihnen von meinem Heimweh erzählen, nach den ersten Märzveilchen im Blumengarten meiner Mutter fragen ...
Doch sie kommen nicht!

Spätes Aufbegehren

Sein Alles war Hausbrot. Das schneeweiße, schwammige Brot aus dem Backofen der Großmutter. Wie er davon schwärmte! Sogar den Duft des Brotes konnte er herbeizaubern. Ob er deshalb so gut war wie ein Stück Brot?
 Er, der nicht mehr ist, bloß weil er das Pech hatte, 1921 in Rumänien als Deutscher auf die Welt gekommen zu sein ...
 Als Mensch war er untertänig. Schon als Kind hatte man ihm eingeprägt, daß die Obrigkeit stets zu ehren und zu schätzen ist. Als Soldat war er brav. Ein Soldat darf nur brav sein ...
 So kämpfte er als rumänischer Korporal bei Odessa mit den Nazis gegen die Sowjets und dann immer noch als rumänischer Korporal in der Tatra mit den Sowjets gegen die Nazis ...
 Wirren des Krieges? Mensch als Ping-Pong-Ball? Er schwieg. Nicht einmal mit den Zähnen knirschte er.
 Nur einmal wollte er aufbegehren. Damals, als er nach fünf Jahren Militär, zwei Fronten, zwei Feinden und zwei Freunden, als ziviler "Wiedergutmacher" in ein Arbeitslager kam. Fünf Jahre unter Tag! Nie gab's Hausbrot. Wie in der Kaserne. Ganze zehn Jahre ohne das schneeweiße, schwammige Brot aus dem Backofen der Großmutter ...
 Und doch blieb er weiter gut wie ein Stück Brot. Der Mensch ist gut ...
 Dann verschwand der matte Schimmer aus seinen Augen. Sein Gruß wurde lauter.
 Zuversichtlicher. Das erste Brot duftete im Haus. Feiertag!
 Eines Abends brachte er eine Frau mit. Eine junge, auffallend fesche Bäuerin. Gemeinsam gingen sie aufs Feld. Auf der roten Ehrentafel in der Dorfmitte sah man ihre Bilder. Sie zeigte ihre gesunden Zähne, lächelte glücklich. Sein Blick war unruhig ...
 In der Nacht spürte er es. In der Nacht, wenn der Husten ihn plagte. Ein teuflisches Zerren in der Brust jagte ihm Schrecken ein. Dann kam zum ersten Mal Blut ...
 Retter, Spital, Sanatorium, Sanatorium, Spital, Retter!
 Er war nicht mehr zu retten! Der Grubenstaub forderte sein Opfer. Steinlunge ...
 Unbarmherzige Steinlunge ... Schauderhafte Qual ...
 Selbst das frische Brot konnte ihn nicht mehr aufheitern ...
 Er legte sich den Strick um den Hals!
 Seine letzten Gedanken: Jeder Mensch sollte in sich hineinsehen. Mehrmals im Leben. Ganz tief sollte er in sich hineinsehen. Auch aufbegehren sollte er. Oft. Sehr oft! Das kommt ihm gut, dem Menschen ...
 Er hat es versäumt, zu spät erkannt. Darum gedachte er am letzten Tag seiner selbst und schrieb: "Verzeiht mir nicht!"

du und ich

wir vertrauen uns im grünen hanf
einer betäubenden vollmondnacht an
ich bewundere deine unbändige kraft
im strom deiner glühenden augen
und ertrinke im wirbel deines beckens
du beißt mir die heißen lippen wund
wir sind erfüllt von verrückter lust
deine zitternden brüste straffen sich
ich stille gierig meinen durst
die stunden toben und jauchzen
du gibst dich und nimmst mich stürmisch
dein hauch bittet zum letzten tanz
dreh dich karussell dreh dich
wir versinken im schoß der zeit

wir sprangen vom mond in die sonne

wir haben uns mit blicken gestreichelt
und wußten daß wir uns enträtseln
wir haben uns wie rebellische schlangen gelockt
und der letzte zug fuhr von dannen
wir haben nächte unter freiem himmel verwöhnt
und sprangen vom mond in die sonne
wir haben aus einem blechnapf geschlürft
und träumten von meisen im frühling
wir haben das weltall auf der leiter erklommen
und standen ergriffen vor geschlossener himmelstür
wir haben unsere seelen vereint
und wußten unendlich viel zu erzählen
wir haben uns in liebe göttlich umschlungen
und jeder kuß war ein triumph im rausch

wir verloren uns in den wirren der zeit
und schwören das sei letztlich die lösung

Deutschland dein Wochenende

sie treffen sich morgens
manchmal auch abends
miteinander in ruhe geredet
wird hie und da

am wochenende

sie essen täglich pünktlich und gut
doch so richtig schön
im kreise der familie
ißt man hie und da

am wochenende

sie schlafen in ehebetten
auch vor der strahlenden glotze
zeit um auszuschlafen
haben sie hie und da

am wochenende

sie begegnen sich in gedanken
mit müden augen
mit schlafendem herzen
lieben sie sich hie und da

am wochenende

immer schon waren sie für konzerte
für theater und kunstausstellungen
doch für ein konzert oder theaterbesuch
reicht es hie und da

am wochenende

montag haben sie ihre silberne
fünfundzwanzig jahre eine zeit
gefeiert wird in der familie
ohne besondere ausgaben

am wochenende

wie überall auf dieser welt
haben kinder wehwehchen
und warten auf den rat der eltern
hie und da bekommen sie auch einen

am wochenende

endlich ein tag mit sonnenschein
freude und glück im haus
doch im park herumspaziert
oder durch den eichenwald geradelt wird

am wochenende

oma liegt im krankenhaus
hat der opa in aller früh telefoniert
dummes pech man könnte platzen
nun ist es wieder mal im eimer

das wochenende

diese verfluchte zeit
morgen fliegt er dienstlich
in den norden oder in den süden
und kommt hie und da

am wochenende

in omas gartenhaus wird gegrillt
sie ist gut aufgehoben im pflegeheim
und sollte was schlimmes passieren
wer bringt sie schon

am wochenende

Emilie Bicskey
Temeswar — Göttingen

Emilie Bicskey wurde am 19. Mai 1965 in Temeswar (Banat/Rumänien) geboren. Abitur am "Nikolaus Lenau"-Lyzeum, anschließend Studium der Anglistik und Germanistik an der Universität Temeswar; 1987-90 Retuscheur für Offsetdruckvorlagen bei der Druckerei "Helicon"/Temeswar; 1990 Einreise in die Bundesrepublik Deutschland; Qualifizierung zur Mediendesignerin und -analytikerin; zur Zeit Praktikum bei der Dolmetscher-Agentur Etermadi/Göttingen. Veröffentlichungen in "Neue Banater Zeitung", "Karpatenrundschau", "Neue Literatur", "Südostdeutsche Vierteljahresblätter".

Einsicht

Hordenweis rette
   ich mich
ins Verständnis,
     diese
   Siechstatt
      kränkelnder Seelen,
     diese
  Bucht ersonnen
     zum Stranden,
denn ich weiß:
   ein jedes
      Ding
     hat
    meine Grenzen.

Zuversicht

Die Kreuz- und Querritter kommen der Wege
                            unberitten,
wer sie so weise lenkt, sind
                            unbestritten
die ständigen Hin- und Herführer.
Ich verdinge mich als Glutschürer,
denn der Phoenix, der hier arglos schmort
                          im Tiegel,
sieht voll Zuversicht auf all das kommende
                        Geflatter und Geflügel.

Mal de Siècle

Bis zu uns hat
    sich dieses Jahrhundert
        durchgebettelt;
und sein Weg weist
    in keine Zeit zurück,
aus der wir hätten
        kommen können.
Der einzig gangbare Weg führt
    vorbei an
der großen Liebe und
        am frühen Heldentod,
    und er führt ins
Wasser.
Der Stoff, aus dem
        ich bin
zieht mich hin
        und ist zu
    schwer um
        oben zu schwimmen.
Aber bald werde ich
        aufsteigen
als neuer Erdteil
    oder
        als Wasserleiche.

Über die Kunst

Wir haben unser Zeitalter
      der Kunst
           verpfändet,
denn die Kunst weiß
    für alles
      einen Namen.
Sogar der Stoff, aus dem
  ein Gott die Künstler
        schuf,
     heißt Kunst-
stoff.

Moira

— Sinnbild der
      Bosheit,
   jetzt, da ich
     fast
    beisammen habe
      das Floß,
weist mir
       der göttliche
          Finger
    die seichten
       Stellen
           im Jordan.

Das Lied vom Selbstmord

Der Selbstmord ist von vielen Arten;
er beginnt mit dem langen Warten
auf den Strick
diesen legt man um den Hals, den Knoten ins
                                               Genick,
man steigt auf einen Stuhl, schlägt einen
                                    Nagel fest in die Wand
und freut sich kurz auf die Reise ins
                                  Morgen-, Abend-, Niemandsland.
Noch ein Zögern und ein Taumeln
und dann der Fall, das Baumeln;
Ja, und während dem Fallen
noch die schönsten Erinnerungen mit allen
trauernden Hinterbliebenen.
Und schließlich herzliche letzte
Grüße an Freunde und Vorgesetzte.
Die Augen aus den Höhlen, die Zunge aus
                                        dem Schlund,
noch einmal rechts baumeln, einmal links
                                             und
dann ist alles aus.
Man hängt in seinem Haus,
unter seinem Dach.
Daheim. So einfach.

Es gibt ...

... ein Frühjahr, das schon war
und wahrscheinlich ein nächstes Jahr;
es gibt welche, die sanft entschlafen,
für halbe Sünden ganze Strafen
und Sünden, die man fast vergessen;
es gibt Teufel, die nur Fliegen fressen
und andere, die sich bekehren.
Es gibt — ich will mich nicht beschweren,
doch was es gibt ist déja vu.
                        Salut!

Gesetz

Auch ich ward im
            Delirium
         geboren
und sann danach,
        die Haut,
         diesen dürftigen
           Beisammenhalt,
aufzuraffen aus
        dem Staub
           des Weges
und sie aufzurichten
        einer Senkrechten
           entlang,
doch der
        Staub, der
          vielgeschluckte,
zwingt die Kehle
       aus vollem Halse
         zum Gesetz
       auszurufen
          meine Ersetzbarkeit.

An die Muse

Komm, Engel, müder,
    umhergezerrt
  von deinen Dutzenden
              Schwingen,
klapp die zerzausten
           Flügel
            zusammen,
leg dich
    zur Ruhe
    auf das, das
        hier wird;
ich schreibe
    dich krank
    für jede erdrückende
        Wahrheit,
die sich nicht
    umdeuten käßt
    nach Bedarf.

Zustand

Ich bewohne
    eine Stadtvoll
      Friedhof,
  bette
    ein Dösen
  auf den heutigen
      Tag,
und dem seidenen Prunk
    werdender
      Jahre
    seh ich entgegen
    bekleidet nur
    mit dem rohen
      Fell
        des Tieres
          in mir.

Herbstbeginn

Geborgenheit, holde, mit
Geranien
an den Fenstern,
beschieden nur
den Bescheidenen:
wer jetzt kein Haus hat,
zimmert sich
sein Chaos
zurecht,
geht mittags
leer aus
und kommt abends
voll an;
in diesem Jahr noch,
das altert
dem Winter zu.

Vater!

Unser im Himmel sollte sich jemand annehmen, denn hier auf Erden werden unserer zu wenige geheiligt. Werde Dein Name zugänglich den Namenlosen, die zu ersteigern hoffen Dein Reich. Komme uns zugute Dein Wille. Geschehe uns, wie im Himmel schon auf Erden, denn Eitelkeit ist unser Tägliches. Brot gib uns heute, und morgen vergib uns. Unsere Schuld Dir zu merken, ist vergeblich, wie auch wir vergebens nachstellen unseren Schuldigern. Und führe uns nicht. In Versuchung geraten wir selber, und wir wünschen nicht, daß man uns führe, sondern erlöse. Uns von den Bösen zu unterscheiden, sei Deine göttliche Pflicht.

Genesis

Als unbestimmte Gottheiten
    darangingen, mich,
  das eben Erschaffene,
   zu bekleiden, war
  ihnen der bis dahin aus
    anderen Bereichen
     eingeführte
    Märtyrerstoff
     eben ausgegangen.
Die Lage war dermaßen
    peinlich, daß
unbestimmte Gottheiten
   begannen zu
       improvisieren,
da sie nicht annehmen wollten,
   daß ihr Werk nur
unbestimmte Ewigkeiten lang
   gepriesen werde.
So kamen sie darauf, daß
man als Kopfbedeckung
   abwechselnd
eine bunte
     Papstkrone
und die goldene
     dreireihige
      Narrenkappe
        nehmen könne.
Bevor sie mir noch
   zufriedenstellend
hätten beibringen können,
  wie man enge
    Fäustlinge
   um den Hals
  und beschlagene
     Stiefel
   im Gesicht
  zu tragen hat,
entschwanden ungewisse
    Gottheiten,
  wie erwartet,
     ins Ungewisse.

Nun muß ich
        dastehen
vor so vielen
            Augen
und so
        unbekleidet.

Georg Binder
Dorog — Künzelsau

Georg Binder wurde am 13. Dezember 1935 in Dorog, Kreis Esztergom/Gran (Komitat Komárom/Ungarn) geboren. Bis zu seinem 9. Lebensjahr lebte er mit seinen Eltern und seiner älteren Schwester in Leányvár. Vor der Sowjetischen Armee floh die Mutter, Anna Binder, mit Tochter und Sohn in den Westen. Das Kriegsende am 8. Mai 1945 erlebten sie nahezu unbeschadet in der Tschechoslowakei. Von dort zogen sie wieder in ihre Heimatgemeinde Leányvár, wo noch die beiden Großmütter lebten. Am 24. März 1946 erfolgte die Vertreibung aus Ungarn. Im württembergischen Künzelsau begann wieder ein geregeltes Leben mit Schule, Ausbildung zum Elektromechaniker und Elektrotechniker. In seiner Freizeit sammelte Georg Binder Material für ein Heimatbuch. Zentraler Punkt seiner Arbeit war der Auswandererpaß seiner Vorfahren aus dem Jahre 1830, um den sich viele Geschichten rankten. Artikel und Kurzgeschichten erschienen in den heimatlichen Kalendern. Der im folgenden abgedruckte Ausschnitt aus seinen Erinnerungen, die bisher unveröffentlicht sind, erzählt von den Kriegswirren 1944 und der Flucht in den Westen.

Flucht vor der russischen Front

Es ist bekannt, daß es schon vor dem Zweiten Weltkrieg in Leányvár unterschiedliche Strömungen gab. Die Magyarisierungsbemühungen des Staates waren voll im Gange. Niemand konnte sich dem Geschehen entziehen. So kam es, daß viele ihre deutsche Abstammung verleugneten, andere aber ihre Muttersprache behalten wollten. Der Streit über diese Problematik zerriß das Dorf in zwei Lager. Er konnte nicht vergessen werden und wurde sogar den nachfolgenden Generationen als böse Hypothek weitergegeben.

Als 1944 die Ostfront unaufhaltsam auf Budapest zurückte, entschlossen sich viele Ungarndeutsche zur Flucht in das Deutsche Reich, in den Westen. Das Bombendröhnen, der Kanonenlärm, die Militärfahrzeuge, das Kriegsgetöse und die schrecklichen Geschichten, die man von den Frontabschnitten hörte, gaben den letzten Anstoß, die geliebte Heimat zu verlassen. Zu viele Schauerberichte hörte man, und der Haß auf die Deutschen hatte bis dahin noch nicht seinen Höhepunkt erreicht, den die Ungarndeutschen als Ersatz für Hitler zu büßen haben sollten. Am 10. Dezember 1944, an einem Sonntag, glaubten viele Leányvárer, als letzte der drohenden Gefahr entfliehen zu müssen. Oft waren es nur Frauen und Kinder, denn die Männer waren zumeist beim ungarischen oder deutschen Militär.

"Was tun wir nur? Was nehmen wir mit? Was brauchen wir unbedingt?" Diese und ähnliche Fragen bewegten uns alle. "Oder bleiben wir doch lieber zu Hause? In Kriegszeiten ist die Fremde auch gefährlich! Womit können wir entfliehen?" waren die nächsten Fragen.

Einige wurden von den deutschen Soldaten mitgenommen und in Komárom auf andere Militärwagen geladen. Sie gelangten schließlich nach Hallein, Zell am See und Ottendorf in Österreich. Andere landeten in Reisbach in Bayern. In Österreich und Bayern waren schon viele Volksdeutsche aus Jugoslawien, deren Leben durch die Partisanen gefährdet war. Auch Flüchtlinge aus allen anderen Siedlungsgebieten des Donauraumes waren bereits bis in die Tschechei, Österreich und Bayern gekommen und dort keineswegs willkommen geheißen worden.

Wir, meine Mutter Anna Binder, meine Schwester Theresia und ich, entschlossen uns, auch unter den letzten zu fliehen. Meine Großmutter Rosalia Binder, geborene Jillich, und Anna Weiss, geborene Baumstark, sollten zu Hause bleiben und auf Hab und Gut aufpassen. Das hat meiner Tante Klara Binder den Tod in unserem Haus gebracht.

Nicht nur ihr, sondern auch Thomas Bartl und auch vielen ungenannten russischen Soldaten. Von der Bombardierung unseres Hauses erfuhren wir erst viel später.

Abreisehektik

So habe ich den 10. Dezember 1944 noch in Erinnerung:
In Leányvár herrscht ein gewaltiger Aufruhr, obwohl es noch finster ist. Seit Tagen hört man die Kanonen der nahenden Front. Ein drohendes Grollen über den Pilisberg kündet das nahende Ungeheuer Krieg auch bei uns an. Es wird ernst. Deutsches Militär zieht ab, Kampfverbände kommen, und die Gefahr wächst, auch die Angst wird größer und größer. Schnell werden einige lebenswichtige Habseligkeiten, vor allem Eßbares, in die vor Tagen gepackten Koffer hinzugegeben. Die Aufregung ist groß. Jeder ist mit sich beschäftigt. In der Hektik ist nicht mehr die Zeit, sich von Verwandten und Nachbarn zu verabschieden. Oma Weiss und Oma Binder haben Tränen in den Augen. Wir werden mit Militärlastwagen nach Esztergom/Gran gebracht. In Esztergom herrscht ebenfalls Hektik. An der Donau wird hastig ein Schiff entladen, das Munition und Kleider geladen hat. Dieses Schiff wird uns die Donau hinaufbringen. Beim Beladen gibt es wieder Hektik und viel zu wenig Ladekapazität. Wer jetzt nicht mitkommt, muß mit dem nächsten Schiff fahren. "Nur nicht unser Gepäck verlieren!" ist eine große Sorge unter den Flüchtlingen. Meine Schwester macht Tagebuchnotizen, um alle Vorkommnisse und Zeiten festzuhalten.
Als das Schiff endlich beladen ist, ist Sonntagabend. Unser Schiff ist überladen. Am Montag, den 11. Dezember 1944, legen wir im Morgengrauen ab. "Hoffentlich passiert nichts!" Eine wahrhaftig verständnisvolle Hoffnung in einem Krieg wie diesem. Niemand von uns kann schwimmen! In den Gesichtern der Menschen spiegelt sich Angst und Schrecken. Die Donau rauscht an den Schiffsplanken entlang, als wäre alles ganz normaler Alltag. Es sind nicht die schönen blauen Donauwellen. Nein, es ist ein Weg ins Ungewisse. Mir wird erstmals klar: "Das ist jetzt aber bitterer Ernst. Ab heute gibt es kein Zurück mehr."
Die Nacht bricht herein, und doch läßt die ungewöhnliche Situation keinen Schlaf aufkommen. Ab und zu hört man Kindergeplärr, aber nicht lange, denn die Mütter beruhigen ihre Kleinen schnell wieder. Der Hunger macht sich bemerkbar. Ich weiß, an welcher Stelle in unserem Koffer der Würfelzucker steckt. Heimlich hole ich mir davon. Tage später denkt meine Mutter, der Würfelzucker sei ihr aus dem Koffer gestohlen worden. Aber im Trubel der Flucht war das ein kleines Übel. Irgendwie muß mich die Müdigkeit übermannt haben, denn ich erwache mitten in der Nacht und kann mich nicht rühren vor lauter Koffern und schlafenden Menschen. Das Geräusch der Dampfmaschine weckt mich erneut. Unser Schiff ist auf Fahrt. Im Morgengrauen erwache ich wieder. Jetzt, da das Schiff donauaufwärts fährt, ist das für mich plötzlich eine interessante Fahrt. Keine Spur von Trauer mehr. Die Matrosen haben alle Hände voll zu tun, die Kinder vor den Gefahren zu warnen und auf das eiskalte Wasser hinzuweisen. Da ohnehin niemand von uns schwimmen kann, ängstigt uns das er-

neut. Welch schrecklicher Gedanke, von Fliegern angegriffen zu werden und hilflos auf der Donau zu treiben. Es gibt einfach zu viele Gründe, sich zu ängstigen.

Der Tag wird herrlich schön und warm wie an einem Frühlingstag. Der Himmel ist blau und klar. Plötzlich machen wir nur noch halbe Fahrt, dazu so nahe wie möglich am Ufer. Jetzt wird mir wieder klar, daß wir keine Urlaubsreise machen. Über uns brummen Bombergeschwader in Richtung Budapest. Vor diesen Bombern waren wir zu Hause doch ganz sicher! Hier auf offenem Fluß mit herrlicher Weitsicht fühlen wir uns alles andere als sicher. Es herrscht eine gespenstische Stille auf dem Schiff. — "Und niemand von uns kann schwimmen!" Ein solcher Gedanke ist ein schrecklicher Begleiter. "Und das Wasser ist eiskalt und verschlingt die Nichtschwimmer!" Der wunderschöne blaue Himmel ist uns plötzlich gar nicht mehr so lieb, denn jetzt sind wir für die Bomber gut sichtbar. Es wird uns erneut bewußt, daß wir von der Heimat flüchten, die uns bisher Schutz und Leben gewährt hatte.

Endlich ist die Gefahr vorüber. Langsam wird es wieder lebhaft auf dem Schiff. Meine Mutter versucht, die wenigen Lebensmittel zu ergänzen. Wir hungern noch nicht, aber wir sind nicht zu Hause, wir sind in der kalten Fremde. "Was jetzt wohl die Großmütter machen?"

Plötzlich wird es auf dem Schiff wieder laut. Wir fahren an einem kleineren Schiff vorbei, auf dem ebenfalls Flüchtlinge donauaufwärts schiffen. Als man die freudigen Zurufe hört, möchten alle an die Reling. Aber die Matrosen schicken uns wieder in das Innere des Schiffes, da wir leicht Schlagseite bekommen. Es ist interessant, wie schnell die Menschen den Anweisungen der Matrosen Folge leisten.

Ankunft in Wien

Am Donnerstag, den 14. Dezember 1944, legt unser Schiff unweit von der Reichsbrücke in Wien an einem Verladekai an. Wir werden abends auf alte, wacklige Lastwagen verladen und durch die Stadt in ein Sammellager gefahren. In der Vereinsgasse Nr. 27 ist eine Schule als Notunterkunft für Flüchtlinge umfunktioniert. Grau und düster wirken die Häuser Wiens auf mich. Die Bombentreffer an manchen Häusern lassen mich erschauern. Es ist ernst, es ist bitterer Krieg!

In der Notunterkunft bekommen wir außer einer ärmlichen Erbsensuppe auch eine Schlafgelegenheit. Erstmals schlafe ich mit meiner Schwester und einer Nachbarin (Moller Maria oder ihre Schwester Agnes) in einem Stockwerkbett. Dabei zeigt es sich, daß wir zu Hause besser hätten schlafen können. Ich erwache am nächsten Morgen am Fußende, und die Mädchen kichern über meine nächtliche Kehrtwendung. Aber sie lachen nicht lange, denn plötzlich hören wir Sirenengeheul. Das gab es zu Hause auch nicht! "Was bedeutet das, Fliegeralarm?" Unnötig zu fragen, die Menschen wissen es schon längst. Ängstlich und eilig drängen sich alle in den Keller, der allerdings kein Schutzkeller ist. Dennoch, da ist es schon voll. Einige sitzen entgeistert auf Kisten oder Notbänken und jammern oder beten. Andere schweigen, aber die Angst schaut aus ihren Gesichtern. Eine erschreckende Situation. Wir hören die Bombengeschwader über Wien. Warum sind wir eigentlich hier? Ist die Front denn auch schon hier? Wollten wir nicht dem Krieg entfliehen? Wohin sind wir geraten?

Plötzlich ein Pfeifen und ein fürchterliches Getöse. Die Wände wackeln, die Scheiben klirren, es ist bitterer Ernst. Zum Bombengetöse kommt das ängstliche Jammern der Leute. Das macht mir mehr Angst als die Bomben. Wieso eigentlich? Der Schrecken sitzt uns allen in den Gliedern. Es gibt keine Unterhaltung, aber einige Resolute herrschen die Jammergestalten an ruhig zu sein. Zum Glück ist auch diese Gefahr bald vorüber. Doch eine Brücke ganz in unserer Nähe wurde getroffen. Die Straßenbahn kann allerdings noch betrieben werden, allerdings nur einspurig. Aber nicht nur diese Brücke wurde getroffen, auch der Ostbahnhof wurde total zerstört. Wenn es halbwegs ruhig ist auf den Straßen, sind auch wir unterwegs. "Der Prater ist auch zerstört", erzählen einige Erwachsene. Wir aber sehen die zerstörten Häuser, hören von den verbrannten Menschen, die in den Trümmern umgekommen sind. Uns schaudert vor diesem Krieg. Der Schrecken begleitet uns auf Schritt und Tritt.

In Wien können wir nicht bleiben, die Gefahr ist zu groß. Wir werden in alte Eisenbahnwagen verladen. Es ist inzwischen bitter kalt. Der Zug ist natürlich nicht beheizt. Unsere Bekleidung ist dem harten Frost nicht angepaßt. Mitten auf freier Strecke bleiben wir stehen, weil ein Bahnhof zerstört ist und die Flieger hauptsächlich Bahnhöfe bombardieren. Wir erfrieren fast! Die Müdigkeit, der Frost und die Gefahr der Bomben lasten auf unserer Seele.

Man bringt uns in die Tschechei. Das ist für uns keine frohe Botschaft. Die Nachbarschaftsbeziehungen zwischen den Ungarn und den Tschechen sind wahrhaftig nicht die besten, und wir sind deutsche Flüchtlinge.

Nach langer Fahrt über Brünn, Stockerau, Znaim kommen wir in Iglau an. Aber die Verwaltung nimmt unseren Transport nicht auf. So müssen wir zurück nach Mährisch Budweis/Mor Budejovice, wo wir schließlich ein paar Tage bleiben können. Hier kommt unser Fahrrad abhanden, auf dem wir bisher unsere wenigen Habseligkeiten transportierten. Eine Turnhalle ist unsere Notunterkunft. Das Elend der Heimatlosigkeit ist uns bewußt. Damit wir Weihnachten nicht ganz verzweifelt verbringen, veranstaltet man für uns eine kleine Weihnachtsfeier. Anschließend wird an die Kinder Spielzeug verteilt. Das kann uns nicht lange über unsere Situation hinwegtrösten. Wir verstehen jetzt, wie es Josef und Maria ergangen ist, als sie vor Herodes flüchten mußten. Weihnachten ist doch eine Zeit des Friedens, der Heilsankündigung.

Es ist bitterkalter Winter mit bis zu minus 25 Grad Celsius. Die Kinder von Budweis fahren auf den zugefrorenen Gewässern Schlittschuhe. Wir versuchen es auch auf dem Eis, aber unsere Kleidung ist nicht für den strengen Winter geeignet, und so gehen wir bald wieder in die warme Turnhalle.

Wehmütig denken wir an die Großmütter: "Was werden sie jetzt wohl zu Hause machen?" Unter vorgehaltener Hand wird davon gesprochen, daß der Ring um Budapest geschlossen sei. Sonst seien aber die Nachrichtenverbindungen unterbrochen. Die Angst ist unser ständiger Begleiter. Manchen stehen die Tränen in den Augen. Das Elend der Flucht, die Qual der Heimatlosigkeit, die Ohnmacht gegen die Willkür des Krieges lasten auf uns. So mancher denkt an die Verfolgung der Juden, als sei es eine Strafe Gottes, was wir nun erleben. Wer fühlt sich schuldig?

Schließlich, am 3. Januar 1945, ist Abfahrt nach Neuhaus. Ankunft am 4. Januar. Es ist immer noch bitterkalt. Am 9. Januar 1945 kann meine Schwester in einem Haus als Kindermädchen und Putzhilfe bei einer Familie außerhalb unseres Lagers unterkommen. In Neuhaus sind wir relativ gut untergebracht, in einem alten Kloster. Es kann geheizt werden, und wir bekommen genug zu essen. Aber wir bemerken allzu deutlich, daß uns die Tschechen für die verhaßten Deutschen halten. Zu allem Übel kommt noch ein anderes hinzu. Ich werde ins Krankenhaus gebracht und am Leistenbruch operiert. Überraschenderweise ist im Krankenzimmer noch ein Leányvárer. Wenn ich es noch richtig in Erinnerung habe, war es ein Engler.

Als die Operation vorbei ist, überkommt mich ein schrecklicher Hunger. In meinem Nachtkästchen habe ich Eßbares aufbewahrt. Das verschlinge ich in der finsteren Nacht, obwohl das nach einer Operation streng verboten ist. Als das meine Zimmerkollegen bemerken, ist es schon zu spät. Das hätte ich nicht tun sollen. Ich bekomme Fieber, und es gibt Komplikationen. Doch schneller als üblich erhole ich mich wieder und darf zu meiner Mutter und Schwester. Obwohl ich vor Schwäche kaum gehen kann, bin ich doch zufrieden, im Schoße der Familie zu sein.

Inzwischen war Weihnachten 1944 längst vorbei. Was zu Hause passiert ist, wissen wir nicht. Gelegentlich zieht deutsches Militär durch Neuhaus. Es ist ein Rückzug. Es sind auch Bekannte unter ihnen, so auch Josef Baumstark. Sein Vater und meine Großmutter sind Geschwister. Hin und wieder kommt es vor, daß plötzlich die Männer von einigen Frauen unter uns auftauchen. Unter ihnen ist auch Stefan Jillich. Seine Slowakischkenntnisse sollten uns später zugute kommen. Es sickert durch, daß sie sich Zivilkleider besorgt und sich von ihrer Einheit abgesetzt haben, wohl wissend, daß dies unter Umständen zur standrechtlichen Erschießung führen kann, wenn man dabei erwischt würde. Es war auch uns Kindern sehr wohl bewußt, daß das Risiko groß war. Aber das Risiko, im Krieg erschossen zu werden, war ebenfalls groß. So wählten viele unter ihnen den Weg zu ihren Familien. Für uns Flüchtlinge war es eine gewisse Sicherheit, endlich auch männliche Begleiter zu haben. Das bittere Ende aber rückte unaufhaltsam näher. Von einigen geflüchteten Leányvárern wußte man, daß sie in Österreich und in Bayern sein sollten. Aber etwas Genaueres wußte niemand. Besonders schwer war es für uns, in einem fremden, uns feindlich gesinnten Land zu sein.

Gegen Ende des Krieges, so gegen den 2. oder 3. Mai 1945, kam auch hier die Front immer näher. Es war abzusehen, daß wir hier ebenfalls gefährdet sein würden. Aber es erhob sich die Frage: Wie kommen wir von hier fort? Die staatlichen Organe, das Verwaltungswesen funktionierten nicht mehr. Wir waren mehr denn je auf uns selbst gestellt. Aber die drohende Gefahr der Front rückte näher. So blieb uns nur eine letzte Gelegenheit, die uns allerdings wie ein Himmelfahrtskommando vorkam. Das deutsche Militär war in den umliegenden Bergen in den Wäldern stationiert. Für sie wurde gerade ein Militärgüterzug beladen, um den Rückzug anzutreten. Mit diesem Zug mitzufahren, war unsere letzte Chance. Die Angst vor den herannahenden Russen war größer als die Angst, mit dem Militärlastzug in die Luft gesprengt zu werden. So verfrachtete man uns mit unseren Kisten, Koffern und Rucksäcken auf offene Waggons zwischen Panzern, Kanonen und Munition. Der Güterzug fuhr langsam, als erwartete man jeden Moment eine Partisanenaktion. Unsere Nerven waren so angespannt, daß wir die Fahrt nicht lange mitmachten und in Strakonice ausstiegen. Man verfrachtete uns noch in ein Waldhotel in Pisek, in dem ein Erholungsheim für Kinder aus dem Reich eingerichtet war. Es lag einsam und verlassen auf einer schönen Anhöhe. Nicht weit davon waren zwei Fischteiche, die inmitten bereits herrlich grüner Wiesen lagen. Ich entsinne mich noch an ein schönes Mädchen, das im See badete. Mir vollkommen unverständlich, lag sie im Wasser, ohne sich zu bewegen. Ja sogar die Zehenspitzen lugten aus dem Wasser, und sie ging einfach nicht unter. "Wie macht sie das wohl?" Eine verständliche Frage für einen Nichtschwimmer. "Bestimmt hat sie ein Schwimmkissen dabei!" Als sie jedoch aus dem Wasser stieg, hatte sie nur einen zweiteiligen Badeanzug an. Ihre weibliche Schönheit beeindruckte mich. Wir haben noch einige Tage idyllische Ruhe, dachten wir. Nein, es war die Ruhe vor dem Sturm. Plötzlich hörten wir, daß die Amerikaner schon ganz nahe sind. Kriegshandlungen haben aufgehört. Es ist der 8. Mai 1945: bedingungslose Kapitulation.

Was machen wir in einem feindlichen Land? Eines Tages bemerken wir in den umliegenden Wäldern eine ungewöhnliche Aktivität. Allenthalben sieht man deutsche Soldaten, die fluchtartig die Gegend verlassen, immer darauf bedacht, nicht beobachtet zu werden. Doch wir bemerken es und können auch erfahren, warum diese hektische Flucht erfolgt. Wir erfahren, daß die Amerikaner das besetzte Land freigeben, damit sie einen Teil von der deutschen Hauptstadt Berlin bekommen. Für uns ist das vollkommen unverständlich. Kaum ist die Flucht der Landser vorbei, kommen nach Tagen der Ruhe wieder Fremde. Inzwischen haben wir schon alle belastenden Dokumente, Bilder oder sonstige verräterischen Dinge ins Wasser geworfen oder verbrannt. (Das erklärt auch, warum so relativ wenig Bildmaterial aus früheren Zeiten übriggeblieben ist.) Die Fremden, die jetzt auftauchen, lehren uns schnell begreifen, daß wir in einem feindlichen Land sind. Sie kommen langsam näher. Sonderbar still ist es in der Natur. Kein Vogel singt, keine Grille zirpt. Es liegt etwas in der Luft. Es ist eine bedrückende Stille um uns, und schlagartig begreifen wir, in welcher Gefahr wir schweben. Das sind zwar keine Bomben, aber diese Verfolgung, ohne sich wehren zu können, diese Gefahr ist schrecklich. Es sind tschechische Zivilisten mit Gewehren, die den Wald nach deutschen Soldaten durchsuchen. Uns bedrohen sie nicht sonderlich. Zum Glück haben wir unter uns die desertierten Soldaten. Jetzt, nachdem der Krieg aus ist, denkt man, es waren kluge Entscheidungen, die sie getroffen haben. Jetzt sind sie plötzlich keine Deserteure, sondern kluge Männer. Sie sind Bergleute und haben von ihren slowakischen Arbeitskollegen genug tschechisch gelernt, um uns vor dem Schlimmsten zu bewahren. Zwar haben wir männlichen Schutz, aber der Haß auf alles Deutsche beraubt uns unserer Menschenrechte. So erhebt sich die dringende Frage: "Was machen wir jetzt? Wohin gehen wir jetzt? Nach Deutschland in die amerikanische Zone oder zurück nach Hause? Wie kommen wir jetzt weiter? Wer hilft uns jetzt? — Niemand!"

Die deutschen Soldaten hatten uns dringend angeraten, doch ja nach Westen zu gehen. Schließlich versprach man sich vom Westen demokratisches Recht. Wir aber haben keinen Bezug zum Westen. Deutschland, dem die Kriegsschuld angelastet wird, ist zerstört. Wir wissen nicht, was uns dort eventuell erwarten würde. So entscheiden wir uns mehrheitlich dafür, wieder nach Hause zu gehen. Zwar wissen wir nichts von zu Hause, ob unsere Omas den Krieg überlebt haben, aber zu Hause zu sein, wieder bei den Omas zu sein, das ist doch gut. Das ist mit ein entscheidender Grund, warum wir wieder nach Ungarn "heimziehen wollen". So denken wir, richtig entschieden zu haben.

Wir beladen unser Fahrrad, das in Budweis für Tage verschwunden war, mit den nötigsten Habseligkeiten und ziehen los. Ich habe noch an den Folgen der Operation zu tragen. Mein Schwester ist zu schwach, um das beladene Fahrrad sicher zu schieben. Was hilft es, wir müssen weiter! Vom Waldhotel durch den Wald herunterzukommen, ist relativ einfach. Auf belebter Straße fallen wir auf. Wir versuchen, unser Deutschtum zu verbergen, indem wir nur die Männer reden lassen, die slowakisch können. Das hilft uns sehr. Viele unter uns tragen ihre Koffer, schwer beladen. Das erfordert mehr Kraft, als man anfänglich dachte, und es hindert auch am schnellen Vorwärtskommen. So grotesk es auch ist, wir erleben schon wieder etwas, wie es die Juden erlebten. Sie hatten Fuhrleute angeheuert, ihre wenige Habe mit den Pferdewagen zu transportieren. Was dabei passierte, das war bekannt geworden und hatte manches Kopfschütteln hervorgerufen. Umso fassungsloser sehen wir, daß auch andere Menschen ebenso gemein sein konnten und die Nationalität keine Rolle spielt.

Täglich versuchen einige von uns, Fuhrleute zu finden. Sie gehen in das naheliegende Dorf, weil sie hoffen, dort Hilfe zu finden. Unsere Gruppe geht einen anderen Weg. Unser Haufen ist größer. Wir trennen uns. Von den anderen erfahren wir nichts.

Unsere Gruppe ist unterwegs, und wir sehen erstmals die "Russen". Sie fahren mit Lastwagen, die leer sind. Unsere "Slowaken" versuchen ihr und unser Glück bei den Russen. Sie feilschen und gestikulieren und verhandeln darum, ob wir mitfahren dürfen. Der Jüngere unter ihnen erkennt uns und ist uns nicht freundlich zugetan, weil, wie er zu verstehen gibt, wir vor ihnen, den Befreiern, geflohen seien. Aber nach langem Hin und Her dürfen wir auf das Auto. Plötzlich herrscht eilige Hektik. Jeder will hinauf und mitkommen. Mißtrauen gegen die Russen, daran denken wir nicht. Wir sind glücklich, daß wir gefahren werden. Zu unserem Glück aber kommt ein Problem hinzu, das die Soldaten von einer anderen Seite zeigt. Die Russen haben sich angeblich verfahren und wenden mitten auf der Straße im Wald. Daß dies nur eine gemeine Lüge ist, bemerken wir bald. Die Soldaten kommen nämlich, holen sich mit Waffengewalt eine junge hübsche Frau, die aus Schlesien stammt, aus unseren Reihen. Ihr Mann versucht zu verhindern, daß man sie in den Wald verschleppt. Die Soldaten schlagen ihn bewußtlos und zerren die junge Frau hinter die Büsche, um sie dort mehrfach zu vergewaltigen. Nach dieser brutalen Tat versuchen sie aus dem Wald zu fahren. Dabei zeigen sie, so gut es geht, ihre Fahrkünste. Das aber weckt bei uns Katastrophenstimmung. Alle brüllen ängstlich, weil der Lastwagen in eine Schlucht zu stürzen droht. Wütend werden wir zur Ruhe gemahnt. Irgendjemand hat einen bösen Gedanken und setzt uns damit in eine andere Angst. "Mein Gott, die Russen werden uns doch nicht woanders hinbringen, vielleicht sogar nach Sibirien deportieren wollen!" Auch das ist eine begründete Angst und treibt die Phantasie in finstere Abgründe. Was wir aber nicht wissen, ist, daß die Soldaten sich selbst auch in Gefahr begeben, weil sie sich unser angenommen haben. Es sei ihnen heute noch, nach nahezu 50 Jahren, herzlicher Dank gesagt. Daß sie die Gefahr nicht gefürchtet haben und auch nicht ihrem Mißtrauen unterlegen sind, sondern uns ihr russisches Mitleid gezeigt haben, war für uns eine wohltuende Erfahrung. Sie zeigten Menschlichkeit, nahmen uns mit und brachten uns schadlos einen weiten Weg zurück.

Ob die andere Gruppe ebenfalls so schadlos weitergekommen war, wußten wir zu diesem Zeitpunkt noch nicht. Viel später erfuhren wir, als wir schon in Leányvár waren, was den anderen widerfahren war. Man hatte sie erst beraubt, die Frauen vergewaltigt und dann fast totgeschlagen. Wenn sie nicht schleunigst geflohen wären, hätten sie auch ihr Leben verloren. Wochen später kamen sie zu Hause an, zerschunden und gepeinigt, abgemagert und zerlumpt, aber noch am Leben! Auch auf sie wartete zu Hause, was auf alle Heimkehrer zu Hause wartete: die Diktatur der Proleten, die kaum wissen konnten, daß auch sie wieder nur Unrecht taten.

(...)

Magdalena Binder
Deutsch-Sankt-Peter
— Regensburg

Magdalena Binder wurde am 25. April 1948 in Deutsch-Sankt-Peter (Banat/Rumänien) geboren. Seit Mai 1987 in Deutschland, Regensburg. Lebte von 1978-87 in Temeswar, war am deutschen Staatstheater tätig als Organisatorin, Mitglied des Adam-Müller-Guttenbrunn-Literaturkreises. Veröffentlichte in der Banater Zeitung "Volk und Kultur. Neue Literatur" Lyrik in hochdeutsch und im Dialekt; beteiligte sich am Anthologieband "Fechsung", herausgegeben von Ludwig Schwarz, und an gemeinsamen Vorlesungen des Kreises im Land. Sie betätigt sich als Hobbymalerin, hatte ich Rumänien einige Ausstellungen in Guttenbrunn, Arad, Lippa und Temeswar. Zur Zeit ist sie auch kirchlich engagiert. Gegenwärtig schreibt sie zwar noch, doch der Anschluß an eine Gemeinschaft fehlt. Ihr Wunsch wäre die Veröffentlichung ihrer Lyrik mit ihren Bildern.

September

Septemberlicht
darin sich nackte Träume baden
der Sommer zählt
alle seine Blätter
dem Herbst in die Hand
Spinnen sammeln
in ihren Fäden Tautropfen
und träge bettet sich die Hoffnung
zum Winterschlaf

Zeit

In den Falten der Stunden
liegt
das Geheimnis der Zeit,
augenblickgeborgen
offenbart sie sich dir
in geöffneter Hand
zum Geben

Finden

Suchend
tastet sich mein Tag
in deine Nähe,
verläßt der Weg
meine Schritte,
hilflos erzittert
im Staunen
mein Finden in
deinem Blick

Sarkastische Idylle

Geraume Zeit schon
hängt der Tag am Himmel
angenagelt
und flattert Atemnot
dem Weinberg über
süße Sonnentropfen
in die Beeren —
im Vorrausch bellt
der Höllenhund sich
alle Laster aus dem Wein,
und Cyperns Huren
lassen sich
mit Traumgedanken zahlen

Abschied und Willkommen

(Fragment aus einem unveröffentlichten Roman)

... verzerrtes Bild. Ein Name und Unbehagen in der Herzgegend. Schließlich, alles nicht deine Schuld. Was war geschehen? Nichts Besonderes. Nur der Weg, der nirgendwo hinführte. Und immer wieder diese unerfüllte Hoffnung — ein Schneckenhaus, in das man sich verkroch und lästige Ereignisse wie kalte Regentropfen am Gehäuse herabgleiten ließ. Ohne davon auch nur berührt zu werden. So tief wie möglich, in den letzten Winkel seines Schneckenhauses zurückgezogen, in deine eigene Welt, in die sonst niemand eindringen konnte, nur du.

Da bliebst du dann in deinen Kinderschuhen den anderen weit zurück. Ein einsames Blatt im Wind. Immer wieder trieb dich ein neuer Wind in irgend eine Richtung. Nie deine Richtung. Bis der grüne Apfel endlich reifte am Ast der Zeit. Und dann war da die Frage nach Recht und Unrecht und niemand, der sie dir beantworten konnte. Und das ewige Warten auf einen sonnigen Augenblick, der so kurz dich streifte wie das Säuseln des Frühlingswindes. Doch dann: Resignation — Dornröschenschlaf!

Steppenfrieden ruhte in deinen Gedanken. Träge und müde im Staub deines Schlafes. Das Feuer vergangener Jahre hatte alles andere niedergebrannt: Sehnsucht, Liebe, Verlangen nach Geborgenheit und was den Tiermensch in dir noch beleben könnte. Gewollt oder ungewollter Ekel vor diesem Hungertrieb des Fleisches stärkte deinen Willen zum: Niewieder. Fleischware dahingereicht wie abgetragene Handschuhe dem Nächsten und Nächsten. Der einzige Unterschied lag darin: Du gabst Liebe, sie nahmen das Fleisch. Du weintest bei jedem neuen Abschied, sie schielten, über halbem Lügentrost hinweg, dem nächsten Opfer entgegen. Auch dann lerntest du immer noch nichts daraus, sondern wiegtest dich in betörender neuer Hoffnung und Glauben an die Worte, die sie dir sagten. Banale Floskeln. Zuerst schmeichelten sie dir, diese Worte. Worte dahingehaucht ohne Bedenken. Dich aber rührten sie, bis die erneute Enttäuschung kam. Schließlich lachtest du nur noch über die kindliche Unbeholfenheit der Annäherungsversuche. Aus dem so oft zertretenen Wurm schälte sich der reife Schmetterling, sich seiner Häßlichkeit wohl bewußt, doch gereift und stark. Du fingst an, deine Gewöhnlichkeit zu achten, die dir zur Einmaligkeit heranwuchs mit jedem "Nein", das dir leichtherzig wie ein Echo über die Lippen kam: "Nein, nein, nein!" Du gehörtest nur noch dir allein. Welch ein Siegesgenuß: "Nein, nein, nein!"

Doch was fängt man an mit all dem Schmutz, wenn man sein Schneckenhaus endlich nach Jahren säubern will? Entweder unter den Teppich kehren oder dem Nächsten vor die Tür. Wer war dein Nächster? Wo war dein Nächster? In Ermangelung eines wirklichen "Nächsten" kehrtest du deinen Schmutz einfach unter den Teppich und schliefst darüber ein. Dornröschenschlaf! Sollte das ein neues Leben werden? Wie oft schon begann für dich ein neues Leben. Wo beginnt ein neues Leben? Im Selbstmitleid, in der Erkenntnis? Oder im festen Entschluß, der dann doch wieder versagt? Wie auch immer, der gute Wille war da.

In all diese Fragen ohne Antwort hatte sich dir an jenem Sommeranfang die Sternstunde gezeigt. Unerwartet. Wie alles Große unerwartet eintrifft und einen gefangennimmt widerwillig. Da das Leben von unzähligen Fragen aneinandergekettet sich selbst Wege bahnt, hattest du keine Gelegenheit, dem auszuweichen, was plötzlich auf dich zukam.

Du wolltest nicht darauf achten, und dennoch drängten sich diese neuen Fragen dir auf. Du fragtest dich, welche abgrundtiefen Geheimnisse quälen den Mann in seinen Sehnsüchten, wenn er weiß, daß es etwas gibt, was ihm versagt bleibt? Er muß wohl damit fertig werden, wie er kann. Meist schafft er es, indem er sich nimmt, was er sich so sehr ersehnt, und schafft damit diese Qualen ab, denen er erlag. Und wenn es ihm nicht erlaubt ist? Zehrt er in Selbstmitleid ein Leben lang daran und gefällt sich als Opfer seiner eigenen Sehnsüchte und Wünsche. Oder nicht?

Er, der da plötzlich auftauchte vor dir, wagte wohl einen Schritt, den niemand vermutet hatte, und alle fragten sich: "Wieso?" Denn das Bild eines Priesters paßte nicht in diesen Rahmen. Eher ein Kuriosum. Wer aber wußte, daß er Priester war? Man sah es ihm äußerlich nicht an. Sein Auftreten in dieser Gruppe glich eher einem Typ mit ausgefallener Modephantasie — ganz in Schwarz gekleidet. Seine sechsunddreißig Jahre legten ein Temperament zutage, hinter dem man die schwärzesten Gedanken erwartet. Schwarz wie seine Kleidung, in lässigem Schnitt und seinem schwarzen lockigen Haar. Trotz der Bleichheit verrieten aber die sanften Gesichtszüge die Feinheit eines ungewöhnlichen Innenlebens, das sich nur infolge strenger Disziplin hervorgearbeitet hatte. Die männliche Form des Gesichts zeigte einen rationalen Gedankengang und ein logisches Auffassungsvermögen an. Nicht der Hinterwäldler, als den man gewöhnlich einen Priester ansieht, sondern der Mann, der weiß, was er tut. Doch wieso tat er, was er tat? Was tat er?

Josef näherte sich der Gesellschaft ohne jedwelche Vorurteile. Er kannte bereits einige der Versammelten. Es machte ihm nichts aus, daß seine Kleidung die Neugierde aller erweckte.

Jemand flüsterte dir zu: "Ein Priester."

Gespannter Blick und Staunen. So jung? Gab es in diesem Land noch junge Priester? Was kann an einem so jungen, lebensfrohen Priester gut sein? Du spieltest Interesselosigkeit vor. Deine Vorurteile reizten dich jedoch, und du fragtest dich, was mit diesem jungen Mann los war, warum er hier plötzlich so auftauchte. Das Bild, das du von den Priestern hattest, machtest du dir automatisch auch von ihm: vornehm und scheinheilig nach außen, doch sündhafter und immoralischer als jeder andere Mensch im Inneren, mit vorgetäuschter Keuschheit und Reinheit. Die meisten von ihnen leben in einem Verhältnis mit ihren Haushälterinnen oder halten sich Freundinnen. Abgesehen von denen, die in gleichgeschlechtlichen Partnerschaften leben. Du wolltest nichts zu tun haben mit solchen Priestern. Fritz steuerte auf dich zu und sagte mitten in deine leeren Gedanken: "Komm, ich möchte dir jemanden vorstellen."

"Wen?"

"Ihn", und sieht auf den jungen Priester.

"Wozu?" streubt sich dein ganzes Wesen dagegen.

"Er fragte mich nach dir aus."

"Ach du liebe Zeit!"

"Komm jetzt schon."

Vorstellungsritual, belanglose Worte, Zeitverschwendung, bis der Bus kam. Dann Ausgelassenheit, Gelächter, Neckerei, Abzählung, und dann fährt der Bus los.

Trotz aller Vorurteile fragst du Josef:

"Was sucht ein Priester unter diesen Narren?" — Ein Lächeln sollte den harten Ausdruck mildern. Josef verstand dich.

"Ich beschäftige mich mit Volkskunde. Ich sammle Volkserzählungen."

Oft sind gemeinsame Interessengebiete Brücken, und du erwiderst:

"Vor Jahren veröffentlichte ich einige Artikel über Brauchtum und Volkstrachten aus unserem Dorf. Jetzt aber versuche ich mich in der Lyrik. — Werden sie heute etwas vorlesen?"

Josef sah dich an mit einem undefinierbaren Blick, der dennoch Ruhe ausstrahlte, trotz seiner äußeren Unruhe:
"Ja, ich möchte etwas vorlesen aus meinem Büchlein, das im vergangenen Jahr veröffentlicht wurde. Sammlungen von Geschichten aus meiner Heimat." Josef wollte keine Mißverständnisse aufkommen lassen und sagte:
"Ich habe sie nur gesammelt. Ist also nicht mein Verdienst ..."
Du versuchtest, seine gespielte Bescheidenheit aufzudecken:
"War aber viel Arbeit dabei, die alle aufzuzeichnen."
Deine Abneigung war dahin. Dieselben Interessen und die Möglichkeit eines guten Gespräches lenkten dich ab. Ein heimliches Fieber packte dich, und du sagtest:
"Ich könnt Ihnen die Zeitungsausschnitte zum Lesen überlassen, wenn es Sie interessiert."
"Ja, es würde mich interessieren." Damit wandte er sich von dir ab.
Fritz, neben dir, respektierte dein Schweigen. Bis der Bus in Marienfeld einfuhr, hatte dich der Priester voll in Anspruch genommen, doch langsam schwand dein Interesse, und er glitt wie alle anderen in den Hintergrund. Weder die schnatternde Gesellschaft noch das herrliche Wetter und auch nicht die Aufregung vor der Vorlesung konnten dich tief berühren. Immer noch: Dornröschenschlaf. Alles glitt an dir ab. Du merktest gar nicht, daß immer wieder der schwarze Priester in deiner Nähe erschien. Beiläufig streifte dich der Gedanke: Schwarzer Teufel. Abseits, am Rande deines Denkens, hauchte die Erkenntnis an dir vorbei, daß er da war, und unbeteiligt nahmst du sein Verhalten wahr: ausgelassen, kindlich, so gar nicht wie ein Priester. Er neckte ein junges Mädchen und blödelte mit ihr herum, fast darauf bedacht, auf dich zu wirken und deine Aufmerksamkeit auf ihn zu lenken. Immer wieder "zufällig" in deiner Nähe; sein Ringen nach Annäherungsworten. In dir aber der Wunsch alleingelassen zu werden. Du wußtest, auch er würde, falls er wirklich sich dir annähern wollte, dieselben banalen Worte verwenden, die du so gut kanntest. Doch wann er sie benutzen würde, blieb im Raum stehen. Der Gedanke daran machte dich lächeln: das übliche Spiel. Nur ein kleiner Unterschied, der dich verwirrte: Er versuchte es mit Worten und heimlichen Zeichen, doch nicht mit körperlicher Annäherung wie zufällige Handberührung oder einem mißgeschicklichen Aneinanderstoßen beim Gehen oder zweideutigen Sätzen, die allein schon auf das Eine hinführen mußten. Immer war er da, wohin du dich auch drehtest, was immer du auch tatest — er war zufällig da.
Die Gruppe hatte nun alle Sehenswürdigkeiten des Dorfes besucht und wurde vom Bürgermeister zum Mittagessen geführt. Doch vorher kehrte man noch im Dorfmuseum ein, der Stolz der Gemeinde. Josef war wieder ganz zufällig neben dir erschienen, und diesmal redete er:
"Sie langweilen sich wohl?"

"Im Gegenteil. Das interessiert mich alles sehr. Es hat viel mit meiner Arbeit zu tun." Schon warst du weg von ihm. Es wäre augenfällig gewesen, wenn er dir nun gefolgt wäre. Aber er tat es nicht.

Beim Mittagessen blieb zufällig nur an deinem Tisch Platz frei für ihn. Fritz mußte die armseligen Bemühungen des Priesters erkannt haben und stellte es an, daß er an eurem Tisch Platz nehmen konnte. Ständige Bedachtsamkeit in jeder seiner Bewegungen. Der Schwarze versank einige Sekunden in sich, bevor er den Löffel ergriff. Was war das? Du erinnertest dich, das mußte wohl ein Tischgebet sein. Machte man das noch ...? Aber wozu? Alles, was der Mensch besitzt, was er ißt oder trinkt, muß er sich schwer erarbeiten, wozu noch dafür danken? Du fragtest dich, was du zu tun hast in der Gegenwart eines Priesters. Nichts als sein Schweigen respektieren und warten, bis er sein Gesicht aus dem Teller erhob und schlicht "Mahlzeit" wünschte, scheinbar ohne sich um die anderen zu kümmern.

(...)

Theo Binder
Essegg — Wien

Theo Binder, Dr. phil., Hofrat, wurde am 2. September 1924 in Essegg/Osijek (Slawonien/Jugoslawien) geboren. Empfängt die ersten musischen Erlebnisse durch seine Eltern (Vater humanistisch gebildeter, gefeierter Sänger), als 9jähriger den ersten Geigenunterricht. Musikstudium am Konservatorium der Stadt Wien. Absolvent der Philosophischen Fakultät der Universität Wien. Militärdienst, Krieg, Gefangenschaft. Werkstudent. Als Diplombibliothekar im Staatsdienst. Namen, die sich für seine literarischen Arbeiten einsetzten: Rudolf Henz, Hans Weigel, Heimito von Doderer, Felix Braun u. a. Publikationen seit 1952: Rundfunk, Zeitschriften, Zeitungen, Anthologien, Dichterabende und -vorträge im In- und Ausland. Einige seiner Schriften erhielten einen Ehrenplatz im Adalbert-Stifter-Institut in Linz, 1970. Ehrendiplom und Sonderpreis im Lyrikerwettbewerb "Soli Deo gloria", Witten 1984; Preisträger bei Haiku-Wettbewerben 1992 und 1995; etliche weitere Ehrungen (auch vom Ausland). 1960 "Vom Ufer löst sich ein Kahn", Haikus, mit Vorwort von Heimito von Doderer; 1971 "Verborgenes Flötenspiel", Haikus; 1992 "Aus Sonnengold getrieben", Haikus; vertreten auch in der "Anthologie der deutschen Haikus", 1979. Mitarbeit an der ISSA-Ausgabe 1981 und 1982. Einige seiner Gedichte wurden in das Japanische übertragen. 1964 "Die Wandlung", Gedichte; 1979/1980 "Opfer und Werk", mit dem Berner Dichter Paul Stotzer; 1985 "Der Hüter", Gedichte; 1992 "Aus Sonnengold getrieben", Haikus; 1991 "Das Buch der Bäume, der Krüge und der Brunnen", Gedichte; 1976 "Deutsche Messe", vertont von Hajo Kelling; 1978 "Annaberger Messe", vertont von Josef Bähr. Vertonung weiterer Texte durch Alois Steiner, Graz, u. a. m. Die von Hajo Kelling zu Liedern vertonten Gedichte enthalten im Repertoire des berühmten Wuppertaler Baßbaritons Günther Lesche. An einer amerikanischen Universität wurden über seine Lyrik Vorlesungen gehalten und Seminararbeiten erstellt.

Der Ruf im Baum

Nichts kannst du fordern. Nur eines kannst du, die Bereitschaft wollen. Du kannst nur um Einlaß bitten, wenn du rein und bereit bist, und du nur das andere, das Einzige sein willst.
   Geduldig steht der Alte an der Pforte und wartet: Willst du eintreten? Schon ist er daran, weil du so lange zögerst und er glaubt, du wollest nicht eintreten, die Pforte wieder zu schließen, langsam und leise — er ist immer bereit; da besinnst du dich und willst doch hinein. Und du bittest den Alten, dich einzulassen. Er öffnet die Pforte weiter, weil er in deiner Bereitschaft nun seine findet. Und das ist der Einklang. Du aber erkanntest seine Bereitschaft, und diese mußt du ganz geworden sein. Und du fühlst, daß du sie bist.
   Alles wartet auf dich, wie der reife Apfelbaum. Den Ruf, weißt du, den inneren Ruf mußt du hören. Und ihm dann folgen. Er wird dich hinführen, überall dorthin, wo die Bereitschaft auf dich wartet. Auch dort, siehe, wo die überreiche Baumkrone ein zum Himmel offenes Augentor im dichten Gelaub erschließt. Eine herrliche Wohnung wartet da auf dich. Siehe, der Wirte lächelt dir schon freundlich zu. Wie alt mag er wohl sein? Keiner kann es dir sagen. Jahrtausende sind jünger als der feingeschwungene, schlanke Stengel des Blattes, auf dem er steht und zu dir blickt. Ach, jetzt deutet er auf den herrlichen Pfad, der sich dahinschlängelt, aus Licht und Strahlen, vom Blattgrün gesäumt. Und aus Tönen von Vogelgezwitscher und Vogelmelodien baut er durch eine sanfte Handbewegung eine Brücke, über die du zu einem Bründl kommst. Und dieses Bründl kann spielen, Musik kann es spielen, es klingt und es spricht und kann erzählen. Und du kannst aus ihm Farben trinken, wie die Sonnenstrahlen sie hineinweben. Du trinkst Wunder in dich hinein. Und du blickst tief in das Wunder der Schicksalslinien der vielen, vielen Handteller deiner Geschwister, die dich mit offenen Blattantlitzen begrüßen. Alles ist bereit, alles Bereitschaft. Dann spinnt ein feiner, leichter Windhauch kaum hörbares Säuseln hinzu und verbindet mit Fädchen aus Immengesumme und Hummelgebrumme und Blütenduft dein Herz mit dem Horchen, und dem Hören. Wie einfach, wie klar, wie unmittelbar hier alles ist, erkennst du bald. Hier kannst du nichts mehr verlieren, des nichts mehr verlustig werden. Es ist das Sagen. Und du erlebst dich als das Schaukeln in den Zweigen, als das Beben im Geblatt, als das Zirpen der Grille zwischen den Furchen der Baumrinde, als das schöne, wohlgeformte Ärmelchen um die künftige Knospe, oder das Schillern der Deckflügel des grünen Goldkäfers, als das zarte Umfangen eines Zweigleins durch Meisenfüßchen, als Honigduft der vielen Nektarzieher, die hier fliegen, oder die goldene Strahlenlanze der Sonne, als frische Luft und Himmelblau, Tautropfen und Mondschein, als Sternenglitzern und Ne-

belschleier, als Geheimnis des Schweigens, und als Flämmchen, das immer aus der Liebe gespeist wird. Du erlebst das große Du, das All und das Sein. Du wirst zum Bogen und zur Saite. Zu Sturm und zu Lied, Morgen und Abend, zu Brausen und Ruh, zu Woge und Wein. Du reifst aus der Rebe Geheimnis zum Kelch. Vernimm, wie die Quelle ihr Dasein hineinsprudelt, damit du es trinkst. Du bist Hülle und Frucht, Schale und Kern, Ähre und Same, Furche und Pflug. Du bist Sichel und Brot, bist Tisch und der Herd, bist Strom und bist Berg. Hier wird nicht mehr laut gesprochen, und der Mund — der öffnet sich nur noch im Staunen, zum Ringe, der sich schließt im tragenden Laute des Ewigen im Wort. Hier ist alles Sprache, die sich selber spricht. Und du bist das große Schweigen. Seine Orgel bist du, und die Falte am Kleide des hohen Sängers, bist selbst der Gesang.

Vergessen hast du Baum, Pfad und Laub, siehst nicht mehr den Alten, der dich einließ. Dein Fuß hat die Pforte weit zurückgelassen, und du bist nur noch Schreiten, und jene Weite, die dich über alle Milchstraßen und das Unermeßliche in das Weltall deines Herzens führt. Zieh ein in die Stille seines Orkans. Es hebt dich hinan, um Segen zu werden in jener ewig formenden Hand, und Ruf in des Meisters heiligstem Wollen. Du bist bereit.

Der Waldaltar

Wie Opfergaben lagen auf dem Stumpf eines gefällten Tannenriesen einige von anderen umstehenden hohen Ragern abgefallene Zapfen; bei einem dieser seltsamen Kernberger war noch ein Nadelzweiglein daran, grün leuchtend, silbrig und duftend nach unerreichbarem Harzgeheimnis. Der Stumpf hatte auch eine Stufe, die der stürzende Baum für den Pilger des Waldes noch in seinem Fallen brach. Für den Pilger, der noch in seinem Herzen zu knien wußte, vor einer Erhabenheit, welche kein Buch zu beschreiben imstande ist.

Große emsige Waldameisen erstiegen die Stätte und wanderten durch das Geschuppe der ausgestreuten Tannenzapfen, nachdem der Kreuzschnabel anscheinend seinen Besuch längst hier gehalten hatte.

Eine winzige Rotspinne hielt sich vor einem wasserklaren Harztropfen auf, und ihr Rot spiegelte sich darin wie eine unergründliche Entfernung.

Viele Nadelblätter, zum Teil schon entgrünt, lagen da, wie Pfähle eines unverhofft und sinnlos zerstörten Zauns. Und doch wurzelte der Stumpf an seiner unverrückbaren Stätte mächtiger als jedes andere Bauwerk von

Menschenhand und entströmte seine eigene Ursprache. Himbeerblätter neigten sich zu ihm herab, als wollten sie ihm den Siegeszweig überreichen. Und unermüdliche Waldstille umgab den herrlichen Opferaltar des Waldmeisters, der ergriffen davor stand und Moosfrieden um sich verbreitete. Das Summen eines grünen Goldkäfers deutete Mittagszeit an. Es war ein Mittag, den selbst der Faun nicht hatte. Und der blaue Himmel sandte seinen Boten durch das leichtschaukelnde Gelaub als bejahenden Segen in die Frische des Waldes hinein.

Fenek

Wie klein ist dein Lebensraum geworden, wie riesig die Wüste um dich, wie schwer dein Schmerz, wie endlos deine Traurigkeit, kleiner Fuchs.
    Du schläfst hier, Gefangener, auf dem verlogenen Boden hinter Käfigstäben. Manchmal nur zuckt dein Körper im Traume, dann öffnet sich dein Auge kurz, als schöbe jemand einen winzigen Schleier zur Seite, um scheu nach der Sonne zu sehen, die er seit langem ersehnte; und wieder ziehst du dich in dein Inner zurück, ganz weit hinein, wo dich niemand mehr erreichen kann. Von Futterzeit zu Futterzeit hat man dein Dasein begrenzt. Und nach Nächten, in denen, bei klarem Himmel, vielleicht ein Stern zu dir hernieder zwinkert oder der Mond in deinen Käfig hereinleuchtet, kommen wieder die Tage der Eintönigkeit. Aus der entferntesten Ferne hörst du die Wüste nach dir rufen. Sie braucht dich, denn sie ist so alleine geworden. Sie sagt es dir, wie sehr sie dich vermißt, das geht tief in dein kleines Herz; aber du kannst es niemandem sagen, was du empfindest. Und viele, die dich angaffen, sind blind und taub, um es zu vernehmen, um es wahrzunehmen. Sie haben Eintrittskarten bezahlt, um etwas zum Anschauen zu bekommen; was, das wußten sie selber nicht. Tiere, sagten sie. Deine großen Ohren horchen, horchen, ob sie nicht einen Herzschlag aus dem Getriebe und Getue um dich heraushören könnten.
    Dann kriecht eine Fliege über dein Fell, als ob sie dir Trost darüber streichen möchte, und fliegt wieder fort, hinaus, in das, was sich das Freie nennt.

Der Kristall

Ich strahle und trinke
das göttliche Licht,
ich spreche und breche
in Farben den Strahl.
Ich baue Zeit auf Gezeiten
und was ich reiße, ist
aus dem Geheiße der ewigen Hand.
Ich trage den Grund und die
Säule, führe das Werk und
die Strebe, daß sich
zum Höchsten erhebe das Auge,
das mich erkennt und erschaut.
Ich töne hinein in das Herz
des Höchsten Musik und Harmonie;
verborgen, in Stille fügte
die Sonne mich tief in dem Grund.
Und was um die Seele in mir
als sichtbare Form entstand,
ist das Verklärte, der Schlüssel
zum Weg in das andere Land

Das Ewige Buch

Zu den schwersten Dingen für den Menschen gehört auch, das Einfache einfach zu sagen. Um wie vieles ist uns da die Natur voraus. Sie beherrscht wohl jene Sprache, die einen niemals im Zweifel läßt über das, was sie uns zu sagen hat.
    Voll Staunen stehen wir da und bewundern sie. Dort den Baum mit seinen vielen Blättern und seinen verborgenen Jahresringen, da wiederum einen schönen Stein, dann eine Quelle, an der wir erfrischende Kraft trinken, oder eine samtige Hummel, die sich, um Nektar zu ziehen, in eine wundervolle Blüte zwängt. Wir freuen uns über die strahlende Sonne und den heiteren, blauen Himmel und sind glücklich, reine Luft in unsere Lungen, in unser Blut aufnehmen zu können; wir loben das grüne Land und seine urigen Berge und wandern lange durch den stillen Wald.

Irgend einmal bleiben wir stehen, um zu rasten, oder hocken uns auf einen Baumstumpf oder auf einen Felsbrocken. Mit gefalteten Händen zwischen unseren Knien sitzen wir da, erholen uns und bewundern, was uns umgibt. Ringsumher schweifen unsere Blicke, bis sie wie zufällig an unseren Händen verweilen. Noch denken wir uns nichts. Aber dann entdecken wir plötzlich, daß über unseren ineinandergezinkten Fingern ein kleines Kreuz, aus unseren übereinandergebalkten Daumen, ist. Wir betrachten unsere Hände, lösen sie auseinander, schauen in sie hinein, wenden sie mit dem beaderten Handrücken nach oben, kehren wieder die Innenseiten unserem Gesichte zu und verharren ein wenig im Nachdenken. Sonderbar, womit uns die Schöpfung da ausgestattet hat, kaum faßbar. Hände. Was vermögen Hände doch alles, was hatten sie schon im Laufe des Weltbestehens vollbracht; Gutes und Böses. Man fügt seine Hände aneinander, wie ein altes, auseinandergerissenes Buch, klappt sie zu, öffnet sie wieder, faltet sie nun abermals, gestreckter Finger, balkt dazu die beiden Daumen zu einem Kreuz und kommt auf etwas ganz Wunderbares drauf.

Eigentlich tragen wir unser Leben lang eine Kostbarkeit mit und bei uns, an die wir kaum gedacht haben. Es sind die zwei Gesetzestafeln mit den zehn Geboten Gottes, ein heiliges Buch, das uns stets an unsere Berufung, der wir als Menschen, als Kinder Gottes nachkommen müssen, erinnert. Nehmen wir unser Buch wieder auseinander, klappen wir es auf. Was teilt sich uns da wieder mit? Jeder Finger unserer Hände ist eine Säule, ein Träger je eines der wunderbaren Gebote unseres Gottes. Und wie innig ist doch dieses Buch, sind unsere beiden heiligen Tafeln mit ihren Zehn Geboten mit unserem Leben, mit unserem Schicksalsbuch vereint — unsere Schicksalslinien, wie sie der Chirologe kundig nennt, sehen uns unter den zehn Fingern unserer Hände an; sie rufen uns zu und sehen fast wie Wurzeln aus, die sich da tief von den Trägern der Gebote, von unseren Fingern, in den Boden unseres Lebensgrundes vorgegraben haben; wie bei den Bäumen. Wieder klappen wir unser seltsames Handbuch zusammen und stellen dann fest, daß es eine herrliche Schließe hat, ein Kreuz als Schließe, aus unseren Daumen, die sich übereinander zum Zeichen des Heiles balkten.

Immer tragen wir es mit uns, von unserer Werdung an bis in den Heimgang hinein, dieses Buch. Immer können wir darin und daraus lesen und uns der Berufung, die Gott uns aufgetragen hat, erinnern: Mensch, Kind Gottes zu sein. Untrennbar ist unser Leben mit diesem einfachen, alles sagenden Buche verbunden. Wir selbst finden uns in ihm. So einfach und so wahr spricht es zu uns.

Ja, es teilt uns auch unseren ewigen Ehebund mit dem Schöpfer mit.

Falten wir abermals unsere Hände und führen dann die Zeigefinger mit ihren an die Spitzen unserer überkreuzten Daumen; da haben sich im Zeichen des Kreuzes also auch zwei Ringe geschlossen, zwei Eheringe, die uns von der ewigen Ehe des Menschen, seiner Seele mit Gott Kunde geben. Unsere Zeigefinger haben stille auf diese höchste, innere Ehe gezeigt.

Wir hocken da auf einem Stein, rasten auf unserer Wanderung, blicken um uns herum, und wie zufällig bleibt unser Blick auf unseren, zwischen den Knien gefalteten Händen ruhn.

Es reift der Mais.
Die Felder wachen schlicht,
der Kolben angebraunte Haare
sagen: Es wird die Zeit.
Die Erde hat sich voll geschenkt,
mit allem, was in ihren Tiefen ruht
und wirkt. Ihr unaufhörlicher Gesang,
zum Hohelied der Preisung groß erhoben,
hat voll Leben und voll Kraft
mit ganzer Liebe alles
in sich eingewoben, was
aus des Schöpfers Denken sie gebar.
Gebrochen ward der Mais,
er schloß in seiner goldnen Perlen
ewigliche Kette ein das Jahr.
Der unzählbaren Keime Sendung
trägt stille in sich
Kommen, Sein und die Vollendung

Das Nußbaumeinaugige

Es war einmal ein alter Garten. Der Winter hauste gerade in ihm. Ein ebenso alter Nußbaum stand da; im Sommer spendete er mit seiner Blätterkrone angenehmen Schatten, im Herbst warf er viele Nüsse ab, und im Winter saßen gerne Krähen auf seinen entlaubten Zweigen und sangen mit tiefer Stimme ihre Gedanken in die Kälte, wobei aus ihren Schnäbeln kleine Dampfwolken in der Höhe entschwanden. Und wenn solches geschah, tanzte aus dem kahlen Nußbaum eine ganz sonderbare Gestalt hervor und führte seltsame Bewegungen aus; da staunten sogar die Krähen und schwiegen für eine Weile. Einige Grünlinge und Kohlmeisen, die vom Nußbaum wegflogen, gaben der Erscheinung noch mehr Schwung zu ihren Gebärden, und ein leichter Wind, der zugleich etwas Schnee von der Gartenmauer herabstäubte, tat noch das seinige dazu. Die tanzende Gestalt hatte ein Aussehen, als käme sie aus einer Landschaft daher, von der keiner mehr wußte, wie man dahin gelange. Wie ein Rüsselhorn streckte sich vom oberen Rande des einzigen Auges, das groß und zunächst fremd und befremdend aus sich blickte, mitten von der Stirne her, ein Ast über ihr Gesicht. Zwei Arme kraulten sich empor. Der gutmütige, große Mund schien, als bliese er ein Fieplein. Und die Beine tanzten wahrhaftig, daß es kein Tänzer selbst vom Ballett des längst verblichenen Sonnenkönigs hätte vollendeter tun können.

Da schüttelte ein Krähe, die dem Vorgang zugesehen hatte, ein Schneehäubchen von ihrem Haupte, das sich angesammelt hatte, während sie darüber nachdachte, wie vornehm die russischen Krähen mit ihren schwarzen Hosen, die sie bei grimmiger Kälte trugen, aussahen. "Hosen, Hosen!" krähte sie dann einige Male und hackte fest an der Nuß, die sie mit dem Fuße hielt und die sie, bevor noch das Einaugige zu tanzen begann, aus dem nur ihr bekannten Versteck hinter dem Sockel der alten griechischen Figur, die in einer Gartenmauernische stand, hervorgeholt hatte.

Das Denkwürdige an allem, sann die Krähe in sich herum, ist ja das, daß auch diese Figur in einer Tanzhaltung auf ihrem Orte stand; aber es gab doch einen großen Unterschied zwischen den beiden Gestalten, dem Einaugigen und dieser Figur. "Hosen, Hosen!" rief die Krähe wieder laut in die winterliche Stille und hackte abermals an ihrer Nuß; wohl, die Figur verharrte immer in einer Haltung, während das Einaugige sich bewegte. Peck, pick, pick! tönte es von der Krähe her. Die Nuß war geöffnet und der Schmaus hätte beginnen können, wäre nicht ein Räuber herangeflogen, um der Krähe ihre Nahrung streitig zu machen. Es war eine Krähe, die vom Nachbarbaume berechnend zugesehen hatte. Das Bellen eines Hundes hinter der Mauer hatte den Räuber verscheucht, die Krähe mit der Nuß aber war davongeflogen.

Das Einaugige machte über den Vorfall ein so großes Auge und verzog die Braue, als wollte es untröstlich weinen. Sein Mund schien in leichtes Zucken geraten zu sein: Könnt ihr denn nicht Frieden halten? Kommt, seht her, ich tanze euch etwas Neues vor, ich spüre, das wird großartig gelingen!

Und wirklich, das Einaugige machte Bewegungen, daß man in lauter Verwunderung verfiel.

Die Krähe mit der Nuß war zurückgekehrt und labte sich an der geretteten Gabe. Dem Hund hinter der Gartenmauer, der vorhin gebellt hatte, schien nichts mehr ungebührlich vorzukommen, er war nicht mehr zu hören.

Da geschah etwas Unglaubliches.

Die alte griechische Figur geriet außer Rand und Band, in sie kam Bewegung, als wollte sie dem Einaugigen entgegenspringen; der eine hochgehaltene Arm mit der anmutigen Hand und den zierlichen Fingern glitt abwärts und polterte in den Schnee. Das Einaugige erstarrte dabei, denn es hatte — was niemand ahnte — immer nach diesem wunderschönen Kunstwerk geblickt und sich in seinem tiefsten Innern danach gesehnt, den Ausdruck dieser Hand, die nun im Schnee lag, einmal mit ihr zugleich auszuführen.

Der Aufschlag, den die Figur aus ihrer durch Verwitterung verursachten Verstümmelung geäußert hatte, lenkte die lesende Dame hinter dem Fenster des gotischen Erkers, aus dem man in den Garten schauen konnte, aus ihrem Frieden. Als sie gewahrte, was mit der Figur im Garten geschehen war, klingelte sie nach ihrer Magd. "Ach, Hedwig", sagte sie zu ihr, "jetzt ist es doch passiert, die Kälte hat dem Sprung in der Figur zu arg zugesetzt. Wir hätten im Herbst, als wir ihn entdeckt hatten, doch den Bildhauer verständigen sollen, er hätte diesen Schaden verhindert."

Ein heftiger Windstoß erschütterte das Einaugige. Es zog sich für immer in den alten Nußbaum zurück und glotzte fassungslos daraus in den alten Garten.

Sein Rüsselhorn sah jetzt vom Munde abwärts wie ein langer Pfeifenschaft, und die kleine Dampfwolke vom Atem der abfliegenden Krähe, die inzwischen ihre Nuß verzehrt hatte, hing daran, als rauchte das Einaugige nachdenklich in die feine Winterdämmerung, die langsam alles zu bläuen begann.

"Hosen, Hosen!" hörte man noch einmal hinter davonrauschenden Krähenschwingen verhallen.

Josef Blaschek †
Hodschag — Frankfurt a. M.

Josef Blaschek (Pseudonym: "**Ernst Hodschager**") wurde am 31. März 1925 in Hodschag (Batschka/Jugoslawien) geboren. Schulbildung: Deutsche Elementarschule im Heimatort. Gymnasium in Sombor, Subotica und Kalocsa. Unterrichtssprachen: Serbisch, Ungarisch. Medizinstudium an der Universität Zagreb (Agram). Prägung und Freundeskreis: die Internate "Paulinum" in Subotica, Kleines Seminar Kalocsa und Christusjugend in Hodschag. Ideelle Vorbilder waren ihm Andreas Hofer und Leo Schlageter. Seit 1957 war er Dorfarzt in der Batschka, zunächst in Lalić, dann in Doroslovo. 1966 Übersiedlung in die Bundesrepublik Deutschland. Krankenhausarzt in Penzberg und Neuburg a. d. Donau und seit 1969 selbständiger praktischer Arzt in Frankfurt am Main. 1987 Aufgabe der Arztpraxis aus gesundheitlichen Gründen. Schrieb seit seiner Jugend, hauptsächlich Gedichte. In seinem literarischen Wirken ist er Autodidakt. Das Schreiben fiel ihm nicht leicht. Er schrieb in seiner Muttersprache, in Deutsch. Die Schriftsprache hatte man ihn kaum gelehrt. So rang er um jeden Ausdruck, um Rhythmus und Versmaß. Seine literarischen Vorbilder waren Nikolaus Lenau, Friedrich Schiller, Wilhelm Weber (Dreizehnlinden), Hans Carossa und andere. Mehr und mehr suchte er im Lauf der Jahre mit dem, was er in Worte faßte, dem Ungeheuerlichen standzuhalten: Bedrückung, Drohung, Gewalt, Gefahr für Leib und Leben. Veröffentlichungen: Gedichte und Berichte in "Jugendruf", "Der Donauschwabe", "Donauschwaben Kalender", "Das Donautal Magazin", "Eckartsbote". 1989 erschien der "Mahnruf" im Oswald Hartmann Verlag, Sersheim. Josef Blaschek alias **Ernst Hodschager** starb am 30. März 1989 in Frankfurt am Main. Sein spärlicher literarischer Nachlaß, ein Gedichtband "Mein Herz hat Lieder", steht zur Veröffentlichung an; verwaltet wird er von Koloman Stumpfögger, Ravensburg.

Das nannte man Petöfi Brigade

1944. Der November hat viele, nie heilende Wunden geschlagen: Allein in Hodschag wurden 183 unschuldige Männer umgebracht, ohne Verhör, ohne Verteidiger, ohne Gerichtsverhandlung. Was hatte man ihnen vorzuwerfen? Nur dies: Sie waren Deutsche. Sie wurden zusammengetrieben, mußten nackt auf dem Acker eine große Grube ausheben. Und dann geschah Mord um Mord, die Leichen der Erschlagenen fielen in die Tiefe. Rasch Erde darüber, erledigt, fertig! Welch unsägliche Brutalität der prva sremska leteća brigada, welch ein Akt des Hasses der Partisanen gegenüber wehrlosen Schwaben! Tito, der "Befreier", triumphierte. Ein Opfer konnte dem Massaker entkommen, Herbert Maler ist der einzige Zeuge dieses Massenmordes. Nie heilende Wunden.

Eine Gruppe junger Burschen war bei der Arbeit. Sie hatten volle Mehlsäcke in den ersten Stock der alten Mühle hinaufgetragen. Nun machten sie eine kurze Verschnaufpause. Das Fuhrwerk würde gleich weitere Beute aus verlassenen Schwabenhäusern herbringen. Dann hieß es wieder zupacken.

Was war das? Der Kleinrichter trommelte und trommelte an der Ecke. Jakob, einer der Burschen, schaute auf die Gasse hinab. Eben verkündete der Kleinrichter, ein älterer Schwabe, in mangelhaftem Serbisch, daß sich am kommenden Morgen alle männlichen Ungarn im Alter von 18 bis 45 Jahren vor dem Gemeindehaus einzufinden hätten. Ein Fernbleiben werde streng bestraft.

"Alle Ungarn? Nun, das geht mich ja nichts an", dachte Jakob. Umso erstaunter war er deshalb, als er auf dem Nachhauseweg zum Mittagessen seine Tante traf und diese ihn sofort fragte:

"Hast du den Kleinrichter gehört? Mußt dich ja auch melden!"

"Ich? Warum ich? Ich bin doch Deutscher!"

"Schon. Aber als du noch in Ungarn in der Schule warst, habe ich dich und eure ganze Familie im Gemeindehaus als Ungarn angegeben. Gertrud Weber hat euch so eingetragen. Und Simo Gagrčin aus Bački Brestovac hat das auch empfohlen", fügte sie noch rasch hinzu.

Jakob verschlug es die Sprache: Mich als Ungarn ausgeben! Eine solche Niedertracht! Das hitzige Gespräch mit dem Onkel fiel ihm ein. Vor einigen Monaten, als die Heimat noch zu Ungarn gehörte, war er aus Neusatz gekommen, um mit Jakob zu reden. Damals munkelte man, alle Deutschen müßten zur Waffen-SS. Für Jakob mit seiner religiösen Überzeugung war schon allein die Vorstellung einer Zugehörigkeit völlig unmöglich. Zur Waffen-SS mit ihrer nationalsozialistischen Weltanschauung? Nie und nimmer!

"Laß dich als Ungar eintragen", hatte ihm der Onkel geraten, "dann brauchst du nicht zur SS."

Lange waren sie beide am Abend in der Kirchgasse auf- und abgegangen und hatten sich schließlich nach erregtem Wortwechsel getrennt. Er, Jakob, sollte abtrünnig werden, sein Deutschtum verraten? Empört hatte er das abgelehnt. Nein. Niemals!
Als im Dorf kurz darauf zur SS ausgehoben und auch auf ihn Jagd gemacht wurde, war er geflohen. Mit zwei Schicksalsgenossen, Haag Sepp und Haumann Pista, hatte er die "Betyár"-Straße, die jede Ortschaft vermeidet, benutzt und unbehelligt Kalocsa erreicht. Außerhalb der Stadt erhielten die drei in einem Pferdestall Quartier. Für einige Zeit führten sie täglich mit dem Ochsengespann Mist auf den Acker, um sich durchzubringen. Diese Flucht war eine Erleichterung für ihn gewesen und hatte sein Gewissen entlastet. Er hatte keinen seiner Grundsätze verleugnet: er war dem Deutschtum treu geblieben, und er war der SS entkommen. Erst einige Zeit, nachdem die Rote Armee, von Osten her kommend, die Theiß überschritten, die Batschka überrollt und kämpfend die Donau überquert hatte, war Jakob nach Hodschag zurückgekehrt.
Wie aber sollte es jetzt weitergehen?
Was hatte der Kleinrichter getrommelt? Am kommenden Morgen alle männlichen Ungarn im Alter von 18 bis 45 Jahren vor das Gemeindehaus! Am nächsten Morgen stand er, wie viele andere aus dem ganzen Bezirk, vor dem Gemeindehaus und wartete. Im Wirtshaus Sujer sollte eine Musterung stattfinden: Man hörte, eine "rendfentartócsapat", eine Polizeieinheit also, werde gebildet, die, gut ausgerüstet, in Ungarn zur Aufrechterhaltung der Ordnung zum Einsatz käme. Sie heiße Petöfi Brigade.
Der Tag verging, ohne daß Jakob an die Reihe gekommen war, ebenso der nächste. Was für ein unruhiges Warten! Denn wie Jakob zuvor nicht zur SS gewollt hatte, so wollte er jetzt auch nicht in die Petöfi-Brigade Titos eingereiht werden. Er nützte die Wartezeit, um ins Stuhlrichteramt zu gehen. Dort war früher der Bezirksvorstand gewesen. Jetzt übte im gleichen Amtsgebäude ein Ortskommandant die Macht aus. Kommandant Pavkov, ein Serbe aus Deronje, mit den Verhältnissen wohlvertraut, hörte sich Jakobs Ausführungen an. Daß er kein Ungar, sondern Deutscher war, glaubte er ihm. Aber an der Eintragung konnte er nichts mehr ändern. "Idi, nećeš se pokajati", (Geh, du wirst es nicht bereuen) wiederholte er fast beschwörend mehrmals. Niedergeschlagen ging Jakob weg. Was konnte er noch versuchen?
Erst am vierten Tag kamen die Meldepflichtigen seiner Gemeinde an die Reihe. Arbeiter und Angestellte der Hanffabrik durften gleich wieder an ihren Arbeitsplatz zurück. Man brauchte sie dort und deshalb wurden sie vom Dienst in der Brigade ausgenommen. Die übrigen bewegten sich langsam auf das Wirtshaus Sujer zu. Dort hörte man Namen aufrufen. Wer auf die Frage "zdrav?" (gesund?) mit "ja" antwortete, konnte, ohne die Kommission überhaupt gesehen zu haben, wieder auf die Gasse hinausgehen. Er war tauglich für die Petöfi Brigade. Wer mit "bolestan"

(krank) antwortete, mußte sich durch den überfüllten Saal drängen, um zum Musterungsausschuß zu gelangen. Bald erschien auch er als tauglich bei den anderen draußen.

Am späten Nachmittag zog Jakob inmitten einer größeren Schar in die Batscher Gasse zum Walter-Wirtshaus. Wer eine höhere Schulbildung hatte, mußte vortreten. Haumann Pista, ein Lehrer, wurde zum Kompanieführer ernannt, Balázs Károly, ein Student, wurde Zugführer des 1. Zuges, und Jakob als Gymnasiast führte den 2. Zug an. Die 1. Kompanie der Petöfi Brigade war formiert. Pferdewagen brachten Stroh, man schüttete es in den Häusern als Schlafstätten auf. Die beiden Zugführer, Balázs Károly und Jakob, quartierten sich beim Baschi-Wirt ein. Am nächsten Morgen wurde auf dem Marktplatz exerziert. Und am Sonntag marschierte die Kompanie freiwillig fast geschlossen mit Trompetenklang zum Gottesdienst in die Kirche.

Während dieser ersten Ausbildungszeit legte Jakob der Kommandantur in der Kreisstadt eine Bescheinigung vor, daß er im Gymnasium in Subotica aufgenommen werde. Er stellte den Antrag auf Entlassung, um sein Abitur zu machen. Das Gesuch wurde abgelehnt, ohne Begründung kam das Schriftstück zurück. Um der Petöfi Brigade den Rücken kehren zu können, machte er den nächsten Versuch. Hilfslehrer wurden dringend gesucht. Er bewarb sich und scheiterte abermals. Resignieren? Nein, das nicht.

Die Petöfi Brigade wurde eines Morgens nach Bačka Topola verlegt und erhielt eine neue Führung. Jetzt zeigte sich, daß sie keineswegs zum Einsatz in Ungarn vorgesehen war: ein erster Transport ging an die Front. Unzufriedenheit über die Zwangsverpflichtung und den himmelschreienden Betrug machte sich breit. Polizeieinheit, gut ausgerüstet, Einsatz in Ungarn! Eine ganz gewöhnliche Militäreinheit waren sie, Kanonenfutter für die Front! Eine Front, an der Jakob als Deutscher gegen Deutsche hätte kämpfen müssen. Dazu kam es allerdings nicht. Täglich wuchs die Zahl der Deserteure, die sich durch Flucht über die nahe Grenze nach Ungarn allem entzogen.

In Viehwaggons ging es nach Bačka Palanka weiter, drei Tage später nach Sombor. Im Gebäude der Handelsschule wurde die Kompanie recht und schlecht untergebracht: Es gab nur eine unzureichende Waschanlage, und der Pumpbrunnen im Schulhof war zugefroren. Kopfläuse breiteten sich aus. Zu allem Übel gesellten sich auch noch weibliche Mitglieder, "Liebesdienerinnen", zur Kompanie, die dem ohnehin nur geringen Ansehen und der fragwürdigen Moral der Brigade sehr schadeten.

Nicht nur die Unterkunft, auch die Ausrüstung der Mannschaft war völlig unzureichend. Keine Uniformen, nur leichte Zivilkleidung jetzt im Winter. Vor allem mangelte es an Schuhwerk. Einsatz in Ungarn? Gut ausgerüstet? Als wieder ein Transport zur Front zusammengestellt wurde, mußte brauchbares Schuhwerk an die Abrückenden abgetreten werden.

Barfüßige blieben zurück. Für sie brachte ein LKW aus Apatin Schuhwerk aus Holz, neue Klumpen. Wie sollte man damit auf Glatteis marschieren, wenn das Gehen schon schwierig war? Militär in Klumpen! Soldaten, die nicht marschieren, sondern übers Eis schlittern, ausgleiten, um das Gleichgewicht ringen, taumeln und torkeln, wie lächerlich! "Klompás brigád", Hohngelächter — und gelegentlich auch Mitleid — begleitete die Klumpen-Brigade durch die Stadt. Wer mit solchem Schuhwerk ins Kampfgebiet abkommandiert wurde, kehrte von der Front mit erfrorenen Zehen zurück.

Wieder eine Verlegung, diesmal ins ehemals renommierte Hotel Sloboda. Die Schlafstätten: Tische und der Fußboden, das Essen ohne jeglichen Geschmack, man bettelte in den Häusern um Salz. Nachts waren alle Eingänge bewacht, besonders der Hintereingang. Dort stand die Wache mit einer deutschen Maschinenpistole, der einzigen in der Kompanie. Die Beutewaffe war freilich nicht geladen, Munition fehlte: es gab keine.

Das Weihnachtsfest 1944 rückte näher. Belázs Károly und Jakob versuchten, Urlaub zu bekommen — ohne Erfolg. Also beurlaubten sie sich selbst — ein riskantes Unterfangen: unerlaubte Entfernung von der Truppe. Für eine Nacht konnten sie im Haus der Familie Schwerer Unterschlupf finden, die zu gleicher Zeit auch über ein Dutzend Mädchen beherbergte, die als Zwangsarbeiterinnen auf dem Flugplatz eingesetzt waren. Am Morgen holte eine Wagenkolonne die Mädchen ab. Balázs Károly und Jakob mischten sich unter die Zwangsarbeiterinnen. So konnte die streng bewachte Brücke über den Kanal ohne besondere Kontrolle passiert werden. Der Heimweg hatte begonnen.

Zu Hause herrschte eine gedrückte Stimmung. Man fühlte sich in Gefahr, man spürte, daß sich etwas Grauenvolles zusammenbraute. Eine Vorahnung, die sich bestätigte: die Verschleppung aller Deutschen im Alter von 18 bis 36 Jahren nach Rußland, auf Kolchosen und in die Kohlengruben im Donezbecken. Wie viele starben dort! Unvergeßliche, schwere Weihnachten 1944. In Hodschag traf Jakob Molnár Jóska, den ehemaligen Kellner bei Heitz, der ebenfalls in der Petöfi Brigade diente. Auch er war ohne Erlaubnis nach Hause gekommen. Er erzählte Jakob, daß der Brigadekommandant betrunken herumgetobt hatte und deshalb eingekerkert worden sei. So genehmigten sich die drei Urlauber noch zwei weitere Tage in Hodschag. Mit einem bulgarischen Militär-Lkw fuhren sie nach Sombor zurück. Das Hotel war leer, ihre Habseligkeiten fort. Nach einigem Fragen und Suchen machten sie das neue Quartier der Truppe ausfindig. Es war ein großes weiträumiges Arzthaus, Wohnung und Praxis von Dr. Julius Strasser, und lag weit entfernt vom Stadtzentrum.

Als sie ankamen, wurden eben im Hof wertvolle Stilmöbel zu Brennholz zerschlagen. In den schönen Zimmern herrschte eine entsetzliche Unordnung. Kostbare Bücher lagen verstreut auf dem Parkett: Heizmaterial! Jakob rettete wenigstens einige Prachtbände deutscher Klassiker vor den

Flammen. Er konnte sie seinem Freund Paul Müller bringen, der sich nach seiner Flucht aus einem Rußlandtransport bei einer serbischen Familie in Sombor versteckt hielt. Paul, der selbst in großer Angst und Ungewißheit lebte, wurde für Jakob Hilfe und Stütze. Wieviel neuen Mut flößte er ihm in all den Widrigkeiten ein: bei klirrendem Frost täglicher Drill, immer noch in leichter Zivilkleidung und Holzklumpen, die erneute Verlegung, diesmal in die Kaserne beim Bahnhof, die jede Flucht schwieriger machte, die Unterordnung unter fragwürdige Vorgesetzte und das Zusammenlebenmüssen mit ihnen.

Da war zum Beispiel der Kompanieführer der 1. Kompanie, Tomka, der Schreihals, ein älterer, korpulenter ehemaliger Häftling. Er behauptete lautstark, daß er als Altkommunist im Gefängnis von Sremska Mitrovica eingesperrt gewesen sei. Sein Landsmann jedoch wußte die Wahrheit: Tomka war keineswegs wegen seiner politischen Überzeugung inhaftiert gewesen. Vielmehr hatte er seine Frau fortgejagt, sich eine andere genommen und deren minderjährige Tochter (15) vergewaltigt. Deswegen war er nach Mitrovica gekommen. Ganz anders war der Kompanieführer der 2. Kompanie. Er lächelte immer, der rundliche Schwabe aus Deronje, und schleifte stets einen langen, viel zu schweren Säbel hinter sich her. Eine willkommene, belustigende Szene im schweren Alltag der Einheit.

Typhus brach aus. Das zog eine sofortige Ausgangssperre und Quarantäne nach sich, aber keine Schutzimpfung. Als erster fiel Molnár Jóska der Krankheit zum Opfer. Erst nach diesem Todesfall wurde eine Schutzimpfung durchgeführt. Viele litten unter Fieber und Schmerzen. Je mehr erkrankten, desto merklicher ließ die Disziplin nach.

Tomka schimpfte tagaus, tagein. Selbst am Abend hatte man vor ihm keine Ruhe. Er kam in die nur von Talglichtern erhellten Unterkunftsräume und drohte: "So geht das nicht weiter! Wenn die Disziplin nicht wiederhergestellt wird, kommt die ganze Brigade nach Sibirien." Diese Drohung wurde in ganz anderer Weise wahr. Bald darauf ging eine Schreckensnachricht um: Man habe sechs faschistische Verräter aus der Brigade entlarvt und verhaftet. Das Kommando ließ diese Behauptung gerüchteweise verbreiten. Es glaubte sie freilich niemand. Die Mannschaft war sich vielmehr darüber einig, daß man den Grund zur Festnahme frei erfunden habe. Auch ließ die Führung ausstreuen, die Parteiparole: "Smrt fašizmu, sloboda narodu!" (Tod dem Faschismus, Freiheit dem Volke!) sei geschändet worden, diese ruchlosen Konterrevolutionäre hätten sie umgedreht: "Smrt narodu, sloboda fašizmu!" (Tod dem Volke, Freiheit dem Faschismus!") In der Brigade wurde es zur Gewißheit, daß einfach ein Exempel statuiert werden sollte, um die Mannschaft einzuschüchtern und absolute Gefügigkeit zu erzwingen. Besorgt und verängstigt fragten sich alle: Ist dieser Willkürakt einmalig, oder wird sich der Vorgang wiederholen?

Darázs Ferencz, Vajska, aus Jakobs Zug brüstete sich: "Ich war heute bei der Schießübung der Beste. Zur Belohnung nehme ich an der Exekution teil." Ein frostiger Morgen. Der Kasernenmauer gegenüber haben sich alle Truppen aus Sombor aufgestellt. Es ist still, unheimlich still. Plötzlich hört man eine Trompete. Sie kommt näher, wird lauter und lauter. Da sieht man auch schon die sechs Unschuldigen. Sie sind an den Händen gefesselt und werden von Schwerbewaffneten eskortiert. Vor der Mauer machen sie Halt. Stillgestanden! Das Todesurteil wird verlesen. Kommandorufe ertönen. Die Gewehre werden geladen, angelegt, eine Salve zerreißt die Stille. Noch ein paar Pistolenschüsse: Sechs jungen Menschen liegen blutüberströmt auf der gefrorenen Erde, tot. Wieder einmal hat die Gerechtigkeit eine Niederlage erlitten. Und Darázs? Er war tatsächlich bei der Exekutionsmannschaft gewesen und hatte mitgeschossen, dieses Scheusal!

Tomka und Genosse Kovács erschienen am nächsten Tag mit anderen, "neuen" Wintermänteln: Die Ein- und Ausschußlöcher waren dürftig zugenäht, aber deutlich erkennbar. Petöfi Brigade! Es gab kein Aufmucken mehr.

Die Kaserne war überfüllt, laufend wurden Transporte an die Front geschickt. Und wieder ging es nach Bačka Topola. Das neue slawische Unteroffiziers- und Offizierskorps der Brigade trug Uniform, hatte militärische Erfahrung — und griff hart durch. Schon nach kurzer Ausbildung kam der Marschbefehl zur Kampfeinheit. Die kurzlebige und ruhmlose Petöfi Brigade erhielt einen neuen Namen: Dopunska Brigada (Ergänzungsbrigade). Obwohl Kolonne um Kolonne an die Front in Marsch gesetzt wurde, war sie immer auf Sollstärke, weil sie ständig wieder aufgefüllt wurde. Anfangs bildeten die Ungarn noch das Gros der Dopunska Brigada, dann aber kamen Neurekrutierte aus allen Richtungen und Völkerschaften, sogar aus dem Banat.

Jakob war jetzt Kompanieschreiber. Mehrmals mußte er mit dem Kompaniechef zum Bahnhof, um die Neuankömmlinge zu registrieren. Einmal brachte ein Güterzug über hundert Jugendliche. Zu Hause hatte man ihnen gesagt, sie würden mit der Bahn zur Arbeitsstelle gebracht. Dramatisch wurde die Situation, als sie merkten, daß sie zum Waffendienst gezwungen werden sollten. Nur mit massiven Drohungen konnte man ihren lauten Protest und ihre Empörung in Schranken halten. Wieder dienten Wirtshäuser als Unterkünfte für die Neuangekommenen. Trotz der aufgestellten Wachposten konnten manche der verzweifelten Jugendlichen fliehen. Täglich nahm die Zahl der Deserteure zu. Die Streifwache brachte keinen zurück.

Tage kamen und gingen. Die Kompanieführung resignierte: Nach Deserteuren wurde nicht mehr gefahndet, lediglich ihre Namen wurden festgehalten. Sollte Jakob jetzt auch die Flucht ergreifen? Aber was würde dann mit Mutter und Schwester und mit den Großeltern geschehen? Hätten sie Repressalien zu befürchten? Er wollte doch lieber noch etwas zuwarten. Vorläufig war er noch Kompanieschreiber. Die Schreibstube war in einem Privathaus eingerichtet worden, in dem auch der Kompaniechef und der Kommissar wohnten. So lernte er die beiden näher kennen. Der Kompanieführer war in der k. u. k. Monarchie Berufssoldat gewesen und hatte als Grenzoffizier gedient. Er war ein schweigsamer Mensch, der oft zur Gitarre griff und schwermütige Lieder sang. Anders der Kommissar. Er war erst 18 Jahre alt, möglicherweise Analphabet, und hatte im Krieg ein Auge verloren. Wenn er zuviel getrunken hatte, überfiel ihn die 'Partisanenkrankheit': er tobte und schoß wild um sich. Sollte man ihm die Pistole entwinden? Man überließ ihn einfach sich selbst und seiner blindwütigen Raserei.

Eines Morgens mußte die ganze Brigade antreten. Flankiert von einer fremden Einheit ging es aus Bačka Topola hinaus. Sie wurden in das ehemalige Internierungslager für Juden geführt. Maschinengewehre wurden in Stellung gebracht: Man internierte sie. Das Osterfest 1945 feierte die Brigade im Lager.

Unter den Internierten waren auch zwei Lehrer aus Serbien. Man nannte sie den Langen und den Kleinen. Sie trugen ihre Volkstracht und an den Füßen Opanken wie in ihrer Heimat. Jeden Morgen nach dem Wecken rief der Lange voller Begeisterung: "Živeo kralj Petar!" (Es lebe König Peter.) Er diskutierte gern und war fest überzeugt, daß der emigrierte jugoslawische König Peter II. nach Kriegsende aus England zurückkehren und das Land regieren würde. Welche Fehleinschätzung der Wirklichkeit: Tito und seine Spießgesellen hatten die Macht ja schon längst an sich gerissen. Niemals wieder würde Jugoslawien eine Monarchie werden, selbst wenn eine Mehrheit der Bevölkerung das wünschen würde. Diese Lösung war auch nicht im Sinne der Alliierten. Solche Ovationen für König Peter II. wurden zu dieser Zeit noch toleriert, wenn auch mit Zähneknirschen.

Was wurde aus dem langen und dem kleinen "učo" (Kosename für Lehrer)? Später wurden sie in Slawonien bei einer Übung zum Spähtrupp eingeteilt. Sie kehrten nicht zurück. Waren sie desertiert? Oder hatte man sie ermordet?

Schon nach kurzer Zeit wurde die Internierung der Brigade wieder aufgehoben. Und weiter ging es. Auf überladener Fähre setzte die gesamte Einheit in Bačka Palanka ans südliche Donauufer über. Immer weiter ging es über Ilok und Vinkovci nach Slawonien hinein. Ihren Weg säumten Zerstörungen, noch junge Wunden des Krieges. Und doch war es wieder Frühling geworden.

Ganze Wagenkolonnen mit Verwundeten kamen ihnen von der Front her entgegen und zogen vorbei. Ihre Schmerzensschreie, ihr Klagen und Wimmern erfüllten die zur Front Marschierenden mit Furcht und Grauen. Das Schuhzeug ging kaputt. Man behalf sich, so gut es ging. Rinderhaut wurde verteilt: In quadratische Stücke schnitt man Löcher in alle vier Ecken, zog eine Kordel durch, band die Hautflecken als Sohlen an den Füßen fest — und weiter ging es, immer weiter. Zwei Kameraden, die wegen ihrer wunden Füße nicht mehr gehen konnten, wurden gezwungen, trotzdem weiterzumarschieren. Sie schleppten sich noch bis zu einem Waldstück mit, dort begingen sie Selbstmord. Es wurde kaum darüber gesprochen, so sehr war jeder mit sich selbst beschäftigt. Endlich Rast in Pleternica! Beim Licht einer Petroleumlampe diktierte der Kompanieführer die Namen derjenigen, die von hier aus an die Front mußten. Als er bei Jakobs Namen ankam, sagte er nach kurzem Innehalten: "Ostaneš!" (Du bleibst).

Am anderen Tag nahm der Brigadekommandant hoch zu Roß die an die Front abgestellte Truppe ab. Von seinem Schimmel aus sah er Jakob außerhalb der angetretenen Formation stehen. Er schrie ihn an: "I ti ćato moras ići!" (Auch du, Kompanieschreiber, mußt mit!) Der Kompanieführer mischte sich energisch ein: "Nein", widersprach er. Ein mühsam gedämpfter, heftiger Wortwechsel folgte. Jakob konnte bleiben. Später erfuhr er, daß sein Fürsprecher der einzige akademisch gebildete Offizier bei diesem Haufen war. Wegen seiner Kenntnisse in Strategie und Taktik zollte ihm der Brigadekommandant hohen Respekt.

Das Röhren vereinzelter Geschütze, das Fauchen eines Granatwerfers, das Bersten der Geschosse und die Salven von Maschinengewehren erfüllten die Luft. Die Verteidiger leisteten wohl kaum noch Widerstand, der Kampflärm ließ nach. Der zurückgebliebene Stamm der Einheit hatte aus der Ferne das Gefecht mitverfolgen können. Er wartete in einem ehemaligen Schulgebäude auf neue Rekruten, die die Mannschaft wieder auf Kampfstärke auffüllen sollten. Aber wo konnten hier in Slawonien noch Wehrfähige ausgehoben werden? Die Männer im dienstpflichtigen Alter kämpften längst in irgendeiner Einheit auf einer der kriegführenden Seiten: als Soldaten oder als Zwangsverpflichtete des freien Kroatien, der Nedić-Truppen des serbischen Generals, der Waffen-SS, der deutschen Wehrmacht, der Ustaša, der Križari, der Četniken, der Tito-Partisanen, und bei weiß wem sonst noch. Eine ganze Woche verging, bis die Dopunska Brigada wieder vollzählig war. Eine Kurzausbildung der Neuen. Dann der Marschbefehl: Im Eilmarsch sollte die kämpfende Truppe erreicht und verstärkt werden. Am 8. Mai 1945 war Waffenstillstand. Als die Brigade bei Agram zu ihrer Kampfgruppe stieß, ruhten die Kampfhandlungen bereits seit vier Tagen.

Die Einheit wurde nach Triest abkommandiert. Petöfi Brigade? In Triest bedeutete dieser Name kaum jemand etwas, Jakob dafür umso mehr. Er wurde bald aus der Armee entlassen. Endlich konnte er das Gymnasium in Subotica besuchen und sein Abitur ablegen. In seiner Klasse war Jakob der Einzige, der der Petöfi Brigade angehört hatte. Für seine und ihre Geschichte interessierte sich hier niemand.

Südslawen

Wie lang noch
werdet ihr
betrogen?

Euch drängt
zum Abgrund
ein Tyrann.

Kehrt um,
verlaßt
die Demagogen,

bevor
der Untergang
hebt an.

Pompeji

An der Kasse ein Gedränge!
Schaulust lenkt zum Schutt den Schritt.
Zum Vesuv erst! Scharen gaffen.
Jetzt Pompeji nimmt man mit.

Gleißendhelle Himmelsfläche,
Mittagsstunde, Durst und heiß,
leere Brunnen, dürre Sträucher,
Kühlung keine weit im Kreis.

Bürgersteige ausgetreten.
Räderspur im Straßenstein.
Kahle Wände, einst Gemächer,
ragen in den Sonnenschein.

Schmerzverkrampfte Aschenleichen
Stellt zur Schau man dieserart:
Für die Gaffer wird das Grauen
in Vitrinen aufbewahrt.

Forum, Tempel, Säulenreste,
Badeanstalt unversehrt,
Rundtheater und Bordelle,
Krug, Amphore, längst geleert.

Auf der Gasse Massen staunen,
gaffen mit Touristenblick.
Noch ein Foto in Pompeji!
Sucherschwenk: Vesuv! und — klick!

Bundesrepublik Deutschland

Ohne Jubel, fast mit Tränen
flüchte ich auf dein Gebiet,
denn vergrämt denk ich an jenen
Ort, das Land, von dem ich schied.

Fern, wo rieseln Nebelschwaden
zwischen Theiß- und Donaustrand,
liegt entartet, leidbeladen,
was ich nannte Heimatland.

**

Wo dereinst die Türken waren,
Dickicht, Schilf die Fläche trug,
Schiffe brachten Siedlerscharen,
emsig werkten Axt und Pflug.

Dörfer wuchsen aus der Erde,
Äcker raunten wohlbestellt.
Mit Entschlußkraft als Gefährte,
pflegt' mein Vorfahr diese Welt.

Niemand konnte jemals ahnen,
daß die Zukunft schlechtgesinnt,
und mit Tito und Kumpanen
ein Zerstörungswahn beginnt.

Vom Despot zur Tat befohlen,
zog ein Trupp von Ort zu Ort;
bestialisch unverhohlen
folgt der Ankunft Schwabenmord!

Wer dem Greuel durft' entweichen
fuhr in Stalins Kohlenschacht,
sank zu tausend Typhusleichen
Lagertod vom Mob bewacht.

Raubgelüst der Auftraggeber
fällte eine Minderheit;
Todesschreie, Massengräber
wurden diesem Zweck geweiht.

Dort verjubelt jetzt die Meute
das erhaschte Hab und Gut;
selbst die UNO schweigt auch heute,
segnet was der Marschall tut.

**

Ohne Jubel, fast mit Tränen
flüchte ich auf dein Gebiet,
denn vergrämt denk ich an jenen
Ort, das Land, von dem ich schied.

Fern, wo rieseln Nebelschwaden
hungrig krächzt die Krähenschar,
liegt entartet, leidbeladen,
was mir traute Heimat war.

Hvar

Das Geläut der Inselglocke
wandert weit auf's Meer hinaus,
kündet nächtlich sanftes Ruhen
allen ohne Sturmgebraus.

Feigen- und Olivenbäume
und Zypressen flüstern kaum,
auch der Wellengang wird leiser,
kosend dort den Ufersaum.

An den grauen Felsenriesen
sammelt sich die Möwenschar,
schrillt noch einmal hochzufrieden,
weil der Fang erfolgreich war.

Muscheln, Krabben, bunte Fische,
Stachelhäuter kugelrund
sind in ihren Schlummerstätten
unten dort am Meeresgrund.

Auf der warmen Wasserfläche
eng beisammen, gleich am Strand
gähnen schwere Fischerboote,
schemenhaft und unbemannt.

Alles will den Tag beenden,
nur der alte Leuchtturm wacht.
Schließ die Augen freudetrunken,
schlaf, mein Junge, gute Nacht.

Müllplatz

Längst gesprengte Festungsbauten,
Klötze aus Beton und Stahl.
Trüb dazwischen Regenlachen
und Gestrüpp, die Zweige kahl.

Nebenan dann eine Senke,
Abfall drinnen aller Art.
Ja, für manches was hier modert
wurde schwer geschafft, gespart.

Als Gerümpel und als Plunder
bringt man dies und das heran.
Unaufhaltsam, ganz gemächlich,
hebt dann die Verrottung an.

Wind und Nässe, Rost und Ratten
nagen, wirken den Zerfall,
leis erfaßt jetzt die Vernichtung
auch den roten Gummiball.

Wandkalender, Kleiderbügel,
Arbeitshose ölbefleckt,
Daunenkissen und ein Kasperl,
der kein Lachen mehr erweckt.

Riesenlatschen, Tageblätter,
aufgeschlitzter Teddybär,
Hängematte, Badetücher
farbenfroh, durchnäßt und schwer.

Kinderwagen, Vogelkäfig,
eine Feder steckt im Draht,
Blumentöpfe, Bildzeitschriften,
selbstgefällig, jedoch fad.

Nagelneue Damenjacke,
sehr viel Geld dafür vertan,
Puppenkopf, auf seinem Scheitel
klebt zerquetscht das Marzipan.

Regenmantel, Luftmatratze,
Zwetschgenkisten überall,
Puder, Maske, Schellenkappe,
noch vom letzten Karneval.

Komm zum Müllplatz,
Wohlstandsbürger,
widme ihm ein wenig Zeit;
hier im Zwielicht weht der Odem
irdischer Vergänglichkeit.

Stefan Blaskowitz †
Batsch — Wien

Stefan Blaskowitz wurde am 25. Juli 1912 in Batsch (ältester Ort in der Batschka/Jugoslawien) geboren. Absolvierte Theologie in Zagreb, Lehrbefähigung in Kalotscha, wirkte als Religionslehrer in Subotica und Sombor (Hauptschule, Präparandie), nach dem Krieg als Priester in Bruck an der Mur, ab 1953 in der Wiener Pfarre St. Nepomuk (Religionsprofessor und Fachinspektor an AHS), lehrte an der Volkshochschule Urania, veröffentlichte Lehrbücher für die 7. und 8. Klasse AHS, zahlreiche Aufsätze in Fachzeitschriften. Veröffentlicht sind von ihm weiterhin folgende Werke: "Das Schwabenepos", "Dr Schwowefratz vrzählt", das Heimatbuch "Batsch", "Michelangelo", mehrere Theaterstücke befinden sich unveröffentlicht in seinem Nachlaß. Professor Stefan Blaskowitz starb am 2. Januar 1994 in Wien.

Das Schwabenepos

Gang der Donauschwaben durch die Geschichte in fünf Gesängen: Der Aufbruch — Das Schwabendorf — Die Völkergemeinschaft — Die Dämmerung — Heimkehr und Verklärung

Aus dem I. Gesang die Ansprache des Ortspfarrers an die Gemeinde beleuchtet die historische Situation im Reich, die zur Auswanderung ins Donauland führte.

"Meine gläubige Christenheit!
Was ihr in dieser Woche Angst durchstanden,
an Hoffnungen geklammert, an Gottvertrauen gehangen,
dem Herrgott in rechtem Sinn geglaubt,
auch zweifelnd bei zuviel Not mißtraut,
das werft jetzt alles hinter euch,
vergeßt es wie Pest und Seuch'!
Ich rätsle so in mir und frage Gott,
was er mit uns hat vor.
Ich ahne mehr, als ich erkennen kann,
daß mit unserer Pfarrgemeind' sich vieles wandeln mag.
Ihr wißt, ich war bei Seiner Gnaden,
dem Bischof unseres Landes.
Bin wohl schweren Herzens über die Straß' gezogen,
fühlte jeden Schritt nach hinten mehr als vorne,
mir summte schon im Ohr des großen Herrn Verweis,
der uns im Namen Gottes zu halten heißt,
wie der Christ in Demut sich beuget, unterwerfet
dem Willen der Obrigkeit und hoher Herren.
Voller Sorgen, unter großer Mühe,
mit einem fetten Klumpen am Rücken,
stapfte ich schwer des Weges bis in den Palast,
und obwohl ich halb verhungert war vor lauter Hast,
wagte ich es nicht, den Rucksack anzutasten
und mit kräftigen Bissen zu entlasten.
Verließ mich die ganze Zeit auf den Geist,
der's mit Fasten macht so leicht,
daß Einfälle nicht säumen auf die Dauer.
So entschloß ich mich, bei der Küchentür zu lauern,
und sobald es keiner merkte, schlüpfte ich hinein,
setzte den Schinken auf den Tisch, als hielt' ich feil
dem Händlerweibe gleich die Ware auf dem Stand,
um den Kunden zu entlocken den Dukaten aus der Hand.

Wenn es nicht gerade Seine Gnaden drängt,
deren Geist gewiß nicht an dem Fleische hängt,
so vielleicht die Köchin findet Gefallen
und höret an mein klägliches Gelalle.
Holdes Glück, wie es mir bis zum Tische treu,
verlieh mir Mut, das war für mich ganz neu.
Gott hat die Hand im Spiel gehabt,
das glaubt getrost, das hatte mich gelabt.
Just traf an diesem Tag, ganz unerwartet,
der Fürst mit Jägern ein ermattet.
Der Bischof stürzte händeringend
in die Küche und forderte dringend,
ob nicht irgendwo ein saftiger Braten
für die hungrigen Mäuler wär' zu haben.
Gütiger Gott, welch Segen sind die Wege,
die deine weisen Räte führen durch das Leben!
Dort auf dem Tische prangte das rosige Stück,
pausbackig, lockend, daß des Bischofs Blick
zu funkeln und zu leuchten hob, und darauf ein Schrei!
Doch glaubet mir, ich schöre euch, er galt allein
nicht dem Schinken, sondern mir, dem armen Pfaffen,
ja, träumet nicht, wacht auf und glotzt nicht wie die Affen!
So, jetzt ist es recht, denn es leuchtete das geistliche Antlitz,
wie eure Gesichter sich gewandelt mit einem Blitz.
Das wär's, hiemit hätte ich kaum noch was zu sagen,
vielleicht den Streich zu erwähnen, den Seine Gnaden
mir vergönnte zu erleben, daß sie es nicht verwunden,
den saftigen Schinken zu meiden, und ich nun munter
schnitt Scheibe um Scheibe, daß dem Herrn Wasser im Munde rann,
und ich mit jedem Schnitt ein Herzensstück von ihm gewann.
So setzte ich den Schinken mundgerechtest vor und schmierte drauf
Satz um Satz mein Anliegen obenauf.
Wohlwollend Seine Exzellenz am Ende meinte:
«Laßt uns sehen, wie das Stück dem Fürsten mundet!»
Ich rieb die Hände voller Freud' ob meiner Künste,
vergaß auf Durst und Hunger,
weil mein Werk so schlau gelungen,
hab' sogar mit lauter Stimme Gott gepriesen,
da stürzte wie von Furien getrieben
der Bischof in die Küche und donnerte den Zorn
über mich und meinen Weiler, und ich schon wie am Horn
des Gemeindestieres mich verspürend,
fuchtelte mit den Armen, zappelte mit den Füßen,
rang nach Luft und Rat, doch der Großen Wut

zeugt mitunter auch der Kleinen Mut,
so fiel mit auch was Kluges ein,
als der Bischof endlich meint,
wir hätten des Fürsten Gnad' verscherzt,
weil wir das Jagdrevier dem Herrn verhext,
und er nicht einen Hasen oder Reh
auf der ganzen Jagd gesehn.
Mein Gott! dachte ich, kann doch mit dem Herrn nicht streiten,
gar nicht verraten, wie ihr das Wild vertreibet,
weil es euch in Fluren argen Schaden stellt,
und der Fürst nicht sinnt nach recht Entgelt.
Löste nun die Not nach meiner Art.
Wie ihr jetzt handelt, eurer Entscheidung harrt.
Derart ermuntert, wagte ich mit Seiner Exzellenz die Händel.
«Wo ist das Wild von euren Feldern?»
bedrängte mich der Bischof zu erfahren.
«Die letzte Kontribution zu zahlen»,
hielt ich, der Kleine, dem Großen stand,
«vermochten wir nicht mehr vom eignen Land.»
«Für den Wildfrevel müßt ihr alle büßen,
schon morgen läßt der Fürst durch seine Leute grüßen.»
«Vergeblich, Exzellenz, wird er sich mühen,
was er auftreibt, sind drei dürre Kühe;
sollen jedoch seine Gnaden mir gestatten,
und Exzellenz mir stehen als Gevatter,
treibe ich in einer Woche auf das Wild,
das der Fürst und seine Herren sich gewünscht.»
«Steckt euren Kopf nicht in die Schlinge,
es könnte euch das Werk mißlingen.»
«Keine Angst, denn müßte ich aufs Schafott,
rechne ich mit eurem Trost vor Gott;
doch müßten meine Leut' dorthin,
geht es ohne Höll' und Teufel nicht umhin.»
Also gut, meinte dann der Bischof,
eine Woche und dann Wild genügend oder Kopf!
«Geht es über eine Woche, Exzellenz, wie's leicht geschehen mag,
so erhält der Fürst für jeden Tag
einen Schinken und zehn Eier als Zuschlag.»

Am Abend, liebe Leute, war uns der Fürst gewogen,
unsere erste Not damit behoben,
er gewährte uns die nötige Weil'.
Nun strengt euch an und schafft euch Zeit,
soviel ihr braucht zu beraten und beschließen,

was uns allen zum Wohle kann ersprießen.
Wenn ich euch Mut noch könnt' einflößen,
möchte ich nicht billig trösten,
wie 'traut auf Gott!' und 'es wird schon gehen',
sondern euch bekennen, daß wir vor einer Wende stehen.
Habt Wagemut, das lernte ich, so stehet euch der Herrgott bei.
Hirn und Herz zusammenreißt,
daß ihr zu einem Schluß gelangt!
Dann ist um euch mir weder angst noch bang.
Betet zu eurem Gott, daß zueinand'
ihr steht und geht durch dick und dünn,
daß ihr nicht streitet um den schnöd' Gewinn,
auch nicht hadert mit dem Jesu Christ,
wenn nicht sofort das Los nach eurem Wunsche ist."

Einig wurden die Leute ohne lange Rede,
daß dem Weiler in der Tat beschieden ist das Ende,
bloß schwankten noch so manche,
ob sie mit dem Schwabenmichel wandern
oder Zuflucht suchen bei Verwandten
in den nächsten Dörfern und Weilern.

Michelangelo

Ein Künstlerdrama in vier Akten:

I. Akt: Die Pieta — der Schmerz im Leben des großen Bildhauers
II. Akt: Das Julius-Grabmal — das Mißgeschick zwingt den Bildhauer zur Malerei
III. Akt: Die Sixtina — das Genie setzt in seinem Lebenswerk das Gegenstück zur Weltschöpfung
IV. Akt: Vittoria — die Begegnung mit der Frau seines Lebens krönt die Tragödie, am Lebensglück gescheitert zu sein.

Aus dem II. Akt die fünfte Szene: Die Begegnung des Künstlers mit Papst Julius II.:

Julius II. und Michelangelo

JULIUS II. Mein Sohn, Modelle will ich sehen.

MICHELANGELO, *auf den Marmor weisend.*
Der Marmor, Heiligkeit, Modell und Werk!
Gefesselt liegen hier die Sklaven, Sieger,
der Auferstehung harren sie im Marmor.
Ich will ihn kneten und meißeln zart und hart,
daß Funken sprühen, Glut den Stein mir forme
und alles Spröde, Zähe brenne rein,
bis er die Maske wirft, worunter er
heller strahlt als Kristall und Elfenbein.

JULIUS II. Zu Schwer machst du es dir, Wahnwitziger.

MICHELANGELO. Ist es schwer, das Wasser aus der Wanne
abfließen lassen, daß der Leib aus ihm erscheine?

JULIUS II. Wozu raubst du mir acht Monate
in Carrara mit Bosseln und Zuhauen?
Schaff Modelle, die Gesellen meißeln.

MICHELANGELO. Das Werk ist mein, das Werk bin ich.
Entsprungen meinem Schöpfergeist, wie soll ich
das Feuer auf halbem Weg ersticken?
Nur der letzte Schlag den Funken löscht.

JULIUS II. So hart dein Marmor, hart dein Starrsinn.

MICHELANGELO. Versengt dann mich, wenn's Feuer an dem Marmor
nicht darf verglimmen, Formen zu entlocken.
Hau ich den Marmor zu, dann spür ich erst,
wie ich dem Nichts die Welt entreiße.
Befreie ich Gestalten, weiß ich recht:
Erobert das Weib, schenkt es nun das Leben.
Modelle meiner Welt die Blöcke hier,
wie Licht und Feuer rein sie alle, wert,
unsterblich zu verkörpern Kunst und Schönheit.

JULIUS II. Verdammter Brand — der Drang nach Ewigkeit!

MICHELANGELO, *sich in Erregung steigernd.*
Ihr kennt ihn, Heiligkeit?
Der Schöpfer schuf den Marmorberg
blendend weiß bei Carrara überm Meer,
mich und Euch zum Werk herauszufordern
und ihm zu geben die lebendigen Formen,
die der Schöpfung wahre Antwort bieten
an ihren Herrn. Gewährt mir Zeit und Mittel,
ich lege drauf mein Leben, Leib und Seele,
verschenke Glück und Liebe, ich vermähle
mich, wie mit einer Frau, dem Marmorberg,
vollende meines Schöpfers Weltenwerk.

JULIUS II. Halt ein, mein Sohn, es grenzt an Frevel.

MICHELANGELO. Was ist die Welt, wenn nicht Verlockung, Reiz,
der aus den Dingen nach dem Schöpfer schreit?
Erde, Blume, Tier und Mensch sein Hauch,
der in mir die Kräfte zum Rufe staut,
daß sein Atem meine Kunst durchströme.
*Kleine Pause des entzückten Nachsinnens. Inzwischen
sind Giulia und Vasari aus der Werkstatt getreten.*

GIULIA, *zu Vasari.* Dem Oheim sehet zu! Er ist gebannt.

MICHELANGELO. Oder ...
Bin ich meiner Sinne nicht mehr mächtig,
gleich der Erde und der Menschheit setz' mich?
Möcht' als Schöpfer in dem Marmor leben,
wie Gott, der Herr, in seiner Schöpfung webet?

Hinterließ mir Gott, der mich besiegte,
unvollendet seine Welt in Dingen,
bleibt der Marmor mir das Lebensziel,
in ihm mein Lebenssinn zu suchen gilt.
Es sei des Lesens kundig bloß der Meister,
so liest er klar am schmiegsamen Stein das leise
Gefühl, die starke Wallung, Zorn und Haß,
der Liebe Macht, der Launen Spiel und Spaß.

JULIUS II. Mein Sohn, du schwörst gefährlich eine Welt
herauf, für die zuerst ich Menschen suche,
die sie ertragen, ohne irr zu werden.

MICHELANGELO. So plant's der Schöpfer mit seiner Kreatur.
Von untern drängt der Schrei aus der Natur,
die Schöpfung nach Befreiung zutiefst seufzet,
von oben lockt der Ruf zur höchsten Freude
in Einigung von Gott und Welt und Mensch.
Der Arme oder Sklave diesen Einklang fälscht,
wenn er in seiner Not um Hilfe schreit
und zum Teufel jagt die Tyrannei?
Ist er von dem Schöpfer nicht gerufen,
zu brechen knebelnde Ketten, stampfende Hufe?
Drang und Ruf in mir sind, Vater, eins,
stapfen ihren Weg zur Ewigkeit.
Gebt frei den Lauf zum Heil!

JULIUS II. Um diese Macht beneid' ich dich.
Wär' der Einklang von unten und oben mir gewährt,
müßte ich keine Kriege führen.

GIOVANNI d. M., *mit Bibbiena aus dem Vatikan tretend.*
Es bitten die Gesandten zum Empfang.

JULIUS II. Balgt Ihr Euch mit den Steinen,
Rebellen will ich in die Zange nehmen.

BIBBIENA. Ums Grabmal geht's?

MICHELANGELO. Ich zeige Euch die letzten Skizzen.
Eilt in die Werkstatt, Giulia und Vasari treten zurück.

JULIUS II., *sich wendend.* Die Symphonie in Marmor! Seine Kunst
ist auch danach. Was wollt Ihr mehr?

BIBBIENA. Ein Grabmal vor dem Kriegeszug?
Giovanni, findest du das nicht als Omen,
ungünstig für die Einigung Italiens?

JULIUS II. Was sagst du?

GIOVANNI d. M. Aberglaube!

BIBBIENA. Den Tod vor seiner Stunde wecken?
Italien des Herren und Retters harrt,
die Künstler Eurer Gunst und Sporns bedürfen.
Soll die Welt an Not und Armut untergehen,
weil Euch unnütz das Bild des Todes quält?
Leben ist des Zeugers Werk, nicht Sterben.

Wer hat unsere Väter ermordet?

Ein schwäbisches Drama in fünf Akten

I. Akt: Sommer 1944 — die Spannung vor der Flucht
II. Akt: Herbst 1944 — der Einbruch der Partisanen ins Donauland, das Lagerleben, die Verschleppung
III. Akt: Analyse des persönlichen Schicksals der Vertriebenen
IV. Akt: Ringen der Donauschwaben um Existenz und Sinn in der neuen Heimat
V. Akt: Zurückfinden und persönliche Entscheidung in der neuen Existenzweise

Nachkommen, Kinder und Kindeskinder einer vertriebenen donauschwäbischen Familie, donauschwäbische Kirchweih mit Vertretern der Dorfgemeinschaft aus der alten Heimat, unter ihnen ein serbischer Arzt und ein ungarischer Apotheker, wobei auf die Ereignisse in der alten Heimat rückgeblendet wird und an diese Überlegungen über die neue Heimat angeknüpft werden.

Aus dem V. Akt

LENI. Habt ihr euch selber auf die Folter gespannt, vertragt ihr leichter die Qual an überreicher Tafel, die uns zwei hervorragende Kenner der köstlichsten Schwabenspeisen servieren. Zu meiner Rechten bietet der Vertreter der Landsmannschaft Kostbarkeiten, die euch in den Bann des Schwabentums nehmen, daß keiner nach Namen oder Herkunft fragt, vielmehr vor Staunen die Gefühle überschäumen läßt, welchen Reichtum an Schaffensfreude die Schwaben entfaltet haben. Zu meiner Linken der Vertreter der Landesregierung, der es zu schätzen weiß, welchen Anteil unsere Kostbarkeiten am Wohlbefinden der Gesellschaft erzielt haben. *Alle lassen ein "Hoch" und "Bravo" erklingen, klatschen in die Hände, stampfen mit den Füßen ...* Welche Ehre meinem Haus! Möge jeder einzelne von euch in körperlichem und seelischem Wohlgefühl den Vorgeschmack des heimeligen Glücks erleben, das wir in der alten wie in der neuen Heimat errungen haben. Darf ich euch alle bitten, Platz zu nehmen und euch die Kostbarkeiten zu Gemüte zu führen. *Alle schicken sich an, Platz zu nehmen, bloß die zwei Vertreter, denen Leni einen Wink gegeben hat, bleiben stehen.*

VERTRETER DER LANDSMANNSCHAFT. Meine lieben Landsleute! Fragt dich dein Sohn: Vater, woher komme ich und wer bin ich Schwabe, so antworte ihm: Dein Urahn zog aus diesem Lande, in dem du jetzt lebst, aus, und Reichsvertreter, der er war, trug er die Reichsidee in den Osten, der versumpft, versteppt, überwuchert war, schuf aus ihm ein Land, das unter dem Fleiß der Schwabenhände zum Segen für alle Völkerschaften aufblühte, doch mitten in voller Reife schlug es ihm der Feind aus der Hand, vertrieb ihn von Haus und Hof, und ärmer als er auszog, kehrte er heim in das Reich seiner Väter. So grausam das Los, das dem Schwaben beschieden war, der Schwabe zauberte es um wie einst Urwald und Sumpf im Osten, er schuf aus Not und Leiden, Verfolgung und Vertreibung, selbst aus Haß und Tod Kostbarkeiten und Schätze, daß ein flüchtiger Blick auf sie, die ich euch präsentiere, reicht, um jenen Reichtum der Seele zu entdecken, den der Schwabe erzeugte. Hier schwelgt die Applonbas mit ihren Küchlen, dort schwärmt der Franzvetter von seinen Leber- und Bratwürsten, hier zerschmilzt der Maritant das Herz vor Weh und Liebe, dem Kind im Hungerlager nicht einen Tropfen Milch geben zu können, dort ringt im Straßengraben der Hans mit dem letzten Seufzer nach der Heimat aus, da weint der eine, dort jauchzt der andere, im Lager verhungert, der vor ein paar Tagen noch am reichgedeckten Tisch gesessen, auf dem Marsch ergeht sich der eine im verlockenden Traum vom Reich, der andre in quälender Angst um den Ausgang des Krieges. Bild an Bild reiht der Schwabe, dichtet die Schwäbin, daß die Welt zum Staunen kommt, welch herzhafte Töne, tiefempfundene Gefühle uns das Schicksal entrungen, daß selbst Menschen, die kaum der Schriftsprache kundig, zur Feder greifen, um das schwergeprüfte Leben zu bewältigen. Meine Donauschwaben, diese Schätze sammelte unser Haus, um sie euch anzubieten. *Leni nimmt das Tuch von dem einen Tischchen, die Anwesenden staunen über die Bücher.* Jeder von euch schuf und litt an den Schätzen, jeder von euch baute an unserem Haus, jeder von euch bediene sich des Werkes. *Schweigend nähert sich der eine oder andere dem Tischchen und nimmt ein Buch. Leni bietet inzwischen dem Vertreter der Landesregierung das Wort.*

VERTRETER DER LANDESREGIERUNG. Was ihr Donauschwaben mit eurer Hausbestellung errungen habt, nehmen wir Altgenossen erfreut und dankbar auf. Dies laßt mich künden im Namen der Landesregierung. Kein Register, keine Statistik oder Chronik vermag es zu verzeichnen, anhaltender wahrt es euer Geist, der nicht allein in Heimatbüchern und Dokumentationen eure Geschichte verewigte, derselbe Geist zog seine Wege durch das ganze Reich und stärkte mit eurem Fleiß, mit eurer Ausdauer, mit eurem Lebenswillen das gesamte Deutschtum, aus der Not der Vergangenheit die festen Grundlagen für die Existenz und die Zukunft zu bauen. So still ihr euer Los getragen, so verhalten ihr und ohne Aufsehen zugepackt und geschaffen habt, so selbstverständlich fließt ihr ein in unsere Gesellschaft. Im Namen der Landesregierung laßt mich den Dank dafür aussprechen.

ALLE. ... schreien *durcheinander*. Hoch, bravo! Ein Glanzstück, Leni ... Ein Meisterrezept! ... Ein glorreicher Einfall ... Eine Überraschung ... Die Speis und Trank vergessen macht ...

LENI. Greift zu! *Die meisten nehmen Platz am Tisch, essen und trinken, andere greifen nach den Büchern.*

GEORG. Leni, Leni, wie hast du es bloß zustandegebracht, uns so neugierig auf deine Kochkunst zu machen?

HANS. Wie ist die Tante bloß auf die Idee gekommen, statt mit Speisen uns mit Literatur zu überraschen?

LENI. Ich dachte mir ganz einfach, mit den Speisen habt ihr euch dank der schwäbischen Gastfreundschaft der Eichingers vollgestopft, wer denkt da noch an weiteres Essen?

Marie Bodo
Schuschara — Brotdorf

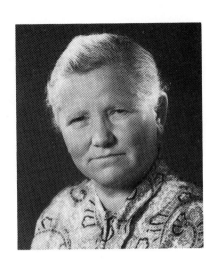

Marie Bodo wurde am 21. Juli 1907 in Schuschara/Susara/Sanddorf (Banat/Jugoslawien) geboren. Weil der Vater im Ersten Weltkrieg gefallen war und unmittelbar darauf die Mutter verstarb, wurden Marie und ihre Geschwister an Verwandte und Bekannte "verschenkt". So kam die Zwölfjährige zu ihrer Tante, die sie in den Dienst bei Bauern schickte. Mit 19 Jahren flüchtete Marie in die unweite Stadt Werschetz. Dort wurde sie von einer Judenfamilie aufgenommen, wo sie gut behandelt wurde und nicht nur kochen, sondern auch "Manieren" lernte. Sie heiratete dann einen Tagelöhner und gebar in ärmlichsten Verhältnissen fünf Kinder. Durch den Krieg verlor sie ihren Mann, und als alle Deutschen 1944 von Titos Partisanen interniert wurden, war Marie mit ihren Kindern unter ihnen. Durch den Einsatz eines Schwagers kam sie aus dem Lager, lebte bis 1964 diskriminiert unter Fremden, erhielt dann endlich die Ausreisebewilligung in die Bundesrepublik. Heute lebt Marie Bodo bei ihrer Tochter im Saarländischen von ihrer kleinen Witwenrente. Ihre als Analphabetin verfaßten volksliedhaften Gedichte wurden in Buchform herausgegeben. 1987 erhielt sie dafür die Ehrengabe des Andreas-Gryphius-Preises der Künstlergilde Düsseldorf.

Die vier Jahreszeiten

Der Frühling kommt.
Der Frühling blüht.
Der Frühling kommt!
Die Schwalbe zieht.

Der Frühling kommt!
Die Schwalbe klein,
sie zieht in meinem Häuschen ein.

Der Sommer kommt.
Der Sommer glüht.
Der Sommer kommt!
Die Schwalbe zieht.

Die Schwalbe groß,
die Schwalbe klein.
Alle nisten in meinem Häuschen ein.

Der Herbst, der kommt.
Der Herbst, der zieht.
Der Herbst der kommt.
Die Schwalbe flieht.

Mein Haus ist leer.
Kein Schwalbenlied.

Der Winter kommt.
Das Nest ist leer.

Das Nest ist kalt.
Mein Herz ist leer.

Mein Häuschen hab' ich nimmermehr.

Ostersonntag

Röstgerste, heiße Ziegenmilch,
in aller Morgenfrühe.
Tulpen, Flieder, Hyazinthenblüte,
weiße Schuhe, weißes Kleid, und weiße Strümpf.
Rosmarin, Myrthe, weißer Flieder.
Auf der Gasse singen Kinder
frühe Morgenlieder.
Schwalbe, Kuckuck, Finken,
alle kehrten wieder,
und in aller Frühe
blasen Hirten Morgenlieder.

Auferstanden,
auferstanden ist er wieder.

Dunkle Frauen, weiße Mädchen
knien in der Kirche nieder.
Hirten blasen ihre Morgenlieder.

Es ziehen Schwein, Ziegen und die Kühe.
Röstgerste mit heißer Ziegenmilch,
in aller Morgenfrühe.
Zum Mahl: Rapunzel, Lämmchenfleisch
und Hühnerbrühe.

Auf die Weide ziehen Schwein, Hirt, Ziegen
und die Kühe.
Hirten blasen in aller Morgenfrühe.
Karamel und Doboschtorte.

Auferstanden,
auferstanden ist er.

Mein Gärtlein klein,
mein Gärtlein fein:
Grundbirn, Zwiebel, Bohnen, Reben,
alles hast du mir gegeben,
Veilchen klein und Quitten groß.
Mein Gott, wo ist mein Gärtlein bloß.

Mein Gärtlein klein,
mein Gärtlein fein:
Hyazinthen, Rosen, Georginen,
ach, mein Gärtlein klein,
wie konntest mir entrinnen.
Mein Gärtlein klein,
mein Gärtlein fein.

Kommt der Frühling,
kommt die Schwalbe.
Kommt der Frühling,
baut die Schwalbe
Nest in meinem Häuschen.

Kehrt die Schwalbe
nimmer wieder,
wer wird jetzt mein
Häuschen hüten?

Kehrt die Schwalbe
nimmer wieder.
Kommt der Frühling
nimmer wieder.

Kommt der Frühling
nimmer wieder.

Häuschen hatt' ich:
Zimmer, Küche, Brunnen.
Und einen Ziegenstall
mit zwei Ziegen.
Und Katz' und Hund, Hühner sieben.

Weißes Mehl in einer Kiste,
Ziegenmilch und Marmelade,
Käse, Topfen, Buttermilch
von meinen lieben Ziegen.

Sonnenblumenöl in einem Fläschchen,
Bienenhonig in dem kleinen Fäßchen.
Um das Fäßchen gelbe Wespen fliegen.

Gärtlein hatt' ich:
Sellerie, Majoran und Rosmarin,
Quitten, Äpfel, rote Rüben.

Majoran und Rosmarin.

Häuschen liegt in Trümmern,
Ziegenstall, die Küche und das Zimmer.
Geschlachtet sind die beiden Ziegen
und dazu der Hühner sieben.
Katz' und Hund
sind auch erschlagen.
Und im Brunnen liegen beide Tiere.

An den Wänden Marmeladeschmiere.
Blut rinnt in die weiße Kiste.
Ziegenmilch und Marmelade.
Käse, Topfen, Buttermilch
von meinen armen Ziegen.

Sonnenblumenöl und Honig.
Um das Fäßchen keine Wespen fliegen.
Ach, könnt ich doch in meinem Garten liegen.

Gärtlein hatt' ich:
Sellerie, Majoran und Rosmarin,
Quitten, Äpfel, rote Rüben.

Majoran und Rosmarin.

Häuschen hatt' ich:
Zimmer, Küche, Brunnen.
Und einen Ziegenstall
mit zwei Ziegen.
Katz' und Hund und Hühner sieben.

Majoran und Rosmarin.
Majoran und Rosmarin ...

Das große Wasser ist gekommen,
hat mir alles weggenommen.
Das große Wasser ist gekommen.
Ich kann es nicht verstehen,
oh Gott, warum ließest du dies geschehen.

Wir weinten klein, wir weinten groß,
das große Wasser, es brach los.

Das große Wasser ist gekommen,
hat mir alles weggenommen.
Jetzt bin ich nicht mehr in meinem Haus,
bin arm wie eine Kirchenmaus.

Jetzt bin ich nicht mehr in meinem Haus,
jagt ihr noch die Bettler aus?
Bin arm wie eine Kirchenmaus,
jagt ihr noch die Bettler aus?

Das große Wasser ist gekommen,
hat mir alles weggenommen.
Bin arm wie eine Kirchenmaus,
jagt ihr noch die Bettler aus?

Das große Wasser nahm mein Haus.
Jagt ihr noch die Bettler aus?
Jagt ihr noch die Bettler aus?

Ich hatt' ein Gut: ein Kindlein klein.
Ich hatt' ein Gut: ein Häuschen fein.
Ich hatt' ein Gut: zwei Ziegen mein.
Ich hatt' ein Gut: sieben Hühner klein.
Ich hatt' ein Gut: ein Brunnen fein.
Ich hatt' ein Gut: ein Gärtlein mein.

Ich hab' ein Gut: im Herz das Kindlein klein.
Ich hab' ein Gut: ein Kleidchen fein.
Ich hab' ein Gut: die Augen mein.
Ich hab' ein Gut: die Sorgen klein.
Ich hab' ein Gut: zwei Hände fein.
Ich hab' ein Gut: die Engel klein.
Ich hab' ein Gut: die Kirche fein.
Ich hab' ein Gut: Maria — Mutter mein.
        Maria — Mutter mein.

Ich hab' ein Gut,
Ich hatt' ein Gut,
Ich hab' ein Gut.

Oh, Maria Gnade, ich muß gehn.
Oh, Maria Gnade, nie werd' ich wiedersehn,
        nie wiedersehn.
Mein Kind, mein Haus, mein Erd.
Oh, Maria Gnade, bis ich sterben werd'.

Oh, Maria Gnade, sie kamen mich holen
mit Gewehr und Pistolen.
Oh, Maria Gnade, sie trieben mich
von Hof und Haus.
Oh, Maria Gnade, wann ist es aus?
Wann ist es aus?

Ich hab' das Meer geseh'n,
es war so weit,
es war so schön.

Das Meer ist weit,
ich bin allein.
Hab' keinen mehr, der mich beweint,
das Meer allein nur ist mein Freund.

Ich hab' das Meer geseh'n,
es war so weit,
es war so schön,
es war so breit und groß,
ich hab' das Meer geseh'n.

Hab' keinen mehr, der mich beweint,
das Meer allein nur ist mein Freund.

Ich hab' das Meer geseh'n.

Köln am Rhein

Du schöne Stadt,
und darinnen muß ich lassen
mein herzallerliebsten, schönsten Schatz.
Schatz mein Schatz, du tust mich kränken,
zehntausendmal in einer Viertelstund'.
Könnt ich nur die Freiheit haben,
bei dir zu sein eine Viertelstund'.

Diese Freiheit kannst du haben
wenn du versprichst,
mir treu zu bleiben
bis in die allerletzte Stund'.

Wer hat denn dieses Lied gesungen,
wer hat denn dieses Lied erdacht.
Drei Soldatenjungen,
die haben es gesungen,
bei Köln am Rhein,
bei Bier und Wein.

Novemberabend I

Durch meinen Garten
ziehen schwarze Vogel-Raben,
und vom Ried hör ich es klagen;
rauhes Rufen in den frühen Abend,
schwarze Vögel klagen,
rauhe Abendrufe.
Und das Heulen eines Hundes
hör ich klagen,
durch den Garten.
Schwarze Vögel fliegen.
Schwarze Vögel klagen.

Novemberabend II

Tiefe Wolken ziehen
dunkel übers schwarze Feld.
Lange Kettenvögel
rufen, klagen:
Bald ist es soweit.
Und die Vögel tragen
Wolkenketten weit.
Bald ist es soweit,
bald ist es soweit.

Dezember

Starr ist die Erd',
steinhart —
weiche, dunkelbraune Äpfel liegen —
keine andren Vögel fliegen —
nur die schwarzen Raben
braune, faule Äpfel tragen.

Starr ist die Erd',
steinhart —
letzte Blumen liegen
tot auf starrer Erd'.
Keine andren Vögel fliegen
als die schwarzen Raben.

Braun und grau auf starrer Erd'
meine letzten Blumen liegen —

nur die schwarzen Raben
braune, faule Äpfel tragen.

Weihnacht

Klare, helle Nacht.
Lange Schatten ziehen
über Tür und Wand.
Weiße Wolken ziehen
übers helle Land.
Und ich warte lang
im Dunkeln,
bis der Engel
uns erwacht.

Schreite langsam
zu der Türe.
Schaue in die helle Nacht.
Und ich warte
hier im Dunkeln,
bis der Engel
uns erwacht.

Wenn er nur da wäre

Meinen Sohn habe ich geboren,
meinen Mann habe ich verloren.
Sie kamen ihn mir holen
mit Gewehr und Pistolen.
Sie führten ihn an einen Ort,
verschwunden ist er dort.
Die Feinde, die uns trennen,
fühlen keinen Schmerz.

Bin mit vier Kindern allein geblieben,
das kleinste war noch in der Wiegen.
Einmal wird die Stunde schlagen,
dann werde ich sie fragen:
Wo habt ihr meinen Mann hingetragen,
wo habt ihr meinen Mann hingegeben,
und ich muß tragen das schwere Leben
in bitteren Stunden
und in meinem Herzen die tiefen Wunden.

Was nützet mir mein ganzes Leben,
wenn ich doch keine Freude hab'.
Meinen Mann haben sie fortgetragen,
Gott weiß, wo haben sie ihn begraben.
Ich muß allein auf der Welt herumgehen,
kein Mensch kann mich verstehen.
Wenn er nur da wäre,
dann wäre mir das Leben nicht so schwer.
Es ist ja alles vergebens,
er ist nicht mehr am Leben.
Habe niemand auf der Welt,
der zu mir hält.

Es wollen zwei Brüder streiten

Der Wein kann 's Wasser nicht leiden.
Wie sprach der Wein,
wie bin ich so fein,
mich schenkt man in die Gläser hinein.
Mich trinkt man süß und sauer,
der Wirt so wie der Bauer.
Wie sprach der Wein,
wie bin ich so fein,
mich trägt man in die Kirche hinein,
mich trägt man zum Sakrament,
von Anfang bis zum End.

Wie sprach das Wasser,
wie bin ich so fein,
mich trägt man in die Kirche hinein,
mich braucht man für Kindleins Taufe,
um 's Geld braucht man mich nicht zu kaufen.

Wie sprach der Wein,
wie bin ich so fein,
ich wachse auf jedem Felsgestein.
Mich braucht man nicht ackern,
nur jährlich zweimal hacken.

Wie sprach das Wasser,
wie bin ich so fein,
ich rinn über jeden Felsenstein.
Wär ich zu Dir nicht geronnen,
wärst Du in der Erde zersprungen.
So wollen wir Brüder nicht streiten,
der Wein kann 's Wasser schon leiden.

Albert Bohn
Arad — Oppenheim

Albert Bohn wurde am 13. Juni 1955 in Arad (Banat/Rumänien) geboren, veröffentlichte Lyrik und Kurzprosa in der "Neuen Banater Zeitung" (Temeswar) sowie in den Zeitschriften "Neue Literatur" (Bukarest), "Volk und Kultur" (Bukarest), "Karpaten-Rundschau" (Kronstadt), "Echinox" (Klausenburg), "Forum studentesc" (Temeswar) und anderen Periodika. Bohn war Mitglied der Aktionsgruppe Banat, die Anfang der 70er Jahre der rumäniendeutschen Literatur neue Impulse verlieh. Weitere Veröffentlichungen in den Anthologien: "Wortmeldungen" (Temeswar 1972), "Befragung heute" (Bukarest 1974), "Das Wort ist eine offene Hand" (Bukarest 1977), "Im Brennpunkt stehn" (Temeswar 1979). Nach dem Studium der Germanistik und Anglistik (1975-79) an der Universität in Temeswar war Bohn als Deutschlehrer in Sankt Anna, Kreis Arad, (1979-80) und Arad (1980-81) tätig. Aufgrund des Ausreiseantrages erhielt er 1981 Berufs- und Publikationsverbot. 1983 erfolgte die Ausreise in die Bundesrepublik. Den Vorbereitungsdienst für das Lehramt an Gymnasien beim Staatlichen Studienseminar Speyer (1984-86) schloß Bohn mit der Zweiten Staatsprüfung ab. Ein Typoskript (266 Seiten) dokumentiert die 1985 von Bohn konzipierte und durchgeführte Unterrichtsreihe "Subjektive Alltagserfahrung in kritischer Absicht. Aufklärerische Tendenzen in der rumäniendeutschen Lyrik der Gegenwart". Seit 1983 lebt Bohn in Oppenheim.

Lied der Fischer

Wir schneiden es täglich am Morgen am Abend
wir schneiden und schneiden das Wasser in Furchen
wir schneiden den Nebel am Morgen in Stücke
und lassen im Wasser die Sonne schnell flittern
wir schneiden das Wasser wir schneiden die Sonne

Wir werfen das Blei so sinken die Netze
tief in das Wasser tief in die Sonne
wir fangen die Fische und manchmal Quallen
wir fangen am Morgen wir fangen am Abend
wir fangen die Fische tief aus der Sonne

Wir rudern die Boote die Nacht will sinken
wir rudern und schneiden das Wasser in Furchen
wir schneiden das Wasser wir schneiden die Sonne
wir fangen Fische am Morgen am Abend
wir rudern nach Hause denn schwer sind die Netze.

Hoch am Himmel steht der Bär

und es leuchten sieben Sterne
sieben nur und keiner mehr
sieben Mädchen hab ich gerne
wenn nur eine treu mir wär
von den sieben in der Ferne.

Die Fliegen fallen auf den Boden:

sie sind müde,
die Leute ziehen ihre Loden
an und ihre grünen Hüte.

Am Morgen war es ziemlich kühl,
ich hörte jemanden laut niesen,
der Nebel wollte viel
zu langsam nur zerfließen.

Man eilte fort zum Autobus,
wie immer gab der Mann
der Frau im Tore einen Kuß,
der Herbst fing an,

wem fiel es auf?

Tief fliegen die Schwalben

ein Sommer wird alt:
die Bäume auch
ihr Grün.

so nimm denn das Haus
die Straße den Wind
das Mädchen den Strauch
die schweren Tage und
die leeren
nimm alle Bilder
alle
und binde sie zu Alben.

ein Sommer wird alt
tief fliegen die Schwalben
bald wird es regnen
bald.

Was mit Herrn Buchwald geschah

Vielleicht ist es wirklich nicht leicht, darüber zu sprechen. Die Männer ziehen öfter an der Zigarette als sonst, und die Frauen schauen weg, wenn man sie fragt, was mit Herrn Buchwald geschah. Dabei haben sie ihn doch gekannt, sie haben ihn alle gekannt. Warum schweigen sie dann? Erinnert sich denn niemand an Herrn Buchwald?

"Doch", sagt einer. "Er war mein Lehrer. Das war vor dem Krieg, aber Sie sollten das Fragen sein lassen. Wir wollen kein Verhör. Hier ist nichts geschehn."

Nun, damit könnte ich auch enden. Oder behaupten, es wäre nichts Besonderes geschehn. Die Gestalt Buchwalds habe kaum die Dorflandschaft berührt. Oder er sei nur zeitweilig da Lehrer gewesen, und man habe ihn vergessen.

Das könnte anderswo gelten, aber der Fall Buchwald ist damit nicht abgetan. Ich habe aber noch Zeit. Ich kann noch alles Gesagte verneinen, die Behauptungen zurückziehen, die Vermutungen unausgesprochen lassen. Wem aber würde das helfen? Wem kann man noch helfen? Herrn Buchwald? Was man heute noch von diesem Herrn Buchwald weiß, ist nicht viel, und die Meinungen, die man sich schwer erfragen kann, sind geteilt und nur von ungefähr.

Offen aber bleibt, warum Herr Buchwald das Dorf verlassen hatte. Freiwillig und in großer Eile. Wohin er ging, weiß niemand. Wüßten wir es, hörte das Leben Herrn Buchwalds auf, ein Beispiel zu sein?

Ich habe erfahren, daß Herr Buchwald Deutscher war und Lehrer an einer nichtdeutschen Schule. Doch er war nicht der einzige Deutsche im Dorf. Da gab es noch den Mühlenbesitzer Reindl und den Gemeindeschreiber Hoffmann. Zufrieden und wohlgeordnet lebten auch sie, aßen freitags Nudeln und dienstags Kraut, spielten sonntags immer Karten und tranken dann Schnaps. Das mußte so sein, wenn sie sich nicht kleinkriegen lassen wollten. Ihre Pflicht übten sie schweigend aus, das war der Fehler, als ginge sie es nichts an, wie im Dorf die Menschen zu den Menschen standen.

Sie aßen unbekümmert weiter und nahmen gleichgültig die Zustände wahr, und ich irre nicht, wenn ich sage: In diesem Dorf wäre nie etwas Besonderes geschehen. Schließlich wären auch die Rumänen und Ungarn einig geworden. Das Leben Buchwalds und das Leben aller würde uns unscheinbar erscheinen, wenn nicht jene Frage nach dem rätselhaften Verhalten Buchwalds unbeantwortet bliebe. So aber ist das Ende seines Aufenthalts im Dorfe nicht bestätigt, jeder Angstzustand und Zweifel nicht unbegründet. Plötzlich und unerwartet könnte Herr Buchwald einmal erscheinen und seine Fragen in jedes Haus werfen.

Die Geschichte beginnt so:

Mit jenem Herbsttag 1940, an dem der Mühlenbesitzer Reindl in die Stadt gefahren, in Stiefeln und Uniform aber heimgekommen ist. So daß die Frauen in den Gassentüren ihre Gespräche unterbrachen und die Männer auf den Straßen stehenblieben und ihm stumm nachsahen. Wie dann der Mühlenbesitzer Reindl nacheinander jene drei ungarischen Familien besuchen ging, die zwar noch Aufmuth, Keller und Tittinger hießen, sich aber schon seit zwei Generationen für keine Deutsche mehr hielten. Wie er sie überzeugen konnte, in die "Volksgruppe" einzutreten.

So wurde der Mühlenbesitzer Reindl Ortsleiter und der Gemeindeschreiber Hoffmann Bauernführer. Letzterer hätte seine Aufgabe gar nicht ausführen können, wenn es nicht jene drei Bauernfamilien gegeben hätte.

Herr Buchwald wurde einmal in die Stadt zum "Deutschen Haus" berufen, und er mußte sich rechtfertigen, wieso er als Deutscher an einer nichtdeutschen Schule lehre. Worauf er eingeschüchtert von dem unerwarteten Vorwurf nur sagen konnte, daß er Staatslehrer sei und nie an einer der deutschen konfessionellen Schulen unterrichtet habe. Auch hätten er und seine Frau, die aus demselben Dorf wie er komme, die Felder verkauft, die sie geerbt hatten, und sich um das so erhaltene Geld ein Haus bauen lassen, das zwar nicht das schönste, aber doch ihr eigenes sei.

Da wurde Herr Buchwald im Sprechen unterbrochen, und man sagte ihm, daß es bei den gegebenen Zuständen einfach unzulässig sei, einen deutschen Lehrer an einer nichtdeutschen Schule wirken zu lassen, und daß Herr Buchwald sich für eine der noch unbesetzten deutschen Lehrerstellen zu entschließen habe.

Damit war Herr Buchwald zu wählen gezwungen. Etwas zu bejahen und anderes zu verneinen.

Herr Buchwald blieb weiterhin im Dorf Lehrer an einer nichtdeutschen Schule. Dabei war er sich gar nicht bewußt, was er getan hatte, und ihm in späteren Zeiten ein Denkmal zu setzen, da er sich gegen die Macht zu behaupten versuchte, würde heißen, Herrn Buchwald nicht gerecht zu werden.

Du könntest glauben, die Geschichte hätte ein mögliches Ende erreicht. Aber es ist nicht so, die Fragen häufen sich mit jedem neuen Wort. Jeder Frage kann eine Gegenfrage folgen. Die Möglichkeiten, sie zu beantworten, sind unbegrenzt. Herrn Buchwalds weiteres Leben ist nicht bestimmbar. Ich könnte aufhören, Dir mitzuteilen, ganz unberechtigt aufhören. Ich könnte aber fortsetzen und angesichts der vielen Fragen immer nur weiter fragen, alle wahrscheinlichen Fälle mit einbeziehn. Darum müßte diese Geschichte im Konjunktiv erzählt werden.

Wenn Herr Buchwald in den gegebenen Zuständen das einfach Unzulässige möglich werden ließ und weiter im Dorf blieb, so geschah es aus Gemütlichkeit — er wollte das eigene Haus nicht verlassen — und aus Gleichgültigkeit. Auch die Versuchung, monatlich von der "Volksgruppe" einen Gehaltszuschlag zu bekommen, wenn er an einer deutschen Schule unterrichten würde, konnte seine Haltung nicht ändern.

Den weiteren Verlauf von Herrn Buchwalds Leben als manipuliert und Herrn Buchwald als Opfer eines Zusammenspiels betrachten zu wollen, wirkt unglaubwürdig und tendenziös.

Aber Herr Buchwald wurde trotz seiner 46 Jahre zur rumänischen Armee einberufen und als Verpflegungsoffizier nach Tulcea abkommandiert. Wo er so gewissenhaft und genau alle Auslagen aufschrieb, ja sogar selber täglich auf den Fischmarkt einkaufen ging, daß sein Pflichtbewußtsein im ganzen Regiment Staunen erregte und sprichwörtlich wurde. Allgemein bedauert wurde, daß er nach acht Monaten, höherem Befehl folgend, wieder nach Hause durfte.

Allerdings war inzwischen seine Lehrerstelle besetzt worden, und er mußte täglich in die Nachbargemeinde fahren, um dort an der deutschen Schule zu lehren. Er bekam auch den Auftrag, in seinem Dorfe das Deutschtum zu pflegen, Kurse zur Erlernung der deutschen Sprache zu eröffnen, deutsche Lieder einzulernen und als deutschstämmiger Mann zu seinem Volke zu halten.

Nun war aber Herr Buchwald nicht der Mann, fremden Willen anderen aufzuzwingen. Er lehrte die Kinder der ungarischen Familien Aufmuth, Keller und Tittinger, ihrem Wunsche folgend, etwas Deutsch, aber das schien den Männern aus dem "Deutschen Haus" viel zu wenig, und man wollte ihn bestrafen. Herr Buchwald war aber kein Parteimitglied, so konnte man ihm nichts antun.

Er war nur Mitglied der "Volksgruppe" und Kassenführer im Dorf. Er mußte die monatlichen Beiträge vom Mühlenbesitzer und vom Gemeindeschreiber einsammeln — er zahlte natürlich auch — und dieses Geld an die kinderreichen ungarischen Familien Aufmuth, Keller und Tittinger verteilen. Was Herr Buchwald gern tat, da er anderen zu helfen immer bereit war. Er zahlte für das Winterhilfswerk und aß Eintopfgericht und dachte, das müsse so sein. Seine Tochter Marianne, Mittelschülerin, leistete völkischen Dienst in einem Dorf als Kindergärtnerin während der Erntezeit. Und er war noch froh, daß sie nicht zum Landdienst eingeteilt wurde, nicht aufs Feld arbeiten ging.

Dann kam der Tag, an dem der Sohn des Mühlenbesitzers Reindl und der größte Sohn der Familie Keller zur Waffen-SS einberufen wurden. Als nach einem halben Jahr die Nachricht kam, daß Josef Keller für den Endsieg gefallen sei, verfluchte Josef Keller der Ältere den Tag, an dem er sich für zwei Schuhsohlen und andere kleine materielle Vorteile an die "Volksgruppe" verkauft hatte. Er fluchte laut und er verbot seinen Kindern aufs strengste, jemals eines der wenigen deutschen Wörter, die sie unterdessen von Herrn Buchwald gelernt hatten, auszusprechen.

Die Geschichte ist nicht zu Ende, und sie wird es auch nie sein. Denn was ich Dir gesagt habe, geht nicht nur uns zwei an. Ein jeder könnte fortsetzen, und nach dem letzten Wort folgt ein anderes, und es formen sich Sätze: Ausrufesätze, Fragesätze, Aussagesätze, Verneinungssätze, Imperativsätze. Eine Geschichte, die nicht nur uns zwei angeht, können wir allein nicht bewältigen. Nie.

Im August 1944 wurden der Mühlenbesitzer Reindl, der Gemeindeschreiber Hoffmann und der Lehrer Buchwald verhaftet und in ein Lager überführt. Am 6. September fliehen Frau Reindl und andere aus dem Nachbardorf mit den sich zurückziehenden deutschen Truppen. Frau Buchwald und ihre Tochter Marianne bleiben im Dorf, als einzige Deutsche, da Herr Hoffmann keine Angehörigen hatte.

Am 1. März wird Herr Buchwald aus dem Lager entlassen, man sagt ihm, er wäre nur aus Versehen dahin gebracht worden. Er gehöre tatsächlich nicht und habe nie einer Partei angehört. Herr Buchwald kehrt ins Dorf zurück. Er findet weder seine Frau noch seine Tochter Marianne.

Du könntest mich fragen, wer ich bin und was ich sagen wollte. Ob es einen Sinn hatte, Männer und Frauen zu fragen, die nicht gefragt werden wollten. Du könntest mich fragen, was mit Herrn Buchwald geschehen sei, nachdem er das Dorf freiwillig und in großer Eile verlassen hatte?

Das weiß ich nicht, ich weiß aber, warum er es getan hatte. Ich weiß, daß Herr Buchwald da bleiben und erneut Aufenthalt hätte nehmen müssen. Daß sein Vertrauen in den Menschen erhalten und er allen nützlich geblieben wäre. Daß er so nicht mehr gleichgültig hätte sein können.

Darum sage ich es Dir, und mein Name bleibe ungenannt. Ich könnte Albert Bohn heißen oder auch nicht.

Die Geschichte endet so:

Herr Buchwald klopft mit erstaunlicher Ausdauer. Er klopft an jedes Haus. Keiner öffnet ihm. Herr Buchwald verläßt das Dorf.

So. Jetzt werde ich schweigen und Dir zuhören. Denn was Du sagen wirst, hätte schon lange gesagt werden müssen. Nicht für Herrn Buchwald, nicht für seine Frau, auch für Marianne nicht.

Sondern für andere.

Tulcea

fast vorsichtig steig ich ins Bett der Donau
als ob sie eine Freundin wär
die "schönen blauen" Augen (wie ein Dichter sagte)
sind Teppiche aus Öl
sie schillern prächtig

in Rufweite
schiebt sich ein Hochseeschiff vorbei
ich seh die Neubauten am Kai
das Minarett einer Moschee

auf einem Hügel
wurde aus dem Gedächtnis dieser Stadt ein Denkmal
ein Dorobantze

ein Sonntagsangler steht am Strom der Zeit
ein Schleppdampfer zieht
die Lastkähne der Jahre

während ich dem Ufer zuschwimme
mit meinen Armen Wellen teile
Hunger fühle
und schreiben möchte
ein Gedicht.

Wie man Dorfschullehrer wird

man hat seine Studien beendet
man kann einen magna-cum-laude-Abschluß
vorweisen
trotzdem ist man in dieses Dorf gekommen

das glaubt man allen erklären zu müssen
ist aber nicht nötig
niemand fragt nach den "Lehrjahren"
niemand erwartet eine Rechtfertigung

ein Dorfschullehrer ist schließlich ein Dorfschullehrer
kein Tagedieb
kein Wirrkopf
kein Feld- Wald- und Wiesenmensch

man hat ordentliche Freunde
man duzt den Bürgermeister, den Präses der LPG,
den Arzt, den Tierarzt und die andren Lehrer
man geht ein Bier trinken
man sitzt an einem Tisch

man sitzt nicht mit jedem an einem Tisch
man läßt sich nicht von jedem ein Bier
spendieren
man hat seine Würde
manchmal läßt man sich vollaufen

man ist kein Spielverderber
man versteht Witze

man hat etwas für Frauen übrig
man fährt am Samstagnachmittag in die Stadt
man wird in verschiedene Affären verwickelt
man festigt seinen Ruf als Lebemann

man kann anregend darüber erzählen
man weiß, wie man das erzählen muß
man weiß, wem man das überhaupt erzählen darf
man weiß, wem das Genuß bereitet

man kennt verschiedene Leute
man grüßt
man "empfängt" Grüße

ein Dorfschullehrer ist schließlich ein Dorfschullehrer
kein Nichtsnutz
kein Windhund
kein Hungerleider

Abfahrt

vor dem Gangfenster stehe ich
starre in den Wintermorgen
im Abteil rülpsen
die schlafenden Pendler
aus der Manteltasche des Mittfünfzigers
lugt eine Schnapsflasche

was will er vergessen
welches Unbehagen verdrängen
welche Erbitterung hinunterwürgen

die Hälfte des Lebens in Bahnhöfen
warten
eingefahren
die Züge des Alltags

Schneeräumer legen die Strecken frei

eine Dampflokomotive
erscheint auf dem Rangierhügel
neben dem Verschiebegleis steht
ein Landstreicher
plötzlich schwingt sich Jack London
auf ein Trittbrett
liegt schon im Güterwagen

fortfahren will er
fortfahren will ich

Die Dichterlesung

Liebe Freunde und Genossen,
diese Anrede haben Sie nicht erwartet. Sie sind überrascht. Erstaunt sehen Sie mich an, ziehen die Augenbrauen hoch. Was soll das heißen? Wenn ich Sie von diesem Tisch aus, hinter dem ich mich zwischen Manuskripten verschanzt habe, ansehe, frage ich mich, warum ich sie nicht mit "Meine Damen und Herren" begrüßt habe.
    Sie lächeln. Sie nehmen an, daß ich etwas subtil angedeutet habe. Wahrscheinlich. Sie stellen Vermutungen an. Haben einen Verdacht. Können das aber nicht näher bestimmen. Vorläufig wollen Sie sich dazu nicht äußern. Sie wollen sich nicht festlegen. Sie wollen die weitere Entwicklung verfolgen. Abwarten.
    Sie müssen aufmerksamer sein. Lächeln Sie. Lassen Sie Ihren Nachbarn fühlen, daß Ihnen keine Pointe entgeht.
    Aus Zeitgründen muß ich darauf verzichten, Ihnen weiter zu erklären, was in Ihrem Kopf vor sich geht. Auch würden Sie sonst behaupten, daß ich versuche, Ihre Gedanken in eine bestimmte Richtung zu zwingen, Ihre Entschlußkraft zu beeinflussen, Ihre Persönlichkeit zu manipulieren. Und Sie wissen doch, daß es nicht möglich ist. Nicht mit Ihnen. Deshalb nähere ich mich dem Ende meiner Rede.
    Sie zwinkern mit dem Auge. Bravo. Sie wissen also: Auch das war nur Rhetorik. Ich werde weitersprechen. Nein. Da versucht jemand zu protestieren. Der Herr dort. Er denkt sich: "Sie versuchen uns zu verulken."
    Sie sind erstaunt. Sie fühlen sich durchschaut. Nur nicht verlegen werden. Sonst erkennt Sie Ihr Nachbar. Schon sieht er Sie an. Ironisch, wie Sie meinen. Sie wollen den Saal verlassen. Es reicht Ihnen. Trotzdem bleiben Sie sitzen. Weil Sie neugierig sind. Sie wollen hören, was die anderen sagen werden.
    Einige kritzeln aufgeregt in ihre Heftchen.
    Hoffentlich werden sie sprechen.
    Sprechen Sie.

Auf der Suche nach Äneas

Seinen Vater auf den Schultern, seinen Sohn an der Hand, so flüchtete Äneas. In der kleinen Hafenstadt Antandros sammelten sich die Überlebenden. Der greise Anchises gab das Zeichen zum Aufbruch. Er sollte das Land, von dem er nur wollte, daß es kein zweites Troja werde, nie sehen.

Von Äneas weiß man auch nicht, ob er Latium wirklich gefunden habe, oder ob er, der Irrfahrten müde, einfach ankern ließ. Sicher ist, daß die Jünglinge, die Äneas anführte, dessen Worten glaubten.
Eigentlich hätte Äneas überall Latium finden können. Überall eine Königstochter. Nicht sie, sondern die Überzeugung, daß er das gesuchte Land erreicht, ihre Tragik überwunden hätte, erklären seine Siege.
Die Söhne jener aber, die während der Irrfahrten die Schiffe verließen und der Fragwürdigkeit des je Erreichen-Könnens von Latium, das irgendwo hinter dem Meere liegen sollte, das Handgreifliche eines Inselbodens vorzogen, gründeten Städte, die dann, Troja nicht unähnlich, zerstört wurden.
Manche aber gingen, bedrückt von der Enge ihrer Umwelt, auf die Suche nach Äneas, damit dieser sie weiterführe. Dabei hätte jeder Äneas' Rolle übernehmen können. Denn Äneas war der größte Zweifler unter ihnen. Er hätte nie auf Didos Liebe verzichtet, wenn es nicht alle als seine Pflicht angesehen hätten, sie weiter zu führen.
Der einzige aber, der Latium als Ideal dachte und Äneas als zweifelnden Irrfahrer sah, der greise Anchises, starb, ohne Latium zu sehen.

Heimat

So recht komm ich nicht los
und auch nicht an
wer weiß
ob ich dich finden kann

ich war noch dort
und doch schon da
ich war nicht dort
und war nicht da

jetzt bin ich da
und doch nicht hier
wo find ich dich
wer sagt es mir

Hans Bohn
Klein-Sankt-Peter — Landshut

Hans Bohn wurde am 13. Januar 1927 in Klein-Sankt-Peter/Totina (Banat/Rumänien) geboren. 1940-42 vier Klassen als Privatschüler am Deutschen Realgymnasium Temeschburg; 1943-44 fünfte Klasse an der dortigen "Prinz-Eugen-Schule", 1945-49 zur Zwangsarbeit in die Sowjetunion verschleppt, arbeitete in Kohlengruben bei Stalino-Verovka; 1950-51 Hilfslehrer Deutsch-Sankt-Peter; 1951-54 als Soldat in die Kohlengruben von Lupeni-Uricani eingezogen; Juni 1954 Abitur in der "Loga"-Temeschburg; leitete dann den Literaturkreis "Nikolaus Lenau" der Schüler und Studenten in Temeschburg; 1955-61 Fernstudium der Geschichte und Philologie an der Bukarester Universität; war Mitglied der Temeschburger Zweigstelle des Rumänischen Schriftstellerverbandes; 1955-56 Geschichtslehrer im Annaheim in Temeschburg-Elisabethstadt; 1958-72 Geschichtslehrer an der Temeschburger "Lenauschule"; 1956 wurde er bei der neugegründeten deutschen Abteilung des Temeswarer Rundfunks als Redakteur angestellt. Unter seiner Leitung erreichten die Kultursendungen immer mehr Zuhörer und große Beliebtheit. Er bemühte sich trotz größter politischer und verwaltungsmäßiger Schwierigkeiten um die Einführung neuer Sendungen wie "Menschen und Orte im Banat", "Lyrikstudio", "Banater Land — Heimatland" usw. Allein 1972 erreichte die deutsche Sendung nach Einführung der Musikrubrik "Sie wünschen — wir spielen" die unglaubliche Zahl von 14 000 Zuschriften. Die Zuhörer hatten Bohn auch beliebte Hörspiele zu verdanken wie "Wege haben helle Augen", "Die Antwort gab das Leben" sowie die Serie "Anko". 1985 wurde die deutsche Rundfunkabteilung von den Kommunisten aufgelöst und Bohn in Rente geschickt. Bis nach dem Volksaufstand 1989, als er mit auf der Straße war, hat er nichts mehr veröffentlicht. Dem Volksaufstand aber setzte er ein literarisches Denkmal; auch bei der Aufzeichnung der Tagesberichte des Österreichischen Fernsehfunks ORF wirkte er mit. 1990 Übersiedlung in die Bundesrepublik Deutschland. Seit 1991 Schriftleiter der "Karlsbader Zeitung" und Mitarbeiter beim Temeschburger Heimatbuch.

Sommerregen im Banat

Brühende Erde
Frucht in der berstenden Schale:
gähnt volle Reife in Spalte und Schrund ...
Mit einer Traube
— frühreife Sonnenspirale —
kühlt sich ein Mädchen den Mund.

Regenwolken
lassen den Hauch ihrer Kühle
wie einen Vogel frei aus der Hand ...
Nur noch Erwartung
birgt diese Schwüle
über dem durstigen Land.

Glasschwere Tropfen
malen vereinzelte Narben
auf meine Hände und in den Staub.
Sekunden ... da peitschen Regengarben
Segen und Frische durchs Laub.

Bierschaum aus Stutzen
trinken die Grabensohlen;
die Gasse und Wiese — ein einziger Schwell.
Erfülltes Verlangen
ein Atemholen
... und dann ist es wieder hell.

Pendeluhr

Ticke... Tack...
und weitergehts:
ob erfüllt, ob leer...
Tage werden windverweht,
neue ziehn daher.

Aus dem eig'nen Schwunggewicht
steigt der Pendel auf:
eine Handvoll
Zuversicht
sonnt den Tageslauf.

Schwere Takte
— Bauerngang,
so entschieden, breit:
messen den Zusammenhang
zur Vergänglichkeit.

Denn im Kleinen
wiegt und glimmt
Größe und Geschick:
Was man sich
vom Leben nimmt,
ist das beste Stück!

Uhrenticken,
Tempera...
Abendmüdes Licht:
Ausschlag bringt Erlebtes nach,
doch aus anderer Sicht...!

Ticke... Tack...
ein Zeitentrücken:
Freude bleibt Profit!
Hörst du doch im Uhrenticken
deinen Herzschlag mit!

Ticke... Tack...
und weiter gehts:
nimm dir nichts zu schwer!
Stunden werden windverweht,
ob erfüllt, ob leer...

Die alte Akazie

Noch wiegt sich die Akazie
zeitgrau, im Abendhauch:
am Wurzelgrund — ein Mauerstück
bemalt, von Lampenrauch ...

Ich halt' es treu in Händen,
das Stückchen Elternhaus:
wo Altmutter Geschichten las,
ging längst das Öllicht aus.

Und all die guten Menschen
die hier gesorgt, gewiegt,
ergrauten, wie das Schilfrohrdach
von Zeitennot besiegt.

Als letzter — mit dem Vater
zog ich betrübt hinaus:
der Regen brach das alte Haus,
denn seine Zeit war aus!

Akazienbaum mit Kerben —
verblaßt, manch schöner Traum ...
Doch Du wirst stehend sterben,
allein — am Wiesensaum.

Renatus

Spätnachmittag war es, nah dröhnte die Front,
die Traube hing schwer an den Stangen.
Vorbei an dem Häuschen, in dem ich gewohnt,
führte man dich — kriegsgefangen!

Im Heidedörflein Totina schlug die zweite Nachmittagsstunde vom Kirchturm. Schlaftrunken und sonnengeblendet trat ich in den Hof. Blaue und weiße Trauben lachten aus der Schüssel auf der Holzbank im Hausflur. Mutter hatte sie soeben aus dem Garten gebracht. Die vergangene Nacht, in der ich am Dorfrand Wache gehalten hatte, erschien mir wie ein böser, unwirklicher Spuk. Jetzt lag alles so friedlich da, wohin man auch schaute: Über dem Gartenzaun hingen schwerreife Zuckerbirnen an brüchigen Ästen, freche Spatzen tummelten sich auf dem Brunnenkasten. Allein die ersten gelben Akazienblätter segelten windgelöst auf den Gehsteig nieder. Der leichte Windstoß tat wohl, und dennoch war da etwas, das mir schwer auf dem Gemüte lag. Angst war es nicht, vielmehr eine Art Vorahnung, daß sich da etwas zusammenbraute. Es war das Gefühl von Verantwortlichkeit, das uns Halbwüchsige körperlich-spürbar berührte, waren doch kaum noch richtige Männer im Dorf. Die Zeit schien Stunde für Stunde zurückgehalten zu werden, wie ein Mutterrock von ängstlicher Kindeshand, an diesem schwülen Septembernachmittag. Oder war es die Psychose des Halbwachseins rund um die Uhr, die uns in diesem kleinen Dorf abseits von Landstraße und Eisenbahn in stete Unruhe versetzte? Wir waren eben an den friedlichen Zeitenlauf gewöhnt, wo man abends sorglos schlafen und morgens ungehindert an sein Tagwerk gehen konnte.

Es begann damals, als die Jugendinstrukteure ins Dorf gekommen waren und im Namen von Führer, Volk und Vaterland ihr verbohrtes "Rechts um!" im Gemeindehof erschallen ließen. Wochen nur vergingen, bis unsere braven Dorfburschen das "Robben" und "Kriechen" besser kannten als das Garbenlangen. Man benötigte starke Nerven, das Leben war aus seiner gewohnten Bahn geworfen, und die Menschen mußten erst darauf vorbereitet werden, um ertragen zu können, was auf sie zukam. Nach kurzen Monaten kamen die ersten Briefe, mit dem gleichen Vermerk: "Für Führer, Volk und Vaterland"! Der eine und der andere aus den Reihen unserer besten Jungs war wie ein gefällter Baum zur Erde niedergebrochen, fernab von daheim und ohne die Fragen beantworten zu können, die ihm auf den Lippen brannten. Aber selbst wir Halbwüchsigen wußten damals noch nichts davon, daß die Zukunft für uns ein finsteres Loch werden sollte.

Zwei der Wochenabende gehörten dem kurzsichtigen Doktor Szeles. Er mußte — mal mit der Kutsche, mal mit dem Fahrrad — aus der acht Kilometer entfernten Nachbarortschaft Knes kommen. Oft fluchte der gute Doktor Szeles wie ein Rohrspatz deswegen, doch half es wenig: Als Kreisarzt war er eben verpflichtet, regelmäßig "Luftschutz-Vorträge" zu halten. Furchterregende Sätze hörten sich im Kauderwelsch des Doktors dabei wie tolle Witze an: "... die Yperit und die Phosgen sind sich die geferlikste Gase! Wenn kumm se diese Gase, wir alle machen freck! Ja, brauchen garnix zu laken ... wir dann alle maken krepier!" Wir lachten wie die Rebhühner, keiner ahnte, wieviele Totenscheine der gute Doktor Szeles in der nächsten Zeit ausfüllen sollte! Kaum zwei Jahre vergingen, und auch meine Mutter hielt einen solchen Schein in der Hand. "Auf dem Heimtransport aus Rußland typhuserkrankt und zuhause verstorben! Dr. Szeles." Es war der Totenschein für Vater.

Er kam immer seltener ins Dorf, der alte Arzt. Auch ihm saß die Angst vor den herannahenden Russen im Genick! Und nicht ohne Grund ... die Schützengräben auf der Ketfelder Hutweide und die Gemarkung des benachbarten Kleinsiedel sollten sehr bald schon zu Schauplätzen erschütternder Dramen werden: In den Gräben wurde Senator Dr. Franz Schmitz niedergeschossen, in den Maisfeldern fand man Lehrer Neidenbach hingemordet. Allein dies konnten wir an diesem Frühherbsttag 1944 noch nicht ahnen ...

Mit Blätterkorb und Besen betrat ich die Gasse und stutzte: Da war es wieder, dieses Dröhnen, bedeutend näher gerückt! Ganz so, als hätten gewaltige Druckwellen die dicken Maulbeerbäume entlang der Warjasch-Perjamoscher Landstraße samt Wurzeln aus dem Boden gerissen ...

"Die Deutschen sind mit der "Prinz-Eugen-Division" ins Banat vorgedrungen! Seit gestern Abend donnert es schon da drüben!" Peter Lehnert hatte es den Männern zugerufen, die im Baumschatten standen. Ich sah sie vor dem Hause des Dorfrichters Huba herumgestikulieren, als eine Frau auf der Bildfläche erschien. Die Gängler Franzl kam aufgeregt von der Hutweide her die Gassenecke herbeigerannt: Sie rief den Männern etwas zu, worauf diese wie der geölte Blitz im Hof verschwanden. Zu sehen gab es gar nichts.

Ich war gerade dabei, Akazienblätter in den Korb zu raffen, als ich sie bemerkte: den hochgewachsenen Blondschopf in schwarzer Uniform, eskortiert von zwei blutjungen Sowjets mit vorgehaltenen Maschinenpistolen! Erste Sowjetsoldaten in Totina, welch ein Schreck! Sie kamen rasch näher, auf ihren Feldmützen blinkten rote Emailsterne in der Nachmittagssonne. Eine lähmende Angst machte sich in mir breit, ich wußte im Augenblick nicht, wie ich mich verhalten sollte!

Der Panzergrenadier trug das Eiserne Kreuz auf der Brust. Wegzulaufen war zu spät für mich: Eine messerscharfe Stimme hielt mich im Befehlston zurück, als ich mit dem gefüllten Korb zurück in den Hof treten wollte. "Stoj!" Im Zeitlupentempo ließ ich meinen Korb zur Erde gleiten, sie waren bereits herangekommen. Der gefangene deutsche Panzergrenadier überragte die beiden Sowjets um Hauptteslänge. Sein Gesicht war rußgeschwärzt, die linke Hälfte blutverkrustet, die Uniform versengt. Der kleinere der beiden Sowjets, der bemerkt hatte, daß ihr Erscheinen mir nicht gleichgültig war, rief mir entgegen: "Ne boisse, russki soldat harascho!" Er zeigte dabei mit der Rechten in den Hof, doch im gleichen Augenblick brach der heisere, gequälte Schrei aus der Kehle des Gefangen: "Waa...ss...er!" Der schlaksige Russe machte mir ein Zeichen: "Dawaj woda, dawaj!" Ich rannte durch das offene Tor zur Küche, erwischte den irdenen Krug und hatte ihn rasch am Hofbrunnen mit frischem Wasser gefüllt. Mein Angstgefühl verflog: Menschen, auch nur Menschen, gequälte, durstige Soldaten ...! Öl- und rauchverschmierte Hände griffen hastig nach dem Krug — das kalte Brunnenwasser rann in eine ausgedörrte

Seele, ergoß sich über Kinn und Soldatenrock in den Staub. Die beiden Sowjets ließen ihn gewähren. Der Schlaksige lehnte am Akazienbaum, während der Kleinere mich unauffällig musterte. Der Panzergrenadier reichte mir dankbar den Krug, nach dem der Schlaksige sofort die Hand ausstreckte. "Bist du Deutscher?" Die Frage des Gefangenen traf mich unerwartet. Ich sah zu den Russen hin, doch der kleine Sergent rief glattweg: "Schpreken daitsch!"

"Freilich, ich bin Deutscher!" Zaghaft, raunend kam meine Antwort.

"Hast du etwas Eßbares?" Der Schlaksige beobachtete unser Gespräch, ich führte die Hand zum Mund, wobei ich mit dem Zeigefinger auf das Haus wies.

"Dawaj, camarad!" Er hatte kapiert. Sie schoben den Gefangenen vor sich her in den Hof und blieben unter dem Birnbaum stehen. Der Schlaksige griff sofort nach einer Birne, während der Kleine zurückging und sich beim Toreingang aufbaute. Das Gäßchen blieb wie leergefegt.

Ich hatte ein paar Brotschnitte mit Räucherschinken belegt und trat mit dem flachen Teller in den Hof. Der Mutter, die sich im Gassenzimmer befand, hatte ich ein beruhigendes Zeichen gemacht. Allein der Panzergrenadier griff hastig nach der Brotstulle, der Lange aß ruhig weiter an seiner Birne, und auch der Mann am Tor wollte nichts nehmen! Sonderbar ...

"Ich heiße Renatus, Hannes Renatus Hubach und bin aus Straßburg!"

Die Worte des Gefangenen kamen im Hauchton. "Straßburg, Münsterplatz 19. Merk es dir!"

"Moschne, nitschewo ...!" ließ der Sowjet uns weiter sprechen.

"Du mußt mir helfen, schreibe nach Straßburg!"

Der Lange beim Baum schien uninteressiert, er nahm seinen Proviant aus der Tragetasche.

"Wir müssen etwas tun, die Teufel schleppen mich sonst in die sibirische Gefangenschaft!" Renatus sagte die Worte entschlossen, mit fordernden Augen.

"Ich muß freikommen! in Straßburg wartet Charlotte auf mich, meine Braut ...!"

Die Angst, von den Russen verstanden zu werden, stieg mir zum Halse. Der Russe zeigte keine Regung.

"Helfen, aber wie ...?"

"Wir schaffen es. Beim Herausgehen springst du dem Langen von hinten in die Knie! Er wird hinter mir kommen! Und versuche ihm die MP zu entreißen!"

"Aber das ist doch ...!"

"... im Handumdrehen erledigt! Den anderen kauf ich mir. Wir blasen ihnen die Lichter aus!" Zischend kamen die Worte von Renatus, unmöglich, daß die Russen so gleichgültig sein konnten! Oder ...? Die Angst griff mir nach dem Herzen.

"Alles klar, Kamerad?!" Ich war entsetzt: "Aber das ist doch Wahnsinn! Selbstmord ist das ... Die knallen uns ab wie Hasen!"

"Gelacht! Mit den Bubis schaffen wir's in zehn Sekunden: wir stecken sie bis zum Abend ins Maislaub da in die Scheune, in der Nacht kommen sie ins Loch ... in den Garten!"

Der sture Blick von Renatus spiegelte kalte Entschlossenheit: Ein paar Zivilklamotten hast du doch, damit ich verschwinden kann ...?"

"Vsjo, podiom!" Der Befehl kam in barschem Ton, der Schlaksige machte das Abmarschzeichen. Irgendwie hatte er uns beobachtet, ich wurde diese Vermutung nicht los. Verstanden konnte er kaum etwas haben, aber die Gesten ...! Der Untersetzte, sein Genosse, hatte ihn Rischa genannt, trat zur Seite und schob den Gefangenen zum Gassentor. Mich hieß der Schlaksige, ihm zu folgen. Wieso mich!? Eine Hitzewelle durchzuckte mich bis zum Halse, in den Ohren klingelte die höchste Alarmstufe.

"Idiom na daroga ...!" sagte der Schlaksige auf einmal, und als ich ihn unverständig ansah, ergänzte er: "Chaussé Arad ...!" Rischa, der voranging, legte seine Handkarte zusammengefaltet in seinen Tornister.

Die Sowjets flankierten uns auf den Dorfausgang zu, ganz so, als sei ich ihr zweiter Gefangener. Weit hinter uns ertönte ein Schrei: "Wohin mit meinem Bub!" Meine Mutter, sie stand beim Tor mit erhobenen Händen, doch jetzt kam sie gelaufen: "Was wollt ihr mit ihm, er hat euch doch nichts getan!"

"Nitschewo, nitschewo ... zurik ...!" lachte Rischa hellauf, und dies mußte Mutter beruhigt haben. Sie kam im Schritt und Abstand bis zum Dorfrand. Das Gäßchen blieb wie ausgestorben.

Vor uns lag die Dorfwiese mit ihrem ausgedorrten, frühherbstlichen Gras. Wir bogen den staubigen Fahrweg hinter dem letzten Haus, Richtung Landstraße nach Deutschsanktpeter ein. Bei dem "Kurzen Gewanne", einem mit vollreifen Maisfeldern bestandenen Flurstück, das bis zur Landstraße heranreichte, wurde es brenzlig. Renatus schritt halbrechts von mir und versuchte das Tempo zu drosseln, doch Rischa trieb ihn sofort an. Ein Seitenblick ließ mich erkennen: Hinter seiner Stirne arbeitete es heftig! Rischa hielt den Lauf seiner Wintowka gesenkt und wechselte hin und wieder ein paar Worte mit dem Schlaksigen. Der Rauch ihrer "Papirossja" stieg in den klaren Herbsthimmel. Renatus gelang es, den Abstand zwischen uns zu verringern, als Rischa in die Wegspur des Schlaksigen getreten war. Er preßte es durch die Zähne: "Wir schlagen zu!" Ich verlange eine Zigarette, und du springst dem Kleinen sofort in die Knie!" "Nix zigaretta, tschto tam ...!" Rischa hatte sich uns zugewendet, und der Schlaksige war sofort stehengeblieben: "Ti zurik ... damoj!" Glashart und ernüchternd mußten seine Worte auch auf Renatus gewirkt haben; der Gefangene hatte erkannt: Die Sowjets waren gewarnt!

Vor uns zeichnete sich im Einschnitt des Fahrwegs zwischen den Maisfeldern das dunkelgrüne Band der Deutschsanktpeterer Landstraße, von Maulbeerbäumen umzäunt, ab. "Chaussé Arad?!" Rischa wies mit fragendem Blick dahin. Ich nickte kurz. Renatus stand wachsbleich am Feldrand, sein immer noch rußgeschwärztes Gesicht schien heller geworden zu sein.
"Dawaj damoj! Bistree ...!" Diesmal war es der Schlaksige, der mir unmißverständlich zurief, den Heimweg anzutreten. Seine Maschinenpistole spuckte plötzlich Feuer, er hatte den Lauf hochgerissen und spritzte seinen Kugelregen über das dürre Maislaub. Es war wie ein Blitzstrahl der Entladung, der mich durchzuckte. "Paschli, paschli ...!" rief Rischa mir lachend nach. Ich ging seitlich, dicht am Maisrand, immer wieder zurückblickend. Die Sowjets lachten jetzt beide auf einmal hellauf. Renatus stand immer noch an gleicher Stelle am rechten Feldrand, auch er schien gänzlich verunsichert zu sein. Jetzt setzte sich die Eskorte mit dem gefangenen Panzergrenadier langsam in Bewegung.
Gefangenschaft — dachte ich —, Zeit der verlorenen Freiheit, jedoch kein verlorenes Leben! Sicherlich wird auch Renatus sein geliebtes Straßburg wieder sehen! Die Entfernung zwischen mir und dem Trupp wurde immer größer. Gleich mußte die Eskorte zur Landstraße einbiegen. Plötzlich ein lauter Ruf über den Feldern: "... Münsterplatz 19 ... Straßburg ...!" schallte es langhingezogen.
Von der Troika war nichts mehr zu sehen. Ein böse Ahnung beunruhigte mich, die sich auswuchs, je länger ich hier stehenblieb: Menschen zweier Welten ... Jeden Augenblick konnte das metallische Rattern, das ich befürchtete, aufkommen! Es blieb jedoch ruhig über den sonnigen Feldern. Der Ruch der Reife erfüllte die ernteschwangere Luft. Vor mir lag der Wiesenrand, und ich wollte mich beim Graben ins Gras niederlassen, als ich sie sah: Meine Mutter kam herbeigerannt, sie hatte die Schüsse gehört.
Am nächsten Morgen — einem Sonntag — erzählte ich Dorfrichter Huba, der zu uns gekommen war, mein gefährliches Erlebnis. Der lebenserfahrene Mann hörte mir zu, ohne auch nur ein einziges Mal zu unterbrechen.
"Mach dir keine Vorwürfe, Bub!" sagte Vetter Max schließlich, "... du hast gleich zwei Menschen das Leben gerettet: Ihm und dir selber ...!"
Ein Seufzer der Erleichterung entrang sich meiner Brust ...
Wenige Tage später verließ ein Brief das kleine Heidedorf Totina — er sollte das altehrwürdige Straßburg erreichen. Sollte ...! Ist er wohl jemals dahin gelangt? Keine Antwort. Vielmehr mußte ich selber — drei Monate später — in die Gefangenschaft des russischen Arbeitslagers Stalino-Smolianka. Stacheldrahtzäune, nachtdunkle Kohlenschächte — ade, du goldene Freiheit! Die gleiche Schicksalsverwandtschaft zwischen dem Hannes Renatus aus dem Elsaß und dem Hans aus dem Banat! Vielleicht jedoch erzählt der heute bereits siebzigjährige Großvater seinem Enkelsohn an einem Frühherbstmorgen der Erinnerung eben diese, unsere Geschichte ...

Astkreuze im Wind

Mit 18 aß ich Herrgottsbrot, der Hunger schaute mir aus den Augen. So war ich denn bei der Ausfahrt aus dem Schacht Nr. 5 von Wjetka in das anliegende Kartoffelfeld geraten, und die Wächter hatten mich erwischt. Das Urteil hieß "Strafbataillon"! Der stete Kampf mit dem Hunger führte durch Sommer und Herbst durch diese Einrichtung: Ich war nur noch ein Schatten meiner selbst. Wir Doppelsträflinge wurden bei Tag und Nacht zu jeder noch so schwierigen und erniedrigenden Arbeit eingesetzt.

Die leichte Schneedecke flimmerte blau-violett an diesem bitterkalten Dezembermorgen. Mein halbvermummtes Gesicht brannte wie Feuer, waren wir doch seit anderthalb Stunden dabei, die Lagerklosetts zu säubern. Das Wasser, das wir mit den verbeulten Blecheimern heranschleppten, fror, ehe wir es noch mit den Reisigbesen in die Öffnungen abspülen konnten. Eine ekelhafte Arbeit, die verdreckten Eisklumpen loszuschlagen — die rote Ruhr zeigte desaströse Auswirkungen. Durchdringender Chlorgeruch ätzte die Nasenschleimhäute, da half auch das übergeschobene Tuch nicht viel. Der bucklige Zimmermann war wieder da. Ich haßte diesen Satan von stellvertretendem Lagerkommandant, seit er mir die Grubenlampe auf den Schädel geschlagen hatte. Und nicht nur ich, der ihn zur Hölle wünschte! Seine Spürhunde hatten mich hinter dem Gebüsch aufgestöbert, wo ich mich vor Angst versteckt hielt: Ich wollte um keinen Preis zur Nachtschicht in den Schacht einfahren! Die Wunde war verheilt — der Haß geblieben.

Direkt auf uns zugeschritten kam der bullige kleine Zimmermann jetzt. Kaum daß er die Vorbauwände der "Kaffeebuden" erreichte, schrie er auch schon: "Bistree, bistree ...!" Dieser verdammte Antreiber schimpfte und fluchte laufend russisch — im Gegensatz zu Lagerkommandant Schnur — der wenigstens hin und wieder versuchte, uns abgerackerten, ausgehungerten Lagerinsassen zu schonen. Beide waren sie Wolgadeutsche. Ich erriet es sofort: Umsonst kam der Zimmermann nicht zu den Latrinebuden — irgend etwas hatte er wieder vor mit uns!

"Dawolna, dawaj!" Zimmermanns heisere Krähenstimme befahl uns, Eimer und Reisigbesen hinzulegen und ihm auf dem Fuß zu folgen. Vier Mann trotteten wir hinter dem Buckligen Richtung Isolator her. Ich hatte ein saumieses Gefühl im Magen: zum Isolator also, dieser Todesstation des Internierungslagers von Wjetka! Hier wurden den Frauen und Mädchen die Haare unter den Armen wegrasiert, ja selbst die Schamhaare in erniedrigender Prozedur entfernt; hier verabreichte man ihnen diese lebensgefährlichen Injektionen gegen die Monatsblutung, wobei eine Frau starb, eine zweite irrsinnig wurde und im Lagerhof herumlief. Sie wurde eingefangen und weggebracht, kein Hahn krähte mehr nach ihr! Sonderbar, sonst gab es im Lager doch kaum Medikamente ... Ich, der Strafnoi-

Mann Nr. 7316, machte mir so meine Gedanken auf dem Weg durch den Lagerhof: Ich war eben zum Sterben noch zu jung — andere hatten es sich bereits gewünscht! Unwillkürlich rückte das grauenhafte Erlebnis vom 15. März in meinen Gedankenkreis ...

Die bissige Vorfrühlingssonne der Donsteppe hatte es an diesem Märztag dazu gebracht, daß die Schneedecke langsam matschig wurde und zu schmelzen begann. Der Boden darunter blieb hart gefroren. Wieder war es der bucklige Zimmermann, der uns gegen 10 Uhr aus den Baracken trieb. Achtzig Mann wurden ausgesucht, und Minuten darauf ging es im Eilschritt zum Verladebahnhof. Ein langer Transportzug war eingetroffen. Das militärische Begleitpersonal stand in kleine Gruppen verteilt herum, einige der Soldaten schritten rauchend die Waggonreihe entlang ... Unsere Kolonne mußte vor der Verladerampe anhalten. Zimmermann verhandelte kurz mit einem der Offiziere, wir anderen starrten gebannt auf die geheimnisvollen Transportwagen, aus deren Richtung Gejammer und hilfloses Wimmern zu vernehmen war. Der Zug hielt auf dem letzten Schienenstrang.

"Dawaj!" winkte der Lagerkommandant uns heran, im Handumdrehen kam Bewegung in die Reihen: Je vier Mann wurden wir zu den Waggons beordert. Zimmermann schrie seine Anweisungen in die Reihen, und die Schiebetüren einiger Waggons wurden mühevoll zur Seite gedrückt. Entsetzen erfaßte uns: Infernalischer Gestank dunstete durch die Schiebetür in die kalte Winterluft, warf uns Schritte zurück. Drei zu Skeletten abgemagerte Gestalten lagen bereits im Schneematsch, bevor noch jemand zuzugreifen vermochte! Aus den Waggons wurden weitere Tote herausgetragen und seitwärts zwischen die Schienenstränge gelegt: Polendeutsche, man hatte sie — wie wir später erfuhren — von Bromberg bis Warschau getrieben. Viele, die nicht mehr weiter konnten, wurden von der Soldateska niedergeknallt und in den Straßengraben geworfen. Kaum einer der Männer, die wir aus den Waggons bargen, der selbständig zu gehen vermochte ... Ein Jammer: Der Waggonboden — eine feste Dungschicht aus Heu, Fäkalien und Kartoffelschalen — strömte bestialischen Gestank aus. Einige der Männer, die auf dem Schienenstrang saßen, saugten Schneematsch aus der Handschale, andere wimmerten nach Wasser. Der Ekel hob mir den Magen auf die Zungenspitze, als ich einen Mann mit nackten Armen bemerkte, dem das rohe Fleisch buchstäblich vom Armknochen fiel: Aussatz ... Pellagra ...?!

Hinter einem Stapel Holz nahm ich meinen Kopf in die Hände ... Kein Mensch war mir nachgekommen, das Entsetzen hatte alle erfaßt: Der Hund von Zimmermann stand abseits, auf dem Schienenstrang, und spuckte in der Gegend herum, kalkweiß im Gesicht. Nur zwischendurch krähte er heiser: "Dawaj, dawaj ...!" doch kaum einer, der auf ihn hörte. Lastkraftwagen kamen angerauscht. Die Toten wurden zum einen, die Lebenden zum anderen Lastkraftwagen gebracht. Die meisten Männer schrien, als sie angefaßt wurden. Der Henz-Würstler, ein Mann, der sich noch irgendwie bei Kräften hielt — er kam aus dem Banater Heidedorf Totina — schleppte tapfer einen nach dem anderen zu den Lastern. Wir anderen schoben die Männer zu zweien voran und hoben sie auf die Ladeplattform. Bis zum Abend hin wurde gearbeitet.

1500 Verschleppte waren eingetroffen — tot oder lebendig! 500 Mann davon blieben im Interniertenlager von Wjetka, die anderen wurden fortgebracht. 500 Mann ... waren es an jenem Märztag — heute, nach neun Monaten, waren es nur noch wenige, die überlebt hatten: Martell, Streich, Dickkopp, die ich kannte ...! In jenen Märztagen 1945 hob das große Sterben im Lager von Wjetka an: Sie waren gestorben wie die Fliegen im Herbst, diese "bösen Deutschen".

Die ersten zwei, drei Wochen nach diesem Ereignis schien es, als habe Zimmermann einen Dämpfer abbekommen, jedoch "regenerierte" er sich schnell und wurde sehr bald schon der gleiche Zimmermann, der auf die Lagerinsassen einschlug und auf gut russisch fluchte ... bis man auch ihn, den "getreuen Dummkopf des Bolschewismus", an einem schönen Spätsommertag aus dem Lager von Wjetka nach Sibirien brachte, wie alle Rußlanddeutschen zusammen. Ein "Dankeschön" von Väterchen Stalin! Oh, diese Lagerkommandanten, der Herr möge ihnen verzeihen!

Ich schreckte bei diesem Gedanken auf: Keine zehn Schritte vor mir ging der Zimmermann in Richtung Isolator! Ich war mit meinen Gedanken der Zukunft ein bißchen zu weit vorausgekommen ...

Was er wohl diesmal mit uns vorhatte? Der Oberschlesier, mein Vordermann, stolperte, und ich war fast über ihn gefallen. "Perunna jasna ...!" fluchte der Bursche. Unser Strafnoi-Zug hatte indessen die Vorderfront des Isolators erreicht. Zimmermann führte uns zur Rückseite des Gebäudes, wo sich eine Art von Schuppen befand. Sofort öffnete er die breite Lattentür, und die vordersten — Arthur und Vetter Michel — mußten eintreten. Meine Füße waren zu gefühllosen Eisklumpen geworden ... Quietschend schob der lange Arthur das Schuppentor weiter zurück. Eine Zeltplane mit beiderseitigen Tragestangen wurde herausgeschoben, und Vetter Michel überreichte mir zwei Pickelhacken. Wir kamen auf den Hauptweg des Lagers zurück, Zimmermann schritt uns voran. Kurz vor dem Wachhäuschen schwenkte der Schreihals zur rechten Baracke ab. Unter dem Fenster, auf der Rückseite des Baus, lagen zwei reglose Gestalten im Schnee. Die Männer — beide um die 40 — waren in der Nacht gestorben. Der eine, der soeben in die Plane gehoben wurde, trug jenes gräßliche Lächeln auf den Zügen, das die Auszehrungs- und Hungertoten kennzeichnete. Er hatte im Schacht Nr. 5 gearbeitet. Seit Stunden schon lagen die beiden Toten draußen im Schnee. Was hätte man auch tun können in dieser Misere? Im Vorraum, da, wo die Männer die Nacht hindurch der Reihe nach ihre Kartoffelschalen und Rübenschnitze brieten, konnten sie nicht liegen, im überfüllten Schlafraum ebenfalls nicht ...

Ich schritt mit dem Oberschlesier am hinteren Ende der Zeltplane. Den anderen Toten hatten wir zurückgelassen. Doch kaum war die Vorderseite der Baracke erreicht, als wir auch schon den nächsten Strafnoi-Trupp mit einer Plane kommen sahen. Die Trägergruppe hatte bereits eine tote Frau aus dem Isolator hinauf zum Lagerfriedhof jenseits der Talmulde gebracht. In unserem Trupp übernahm der lange Arthur jetzt das Schrittkommando: "Eins, zwei ...!" Wir mußten Gleichschritt ansetzen, um besser voranzukommen. Zimmermann war beim Lagerausgang stehengeblieben und sah uns nach. Er hatte den Langen zum Chef gemacht und ihm entsprechende Anleitungen gegeben. Der Bursche war schließlich schon Stammgast im Strafbataillon.

Gemischte Gefühle bewegten mich auf Schritt und Tritt, fungierte ich doch erstmalig als Totengräber. Ich spürte, wie mich Gänsehaut überkam. Auf dem von Pulverschnee leicht verwehten Feldweg, der am Vierer-Schacht vorbeiführte, hielt ein russischer Panjewagen. Auf dem Kutschbock saß ein bärtiger Alter, den ich bereits einige Male im Lager gesehen hatte. Er wartete sichtlich auf unseren traurigen Trupp. Wir waren erfreut ob dieser Ablöse, legten die leblose Last auf den Bretterwagen und trotteten nebenher. Die beiden Pickelhacken hatte ich unter den Kutschbock geschoben. Der Einspänner kam nur langsam aus der Talmulde den Hang zum Friedhof der Armen hinauf, den kaum ein paar Grabsteine und Holzkreuze verrieten. Im Gegenlicht der aufsteigenden Morgensonne ratterte unser Panjewagen den Fahrweg zum russischen Friedhof hinauf. Neben Holz- und Eisenmalen symbolisierten ein paar rote Sterne den Bolschewismus für die Ewigkeit.

Der Armenfriedhof für die verstorbenen Lagerinsassen lag halblinks neben einem Dornengestrüpp, gleich über der Talmulde. Eisiger Wind hatte den Schnee dünenartig an die kleine, kaum merklichen Erhöhungen der Gräber gedrückt, die — leider — sehr zahlreich geworden waren. Keine zwanzig Meter mehr und der bärtige Alte hielt den Wagen an. Einige Schritte vom Fahrweg entfernt lag frische Erde aufgeworfen, auf dem neuen Grab steckten zwei zu einem Kreuz zusammengefügte Bruchlatten: Provisorium, perpetua ... A. M. und die Jahreszahlen 1916-1945. Die kurze, sicherlich leiderfüllte Lebenszeit einer Frau aus unserem Lager. Daneben hatten Regen und Wind weitere Grabkreuze aus Ästen und Latten zu Malzeichen schiefgeschoben und zur Erde niedergedrückt.

Mit einem Ruck war der Panjewagen stehengeblieben: "Dawaj!" Diesmal war es der Fuhrmann, der mir die Pickelhacke in die Hand drückte; mit der zweiten Hacke zog Arthur ein großes Rechteck in den hartgefrorenen Boden. Wir begannen mit dem Aufstocken. Jeder Schlag klirrte metallisch, ich dachte auf Anthrazit gestoßen zu sein. Der steingefrorene, von Schlacke, Draht und Kies durchsetzte Boden gab nur winzige Erdbrocken frei, die unser "Perunn", wie wir den Oberschlesier nannten, mühelos zur Seite schob. Eine volle Stunde quälten wir uns, bis es endlich etwas leichter ging. Da erscholl auch schon der tiefe Bariton des Bärtigen: "Dawolna ...!" Der frisch ausgehobene Grabschacht war keine fünf Spannen tief, aber der Alte wiederholte sein "Dawolna ...!" und das war ein Befehl! Der Russe hatte nicht mitgearbeitet, er war zum Wagen zurückgegangen, als wir die Erde aufstockten. Ich selber war in der letzten halben Stunde viel zu sehr beschäftigt und so fuhr mir auf einmal der Schreck in die Glieder, als ich zum Wagen kam: Auf der Zeltplane lag jetzt ein nackter Leichnam, der Graubart hatte die Bekleidung des Toten zusammengebündelt auf den Sitz geworfen.

"Nicht gaffen, he ... los!" schrie er in grobem Russisch und nahm die Stangengriffe der Zeltplane in seine Pranken. Der lange Arthur und Perunn hatten ebenfalls zugegriffen. Mit dem Gesicht zum Sonnenaufgang wurde der Tote, unser Leidensgenosse von gestern, in sein fremdes Grab gebettet. Der Alte hatte kurz entschlossen einen Sprung zum Wagen gewagt und das Hemd des Toten aus dem Bündel gerissen. Ich warf es unversehens über den Leichnam, bevor der Bärtige noch zugreifen konnte. Er sagte auch weiter nichts mehr und drückte den gefrorenen Grund mit einem Brettstück hinab. Perunn arbeitete mit der einzigen Schaufel. Eine unerklärliche Ruhe und Gefühllosigkeit hatte mich ergriffen. Im Handumdrehen war das kleine Grab zugeschüttet: Kaum handbreit hob sich die frische Erde über den festen, frostigen Boden. Kein Kreuz, kein Kranz, kein Amen ...

Der alte Russe murmelte etwas in seinen Bart und ging zum Wagen zurück. Arthur hatte sich wortlos neben ihn auf den Kutschbock niedergelassen und blickte ins Tal hinab. Arthur war ein Mann, der niemals so recht an einen Herrgott geglaubt hat. Ich stand unentschlossen vor dem kleinen Hügel. Der Alte winkte. Nein, so konnte doch kein Christenmensch einen Verstorbenen in die Erde bringen! Es war sicherlich ein Vater, der irgendwo fern eine Familie hatte, die ihm keine Tannenzweiglein in die Ewigkeit mitzugeben vermochte! Perunn stand noch neben mir und putzte den Grund mit einem Holzstück von der Schaufel. Ich ging kurz entschlossen zum Gebüsch hinüber und brach zwei dicke, gerade Ruten heraus, um sie zu einem Kreuz zusammenzubinden. Doch womit? Allein Vetter Michel — er stand etwas abseits — hatte meine Absicht erkannt. Er reichte mir ein kurzes Drahtstück, doch es brach, als ich es zurechtbiegen wollte. So rissen wir Faserstreifen von den Aststücken und konnten damit das Astkreuz binden. Vetter Michel hatte indessen eine trockene Kugeldistel in die Hände genommen und säuberte den Stiel.

Astkreuz und Kugeldistel ... drei so unterschiedliche Männer schmückten damit das armselige Grab ihres Leidensgefährten und Kameraden in Not! Der Oberschlesier stand wie eine steingemeißelte Figur am oberen Ende, die Hände — wie ein Kind — gefaltet. "Vater unser im Himmel ..."

Vetter Michel und ich hielten die Köpfe auf der Brust und sprachen die ewig bleibenden Worte weiter mit in den eisigen russischen Dezemberwind: "Dein Wille geschehe, also auch auf Erden ...!"

Der eisige Nordost peitschte den Pulverschnee über den Höhenzug. Die Kälte drang mir bis auf die Haut, als wir zum Wagen gingen, der bereits in Bewegung kam. Astkreuze im Wind ... Wie lange die Faserbindungen wohl hielten? Bindungen. Gab es so etwas überhaupt noch in diesem pietätlosen Lande, wo selbst die Toten heimatlos in der Erde versanken!? Es dämmerte im müden Lauf der Hoffnungen: Sollten wir auf dieser Welt wohl noch schönere Morgen erblicken ...?

Totina

Noch schlängelt sich der Weg daher
vom Bahnhof, den so oft ich ging:
längst steht die Pappelwand nicht mehr,
die den Novembernebel fing.

Mein Dorf versinkt im Zeitumbruch
geduldig, wie die Mutter starb;
im Trümmerfeld — Dein Rosentuch
von damals, als ich Dich umwarb.

Der schlanke Kirchturm überragt
alles Geschehn im Umkreis weit:
kein Glockenton, kein Uhrenschlag,
ein Bröckeln — Selbstvergessenheit ...

Die Gassen leer — ein Fremdenbuch,
braungelb wie das Akazienlaub
und zeitverweht der Klang und Ruch
von frohem Fest und Erntestaub.

Was Freunde, Jugendliebe sind
und Elternhaus — man nie vergißt.
Mein Herzweh streu ich in den Wind,
das mir allein geblieben ist.

Luise Bohn-Fabri
Reschitz — Unterschleißheim

*Luise Bohn-Fabri (Pseudonym: "**Kristiane Kondrat**") wurde am 11. Dezember 1938 in Reschitz (Banater Bergland/Rumänien) geboren. Studium der Germanistik und der Rumänistik in Temeswar, Deutschlehrerin, Kulturredakteurin bei der "Neuen Banater Zeitung"; literarische Veröffentlichungen in Anthologien, Literaturzeitschriften, Tagespresse, Rundfunk, Lyrikbändchen. Seit 1973 in Deutschland, literarische Veröffentlichungen in Literaturzeitschriften in Deutschland, Österreich und der Schweiz (z. B. in "die horen", "das nachtcafé, "Heft", "Neue Deutsche Hefte", "protokolle", "Literatur in Bayern", "Sterz", "Regensburger Hefte", "Südostdeutsche Vierteljahresblätter" u. a.), in Anthologien, im Feuilleton der FAZ, Lesung am Münchner Literaturtelefon. Lebt als freiberufliche Journalistin (für die SZ tätig) in Unterschleißheim bei München.*

Aufnahmezustand

Der noch nicht gefallene Engel der Gleichgültigkeit schwebt hellblau mit weißen Wölkchen über dem entkernten und geschälten Tag.
Die Gipsköpfe sind aus dem Museum ausgebrochen, stellen sich auf die Tribüne und verhetzen das Volk.
Die Palastwachen treiben die Bürger in die Sackgassen der Stadt und verhängen die Ausgangssperre.
Ein schwebendes Verfahren hat sich in den Fersehantennen der Dächer verfangen, die Stadt versinkt ohne den Übergang des Abends in einer narbenreichen Nacht.
Am nächsten Morgen wird ein Nationalfeiertag verordnet, grelle Tücher flattern von den Giebeln, von der Litfaßsäule schreit eine Sprechblase den roten Schlachtruf herab, der gleiche Schlachtruf an den Fassaden am Hauptplatz, im Schlachthof am Rande der Stadt betäubt man die Rinder mit einem Hammerschlag auf den Kopf.
Tumbe Schnüffler schleichen um die Häuser, nur wer kriechen kann, läßt sich noch blicken, so mancher hat seinen Gesichtspunkt aus den Augen verloren.
Es herrscht Aufnahmezustand: Wer sich aufnehmen lassen möchte in den Verein, darf es freiwillig tun, er bekommt ein Büchlein, worein die monatlichen Beiträge geschrieben werden.
Die Beamten am Schalter sind freundlich und entgegenkommend, mit einem verbindlichen Lächeln und einer unverbindlichen Preisempfehlung: "Sie sind frei, sich zu entscheiden."
An den Straßenkreuzungen hat man die Büchlein vorzuzeigen: Jene, die keine besitzen, werden eingesammelt.

Gegenüberstellung

Sie standen in einer Reihe, und jeder hatte eine andere Nase, einen anderen Mund, ein anderes Gesicht. Einer von ihnen mußte der Täter sein. Der große Kommissar trat mit dem Zeugen ein.
Dieser schaute sich die Männer der Reihe nach genau an und schüttelte dann den Kopf: "Nein, der Täter trug einen Schnurrbart."
Der Zeuge mußte hinausgehen, und den Männern wurde je ein Schnurrbart angeklebt, auf daß der Zeuge den wahren Täter wiedererkenne. Zu

diesem Zweck wird er nun hereingebeten. Er schaut sich die Männer der Reihe nach genau an und erwidert: "Nein, der Täter trug eine Brille."

Man schafft Brillen herbei, und der Zeuge muß den Raum für einen Augenblick verlassen. Jedem Verdächtigen wird eine Brille aufgesetzt, dann darf der Zeuge wieder hereinkommen. Er schaut sich die Männer der Reihe nach genau an und sagt dann, vorwurfsvoll mit dem Zeigefinger auf den Zweiten von links deutend: "Nein, nein, dieser da, der hat eine viel zu lange Nase!"

Die Verdächtigen wurden abgeführt. Nachdem man bei dem Langnasigen eine Nasenkorrektur vorgenommen hatte, wurden sie erneut dem Zeugen vorgeführt. Er schaute sie sich der Reihe nach genau an, betrachtete lange jeden einzelnen, schritt die Reihe mehrmals auf und ab, blieb stehen und kniff die Augen zusammen, um das genaue Bild des Täters aus seiner Erinnerung hervorzuholen. "Es tut mir leid, aber der Täter hatte eine blassere Hautfarbe", hauchte er mit tiefstem Bedauern in der Stimme.

Nun bat man den Zeugen ins Nebenzimmer, um die Männer zu pudern. Dann trat er wieder ein und begutachtete die gepuderten, bebrillten und beschnurrbarten Männer genauestens. Nachdem er den letzten unter die Lupe genommen hatte, erhellte sich sein Gesicht vor Freude, er war zufrieden: "Ja", sagte er, "jetzt stimmt es genau, so hat der Täter ausgesehen, dieser hier ist der Täter, und der da ist der Täter, und auch der ist der Täter, und jener dort ist auch der Täter, und auch der hier ist der Täter." Die Männer wurden abgeführt und eingesperrt.

Der Stempel

Die Amtsperson hat aus ihrem schwarzen Ärmelschoner den Stempel gezogen. Blitzgeschwind und zielbewußt drückt sie — kaum daß der Bürger seine Petition auf das Pult gelegt — denselbigen auf den Handrücken des Bürgers. Dieser hat somit beim Verlassen des Verwaltungsgebäudes den Stempel mit dem Staatswappen auf dem Rücken der linken Hand, und keine Seife im ganzen Land vermag diesen Stempel zu entfernen. Mit der Zeit verblaßt er allmählich, aber ganz weg bekommt man ihn nie.

Da jeder volljährige Bürger irgendeinmal oder mehreremal in seinem Leben im Verwaltungsgebäude vorzusprechen hat, trägt auch jeder diesen Stempel auf dem Handrücken, es herrscht somit Gleichheit und fast Einheitlichkeit: ein vervielfältigter Staatsbürger in verschiedenen Farbtönen. Der Unterschied besteht allein in der Heftigkeit oder Blässe der blauvioletten Amtstinte. Bei einigen ist die Farbe noch ganz frisch und kräftig, bei anderen wieder fast völlig verblaßt, zwischen den beiden Extremen eine ganze Skala von Schattierungen.

Daran kann man auch erkennen, wie oft und ungefähr wann der Bürger das letztemal im Verwaltungsgebäude vorstellig war (er wird stets aufgefordert, sich freiwillig zu stellen). Man hat so eine Übersicht, der Bürger kann sich ihr unter keinen Umständen entziehen: Man kann leicht die Treuen, Ergebenen aufgrund ihres übereinandergeschichteten, farbstrotzenden Staatswappens erkennen, wie man auch die anderen herauszufinden vermag, die Drückeberger und verdächtigen Zweifler mit dem verblaßten Wappen, jene Elemente — wie man sie in jenem Land zu nennen pflegt —, die den Stempel verschmähen.

Die meisten jener mit dem vielschichtigen, frischen Stempeldruck zeigen ganz offen und demonstrativ ihre Treue und Ergebenheit, sie bekennen sich offen zu ihrem Stempel und manövrieren ihre Gebärden stets so, daß das Wappen am linken Handrücken gut zur Sicht kommt. Das sind die Naiven, die sich dadurch Anerkennung verschaffen wollen und Vorteile erhoffen.

Eine andere Gruppe der Wappenbeflissenen zeigt ganz diskret, fast geizend ihren fett aufgeprägten Stempel und nur zu besonderen Anlässen, in Anwesenheit von höhergestellten Persönlichkeiten oder bei Massenansammlungen wie Kundgebungen und dergleichen Veranstaltungen. Sie tragen bescheiden Handschuhe und entblößen dann im geeigneten Augenblick wie zufällig, ganz locker und nebenbei ihre Hände mit zögernden Gebärden, als ob es ihnen peinlich wäre vor soviel gehäufter Loyalität und Festigkeit. Das sind die Feinsinnigen, die Schlauen, die sich auch Vorteile und Einfluß erhoffen.

Aus der Situation der Vielfalt an Farbfestigkeit heraus wurde die Redewendung "Der hat keinen blassen Schimmer" abgeleitet. Denn wer schon lange nicht mehr im Verwaltungsgebäude war, weiß nicht mehr recht, wie der Hase läuft, und könnte leicht einen Fehler begehen oder andere zum fehlerhaften Handeln verleiten.

Mit der Redensart "so ein blasser Typ" umschreibt man in jenem Land einen gerade noch tolerierten Staatsbürgertyp, kaum existenzberechtigt, dessen Stempel eben noch zu erkennen ist. Folgerichtig ist so ein armer Tropf genötigt, zurückgezogen und unauffällig zu leben, um einigermaßen unbeschadet davonzukommen. Es gibt wider besseres Wissen eine ganze Menge solch scheinbar unscheinbarer Elemente, denen es immer wieder gelingt, sich zu entziehen. Diese werden nur bei Großrevisionen entdeckt und sofort wieder eingereiht, in die Gesellschaft eingegliedert, wie es offiziell heißt. Oft unter Mithilfe von Verwandten oder Nachbarn. So fördert der Staat die Hilfsbereitschaft und Nächstenliebe in der Bevölkerung. Böse Zungen behaupten, es blühe das Denunziantentum, doch die so etwas Ungeheuerliches behaupten, sind eben jene mit dem gänzlich verblaßten

Wappen am Handrücken, also Leute von ganz abseits, mißtrauische, nörglerische Schwarzseher, die sowieso keinen blassen Schimmer haben.

Gustl

Was mir zuerst an ihm auffiel, war sein Zukurzgekommensein. Sein ganzes Gesicht war ein einziger Vorwurf an seine Mitmenschen, die Stellung der Lippen mit den tief enttäuschten Winkeln, der ständig erschrocken wandernde Blick, einerseits gierig nach Anerkennung suchend, andererseits nach einer Bestätigung seiner Annahme und Befürchtung, daß er nicht anerkannt wird. Seine forschen Beinchen jedoch machten diese Unsicherheit wieder zunichte und holten durch Geschwindigkeit auf, was ihm die anderen an Länge der Schritte voraushatten.

Er hatte etwas von einem Pudel an sich, dessen Bestreben und Lebensaufgabe es ist, nicht als Pudel dazustehen. So lebte er in einem Zustand des ständigen Aufgescheuchtseins: Die Bemühung aufzufangen und zu überholen war seine Triebfeder. Da er etwas kränklich war und sehr stolz auf seine anfällige Gesundheit, bekannte er sich zu einem offenen Haß gegen alles, was kräftig, gerade und gesund war, und weil es viele Dumme unter den Kräftigen gab, wähnte er sich überdurchschnittlich gescheit.

Als ich ihn das erste Mal sah, stand er auf einer Dorfbühne und rezitierte. Er gab sich Mühe, treu auf den Richtlinien schwimmend, mit belegter Stimme zu rühren: Einfältige Gemüter und treuherzige Seelen wie auch der Schulleiter und zwei anwesende Funktionäre waren zu Tränen gerührt. Der Applaus, um den er gebuhlt, wurde ihm zuteil und machte ihn glücklich. Danach gab es ein vom Bürgermeister gestiftetes Festessen in der Dorfschenke.

Mit der Betulichkeit eines Damenfriseurs bemühte sich Gustl um die weiblichen Gäste, da er irgendwo Vorteile für sich gewittert hatte. Er schlängelte sich bis an die Tochter des Dorfältesten heran und setzte sich zu ihrer Linken. Gustls Seelenlandschaft geriet leicht durcheinander, und er überlegte sogar, ob er nicht vielleicht auf seine angestrengt beschleunigten Schritte verzichten sollte. Die Schwerkraft der Erde bekam ihm nicht mehr.

Sobald ihm aber jene Tochter den Rücken gekehrt hatte und sich dem Herren zu ihrer Rechten widmete, griff er sie an, denn diese Schmach konnte er nicht ertragen. Sie bekommt heute noch in regelmäßigen Zeitabständen anonyme Drohbriefe. Ob sie von Gustl kommen, läßt sich nur vermuten, aber nicht beweisen.

Gustl heißt er, ein Diminutivum von Augustus, von den Eltern seinerzeit gutgemeinte Verkleinerungsform. Da er nie ein Augustus werden konnte, entschied er sich, einen anderen Weg einzuschlagen. Für Gustl hatte der Tag nach dem Festessen in jenem Dorf, der Morgen jenes Tages, wie jeder andere Tag, butterbrotschmierend und kaffeetrinkend begonnen. Sein Chef indessen war bereits unterwegs, hatte sich verrannt und war unvorsichtigerweise in eine Sackgasse geraten, aus der er sich jetzt wieder herauszuschälen versuchte, um an die Bushaltestelle zu gelangen. Er hatte in einen sauren Apfel gebissen, als er diesen seinen heutigen Lebenstag anbeißen wollte, ein trostloser, in violettes Packpapier gehüllter Morgen.

Das asymmetrische Gesicht eines Halbwüchsigen, der plötzlich um die Ecke kam, versetzte Gustl, der nun auch schon unterwegs war, in helle Heiterkeit, so daß er nicht einmal das unheilverkündende, hochprozentig rohe Violett des Himmels wahrnahm: So verschieden hatte der Morgen für den Chef und seinen Mitarbeiter begonnen.

Vor dem nächsten Schaufenster blieb Gustl stehen, um sein Spiegelbild zu befragen. Ein betroffenes Gesicht konterte aus dem Schaufensterspiegel, und aus seinem Magen stieg langsam eine leichte Übelkeit an die Oberfläche: Auf dem alten Foto im Flur seiner Wohnung war er jung geblieben, nur am krausen Haar konnte man ihn identifizieren. Man hat nie feststellen können, ob er mehr an diesem Foto hing oder an den Zeitungsausschnitten, in denen sein Name erwähnt worden war und die rings um das Foto mit Reißnägeln an der Wand befestigt waren.

Von Rechts wegen müßte er jetzt links einbiegen, was er auch immer tat. Er erlaubte sich keine Linkswidrigkeiten, schickte aber aus dem rechten Augenwinkel einen Blick zurück ins Schaufenster, um festzustellen, ob sein Abbiegen elegant vollführt würde. Die krause Haartracht stand ihm etwas zu Berge, er verwendet jeden Morgen lange Zeit dafür, sich diese mephistophelische Aura immer wieder neu zu kreieren. Nun fuhr er nochmal rasch mit der Hand von unten nach oben durch das Haar, eine letzte Korrektur, bevor er in die Straßenbahn sprang.

Gedämpfte Fröhlichkeit überkam Gustl während seiner ideologiebeladenen Tätigkeit am Schreibtisch, er funkelte die Wände mit wandernden Kurzwellenblicken flach an, bevor er anfing, einen Fragebogen auszufüllen. Das tut er sonst nicht sehr gerne, es sein denn, er entdeckt ein Schlupfloch, das ihm erlaubt, sich nicht festlegen zu müssen. Wenn er so ein Loch entdeckt hat, kann ihn nicht einmal das Kleingedruckte mehr anfechten, er ist zufrieden mit sich selbst und der ganzen Welt. Diesmal aber hat er etwas viel Erfreulicheres entdeckt: eine Falle für seinen Chef. Er hört etwas rascheln und knabbern, einen Poltergeist in der Wand. Die kleine Maus im Mauseloch hat den Käse mit dem Mäusevertilgungsmittel noch nicht entdeckt. Sie ist anpassungsfähig und stets der gleichen Meinung wie ihr Gastgeber. Nur in der Auslegung des Kleingedruckten gibt es einige Unterschiede: Gustl verfügt über eine Art Bauernschläue, die ihn stets vor dem Schlimmsten bewahrt hat, sie bewirkt auch, daß er aus diesem Schlimmen Kapital schlagen kann. Er geht auf die Jagd nach Verbotenem.

In seiner Freizeit studiert er in der Stadtbibliothek die neueste Ausgabe mit den Verbotslisten, um auf dem laufenden zu sein. Seinem Informationsdurst wird auch der Chef an dem unheilvollen Tag, der mit Violett begonnen hatte, zum Opfer fallen. Dieser war unvorsichtig gewesen, und Gustl mit dem schwarzgekrausten Haar ist es gelungen, Beweismaterial für seine Illoyalität sicherzustellen.

Gustl war kein Denunziant, jedenfalls verstand er sich nicht als solchen. Für ihn war seine Tätigkeit Abhilfe und Möglichkeit zu überleben, über andere Talente verfügte er nur in bescheidenem Maße. Die Kollegen machten sich hinter seinem Rücken über ihn lustig, fürchteten ihn aber. Er denunzierte nicht immer und überall, so weit ging er nicht, irgendwo begann auch bei ihm sein empfindsames Herz sich bemerkbar zu machen. In so einem Fall ließ er sich zu einer kleinen Erpressung erweichen. Für etwas Entgegenkommen und für bestimmte Dienste war er bereit, sein einsetzbares Wissen vorerst für sich zu behalten. Man mußte ihm zugute halten, daß er selten bis zum äußersten ging, "schließlich sind wir Menschen", pflegte er in solchen Situationen zu sagen, "irgendwie werden wir uns schon einigen", "man arrangiert sich eben". Er war fast immer dazu geneigt, einen kleinen Handel einzugehen, "eine Hand wäscht die andere" gehörte auch zu den Sprüchen, auf die er immer wieder zurückgriff. Er war ein menschlicher Mensch, unser Gustl, und rannte nicht gleich zum Staatsanwalt oder zu jenen Kräften, die für die innere Sicherheit zuständig waren. Dies tat er nur in extrem seltenen Fällen, wenn es ums Ganze ging oder er sich einen lang gehegten Wunsch erfüllen wollte. Er wollte schon immer gerne selbst Chef sein, wenn auch nur ein ganz kleiner.

Als er einen Monat nach dem Ausfüllen des Fragebogens den Platz seines Chefs schließlich selbst einnahm, war der erste Schritt nach oben getan. Er ging sogleich zu seinem noch übriggebliebenen, jedoch besiegten Widersacher, jenem Kollegen, der die gleiche Stelle angestrebt hatte, und erzählte ihm, wie hoch er ihn schätze und wie hoch dieser auch von den anderen Mitarbeitern und von der Obrigkeit geschätzt werde, und daß er, Gustl, ihn für einen der Fähigsten halte, er benötige seine Mitarbeit, seine Erfahrung, er baue auf ihn und vertraue ihm, er persönlich glaube nicht, was einige böse Zungen behaupten: Daß er nicht ganz bei der Sache und für die Sache sei und daß er sich bereits einiges zuschulden hat kommen lassen, wozu der ehemalige Chef beide Augen zugedrückt hätte. Er, Gustl, glaube das alles nicht, er dulde in seiner Abteilung keine derartigen Verleumdungen, dessen möchte er ihn versichern.

"Der wäre auch erledigt", sagte sich Gustl, genußvoll die Hände reibend, so als zerriebe er den eingeschüchterten und niedergeschmetterten ehemaligen Kollegen und gegenwärtigen Mitarbeiter zwischen seinen Handflächen.

Gustl rückte auch in den Parteivorstand auf, wie es seiner Stellung am Arbeitsplatz entsprach. Er zerstörte aber nicht ganz die Brücken, die er überschritten hatte, beschädigte sie nur soweit, daß die anderen sie vorerst nicht benutzen konnten. Wenn es ihm nicht gelang, einen, den er wollte, in die Hand zu bekommen, lud er ihn zu einem Glas Wein in seine Behausung ein, schüttete sein Herz aus, beklagte sich darüber, wie schwer all die Verantwortung auf seinen schwachen Schultern laste, erweckte Mitleid und bat um Verständnis und Hilfe. Dies alles mit der gleichen belegten Stimme, mit der er auf Bühnen rezitierend die einfachen Seelen zu bewegen wußte. Manch einer ließ sich dazu hinreißen, ihm zu helfen, und wurde unter dem Einfluß des Weins allzu treuherzig und gesprächig. Diese Beweise der Hilfeleistung und die kleinen unfreiwilligen Beichten hob Gustl auf wie kostbare Liebesbriefe, eines Tages wird er sie verwenden können.

Bei den Führungsspitzen war Gustl besonders beliebt, man wußte seine Talente zu schätzen, so daß ihm immer höhere Aufträge und Ehrerweisungen zuflossen. Ein Orden nach dem anderen fand Platz an seiner Wand neben den Ausschnitten aus der Lokalzeitung, in der vor Jahren sein Name nur spärlich erwähnt worden war. Heute kann man Gustl fast jeden Abend auf dem Bildschirm sehen und hören, wie er mit aufwühlender Stimme an den Massen rührt. Nächste Woche wird ihn Magnus in seinem Palais empfangen: Gustl hatte den ersten Preis für den besten Lobgesang auf den herrschenden Oberbürgermeister gewonnen.

Versuche mit Kisten

Das erste Mal paßten die Ohren nicht hinein. So kräftig man auch drückte und preßte, so heftig ich auch versuchte, die Ohren anzulegen, der obere Teil des rechten Ohrläppchens lugte immer noch aus der Kiste: Ich paßte einfach nicht hinein. Da brachten sie mir eine andere Kiste. Man zwängte mich zu Dreivierteln ein, das letzte Viertel jedoch gebärdete sich so, daß man den Deckel nicht schließen konnte. Sie wurden langsam ungeduldig. Ich muß zugeben, sie hatten mir eine Engelsgeduld entgegengebracht, mir ständig zugeredet, ein bißchen gedrückt, wo es nötig schien, wo es unverschämt sich gegen die Bretter stemmte, zurechtgewiesen, wenn ein Teil von mir etwas zu heftig nach oben schnellte und der mühsam zugedrückte Deckel wieder hochsprang. Sie gaben sich immer noch die Mühe, sie versuchten es im guten, überboten sich in Überzeugungskünsten, sie meinten es gut mit mir, wünschten mein Seelenheil, wollten nicht, daß ich abtrünnig und heimatlos werde, in irgendeiner Kiste mußte ich ja meine Stätte, mein ständiges Domizil haben, an dem man mich finden könne.

Nun versuchte man, mich in einer Schublade unterzubringen. Ich kauerte mich, so gut ich konnte, in eine Ecke, doch auf diese Weise ließ sich die Lade nicht schließen, ich mußte mich flach hinlegen und mich dünn machen, so dünn ich nur konnte. Sie versuchten erneut, die Lade zu schließen. So sehr ich mich auch bemühte, an meiner Verwahrung mitzuarbeiten, die Schublade ging nicht zu. Da waren sie schon dabei, die Geduld zu verlieren, ich hörte von da und dort Töne der Mißbilligung, aus allen Ecken erhoben sich Stimmen wider mich.

Einige standhafte Überzeuger, die es am besten mit mir meinten, schleppten einen Seemannskoffer herbei. Ich kroch hinein. Doch nicht einmal in dem geräumigen Koffer konnte ich unterkommen, was auf den ersten Blick sehr erstaunlich schien, da ich eher klein und schmächtig war. Daß ich dennoch nirgendwo hineinpaßte, brachte die anderen gegen mich so auf, daß sie vor dem offenen Seemannskoffer bedrohlich zu fuchteln anfingen. Sie waren empört über soviel Ungeschicktheit, über mein Unvermögen, so geringe Glieder und Körperteile in einer Kiste unterzubringen. Der Deckel wollte auch nicht, vielleicht war mein Kopf einfach zu lang. Sobald es mir gelang, den Kopf soweit einzuziehen, schaute eine Zehenspitze hinaus. Da sahen sie, daß ich nicht dazugehörte, daß hier nicht mein Platz war und riefen: "Der Kopf ist zu lang! Die Füße sind zu lang! Sie paßt nicht in unseren Koffer!"

Einige wenige Gutmeinende waren noch übriggeblieben, und die holten einen großen Umzugskarton vom Speicher. Sie hofften, die weichen Wände des Kartons würden etwas nachgeben, ohne Schaden zu nehmen. Doch wie hatten sie sich geirrt! Mein linker Ellenbogen brach durch und beschädigte die linke Wand des großen Kartons. Da schrien alle empört: "Ihre Arme passen nicht hinein, sie paßt nicht in unseren Karton!"

Die verbliebenen Gutmeinenden versuchten es noch mit einer anderen Kiste, deren Deckel bei dem Versuch kaputtging. Die Masse grölte: "Sie hat zu spitze Knie, sie paßt nicht in unsere Kisten!" Der allerletzte Versuch war ein Bretterverhau. Als ich mich schon darinnen wähnte, schrien sie wieder: "Ihr Kinn schaut raus! Ihr Kinn schaut raus! Sie ist nicht wie wir, sie hat zu lange Füße, zu spitze Knie, einen zu langen Kopf, eine zu spitze Nase und zu große Ohrläppchen! Und sie ist viel zu steif!"

Ich beneidete meine gelenkigen Mitmenschen und bewunderte sie, wie sie sich so einringeln konnten, den Kopf rechtzeitig einziehen, die Finger einziehen wie die Katze ihre Krallen. Ich machte mir Vorwürfe, es nicht rechtzeitig geübt zu haben. Mit ein bißchen Übung ließe sich alles machen: sich ein bißchen krümmen oder einrollen.

Man verpackte mich schließlich in eine Rolle groben Packpapiers, umwickelte mich mit einer Schnur, die man notdürftig zusammenknotete, brachte mich zum Hafen, lud mich auf ein Schiff und war froh mich loszusein.

Im Laderaum entdeckte ich neben mir stehend und liegend andere ähnliche Geschöpfe wie ich, die anscheinend in keine Kiste hineinpaßten, in einer armseligen Verpackung, notdürftig zusammengeknotet wie ich. Also war ich nicht allein, das war beruhigend.

Als wir ankamen, wartete im Hafen ein Stapel leerer Kisten auf uns. Es fanden sich auch wieder einige, die es gut mit mir meinten. Sie gaben es aber bald auf, als sie merkten, daß ich ein hoffnungsloser Fall war. Und ich mußte mich mit dem Schicksal abfinden, kisten- und verpackungslos zu bleiben. Entweder war ich asymmetrisch ausgestattet, oder es mußte da in mir eine Feder sein, die nie wollte, auch wenn ich es wollte, die immer wieder den Deckel öffnete oder die Wände kaputtschlug. Irgend ein Teil von mir bricht immer wieder durch, was einen furchtbar schlechten Eindruck auf meine Mitmenschen machen muß.

Irgend ein Treuburger

Sein Gedankengang zieht zwei tiefe Falten um seinen Mund, die Festigkeit, Linientreue und Selbstverleugnung zum Ausdruck bringen sollen: Er hat die Lippen zu einem dünnen, aber dauerhaften Strich der Feindseligkeit zusammengepreßt, wie sie schon der Höhlenmensch gehabt haben muß, bevor er zur Keule griff. Verbittert und verbissen bekämpft er die Angeber und Bestimmer, um später einmal selbst angeben und bestimmen zu können. Er will das herrschende System durch ein anderes herrschendes System, das seinen Vorstellungen entspricht, ersetzen. Oft gelingt es ihm auch, und er ersetzt eine ungerechte Diktatur durch eine andere ungerechte Diktatur.

Er liebt den Menschen als Abstraktion und haßt jedes einzelne Individuum wegen seiner ungezählten Fehler und Unzulänglichkeiten und seiner egoistischen individuellen Bestrebungen, die wie Steine auf dem geraden Weg des hochprozentig Tugendhaften liegen.

Von den wenigen, die er liebt, fordert er völlige Übereinstimmung mit seiner eigenen Weltanschauung und seinen persönlichen Ansichten von Gut und Böse, das heißt die möglichst nächste Annäherung an die Vollkommenheit.

Die Entdeckung einer Schwäche bei seinen Freunden enttäuscht ihn bitter, endgültig und unwiderruflich. Er schließt keine Kompromisse und geht lieber über Leichen, auch wenn es die seiner nächsten Angehörigen oder Freunde sein sollten — er selbst ist zu Höherem auserkoren.

Rolf Bossert †
Reschitz — Frankfurt a. M.

Foto: Isolde Ohlbaum

Rolf Bossert wurde am 16. Dezember 1952 in Reschitz (Banater Bergland/Rumänien) geboren. Abitur, Studium der Philologie (Deutsch und Englisch) an der Bukarester Universität, "korrespondierendes Mitglied" bei der "Aktionsgruppe Banat". Deutschlehrer in Busteni, Programmgestalter beim Bukarester Kulturhaus "Friedrich Schiller", seit 1981 Lektor im Meridiane Verlag, seit 1982 auch im Kriterion Verlag. 1979 erhielt er den Literaturpreis des Verbandes der Kommunistischen Jugend, 1980 den Kinderbuchpreis "Ileane Cosînzeana" und 1982 den Übersetzerpreis des Schriftstellerverbandes. Infolge eines Ausreiseantrags 1984 ohne Anstellung und Veröffentlichungsmöglichkeit. Dezember 1985 Ausreise in die BRD nach Frankfurt (Main) mit seiner Frau Gudrun und den beiden Söhnen. Am 17. Februar 1986 beging Rolf Bossert Selbstmord.
(Nach: Auf der Milchstraße wieder kein Licht. Gedichte, Rotbuch Verlag, Berlin 1986)

Aus meinem Leben

24. september 1977
ich bin verheiratet und habe zwei kinder meine frau lehrt deutsch als
fremdsprache ich auch wir bewohnen zwei zimmer eine dreizimmerwohnung das kleine zimmer ist sieben komma siebenundachtzig quadratmeter
groß das große zimmer ist neun komma achtundachtzig quadratmeter groß
das größte zimmer der wohnung ist vierzehn komma neunundsechzig
quadratmeter groß wir wohnen nicht darin es ist abgesperrt meist steht es
leer aber im winter wohnt ein altes ehepaar in dem zimmer so sparen die
leute holz bei sich zu hause auf dem dorf oft kommen an wochenenden
unbekannte familien mit kindern die höhenluft tut den kleinen gut die
dreizimmerwohnung liegt im schönen luftkurort busteni küche badezimmer
und klo werden von vielen personen benützt nur der balkon liegt an der
sonnenseite er gehört zum dritten zimmer ich darf ihn nicht betreten
ich habe ans wohnungsamt geschrieben
an den volksrat
an die zeitung
ich habe bei vielen genossen vorgesprochen
nun schreibe ich ein gedicht
ich habe unbegrenztes vertrauen in die macht
der poesie

21. dezember 1977
dieser text ist unveröffentlicht gestern bekamen die alten zwei zimmer in
einer villa wir bekamen den schlüssel zum dritten zimmer womit bewiesen
ist daß auch unveröffentlichte gedichte die realität aus der sie schöpfen
verändern können ich werde noch gedichte schreiben

Gartenlokal

Wir sitzen in Städten im Osten.
Man macht Poesie.
Und während die Schreibfedern rosten,
Erklärt sich der Krug zum Genie.

Ich liebe die Herbstzeitlose.
Das tut ihr so gut.
Ich trag den April in der Hose,
Den September unter dem Hut.

Mein Auge kullert im Winde.
Die Wimper fällt um.
Ich rede für Taube und Blinde
So um die Dinge herum.

Ballade vom guten Verlierer

Beim siebten Wodka heul ich auf, erbittert:
Was ihr da sagt, das weiß ich schon seit Jahren,
Und trotzdem hat es mich heut nacht erschüttert.
Hü-hott, mein Pferdchen, siehst du die Gefahren?

Gezinkte Karten, falsches Spiel, schon wieder;
Nichts ist so heiß wie dieses Straßenpflaster.
Hü-hott, mein Pferdchen, sing mir noch drei Lieder!
Ruhig Blut, mein Herr, ich scheiß auf deinen Zaster.

Wo sind die Freunde, wo die Liebe hin?
Hü-hott, mein Pferdchen, hab doch noch Geduld ...
Herz-As, bevor ich ganz verloren bin.
Ich steck ja schon zwölf Zeilen tief in Schuld!

Hü-hott, mein Pferdchen, tob dich aus.
Der Morgenwind tut seine kühle Pflicht.
Wir suchen uns das erste beste Haus,
Dort schütten wir uns Wasser ins Gesicht.

Camping, Doi Mai

Ein sandiger Tag wars, und
schon vom Osten her
hatte die Sonne gesehn
wie die Konserve betrog:
Hungrig neben den Wellen
lagen wir da. Umschlungen,
gelöst, das war die Welt.

Aber die Büchse, jetzt
sei sie uns, Mädchen, Trommel.
Wir erklären die Nacht zum Lied,
neben lodernden Autoreifen
les ich dir vor, was dort steht, zwischen
den Zeilen der Sterne.

Später, die Zeltwand wird steiler,
die Büchse wird zu Kristall.
Stöhnend glimmts zwischen Plane und
Fleisch. Unter den Rippen ein Brand,
wir meinen, darauf verzichten zu können.
Schrei nicht so laut, und
noch eine Zigarette gegens Verrücktwerden.
Mädchen.

Leergemacht, anderntags, blecherne Hüllen,
die Kippen dem Müllgott geopfert.
Wunderbar
eingerammt unter das Haar der Wunsch
nach einem immergrünen Sparschwein,
nach Ferien, randvoll, bis übern November,
wenn tote Delphine die Zelte vertrieben,
wenn du die ersten Schneeflocken weinst.

Die Joplin. Geschichte

Für Herta und Richard

Da kommt Janis,
die sirrenden Schnitten vom Herz
unterm Arm.
Sie klappert den Gaumen der Nacht ab.
Hohes Gift, das sie frißt. Draus
ein Lied, aus dem Schrei,
aus dem Gedärm unsrer Welt
eine Stimme, Schweiß zu den Sternen.

Schau meinen Bauch, boy, mein
zerfetzte Stille.
Gebär dich doch selber, fuck you.
Wacher der Rausch, das Leben
rapid abgekeucht.

Lautlos, im Zeitlupentempo,
rollen die sechziger Jahre davon.
Wie weiße Finger,
das Rückgrat entlang.

Lied

Wohin mich mein Weg heute führt:
Ich weiß es am Morgen noch nicht.
Am Abend dann, peinlich berührt:
Auf der Milchstraße wieder kein Licht!

Verbotsschilder sprechen für sich.
Und dennoch: Ich pfeif aufs Verbot!
Im Sternenwald füttere ich
Den Großen Bären mit Brot.

So treib ichs seit einiger Zeit.
Dem Herrgott begegne ich kaum,
Ein paarmal nur seh ich ihn weit
Verloren im krummen Raum.

Langsam kommt dann die Müdigkeit auf:
Ich habe das Trampen verlernt.
Ich schlage mein Himmelszelt auf,
Einen Steinwurf vom Weltall entfernt.

Heimweg

Der Mond das kalte Bügeleisen
verläßt den Himmel um halb sieben.
Die Arabesken sind geblieben
da unterm Haar. Schon will ich reisen.

Doch steht die Stadt auf meinen Sohlen,
nichts ist verkehrt. Ich atme Glas.
Ein Apfel aus Beton im Gras.
Der Teufel will die Zunge holen.

Im Stellungskrieg verschanzt die Augen:
Sie sind ein scheues, teures Wild.
Ich tret hinaus aus meinem Bild,
laß mich vom Fluß hinuntersaugen.

Rosettiplatz, siebzehn Uhr

Wachsam scheinen, die Fischaugen
aus dem Netz. Ein Blick, den
ich tiefgekühlt nenne. Kann der
um die Straßenecke sehn? Oder

starrt er in die anderen Ein-
kaufstaschen: Bananen, vier
Päckchen Watte, nicht für die Puppe
nebenan, und auch die nicht

für den Küchentisch. Nudeln, so
was. Kann man essen. Der Arbeits-
tag in der Aktenmappe, wie eine
Bombe. Wer wagt es noch, auf

die Kippe zu treten? Es tickt
zum allgemeinen Aufbruch. Gefahren
drängen sich aneinander, ein
Ungebornes wird mir ins Kreuz

gedrückt. Der Schweiß im
November ist kalt, keine
Chance. Ich präge Münzen mit
bloßer Hand. Das Ende hab ich mir

anders gedacht, doch der Bus steht. Vor uns.

Post nach Bucuresti, Romania

1
Aus Berlin kommt das dünne Buch, Berlin West, zweispra-
    chig, Ted Joans, Der Erdferkelforscher
Keine Begleitzeile
Ein Freund

2
Aus Venedig die Karte, mein flüchtiger Blick, San Marco, taxiert
Filzstift, bekannter Zug, Ciao! oder alles was man sich so
    wünschen kann. Auf den Tag genau ein Jahr seit wir
    uns zuletzt gesehen haben. Cincin
Ein anderer Freund

3
Bildunterschrift, viersprachig, deutsche Variante Der
  Markusplatz mit die Flut
Der schwarze Amerikaner sagt, Seite 18, Every breeze
  here is a new poem
Wenn ich mal lachen werd, lache ich mit die Flut
Die heiteren Bomben im Rückgrat im Aug und in jedem Windzug

Oma liebt jene Ecke im Garten dort
Zwinkert der trunkene Dill lacht sich
Die Dirn an die fesche Möhre
Und das vergessene Blümchen die
Petersilie drückt scheu
In den Boden den Blick
Die Zwiebel wackelt: mein Hüften
Sind rund Estragon kommt er
Zupft an der roten Nelke im Knopfloch
Fauler Zauberer Knoblauch
Schreit heiser sein: Maskenball!
Bohnenkraut! Pfeffer im Arsch!

Tja seufzt die Oma und plötzlich
Erschien die Berittene Polizei das war
Ihnen viel zu politisch verstehst du?

Seitensprung, widerborstig

Ach, Euphrosine, ist
das Leben kurz.

Mach klar den Wecker:
Im Morgengrauen werden wir
uns begatten.

Sei zärtlich, Euphrosine, leih
mir deinen rosa Furz.

Sing mit mir:
Ich scheiß euch ins Blut,
ihr Staatsratten!

Stilleben mit Schreibtisch

Das Gerät polnisch, sein
Baujahr hält, was es nie
versprach: Labilität.
Unverkennbar & fremd,
Emerson, Palmer. Greg Lake.
Zwei Stunden Freizeit (Nein!!!
mein Gedicht ist kein Zierfisch,
kein Lötkolben, keine
Blaue Mauritius), falsch
die Erwartung, greifbar
die Schachuhr im Schädel,
der schneidende Wink.
Keine Jahreszeit springt
vor mein trauriges Fenster.
Das Zimmer ist ausgebrannt.

Kein Gedicht.

Und plötzlich begreif ich
nicht mehr,
was woanders geschieht.

Nelu Bradean-Ebinger
Arad — Budaörs

Nelu Bradean-Ebinger wurde am 22. Juli 1952 in Arad (Banat/Rumänien) in einer "schwäbischen" Familie geboren. Lebt seit 1972 in Ungarn. Studium an der Universität in Bukarest, Helsinki und Budapest: Allgemeine Germanistik, Finnugristik, Ungarische Philologie. Dr. phil 1979. 1985 habilitierte er sich und ist seither Dozent am Fremdspracheninstitut der Universität für Wirtschaftswissenschaften in Budapest, seit 1990 Lehrstuhlleiter für Germanistik ebenda, seit 1992 auch an der Universität Miskolc. Zahlreiche linguistische Publikationen in Fachzeitschriften wie ALH, Nyelvtudományi Közlemények, Nyelvpedagógiai Írások, Germanistische Mitteilungen. 1986 veröffentlichte er nach deutschsprachigen literarischen Publikationen in Zeitungen, Kalendern und Anthologien ein eigenes Lyrikbändchen mit dem Titel "Budapester Resonanzen", 1995 einen zweisprachigen Gedicht- und Essayband "Auf der Suche nach ... Heimat". Wohnhaft in der auch von Ungarndeutschen bewohnten Gemeinde Wudersch, heute Stadt Budaörs.

Haus im Banat

Dort drunten im Süden des Ostens
steht ein Haus
es geht niemand mehr
weder rein noch raus.

Hund und Katze
nahmen Reißaus
die Ratten sind
Herr im Haus
auf den Tischen
tanzt die Maus.

Über dem löchrigen Dache
weht ein kahler Wind
in den Stuben hörst du
nie wieder lachen das Kind
im Stalle muhen das Rind
allein in deinen Träumen
steht sie noch, die Lind
vor dem Haus.

Dort drunten im Süden des Ostens
steht ein Haus
es geht niemand mehr
weder rein noch raus:
es war einmal
mein Vaterhaus.

Der Fremde

Er kam aus einer Welt
des Glaubens,
des Glaubens an das,
was das Leben lebenswert macht.
Er kam im Glauben,
im Glauben daran,
daß alle Menschen gleich sind
vor Gott.

Er kam im Glauben
seiner Kindheit,
im Glauben,
Gutes zu tun
und Böses zu unterlassen.

Doch er kam in eine Welt
des neuen Glaubens
an fremde Philosophien
an fremde Propheten
an den neuen Menschen.

Er schloß sich an
im Glauben,
etwas Gutes zu tun.
Da wollte man ihm
den Glauben nehmen,
den Glauben seiner Kindheit.

Doch daran hielt er fest:
Das einzige, was ihm blieb,
war sein Glaube,
der Glaube seiner Kindheit.

Wohin soll er gehen?
Wo soll er bleiben?
In die alte Heimat,
die es nicht mehr gibt?
In der neuen Welt,
die ihm und für die er
so fremd?
Quo vadis, Fremder?

Bekenntnis

Auf der Suche nach Liebe
fand ich
Spuren

Spuren im frischgefallenen Schnee
Spuren zurück in die Vergangenheit
unter frischgefallenem Schnee
fand ich sie
die Mutterliebe

unter frischgefallenem Schnee

fand ich
die Liebe
der Mutter
für mich und dich

unsere schwäbische
Muttersprache

Blaßnatur

Mit blaßgelben Armen
bahnt sich die Sonne
ihren Weg durch die Wolken.

Unter blaßgrauen Wolken
schlagen Kinder Augen
am verlassenen Teich.

Mit blaßblauen Augen
blickt die blaßgelbe Sonne
durch die blaßgrauen Wolken
auf den blassen Teich.

Bruderherz

Ich zog durchs
bucklige Sachsenland
trank schneeweiße Büffelmilch
sonnte mir die Augen
unter frischen Quellen
genoß klaren Kokelwein *
aß gelbes Julibrot
und sang den weiten Feldern
unter schnellem Wasser.
Meine Gedanken ackerten
durchs fahle Sachsenland.
Doch die Furchen zog
dein Bild,
mein kleines
Bruderherz.

* Kokeltal, ung. Küküllö, Weingegend in Siebenbürgen

Erwachen

(für Judit)

Die Zeit nagt am Mark des Winters,
die Kälte schläft in der Scholle ein,
der Lenz wäscht seine Locken im Regen.

Du erscheinst schweigend wie weise
                    Traurigkeit
und legst Dich neben meine Seele.

Liebe

Dein Lachen,
gleich einem Wiehern,
tropft in die einfältige Ruhe.
Deine pausbäckigen Brüste nesteln sich
in der Luft
immer mehr neben mich,
immer mehr.

Deine leeren Lenden
lechzen in weißem Gelächter,
brennen unverschämt nach Liebe,
füllen bis zu Tränen meine Augen.

Langsam wächst
der Baum der Einsamkeit
und versteckt uns
in der Dämmerung der Blätter.

Mit dreißig

überquerst du den Äquator des Lebens
wirst du zum Tagelöhner deiner
                Jugendträume
überquerst du die Grenze des Möglichen
wirst du zum Sklaven deiner Leidenschaften
überquerst du die Demarkationslinie von
                gestern und morgen
wirst du zum Streiter
überquerst du den Rubicon
wirst du zum fragwürdigen Sieger
überquerst du dich selbst
wirst du wieder du

Bekenntnisse eines Mitteleuropäers

Ich lebe nun schon seit 37 Jahren hier in dem von Karpaten und Alpen umarmten, von der "blauen" Donau durchflossenen Gebiet, das durch die Wirren einer über 2000jährigen Geschichte als Heimat zahlreicher Völker den von vielen in Frage gestellten Namen "Mitteleuropa" erhalten hat. Manche nennen es Pannonien, andere Mitteleuropa und wer weiß wie noch.
   Für mich liegt es im Herzen der alten Dame Europa. Mein eigener Name stehe "Zeuge" dafür. Nelu Bradean-Ebinger. Nelu, die rumänische Koseform von Ioan, deutsch Hansi, ungarisch Janika. Bradean kommt vom rumänischen brad, deutsch Tanne. Ebinger ist der Name meiner deutschen Vorfahren, die um 1760 in den "Ulmer Schachteln" die Donau herab bis ins Banat gekommen waren, wo sie in einem schon von Ungarn, Serben und Rumänen bewohnten Gebiet eine neue Heimat fanden. Der Bogaroscher Dorfchronik zufolge kam die Familie Ebinger aus dem Oberrheinland. Obwohl ich im Entbindungsheim der zweisprachigen Stadt Arad das Licht Mitteleuropas erblickt habe, bekenne ich mich als Bogaroscher (rum. Bulgarus, ung. Bogáros), einem donauschwäbischen Dorf im kornreichen Banat, fünf Kilometer von Lenauheim, dem Geburtsort Nikolaus Lenaus, entfernt. Genau 100 Jahre vor meiner Geburt, 1852, wurde der bekannte Heimatdichter der Banater Schwaben, Johann Szimits, in Bogarosch geboren. Von solchen illustren Meistern des deutschen Wortes umgeben, ist es kein Wunder, daß ich schon in früher Kindheit zur Feder griff und Verse, einfache Reime schmiedete. Ja, schmiedete, unser Nachbar war nämlich Schmied.
   Zu Hause rief man mich mal Hansi, mal Nelu, bis dann der letztgenannte im nun zu Rumänien gehörenden Banat zu meinem offiziellen Vornamen wurde. Seitdem steht er, dieser Kosename, der oft mit Nehru, Nero oder Nelli verwechselt wird, in allen meinen Papieren. Ich habe ihn so liebgewonnen, daß ich ihn niemals hergeben werde, trotz vieler Aufforderungen, ihn zu verdeutschen oder zu magyarisieren. Hans/Johann und János gibt es viele in Ungarn, aber Nelu kommt wahrscheinlich nur einmal vor. Ich weiß, Bescheidenheit ist eben nicht meine starke Seite. Aber: Was wären wir Minderheiten ohne dieses bißchen Selbstbewußtsein? Nomen est omen. So leb ich nun mit diesem gemischten Namen, für viele ein Mischmasch, für mich eben mein Name.
   Als ich dann 20 Jahre später als stolzer Student des berühmten Eötvös-Kollegiums in Budapest mit einem japanischen Zimmerkollegen wohnte, stellte sich heraus, daß mein Name Zeuge einer vielverzweigten Abstammung ist. Sitosi, der japanische Student in Budapest, griff zum Rechner und stellte das Bild meiner Herkunft nach Prozenten dar: 50 % deutsch, 25 % ungarisch, 12,5 % rumänisch und 12,5 % serbisch. Eine meiner

Großmütter hieß Fehér Mária. Mein Ebinger-Großvater, der Anfang der 20er Jahre als Viehhändler sein Glück in Südamerika versucht hatte, lernte in Montevideo diese Fehér Mária kennen, wo auch meine Mutter 1930 zur Welt kam. Serbisch war der Name meiner Urgroßmütter: Duganics. So steh ich da; in meinen Adern fließt vielerlei Blut, mein Name ist zweisprachig (deutsch-rumänisch), seit 1980 bin ich ungarischer Staatsbürger, lebe in einem ungarndeutschen Ort, Wudersch/Budaörs, bin dreisprachig, meine Muttersprache ist aber die Banater schwäbische Mundart. Kein Wunder, wenn ich nun bekenne: Ein Mitteleuropäer deutscher Zunge bin ich. Es ist das elementarste Recht jedes Menschen, solch ein Bekenntnis abzulegen; und sicher bin ich nicht der einzige hier in der Mitte Europas.

Meine Heimat, Mitteleuropa, was bedeutet sie nun? Geht man zuerst von der Sprache aus, so bestimmt die Areallinguistik dieses Gebiet als "Donau-Sprachbund" mit folgenden Sprachen: Tschechisch, Slowakisch, Ungarisch, Deutsch (Österreichisch), Slowenisch, Serbokroatisch und die rumänischen Dialekte in Siebenbürgen. Was verbindet diese Sprachen, was haben sie gemeinsam? Das jahrhundertelange Zusammenleben führte zu solchen strukturellen Affinitäten wie z. B. Erstsilbenbetonung, Quantitätskorrelation der Vokale, geringe Rolle der Diphthonge in der literarischen Norm, Liaison, Existenz des Konsonanten h, reine, nicht reduzierte Artikulation der unbetonten Vokale, Stimmlosigkeit der Konsonanten am Wortende, im Auslaut, stark synthetische Strukturen mit vielen Suffixen, entwickeltes Verbalpräfixsystem, viele lateinische Lehnwörter, die muttersprachliche Schriftlichkeit beginnt schon im Mittelalter, entfaltet sich aber erst im 19. - 20. Jahrhundert wegen der Vorherrschaft des Lateinischen und Deutschen, in der Syntax ist lateinischer Einfluß wahrzunehmen, die Spracherneuerung im 19. Jahrhundert ist insbesondere im Ungarischen und Tschechischen stark puristisch, Wortbildungen und Wortzusammensetzungen sind im gleichen Verhältnis vertreten, die Zukunftsform wird oft durch den Präsens ausgedrückt usw.

Die Sprache ist jedoch nur ein Spiegelbild der Denkweise, der Mentalität dieser Völker. So gibt es auch in der Kultur zahlreiche Affinitäten, Anähnlichungen, die zu vielen Ähnlichkeiten und Übereinstimmungen in der Mentalität und Weltbetrachtung führten. Außer Sprache, Kultur, Literatur, Philosophie u. a. sieht auch die Bauweise, Architektur vieler Großstädte ähnlich aus; Wien, Prag, Budapest und viele andere mitteleuropäische Städte stehen Zeuge dafür.

Aber wie sieht es tief im Herzen, in der Gefühlswelt dieser Völker aus? Dazu hat vor allem die Literatur eine Reihe von bekannten Beispielen vorzuweisen, sprach- und kulturüberbrückende Autoren wie: Nikolaus Lenau, Adam Müller-Guttenbrunn, Ödön von Horváth, Franz Kafka, Rainer Maria Rilke, Ferenc Herczeg, Krleza, Paul Celan, György Sebestyén, Márton Kalász und viele andere. Ähnlich viele Namen könnte man auch aus der Musik nennen. Aber nicht nur im humanen Bereich, sondern auch auf dem

Gebiet der Naturwissenschaften, Medizin, Technik, Wirtschaft und natürlich der Politik wären noch unzählige, bekannte Namen zu erwähnen.

Diese mitteleuropäischen Merkmale gehen natürlich auf eine lange gemeinsame Geschichte, auf ein Zusammenleben von vielen Jahrhunderten zurück, wo oft aus dem Miteinander ein Gegeneinander wurde. All dies führte zu einer Haßliebe, von der die Gegenwart der mitteleuropäischen Völker gekennzeichnet ist.

Will man nun ein typisches Merkmal gesondert behandeln, so ist dies die unsymmetrische geographische Lage dieser Völker und Volksgruppen. Jedes Volk lebt zusammen mit Volksgruppen anderer Nationalitäten, meistens Minderheiten, die im Nachbarland das Mehrheitsvolk bilden, so daß eine Reihe von Sprachinseln entstanden sind, die an die ehemalige Vielsprachigkeit Mitteleuropas erinnern. In den nach dem Ersten Weltkrieg gegründeten Nationalstaaten leben überall mehrere Nationalitäten. Eine davon ist hervorzuheben, und zwar die jüdische, die Mitteleuropa ihren Stempel in allen Lebensbereichen aufgeprägt hat. Außer den Juden sind es noch die Deutschen und Ungarn, die heute als Minderheiten in allen Ländern Mitteleuropas leben.

Ist Mitteleuropa noch lebensfähig? Ich glaube, ja. Seine Zukunft liegt im "gemeinsamen Haus Europa", dessen Konturen sich immer klarer abzeichnen und in dessen Mitte ein starker überbrückender Balken zwischen dem westlichen und östlichen Flügel des Hauses lebensnotwendig ist. So wie die ehemaligen "ewigen" Feinde, die Deutschen und Franzosen, im westlichen Teil zu einem Miteinander gefunden haben, können es auch die Völker Mitteleuropas tun, die ja so lange Zeit hindurch miteinander gelebt hatten.

In dieser Hoffnung läßt grüßen mit Zuversicht
        ein Mitteleuropäer.

Mitteleuropa

Mitteleuropa ist
eine Brücke im Herzen Europas
von den Alpen bis zu den Karpaten
vom Schwarzwald bis zum Eisernen Tor
von Galizien bis zur Adria
mit festen Pfeilern
in jedem Land
in jeder Sprache
Mitteleuropa ist
wo jeder eines jeden Mehrheit, Minderheit
wo trotz unterschiedlicher Idiome
jeder jeden versteht
wo eher oder später fallen muß
der Eiserne Vorhang
Mitteleuropa ist
so vieles noch
was uns verbindet
Mitteleuropa ist
wir selbst
wenn wir es nur wirklich
wollen.

Ost-Mitteleuropa am Scheideweg

Fin de siècle
Jahrhundertende
ja sogar
Jahrtausendwende.

Schon wieder steht es
in Flammen
kaum die Revolution überwunden
folgt der Euphorie
der Haß:
Jeder haßt jeden
wegen seiner andersartigen
Sprache, Religion, Gesinnung.

Kommunisten, Chauvinisten
prallen aufeinander.
Wieso konnten sie überleben?
Weil der Mensch oft
zum Extremen neigt.

Kampf um Macht
für einige
Kampf ums Dasein
für viele.

Demokraten dieser Welt
haltet zusammen
und waltet
für unsere
gemeinsame Heimat
unser altes
Ost-Mitteleuropa.

Unter uns

Unter uns
tut sich die unbekannte Erde auf.
Unter uns gesagt
so unbekannt ist sie ja nicht.
Über uns
tut sich der weite Himmel auf.
Unter uns gesagt
so weit ist er doch nicht.
Hinter uns
tut sich eine bekannte Welt zu.
Unter uns gesagt
so bekannt ist sie noch nicht.
Vor uns
tut sich eine neue Welt auf und zu.
Unter uns gesagt
so neu ist sie nun wiederum nicht.
Unter uns gesagt
mein Freund
es bleibt unter uns.

Anton Breitenhofer †
Reschitz — Bukarest

Foto: Walther Konschitzky

Anton Breitenhofer wurde am 10. April 1912 in Reschitz (Banater Bergland/Rumänien) geboren. Nach Besuch der Volks- und Mittelschule Werkunterricht in Reschitz; 1926-48 Schlosser in dortigen Betrieben; 1928 der organisierten Arbeiterjugend beigetreten; 1929-33 arbeitslos; war Linkssozialist; ab 1933 wieder gearbeitet; 1940 vorübergehend als Kommunist verhaftet; 1941 der "Kommunistischen Partei Rumäniens" beigetreten; Januar 1945 zur Zwangsarbeit in die Sowjetunion verschleppt, schloß sich dort antifaschistischen Gruppen an, kehrte bereits 1946 wieder nach Reschitz zurück; arbeitete hier an der Verhinderung und Aufdeckung von Wirtschaftssabotage; 1947-49 Direktor Forstabteilung der Reschitzwerke; trat im Dezember 1948 dem "Deutschen Antifaschistischen Komitee" (DAK) bei, wirkte im Exekutivbüro; 1952-54 Besuch der Literaturschule "Mihai Eminescu"; 1952 als Billeder Kandidat in die "Große Nationalversammlung" gewählt; 29.12.1955 Mitglied "Zentralkomitee der Rumänischen Arbeiterpartei", wirkte als Sprecher der deutschen Werktätigen; 1957 in den Leitungsausschuß der rumänischen Landesgruppe der "Interparlamentarischen Union" gewählt; 1954-76 Chefredakteur der Bukarester Tageszeitung "Neuer Weg"; 1976 Pension; 1973 Prosapreis des "Rumänischen Schriftstellerverbandes". Anton Breitenhofer starb am 17. Dezember 1989 in Bukarest.
(Nach: Anton Peter Petri, Biographisches Lexikon des Banater Deutschtums)

Der Fünfzehnte

Es war Winter draußen. An den Rolläden meiner Fenster hatte der Wind die ganze Nacht sein Unwesen getrieben. Die Sorge um die Semesterprüfung am Polytechnikum ließ mich nicht schlafen, und ich verließ schon vor Morgendämmerung das Bett. Mein Gast, ein früherer Arbeitskollege, der jetzt Fernstudent war und der Prüfungen wegen in der Hauptstadt weilte, erhob sich ebenfalls. Vor sechzehn Jahren hatten wir beide als Schlosser in einer Werkstätte gearbeitet, er als Geselle, ich als Lehrling. Nun studierten wir an derselben Hochschule, um Ingenieure zu werden.

Da wir uns geraume Zeit nicht gesehen hatten, kamen wir, wie es Lokalpatrioten gerne tun, auf die Vergangenheit unserer Heimatstadt zu sprechen.

"Sag mal, Wilhelm", fragte ich, "wie war das eigentlich damals, als ihr eines Tages so plötzlich aus dem Betrieb verschwunden seid? Wenn ich mich nicht irre, warst du einer von den Fünfzehn. Erzähl mal bitte was davon!"

Er sah mich lange prüfend an. Sein Gesicht wurde ernst. Er legte seine angerauchte Zigarette weg und begann gelassen zu erzählen.

Im Frühling des Jahres 1940 roch es, wie du selber weißt, nicht nach Veilchen, sondern nach Pulverdampf. Damals wählten mich die Arbeitskameraden im Walzwerk zu ihrem Vertrauensmann. Sie wußten ganz genau, daß ich zurückgezogen lebte und mich mehr mit meiner Familie als mit Politik beschäftigte. Da es aber um unser tägliches Brot ging, konnte ich ihr Vertrauen nicht täuschen.

Unser Verband war damals bei weitem keine revolutionäre Gewerkschaft mehr. Zuerst hatten die Bonzen herumgewurstelt, und dann hatte 1938 die Königsdiktatur die Gewerkschaften nach ihrer Willkür zurechtfrisiert. Trotzdem verstanden es die Arbeiter, noch manches aus ihm herauszuholen, und verhinderten durch ihren Zusammenhalt seine gänzliche Faschisierung.

In jenem schwülen Kriegssommer hagelte es Gerüchte, Sondermeldungen und Ereignisse, die das Leben aus seinen gewohnten Bahnen warfen. Bald darauf riefen dann die Grünhemden den Legionärsstaat aus. Als der Herbst das Laub der Bäume golden färbte, stöhnte die heimatliche Erde unter dem Hitlerstiefel und der Last der nach Osten rollenden Geschütze.

Um diese Zeit wurde ich eines Abends zu einer Sitzung ins Arbeiterheim gerufen. Ich ging ungern hin, nicht nur weil es gerade regnete, sondern weil mir Sitzungen im allgemeinen nie besonders zusagten.

"Kollegen!" So nannte der Verbandsobmann Petre Cojocaru in der letzten Zeit uns Arbeiter — früher hatte er immer "Genossen" gesagt. Sein Gesicht versuchte Ruhe vorzutäuschen. Aber die fingerdicken Doppelbogen der goldenen Uhrkette, die über seinem Bäuchlein unruhig hin und her baumelte, verrieten seine Aufregung.

Etwa dreißig Arbeiter hockten zusammengedrängt um den Tisch und rauchten erregt. Noch nie hatte ich sie so finster gesehen. Einige schielten wiederholt in die Ecke des Saales, wo ich zu meiner Verwunderung den pockennarbigen Polizeikommissar Cusun mit zwei bewaffneten Polizisten sitzen sah. Was hatte das zu bedeuten? Cusun, der schon jahrelang hinter den Arbeitern und besonders hinter meinem Freunde Vasile Munteanu her gewesen war, lächelte tückisch und machte sich eifrig Notizen.

Cojocaru, dessen steifer Kragen vom Schweiß schon ganz durchweicht war, machte harmlose Augen und sagte mit väterlicher Stimme:

"Aber, aber, Kollegen, Kopf hoch! Gar nichts ist verloren! Wir Sozialisten, wir müssen nur verstehen, mit der Zeit Schritt zu halten und unsere Anschauung den Verhältnissen anzupassen. Das Neue ist der nationale Sozialismus. Macht doch bloß die Augen auf! Schaut euch um! Frankreich und Polen sind futsch! Und Rußland? Das steht auf tönernen Füßen und zittert vor dem Nationalsozialismus."

"Lüge!" schrie ein Arbeiter, und der Kommissar sprang auf. Die Arbeiter räusperten sich und flüsterten miteinander. Der Kommissar hörte scharf zu und bedauerte, daß er jetzt nicht wenigstens dreißig Ohren hatte.

Ich hatte angestrengt zugehört, ohne von Cojocarus Wortschwall etwas zu begreifen. War das der besonnene Arbeiter von früher, dem ich gerne zugehört, von dem ich jahrelang Zeitungen und Bücher gekauft, zu dem ich Vertrauen hatte? Seine Züge verrieten nicht nur, daß er seine frühere Bescheidenheit aufgegeben hatte, sondern mir schien sogar, es liege Verschlagenheit darin.

Enttäuscht über diese Wandlung stand ich auf und wollte weggehen. Er aber kam mir zuvor, ging zur Tür und stellte sich mit gespreizten Beinen und erhobenen Händen davor. "Erst abstimmen, dann gehen wir nach Hause!" sagte er höflich und schob mich in den Saal zurück.

Cojocaru achtete nicht auf das dumpfe Gemurmel der Arbeiter. Er beeilte sich, zum Schluß zu kommen:

"Wer also für meinen Vorschlag ist, daß die rumänischen Arbeiter sich in den Arbeiterverein der Legionäre, die deutschen aber in die Deutsche Arbeiterschaft Rumäniens einschreiben, der wird ersucht, die Hand zu heben!"

Totenstille.

Was tun? dachte ich.

Jetzt hieß es sich entscheiden. Stürmische Gedanken bedrängten mein Gewissen.

Für Cojocaru stimmen? Das hieße für die Faschisten stimmen! Ich hatte vor zwei Jahren einen aus einem deutschen Konzentrationslager entsprungenen Antifaschisten gesprochen, der uns die Entrechtung der deutschen Arbeiterschaft geschildert hatte, und ich wollte nicht, daß es uns ebenso ergehe wie den deutschen Arbeitern. Aber vielleicht waren die hiesigen Faschisten gar nicht so schlimm wie die Nazis? Vielleicht! Wer konnte das wissen? Also abwarten, ich würde ja sehen!

Ich blickte zu Vasile Munteanu hinüber. Sein faltendurchfurchtes Gesicht war finster und unschön. Er sprach leise mit einem ungarischen Arbeiter, dem Dreher Szabo.

"Und wo bleiben die anderen: die ungarischen, die slowakischen Arbeiter?" fragte Szabo unerwartet.

"Maul halten! Es hat dich niemand gefragt!" Cojocaru blickte herausfordernd in die Runde. "Wer ist also für meinen Antrag?"

Wieso Maul halten? Was hieß denn das? Sollten wir noch weitere Erniedrigungen dulden? Wo wollten die hinaus?

Langsam begann ich zu begreifen.

Cojocaru hob als erster seine schlaffe Hand. Zwei Beamte taten es ihm nach. Die andern saßen wie versteinert da. Als Cojocaru sich in dieser peinlichen Lage sah und merkte, daß sein Vorhaben vereitelt werden könnte, stieß er eine Verwünschung aus und schlug mit der Faust auf den Tisch, daß die Wassergläser klirrten. Daraufhin erhoben drei Mann ihre Hände.

Einige Arbeiter waren offensichtlich empört über das Vorhaben Cojocarus. Sie blickten wütend drein. Andere nahmen eine stumm ablehnende Haltung an und schauten verächtlich auf Cojocaru und auf jene, die für ihn gestimmt hatten. Einige konnten die Seufzer nicht unterdrücken.

Ich hob verwirrt den Kopf und sah hilfesuchend zu Vasile und Szabo hinüber. Ihre Blicke waren unversöhnlich. Vasile und ich, wir hatten schon als Kinder unser Proletarierlos ehrlich miteinander geteilt und verstanden uns immer sehr gut. Seine Augen verlangten von mir, nicht für Cojocaru zu stimmen. Das gab mir Halt. Aber dagegen stimmen? Das zu tun getraute ich mich ebenfalls nicht, denn ich wollte auch weiterhin meine Ruhe haben, meine Arbeit und das tägliche Brot für mich und meine Familie behalten. Da kam mir ein rettender Gedanke: Neutral bleiben! Jawohl, das war das Richtige. Wozu die Faschisten herausfordern!

Ich atmete erleichtert auf. Inzwischen hatten sich noch acht Mann für Cojocaru entschieden. Darunter waren Leute, die die Direktion der Werke erst kürzlich angestellt hatte. Sie waren von Cojocaru in unseren Verband eingeschmuggelt worden. Drei von ihnen, ein Rumäne und zwei Deutsche, waren verbissene Nationalisten.

Vasile Munteanu erkannte die Gefahr, daß Cojocaru die Mehrheit der Stimmen erhalten könne, und erblaßte. Seine Augen, die sonst den Widerschein eines tiefen Innenlebens ausstrahlten, glühten jetzt vor Haß. Er schaute in die Gesichter der Arbeiter, erhob sich dann beherrscht und sagte laut:

"Cojocaru will nun durch Terror den alten Traum seiner Brotherren verwirklichen, uns die Organisationseinheit rauben. Das gerade jetzt tun, bedeutet, die Arbeiter in den blutigen Rachen der Faschisten stoßen."

"Kusch, verdammter Kommunist!" brüllte der Kommissar und stürzte sich mit den zwei Polizisten auf Vasile. Sie schlugen auf ihn ein und zogen ihn zur Tür hin. Die Arbeiter sprangen erschrocken auf. Vasile schlug um sich und rief noch von der Türe her:

"Wahrt die Einheit! Er braucht eure Zustimmung, um die Massen zu ködern! Auch 1926 hat er den Streik verraten! Er ist ein Agent der Sigurantza ... der Faschisten. Faschismus ist Krieg! Krieg ist der T-o-o-od!"

Die Polizisten versuchten, ihn zu knebeln. Der untersetzte Schlosser war aber nicht so leicht zu überwältigen. Erst als noch zwei Polizisten, die vor der Tür gestanden hatten, herbeieilten, gelang es ihnen, Vasile aus dem Saal zu schleifen.

Die Stimme meines Freundes war mir durch Mark und Bein gedrungen. Mir war es, als ob mir jemand einen Schlag auf den Kopf versetzt hätte. Ich zitterte vor Aufregung. Kränkung und Schmerz wollten mir die Brust zerreißen.

Mehrere Arbeiter protestierten laut und weigerten sich, weiter an der Abstimmung teilzunehmen. Cusun schlich um den Tisch herum, um die Leute einzuschüchtern. Cojocaru redete drauflos, daß ihm der Mund schäumte. Trotzdem blieb er mit seinen vierzehn Stimmen. Sein Gesicht loderte.

"Und wer ist gegen mich?" frage er verbissen.

Drei rumänische Arbeiter aus dem Stahlwerk erhoben ihre klobigen Hände. Szabo tat dasselbe. Endlich zählte ich vierzehn Hände, die sich langsam zu Fäusten ballten. Also vierzehn gegen vierzehn.

Ich allein hatte noch nicht gestimmt. Alle Blicke richteten sich auf mich. Ich fühlte, wie mir das Blut zu Kopf stieg. Da sprach mich Cojocaru sehr freundlich an:

"Wilhelm, Sie sind doch ein deutscher Arbeiter; hoffentlich sind wenigstens Sie nicht gegen mich?"

Daß Cojocaru auf meine Nationalität pochte, brachte mich beinahe aus der Fassung. Schon unsere Urgroßväter, Deutsche, Rumänen, Ungarn und Slowaken, die das Werk vor 170 Jahren gemeinsam erbaut hatten, lebten und arbeiteten einträchtig miteinander. Warum sollten wir es anders tun? Und Vasile? Ihm war meine Nationalität immer einerlei gewesen. Er hatte mich nie danach gefragt. Meine Arbeitskameraden im Betrieb, die mich gewählt hatten, auch nicht. Und gerade ich sollte nun Cojocarus Werkzeug zur Spaltung unserer Einheit werden? Für einen Augenblick wurde mir bewußt, welch große Verantwortung auf mir lastete. Dies gab mir die Kraft, Cojocaru zu entgegnen:

"Unter solchen Umständen, wo Sie es zuließen, daß man Vasile so mißhandelt, sollte ich Ihnen gar nicht mehr antworten. Mit Ihrer Leimrute, daß ich doch Deutscher sei, laß ich mich nicht fangen. Ich bin vor allem ein Arbeiter und kann dem, was hier vorgeht, nicht zustimmen!"

Und ich erhob als Fünfzehnter zögernd meine Hand.

"Idiot", zischte Cojocaru durch die Zähne. Unter Bravo- und Pfuirufen fand die Versammlung ein stürmisches Ende.

Allerlei Zweifel erfaßten mich, als ich durch die verdunkelten Gassen nach Hause ging. Ein Arbeiter aus dem Stahlwerk ging mit mir. Kalte Regenschauer peitschten uns ins Gesicht. Wir schritten wortlos dahin. Das dumpfe Dröhnen der Maschinen im Walzwerk, das mir sonst wie eine altvertraute Weise klang, drückte mich jetzt nieder.

Zu Hause angelangt, legte ich die nassen Kleider und Schuhe ab und zog meine gestrickten Hauspantoffeln an. Die Ordnung und Sauberkeit in der kleinen Küche beruhigten mich. Das laute Ticken der geschnitzten Kuckucksuhr, die alte Kommode, das Bildnis meiner Eltern, die Wiege, der Vogelbauer mit dem Zeisig — das alles war mir lieb und vertraut und gab mir das Gleichgewicht wieder.

Ich zog mich lautlos aus, ging ins Zimmer und schlüpfte ins Bett. Meine Frau und meine Kinder lagen in tiefem Schlaf. Ich versuchte auch einzuschlafen, aber es gelang mir nicht. Immer wieder erwog ich, ob ich richtig oder falsch gehandelt hatte, und ich warf mich hin und her. Mein altes Rheumaleiden quälte mich wieder. Draußen raschelte der Wind in den welken Beeten und in den Rosenstöcken unseres Gärtchens. Mir schien es, als ob jemand wimmerte. Ich dachte an Vasile. Das Rauschen des Windes wurde immer leiser. So schlief ich endlich ein.

Ein heftiges Poltern an der Küchentür schreckte mich auf.

"Es klopft jemand, Willi — hörst du's?" sagte meine Frau schlaftrunken.

Ich sprang erschrocken aus dem Bett, lief in die Küche und knipste das Licht an.

"Aufmachen, Schweinehund, sonst jage ich dir eine Kugel in den Hintern!" brüllte eine gereizte Stimme.

Vor Aufregung fand ich das Schlüsselloch nicht gleich, aber endlich gelang es mir doch aufzusperren.

Im Türrahmen standen der Kommissar Cusun und zwei uniformierte Männer. Alle drei trugen schwarze Regenmäntel. Sie sahen verwegen aus.

"Was wollt ihr denn, mitten in der Nacht?" stammelte ich.

Der junge Mann im Braunhemd mit der Hakenkreuzbinde, Riemenzeug und Revolvertasche gab mir einen Stoß, und sie machten sich den Weg in die Stube frei.

"Hausdurchsuchung!" grinste mir Cusun frech ins Gesicht.

"Jesus Maria!" schrie meine Frau und kam im Nachthemd und mit aufgelösten Haaren erschrocken auf mich zugelaufen.

Die Leute begannen zu suchen. Ich zitterte am ganzen Leibe. Mechanisch kleidete ich mich an. Meine Frau schlüpfte in ihren Mantel und ordnete ihr Haar.

Ich musterte die beiden Begleiter Cusuns und entsetzte mich. In dem Burschen im Braunhemd mit dem Habichtsgesicht und den weitabstehenden Ohren erkannte ich den berufslosen Felix Wunschina. Seine Eltern besaßen ein Nachtlokal, eine Spirituosenfabrik und vier große Miethäuser; im Volksmund hießen die Wunschinas "die Hundschinder". Auch den beleibten Legionär im grünen Hemd kannte ich. Es war der Fleischhauer Vida, der Sohn eines reichen Viehhändlers. Die Vidas waren als brutale Leute bekannt und trugen wohl keinen Knochen im Leibe, der von den Hausfrauen beim Fleischeinkaufen nicht dreimal verflucht worden wäre.

Wie die Wilden hausten die drei in unserer Wohnung. Sie ließen Geschirr fallen, rissen Tüten mit Lebensmitteln auf und verstreuten sie. Sie warfen Kleidungsstücke auf den Fußboden und zertrampelten mit ihren Stiefeln, was mir und meiner Frau wert und teuer war, wofür wir ein Leben lang gearbeitet und gedarbt hatten. Meine Frau, die nie ein Hasenfuß gewesen ist, schrie und schimpfte und warf mir wütende Blicke zu.

Sie gingen ins Zimmer und wühlten in den Betten. Ich erwartete, daß sie wenigstens vor dem Kinderbett haltmachen würden. Lenchen, mein zweijähriges Töchterlein, schlief sanft und lächelte im Traume. Der braune Kerl riß ihr die Decke herunter und zog das Pölsterchen so brutal weg, daß ihr Lockenköpfchen hart am Bettrand anschlug. Das Kind schrie jämmerlich auf. Wie eine Löwin stürzte meine Frau hinzu und zerrte den Kerl vom Kinderbett weg. Er versetzte ihr einen Stoß. Ich sprang ebenfalls hin, Wunschina schlug um sich. Auch die beiden größeren Kinder heulten auf. Ich biß mir auf die Lippen.

Plötzlich entdeckte Cusun meinen selbstgezimmerten Bücherschrank.

"Na also, da sind sie ja, diese Gottverfluchten!" rief er triumphierend, und die Uniformierten sprangen dienstfertig hinzu. Sie wühlten mit beiden Händen in den Fächern und warfen die schön geordneten Bücher der Reihe nach auf den Fußboden.

"Was ist denn das?" fragte der Fleischhauer und langte nach einem Buch mit grünem Einband. Ich erbebte. Dieses Buch hatte mir Vasile vor einem Jahr zu meinem dreißigsten Geburtstag geschenkt.

"Die Mutter", las er und drehte das Buch nach allen Seiten. Es gefiel ihm sichtlich, daß die Farbe des Buches mit der seiner Organisation übereinstimmte.

"Von wem geschrieben?" warf Wunschina, der das Oberkommando zu führen schien, barsch ein.

"Maxim Gorki!" Stille. Alle drei sahen sich ratlos an, und einer nach dem andern zuckten sie die Achseln.

"Weiß der Teufel mit diesen vielen Federfuchsern! Ich bin doch auch belesen, aber von diesem Schnauzbart da habe ich noch nie etwas gehört. Wo ist denn der Schmarren gedruckt worden?" fragte der Braune.

"In Berlin!" gab der Fleischhauer bereitwillig zur Antwort.

"Ah, Berlin? Geht in Ordnung!" entschied Felix und suchte emsig weiter. Ich atmete auf. Elende Dummköpfe, dachte ich und schaute verächtlich auf die Faschisten.

"He, hallo, hierher, ich hab's", schrie Wunschina wie besessen und zeigte triumphierend zwei massive Bände mit rotem Einbanddeckel. Ein Stuhl flog um, als sich beide wie gereizte Stiere auf die roten Bücher stürzten. Cusun riß Felix die Bücher aus der Hand. Er blätterte wild darin.

"Sha-kes-pea-re", buchstabierte er unbeholfen und sah fragend auf seine beiden Kumpane.

"Shakespeare?" Das ist doch der bekannte französische Schriftsteller!" stellte Vida fest.

"Schmarren! Franzose! Der ist doch Amerikaner!" sprach der Braunhemdler hochmütig und rümpfte die Nase.

"Ein Amerikaner?" staunte Cusun und kratzte sich verlegen hinter dem Ohr. Er fragte vorsichtig:

"Ja, aber wenn der Herr ein Amerikaner ist, warum läßt er dann seine Bücher rot einbinden?"

"Warum, warum? Weil er ein Jud' ist, ein amerikanischer Jud'! Verstanden?" entgegnete Felix überlegen.

"Corpus delicti!" schrie der Kommissar dienstbeflissen und warf die beiden Bände Shakespeare auf den großen Haufen von Gegenständen, die auf dem Tisch als verdächtige Sachen lagen.

Ich spürte einen Ruck, und ich schämte mich tief. Verdammtes Gesindel! Und ihr wollt unsern Arbeitern Kultur beibringen?

Ich zitterte nicht mehr. Meine Angst hatte sich in Zorn verwandelt.

Endlich waren sie fertig. Eine Menge alter Zeitungen und Zeitschriften, rote Blusen, technische Bücher, rote Knöpfe, Broschen, Zipfelmützen, rote Kinderschuhe wurden als staatsfeindliches Gut erklärt. Mein Brieföffner wurde zum Dolch, die rosaroten Pantoffeln meiner Frau wurden zur Moskauer Mode gemacht. Und all diese Sachen wanderten als corpora delicti in einen großen Mehlsack.

Als alles fertig war, befahl mir Cusun, ihnen zur Polizei zu folgen. Sie hängten mir meinen Sündensack auf den Rücken.

"Abhauen!" kommandierte Felix.

Es gelang mir noch, dem Fleischhauer ein von mir gemaltes Bildchen zu entreißen, das er eingesteckt hatte. Cusun ließ ein Taschenmesser mit Korkenzieher in seiner Tasche verschwinden.

"Du heilige Güte! Willi, mein lieber Willi, was hast du angestellt?" schrie meine Frau verzweifelt, als sie mich wegführten, und lief weinend hinter uns her.

"Sei ruhig, Käthe! Geh zu den Kindern! Ich hab' auf der Versammlung gegen diese Schinder gestimmt!" antwortete ich erbittert. Wunschina versetzte mir einen Fußtritt.

Der Regen hatte nachgelassen, aber der Wind heulte noch immer. Wir stolperten durch den Morast der finsteren Gassen. Plötzlich leuchteten zwei mächtige Feuersäulen vor den Hochöfen auf. Es war wie ein Gruß meiner Arbeitskameraden. Ich fühlte, wie mich neue Kraft durchströmte. Die naßglänzenden Blechdächer der kleinen Arbeiterhäuser und das schlechte Straßenpflaster versanken gleich wieder im Dunkel der stürmischen Herbstnacht.

Bald erreichten wir das Polizeigebäude. Der Sack wurde mir abgenommen, und man stieß mich in ein Zimmer, das voller Menschen war. Als ich mich umsah, erkannte ich alle meine Arbeitskollegen, die auf der Versammlung gegen Cojocaru gestimmt hatten. Alle vierzehn waren da.

Szabo kam auf mich zu und drückte mir stumm die Hand.

Ich suchte Vasile. Er fehlte.

Es mag schon lange nach Mitternacht gewesen sein, als das Verhör begann. Ich wurde als vierter in ein Zimmer im Erdgeschoß geführt. Vor mir saß ein dicker Mann in Uniform. An seinem geröteten Trinkergesicht mit der schwammigen Nase erkannte ich Voina, den Chef der Sigurantza. Ich zuckte zusammen. Meine Augen blieben starr auf den Ochsenziemer und die Flachzange gerichtet, die auf dem Tische dieses berüchtigten Mannes lagen. Blutspuren leiteten meine Blicke bis zum Tischrand, wo der abgerissene Fingernagel eines Menschen in einer kleinen Blutlache lag. Kalte Schauer liefen mir über den Rücken. Der Chef lächelte wohlwollend:

"Ihr Name?" fragte er höflich auf rumänisch. Ich nannte meinen Namen.

"Du heiliges Mutter Gottes, ein Deutscher!" stieß er lachend auf deutsch aus. Er sprach gebrochen deutsch und mit französischem Akzent. Er hatte in Frankreich studiert.

"Rumänischer Staatsbürger deutscher Nationalität!" antwortete ich, bemüht, mein Zähneklappern zu unterdrücken.

"Oh, Herr Willem, lassen Sie das mit die Nationalität. Heute ist das nicht mehr nötig zu sagen. Ihr seid doch heute jemand in unser Land. So-so, ein Deutscher! Aber wie kommen Sie hierher? Gewiß ein Irrtum von diese Dummkopf Cusun, nicht wahr?" fragte der Mann und lächelte breit. Seine Oberlippe entblößte die gelben Pferdezähne. Er bemühte sich, mir zu gefallen. Sein Lachen ekelte mich an, denn ich mußte an meine geschändete Wohnung, an meine verzweifelte Frau und die schreienden Kinder denken.

"Nein, es ist kein Irrtum, ich habe auf der Sitzung gegen die Faschisten gestimmt!" entgegnete ich, schon entschlossener.

"Aber lieber Camérade, nur keine Dummheiten machen. Heute, wo unser Führer ganz Europa von den Roten befreit hat, können doch Sie als Deutscher nicht gegen sein? Denken Sie doch, was für ein fetten Posten Sie können haben, und von Ihnen verlange ich doch nur eine Kleinigkeit, eine Zusage!"

Ich erglühte vor Scham und Zorn über sein Angebot und zitterte nicht mehr. Er aber rollte seine wässerigen Augen und sagte fast schwärmerisch:

"Oh, wenn auch ich ein Deutscher sein könnte! Wenn ich so einen kleinen Landgut mit ein Weinberg irgendwo in Frankreich bekäme, wie schon so viele Gauleiter, ach, was täte ich nicht alles dafür!"

Helle Empörung erfaßte mich diesem habgierigen Bluthund gegenüber. Bestie in Menschengestalt, einen Weinberg brauchst du?! Reich werden durch Raub und Mord, das ist also der Zweck eures verfluchten Krieges!

Meine Blicke wanderten über die blutbespritzten Wände dieser Folterkammer. Er erwartete gespannt meine Antwort. Ich nahm meine ganze Kraft zusammen, um mich zu beherrschen, denn ich wollte ihn unbedingt meine moralische Überlegenheit fühlen lassen. Dann sagte ich mit betonter Ruhe:

"Sehen Sie, Herr Chef, ich bin ein einfacher Mensch. Ich brauche weder einen Weinberg noch einen fetten Posten oder gar eine andere Nationalität! Eben deshalb will ich mit Räubern wie Wunschina, Vida und Ihresgleichen nichts gemein haben!"

Der gewaltige Mann erblich, seine Züge wurden grausam. Er kniff die Augen zusammen, griff nach dem Ochsenziemer und versetzte mir zwei Hiebe ins Gesicht. Ich schrie auf und taumelte betäubt zurück.

"Cusun, Kommissar!" schrie er wie wahnsinnig. Cusun erschien und legte die Hände an die Hosennaht.

"Wirf dieses Vieh sofort in die Zelle!" kommandierte er.

"In die antifaschistische?" wagte Cusun zu fragen.

"Was antifaschistische? Du Blödian! In die kommunistische, in die kommunistische Zelle mit diesem Schwein deutscher Nationalité!" brüllte er, daß es auf dem ganzen Korridor schallte.

Die Tür der Zelle wurde aufgeriegelt, und ich wurde hineingestoßen.

In der Morgendämmerung, die durch das vergitterte Fenster hereinflutete, konnte ich einige übelzugerichtete Gestalten wahrnehmen.

"Willi ... Willi ...!" rief eine mir seit meiner Kindheit vertraute Stimme. Ich eilte auf Vasile zu. Er umarmte mich und drückte mich fest an seine breite Brust. Seine Hände bluteten.

Es folgten schwere Tage, Wochen, Monate. Die Wunden, die mir Cojocaru, Wunschina und Voina geschlagen hatten, saßen tief und vernarbten nie wieder. In meiner tiefsten Verzweiflung eröffneten mir meine Zellengenossen durch ihre Standhaftigkeit, ihre Menschlichkeit und ihren unerschütterlichen Glauben eine neue Welt. Es war ein Dornenweg, den ich damals im Gefängnis betrat, aber er gab meinem Leben neuen Inhalt. Ich erkannte, daß das Leben jeden Menschen einmal vor eine Entscheidung stellt, und ich war froh, damals den richtigen Weg gegangen zu sein. Als das Weltgemetzel seine Opfer zu fordern begann, konnte ich meinen Kindern, den Kriegswitwen und -waisen offen in die Augen blicken. Alles weitere weißt du ja.

Wilhelm schwieg. Draußen war es Tag geworden. Mir fiel das bevorstehende Examen ein. Ich sah Wilhelm an: das Feuer in seinen blauen Augen brannte immer noch. Aber wie sonderbar! Meine Angst vor der Prüfung war verflogen. Es war mir plötzlich klar geworden, daß ich zusammen mit Wilhelm und seinesgleichen jeder Art von Prüfung gewachsen sein würde.

Michael Bresser
Deta — Sun City

Michael Bresser wurde am 8. Dezember 1924 in Deta (Banat/Rumänien) geboren. Studierte an der Deutschen Lehrerbildungsanstalt in Temeswar, 1943-44 dort Übungsschulleiter und Erzieher an der "Banatia". 1944-45 Fronteinsatz bei der Deutschen Luftwaffe, 1945-46 englische Kriegsgefangenschaft. 1946-49 Lehrer und Dolmetscher im Flüchtlingslager 7 Drütte. 1949 nach Amerika ausgewandert; wohnte in Philadelphia, wo er als Butler und Eisendreher arbeitete. Ab 1958 Fachlehrer an der High School, 1965 zum Guidance Counselor (Schülerberater) ernannt. 1971 erhielt er nach vierjährigem Studium sein Doktorat in Erziehungspsychologie von der Rutgers University und wurde Adjunct Professor am New Jersey State College in Glassboro. 1983 in den Ruhestand getreten, seither Reisen nach Zentral- und Südamerika, China, Australien, Neuseeland und in alle europäischen Länder. Sein Buch "Jugendberatung — ein Leitfaden für Eltern und Erziehende" wurde 1988 veröffentlicht. Seine hochdeutsch und in donauschwäbischer Mundart verfaßten Kurzgeschichten und Erzählungen sind erschienen in "Neuland", "Banater Post", "Der Schwengelbrunnen", "Donauschwäbische Forschungs- und Lehrerblätter". Michael Bresser lebt heute in Sun City/Arizona.

1975

Wenn mer so zuruckdenkt,
wie scheen des alles war
drhem, am Dorf, mer ment —
grad es war wunderbar.

Die Erinnerunge
sind unvergesslich, kloor.
Es Leid is verklunge,
nor Freid stellt mer sich vor.

Ganz gwiss ware ach noch
vieli triewi Stunde
gwen mit Mieh und Ploch.

Verheelt sin die Wunde,
Vergess is Schmerz un Sorch,
Zufriedenheit gfun'e.

Mei Moddersproch

Ich hann schun manchi Länder gsiehn
un wor mit vieli Leit bekannt,
awer net emol in Berlin
hann se schwowisch verstann.

Schwowisch is doch arich leicht:
E jedes Kind verstehts drhem,
de Doktor, Fischkal, de Pharre in dr Beicht,
sogar de Hund, wenn ich ne schenn.

Sei Moddersproch tut jeder eschtimiere,
de Wallach, de Ratz un de Schlowak.
Wenn ich als a fremdi Sproch tun prowiere,
schlaat mir de Schwob ins Knack.

3245 N. Mascher St.

Im vorderen Schlafzimmer hörte er sie herumrumoren. Dann ging die Schlafzimmertür, und beim Gekrächze des obersten Treppenbrettes wußte er, daß sie hinunterging. Er drehte sich gegen das Nachtkastl und versuchte, im Dunkeln am Leuchtzifferblatt des Weckers die Uhrzeit abzulesen. Drei Uhr. Wie sie das bloß machte? Jeden Morgen um drei Uhr, ohne Weckergeläute, aufzustehen. Gewohnheit.
    Entspannt streckte er sich unter dem Leintuch. Verdammt, das wird wieder mal ein heißer Tag. Die Schwüle von gestern lag noch immer im Zimmer, trotz des offenen Fensters. Er tastete nach den Zigaretten und dem Feuerzeug. Ah, der erste Zug nach dem Aufwachen tat wohl. Halb dösend, mit geschlossenen Augen, sinnierte er vor sich hin: Weißkirchen, Preßburg, Linz; er sah sich auf der "Raas", als fahrender Geselle in den Konditoreien und Bäckereien Österreich-Ungarns ein paar Wochen hier, dann dort arbeitend. Seine Gedanken verweilten in Wien, wo er die Lindenbrüder, Landsleute vom Dorf, auch auf der "Walz" als Spengler und Zimmermaler traf. Das waren Zeiten, die sie gemeinsam im Prater und in Grinzing erlebten. Wohlig verweilte er bei den lebhaften Erinnerungen, während er mit Genuß die Zigarette rauchte.
    "Tata, aufstehn!" rief Marie im Treppenaufgang. Und als er nicht antwortete, rief sie nochmal. Sie hörte sein "Ja, ja" und dachte, jetzt raucht er wieder seine stinkigen Zigaretten. Daran konnte sie sich nicht gewöhnen. An vieles konnte sie sich nicht gewöhnen.
    Vor drei Jahren, als sie 62 Jahre alt wurde, hatte die Behörde sie verständigt, daß sie innerhalb von drei Monaten zu ihrem Mann nach Amerika auswandern konnte. Und das, nachdem sie sieben Jahre in Rumänien auf die Papiere gewartet hatte. Wahrscheinlich wollte der sozialistische Staat sich die Pension sparen, um die sie angesucht hatte. Nein, sie konnte sich nicht umstellen. Vierzehn Jahr hatte sie allein gelebt, nachdem die Russen das Land erobert hatten und ihr Mann mit der abziehenden Deutschen Wehrmacht verschwunden war. Der älteste Sohn war in Rußland gefallen, der mittlere — heimgekehrt — zur "freiwilligen" Zwangsarbeit verschickt, und vom Jüngsten wußte sie jahrelang nichts. Nach vierzehn Jahren standen sich Marie und Lorenz als Fremde, nicht als Eheleute, im Äußeren und im Inneren gewandelt, gegenüber.
    Es war zu spät, sich zu ändern. Statt im Badezimmer wusch Marie sich im Lavor in der Küche, kämmte sich morgens sorgfältig die Haare mit dem feingezahnten Lauskamm, obzwar man hier Läuse nicht kannte; trug selbstgenähte Schürzen wie daheim. Daheim!
    "Tata!" rief sie nochmal, und als sie sein "Ja" hörte, machte sie sich daran, das Frühstück zu bereiten.

Lorenz hatte langsam die Füße auf den Teppich gesetzt. Er saß am Bettrand und betrachtete seine Beine. Fünfzig Jahre Bäckerarbeit hatten sie erduldet, aber jetzt wollten sie nicht mehr. Das lange Stehen, der Druck, der Schweiß waren zuviel gewesen. Schon vor dreißig Jahren hatte das rechte Bein versagt, ein Geschwür war aufgebrochen. Der Dorfarzt nannte es Thrombose und verschrieb Blutegel. Als die Wunde dann nicht heilte, ließ Lorenz sich von einer Kräuterfrau eine Schmiersalbe geben. Mal ging es besser, mal schlechter. Seit einem Jahr war es fast nicht zum Aushalten. Vorsichtig wechselte er den Verband und wickelte dann beide Füße eng in Binden, so daß sie bei der Arbeit, wenn die Füße anschwollen, nicht verrutschten.

Füße wickeln konnte er gut, bei dem 61. k. u. k. Infanterieregiment gelernt. Er mußte lächeln, als er an den Hauptmann Ortinau aus Orzydorf dachte, der in Italien am Isonzo, unter Artilleriebeschuß immer gelassen, seine Wickelgamaschen aufrollte. Der Ortinau, das war ein rechter Offizier, immer mit der Ruhe und immer für die Mannschaft.

Lorenz war aufgestanden und verlagerte sein Gewicht auf den rechten Fuß; das schmerzte. "Schitt", sagte er zu sich selber, zündete eine neue Zigarette an und ging ins Badezimmer. Marie hatte heute viel zu tun. Während sie das Frühstück auf dem Gasherd wärmte, schaute sie ins Bankbuch. Die monatliche Hypothekenzahlung war fällig. Befriedigt rechnete sie nach, daß nach weiteren drei Monatsraten das Haus schuldenfrei sein würde.

Sie hatte darauf gedrängt, dieses Reihenhaus in der Stadt zu kaufen. Lorenz wollte nicht. Für die paar Jahre, die wir noch leben, brauchen wir kein Haus, hatte er gesagt, Marie ließ nicht nach und sah ihren Lebenswunsch in Erfüllung gehen. Jung verheiratet, nach dem Ersten Krieg, hatten sie mit der Zuckerbäckerei auf dem Dorf, wo es zweimal Wochenmarkt gab, schön Geld verdient. Regelmäßig fuhr Marie einmal im Monat in die Stadt, das Bargeld in der Bank einzulegen und nach Häusern, die zum Verkauf standen, auszuschauen. 1929 kam der Krach, und das ganze Geld war weg. Nach dem Zweiten Krieg wurde ihr als "Bourgeois" das Vermögen weggenommen. Hier in Amerika wollte sie ihre alten Tage unter dem eigenen Dach verbringen.

Schweigend saßen sie sich beim Frühstück gegenüber. Er aß seine zwei Spiegeleier mit gebratenem Speck und trank schwarzen Kaffee dazu, eine Gewohnheit, die er sich als Koch bei der amerikanischen Besatzungsarmee in Salzburg angeeignet hatte. Marie bröckelte Brot in ihr Halblitertöpfel Milchkaffee und löffelte mit Genuß. Wie kann er bloß Speck und Eier zum Frühstück essen, dachte sie, laut aber fragte sie: "Brauchst was vom Gschäft? Ich geh heit einkaufen."

"Kaufst mir a Stangen Zigarettel, Camel, und ...", nach einigem Nachdenken, "und Vaselin für mein' Fuß."

Sie schaute auf die Küchenuhr: "Tata, s'is Zeit, die Elektrische fahrt dir fort."

"Na, na; der wart schon auf mich; ich bin sowieso allanich im ganzen Waggon."

Als er dann gegangen war, horchte sie dem Klipp-Klapp seines ungleichen Ganges — der rechte Fuß mußte heute besonders schmerzen — nach und dem Pfiffeln. Sie wußte nicht, was ihr mehr verleidet war, das Rauchen oder das melodienlose Pfeifen. Mit Bleistift und Papier ging sie in den Keller die Vorräte prüfen und eine Einkaufsliste zusammenzustellen. Ihre Gedanken heiterten sich auf, als sie vor der Stellage stand: Ordentlich aufgereiht standen da fünf mal fünf Pfund Zucker, ebensoviel Mehl, Bohnen, Erbsen, Linsen, Marmelade, Gurken — nie wieder wollte sie Hunger leiden. Lorenz hatte gelacht: Da brauchst net hamstern, da brauchst nur Geld; die Geschäfte sind voll mit allem. Man kann nie wissen, dachte Marie und überschaute die drei Dosen Kaffee, Klopapier, Seife, Waschpulver, genug für ein Jahr. Ihr Blick fiel auf die Schachtel mit Reis, und sie fühlte das Blut im Kopf hochsteigen. Da war sie beim letzten Mal im riesigen Supermarkt und konnte den Reis nicht finden. Auf ihrer Liste hatte sie den englischen Namen dafür, RICE, aufgeschrieben. Sie fragte einen Verkäufer danach und sprach es RIZE aus. Als der nicht verstand, wiederholte sie, diesmal RIKE, und als er wieder den Kopf schüttelte, RITSCHE. Er verstand noch immer nicht, entfernte sich und kehrte mit einem gutgekleideten, älteren Herrn zurück. Der war sehr freundlich. Liebe Frau, sagte er auf deutsch, kann ich ihnen helfen? Marie war dankbar und erzählte ihm, daß sie Reis suche und der Angestellte sie nicht verstand. "Aber liebe Frau, Reis heißt auf englisch auch Reis, genau wie im Deutschen." Sie zeigte ihm ihren Einkaufszettel mit RICE.

"Ja, liebe Frau, geschrieben wird es so, aber ausgesprochen wird es Reis." Marie stammelte in Verlegenheit, es war ihr peinlich, so dumm dazustehen. Schuld daran war die verkehrte Sprache. Es war ihr schon mal so gegangen: Sie hatte Käse verlangt, im Englischen CHEESE buchstabiert, und TSCHIESS ausgesprochen. Wie kann man eine Sprache erlernen, in der die Wörter anders ausgesprochen werden, als sie geschrieben sind? Dumme Sprache. Und die Verkäufer können nur Englisch, gibt es sowas? Als Geschäftsfrau hatte Marie zu Hause deutsch, ungarisch, rumänisch und ratzisch verkaufen können; mit dem Englischen kam sie nicht zurecht.

Lorenz war in der Bäckerei angekommen. Otto, der aus dem Schwarzwald kam, bediente schon die Teigknetmaschine. "Spring e bißche, Lorenz, mir hen e Haufe Dänischkuche zu verarbeite", rief er ihm zu.

Lorenz hatte eigentlich nie englisch lernen müssen; in allen Bäckereien waren Deutsche oder Juden angestellt. Er zog sich um, ging an seinen Tisch und fing an, Teig auszuwalken. Etwas stimmte nicht. Lorenz fühlte es in seinem Körper, aber was? War es die schwüle Hitze, war der Speck zu fett gewesen? Er arbeitete weiter, verlagerte sein Gewicht von einem Bein auf das andere. Allmählich brach ihm der Schweiß aus allen Poren; mechanisch teilte er den Teig mit dem Messer in gleiche Stücke, plötzlich war es dunkel vor seinen Augen. Als er dann wieder sah, fühlte er sich übel.

"Otto, ich geh mal austreten!"

"Bleib net so lang, Lorenz, mir hen sechs Dutze Jelly und sechs Dutze Cream extra Bestellung!"

Im Klo setzte Lorenz sich. Verdammt, die Zigarette schmeckte nicht. Schitt, nächste Woche war das Geschäft auf zwei Wochen Betriebsferien geschlossen, wenn er nur solange aushalten konnte, dann könnte er sich ausruhen und dann noch drei Monate arbeiten, bis das Haus ausbezahlt war. Von seiner Rente konnten sie sorglos leben.

Lorenz versuchte aufzustehen. Es ging nicht. Nochmals — unbemerkt — hatte sich ein Gerinnsel gelöst und war mit dem Blut im Körper herumgewandert, bis es ihm das Leben verschloß. Otto fand ihn nach zehn Minuten; im Spital war er tot, ehe ein Arzt zur Stelle war.

Zwölf Jahre später.

Im Haus ist alles genauso wie an dem Tag, an dem die Polizei Marie in das Spital brachte. Der Wecker, das Feuerzeug, die Zigaretten sind auf dem Nachtkastl, im Badezimmer das Rasierzeug. Es war so, als ob Lorenz noch immer da wäre. Marie hatte eisern sparen müssen, um die letzten Raten am Haus abzuzahlen; sparen war sie gewohnt, und von der Rente konnte sie genügsam leben und noch Geld beiseite legen. Die Scheine versteckte sie im Schrank zwischen der Wäsche, unter der Matratze, im Kalender.

Ihr Tageslauf war durch jahrelange Gewohnheit geregelt. Sieben Uhr, Ende der Abendnachrichten im Fernsehen, die sie ohne Worte sieht, da sie das Kauderwelsch so und so nicht versteht. Sie dreht den Apparat ab und geht, wie jeden Tag bei schönem Wetter, auf die überdachte Straßenveranda. In ihrem Schaukelstuhl beobachtet sie den Verkehr, nickt bekannten Vorbeigehenden zu. In den zwölf Jahren hat sich viel geändert; die Deutschen in der Straße sind verstorben oder ausgezogen. Die Fuderer, auch aus dem Banat, war die letzte. "Ich bleib net do, unner dem Gsindel", hatte sie gesagt, nachdem ein Mann, der sich als Gasuhrableser Eintritt ins Haus verschaffte, sie ausraubte und obendrein schlug.

Marie blieb.

Ihre Nachbarn sind spanischsprechende Einwanderer, Gott sei Dank keine Schwarzen, sauber, freundlich, und wenn sie langsam sprechen, kann Marie sich mit rumänischen Ausdrücken verständigen.

Der Straßenverkehr nimmt ab, es dunkelt. Marie wiegt sich im Schaukelstuhl; leise summt sie vor sich hin und ist wieder mit ihrer Marischtant, der Godel, mit Körben voll Butter, Speck, Schinken, Eiern, manchmal sogar mit gestopften Gänsen, im Schnellzug nach Budapest, wo sie am

Markt teures Geld dafür kriegen. Marie denkt nicht an den Ersten Weltkrieg; sie denkt an das Operettentheater in Budapest, wo sie abends mit der Marischtant eine zaubervolle Welt erlebte, einen unvergeßlichen Melodienreigen und soviel Lebensweisheit ..., das schöne Duett aus der Fledermaus, Marie singt leise vor sich hin: "Glücklich ist, wer vergißt, was zu ändern nicht mehr ist ..."

Let's go home ...

Die Alten sind schon komisch. Das erlebe ich täglich mit meinen eigenen Eltern. An mir nörgeln sie ständig herum, weil ich nicht so bin, wie sie es haben wollen. Stellt euch vor, ich bin siebzehn, und da wollen sie, daß ich mich so benehme wie sie. Dabei ist meine Mutter 39 Jahre alt und mein Vater bestimmt schon 40. Die haben ja keine Ahnung, wie das ist, als junges Mädchen sich jeden Tag mit neuen Problemen herumzuschlagen, was anziehen, wie die Haare frisieren, mit welchen Jungs sprechen und welchen die kalte Schulter zeigen, und obendrein die vielen Schularbeiten. Du meine Güte, der Biologielehrer glaubt, wir hätten nur für ihn Zeit; die Hausaufgaben, die er austeilt, sind katastrophal. Nur gut, daß es die Sommerferien gibt, da kann man sich wenigstens erholen. Oder? Davon wollte ich eigentlich erzählen, von unserer Sommerreise nach Europa.

Meine Eltern haben schon immer von der alten Heimat und Europa erzählt und gesagt, wenn sie es sich leisten können, werden sie uns Kindern zeigen, von wo sie herkommen. Nun, heuer war es soweit.

Besonders begeistert war ich nicht davon. Erstens verbringen meine Freundinnen ein paar Wochen am Ozeanstrand, und zweitens kann es passieren, daß mir eine von ihnen meinen Freund stiehlt; dann steh' ich da im September und muß mich nach einem neuen umsehen. Nein, begeistert war ich nicht. Überhaupt, von dem was meine Eltern über Europa erzählt haben, von den Trümmerhaufen in Deutschland, von verlausten Baracken in den Flüchtlingslagern, nichts zu essen, danke, darauf war ich nicht besonders neugierig. Andererseits die Dörfer im Donautal, wo meine Eltern aufgewachsen sind und wovon sie so viel Schönes erzählt haben, wollte ich schon gerne sehen. "Bei dieser Gelegenheit kann ich meine Verwandten in Deutschland auch kennenlernen", dachte ich. Ronny, mein vier Jahre jüngerer Bruder, wollte überhaupt nicht mitfahren.

Selbstverständlich sind wir aus Patriotismus mit der "Lufthansa" geflogen.

Erste Überraschung: der Flughafen in Frankfurt. Modern, groß angelegt, typisch deutsch, wie ich später festgestellt habe. Ich meine damit, die Deutschen sind ja auf Körperertüchtigung verrückt; überall gibt es Wanderwege. Nun, im Frankfurter Flughafen haben sie langgestreckte Fußwege angelegt, und damit keiner unterwegs, von der Ankunft bis zum Ausgang, verhungert, sind reichlich ausgestattete Imbißstellen bereitgestellt. Mein Onkel hat uns dann weitere Kilometer, er hat sich selbst nicht ausgekannt, Treppe auf, Treppe ab, Lift hoch, Lift runter zu seinem Wagen geführt. Ich sag' euch, mir haben die Koffer die Arme aus der Schulter gezogen.

Zweite Überraschung: die Turnpike, das ist die Autobahn. Ich muß schon feststellen, prima, glatt, keine Löcher und alles umsonst, keinen Pfennig haben wir bezahlt. Auch nicht, als wir über die Brücken fuhren. Ich sag' euch, Geschwindigkeiten fahren die. Meine Mutter hat meinen Vater besorgt angeschaut, als mein Onkel auf die Düse gedrückt hat; obendrein hättet ihr die Wagen an uns vorbeiflitzen sehen sollen. Ich hab' den Onkel gefragt, wie schnell die fahren, und er sagte mir 180, 200. Meine Mutter wollte wissen, wie schnell das ist; ich konnte es ihr nicht vorrechnen, weil ich mich nicht erinnern konnte, ob man mit 1,6 multipliziert oder mit 0,6 dividiert oder umgekehrt. So hab' ich nur gesagt: 100 Meilen, und meine Mutter hat die Augen zugemacht. Die Gegend war herrlich: hügelige Landschaft, saubere Felder, Waldstriche und dazwischen eingebettet Dörfer mit roten Ziegeldächern.

Bald hatten wir Gelegenheit, das alles in Muße zu betrachten; wir fuhren langsamer und langsamer, dann im Schneckentempo, und zuletzt standen wir in den dichtgedrängten Kolonnen eingeklemmt. "Stau", sagte mein Onkel lakonisch, und als wir ihn fragend ansahen, erklärte er, ein Unfall oder Straßenarbeiten oder Berufsverkehr könnte den Verkehr stundenlang aufhalten. "Da vorne ist Polizeikontrolle", sagte ich vorlaut. Mein Onkel fragte, woher ich das weiß, und ich sagte, weil da auf der gegenüberliegenden Fahrbahn die Autos ihre Lichter aufblinken. "Nein", sagte er, "das ist keine Polizeikontrolle, das sind die Lichthupen, die die schnellen Fahrer benützen, um die langsamen Fahrzeuge aus dem Weg zu warnen." "Aha", habe ich geantwortet, "da vorne ist einer scheinbar nicht schnell genug aus dem Weg gewichen, und jetzt sitzen wir da, bis die Blechberge weggeräumt sind." Mein Onkel hat nichts gesagt.

Meine Verwandten wohnen in einer Siedlung am Rande einer kleinen Stadt. Alles neue Häuser, weiß verputzt, mit roten oder schwarzen Ziegeldächern. Innen ist alles mit Fliesen belegt: der Eingang mit Kleiderablage, die Küche, das Badezimmer, die Terrasse, der Treppenaufgang. Die Wände und Decken, alles solide betoniert; mir scheint es, die haben sich auf den dritten Weltkrieg vorbereitet. Bei Kaffee und Kuchen am Nachmittag habe ich dann gefragt, wo die Trümmerhaufen sind, und meine Tante sagte "Schinny", sie kann das Ginny nicht richtig aussprechen,

"Schinny, wir Flüchtlinge haben in den Wirtschaftswunderjahren die Bundesrepublik ganz neu aufgebaut."

Ich hab' nur gestaunt, als ich mit meiner Kusine in die Stadt spazieren ging: alles neu, pastellfarbig gestrichen, sauber, kein Stückchen Papier, kein Mist auf der Straße, keine Graffiti. Das fand ich schön. Auch die Idee, in den Einkaufszentren den Autoverkehr zu verbieten, halte ich für gut. Shopping Malls wie bei uns gibt es noch nicht, ich bin aber sicher, daß sie das auch noch einführen, denn im allgemeinen machen sie uns alles nach, leider auch das Schlechte. Hoffentlich behalten sie die duftenden Bäckerläden und die einladenden Würstlereien.

Wir waren dann auch in einem Kleiderladen, und gleich war eine dienstbeflissene Verkäuferin da. Als ich angefangen habe — wie bei uns in Amerika — herumzusuchen und zu wühlen, sagte die Verkäuferin schroff: "Das ist nicht erlaubt." Meine Kusine hat mich am Ärmel gezupft, und wir sind wieder raus. Sie hat gesagt: "Bei uns geht man in den Laden, nur wenn man ernsthaft kaufen will." Übrigens haben wir uns gut verständigt: schwowisch, deutsch und englisch durcheinandergemixt.

Für Ronny war es todlangweilig. Fernsehen gibt es nur am Abend, schwowisch reagierte er nur auf "esse, trinke, schlofe", deutsch hat er in der Schule noch nicht gelernt, und Baseball kennen sie hier nicht. Von Tag zu Tag wurde er mißgestimmter.

Nach drei Tagen hat mein Vater einen Leihwagen geholt, ich sag' euch, ein toller Apparat: ein großer Mercedes, cremefarbig, innen weiches Leder, himmlisch gefedert, so ruhig, daß ich nicht wußte, wann der Motor lief. Ein Traumwagen. Aber mein Vater hat gleich gesagt, daß ich den nicht fahren darf, obwohl ich meinen Führerschein eigens dafür mitgebracht hatte. Ich hab' dann vom hinteren Sitz schadenfroh zugeschaut, wie er mit den Knöpfen und Hebeln nicht zurechtkam; die Anleitung wollte er nicht lesen.

Meine Mutter hat erwartungsvoll die Stereoanlage eingeschaltet und alle Stationen abgehört, es aber bald aufgegeben: "Nix wie lauder amerikanischer Rock un Roll, nix wie Negermusik; des heer ich net emol in Amerika, doderfier brauch ich net uf Europa kumme."

Wir waren bald in dem herrlichen Österreich. Diese saftigen grünen Wiesen, mit Blumen betupft, die malerischen Berghöfe, die sauberen Ortschaften mit Zwiebelkirchtürmen, die blauen Seen und das Hochgebirge, stellenweise noch mit Schnee bedeckt — da habe ich mich richtig wohl gefühlt, ich muß schon sagen, das war wunderschön. Mein Vater wollte das Flüchtlingslager sehen, in dem er drei Jahre verbracht hatte, und fuhr auf einen Seitenweg, prima asphaltiert, sich sanft durch die Hügel schlängelnd. Er fuhr seine amerikanischen 90 Kilometer — Geschwindigkeit, als uns eine Oma auf ihrem Moped überholte. Sie winkte beim Vorbeifahren und lächelte. Das war meinem Alten zuviel. Schon vorher hatten Überholer mitleidig gelächelt oder mit dem Zeigefinger an die Stirn getippt; das hat der Alte noch vertragen, aber die alte Oma auf dem Moped, das war zuviel.

Ich konnte es fühlen, wie er die Fahrt beschleunigte, und als ich ihm über die Schulter blickte, zeigte der Tacho 140. Befriedigt schloß ich die Augen. Wie lange ich schlief, weiß ich nicht. Ein Aufschrei meiner Mutter und ein Prallen in den Sicherheitsgurten weckten mich. Wir saßen in einem Weizenfeld. Mein Bruder fing an zu jaulen, meine Mutter klagte weinerlich, und mein Vater fluchte ratzisch, ungarisch und englisch. Entweder hatte er die Kurve zu schnell genommen oder er war eingeschlafen. Der Mercedes war die Böschung hinuntergefahren und in dem weichen Feldboden steckengeblieben. Wir versicherten uns, daß keinem was passiert war, und beratschlagten, was nun zu tun sei. Mein Vater ging auf die Straße, um vorbeifahrende Autos um Hilfe zu bitten. Nach einer Weile kam ein knatterndes Motorrad vorbei, auf dem ein graubärtiger Rübezahl mit einem Rucksack saß. Er winkte und lächelte, fuhr weiter, ohne meinen Vater, der ihm nachlief, anzuhören. Die Flucherei ging wieder los. Wir waren ratlos, was zu tun sei.

Keine zehn Minuten später erschien ein Abschleppwagen. Der Fahrer, in seinem blauen Werkanzug, stieg aus und begrüßte uns: "Grüß Gott, die amerikanischen Herrschaften, die gnädige Frau, gnädiges Fräulein, der Herr Amerikaner! Also, wie hammers?"

Es stellte sich heraus, daß der Schwammerl Loisl, der auf dem Motorrad, ihn verständigt hatte. Bedächtig sah er sich den Mercedes von allen Seiten an, dann schaute er unter den Wagen, hakte sein Schleppseil ein, und im Nu stand der Mercedes wieder auf der Straße. Er reichte meinem Vater die Rechnung: "Macht 200 Schilling", und als er das überraschte Gesicht meines Vaters sah, "aber se kennen's mir auch in Dollar zahlen, soviel wie 's drham zahlen möchten."

Mein Vater verbiß seinen Ärger, schließlich waren 200 Schilling nur 12 Dollar, aber wissen wollte er, wieso er als Amerikaner zu erkennen war.

"Na ja, des is schee leicht, erstens an Mietwagen, dann noch an großen Mercedes, un dann es Hemd!"

"Das Hemd?"

"Segn 's, solchene Farben habn wir nit in Europa, un dann die Knopfl am Kragn! Also, grüß Gott, die Herrschaften, un wann 's an der nächsten Kirchn vorbeikommts, na spends em Heiligen Christopher a dicke Kerzn, weil nix Args gschegn is."

Meine Mutter nickte zustimmend.

"Aha, da kommt der Huberbauer auf seim Gasbock. Grieß dich Huber, hat der Schwammerl Loisl Bescheid gsagt? Schon gut!"

Der Huberbauer ging die Böschung hinunter, besah sich den Flurschaden, kam bedächtig zum Wagen und sagte zu meinem Vater: "Also der Schaden ..." Mein Vater brauste auf: "Was heißt hier Schaden?" "Oder is des vielleicht ka Schadn? Die Gerste richt si nimmer auf! 50 Schilling."

Unwillig zahlte mein Vater, und meine Mutter sagte: "Ginny, jetzt fahrscht du. Dei Vadder is noch ganz verschtawert!"

Je näher wir an die jugoslawische Grenze kamen, umso pessimistischer wurde mein Vater, und er drückte seine abfällig Meinung über das kommunistische System, über Tito, über die Ratzen im allgemeinen in aggressiven Äußerungen aus. Ich mußte ihm bald recht geben. Kaum über der Grenze, merkte ich, daß wir in einer anderen Welt waren. Abfällig bemerkte mein Vater, daß die Autobahn von der deutschen O.-T.-Einheit während des Zweiten Weltkrieges gebaut und seither schlampig ausgebessert oder teilweise voller Schlaglöcher dem Verkehr überlassen worden war.

Als wir uns dem Heimatdorf meines Vaters näherten, bereitete er uns darauf vor, sein Vaterhaus, den Hof und Garten in vernachlässigtem Zustand, von dem "Gesindel" bewohnt, vorzufinden. Es ist wahr, wir konnten mit dem schweren Mercedes von der Hauptstraße nicht in die Nebengasse abfahren, weil da zu viele Drecklachen waren, so spazierten wir hin. Mein Vater blieb vor einem sauberen, frisch getünchten Haus stehen. Hinter den blankgeputzten Fensterscheiben sah man weiße Gardinen. Unschlüssig blickte er nach den Nachbarhäusern, öffnete die Gassentür, und wir folgten ihm. Der Duft der Rosen im Blumengarten schlug uns entgegen. Der Hof war sauber gekehrt, und dahinter sah man den Küchengarten, Äpfel- und Birnbäume. Er ging den Gang hinauf und klopfte an die Tür. Eine junge Frau, sie war nicht älter als 25, mit einem kleinen Jungen an der Seite und einem Baby im Arm, kam heraus. Verstanden hab' ich das Ratzische nicht; sie lud uns ein hineinzukommen, war freundlich und bot uns Kaffee an. Stolz führte sie uns dann durch das Haus: Das Badezimmer, die Kücheneinrichtung erinnerten mich an Deutschland. Die Erklärung dafür gab uns mein Vater, als wir wieder weiterfuhren.

Sein Elternhaus war von der Regierung einem Patrioten für seine Kriegsdienste überlassen worden. Aber anscheinend war der nicht ganz recht bei Sinnen, und als sein Zustand sich verschlimmerte und er sogar versuchte, seine Frau zu erwürgen, hatte man ihn in eine Anstalt gesperrt. Das junge Ehepaar hatte das Haus vom Staat gekauft: Der Mann arbeitete in Bayern in einer Autofabrik und brachte im Urlaub jedesmal Hausgeräte und Einrichtung mit. In zwei Jahren würden sie alles haben, und dann würde der Mann im Ort Arbeit suchen.

Ich weiß nicht, was es war, das Wiedersehen mit dem Vaterhaus, die Kindheits- und Jugenderinnerungen, das zur Kleinstadt verwandelte Dorf, die verschwundenen Familiengräber auf dem Friedhof, auf alle Fälle war mein Vater einsilbig geworden. Er saß stumm neben mir, ich fuhr, und sah sich die vorbeiziehende Landschaft an, ohne abfällige Bemerkung, nicht einmal, als wir eine geschlagene Stunde an einer Eisenbahnbrücke warten mußten, bis der Zug durchkam und wir erst dann drüberfahren durften.

Ich selbst war heilfroh, daß ich in Amerika und nicht in Jugoslawien geboren war. Um es ehrlich zu sagen, ich konnte das Heimatdorf meines Vaters aus seinen Erzählungen nicht erkennen; ich hatte mir das ganz anders vorgestellt. Meine Mutter wurde lebhafter, je näher wir zu Rumänien kamen. An der Grenze schlossen wir uns einer Schlange wartender Fahrzeuge an. Mühselig rückten wir voran. Dann mußten wir durch eine Drecklache fahren, angeblich zur Desinfizierung des Fahrzeuges von Maul- und Klauenseuche. Da im Reisepaß meiner Mutter Rumänien als Geburtsland eingetragen ist, überprüften die Grenzoffiziere die schwarze Liste der unerwünschten oder strafbaren Personen und ließen uns dann fahren.

Mein Vater fuhr, und meine Mutter, die die Gegend kannte, lotste. Als wir durch das erste Dorf fuhren, hörte ich ihr leises "Jessusmairaunjosef, schau mal Tata, wie des do ausschaut." Nun, ich selbst war von der Vernachlässigung überrascht; es war schlimmer als in Jugoslawien. Im nächsten Dorf ließ meine Mutter links abbiegen. Keine 100 Meter, und mein Vater hielt an, schüttelte den Kopf: "Mir sin do oft genuch gfahre, 's is e gudi Abkirzung", meinte meine Mutter.

"Mir kumme do net durch", antwortete mein Vater und fuhr im Rückwärtsgang zurück auf die Hauptstraße.

"Vielleicht is die Stroß hinnerm Dorf besser!" bestand meine Mutter.

Mein Vater stieg aus, ging ins nächste Haus.

"Jo, jo, also, vun Amerika kummt ihr", sagte der alte Mann, der mit ihm zum Auto kam, "scheen, scheen. Mir sin schun zu alt for auswannre; mir bleiwe do bis mer sterwe. Do uf 'm Friedhof is unser letzter Platz for die ewich Ruh ... de Bu is in Stalingrad gebliwe, un es Mäd hat e Wallach gheirat, die wohnt im Regat ... Nee, nee, awer die Strooß do kenn'er mit dem scheeni Auto net durchfahre, die Traktore hann se ganz ufgewuhlt. Fahrt scheen uf der Hauptstroß zuruck; 's is a Umwech, awer sicher."

Alles war grau, die Häuser vernachlässigt, der Verputz teilweise abgebröckelt, Türen und Fensterrahmen ungestrichen. War das das schöne Dorf, von dem meine Mutter erzählt hatte? Die Nebengasse, in der ihre Schwester wohnte, war unbefahrbar. Im Gänsemarsch, den Pfützen ausweichend, marschierten wir den Gehsteig entlang. Das Wiedersehen war freudig: Jeder umarmte jeden und weinte.

Die erste Sorge meiner Tante galt dem Mercedes, der mußte in den Hof, bevor die "Brieder" Gelegenheit hatten, die Scheibenwischer zu stehlen.

Innen war das Haus sauber und gepflegt, ein bißchen muffig, sonst einfach möbliert und wohnlich. Meine Tante zeigte uns mit Stolz ihren Gasherd und fing auch schon an zu kochen. Meine Eltern brachten die Koffer ins Haus, ich räumte den Mercedes, in den ich mich verliebt hatte, auf und wusch ihn mit Regenwasser sauber. Ronny ging in den Hof, wo er sich mit den Hühnern, Enten, Gänsen und Schweinen befreundete. Endlich hatte er etwas gefunden, das ihm Freude und Zerstreuung bereitete.

So peinlich es mir war, mußte ich feststellen, daß die Leute hier ziemlich primitiv wohnten; ich meine, man kann es weder mit Deutschland noch mit Amerika vergleichen: kein fließendes kaltes Wasser, schon gar nicht warmes, Elektrizität nur zu gewissen Stunden, keine Zentralheizung und, was für mich das Unbequemste war, kein Badezimmer. Jawohl, keine Badewanne, keine Dusche, und das Klo, das werdet ihr mir nicht glauben, hinter dem Haus, ein Holzhäusel, wo der Wind durch die Bretter pfeift. Der Brettersitz war ja sauber, aber wenn man den Deckel abhob, war der Gestank überwältigend. Zeitungspapier, viereckig zugeschnitten, war auf einem Nagel aufgehängt. Meine Mutter hatte mir vorsorglich eine Rolle amerikanisches Klopapier mitgegeben.

Gegen Abend kamen meine Kusine und mein Onkel mit der Eisenbahn aus der Stadt: sie aus dem Gymnasium, er aus der Fabrik. Nach dem Abendessen kamen Verwandte, Bekannte, die die Amerikaner sehen wollten. Da war kein Ende mit Umarmungen, Tränen, Küssen, Erzählen. Das hielt bis spät in die Nacht an, lange nachdem ich schon in der vorderen Stube eingeschlafen war.

Am nächsten Tag, es war Samstag, gingen Tante und Kusine "freiwillig" zum Einsatz zur Verschönerung des Dorfes. Sie waren aber bald wieder zurück. Meine Mutter hatte ihnen ein paar Marlboro-Zigaretten für den Hüter des Gesetzes mitgegeben. Mein Onkel mußte, wie jeden Wochentag, zur Arbeit in die Fabrik.

Beim Abendessen gab es einen bedauerlichen Zwischenfall. Als die Suppe auf den Tisch kam, ragten ein paar gelbe Hühnerfüße aus der Schüssel. Als mein Bruder das sah, verließ er die Küche und war nicht zu überreden, zurück zu Tisch zu kommen. Ich beobachtete aufmerksam, wie meine Mutter beim Schöpfen die großen Fettaugen auf der Suppe beiseite schob, und tat ihr's nach.

Mit meiner Kusine ging ich nachher zu ihren Freunden. Jemand hatte ein Stereogerät gebracht, und auf den Kassetten, die sie spielten, waren fast alles amerikanische Gruppen. Selbstverständlich tanzten wir bis Mitternacht. Ich habe ihnen ein paar Line-dances beigebracht, wovon sie begeistert waren. Auf dem Nachhauseweg riet mir meine Kusine, gut auszuschlafen, weil in der Früh eine Überraschung auf mich wartete.

Als mich meine Mutter allzufrüh weckte, sah ich die sauber gebügelten Trachtenröcke am Schrank aufgehängt.

"Ginny, heit werd Kerweih gfeiert. Des do is mei Tracht, wu ich als junges Mäd getraa han. Heit ziehscht du se an. Es sin jo nor acht Paar, die mit der Kerweih gehn, un lang net so wie's frieher war, awer ich mecht, dascht du mitmache tuscht; de Norbert, de Bu von meiner Freindin, is dei Partner."

Während meine Kusine und ich von unseren Müttern sorgfältig eingekleidet wurden, spürte ich, was "Heimat" ist: das Erleben hundert Jahre alter Überlieferung, wiederholt im Geiste der Ahnen. Als ich dann vor dem Spiegel stand, sah ich nicht mich selbst, nicht allein Ginny, ich sah meine Mutter und ihre Mutter und meine Urahnen, Generationen zurück, und ich fühlte mich eins mit meinem Volk und seinem Schicksal. Dieses Gefühl hatte ich noch nie erlebt, nicht in Deutschland und nicht in den Vereinigten Staaten.

In der Kirche — wir acht Trachtenpaare standen vor dem Altar, am Ende des Hochamtes beim Singen des "Großer Gott, wir loben Dich" — wurde ich wieder von dem Gemeinschaftsgefühl überwältigt, und ich verstand zum ersten Mal, wovon meine Mutter sprach, wenn sie "drhem" und mein Vater "drhom" sagten: die traditionsgebundene Dorfgemeinschaft. Das war schön.

Als wir Rumänien verließen, waren wir alle seelisch erschöpft. Ein unbeschreiblicher Druck wich von uns, als wir die ungarische Grenze passierten. Wir fuhren zum Plattensee, um uns zu erholen. Am Badestrand und in den Konditoreien, wo sie die feinsten Torten und Kuchen servierten, stärkten wir uns; mein Vater trank Ochsenblutwein. Auf Ausflügen in die umliegenden Gemeinden, die mich an die Heimatorte meiner Eltern erinnerten, unterhielten sich meine Alten mit den Einwohnern ihres Alters schwowisch, die Jüngeren allerdings sprachen nur ungarisch.

Selbstverständlich fuhren wir auch nach Budapest. Da sah mein Vater in einem Lebensmittelladen echten Debreziner Salami in rot-weiß-grüner Verpackung. Er kaufte gleich drei Stangen, und die sollten uns zum Verhängnis werden.

Und das war so: Wir passierten die ungarische Grenzkontrolle ohne Anstand. Der österreichische Zollbeamte stellte gelangweilt die gewöhnlichen Fragen: "Wo kommt 's her? ... Wie lang ... Wertsachen zu erklären ...?" Worauf mein Vater mit derselben gedankenlosen Sachlichkeit antwortete.

"Ham 's Lebensmittel mitgebracht?"
"Drei Stangen Salami."
"Die derfnt 's nit reinbringen."
"... Was soll ich damit machen?"
"Dös kann ich Ihne net sagn."

Mein Vater überlegte, sah uns fragend an. Meine Mutter zuckte mit den Achseln. Mein Vater überlegte wieder, sah den Zollbeamten an, der unbeteiligt in die Gegend schaute und sich nicht äußerte, dann fuhr er auf einen Abstellplatz, nahm sein Taschenmesser heraus, schnitt jedem eine dicke Schnitte Salami ab und fing an zu kauen. Nun, mir schmeckt Salami in dünnen Scheiben in einem Hoagie-Sandwich prima, aber habt ihr schon mal einen Brocken Salami im Mund herumgeschoben? Schmeckt wie Seife, langweilig, besonders ohne Brot. Meine Mutter aß pflichtbewußt, ohne Begeisterung, mein Bruder jaulte: "I wanna hotdog an'a hamburger!"

Scheinbar schmeckte es meinem Vater auch nicht, denn er fuhr zurück zum Zollhaus. "Kann ich ihnen die Salami hinterlassen?" fragte er den Uniformierten.

"Dös is net erlaubt, dös is Beamtenbestechung."
"Ja, was soll ich damit anfangen?"
"Segn 's dort hinten die Mistkistn, dort kennen 's hineinwerfn."
Mein Vater fuhr dahin, und dann geschah das Komische, er nahm die Salami aus den Hüllen und versteckte sie unter den Sitz, dann stieg er aus, zeigte die leeren Hüllen dem Zollbeamten und ließ sie zeremoniell in die Mülltonne fallen. Wir fuhren am Zollhaus vorbei, und der Beamte salutierte lächelnd.

"Dem sei Gfriess mecht ich gsiehn, wenn er die leere Packung rausholt", sagte mein Vater selbstzufrieden, als wir weitergefahren waren.

Wir fuhren durch das schöne Burgenland, aber irgendwie waren unsere Gedanken nicht da.

"I wanna got to McDonalds", jaulte mein Bruder, "I wanna go home!"

In der darauffolgenden Stille entstieg meiner Seele ein tiefer Seufzer, als ich an zu Hause dachte.

"Jo", sagte meine Mutter, "jo, Tata, let's go home."

Und mein Vater nickte.

Helmut Britz
Temeswar — Bukarest

Helmut Britz wurde am 28. Januar 1956 in Temeswar (Banat/Rumänien) geboren. Schulbesuch ebenda, Studium der Germanistik und Anglistik an der Babes-Bolyai-Universität in Klausenburg (Cluj-Napoca), in dieser Zeit (1977-80) auch Redakteur der deutschsprachigen Seite der Studentenzeitschrift "Echinox", arbeitete 1980-84 als Deutschlehrer in Rovinari (Kreis Gorj) und Banloc (Kreis Timis). Ab 1984 Redakteur der Zeitschrift "Neue Literatur". Literarisches Debüt: 1977 in "Echinox". Veröffentlichte Lyrik, Literaturkritik und Übersetzungen aus der rumänischen Literatur in "Neue Literatur", "Echinox", "Karpatenrundschau", "Neuer Weg" und in den Anthologien "Die beste aller Welten. Rumänische science fiction" (Cluj-Napoca 1979, München 1983), "Vînt potrivit pînă la tare" (1982), "Reflexe II. Aufsätze, Rezensionen und Interviews zur deutschen Literatur in Rumänien" (1984), "Der zweite Horizont" (1987). Übersetzte den Lyrikband "Pflichtleben" (1988) von Florin Mugur. Erhielt 1979 den Lyrikpreis der Bukarester Studentenzeitschrift "Amfiteatru". Lebt zur Zeit in Bukarest.

Splitterglück 1

Schutthaufen, Mörtel, zerbrochene Ziegel, über die eine
räudige Katze huscht, so daß man sich fragen wird: war
der denn innen hohl? das wird übrigbleiben von dem
Turm, dem schiefen, aus Pisa, wenn sein Fall einmal
erledigt. unansehnlich wie am ersten Tag, da er sich
entschloß, gegen die Gesetze der Schwerkraft quer-
zustehn, fasziniert er allein durch seine Fallsucht.
woran man sich erinnern wird: der hatte die Hin-
fallende, und obwohl es allen auffiel, ließen sie
ihn nicht fallen, bis zuletzt dann doch, nichts
Aufrechtes wird an seine Stelle kommen, denn
Irrtümer können nie vorsätzlich erbaut — dafür aber erhalten werden. krumm nehmen
werden seinen Fall in jedem nur die Experten im Gradstehn, denn was wird
ihnen dann noch bleiben, wenn der
Marktpreis des letzten Souvenirbrockens
ins Bodenlose gestürzt sein wird, was
werden sie dann den Augenaffen
maulfeil halten? sie, die aus eigener
Erfahrung seine einzige Qualität
kennen: ist man erst oben, kann
man wie von keinem anderen
runterspucken

NEBELLEBEN

Kein Amt kennt die anderen
Und wir müssen wandern
Eine Depression jagt die andere
Bis ich dann wandere

TRANSPARENTE MYTHEN

Lendenlahme Worte, deren Kraft
    Tatsachen zu bespringen
        versiegt ist, verhallen

Scheinbar nur
    wie die Totenklagen
        des Popen im Luftschacht;

Fettsüchtig werden sie,
    heimlich, wie der Mönch,
        der praßt in der Klause.

Abteien aus Glas zu bauen
        fruchtet nichts.
Schwindsüchtig bloß
    werden die Mönche.
In den Markthallen
    war Gott
        nie ein richtiges Thema.

WASSERWILLIG

Unumwunden bekennen wir uns zum Wasser
Dessen dialektisch abgesicherte Wiederkehr
Unser naßester Träume Gewähr, oh, hydrologisches Zeitalter
Es naht deiner Verheißung Fülle, da gebrochen
Der Dürre Joch nicht mehr knechtet sprießende Saaten
Wasserwunder beglücken der Sinne Verspieltheit
Und der natürliche Kreislauf schließt zum Alleins
Das Pulsen meiner Blutbahnen, die schraubende Spirale
Meines denkenden Strebens, meiner wasserhörigen Lebenssäfte
Und das urgeschichtliche Walten lebensweckender Wassergewalten

BÜFFELBRUNNENELEGIE

In Lehliu dampfen die Waben des Baragan
Bitterer Honig meiner Ahnen tröpfelt aufs Abteilfenster
Verklebt die Sicht aufs mißmutige Werkeln der Steingetreidebauern
Während in der Flußau sorgsam umhütet das Atomei ausgebrütet wird
Glücklich wie eine Fliege im Kloabteil erleben wir den Ortswechsel
Schiffe! Schiffe! am jenseitigen Horizont und ein Negermatrose
Am Bahnsteig als greifbare Verheißung entrückter Welten, ach
Wüßten's wir nicht so sicher, daß es sie gibt
Die Schattenseite des Monds, quälten uns weniger
Die eigenen, illusorischen Vorstellungen. Wie aber sonst läßt sich erklären
Das Schicksal des Mulattenjungen, der Forsythien uns anbietet im
                 Bahnrestaurant
Und laut Kellnerberichten entsprossen ist Schatten- und Nachtseiten
Zunichte gemachter Hoffnungen und nun als der fahrenden Mitbürger
                 Zögling
Beine gemacht kriegt von Kind auf, zu Diensten des Blumenhandels
An der blechernen Kanne im Plumpsklo
Erkennen wir die Gastgeber als Türken und tatsächlich sind's
Tataren, strenggläubige, die aus höheren Gründen
Enthaltsamkeit üben am Schwein. Die Hühner züchten sie sich selber
Und bei den Hammeln ist der Hausherr Traktorfahrer, sie erliegen ab und
                 an dem Hitzeschlag
Der Garten! Der Garten! Allah und Omega der Dorfleute
Blumenexplosionen fürs Sommerfrischlerauge und Körnermais für die
Schattenwirtschaft
Zu gedeihlichen Preisen. Hier macht noch das Wetter
Ein gutes Jahr, und die lebensnahen Nachrichten
Kommen nachweislich barfuß an (siehe Neue Literatur, Heft x/y)
Die entfernteren übers Radio, Hadschjen
Hat noch Gott getauft, ein Strandgutsdorf der Geschichte
Gespült an den Rand des Maismeers, doch welcher? Die Beweislage ist
                 eindeutig
Denn das Minarett klebt am fladenflachen Gebethaus
Steckt wie eine Reißzwecke im gedunsenen Wolkenhimmel
Doch dann werd ich unsicher beim Anblick des Dornbuschs
Das könnte er gewesen sein! Das Mufflon steht unter Naturschutz
Der tatarische Förster auf der Heumahd fragt nach Waffen
Und der Akazien- ist ein richtiger Trockenwald, wehrt mit Stacheln und
                 Schlangenlöchern
Spinnweben und Kletten die Erinnerung an den heimatlichen Banater
Unter dem Wellendach aus gebrannten Lehmziegeln

Vermuten wir eine Scheune, es ist aber das Paradezimmer
Wie einst es erfanden die Beherrscher eines Weltreichs
Allahin Dedigi Olur entziffern wir, doch das Buchstabenalgebra
Allein löst keine Vorstellung aus. Wir vermuten einen Sinn
In dem man uns Giauren vor Zeiten den Kopf eingeschlagen hätte
Aber das müßte sich doch übersetzen lassen! ruft erleuchtet meine
                                                                              Angetraute aus
Und mit den Worten ihre Götter! Ach, wieviel Lücken hinterließ in der
                                                                              Weltgeschichte
Der Mangel an guten Übersetzern, eine geglückte Raubübersetzung
Hätte den Glaubenskrieg erübrigt, es wäre ein gewöhnlicher geworden
Die violette Distel durchblüht das leckgeschlagene Muschelgehäuse
O Ovid! die Barbaren zeigen sich am Nacktstrand den Muskel, der Liebe
Ansprüche in unserem technischen Sinn erlahmen in der Umkleidekabine
Der Lieblichkeit Reiz beschränkt sich auf la douce vénusté
Der Bewußten, die abspreizt den kleinsten der Finger beim Kaffeetrinken
Saschka fühlt sich sauwohl
Unterm Biertisch, schlürft genüßlich aus dem Maß, trägt glorreich
Seine Doppelnatur zur Schau: halb wild, halb gesittet
Ein Schwein, das sich beim Bierkiosk am Strand
Allgemeiner Beliebtheit erfreut, und ich meine, dies wär auch das rechte
                                                                                               Maß
Meiner Poesie: halb wild, halb gesittet, sehr zum Unmut eines
                                                                    rumänischen Dichterkollegen
Der die Poesie eher im Spannungsverhältnis zwischen Orphischem und
                                                                              Thanatos sieht
Aber in Histria spült das Meer Wortleichen an Land
Und die Öko-Coca-Cola-Büchsen, die unter dem Markenzeichen
                                                                                           Amphoren
Das Weltreich überschwemmten (im Bauch des trojanischen Pferds sitzt
                                                                               immer ein Krämer)
Liefern der Archäologie bodenständige Beweise, eine Legion
                                                           hochgelehrter Andy Warhols
Zieht kunstsinnige Schlußfolgerungen anhand des jahrtausendealten
                                                                                               Sperrmülls
Ideologisches Recycling, logischer immerhin als die handelnde Politik
Die so manche aus den Reiseberichten der Wandervölker ableiten
Nur am Schwanz des Glykons bissen sie sich die Zähne aus
Denn der ist gefiedert, und ein Schafskopf wuchs der Schlange
Nur einmal noch, vor viertausend Jahren, im iranischen Hochland
Gehst du nicht an den Strand? frag ich morgens den elfjährigen Sapu
Nein, denn die Kinder sagen, es ist Strahlung
Was is 'n das? Ich weiß nicht, doch einem Jungen
Der mit dem Kopf im Wasser schwimmt, wuchsen Schuppen

Richtige wie beim Drachen. Die greise fette Möwe
Sitzt auf der Strandschlappe und lacht über den Boxerhund
Der sich mit triefenden Lefzen erneut ins Brackwasser stürzt
Untertaucht, nach dem Stein schnappt und ihn selig an Land bringt
Und ist's auch der falsche — der Herr ist's zufrieden
Wenn's am Ende nur ein rechtes Gedicht wird, wenn ich
Den Atem anhaltend, abgleite in die Schlünde, taste nach Festem
Aufschlitz meine Fingerkuppen an Kantigem, aufreiß die Augen
Gebannt nach oben starr: nichts, seltsamerweise gar nichts erkenn von der
                                        Oberwasserwelt
Deren trügerisches Spiegelbild zu durchstoßen ich abtauchte, da
Lauern Wasserwunder und es dröhnt die Ohrenstille, aber es fehlt
Ganz einfach sie, nach der ich gründelte: diese Welle
Die anwogt, sich kräuselt, sanft in die Tangmähnen greift
Den trügerischen Schatten der Miesmuscheln verwirft
Über dem erzitternden Bild der Sandsteingeklüfte
Daß du genauer hinblickst und meinst zu erkennen, daß das Erbeben der
                                          Sandsteingeklüfte
Schreckte den Schatten der Miesmuscheln, deren Tangmähnen erzitternd
Die Wasser peitschten, hervorriefen das Gekräusel, so daß die Gischt
Trieb an die Welle, die längst verebbte, bis es mir gelang, sie
                                          wiederzurufen ins Gedicht
Ich Ursachentaucher, der sich einredet, mit seinen Worten alle Wirkungen
                                          zu verursachen
Verunwirkt die Ur-sachen, die heranplätschern, wegspüln den Wortmüll
Den wir Zwangsverursacher seit eh und jeh verklappen auf hoher
                                          Sinnlosigkeit See
Wir wortsynanthrope Gattung (unverständlich die Metapher, die erklärt
                                          sich später von selbst)
Zwangen die Welt in die Logozönose, um uns wie Schmeißfliegen oder
                                          Kakerlaken
Gütlich zu tun an ihren Abfällen im Verrottungsstadium. Saschka
Fühlt sich noch immer sauwohl, weiß nichts vom Kurban Beiram
Dem schweißtreibenden Weihnachtsfest der Tataren, für das er
Lipowanerseits die Ohren in die Sülze wird stecken müssen
Denn am besten schmeckt's beim Festmahl der Andersfeiernden
Und die Weisheit des Bauchs steht hier noch in hohen Ehren
So daß auch wir geladen sind, von denen Hochgeistiges zu erwarten.
                                          Tatsächlich
Entpuppt sich die biedere Hausfrau als morgenländische Schnapsdrossel
Und der Hausherr als gebürtiger Büffelbrunner, eigentlich
                                          Mandschaputnarer, also Costinester
Der als Junge die sagenhaft leistungsfähigen Rösser der Tüchtigen
                                          bestaunte

Wie heutigentags seine Söhne das Gestüt aus Schwaben. Doch da fährt
Mir der Schreck in die Beine, denn auf der Mauleselkarre
Bestialisch brüllend, ebenso stattlich gebaut, denselben Rauschebart
Im Gesicht, kommt nicht der Franz, unser Hodjak, wie ich's freudig
          berauscht verstand
Sondern der Hodscha, die Häute einzusammeln, die ihm zustehn von
          jedem geschlachteten Hammel
Das Fell natürlich, schon wieder hab ich's mir falsch übersetzt und auch
          geschmunzelt
Vorsicht! Manch einen hat's erwischt, weil er zu Feierlichem unziemlich
          lachte
So daß ich ergriffen lausche, daß sich der Schriftgelehrte ausnehmender
          Wertschätzung erfreut
Als jüngster und angenommenermaßen Letzter einer aussterbenden Zunft
Raucht er feuchte Zigaretten zum Feigenschnaps und sublimiert
Seine Reiselust, der Franz natürlich, nicht der Hodscha
Der ins Gespräch kommt mit dem Feinen, Vornehmen, der nach dem
          Beruf gefragt
Erklärt, als Hygienespezialist bei der Aids-Erfassungsstelle zu arbeiten
Von wo er höchst Beruhigendes zu berichten weiß. Diese Probleme
Sind mir von anderweitig bekannt, denn sind es einmal weniger als
          dreihundert
Ist keine Seele mehr zu retten, vom Hodscha natürlich, Kennziffer sind
          konfessionsübergreifend
Wie ich verbindlich lächelnd sage, worauf sich der Aids-Erfasser
Als Lutheraner AB zu erkennen gibt, höchst erfreut ob meiner Vorliebe
für
Histria, wo er eine Spezialstudie unternimmt, an den Verbliebenen
Könne es doch nicht liegen, so der Hodscha, und er finde es auch nicht
          anrüchig
Statistisch zu erfassen Küchenfliegen, sei eine Möglichkeit, synanthrope
          Arten zu erforschen
Denn rechtgläubig sind sie ja nicht, und was läßt sich schon von
          Seelenlosen erwarten
Kakerlaken zum Beispiel leben im Ursprungsgebiet, im Orient, noch wild,
          also asynanthrop
Aber von freiem Willen kann doch nicht die Rede sein, als man über den
          einzelnen hinweg Entscheidungen traf
Entdeckten sie vor zehntausend Jahren eine freie ökologische Nische
Für die sich zu entscheiden, er doch nur selber das Recht gehabt hätte
Vorratsschädlinge zu werden, erwies sich folgenschwer
Denn es will sie doch niemand, fragt sich nicht, ob sie wollten oder nicht
Nun können sie sich nur mehr in der Nähe menschlicher Behausungen
          vermehren

Wieso denn nicht mehr, der Vormalige habe sie doch an seinen Busen
                                                geholt wie der Allmächtige
Ernähren sie sich nun von pflanzlichem Abfall im Verrottungsstadium
Die liebsten der Kinder, der müsse es doch besser gewußt haben, wer
Ratten sind zum Beispiel im Stadium der Vorratsschädlinge geblieben
Keine synanthrope Art, die das spontane Ergebnis der Anthropobiozönose
Rattenwild werde ich da, hebe aber zu Umleitungszwecken mein Glas
Aufs mächtigste aller Gläser, der effizientesten Einrichtung, die noch
                                                jedem Sturm widerstand
Denn so heftig er auch wütete, landete er stets im Wasserglas
Am Nachthimmel zieht ein leuchtender Punkt von West nach Ost
Eine Weile später:
Am Nachthimmel zieht ein leuchtender Punkt von Ost nach West
Es sei die größte Bedrohung, die Verschmutzung unaufhaltsam, alles
                                                ursprünglich Artreine
Verseucht, abgedrängt aus seinem Lebensraum, dem Untergang geweiht
Wenn wir uns nicht in letzter Stunde besinnen wollen, meint der
                                                Lutheraner AB
Und ich, daß man vom Homozentrismus abkommen müsse. Wie geht's
                                                noch
Der rumäniendeutschen Literatur, fragt der Hodscha versöhnlich, man hört
                                                ja dies und das
Leidlich, leidlich, leider leiden wir an Schwundsucht
Es kommt aber was nach! ereifert sich der Lutheraner AB guter Hoffnung
War immer schon da, nur überdeckte der Überhang beim Vorwuchs die
                                                Potenzen
Des Nachwuchses, eine verwachsene Geschichte, was sich änderte, seit die
                                                richtigen Schriftsteller
Berufsrumäniendeutsche wurden, zu erkennen daran, daß sie keine
                                                rumäniendeutsche Literatur mehr schreiben
Am Nachthimmel zieht ein leuchtender Punkt von West nach Ost
Eine Weile später:
Am Nachthimmel zieht ein leuchtender Punkt von Ost nach West
Wortfliegen summen nach Histria
Die Brandung flacht ab. Es wetterleuchtet
Der Hygienespezialist spricht von Säbelsichlern, Stelzenläufern
Höckerschwan und Ringelnatter, als wären es Götter, ausgestopfte
Und dann hab ich's satt. Diesen Scheiß. Das Gequassel. Nichts als
                                                Wortwebennetze
Spinnwaben. Das soziale Leben von Spinnen. Wer leimt wen. Die nackte
                                                Glühbirne am Plumpsklo
Betonschwelle. Hühner kreischen auf schlaftrunken. Nasse Sandspuren
Auf dem giftgrünen Linoleum. Konzentriert rückt er die Brille zurecht
Sie schwitzen vom Fressen und Saufen und Sich-Zusammenreißen

Der Schiffsrumpf ragt ins Gäßchen. Rostrast. Die Nacht, ein geblähter
                                                           Fischbauch
Von der Entenfarm im aufgelassenen Kasernenhof schwadet es rüber
Die Retter des Kapitols aus der Kühltruhe. Die Nacht stürzt herab
Dröhnt in meinen Ohren, meinem Glied, ans Meer! ans Meer!
Hinüberstürzen ins Sinnlose, wie von Sinnen los, ist das nun Sand,
                                                               feuchter
Warmer, mürber Sand, in dem ich versinke oder Niemandsland
Strand oder Meeresgrund unter der überschwappenden Brandung, eine
                                                                    Kuhle
Im Meeresboden oder das Meer in der Kuhle, die Oberwasserwelt oder
Der Küstenverlauf, haste ich durch aufspritzende Äonen von Wasserjahren
Oder durchs Territorialgewässer, bin ich nackt oder ein Grenzschädling
Schluckt mich der schwarze Spiegel oder schreckt mich die Macht des
                                                                      Wortes
Abgrundtiefe, hält mich in Schwebe, als wäre es unschlüssig, mich
                                                                 absaufen zu lassen
Oder zurück ins Spiegelbild entfliehn, schaukelnde Schwebegrenze
Wasserleicht sich geborgen fühln jenseits der Abläufe
Die hinter sich selbst zurückblieben, Grenzenlosigkeit
Aus der mich zurückholt ein Kehllaut
Metallen satt rastet ein das Wort der Grenzstreife
Rückt ins rechte semiotische Maß die Logozönose der Karten, Meerwasser
Sandsteingeklüfte, kurzum, ich nahm sofort wieder wahr die Wahrheit
Des Worts Grenzküste, hatte nun meinerseits splitternackte
                                                                   Identitätsprobleme
Rang nicht weniger hartnäckig als Jaakob mit dem Grenzposten um
                                                                    meinen Namen
Der endlich schriftlich gefaßt, mich heimtückischerweise als ewig Fremder
                                                                      verriet
Als falscher Richtiger, richtig Mißverstandener, was erst dem
                                                                    eingeborenen
Tataren klarzustellen gelang. Morgens die sieben Kanonen taten noch
                                                                     immer so
Als schützten sie den vorgeblichen Horizont. Kein Wunder
Denn sie sind ein Zitat aus dem vorjährigen Gedicht
Am Nacktstrand erinner ich mich angesichts dieser Formen
Die einem jungen Delphin auf die Sprünge helfen könnten
Daß ich eigentlich loszog, um der Hoheit des Körpers zu huldigen
Der sonnengebräunten. Was soll's; hier verkümmert der Körper zum Blick
Auf die nämliche Stelle, die garstig ist. Und Saschka
Sei gedankt, er erfüllte hier die Rolle des geheimnis-umwobenen
Thrakischen Reiters, der als Heiliger Georg auferstanden, für
Die Christenheit den unförmigen Drachen jagte. Undschnell will ich's

                                                              noch zu
Bevor man es mir ent, also eignen, das Gedicht, Ilse, weil sie nicht mit
Und Claire weil sie da war, wie allen Gebliebenen. Die Rückfahrt
Erspar ich mir lieber, durch diese geschlechtslose Landschaft
Räudiger als das Fell eines herrenlosen Hunds
Darin ab und zu ein Maissilo steht
Wie der Muskel in meinem gehirnverwüsteten Körper
Diese Landschaft, wie erschaffen als Kulisse für den ewigen
                                                              Rumäniendeutschen

NARRENKARREN

für Nicolae Velea

In weißes Tuch ist der Rasen geschlagen
Fette Krähen hüpfen darauf
Nur du hast's gewußt: auch der Große Wagen
Ist nichts als ein Karren. Er kippte hinauf
Aus Arges, denn im Suff liefen sie auf
Wagen wie Lenker

Atemrosen die Kuhlen im Schnee
Die dein Hauch grub
Wem nun nützt überm Dreck der grüne, der Klee
Da festsitzt der Karren. Du schlauer Bub
Sprangst rechtzeitig ab. Sternleuchtest fahl
Zu Gottes Kaschemme.

Kaputt das Telefon unterm Portal
Auf dem Anschlagebrett dein Name

Nikolaus Britz †
Großkikinda — Wien

Nikolaus Britz wurde am 7. November 1919 in Großkikinda (Banat/Jugoslawien) geboren. Besuchte 1933-38 die Private Deutsche Lehrerbildungsanstalt Neuwerbaß, war Pädagoge an der Deutsch-Serbischen Schule in Belgrad. Geriet 1941 als jugoslawischer Soldat in deutsche Kriegsgefangenschaft. Legte in Werschetz zweite Lehramtsprüfung ab. Herbst 1944 Flucht in den Westen, zuerst nach Böhmen, dann Niederösterreich. 1949-55 Studium der Geschichte und Germanistik an der Wiener Universität mit Promotion zum Dr. phil. 1957-58 wissenschaftliche Hilfskraft am Wiener Osteuropainstitut, dann Pädagoge in Hausleiten; 1962-69 Hauptschuloberlehrer in Korneuburg, 1962 Übersiedlung nach Wien; 1969-82 Professor an der Pädagogikakademie Baden; 1959-70 Leiter der "Forschungs- und Kulturstelle der Österreicher aus dem Donau-, Sudeten- und Karpatenraum"; 1964-82 Mitbegründer und Generalsekretär der "Internationalen Lenau-Gesellschaft" sowie der "Mattersburger Gespräche", die der Erforschung der Arbeiterbewegung im südosteuropäischen Raum dienten. Britz erhielt 1974 den Förderpreis des Donauschwäbischen Kulturpreises, 1975 das Ehrenkreuz für Kunst und Wissenschaft in Wien, war Träger des Ehrenringes der Stadt Stockerau, des Adam-Müller-Guttenbrunn-Ehrenringes in Gold sowie des Verdienstkreuzes der Bundesrepublik Deutschland I. Klasse; Mitglied des Niederösterreichischen Kultursenats. "Abgesehen von seiner literarischen Qualität, seiner Vortragskunst und seinem organisatorischen Talent, war er zweifelsohne der umsichtigste zeitkritische und literarhistorische Geist dieses Volksstammes [der Donauschwaben] in der Gegenwart, ein Autor mit der breitesten Basis eigenschöpferischer Veröffentlichungen" (Jakob Wolf). Prof. Dr. Nikolaus Britz starb am 10. November 1982 in Wien.

Vorfrühling

Der Schnee ist fortgekrochen
bis in den tiefsten Wald.
In seinen letzten Wochen
sucht er dort Aufenthalt.

Für Tage mag er finden
im Holze Schutz und Rast,
doch knospen erst die Linden,
wird er zum läst'gen Gast.

Das weiß der Schnee, will fliehen
zum Berg hinauf den Steg.
Die Sonne sieht ihn ziehen
und frißt ihn auf dem Weg.

Jetzt kann ihm nichts mehr nützen,
er haucht sein Leben aus.
Aus abertausend Pfützen
lacht uns der Lenz ins Haus.

Hochsommermittag im Dorfe

Der Himmel flammt, die Lüfte flirren,
windstill ist es ringsumher.
Im hohen Baum zwei Tauben girren,
sonst scheint alles öd und leer.

Der Strauch und seine fahlen Blätter
welken heiß im Sonnenbrand.
Die Seele lechzt nach Regenwetter
gassenauf, gaßab im Land.

Im Schatten einer alten Linde
Hektor liegt und japst und schweigt.
Entlang des Zauns sein Hofgesinde
döst dahin, das Haupt geneigt.

Sogar die schlimmen, bösen Mücken
lassen heut das Vieh in Ruh.
Sie schlafen friedlich auf dem Rücken
unsrer braungefleckten Kuh.

Das eitle Mücklein

Auf einem Elefant
ein eitles Mücklein saß,
als grad der Riese fraß
im fernen Negerland.

Das Mücklein jubelt' froh:
"O seht, wie hoch ich sitz',
so hoch fast wie der Blitz
und höher als der Floh,

der gern den Menschen zwickt,
den Löwen und die Maus
und auch die Katz' im Haus,
die auf dem Diwan liegt!"

Das Mücklein hatt' kein Glück:
Ein Schwalb aus Kahira
das eitle Summerl sah
und schluckt's im Augenblick.

Zwischen Dämmerung und Nacht

In der uraltalten Linde
ruhen müd die großen Winde
und die kleinen still daneben
tief im Blattgerank der Reben.

Im Gemäuer grauer Lauben
träumend schlafen Mensch und Tauben,
hoch im First die lauten Spatzen
und am Herde Hund und Katzen.

Nur im Sparren dort die Larve
zimmert eine neue Harfe,
daß die Späne klopfend fliegen,
bis sie auf dem Teppich liegen.

Aus der Ferne huscht ein Schatten
nieder auf die dunklen Matten,
und ich hör' die Englein singen,
uns ein süßes Schlaflied bringen.

Religionsunterricht

Ob Sie es glauben oder nicht, es ist trotzdem wahr: Die Religionsstunden im Gymnasium hatten mich gelehrt, das Heidentum inbrünstig zu lieben. Der Grund hierfür war der Herr Katechet, der uns seinerzeit so unchristlich verprügelte, daß ich auch heute noch angstvoll jeder Predigt eines Pfarrers über das christliche Mitleid lausche, gewärtig, von ihm eines aufs Haupt zu bekommen. Dieses Gefühl ist ein Beweis mehr für die Tatsache, daß die Eindrücke aus der frühen Jugend tiefe und nachhaltige Spuren hinterlassen.
 Ich erinnere mich zum Beispiel des Tages, da ich wegen der sieben mageren biblischen Kühe sieben derart "dicke" Stockhiebe empfing, daß es mir verging, auch noch von den sieben fetten Kühen zu berichten. Auch Maria und Magdalena setzten mir hart zu. Namentlich Magdalena. Sie war schuld, daß ich einen bestimmten Körperteil vor der ganzen Klasse entblößen und mich über die Bank legen mußte, worauf es zwanzig Rutenschläge regnete.
 Zum Glück gab es auch Lektionen, die mir keine Schwierigkeiten machten. Adam und Eva zum Beispiel waren mir sehr sympathisch; wahrscheinlich ihrer Einfältigkeit wegen. Nicht so aber ihre Kinder. Sie haben mir nur Unglück gebracht. Wegen des in unserem Städtchen bekannten Warenhauses "Kain und Abel" wurde ich dreimal gezüchtigt. Das erste Mal darum, weil ich mich zur Behauptung verstieg, Abel habe Kain erschlagen; zum zweiten Mal, weil ich sagte, beide seien Apostel gewesen;

und zum dritten Mal, weil ich der Meinung war, Kain habe Abel um dreißig Goldstücke der Konkurrenz, assyrischen Händlern, verkauft.

Während der zu meiner Zeit noch üblichen öffentlichen Religionsprüfung am Ende des Schuljahres wurde über mich viel gelacht. Der Vorsitzende der Kommission hielt sich den Bauch und grunzte:

"Kind, Kind, scher dich zum Teufel! Seit Jahren hab ich mich nicht so gut unterhalten wie heute!" Der Katechet aber stürzte auf mich, um mich zu strafen. Zum Glück war der Augenblick zu feierlich, als daß er es gewagt hätte. Dennoch fluchte er mir — selbstverständlich ganz diskret!

Da der Anfang verkehrt begonnen hatte, erging es mir mit Adam und Eva auch nicht besser, wenngleich sie mein Glanzstück waren.

Auf die Frage, was ich von ihnen wisse, antwortete ich etwa folgendermaßen:

Adam und Eva waren die ersten Menschen ... Adam war der erste Mann. Eva war das erste Weib. Sie lebten im Paradies. Sie lebten schön und verstanden einander sehr gut. Eines Tages aber ... eines Tages biß der Adam die Eva ... biß die Eva ... und darum brach der Herrgott dem Adam eine Rippe aus dem Leib!

Die Prüfung ging, zur größten Freude des Vorsitzenden, in der gleichen Art und Weise weiter. Ich verwechselte einfach alles, besonders das Alte und das Neue Testament. Der Katechet gebot mir, aufzuhören. Der Vorsitzende aber unterbach ihn und ermunterte mich, fortzufahren.

"Lassen Sie das Kind sprechen", sagte er, "es ist zu köstlich!"

Und ich erzählte.

Die zwölf Apostel verfrachtete ich in Noahs Arche; in Sodom und Gomorrha ließ ich Jesus Christus seine Lehre von der Nächstenliebe predigen, den Judas stiftete ich an, die Zehn Gebote Gottes zu verkaufen usw. Auf die Frage, was ich von Pontius Pilatus wisse, antwortete ich prompt, daß er der Sohn des Moses gewesen sei, ein ganzes Volk gezeugt habe und sich, nachdem er damit fertiggeworden war, die Hände wusch.

Übrigens: ich verstehe es auch heute noch nicht, warum der Vorsitzende der Prüfungskommission so herzhaft lachen mußte! Für mich war damals die ganze Glaubenslehre eine Sammlung wunderlicher Geschichten. Diese zu vermischen, kann doch keine Sünde sein! Gibt es nicht auch heute noch Leute genug, denen es ebenso ergehen würde? Oder ist nur der ein wahrer Christ, der diese Geschichten so zu erzählen versteht, wie sie im Religionsbüchlein abgedruckt sind?

Um alles zu berichten: unser Katechet erzählte nicht allein Geschichten, er brachte uns auch Glaubenswahrheiten bei, welche uns, nebenbei bemerkt, fast das Leben gekostet hätten. Wir lauschten seinem Vortrag sehr aufmerksam, das heißt, wir verfolgten gespannt die Bewegungen seiner Hände, die stets auf der Suche nach einem Sündenbock waren.

Hatte er in einer Stunde etwas vorgetragen, war es gewiß, daß er die nächste dazu benützen werde, uns zu prüfen.

Eines Tages fragte er nach einigen christlichen Tugenden.
Der Gefragte schweigt. Kein Sterbenswörtchen ist aus ihm herauszubringen. Er schweigt mit dem heroischen Mut der Urchristen vor einem römischen Tribunal.
"Nenn mir eine christliche Tugend, Lümmel!" schreit der Katechet.
Keine Antwort.
Er wiederholt seine Frage.
Aber der Schüler schweigt.
"Mitleid, das Mitleid!" brüllt der Katechet und versetzt dem Schüler derart mitleidlos eine Ohrfeige, daß diesem tausend Sterne vor den Augen flimmern.
Der Katechet wendet sich einem anderen zu.
"Nenn mir eine weitere christliche Tugend, nun!?"
Der Gefragte kratzt sich hinter dem Ohr und verfolgt die Bewegung der Hände des Katecheten, um zu erspähen, wo die Tugend landen werde.
"Die Liebe zum Nächsten, Esel!" schreit der Katechet, da er keine Antwort bekommt. Der arme Sünder aber greift sich an die Nase, um zu erfahren, ob die christliche "Nächstenliebe" rot gefärbt sei.
Der Schüler, der die Frage nach einer dritten christlichen Tugend beantworten sollte, schweigt selbstverständlich ebenfalls.
"Großzügigkeit, Verfluchter!" brüllt der Katechet und zieht ihn so unchristlich am Ohr, daß man glaubte, er hätte einen Hosenträger erwischt.
Todesstille im ganzen Raum. Unsere Klasse zählt 34 Schüler. Wenn Christi Lehre 34 solcher Tugenden hat, ist es gewiß, daß keiner von uns lebend die Schule je verlassen wird, dachten wir, und Angstschweiß trat uns auf die Stirn. Wir fühlten uns wie die ersten Märtyrer, die auf Gnade und Ungnade wilden Tieren in der Arena vorgeworfen wurden.
Begreifen Sie nun, wieso ich gelernt hatte, das Heidentum zu lieben und daß ich sein Verschwinden bedauerte? Ich dachte nämlich damals so, erstens: je mehr Götter, umso weniger Gebote, zweitens: viele Götter können niemals so gefährlich werden wie einer und endlich: bestände noch die Vielgötterei, würde man die christliche Lehre in dieser Art auf keinem unserer Gymnasien lehren.

Eine Handvoll Heimaterde

Es war einmal eine Familie, die hatte Heim und Heimat verloren und besaß nichts mehr auf der weiten Welt als die Kleider auf dem Leibe und eine Handvoll Heimaterde. Weil sie nun so arm geworden war und nicht wußte, wo ihr der Tisch gedeckt und wo ihr das Bettlein aufgeschüttet sei, mußte sie immerfort wandern — wandern ohne Ziel und Weg. Wohl sprach der Vater bei diesem und jenem Meister um Arbeit vor, bekam aber nirgends günstigen Bescheid.

In dieser Not vergingen viele Tage und Wochen. Die Mutter, die das bittere Los anfangs mutig ertragen hatte, fing an zu weinen und war nicht mehr zu beruhigen. Was gab sich da der Vater Mühe, sie aufrechtzuerhalten! Seine Tröstungen aber halfen nichts. Und weil dem so war, wollte auch er schier verzweifeln und sprach: "Unser Leben hat keinen Sinn mehr! Kommt, wir gehen in den Wald und sterben! Damit es uns aber leicht werde, will ich die Erde, die wir vom Heimatacker mit in die weite Welt genommen haben, in alle vier Winde streuen. Sie mögen sie verwehen, wie uns das Schicksal verweht hat!"

"Nicht so, Vater", meldete sich sein Bub, der bisher schweigend den Eltern gefolgt war, "nicht so, Vater! Es ist Frühling, ein neues Leben beginnt, wir müssen noch durchhalten. Am Ende scheint auch uns die Sonne wieder. Kommt, dort in der Ferne glänzen die Türme einer großen Stadt. Wir wollen noch einmal unser Glück versuchen!"

"Ach, mein Kind", sprach darauf der Vater, "wir bemühen uns vergeblich. Da ich dir keine Bitte mehr erfüllen kann, so geschehe diesmal dein Wille. Der Inhalt dieses Säckchens aber sei dem Winde, unserem treuen Weggenossen, anvertraut! Ich mag die Erde nicht mehr mit mir tragen. Sie macht uns den Gang schwer und das Leben; wir denken immerfort heim, und das ist nicht gut!" Mit diesen Worten schritt der Vater ins freie Feld, öffnete das Säckchen und hielt eine Handvoll Erde in den Wind. Da erblaßte das Kind, sprang hinzu, umklammerte des Vaters Hand und sprach unter Tränen: "Vater, womit willst du dich ausweisen, wenn man dich nach Herkunft und Stand fragt? Zerstreue nicht die Erde, gib nicht das letzte Stück unserer Heimat preis, gib uns nicht preis!"

"Ach, mein Kind", seufzte der Vater, "zum Ausweisen bedarf es beschriebener Papiere, nicht einer toten Erde. Steinchen und Sand habe ich da; darauf gedeiht nichts mehr!"

"So bitte ich dich, und es ist meine letzte Bitte", sprach der Bub, "schenke mir das Säckchen!"

"Wohlan", entgegnete der Vater, "mache dir den Weg noch schwerer, als er ohnedies schon ist. Bis zur Stadt sind's bestimmt noch drei Stunden. Du wirst der Last bald müde und überdrüssig sein; bedenke es, bevor wir weiter wandern!"

Der Bube nahm schweigend das Geschenk an sich und schritt rüstig mit Vater und Mutter dem Ziele zu. Nach einer Weile aber machte ihm die Handvoll Erde viel zu schaffen. Sie wurde immer schwerer und schwerer und drohte, ihn zu erdrücken. Doch der Bub preßte die Zähne zusammen; er ließ sich nichts anmerken und wußte geschickt das Blut von der Stirn zu wischen, das anstatt Schweißes hervorquoll. Selbst als es ihm vor den Augen dunkel ward, ließ er das Säckchen nicht los. Und das war gut so. Plötzlich schwand alle Schwere dahin, eine sanftes Lüftchen lispelte in den Bäumen und kräuselte die bunten Fahnen, die von den endlich erreichten Häusern wehten!

Die Stadt, in die man nun eintrat, war gar festlich geschmückt. In allen Fenstern standen Blumen und in den Gassen tausend und aber tausend Menschen. Weil alles so schön und sauber war, und der Vater mit den Seinen nur Fetzen am Leibe hatte, wollte man eilends in einer unbelebten Richtung verschwinden. Ein Polizist aber, der dessen gewahr wurde, vertrat den Flüchtigen den Weg und sagte: "Auch Bettler haben heute ein Recht, vor dem Könige zu erscheinen. Bleibet hier und harret seiner. Oder seid ihr keiner Almosen bedürftig?" Ohne die Antwort abzuwarten, setzte der gute Mann seinen Rundgang fort. Indem erklang in der Ferne ein jubelnder Posaunenchor. Aufgeregt teilte sich die Menschenmenge und machte die Straße frei. Noch waren die Stimmen nicht ganz verklungen; noch stritt man sich um den besseren Platz. Und es hatte heute wahrlich etwas zu bedeuten, in der ersten Reihe zu stehen, zumal es galt, den Posten eines königlichen Gärtners zu erlangen, der vor kurzem freigeworden war.

Der Vater, der den Zweck der Versammlung wohl verstanden hatte, kümmerte sich wenig um das Getriebe; ebenso die Mutter, die müde auf einem Steine saß. Nicht so aber der Bub. Als der König durch die jubelnde Menge schritt und von seinem Hofmarschall die Papiere der Bewerber prüfen ließ, kam er auch an unserem Jungen vorbei. Das Kind erbarmte ihn, also sprach er: "Du hast, scheint mir, auch Lust, königlicher Gärtner zu werden. Kannst du dich für diese Stelle ausweisen?"

"Ja!" antwortete das Kind und breitete die Erde aus dem Säckchen vor dem König aus.

"Was soll das?" fragte der König erstaunt.

Da sprach der Bub ernst und gefaßt: "Auf diesem Boden, Majestät, haben wir gesät und geerntet. Es hat, trotz seiner Kargheit, immer gereicht für uns und die, die hungrig waren!"

Der König verweilte sinnend vor dem Kinde. Was es eben gesagt hatte, war mehr als eine Bitte. Es war das schönste Zeugnis, das ein Mensch aufzubringen vermag. Also sprach er: "Herr Hofmarschall, sucht weiter nicht. Den rechten Gärtner haben wir gefunden. Wer in Sand und Kiesel sein Brot säte und zum Reifen brachte, so daß auch für Hungrige ein Stücklein blieb, ist mir der rechte Mann; er wird die fruchtbare Erde meiner Gärten zum Paradiese machen!" Und zum Buben gewendet, der die ausgestreuten Steine sorgsam zurück in das Säckchen gab, fragte er: "Liegt dir denn soviel an dieser Handvoll Erde?"

"Ja, Majestät", sprach das Kind, "es ist Heimaterde!"

Da zog der König in stiller Ehrfurcht seines Weges. Vater und Mutter aber weinten und küßten ihr braves Kind ...

Die Landnahme

Beide Reiter sitzen einander schweigend gegenüber. Die Dämmerung bricht herein. Abendtau glänzt matt auf dem weiten Grasland. Das Holz, das im Feuer prasselt, fühlt sich feucht an. Arpád trocknet langsam und umständlich seine Finger.
 Endlich spricht er: "Bringt den Priester!", verstummt und macht sich wieder am Feuer zu schaffen ...
 Der Priester kommt zögernden Schrittes auf den ungarischen Großfürsten zu. Sein Gesicht ist angstverstört. Um seine Mundwinkel zuckt tiefer Schmerz.
 Dieser Mensch ist schön, denkt Arpád und verweilt einen Augenblick bei der Vorstellung, daß sein Volk häßlich, in den Augen der Europäer sogar sehr häßlich ist.
 Arpád bleibt sitzen, um seinen niederen Wuchs zu verbergen. Das über seinem Haupt herunterhängende Weidengeäst läßt das bis auf drei Zöpfe abgeschorene Haar nicht erkennen. Und das ist gut so. Arpád ist ein Fürst und darf sich vor dem gefangenen Fremdling keine Blöße geben. Er wendet sich seinem Begleiter zu:
 "Frag ihn, wie dieses Land heißt!"
 Der Grieche Gregoras gehorcht und tut, was ihm sein Herr befohlen hat.
 Der Priester faßt sich indessen. Seine blauen Augen blicken den Fürsten entschlossen an. Er spricht: "Seit ihr es beherrscht, hat es keinen Namen. Zur Zeit des großen Karl hieß es die Awarenmark. — Früher wurde es Hunia, Gothia, Herolia, Awaria, Sklavinia genannt."
 "Und morgen, wie wird's morgen heißen?" begehrt der Fürst zu wissen, nachdem ihm die Antwort verdolmetscht worden ist.
 "Graf Luitpolds bayrischer Heerbann wird trachten, sein Land zu halten! Ihr werdet es nicht weiterhin verwüsten. Euch sind die Steppen gegeben, die endlosen Sümpfe der pannonischen Ströme gehören Euch ..."
 Arpád fällt dem Priester ins Wort, Sumpf und Steppe versteht er: "Ja, Sumpf und Steppe, Sumpf und Steppe gehören uns!"
 Seine Gedanken wandern nach Bessarabien zurück, woher sein Volk im Jahr 893 ins mittlere Donauland eingebrochen ist. Auch dort gibt's Sumpf und Steppe, v i e l Sumpf und w e n i g Steppe.
 Ein Wink seiner Augen beendet das kaum begonnene Verhör ...
 Bevor sich die Vögel im ersten Lichtschein des jungen Tages zu rühren beginnen, schwimmt die Leiche des Priesters donauabwärts dem Meer zu.

907 wird die große, schicksalhafte Schlacht bei Preßburg geschlagen. Herzog Luitpold fällt und mit ihm fallen der Erzbischof von Salzburg, die Bischöfe von Freising und Säben, fällt der größte Teil des Heeres und die

Blüte des bayrischen Adels. Alles Land auf beiden Seiten der Donau ostwärts der Enns ist ungarisch geworden.

Lél, der junge, in ganz Europa gefürchtete ungarische Heerführer, reitet zwei Pferdelängen seinem Gefolge voraus. Der Himmel brennt. Gregoras bemüht sich, an die Seite seines neuen jungen Herrn zu kommen, aber es gelingt ihm nicht.

Die silbergrauen Wellen der Donau rauschen nebelverhängten Fernen zu.

Die Schar verläßt das Tal und trabt die Hänge hinauf. Am Wege blühen Hunderte Apfelbäume. Durch das dichte Gras springen muntere Wasserläufe. Die Straßen im Bereich der Trümmer des ehemaligen stolzen Römerlagers Vindobona sind nicht so grundlos, so staubig und eintönig wie in Pannonien. Sie ziehen zwischen üppigen, waldbestandenen Hügeln dahin, einem endlosen Band gleich.

Lél hält das Pferd an. Er wartet, bis Gregoras an seiner Seite ist:
"Siehst du das Gras hier, Gregoras? Wie heißt es?"
"Roggen und Weizen nennen es die Bauern, die du gestern zu ihren Göttern heimgeschickt hast."
"Sie bauen es an?"
"Es ist ihr Brot!"
"Bei uns wird Hirse gegessen!"
"Hirse gibt's auch hier. Roggen und Weizen aber sind ertragreicher!"
"Wir Ungarn sind keine Bauern, Gregoras! Wir ernten Gold und Silber. Wo Gold, wo Silber ist, ist Brot, ist Wein, sind Weiber, sind Sklaven!"
"Das Volk hier nennt den Ackerbau seine Wirtschaft!"
"Unsere Wirtschaft ist die Beute, das Plündern! — Übrigens, Gregoras: Wieviel Sklaven dieser Gegend hast du nach dem Osten verfrachten lassen?"
"Eintausendneunhundert, Herr!"
"Hast du dem Ismaeliten, diesem sarmatischen Schurken — er führt das Weibervolk doch an, nicht wahr? — auch Auftrag gegeben, mir bei Wiederkunft edelsteinbesetzte Waffen zu bringen?"
"Nein, Herr, im Westen kaufst du solche billiger!"
"Wo?"
"In Bayern, Schwaben, Sachsen, Franken, Lothringen, Burgund, Spanien, Norditalien — überall, wohin wir demnächst kommen werden."
"Die sarmatischen Waffen sind besser!"

Gregoras antwortet nicht. Er schweigt bedrückt. Ihm ist, als hätte er Verrat begangen an der alten, sterbenden Kultur, die auch ihn gezeugt hat und nun durch den Mund eines Barbaren herabgewürdigt wird. Von den Ungarn auf einem ihrer Streifzüge nach Syrmium gefangengenommen, lebt er schon mehrere Jahrzehnte bei ihnen, ohne Heimweh nach dem

Süden und dem Meer, der Heimat seiner Väter, zu verspüren. Was rührt sich da plötzlich in seiner Brust?
Man reitet weiter; der Fürst zwei Pferdelängen voraus. Lél singt. Seine Stimme klingt rauh, fast wie ein Gekrächze. Das Lied jedoch läßt die Ungarnschar aufhorchen:

> "Im Osten geht die Sonne auf,
> vom Osten komm ich her,
> ich wende der Geschichte Lauf,
> mein wird die Welt, das Meer!"

Der Wind trägt das Lied fort. Ohne sich umzudrehen, spricht Lél:
"Gregoras, sorge, daß dieses Gras da — Roggen und Weizen hast du's genannt — auch bei uns daheim in Pannonien bald angebaut werde! Die Frauen und Kinder sollen davon pflanzen, je mehr je besser! — Laß ihnen sagen, daß ich jede Menge mit Gold und Silber aufzuwiegen bereit bin. Laß ihnen sagen, daß es vom nächsten Sommer an in edelsteinbesetzten Schalen Tag für Tag auf meiner Tafel zu stehen habe!"
Lél singt weiter. Plötzlich unterbricht er sich:
"Gregoras, was hat Arpád wenige Tage vor seinem Tod gesagt, als er jenen lateinischen Priester nach dem Namen dieses Landes befragte?"
"Sumpf und Steppe gehören uns!"
Lél lacht schrill auf.
Gregoras ist's unheimlich zumute.
Armes Europa, dem bestimmt ist, zu einem uferlosen Sumpf, zu einer unendlichen Steppe zu werden!

Die Kriegszüge der Ungarn haben unermeßliche Schätze, gewaltigen Reichtum nach Pannonien fließen lassen. In der Ostmark, damals bereits gründlichst geplündert, verfolgen die ungestümen Reiterscharen aber einen anderen, nun taktischen Zweck: Durch die andauernden Verwüstungen verwandeln sie Ostniederösterreich und das Burgenland in "verbrannte Erde", damit ihr Reich vom Westen her unangreifbar werde.

"Gregoras, hast du das Land rings um St. Florian brennen gesehen?"
"Nein, Herr!"
"Wieso nicht, Gregoras? Du warst doch dabei!"
"Der Feuer, die schon seit Wochen, Monaten, Jahren brennen, gibt es so viele, daß man glaubt, inmitten der Hölle zu sein!"
Ein spöttischer, vielsagender Blick des Fürsten streift den Griechen:
"Hölle ist doch jener sagenhafte Ort der Christen, wo man für seine Sünden bestraft wird, nicht wahr?"
"Ja, Herr!" Gregoras bebt.
"Ob auch wir dorthin kommen?"

"Du bist kein Christ, Herr!"
Lél nickt zufrieden und lenkt in den Hohlweg ein, der in das auf einer Anhöhe errichtete Lager führt. Des Griechen Pferd folgt, ohne daß es einer Nachhilfe des Reiters bedurft hätte.
Lél fragt abermals:
"Gregoras, was hat Arpád kurz vor seinem Tode zu jenem lateinischen Priester gesagt?"
"Sumpf und Steppe gehören uns!"
"Siehst du die mächtigen Sumpfarme der Donau unter uns?"
"Ja, Herr!"
"Siehst du die neue Steppe, den graugrünen, hügeligen Steppenboden ringsum, der noch vor kurzem Roggen und Weizen trug?"
"Noch nicht. Wenn in ein paar Wochen die Rauchschwaden dieses brennenden Landstrichs verzogen sind, werde ich sie wohl sehen."
"Und wem gehören Sumpf u n d Steppe, Gregoras?"
"Dir, Herr!"
Lél nickt zufrieden. Langsam reitet er durch das Lager, dessen Feuer im Erlöschen sind. Sein Pferd lahmt. Er denkt, daß er es werde töten müssen.
"Gregoras", wendet sich Lél zum letztenmal an seinen Begleiter, "gibt es noch Weiber in diesem Land?"
"Nein, Herr, weder Weiber noch Männer! Diese liegen erschlagen in ihren Äckern und Wiesen, jene fahren bereits als Sklaven über das Pontische Meer!"
"Schade!"
Der Fürst wendet sich ab. Vor seinem Zelt hält er das Pferd an, springt auf die dampfende Frühlingserde und freut sich, daß es demnächst, wie seit Jahrzehnten üblich, weiter westwärts gehen werde; tausend Meilen tiefer ins Herz Europas hinein.

In der Nacht stirbt Gregoras, vom Schlag getroffen. Und des Großen Karl Ostmark brennt weiter. Schier unaufhörlich ...

Anni Brunnen-Stilling
Srpski Miletić
— Bietigheim-Bissingen

Anni Brunnen-Stilling wurde am 10. Juni 1929 in Srpski Miletić (Batschka/Jugoslawien) geboren und auf den Namen Anna Stilling getauft. Erlernte das Gitarrenspiel und die ungarische Sprache mit sechs Jahren. Danach Besuch der Elementarschule, Klavierunterricht. Erste Schreibtätigkeit, ein Theaterstück zu Weihnachten 1940/41. Flucht vor der herannahenden Ostfront über Ungarn nach Österreich. Besuch der Lehrerinnenpräparandie in Vöcklabruck. Umsiedlung nach Baden-Württemberg. Tod des Vaters. Besuch der Handelsschule. Nach 9jähriger Bürotätigkeit in Stuttgart, Bissingen, Besigheim und Ludwigsburg Heirat mit dem Lehrer Adolf Brunner (1953) — Geburt der Tochter Elisabeth (1957). Aufnahme reger Schreib- und Zeichentätigkeit (Tagebuch). 1971 entstanden die ersten Bilder — neben ständigem Führen von Tagebüchern Studium (privat) der Kunst, Philosophie, Literatur. Wiederholte Aufenthalte in Kliniken. Essayistische Schriftstellerei und Führung von Tagebüchern, Arbeiten in Ton, Webarbeiten, Batikarbeiten, Stickbilder und Collagen, Aquarelle, kosmische Bilder in Mischtechnik. Erste Naturbeschreibungen und Kurzgeschichten neben Halbtagstätigkeit als Verwaltungsangestellte bei der Allgemeinen Ortskrankenkasse. Ab 1971 beim Finanzamt in Bietigheim. Ab Frühjahr 1991 erste Veröffentlichungen von Kurzgeschichten in "Der Donauschwabe" und "Das Donautal Magazin", wo sie die "Miletitscher Kurzweil" redigiert.

Die Evbäsl un 's Kamilleroppe

Wo verbrachte ich meine an Erlebnissen so überreiche Kindheit lieber als bei unserer Evbäsl im Nachbarhaus?
Sie war ein mageres, emsiges Weib, und ihr Wahrzeichen war ihr ewig um die Stirn herumgebundenes weißes, meist naß gemachtes Leinentuch mangels Wohlfühlen im Kopf. — Aber es war eine Freude, ihrem wendigen Tun zuzusehen.
Wenn sie zum Beispiel am Drehbrunnen die Melonen, die sie Stunden vorher zur Kühlung im Eimer hinuntergekurbelt hatte, wieder heraufholte — was war das für ein Fest: brunnengekühlte Melonen an überheißen Sommertagen zu essen! Für uns, die Kinder Franzi und Rosi, meine Schwester Resi und mich. Und es war auch ein Fest für die Zunge, die von der Evbäsl zum Trocknen ausgelegten Früchte wie Weichseln, Birnen- und Apfelschnitze zu kosten. Eben dort in der Einfuhr, wo die Früchte zum Trocknen ausgelegt waren, standen auch die "Kamilleropper", die am unteren Ende viele Metallzähne hatten, dicht aneinandergesetzt, damit sie ihrem Zweck, dem Kamilleroppen, auch richtig dienen konnten.
Es war wieder mal ein heißer Tag, als wir vier Kinder mit zwei Kamilleroppern ausgestattet aufbrachen, um sie im "Saliter", wo die Kamillen in unzähliger Menge vorhanden waren, zu sammeln. Der Saliter war eine Einöde aus rissiger Tonerde, wo spärlich das Gras wuchs — gerade so viel, daß auch die Kuh- und Schweineherden davon satt wurden, die allmorgendlich im Frühjahr, Sommer und Herbst hinausgetrieben wurden zur Weide und am Abend mit lautem Gebrüll und Gequieke wieder heimkehrten zur Freude von uns Kindern, die wir am Gassenbänkl saßen, mit einem "Stecken" ausgestattet, um die allzu neugierigen Tiere wieder auf ihren Weg zu treiben. Aber als der "Wicke" (Stier) kam, bekamen wir es mit der Angst zu tun, besonders dann, wenn wir rot gekleidet waren. Und es war zu keiner Zeit am Tage so viel Staub in der Luft, den die Tiere durch das Getrampel ihrer vier Füße aufwirbelten, denn sie liefen im Trab. Der Kuh- und Sauhalter mit seinen Hunden sorgte schon dafür. Es war für uns Kinder ein Schauspiel ohnegleichen und entbehrte nicht der Spannung, denn jedes Tier — und das versetzte uns in fortwährendes Staunen — fand seine eigene Haustüre wieder, ob Kuh oder Schwein oder Hund.
Vorher waren wir den geschlagenen Nachmittag auf dem Saliter, bekamen von der Evbäsl "Hasenbrot" mit in dem "Zekker" (Korbtasche mit zwei Henkeln), das wir dann mit Wonne verspeisten (obwohl es auf gut deutsch gesagt nichts anderes war als "trocken Brot"). Wie überhaupt Brot bei uns daheim unsere Hauptnahrung war. Manchmal bekamen wir Kinder auch Zuckerbrot (in Wasser getunktes Brot mit Kristallzucker bestreut) oder ein andermal "Salz- und Paprichbrot". Das Brot hatte keinen anderen "Aufstrich", als daß es mit Salz und Paprika bestreut wurde. Das war

schon eine Köstlichkeit, besonders dann, wenn das Brot frisch gebacken war.

Auf unserer Exkursion im Saliter sahen wir auch die flammendroten "Pupatschen" (Klatschmohn) zur Freude unserer Augen. Den Kamilleropper betätigten wir so, daß wir ihn hinter uns herzogen, die geernteten Kamillen in einen mitgebrachten hänfenen Sack gaben, und wie leuchteten da die Augen der Evbäsl, als wir damit heimkamen, konnte sie doch an kalten Winterabenden nach Herzenslust ihre "maroden" Familienangehörigen umsorgen, eben mit Kamillentee, in ihrer überaus flinken Art. Auch bleibt mir wohl ihr gezogener Apfel- und Kässtrudel mit Rosinen in Erinnerung. Obwohl es in ihren Räumen ungelüftet und nach Knoblauch roch. Ein Zeichen dafür, daß sie Rücksicht auf ihre zugempfindlichen, sehr, sehr alten Eltern nahm.

Ich war längst kein Kind mehr. Wir hatten längst unsere Heimat verlassen müssen, da erlebte ich Evbäsl noch einmal in Aktion (sie hatte ihre neue Heimat in der Pfalz gefunden, wo ich sie einmal besuchte). Sie bot uns die ganze Palette des "Kirweikuchens" von daheim: Linzer Teig, Pusserlin mit Prominzle, Muschkazondl, Oblatn und vieles andere mehr trotz ihres noch immer verbundenen Kopfes, und sie wurde mitsamt ihrer hageren und zerbrechlichen Gestalt schier 90 Jahre alt.

Winterfreuden

Das Eis krachte unter meinen Schlittschuhen, ich war so gut aufgelegt, und meine Füße glitten gleichmäßig dahin, ich sah nicht nach rechts und nicht nach links, nur immer geradeaus. Und ich merkte nicht, wie die Zeit verging — ich fuhr eine lange, lange Zeit so dahin, kilometerweit auf der bis zum Grund zugefrorenen "Moschtung", unserem geliebten Miletitscher Fluß, der uns Sommer wie Winter in seinen Bann schlug, denn reges Leben spielte sich ganz besonders im Winter auf ihr ab.

Es war an einem Sonntagnachmittag. Meine kleine Schwester Resi und ich hatten eine "baurische" (sie war in Tracht) Freundin mit schwarzglänzendem Gretchenzopf am Bändel. Und wo gingen wir an langen Wintertagen, wenn uns die Wärme des Ofens im Zimmer lästig wurde, lieber hin als auf das Eis in der Moschtung, das viele Wintertage verläßlich erhalten blieb. Ganz selbstverständlich war es, daß wir einen Schlitten hinter uns herzogen. Lissi, die Freundin, wurde auf einmal sehr lustig und sagte zu meiner Schwester: "Gib mir Deine Schapka (Mütze), damit ich bei der Brücke Purzelbaum schlagen kann." Und sie tat es in einer Übermütigkeit, wie man sie nur in einem sauerstoffreichen Winter auf dem Eise haben kann, ein paarmal hintereinander, und ihre Röcke flogen nur so. Die "Schapka" war weißgepudert von Schneeresten des vergangenen Tages, und wir hatten, wie so oft in diesen Zeiten, unseren Heidenspaß.

Es war an einem Sonntagvormittag nach dem Kirchgang — bitterkalt, es lag meterhoher Schnee auf den Gassen —, und plötzlich stand der Sallasch-Hansvetter (unser Hälftebauer) vor der Haustüre mit der Peitsche in der Hand und wies auf den großen Schlitten, der vor dem Hause stand mit zwei Pferden vorgespannt. So wurden wir Kinder in dicke Mäntel gehüllt, Handschuhe und Mützen taten ihr übriges. Und Vater und Mutter hießen uns in dem mit einem Bunda ausgelegten Schlitten Platz zu nehmen. Ich wurde übermütig und sang das Lied "A bundának nincs kalérja még is bunda a bunda — i haj bunda, csu haj bunda még is bunda a bunda", das ungarische Lied, was soviel heißt wie "Der Bunda (Schaffellumhang) hat keinen Kragen, und doch ist es ein Bunda".

Flugs nahm der Hansvetter auf dem Kutschbock Platz, knallte mit der Peitsche, und nachdem die Eltern im Schlitten Platz genommen hatten, gings los in einem Tempo, das seinesgleichen suchte. Die Pferde schnaubten weißen Dampf, und wir Kinder steckten nur die Nasen aus dem Bunda in die Luft, sodaß die Nasenlöcher vom Frost zusammenklebten — wir waren für mindestens zwei Stunden dem weißen Element ausgesetzt. Ein paarmal knallte die Peitsche, und der Schlitten glitt mit Getöse dahin, daß es eine Freude war mitzugleiten.

Als wir am Zielort ankamen, wartete Hansvetters Frau, die Lissibäsl, schon auf uns mit einem Kessel voll heißen Tees, der uns wohltuend aufwärmte. Aber wir Kinder konnten es nicht erwarten, erneut Schlitten fahren zu können auf dem Heimweg. Es war pfundig, es war großartig, und ich frage mich: Wo sind bloß diese Winterfreuden von damals geblieben?

An Omami

Sag, Omami, hast Du eigentlich damals daran gedacht, als Du Brot bukst, daß Du mir gerade heute damit so viel Freude gemacht hast?

Heute, nach so vielen, vielen Jahren?

Ich kam zu Dir, mitten im Winter bei klirrendem Frost, mit meinem kleinen Schwesterchen, durchgefroren und mit klammen Fingern. Du begrüßtest uns schon von weitem mit herzhafter, fröhlicher Stimme, hießest uns unsere verschneiten Schuhe und Galoschen auszuziehen und hattest schon eigens für uns gestrickte Hausschuhe parat.

Ich war voller Erwartung, meine kalten Füße in die weichen Schuhe zu stecken und sie an dem behaglichen, dunkelbraunen Kachelofen zu wärmen.

Eigentlich wußtest Du immer, wie Du uns Kindern eine besondere Freude machen konntest; hast es abgewartet, bis wir gewärmt waren, dann gingst Du an den verheißungsvollen Wandschrank, dessen alte Türen mit dem urigen Eisenriegel, der schon Generationen zuvor gedient haben mag, beim Öffnen einen wohlbekannten, aber doch noch musikalischen Laut von sich gaben.

Voller Erwartung sah ich in den Schrank, wo in ein Leinentuch gewickelt der runde Brotlaib zum Vorschein kam. Du schnittest uns Scheiben davon herunter, bestrichst uns das Brot — welch eine Freude — mit Deinem selbstgekochten "Bekmes", dem Zwetschgenmus, der gar nicht so dünnbreiig war, wie man ihn heute zu kaufen bekommt, sondern man spürte die "Riwelen" auf der Zunge und zerbiß sie mit Wohlbehagen. Der "Bekmes" auf dem frisch gebackenen Brot schmeckte unnachahmlich würzig, die Kruste hatte so ein Eigenleben zwischen den Zähnen, und man zermalmte sie voller Gaumenfreude.

Es hing auch unmittelbar mit Deinem Brotbacken zusammen, wenn das "Fest" des Brotfladenessens gefeiert wurde; wir Kinder wichen nicht von Deiner Seite, wenn Du vom Gang aus den Backofen heiztest und wartetest, bis er heiß wurde, dann öffnetest Du die Backofentüre, schobst die Glut beiseite — und hinein gings in den Ofen mit dem Fladenteig. Es dauerte gar nicht so lange, da war er gar und wurde von Dir herausgeholt und — welche Köstlichkeit — gleich mit Schweineschmalz bestrichen und mit einigen Körnern Salz bestreut. Wir bekamen jedes von uns ein Stück und wir konnten uns gar nicht sattessen, so gut war das.

Soll ich es Dir heute sagen, daß dieses Fest von damals, wenn auch, so doch nur höchst selten sich wiederholte?

Freut es Dich, wenn ich Dir das sage, auch wenn Du längst nicht mehr am Leben bist? Längst für mich nicht mehr erreichbar?

Omami, Du warst großartig, und ich weiß gar nicht, ob ich einen Menschen je mehr geliebt habe als Dich? Dich in meiner sehr bewußten Kindheit, Dich, wie Du um mein junges Leben, das sich zu entfalten anschickte, besorgt warst.

Ich bin Deine dankbare Enkelin geblieben und werde sie immer sein, solange ich lebe.

Otati — Du?

Ich wußte gar nicht, daß Du es so gut mit mir meintest, bis auf den Tag, als ich mich mal wieder in Deinem und Omamis Hühnerhof befand, der für mich so sehr der Mittelpunkt meines Kleinkinddaseins war, nämlich besonders dann, wenn es kleine "Bibilin" gab. Und das war im April, um Ostern herum, wenn die Veilchen, die so üppig in Eurem Vorgarten standen, am Verblühen waren, dafür aber umso schöner die "Morgensterne" — so nannten wir die Osterglocken — blühten.
War es das gelbe Leuchten dieser Blumen, das mir besonders die Augen öffnete dafür, den Hühnerkorb mit seinem durchlöcherten Wasserbehälter aus Ton, in den man die Glucke mit ihren Küken — eben die Bibilin — sperrte, ganz besonders in Augenschein zu nehmen? Die Bibilin waren so lieb, so flaumig und so rund; doch etwas trübte das Bild: Unter ihnen war eines dabei, das nicht gesund war. Es war nämlich am Hals nackt und hatte keinen Flaum und sein ganzes Gebaren war dutterig. Es war halt krank.
Und was mußten meine überaus empörten Augen sehen? Seine Mutter, die Glucke, hackte in Abständen fortwährend auf das kleine Geschöpf ein. Und Du, Otati, der Du g'rad aus Deiner Schlosserwerkstatt, Deinem Paradies, kamst, warst mir gerade recht. Ich ließ mich bei Dir derartig über die hundsgemeine Glucke aus, und Du sagtest nur: "Wart, der werd ich's zeigen!" Du schnapptest die Glucke bei den Flügeln, nahmst sie in Deine Werkstatt und spanntest sie in Deinen Schraubstock, nahmst eine große Feile und feiltest ihren Schnabel so lange, bis er blutete. Ich hatte es sehr wichtig und wollte unbedingt dabei sein, wich auch nicht von Deiner Seite, um mit Genugtuung zu sehen, wie Du die Glucksere bestraftest.
Von dem Tag an waren wir beide die dicksten Freunde, und ich danke Dir, wenn auch so spät, vielmals dafür, und vielleicht freut es Dich im Jenseits, daß ich so gern an Dich denke.

Hová valósi, Viktor?

Samu Viktor, so war doch Dein Name? Du warst schon ein "großes Mädchen", hattest zusammengewachsene Augenbrauen und Du warst in Deiner überaus bunten ungarischen Tracht so phantastisch anzusehen!
Wir, die Kati, die Erzsi und ich, wir waren noch so klein und wären doch so gerne auch schon groß gewesen, hätten nach den jungen Männern

geschaut in ihren Stiefeln, in ihren schwarzen, weit ausgeschnittenen Leibchen mit den Silberknöpfen, in ihren weißen Hemden mit den weiten Ärmeln und hätten auch so gerne mit ihnen Csárdás getanzt, wie Du das so froh bei dem großen Sommerfest getan hast. Du, mit Deinen bunten Bändern im Haar, Deinen glänzenden "Krallen" um den Hals, Deinem farbig bestickten "Visitl", Deiner paradiesischen Schürze und Deinen weitabstehenden, hochbauschigen, gestärkten Röcken mit den steifen, weißen, in Spitzen auslaufenden Unterröcken, Deinen weißen Strümpfen und glänzenden schwarzen Spangenschuhen!

Wir wären wirklich schon gerne so groß gewesen wie Du. Wir übten uns auch schon eifrig darin — mit getrockneten Mohnköpfen, die wir durchschnitten und zu "Töpfen" und "Tellern" machten, und mit Kletten, aus denen wir "Sofas" und "Sessel" machten —, im häuslichen Leben, um auch mal so schön und so erwachsen sein zu können wie Du!

Ob uns das je gelang?

Vom Hansvettr und seinem Pferd

Warum, Hansvettr, hast Du Dein Pferd so entsetzlich geschlagen, und das mit aller Wucht mit Deinem Peitschenstiel? Ich war noch ein Kind, als ich das sah, und mir hat das bis ins Herz hinein wehgetan, denn ich wußte es ganz bestimmt: Das Pferd hat Dir kein Leid getan, ganz im Gegenteil — es war zur Stelle, wo immer Du es brauchtest.

Ich erlebte Dich doch zuvor noch am Mittagstisch so friedlich. Du warst auch nicht mehr der Jüngste, Du trankst nach dem Essen Deinen Spitzwegerich-Tee, weil Du — wie Du erzähltest — wieder mal Magenweh hattest.

Wenn doch der Spitzwegerich so viel Rücksicht auf Dich nahm und Dir Deinen Magen heilte, wie schon so oft — obwohl er dafür sein Leben lassen mußte —, warum hast Du dann nicht dem Pferd gegenüber, das doch die gleiche Lebensberechtigung hatte wie Du — schon aus Dankbarkeit für die Heilkraft des Spitzwegerichs — mehr Ehrfurcht und Toleranz gezeigt?

Du warst ein kleiner, schmächtiger Giftzwerg neben Deiner gutmütigen und kräftigen Frau mit den spärlichen blonden Haaren, der Lissibäsl, die Dich um Kopfeslänge überragte; warst Du vielleicht deshalb so zornig und brutal?

Mir jedenfalls ist dieser Schrecken so im Gedächtnis haften geblieben, daß ich mir vornahm, diesem und mit ihm allen mißhandelten Pferden —

man hat sie jahrhunderte-, ja jahrtausendelang gejagt und ausgebeutet — ein Denkmal zu setzen.

Es bäumt sich vor Schmerzen auf, seine Mähne lodert, und auch das Gras unter seine Füßen brennt.

Ein heiliges Pferd — und sind nicht alle Tiere und Pflanzen dieser Welt heilig, und wir haben es bisher nur nicht gewußt?

Wenn es doch "heilige" Menschen gab, warum nicht auch heilige Tiere und Pflanzen?

Im Bürgergarten

Heute abend, es war so gegen sechs Uhr, befand ich mich auf dem Heimweg von einem Einkauf. Die Sonne blinzelte mich auf meinem Fahrrad freundlich an, sodaß ich abstieg, um mich von einem Naturschauspiel ohnegleichen verzaubern zu lassen.

Ich bewegte mich an einem abwärtsfließenden klaren Rinnsal, das an blockigen Felsen vorbeiwuselte. An seinem Rande wiegten sich einige Sumpfdotterblumen. Was erzählten sich wohl diese fünf oder sechs Blumen, während der Wind sein Spielchen mit ihnen trieb? Ich weiß es nicht. Vielleicht weiß es aber der Baum mit seinen kleinen frühlingssprossenden Blättchen ganz in der Nähe oder die violetten Kuhschellen in ihrem gefiederten Kleid, die in Gruppen ein wenig abseits auf dem Hügel standen? Oder die Amsel, während sie sich daneben emsig am Erdboden zu schaffen machte?

Schon geht der Weg weiter — und man kann doch alles nur eine kleine Weile auf sich wirken lassen —, vorbei an den liebevoll arrangierten weißen und schon paradiesisch anmutenden rot-weiß gefiederten Tulpenknospen, die sich bolzgerade dem Himmel entgegenreckten, als erwarteten sie ein Lob für ihre Wachsfreudigkeit; so gesellig umgeben von gelben, weißen und blauvioletten Stiefmütterchen, vorbei an den spätblühenden Apfelbäumen, die jetzt ihre hauchzarte Rosafarbigkeit in ein stillstehendes schneeweißes Feuerwerk verwandelt haben — wie lange noch? Und dann tropft es kleinblättrig von den Bäumen, als wäre nichts gewesen.

Dann kam mein Wegesende. Und als ob sie wüßte, daß ich mich von ihr verabschieden will, spiegelte sich die Abendsonne noch einmal glitzernd und unruhig vibrierend im Auffangbecken des Springbrunnens, der sein ewiges Lied vom Werden und Vergehen sang, so wie mein Spaziergang begann — und verging.

Waldsommerfest

Es kam nicht von ungefähr, daß wir uns an einem der vielen heißen Sommertage auf den Weg machten, dem Wald entgegen, um seine angenehme Frische zu fühlen, seinen kühlenden Schatten zu genießen.

Zuerst will ich aber über den lustigen Weg dorthin erzählen, denn fast war der Weg fröhlicher als das Fest selbst im Wald, das doch die Erwachsenen arrangierten, um mal wieder so richtig lebensfroh zu sein.

Zunächst gingen wir einen ausgetrockneten Weg neben dem Bahngeleise her, das wegen der Überschwemmungsmöglichkeiten erhöht auf dem Damm war; doch am Schluß genügte das unserer Neugierde und Abenteuerlust nicht mehr, und wir stiegen auf das Gleis, um bei jedem Querbalken, auf dem die Schienen ruhten, vorwärts einen großen Hüpfer zu machen. Daß aber die vielen, vielen winzig kleinen Fröschlein und Krötlein wohl dieselbe Abenteuerlust verspürten und massenweise das Gleis bevölkerten, haben wir erst wahrgenommen, als bei jedem Sprung die vielen kleinen Tierlein nur so davonspritzten, um uns auszuweichen, nach allen Seiten.

Vielleicht hinkt mein Vergleich, wenn ich jetzt sage, daß es so, wie die Fröschlein und Krötlein unserer Willkür gehorchten, unvergleichlich schöner war, als wenn vollautomatische Glastüren — sei es am Eingang in Kaufhäusern oder Banken — unserer Willkür gehorchen und rechts und links auseinanderweichend uns den Weg freimachen.

Eigentlich war das das Hauptvergnügen — eben das "Fest" mit den Fröschlein und Krötlein —, und für uns Kinder konnte fast nichts Vergnüglicheres mehr folgen, außer daß wir Zaungast wurden und mitbekamen, wie froh etwa ein junger Bursche inmitten des Festes seine "Angebetete" durch die Lüfte schwang mit einem Jauchzer, wie ich ihn nie vorher und nie nachher vernommen habe.

War der junge Mann und sein junges Mädel nicht vielleicht drum so froh und ausgelassen, weil auch sie als Kinder die Möglichkeit hatten, so einen lustigen Weg zum Waldsommerfest zu nehmen mit den vielen kleinen davonspritzenden Fröschen und Kröten? — Und ähnliche fröhliche, mit der Natur verbundene Erlebnisse zu haben?

Habe ich?

Durch schaurige Gassen habe ich schon hindurchgemußt — während ich das Leben verträumte und dabei so viel versäumte. Kein Auge für Zinnien und Kastanien hatte — und Rosen, ja Seerosen — für Blumen, die sanften Boten der Liebe und Verläßlichkeit.
    Schaurige Gassen? Was sind schaurige Gassen? Es ist, wie wenn du im Tosen des Sturmes fortwährend einen Anker werfen möchtest, der wütende Sturm dich aber daran hindert, und du dich den alles zersetzenden Elementen ausgesetzt fühlst. Der Sturm in meiner Seele. Der ewig und ewig andauernde Sturm. Und das Schlimme dabei: Es ist Nacht, stockdunkle Nacht — eine scheinbar nie und nie enden wollende Nacht.
    Bis sich ganz leise eine Wende anbahnt. Und ich erneut meines Weges ging, vor einem großen Blumenstock — er stand bei der Brücke, sorgsam gepflegt und mit behutsamer Hand dahin gestellt — stehenblieb und seine zauberhaften roten Blüten, die an Malven erinnerten, auf mich wirken ließ und ich zu allem Überfluß einem Menschen begegnete, der voll Freude über eine hinter sich gebrachte Radtour bei Sonnenschein und sich leise bewegendem Wind war und sich auch darüber auslassen konnte, wie herrlich doch die Natur ist — wie wohltuend der viele Sauerstoff. — Übertrug sich das auf mich? Ja, es übertrug sich. Wenn auch nur für eine kurze Weile, daß ich gesättigt den neuen Stürmen in meinem Leben begegnen kann.
    Gott helfe mir dabei; Gott, der trotz seiner Allmacht niemandem eine Bitte abschlagen kann, der demütig und voll hohen Begehrens ein Anliegen vorträgt.

Unsere Donau

> *"Das Prinzip aller Dinge ist das Wasser. Aus Wasser ist alles und in Wasser kehrt alles zurück."*
> *Thales*

Ich nenne sie 'Unsere' Donau. Sie war auch die Unsrige, denn sie war es, die uns vor 200 Jahren auf unseren Flößen, den "Ulmer Schachteln", auf ihren sanften Rücken mit in unsere neue Heimat nahm.

Was ist seither geschehen? Unsere Generation, aber auch die Generation davor: Wir lebten in Wohlstand, freuten uns über das Ergebnis des Fleißes unserer Vorfahren, freuten uns über die Moschtung (Mostonga), ja über die Donau, die uns, wie auch alle anderen Menschen, die ihre Ufer bewohnten, gewähren ließ: in ihrer sanften, alles verzeihenden Art.

Ihre heiligen Wasser, die mit ihren Zuflüssen eine weite Reise durch ganz Süddeutschland und Österreich nach Ungarn machen, vorbei an Wien, dessen "Strauß-Könige" ihr die zauberhaftesten Melodien entlockten, vorbei an Budapest, dessen feurige Ungarn den im Grunde genommen fröhlichen und klugen Tieren, den Pferden, ihre überaus temperamentvollen Töne aus ihren Bewegungen entnahmen, wie das ganz bestimmt auch Ungarns großer Sohn, der Musiker und Komponist Franz Liszt tat, dessen Musik, besonders sein Fortissimo der immer mehr entschwindenden Stille der Puszta zu ungunsten der Pferdeherzen und ihrer Hirten, zugunsten aber der Menschen, die die Not zur Urbarmachung der Puszta trieb — er ahnte wohl diese Entwicklung voraus —, nachtrauerte. Mit Temperament zwar, aber dennoch vielsagend erdgebunden.

Unsere Donau, sie war so warmherzig, so mütterlich, daß sie uns die reinsten Badefreuden gönnte. Wir aalten uns in ihren Wassern und sprangen ganz besonders dann gern in ihre Fluten, wenn ein Schiff kam und sich durch das Fahren hohe Wellen bildeten und wir uns dann von ihnen tragen lassen konnten, was in uns ein ungemeines Wohlfühlen erzeugte. So wohl hätten wir uns ganz bestimmt nicht gefühlt, wäre das Donauwasser damals nicht so rein gewesen, daß selbst die Spiegelkarpfen, von den vielen vielen anderen Fischen ganz zu schweigen, darin gediehen.

Ganz besonders schön war der Badestrand in Apatin, wo ich bis zuletzt wohnte und wo es wunderschöne Badehäuschen gab, ganz aus Holz mit allem Drum und Dran und die die wohlhabenden Apatiner ihr eigen nannten. Apatin nannte sich auch "Klein-Paris", und was die Mode anbelangte, so stand Apatins elegante Damenwelt für unsere Verhältnisse Paris damals in nichts nach. Diesem und wohl auch dem Umstand, daß ja Apatin an der "musikalischen" Donau lag, ist es wohl zu verdanken, daß aus seiner Mitte der weltberühmt gewordene Operetten- und Musicalkomponist Paul Abraham mit seinen beschwingten Melodien hervorgegangen ist.

"Donau, Du hast uns durch all die Jahre so viel von den Gegenden erzählt, die Du durchflossen hast — von den Menschen, die Du belauscht hast, daß es Dir unschwer gelingen mag, das, was wir Dir vermittelten und in wehmütigen Gedanken Dir noch heute weiterzuvermitteln versuchen, den Menschen weiterzuerzälen, die Du nach uns in der Batschka besuchst — wenn Du auch die Sprache der Menschen, die jetzt dort wohnen, nicht mehr so ganz zu verstehen vermagst, wie Du uns damals verstanden hast. Vielleicht aber hat man Deiner Aussagekraft, Deinen lebendigen Wassern auch noch nicht so sehr zugesetzt, daß alles Leben in Dir erloschen ist und Du noch so viel Natur in Dir hast, um den Menschen in

Apatin, Palanka, Novi Sad zu sagen, daß nicht nur Du: D o n a u (und mit Dir alle Flüsse dieser Welt) es verdienen, in Frieden sauber gehalten zu werden, sondern auch jede Erde, die Du und jeder andere Fluß zu durchfließen gezwungen seid, sauber gehalten wird. Denn ohne saubere, von Giften freie Erde kein sauberer, von Giften freier Fluß, von dessen Wassern die Unschuldigen wie jetzt auch die Schuldigen zu leben gezwungen sind. Eine wohl ausgleichende Gerechtigkeit, die aber in den Ländern um die Donau, unserer geliebten, für immer verlorenen alten Heimat viel viel zu spät kommt, wenn nicht doch bald ein Wunder geschieht!!

Johann Bundy
St. Hubert — Ridgecrest

Johann (Hans) J. Bundy wurde am 23. März 1910 in St. Hubert (Banat/Jugoslawien) geboren. Er besuchte in Hatzfeld das Deutsche Realgymnasium, dann die Musikakademie mit Schauspielseminar in Wien. Bundy verfaßte Theaterstücke und Sketche und wurde Regieassistent im Vita-Filmatelier. Sein Lustspiel "Sein Wille geschehe" wurde später auch in Groß-Betschkerek aufgeführt. 1931 kam Bundy nach Neusatz zum "Deutschen Volksblatt" und von dort in die Bundesleitung des "Schwäbisch-deutschen Kulturbundes" als Wanderlehrer. 1935 wurde er Journalist und Schriftleiter der Zeitschrift "Deutscher Beobachter", 1936 Herausgeber der humoristisch-satirischen Wochenschrift "Die Wespe" und des Jahrbuches "Wespen-Kalender". 1941-44 Verlagsrepräsentant der "Donauzeitung" zuerst in Belgrad, dann in Budapest. 1944 Einberufung zum Kriegsdienst und Verwundung bei den Kämpfen um Budapest. Flucht in den Westen. 1947 Entlassung aus englischer Kriegsgefangenschaft. 1952 Emigration in die USA. Bundy wird Abteilungsleiter bei der zweitgrößten Privatbank Amerikas "Brown Brothers Harriman & Co." in New Yorks Wall Street, 1969 Präsident des "Donauschwäbischen Hilfswerkes" als Nachfolger von Peter Max Wagner und 1970 Präsident der "Vereinigung der Südostdeutschen" in New York. Erst 22 Jahre nach seiner Auswanderung konnte Bundy mit seiner Frau und den zwei Kindern wieder vereint werden. Er lebt heute im kalifornischen Ridgecrest.

An Jakob Wolf
Schüttelreime zu seinem Eintritt
in den Ruhestand

DIE ZEIT IM RÜCKEN schreitest Du
hochaufgerichtet, immerzu
auf Deinen Wegen ruh'los fort.

Das Ziel so nah' und doch so fern!
Ein Licht weither vom Abendstern
wegweist die Richtung hin zum Ort,

Bei dem des Weges Kreuzung steht.
Ein wenig Rast — dann fort es geht
wie immer schon in altem Trott.

'ne Weile mag das so schon geh'n,
dann merkst Du aber, kannst versteh'n,
daß nicht mehr jung Du bist und flott

Wie einst beim Stürmen mit Elan
auf altem Boden. Noch treibt voran
Dich edler Mut, Dein's Volkes Recht

Verteidigen in Wort und Schrift.
Du meinst es gut. Was Dich betrifft:
bist fair und ehrlich im Gefecht ...

*

Ruh' aus Dich nun, mein lieber Freund,
genieße noch, was Dich vereint
mit Deinen Lieben jetzt und spät —

Ernte, ernte noch, was Du gesät! —
Die Zeit im Rücken war es dann,
die Dir verblieb ... doch rasch zerrann.

Der Mensch ist das einzige lügenhafte Wesen. Jeder trägt eine Maske und spielt eine Rolle.
                    Arthur Schopenhauer

Ausgespielt

Das Leben ist
ein Schauspiel nur,
gespielt von Laien
dreist und smart
auf freiem Boden
der Natur —
wie es vom Herrn
verheißen ward.

Hier treibt der Mensch
sein tolles Spiel
nach Lust und Lieb',
doch meist verstellt:
verwegen mal,
dann wieder kühl,
so wie es ihm
gerad' gefällt.

Doch sachte mal,
du schlauer Wicht!
So endlos ist
die Spielerei,
wie du da glaubst,
noch lange nicht,
denn deine Zeit
ist ab, vorbei.

Was immer du
ergattert hast
an Liegenschaften,
Schmuck und Geld
wird dir am Ende
jetzt zur Last
und bleibt zurück
in dieser Welt. —

Aus ist dein Spiel
du armer Wicht.
Die Traumwelt ist
im Schein vertan.
Ein Segen war
dein Leben nicht,
doch ruhe aus
in Gott fortan.

Sinnsprüche

Wer sich vom Gefühl nur leiten läßt, kann irren wie auch der, der sich dem Verstand allein überläßt, einmal mehr.

*

Glück kann erkauft nicht werden, weder vom Himmel noch auf Erden. Glücklich sein dagegen ist ein Zustand, in dem Herz und Verstand einig gehen Hand in Hand.

*

Laß Kummer nicht dein Herz bezwingen, o Mensch, wenn 's Leben dir auch hart mitspielt. Denk POSITIV, so wird gelingen, was je sich dir von selbst empfiehlt.

*

Verse macht ein Narr nur wie ich — wenngleich auch mal im Traum —, Gott aber schuf den Baum.

Aphorismen über Liebe

Liebe kennt keine Großmut, denn sie ist Egoismus. Sie kennt auch keine Scham, denn sie ist Hingabe.

Alle Befruchtung, die geistige wie auch die physische, vollzieht sich alleine in der Liebe.

*

Es gibt drei Arten von Liebe: die Liebe zum anderen Geschlecht, die Liebe zum eigenen Geschlecht und die Liebe zu sich selbst. Alle Liebe zur toten Materie ist keine Liebe, sondern nur eine Flucht oder ein hartes Muß, immer aber ein Unbefriedigtsein in der Liebe zum Artgenossen. Ebenso ist es mit der Liebe zum Tier.

*

Nicht wie der Mensch liebt, sondern ob er überhaupt liebt, darin liegt die Frage der Unnatürlichkeit.

*

In der Liebe ist es leichter zu gehen als zurückzubleiben.

*

Wer liebt, kann sündigen, wer nicht liebt, sündigt immer.

*

In der Liebe und in der Umarmung ist der Mensch am natürlichsten und damit am menschlichsten.

*

Es gibt Menschen, in die man sich zuerst verliebt und die man dann erst kennenzulernen versucht, und es gibt Menschen, die man zunächst ganz zufällig kennenlernt, um sich später in sie zu verlieben. Im ersten Falle wird es letzlich über den Zustand des Verliebtseins hinauskommen, im zweiten wird es immer tiefe Liebe sein.

*

Es gibt Frauen, mit denen man flirtet, und solche, die man heiratet — eben richtige Frauen. Ebenso gibt es Männer, in die man sich verliebt, und solche, von denen man sich heiraten läßt — eben richtige Männer.

Der Lebensherbst

Die Zeit, welche wir vielleicht noch übrig haben, sollte uns den Lebensherbst wenigstens einigermaßen noch verschönen und durch innere Ausgeglichenheit bereichern. Das ist es doch auch, was wir uns immer schon gewünscht haben, oder nicht? Gewiß, jeder von uns ist in sein Schicksal eingebettet und gehorcht den ewigen Gesetzen der Natur. Was aber ist Schicksal? Die Dichterin Marie von Ebner-Eschenbach sagt: "Schicksal ist nicht das, was geschieht, sondern was unsere Seele, unser Wille daraus macht. Nicht was wir erleben, sondern wie wir das empfinden, was wir erleben, macht unser Schicksal aus."

Unser großes Schicksal ist uns mit in die Wiege gelegt worden, aber da gibt es noch das kleine Schicksal, das wir durch positive Gedanken und Erziehung an uns selbst zu beeinflussen vermögen, so wir nur ernstlich wollen. Der letzte Vers in einem Gedicht von Frithilde Zimmermann bringt das, was ich unter einem schönen Lebensherbst verstanden haben will, überzeugend zum Ausdruck, wenn sie sagt: "Fülle alle späten Stunden, /golden steigt im Glas der Wein. /Lebenswunden sind verbunden /und die Leiden überwunden, /und die Liebe hüllt sie ein." Ja, Liebe, innere Ausgeglichenheit und Zufriedenheit sind es wohl, die unser Leben auch im Alter noch zu vergolden vermögen!

Kommers

Festlich war der Saal geschmücket
den Burschenschaften zum Empfang,
denn es galt das Fest der Jugend
deutschem Liede, deutschem Sang.

Deutscher Art und deutschem Wirken
ward hier das Hohe Lied geweiht,
auf daß aus ihm der Quell erspriße
zu Eintracht und zur Einigkeit!

Singt drum froh die deutschen Lieder
aus allen Kehlen, voll und klar,
wie's schon immer Brauch und Sitte
im Ausdruck uns'rer Seele war.

Weihnacht in der Kriegsgefangenschaft

Bei uns brennen keine Kerzen,
und die Heimat ist so weit!
Dennoch pocht an unserem Herzen
wunderlich die Weihnachtszeit.

Wenn wir zu den Sternen blicken
und den Geist im Weltenraum
zu den fernsten Sphären schicken,
strahlt auch uns der Lichterbaum.

Etwas wie ein heil'ger Frieden
kommt aus der Unendlichkeit,
bringt uns und der Welt hinieden
Licht vom Quell der Ewigkeit.

Weihnachten in der Kriegsgefangenschaft

Als nach dem Zweiten Weltkrieg Hunderttausende von Soldaten demütig und geschlagen in die Lager der Kriegsgefangenschaft ziehen mußten, war für sie eine ganze Welt, die sie einmal erfüllte, plötzlich in sich zusammengebrochen. Physische Not und seelische Depression waren nun die rauhen Begleiter auf diesem Wege in die Kriegsgefangenschaft, und sie blieben es noch lange Zeit in den bedrückenden Jahren, die ihnen das Schicksal so unbarmherzig auferlegt hatte.

Es war eine bittere Zeit des Leidens und harten Nehmens unter dem ewigen Gefühl des stetigen nagenden Hungers und der Unfreiheit, in der sie jetzt ihr Leben verbringen mußten. Daß lange, lange Zeit keine Nachrichten von ihren Lieben die Lager erreichten, machte das schwere Los nicht besser, sondern nur noch trostloser.

Oft denke ich an diese graue Zeit zurück, in der wir, nun Prügelknaben des Schicksals, degradiert bis zur Zahl Doppelnull, entrechtet und in Unfreiheit hinter Stacheldraht lebend, sühnen mußten für eine sehr zweifelhafte Schuld, die freiwillig wohl keiner auf sich geladen hatte. Hier drückten Not und Entbehrung dem nackten Leben der Kreatur ihren Stempel für alle Zukunft auf!

Wir schrieben das Jahr 1946, und es war kurz vor Weihnachten. In unserem Lager, das unweit der Stadt Rimini in Italien lag und damals etwa 10 000 Mann auf einer riesigen Wiese einfing, rüsteten einige Kameraden zur Weihnachtsfeier, die den Kriegsgefangenen auch in anderen Lagern geboten werden sollte. Als "Betreuungsbeauftragter" und Gestalter der einzigen Wandzeitung des Lagers fiel mir die ehrenvolle Aufgabe zu, das geistige Rüstzeug für diese Feier zu erstellen.

Mit einer Hingabe wie nie zuvor waren wir jetzt dabei, unseren Kameraden das Weihnachtserlebnis in der Kriegsgefangenschaft so warm und nahe wie nur möglich zu vermitteln, um ihnen wenigstens zum Teil die gewohnte Feier im vertrauten Familienkreise zu ersetzen.

An einem dieser Abende war es, als das fahle Kerzenlicht besonders besinnlich stimmte und meine Gedanken weit in die Ferne zu den Lieben in der Heimat schweiften, da erhob sich tief in meiner Seele jäh das so vertraute Urbild des friedvollen Weihnachtsmannes mit dem langwallenden weißen Bart und der malerischen Robe, wie er durch das verschneite Land zieht und freudig überall seine Gaben austeilt. Diese Stimmung ist besonders anschaulich in der Vorstellung vom Erleben der Christnacht 1946 in folgenden schlichten Versen, die ich meiner Sammelmappe entnehme, zum Ausdruck gebracht. Sie sollten uns auch später an die Zeit erinnern, die das Chaos gebar und zu den traurigsten Kapiteln unserer Geschichte gehört.

Es ist, wie gesagt, lange her, und ich weiß nicht recht, ob ich Ihnen in der gleichen vorweihnachtlichen Zeit wie damals ein Stückchen inneren Erlebens aus jenen Tagen der großen seelischen Not unserer Generation jetzt noch zumuten darf. Ich will es mit Ihrem Einverständnis aber trotzdem tun:

Kopfschüttelnd stapft in diesen Tagen
Sankt Niklaus nun durch Wald und Flur,
doch hat er heute nichts zu tragen
als ein paar Kleinigkeiten nur.

Wie herrlich ist er noch vor Jahren
mit seinem Schlitten voller Glück
durch das verschneite Land gefahren!
An diese Zeit denkt er zurück.

Doch wo er einst im Kerzenschimmer
die Kinderaugen leuchten sah —
verkohlte Balken, nichts als Trümmer
voll Blut und Tränen liegen da.

Der Alte kann das nicht verstehen.
Er hat doch in der Heil'gen Nacht
in jedem Hause nur gesehen,
wie glücklich uns der Friede macht.

Und trotzdem hielt der Krieg seit Jahren
die ganze Welt in hellem Brand,
die Welt, die so viel Leid erfahren,
vor allem unser Heimatland.

Es ist ihm Weh um Land und Leute —
man merkt's dem Alten deutlich an —
weil er mit seinen Gaben heute
der Menschen Not nicht lindern kann.

Zu groß das Leid, zu schwer die Wunden,
die dieser Krieg uns grausam schlug.
Das Leid, vom ganzen Volk empfunden,
er in die fernste Hütte trug!

Zu tief der Schmerz um all die Lieben,
die uns der bleiche Tod entriß.
Die Angst um die, die fern geblieben
und deren Schicksal ungewiß!

Und viele irren ohne Hoffen,
besitzlos, heimatlos umher.
So viele sind zu schwer getroffen,
sie haben keine Heimat mehr!

Und wieder läuten Weihnachtsglocken
den Frieden auf der Erde ein —
Vom Himmel fallen weiße Flocken,
sie scheinen uns Symbol zu sein.

So fällt auch Trost in Menschenherzen.
Die Erde trägt ihr Winterkleid.
Allmählich deckt so alle Schmerzen
mit ihrem Mantel sanft die Zeit.

Wir alle stehen einmal wieder
im weihnachtlich geschmückten Raum:
Es singen unsre Kinder Lieder,
und festlich strahlt der Tannenbaum!

Sankt Nikolaus stapft unterdessen
treppauf, treppab von Haus zu Haus
und teilt dann wieder reich bemessen —
uns allen seine Gaben aus!

Das Weihnachtsfest hat sich im Bewußtsein der Menschheit als Verkörperung des Gedankens der Herbergsuche verdichtet, aber in kaum einem Völklein hat sich dieses symbolische Geschehen um die Herbergsuche so elementar vollzogen wie bei unseren vertriebenen Menschen.

Heute, nach kaum mehr als drei Jahrzehnten, ist bei vielen von uns diese Erinnerung fast verblaßt oder sie wird gewaltsam aus dem Bewußtsein verdrängt, weil man sich nicht gerne mehr an jene Zeit zurückerinnert ...

Unsere inneren Werte

Unserer Generation blieb an diesem Völkerringen nichts erspart. Unter uns weilt kaum einer, der nicht Haus und Hof oder gar einen geliebten Menschen verlor.

Was verbirgt sich alles an Unaussprechlichem, was an Not, Elend und Verzweiflung hinter den Worten, die bereits von unserem Schicksal sprachen oder noch davon künden werden. Keinem von uns blieben Tränen des Schmerzes, blieb Leid erspart, Leid, welches oft über unsere Kräfte gehen wollte.

Woher nahmen die Menschen aller Zeiten, woher unsere Generation diese innere Kraft, nicht zu verzweifeln? Wo liegt in uns verborgen dieser geheimnisvolle Lebensquell, aus dem wir immer neuen Glauben schöpfen, aus dem uns neuer Mut zuströmt; aus dem ein frischer Trunk uns unsere Verzagtheit nimmt und gegen alle Schicksalsschläge aufs neue wappnet? — Was blieb dem Menschen, dem man alles nahm? ... Eines blieb ihm ... Seine inneren Werte, die konnte ihm keiner rauben! Vielen von uns sind diese inneren Werte nie recht bewußt geworden! Aber glaubt mir, sie sind da, mehr oder weniger versteckt führen sie in uns ihr Eigenleben, und nur dann und wann, so wie auch jetzt, wo wir dem Schicksal preisgegeben sind, verspüren viele von uns dieses Drängen der inneren Kräfte viel deutlicher, viel stärker als je zuvor.

Innerlichkeit! Dieses Zauberwort der Einsamkeit, der Verlassenheit, nie sind wir erfüllter von ihr, als wenn wir fern von den geliebten Menschen ein Leben in Einsamkeit ausgefüllt mit Hoffnungen führen. Nie horchen wir andachtsvoller in uns, nie sind uns die köstlichen Bilder der Erinnerung treuere Begleiter und Tröster. Nie sind uns vertraute und geliebte Dinge, sind uns Menschen so sehr innerer Besitz wie in den Tagen, in denen wir aus dem Gleichmut des Alltags gerissen sind und den sonst so sicheren Besitz wanken sehen.

Erinnerung, die köstliche Blüte der Innerlichkeit, sie läßt vor uns die vertrauten Bilder der Heimat erstehen: Weib und Kind, Vater und Mutter, Geschwister und Freunde!

Was wäre die Liebe, die Freundschaft, die Kunst, was das Leben ohne diese adelnde Innerlichkeit? Wahrlich, ginge sie uns verloren, zu leben lohnte sich nicht mehr.

Was wäre die Musik, das geschriebene oder gesprochene Wort, das Bild, die Plastik, wenn der Künstler sie ohne diese Innerlichkeit gestalten wollte? Wo blieben ihre aufrüttelnden Gewalten, wo ihre tiefgreifenden, auffordernden Kräfte zur Selbstbesinnung?

Welcher Künstler könnte uns Freude und Schmerz, Liebe und Haß, Klage und Sehnsucht je so herzergreifend nahe bringen, wenn er nicht zutiefst von diesen Dingen gepackt, durchdrungen und erschüttert wäre. Wenn er nicht, ganz erfüllt von ihnen, alles mit- und nacherleben könnte? Der Schlüssel zu ihnen bleibt ewig die Verinnerlichung.

Wer da glaubt, die Härte der Zeit hätte uns nun zu Landsknechten des Lebens gestempelt, den will ich eines anderen belehren. Der Krieg hat wohl so manche innere Regung verschüttet, aber entspricht es nicht dem Wesen der Not- und Drangzeit, daß das von ihnen befallene Volk gerade durch sie den Weg nach innen findet, daß ein neuer sehnsüchtiger Trieb Gemüter und Seelen dieser gedrückten Menschen mit ungeahntem Lebenswillen und Lebensfreude erfüllt und beseelt, daß diese Kraftquelle einen Aufschwung vollbringt, so wie ihn Jahrhunderte des Dahinfließenden nicht vollbrachten. Menschen, deren Lebensäußerungen ausgefüllt sind mit solchen von innen kommenden Regungen, die durch so viel Elend gingen und sich doch diese Lauterkeit des Herzens bewahrten, sollten die nicht die Voraussetzung in sich tragen, an dem Aufbauwerk der Zukunft mitzugestalten? Das müßte doch jeden Zweifler überzeugen! Solange Menschen eines Volkes noch solche Lebensäußerungen zeigen, steht es noch nicht schlecht um sie.

Überall im Leben begegnen wir dieser Innerlichkeit, wir müssen uns nur Herz und Sinn für sie offen halten. Oft sind es nur kleine Dinge: ein Lied, ein Gedicht, ein Bild, die sie in uns wachrufen. Unzählige Beispiele könnte ich aufzählen.

An einem Abend war es, als das Dämmerlicht besonders besinnlich stimmte, da erlebte ich in der Kriegsgefangenschaft, wie ein älterer Familienvater in seinem Zelt mit leiser, rauher Stimme ein sanftes Kinderliedchen sang ... Welche Erinnerung! — Ich erlebe täglich, wie fest und ungekünstelt die Natur in uns verankert liegt.

Mit brennenden, sehnsüchtigen Augen sehen bärtige Gestalten dem Auf- und Untergang der Gestirne zu. Dieselben Gestalten sind es, die voll Bewunderung und Andacht, weltvergessen vor einem Ameisenloch am ausgedorrten Lehmboden hocken. Sie können sich nicht satt sehen an diesem kleinen, hinter Stacheldraht verirrten Naturwunder.

Diese rauhen Männer, die oft gezeigt haben, daß sie dem Schicksal gewachsen waren, holen schüchtern und verlegen aus irgendeinem versteckten Winkel ihres Rucksackes ein vertrautes Bild hervor und verlieren sich lange in nachdenklichen Betrachtungen.

Da flattert dann eines Tages ganz schamhaft ein mit ungelenker Hand geschriebenes, holperndes, stolperndes, aber doch recht inniges Gedichtchen in die Schreibstube, für die Wandzeitung war es gedacht.

Mit welcher Liebe und Hingabe sehen wir diese großen, ewig jungen Männer beim Basteln von Kinderspielsachen! Ja, all diese kleinen Hinweise, sie sind ein stiller Abglanz der Innerlichkeit! Glaubt nur nicht, daß es nur Langeweile ist, die sie dazu treibt.

In uns webt, in uns geht ewig der göttliche Zauber der Innerlichkeit. Alles was sie da treiben, ist auch keine Flucht in die weltfremde Romantik, dafür ist uns Leidgeprüften kein Platz, mit solchen lebensfremden Dingen kann uns nichts verbinden, denn sie nehmen uns nur die Lebenskraft. Wir wollen uns bewußt zu der Innerlichkeit bekennen, aus der uns die Lebensbejahung erwächst. Keine fruchtlosen Gefühlsduseleien sollen uns von unserem Ziel ablenken. Wir bejahen das Leben, auch jetzt, wo uns Dunkelheit umgibt.

Der Mensch behält nur das Schöne von der Welt, von der Natur, was er selber mitbringt, was er in sich trägt!

Dieses tiefe Verstehen unserer Umwelt setzt die inneren Werte in uns voraus. Und nur der, der strebend bemüht ist, alle Kräfte des Körpers, der Seele und des Willens zur Erhöhung seiner Persönlichkeit einzusetzen, der wird in der Gemeinschaft einen würdigen Platz einnehmen können. Ja, erst durch die Verinnerlichung erlebt er bewußt die Dinge der Umwelt, erlebt er die reine Freude, die Fröhlichkeit des Herzens, nur so das tiefe Verhältnis zur Natur, zu Tier und Mensch.

Welches Wunder, wenn uns diese innere Reife plötzlich erkennen läßt, wie herrlich die Welt ist. Ein großes Erlebnis froher und trauriger Art löst es oftmals in uns aus. Wie Schuppen fällt es uns dann von den Augen; an wieviel Schönheiten des Lebens gingen wir unberührt vorüber. Geht es da nicht manchem von uns wie in einem Märchen? Alle Dinge haben plötzlich Sprache, das Singen der Vögel, das Rauschen des Baches, das Gold der Sonne und der Saat, das duftende Erdreich, das lockende Blau der Ferne und des Himmels, die Melodien der Wolken, das geheimnisvolle Flüstern der Wälder, das glitzernde oder stürmende Meer, wohin wir uns auch wenden, wir Wort und Sinn vernehmen, da, wo wir sonst nur Geräusch gehört und Laute.

Ohne diese Gemütstiefe wäre das Leben nur schal und trostlos! Erinnern wir uns doch einmal an die unglücklichen Menschen, die nichts anderes kennen als die Anhäufung von äußeren Werten, die zeit ihres Lebens immer nur rafften, rackerten und scharrten und dabei keine Stunde für die wahren Werte des Lebens aufbrachten. Sie hatten nur noch das eine Ziel, so viel materielle Güter wie nur möglich zu gewinnen. Die Armen, sie versäumten das Leben! Denken wir auch an den Geiz, der in seiner blinden Gier nur raffte und kratzte, der zum Knechte seiner Leidenschaft wurde. Wie furchtbar muß dieser Krieg, der jedem ohne Ausnahme fast alle materiellen Güter raubte, besonders auf diese armen Menschen gewirkt haben. Sie sind die bedauernswürdigsten unter uns. Mit ihrem äußeren Besitz verloren sie alles, denn der innere war ja längst durch Nichtbeachtung verkümmert.

Und ich weiß von einigen, daß sie bald ihrem Gelde, ihren Gütern nachstarben.

Von dem Gedanken: mit dem Gelde könnte man ALLES gewinnen, müssen wir uns freimachen. Aber da soll keiner glauben, wir wollen nun in das andere Extrem verfallen, nämlich auf alle Bequemlichkeiten, auf alle materiellen Werte des Lebens verzichten und womöglich unter die Asketen gehen. O nein, wir lieben das Leben, die Freude, den Genuß! Wer von uns wünschte sich nicht für seine Familie ein kleines hübsches Häuschen, versteckt im Grün der Bäume? Wer von uns wollte wohl darauf verzichten, gut zu leben? Ein Narr, der das will!

Wir wollen einmal, und das Schicksal sei uns dazu gnädig, wahrhaft und bewußt in den Genuß der von uns erarbeiteten Güter kommen. Streben und schaffen wollen wir, aber dabei auch den inneren Menschen nicht verkümmern lassen, denn durch die inneren Werte erst kommen wir wahrhaft in den Genuß der äußeren.

Und so wird es ewig sein:
Erst durch die inneren Werte erhalten die äußeren ihren Adel!

Maria Busch
*Palanka — **Bad Wörishofen***

Maria Busch wurde am 19. August 1927 in dem Donaustädtchen Palanka (Batschka/Jugoslawien) geboren. Besuchte dort die deutsche Klosterschule für Mädchen 1. - 4. Klasse, anschließend die serbische Bürgerschule 1. - 3. Klasse. Nach dem Umsturz 1941 kam die ungarische Besetzung. Drei deutsche Mittelschulen wurden ungarisch, daher trat sie in die deutsche Bürgerschule in Neuwerbaß ein und nach der 4. Klasse in das deutsche Gymnasium über. Im Oktober 1944 kam es zur Flucht. In Deutschland machte sie in Ingolstadt die restlichen Gymnasialklassen und studierte nach der Reifeprüfung Medizin in München. Seit 1964 war sie als Internistin in Augsburg niedergelassen, gab die Praxis 1989 auf und leitet seither das Klinische Sanatorium in Bad Wörishofen. Schriftstellerisch war sie immer nur im Nebenberuf tätig, ihre Bücher — Erzählungen, Romane und christliche Betrachtungen — erscheinen unter dem Pseudonym *"Felicitas Fabian"*.

Einführung

Viel lieber würde ich über jedes andere Thema schreiben als gerade über dieses: meine Berufung oder Nichtberufung, die Feder zu führen. Und lange, sehr lange habe ich jetzt schon darüber mit Nachdenken zugebracht, ob es überhaupt geschehen soll.
Schreiben ist für mich zu einer Verheißung, zu einem Symbol, zum führenden Stern der Weisen in der öden Wüste des oft trostlosen, nicht endenwollenden Suchens und Irrens meiner langen Erdenwanderung geworden. Ja, noch viel mehr! Es wurde zum allertiefsten Gehalt meines Lebens und zu einem Geheimnis, welches mich später bis zu den Urgründen meines Seins hinabführen sollte. Geheimnisse aber sind tiefinneres, persönlichstes und unantastbares Eigentum eines Menschen. Sollen sie — oder sollen sie wirklich niemals im Leben preisgegeben werden? Dabei — ich muß gestehen — ist es mir lange Zeit nicht völlig klar geworden, ob das Schreiben oder die Berufung selbst der rote Faden des Schicksals in meinem Dasein ist? Oder jene entscheidungsvollen Begleitumstände, welche damit so untrennbar verwoben waren?
Unglaublich jedoch mag das Bekenntnis vom Schreiben als einem Lebensgeheimnis klingen aus dem Munde eines auf diesem Gebiet so unberufenen Fremdlings, wie ich einer bin. Doch wie es in mir oftmals gestürmt und getobt hat, so wie die Brandung des Meeres, die sich in haushohem Wellenschlag aufbäumt entgegen den Gesetzen, welche ihnen im Schöpfungsplane Gottes zugewiesen! Was es mich gekostet hat, fast zwanzig Jahre lang zu schweigen, keine Feder zu ergreifen, alles in mir abzuwürgen und zu erdrosseln, was immer zum Durchbruch hindrängte — und es auch gewaltsam niederzwang! In welch tiefstem Dunkel einer Trostlosigkeit und Trauer ich herumgeirrt bin in dieser dürren Einöde, welche mein Leben war, und mit wieviel Verzweiflung im Herzen ich gesucht habe nach jenem Stern, welcher kein Licht für mich war! Ja, noch nicht einmal ein Ruf, denn was mich zwang, kam aus mir selbst heraus. Das alles kann ich niemand beschreiben, nur Gott und ich allein wissen es. Und auch dieses: Wie oft ich Menschen in meinem Leben glühend beneidete, welche das Glück hatten, schreiben zu dürfen, und öfter noch jene tödlich verachtet habe, welche geschrieben haben, ohne es wirklich zu können.
Doch was will ich? Diese Art der Tätigkeit ist heute ein Handwerk geworden — nicht Kunst. Dafür gibt es jetzt die Schulen des Schreibens, damit es jedermann mühelos erlernen kann.
Als Mädchen in meinen ganz jungen Jahren glaubte ich allein an die Naturbegabung. In unserer Familie gab es solche Talente, ich glaubte es genau zu wissen. Es lag für mich als Kind wie ein mattschimmerndes Licht, ausgebreitet über dem Haupte meines Vaters, in dessen milden

Glanz eingetaucht ich ihn zeitlebens sah, um dessentwillen ich viele seiner zahlreichen menschlichen Schwächen übersah. Er hatte mir dieses Talent vererbt — das allein zählte für mich. Und ich hatte kein anderes Ziel und kannte kaum ein weiteres Verlangen, als diese Begabung zu nutzen.

Und auch heute noch als reifer Mensch glaube ich kaum an die Erlernbarkeit eines solchen Berufes. Was es bei diesem Handwerk wirklich zu erlernen gibt, ist wenig genug: das Rüstzeug, nämlich das Umgehen mit dem Bleistift, der Feder, wie die ersten Fingerübungen des Anfängers am Klavier. Nie aber die wirkliche Größe des Außerordentlichen, welches mit elementarer Kraft über einen Menschen hereinbricht und ihn gnadenlos in seinen Bann schlägt!

Man kann mir über die Erlernbarkeit des Schreibens heute sagen, was immer man will. Für mich ist es bis auf diesen Tag noch etwas Gewaltiges, Überwältigendes und uns auch Gewalt Antuendes geblieben. Vergleichbar etwa mit der selbstverständlichen Rücksichtslosigkeit, mit welcher sich ein Naturtrieb ausbreitet und durchsetzt, oder eine Erkenntnis, die uns überkommt wie einen Saulus jenes Leuchten, das ihn völlig blendet und auf der Stelle umkehren und in die entgegengesetzte Richtung gehen läßt, oder wie einen ganz großen Liebenden sein Gefühl, welches ihn unabänderlich und unabdingbar zwingt. Ja, ihn so zwingt mit ungeahnter Gewalt, daß weder andere Überlegungen je Platz fänden oder zustande kommen können noch überhaupt etwas Zweitrangiges am Rande bemerkt wird. Der gesamte Blick ist eingefangen und dorthin ausgerichtet — und sein ganzes Herz reißt ihn fort wie ein gigantischer Sturmwind. Er weiß nicht genau wohin. Aber was tut's? Fühlt er doch, daß er diesen Weg allein zu gehen hat, ihn um jeden Preis gehen muß und ihn dann später auch in eigener Kraft gehen wird, von welcher er sich vorher keine Vorstellungen machen konnte. Selbst wenn er dafür über lauter spitze Steine stolpern und negative Erfahrungen machen müßte.

Aber ach! Dieser eingebildete Stümper! Wo bleibt hier seine eigene Kraft, wenn er schon zugibt, daß er von einem großen, gewaltigen Gefühl getrieben und von einem starken Wind vorwärtsgepeitscht wird?

Und noch eines fühlt er: In der tiefsten menschlichen Verlassenheit, im Leid und in der Einsamkeit bleibt ihm die eine Genugtuung treu, daß er seinen eigenen Weg gegangen ist. Diese Genugtuung ist so groß, daß sie für sehr vieles im Leben entschädigt und als tiefe Quelle in ihm offen bleibt, aus der er bis an sein Ende Kraft schöpfen kann.

Er findet sich nach diesem Erlebnis als ein anderer wieder — genau wie ein ernstlich und mit allen Konsequenzen Liebender sich von Grund aus wandeln kann. Denn auch er hat ja ein großes Geheimnis gefunden. Und es hat sich immer im Leben wirklich zu lieben gelohnt — einerlei, welches das Ende auch sei.

Ganz anders aber, wenn wir falsch gewählt und einen Fehler begangen haben. Und hätten wir denselben auch auf den Rat unseres allerbesten

Freundes getan, wir werden ihn uns niemals mehr im Leben verzeihen können. Wenn uns aber unser Empfinden selbst getäuscht und irregeführt hat, werden wir es mit selbstverständlicher Kraft auch überwinden lernen.

Ich glaube noch heute und jetzt mehr denn je, wenn eine wirkliche Begabung und Berufung am Werke ist, dieselbe sich aus der eigenen Stärke heraus so grandios und kraftvoll äußert, daß der Durchbruch unaufhaltsam ist — oder der Zusammenbruch, denn beide liegen dicht nebeneinander — und daß dagegen alle Bedenken in den Staub versinken müssen.

Ich kenne das aus eigener Erfahrung. So war es jedenfalls bei mir. Und nur jene Katastrophe, welche damals in mein Leben hereingebrochen ist, konnte mich davon — vielleicht von der größten Dummheit meines Daseins zurückhalten.

Auch wurde ich oftmals in meinem späteren Leben gefragt, wie es dazu gekommen sei, daß man ein Talent, welches dazu noch den Ruf zum Schreiben in sich verspürte, so lange unterdrücken und totschweigen konnte. Daher will ich versuchen, alles genauer zu schildern.

Damals vor ungefähr fünfzehn Jahren zog es auch mich magisch und mit aller Kraft, welche in mir war, so unbedingt und bedingungslos, wie es nur einen ganz jungen Menschen ziehen kann: Ich mußte schreiben.

Nach Abschluß meines Studiums war es dann soweit: Die Zeit war herangebrochen und die Torheit genügend reif geworden in mir. Nun sollte sie endlich ihre Frucht bringen.

So dachte ich. Jetzt aber zogen die Schriftgelehrten, Pharisäer und Philister auf, oder wie diese Berufsschreiber alle heißen, die sich für befugt hielten, auf den schriftstellerischen Nachwuchs einzuwirken, und sie belehrten mich darüber, was heutzutage ankommen würde und was nicht. Voller Wehmut mußte ich erkennen, daß ausgerechnet das keine Lebenschance hatte, was mir so brennend am Herzen lag. Ich wurde so lange und gründlich durch die Mühle des Zeitgeistes gedreht, bis mir von dem schalen Publikumsgeschmack ganz übel geworden und die Lust am Schreiben fast endgültig vergangen ist. Es sind zahlreiche Worte damals von den verschiedensten Seiten gefallen, darunter vom Eigensinn. Was man jedoch damit meinte, wurde mir erst viel später klar, nämlich den starken, zu allem entschlossenen Willen eines Menschen, den man unfähig ist zu begreifen — und die Dickköpfigkeit des anderen, um nicht von der eigenen Ohnmacht reden zu müssen, die sich davon so kraß unterschied.

Als aber all das nichts half, keine sachliche Drohung der Fachkundigen und auch kein liebevolles Bitten oder fürsorgliches Ermahnen meiner Angehörigen, und die Törin beharrlich bei ihrer Torheit blieb, da wußte sich das Schicksal anscheinend keinen anderen Rat mehr: Es trat höchstpersönlich in mein Leben und riß urplötzlich die Zügel der Führung aus meiner Hand. Denn es war offenbar fest beschlossene Tatsache, daß ich mich — entgegen dem eigenen Willen und dem Empfinden meines Herzens — beugen lernen mußte und aus meinem Drang zum Schreiben um keinen Preis der Welt etwas werden sollte.

Dieses Schicksal aber kam in Gestalt eines großen und überaus starken Mannes, wie er mir weder vorher noch danach mehr begegnet ist. Ich trat ihm ziemlich wehrlos gegenüber, von vornherein wissend, daß ich der absolut schwächere und unterlegene Gegner bin. Die Erfahrung eines reichen Lebens, alles sachliche Wissen und fachkundige Können, eine natürliche Begabung, die in ihrer Ungerechtigkeit, verglichen mit der anderer Menschen, sündhaft wäre, soweit nur die Natur in solchen Dingen überhaupt sündigen könnte, erprobt und bestens bewährt in allen Kämpfen des inneren und äußeren Lebens: All das war auf seiner Seite.

Ich stand ihm gegenüber und empfand mich selbst — ganz im Gegensatz zu ihm — als höchst erbärmlich, klein, häßlich und schwach. Denn ich war nur angetan mit dem Schmuck von sechsundzwanzig Lebensjahren, sofern und soweit dieses Alter überhaupt schmücken konnte, und allein bewaffnet mit meinem im Feuer von Eifer und Jugend glühenden Herzen, sowie mit einem Stoß meiner streng gehüteten, bis dahin eifersüchtig vor aller Umwelt eingeschlossenen Manuskripte, die ich in meinen Armen und krampfhaft an mich gepreßt hielt, und mit der Bereitschaft, für dieselben — wenn es sein mußte — zu leben, zu kämpfen oder auch in gleicher Weise zu sterben.

In der Jugend stirbt sich's ja so leicht, und man stirbt in ihr sovielmal einen Tod, daß es kein Wunder ist, wenn man es plötzlich als reifer Mensch, da man wirklich und endgültig abberufen wird, auf einmal nicht mehr so gut kann.

Dieses heilige Feuer einer Begeisterungsfähigkeit, welches von meinen jungen Jahren her noch zurückgeblieben war und bei mir eine besonders starke Ausprägung zeigte, hat mich auch fernerhin mein ganzes Leben hindurch niemals gänzlich verlassen. In einem Alter, in dem bei anderen längst der Verstand und die reine Vernunft die Zügel der Führung übernommen hatten, konnte ich immer noch in einer grenzenlosen Begeisterung aufglühen und war imstande, auch mein ganzes Dasein völlig in den Dienst solcher Dinge zu stellen, an denen sich einmal dieser Funke entzündet hatte. Es machte mir auch nicht viel aus, wenn ich dabei häufiger stolperte als ein anderer Erdenbürger und ab und zu einmal mehr auf die Nase fiel — oder in einem gewissen Überschwang der Seele über ein gestecktes Ziel hinaus mich verlor. Kind bleibt nur, wer sich die Fähigkeit erhält, harmlos reine Freude zu empfinden, und jung ist allein der Begeisterungsfähige — sage ich mir. Denn Jugend ist vor allem anderen dadurch gekennzeichnet, daß sie stets über das gesteckte Ziel hinausschießt.

Später überlegte ich mir manchmal das Wort und suchte es tiefer zu ergründen, was Gott wohl darunter versteht, wenn er seine sonderbare Forderung an die Erwachsenen aufstellt: "Werdet wie die Kinder, sonst könnt ihr in das Himmelreich nicht kommen!" Und ich fand zu folgender möglichen Erklärung: Gott wünscht es sich, daß der Mensch in seinem inneren Wesen jung bleiben soll, damit er es niemals verlernen würde, in dem Feuer einer heiligen Begeisterung zu erglühen und in echter Freude an Gott aufzustrahlen, so wie das reine Auge eines Kindes aufleuchtet, wenn es schon bei kleinstem Anlaß zu großer Seligkeit gelangt. Sobald diese zwei Grundbegriffe — die Fähigkeit, sich zu begeistern, und Freude zu empfinden — verloren gegangen sind, ist auch für die Empfindung einer Liebe im Menschenherzen kaum Raum mehr gegeben, da diese beiden wichtigen Eckpfeiler dafür fehlen. Die Erwachsenen aber sind dagegen meist so sehr abgestumpft, daß sie weder tiefe Eindrücke empfangen, noch in Begeisterung das Gehäuse ihres gewohnten Alltages mehr verlassen können, noch in übergroßer Freude ihr Herz über sich zu erheben fähig sind. Zweifel, Skepsis und die Bitterkeit durchgemachter Enttäuschungen hindern sie daran.

So stand ich ihm also damals gegenüber mit meinem im Glanz eines unwahrscheinlichen Idealismus brennenden Herzen, und dieser mein Anblick — im Widerschein von Jugend, Feuer und einer übergroßen Begeisterung — mochte vielleicht zu anderer Zeit fast rührend gewesen sein! Allein, er rührte ihn nicht. Oder doch? Einerlei, es mußte geschehen! Der große Starke zagte nicht, noch fragte er lange. Man sah es auf den allerersten Blick: Er war eine selbst unverwundbare Siegernatur, gewohnt, im Leben das Schwert zu führen, zu kämpfen und glänzend zu bezwingen — nicht nur sich selbst, sondern auch jeden anderen Feind. Ganz ohne Zögern oder Zaudern, ja nicht einmal das leiseste Zittern war seiner Hand anzumerken, als sie mir den Todesstreich versetzte.

Oder zitterte sie doch, und er war nur so stark, es nicht zu zeigen? Er tat ja nur, was er für unabwendbar notwendig hielt: Mit einer kleinen Alltagsbewegung seiner Rechten — nur wirkliche Meister des Lebens können das — schlug er mir die fertigen Manuskripte aus den Händen. Und ich, die sich bisher gegen Tod und Feind eisern und, wenn es hätte sein müssen, selbst noch mit blanken Zähnen gewehrt hätte, ließ es wehrlos mit sinkendem Kopf und hängenden Armen geschehen.

Da lag alles nun: der große Sinngehalt — die ganze Kraft — das einzige Ziel — die alles ausfüllende Liebe meines bisherigen Lebens, hingeschmettert von einem einzigen gekonnten Meisterstreich! Die mir so teuren Manuskripte lagen wertlos zu meinen Füßen, und ich habe sie am Boden liegen lassen, statt sie aufzuheben, und auch seither nicht mehr angerührt. Wäre nicht gerade jemand dazugekommen und hätte die Hefte zusammengerafft und an meiner Stelle für später aufbewahrt, ich sähe heute sicherlich kein Stäubchen mehr davon.

Mit seiner linken Hand aber deutete der große Unbekannte unmißverständlich in jene Gegend, in welche ich später ziemlich wortlos gegangen bin.

Es wurden viele Schlachten geschlagen und noch mancher harte Kampf ausgetragen damals. Schließlich war es dann soweit: Die Vernunft siegte — wie meist im Leben — über das Herz. Und das Gefühl, so erhaben und stark es auch immer ist, wird auf dem Opferaltar geschlachtet. Sei es, daß man den Mut nicht aufbringt, für sein eigenes Herz zu leben und zu streiten, sei es aus Mangel an Überzeugung, daß die dunklen Urgründe des Gefühls die stärkere, die absolut überlegene Kraft im Leben sind, die allein Schöpferisches hervorbringen kann. Doch diese Überzeugung lernt wahrscheinlich nur derjenige als tiefe Genugtuung kennen, welcher die Schwelle bereits überschritten hat. Ich glaube, der erste und der schwerste Schritt dorthin muß immer von ihm allein gegangen werden. Denn er ist wie das Löse- oder Eintrittsgeld, welches er selbst zu entrichten hat, bevor die Tür hinter ihm endgültig zuschlägt und die Musen jenes anderen Reiches ihm mit ihren ausgebreiteten Armen helfend entgegeneilen.

Aber soweit ist es bei mir nicht gekommen. Denn die gefallenen Worte saßen wie ein einziger, gutgezielter Peitschenhieb. Sei es wegen der Auswahl der Motive, wegen der Kraft des Menschen, der sie sprach, oder wegen seiner Person? Bedurfte es aller drei Dinge zusammen, um zu dieser absoluten Wirkung zu gelangen? Ich weiß es heute noch nicht. Doch ich gab auf, verachtete selbst mein übervolles Herz, das mir das Leben nur schwer gemacht und mich der Lächerlichkeit ausgeliefert hatte, damals noch nicht ahnend, was ich preisgab und welchen Reichtum ich verwarf. Das wurde mir — wie vieles andere — erst lange danach klar, als es fast schon zu spät dafür geworden ist und nicht mehr zu ändern war.

Doch was ist dabei damals alles geschehen? stellte ich mir in meinem weiteren Leben oftmals die Frage. Wie war es nur möglich, daß ein Mensch mich dazu bringen konnte, seinen Willen anstelle des meinen, welcher gewiß nicht der allerschwächste ist, zu tun? Was gab ihm soviel Kraft? Wer ihm das Recht? Und woher nahm er sich die Befugnis dazu?

Wann immer ich mich bemühe, diesen Fragen auf den Grund zu kommen, muß ich etwa ein Dutzend Jahre im Buche meines Lebens zurückblättern und versuchen, die kleinen Fünkchen, welche noch als Irrlichter in meiner Erinnerung herumgeistern, einzufangen und die einzelnen Bilder zu einem Streifen zusammenzufügen.

Ich bin sicher, daß mir dies nur mangelhaft und unvollständig gelingen kann. Aber man möchte Nachsicht mit mir haben! Wenn man soviele Jahre alles darangesetzt hat, um etwas vergessen zu können, dann auch diese Wunde endlich unter geduldigstem Zuwarten versiegt ist, so ist es nicht mehr ganz einfach, jenen seltenen Saft einer kostbaren Lebenserinnerung daraus zu gewinnen, dessen man zum Schreiben bedarf.

Solange ich von deinem Atem lebe ...

Solange ich von deinem Atem lebe, will ich deine Lieder singen, oh Gott!
Wie ein Sperling des Morgens munter und frisch piepst und zirpt auf dem Dach, die Amsel froh und dankbar für jeden durchlebten Tag am Abend auf dem Baum in schmetterndem Ton ihr Nachtgebet erklingen läßt, so will ich dir mein Lob bringen, Höchster.
Denn dein Atem hat mich erschaffen, dein Wort mich ins Leben gerufen, Grund genug zu danken. Selbst wenn ich außer diesem einen nichts weiter haben sollte als das. Aber jeder von uns besitzt außerdem noch sehr viel mehr. Die Kraft dazu hast du meiner Stimme verliehen, daß ich dein Lob künden kann Tag und Nacht.
Darum will ich für dich singen, Ewiger. Wie die Schwalbe im klaren Blau des Himmels, die Lerche in der lichten Höhe es macht, so will ich dich preisen während der Hektik meiner Arbeit und in dieser kurzen Schnaufpause danach.
Und wenn es auch nur ein Seufzer wäre, welcher zu dir hinauffliegt, oh Gott, weil die Fronarbeit, welche wir auf dieser Erde verrichten müssen, oft so schwer fällt. Auch das ist ein Gebet, wenn wir nicht mehr Zeit dafür haben und von unserem Alltag gehetzt werden oder uns selbst antreiben, weil wir gar nicht mehr anders können.
Das Stöhnen eines Kranken in seinen Schmerzen, der werdenden Mutter in den Wehen ihres Leibes, auch das ist ein Lobpreis, wenn es in Geduld und ohne Murren durchgestanden wird.
Wieviel mehr Grund aber hat derjenige, dem Gott eine Stimme gegeben hat, ihm Lieder des Dankes zu singen und damit seine Wohltaten zu künden, von denen die ganze Erde voll ist?
Darum: Solange ich von deinem Atem lebe, will ich dein Lob künden, oh Gott ...

Gott ist der Ursprung der Liebe

Laß mich dich lieben, oh Gott!
Du, den ich nie erkennen,
niemals begreifen werde.
Laß mich dich lieben
aus der einen möglichen Erkenntnis heraus:
Laß mich dich lieben, oh Gott,
weil ich dich doch nie verstehen werde,
aber das eine wenigstens begriffen habe,
daß du der Ursprung und Inbegriff aller Liebe bist.

Glück? Gibt es das?

Ich möchte so gerne glücklich sein! Wenigstens einen kleinen Zipfel davon will jedermann erhaschen in seinem Leben. Auch ich.
　Zuerst habe ich es gesucht in der Zweisamkeit. Als ich es da aber nicht gefunden habe, suchte ich es in der Einsamkeit mit mir allein.
　Hier fand ich zwar die Ruhe in der Stille, welche vorher nicht vorhanden war. Aber Glück? Wirkliches Glück? Bis heute weiß ich nicht, wo es geblieben, noch, was es wirklich ist.
　Obwohl mir im Beruf eine gewisse Erfüllung zuteil geworden ist und ich bei der Umwelt Anerkennung und das Gefühl von Erfolg hatte.
　Auch an sogenannten Hobbys fehlte es mir nicht, noch an Freunden, soweit ich mich nicht selbst zurückgezogen habe.
　Aber Glück? Nein, wirklich glücklich war ich dabei nie — trotz schöner Wohnung, später herrlichem Haus mit allem Komfort eines anspruchsvollen modernen Erdenbürgers. Das Glück blieb aus bis heute ...
　Worin besteht eigentlich Glück? Wo soll ich es suchen, und wo ist es zu finden? frage ich mich — fast am Ende meines Lebens angelangt — vergeblich. Muß es in uns selbst wachsen? Kommt es von außen her zu uns? Bin ich zu anspruchsvoll und verlange ein zu hohes Maß davon vom Schicksal?
　Genügend Gesundheit und Wohlstand wurde mir gegeben, auch ein guter Freund, der mir zur Seite steht und mich versteht.
　Aber Glück? Wirkliches Glück? Bis heute weiß ich es nicht, was es ist noch wo es geblieben ist. Die Familie? Gewiß! Sie ist ein warmes Nest, worin sich ein kleiner Erdenbürger so geborgen fühlt. Da geht nichts darüber. Erst wenn man selbst soweit ist und eine eigene Familie hat, weiß

man auch, daß jede Familie, auch die beste, ihre eigenen Schwierigkeiten aufgegeben erhält und ein Mensch auch in der Gemeinschaft letztlich auf sich gestellt und einsam sein kann.

Anfangs und in der Jugend froher Zeit sucht man das Glück in der Liebe — später im Erfolg und Beruf. In reifen Jahren liebt man schließlich seine Ruhe, die Sicherheit und einen gewissen Besitz. All das habe ich gefunden. Aber Glück? Wirkliches Glück war das alles nicht!

Wo also soll ich noch suchen? frage ich mich nun — an der Schwelle des Alters angelangt. In der Religion und bei Gott? Ich weiß es nicht, und meine Natur wehrt sich dagegen, sich noch ein weiteres Mal enttäuschen zu lassen.

Aber ich probier's schließlich doch, nur um nichts unversucht gelassen zu haben, da meinem Herzen so unbegreiflich viel daran liegt, gerade dieses eine noch zu erfahren im Leben.

Finde ich es dieses eine und letzte Mal doch? Ich weiß es nicht, denn ich bin noch immer hier und auf dieser Erde. Aber auf alle Fälle: Die Hoffnung ist mir längst noch nicht ausgegangen, sondern hat sich nur verlagert in einen anderen und höheren Bereich. Eines aber ist mir inzwischen klar geworden: Die Hoffnung darauf ist wenigstens geblieben.

Ich hoffe weiter auf Glück, selbst wenn es auch dieses letzte Mal wieder nur vergeblich gewesen wäre!

Nochmals frage ich mich, was Glück eigentlich ist? Suche ich vielleicht nur am falschen Platz?

Bin ich das Opfer eines Irrtums geworden? Also kehre ich in überreifen Jahren noch ein zweites Mal — wie man es im Leben oft beobachten kann — zur ersten Liebe meiner Jugend zurück. Getragen von der Sehnsucht, daß mit dieser Liebe auch diese Jugend von einst zurückkehren würde.

Aber auch die Jugendliebe war nicht mehr das, was sie einst gewesen ist. Sie bereitet mir zwar ein wenig Freude, Spaß, Ablenkung und bedeutet Auffrischung für mich. All das, was ein älterer Mann oder eine Frau darin sucht und zu finden hofft. Es ist wenigstens ein Mittel, erprobt und bewährt gegen das Gefühl aufkommender Vereinsamung.

Vor allem aber scheint sich auch mein Geschmack mit den Jahren völlig gewandelt zu haben. Die Idole meiner Jugendzeit, der Typ meiner turbulenten Jahre entspricht mir heute ganz und gar nicht mehr. Die Suppe schmeckt fade und der Apfel danach so schal auf meiner Zunge, daß ich ihn am liebsten wieder ausspucken würde.

Aber ich will mir selbst noch immer keine Blamage geben und suche, wenn auch nicht mehr ganz so unverdrossen wie anfangs, immer weiter und weiter.

Zweisamkeit in reifer, in später Liebe? Da kann man doch alles viel besser verstehen und mit den nötigen inneren Voraussetzungen und inzwischen erworbenen Qualitäten sacht und behutsam ans Werk gehen, wenn die Zeit von Sturm und Drang endgültig vorüber ist.

Erfahrung ist doch soviel wert im Leben. Die Zeit — wenn sie einmal vorbei ist — kann ein Erdenbürger nicht mehr einfangen und zurückholen. Auch nicht, wenn er es sich noch so sehnlich wünscht. Die Uhr des Lebens läuft auch nur in einer Richtung: Zurückstellen kann man sie zwar, aber sie läuft trotzdem immer nur weiter vorwärts und nie wirklich zurück. Da hilft keine Schminke, keine großartige Aufmachung. Die Falten in deiner Stirn werden nie mehr richtig auszubügeln sein, so hart und dauerhaft hat sie dir das Leben hineingegraben. Sie sind wie geprägt, nicht nur gezeichnet. Auszulöschen sind sie nicht mehr.

Auch die verlorene Kraft und Elastizität deiner jungen Jahre kommt nicht wieder. Da kannst du noch so teure Regenerationskuren machen, soviel du nur willst. Es verbessert im besten Fall deine Gesundheit ein wenig. Aber wirklich regenerieren? Das vermag auch der beste Arzt bis heute nicht.

Es ist und bleibt alles Stückwerk, was wir tun und vollbringen in unserem Leben.

Die Vollendung aber kann ihm wirklich nur Gott selbst am Ende geben!

Soll ich also diesmal allein auf Gott noch setzen und hoffen? Daß er mir letzten Endes doch noch bringt, was ich nicht finden konnte? Schenkt, was alle Arbeit mir nicht zu verdienen imstand gewesen ist? Vielleicht.

Vielleicht ist es nur ein Vorgang in meiner Entwicklung, ein langer Weg, den ich gehen mußte, um endlich zu dieser Einsicht zu gelangen.

Fast scheint es mir so. Ich schlage mir die Hände vor das Gesicht und rufe da noch klagend aus: Oh Gott! Warum sagst du mir das nicht am Anfang schon, was ich jetzt erst am Ende weiß? Wie lange dauert es, bis einem Menschen wirklich die Augen aufgehen, und wie schwer lernt er doch!

Nur eine einzige wichtige Lektion hat ein Erdenbürger in seinem Leben aufbekommen. Und die schafft er nicht eher als bis zu seinem letzten Schluß.

Aber zu allem Unglück hat Gott eine Menge Zeit für uns und stellt sie uns auch noch zur Verfügung. Auch wenn wir selbst oft keine Zeit mehr für ihn haben. Zum Glück!

Ja war das nicht auch dann ein wirkliches Glück?

Also doch noch einmal Glück gehabt im Leben? Oder nicht?

Jetzt werde ich aber unsicher. War ich also doch einmal glücklich oder nicht?

Zeitweilig vielleicht schon. Aber jenes Vollkommene und Letzte?

Das war es jedenfalls nicht.

Kann es uns nur noch im Tod zuteil werden? Unser menschliches Leben vergeht, aber diese Frage bleibt ewig vor uns im Raum stehen.

Die wirkliche und echte Gewißheit erhalten wir auf Erden jedenfalls nicht.

Viktor Butscher
Feketisch — Köln

Viktor Butscher wurde am 20. Juli 1935 in Feketitsch (Batschka/Jugoslawien) geboren. Vater schwäbischdeutscher Kaufmann, Wehrmachtsoldat des 3. "Freiwilligen"-Kontingents, Mutter Lehrerstochter zipsersächsischer Herkunft mit starker Affinität zum Magyarentum. Deutsche Grundschule bis Frühherbst 1944, nach durch Krieg und Kriegsfolgen bedingter Zwangsunterbrechung Besuch ungarischer Schulen in Feketitsch und Subotica. Dort 1952 Diplom der Lehrerbildungsanstalt. Zwei Jahre Landschullehrer, ab 1955 Universitätsstudium (Hauptfach Germanistik) mit Diplom-Abschluß in Novi Sad. Umsiedlung in die Bundesrepublik Deutschland Ende 1961 (Familienzusammenführung). Zweitstudium an der Universität Freiburg i. Br. Nach kurzem Zwischenspiel in Bad Homburg v. d. H. als Assistent eines Verlegers seit 1968/69 Redakteur bei der Deutschen Welle in Köln, Abteilung Politik-Wirtschaft des Deutschen Programms, dort zuständig für die Sendereihe "Aus Politik und Zeitgeschehen". Viktor Butscher verfolgt mit Interesse das deutsche Zusammenwachsen und kommentiert schwerpunktmäßig Ost-West-Probleme, den dramatischen Wandel in Ost- und insbesondere Südosteuropa, seiner donauschwäbisch-zipsersächsischen Herkunft entsprechend. Zu den bestürzenden Wechselfällen im einstigen Jugoslawien meldet er sich von Zeit zu Zeit mit einem Sondervotum zu Wort, in dem auch der europäischen und deutschen Verantwortung für die Entwicklung ein hoher Stellenwert zugewiesen wird. 1969 Eheschließung mit Barbara B., geb. Denecke, Sohn Aljoscha geb. 1971. Nach der Wende 1990 vorübergehende Korrespondententätigkeit in Berlin. Wiederholte Reisen nach West und Ost (USA, Rußland) sowie Nord und Süd (Schottland, Frankreich, Italien, Griechenland) haben seinen ursprünglich Batschkaer Horizont ebenso bereichert und vervollständigt wie sein anhaltendes Interesse für die Geschichte, Sprachen und Kulturen Europas, in West wie Ost.

Der Abschied

Als Kaufmann war er fleißig, ehrgeizig, geschäftstüchtig. Für uns Kinder nahm er sich wenig Zeit. Seine Schwäche war der Jähzorn.
Damals aber, an jenem späten Frühherbstnachmittag, am 20. Oktober des Jahres 1944, da war mein Vater freundlich zu mir, milde gestimmt, fast zärtlich. Vor dem Haus meiner Großeltern nahmen wir Abschied voneinander, für immer, wie es sich zeigen sollte. Er, in der Uniform des Hitlersoldaten, ich, ein kleiner gerade neunjähriger blasser Junge, leise schluchzend, voller Unruhe. Er war nur wenige Wochen vorher eingezogen worden, und jetzt hatte man ihn und einen Kameraden mit einem militärischen Kleinauftrag aus der nahegelegenen Kleinstadt in unser Dorf geschickt. Die beiden sollten so viele Fahrräder auftreiben und zu ihrer Einheit schaffen wie sie nur konnten. Nun standen sie da, die Bizikel, wie wir sie nannten, vier, fünf oder auch sechs. Ich weiß nicht mehr, wie sie damit zurechtkamen, aber ich hielt immer viel von der Körperkraft und Geschicklichkeit meines Vaters. Da ist er nun wohl auf einem Fahrrad gesessen und hat die beiden anderen Räder, links eins, rechts eins, mitgezogen, mitrollen lassen ...

Meine beiden Großeltern, die energische Oma sowie der gutmütige aber etwas tolpatschige Opa, der schon mal vergaß, sein großes Glied nach dem Urinieren zurück in die Hose zu stecken und der ansonsten den ganzen Nachmittag auf einer grün angestrichenen Holzbank herumsaß, um hin und wieder ganz plötzlich im lauten Singsang weithin hörbar zu gähnen —, meine Großeltern also, bei denen ich untergebracht war in der Friedhofsgasse, die standen ratlos da. Ich vermute aber, daß sich die lebenstüchtige Oma unter ihrem schwarzen schwäbischen Kopftuch auch Sorgen machte um den hohen Stapel verstaubter Geldscheine, die ich wenige Tage vorher auf einem meiner neugierigen Spähzüge durch die Wohnung unweit der Decke auf der großen braunen Wanduhr entdeckt hatte, wobei ich vor Staunen fast von dem Stuhl gefallen war, den ich auf den Tisch gestellt hatte, um auch mal die höheren Regionen des Zimmers zu erkunden. Ich zuckte zusammen, mir wurde etwas schwindelig; ich war unerwartet Mitwisser eines Geheimnisses geworden ...

Auch jetzt, da ich von meinem Vater Abschied nahm, stand ich auf schwankendem Boden, hielt mich an seinem grünbehosten starken Soldatenbein fest, schaute zu ihm auf und bat ihn inständig, mich doch mitzunehmen. "Was", fragte er mit gespieltem Erstaunen, "du willst mitkommen zu den Soldaten?" "Ja", sagte ich verheult, "zu den Soldaten." Das ginge aber nicht, meinte er und schüttelte den Kopf. Seine Augen schauten mich dabei warm und traurig an.

Inzwischen hatte sich ein regelrechter Höllenlärm immer mehr verstärkt: Die Rote Armee war im Anmarsch, und die Russen schossen Tausende von Granaten und Kanonenkugeln in die Luft, um meinem Vater, seinem Kameraden und uns allen Angst zu machen. Das krachte und donnerte, zischte und heulte. Die ganze Luft über dem Dorf und den umliegenden Feldern war erfüllt von dem ohrenbetäubenden Getöse, das immer näher kam und den beiden Soldaten anzeigte, daß es höchste Zeit war, um sich mit den Fahrrädern auf den Rückweg zu machen.

Der Abschied war kurz. Dann haben wir noch gewinkt und sind schnell ins Haus gegangen. Die große braune Wanduhr tickte, und meine Großeltern nahmen auf der Bettkante Platz, wo sie mit der Ergebenheit, die der Ohnmacht unserer Lage entsprach, die weiteren Verfügungen des Schicksals abwarten wollten.

Ich selbst kauerte auf einem kleinen Schemel und starrte verängstigt auf die große grüne Landkarte Rußlands, die ich vor mir auf dem Fußboden ausgebreitet hatte. Vielleicht könnte dies doch das Herz des grimmigen Sowjetsoldaten erweichen, der als erster das Zimmer betreten sollte!

Die Wanduhr aber tickte gleichmäßig, als ob nichts geschehen wäre ...

Der Russe

Die Wanduhr tickte gleichmäßig, als ob nichts geschehen wäre ... so verging wohl eine Stunde, und ich schaute immer noch angespannt auf das Land der unermeßlichen Weiten und der großen Ströme. Wir drei in der Stube erschraken zu Tode, als wir kraftvolle Schritte im Hof hörten, die rasch näher kamen. Plötzlich wurde die Stubentür aufgestoßen, mein Herz stand still. Der russische Soldat stand im Türrahmen, ich sah nur seine rauhen Stiefel. Jetzt mußte es geschehen, unser Leben war keinen Pfifferling mehr wert. Mit gespielter Aufmerksamkeit für das große grüne Land vor mir bat ich stumm um Milde. Auch im Leben meiner Großeltern, die sich auf der Bettkante nicht zu rühren wagten, muß dies der bis dahin schlimmste Schreckensaugenblick gewesen sein. Aber der Soldat zögerte noch, und ich spürte seinen eiskalt prüfenden Blick durch das Zimmer streichen, die Maschinenpistole im Anschlag. Auf einmal setzte er sich in Bewegung, und er kam auf mich zu. Da stand der schreckliche russische Soldat dicht neben mir, ein ganz sicher in Waffen starrender Riese. Und wieder schien er zu überlegen. Dann spürte ich, wie er seine Hand leicht auf meinen Haarschopf legte. Angstvoll wagte ich zu ihm aufzuschauen — und sah ein großes, breites, behelmtes Bauerngesicht, das mich — fast wie mein Vater vor gut einer Stunde — warm und traurig ansah. Dann holte der Soldat aus seiner Tasche einen kleinen Lederball — und gab ihn mir.

Mit zitternden Händen und ungläubigem Staunen nahm ich den Ball entgegen, und der Russe verließ mit zwei-drei großen Schritten blitzschnell unsere "gute Stube". Der erste Russe, den ich in meinem Leben sah, an dem Tag, als ich von meinem Vater für immer Abschied nah.
Meine Großeltern rührten sich lange nicht, und die Stille dauerte noch eine Weile an. Nur das Ticken der Wanduhr war zu hören.

Volltreffer

Ich war damals 12 oder 13 Jahre alt.
Mein Freund hatte ein Luftgewehr, eine Seltenheit, ja fast eine Kostbarkeit.
Man konnte damit Ziele sehr präzise treffen: ein trockener Knackton und zack!
Das heißt: Du legst eine kleine Bleikugel in den Lauf, knackst die Flinte, richtest sie wieder gerade. Und dann kannst du die Waffe anlegen, wie auf dem Jahrmarkt oder auf der Kirmes.
Zack!
Zack, das macht Spaß!
Dachte ich auch — und lieh mir das kleine Luftgewehr aus.
Ich ging auf der Straße spazieren, die geliehene Flinte dabei. Da stand ein ärmliches Apfelbäumchen auf dem Gelände meines Elternhauses.
Ein dürres Bäumchen, darin zwitscherte ein kleiner Spatz.
Ich richtete den Lauf meines Gewehres auf den kleinen Vogel — und bekam ihn klar ins Visier.
Ich drückte ab.
Wie ein Stein, senkrecht, fiel der Vogel zu Boden.
Ein totes Vögelchen, noch warm, und doch schon weg.
Ich war schockiert: Das hatte ich nicht gewollt!
Nein, ich wollte den Vogel nicht totschießen.
Ich hatte es aber getan.
Der kleine Spatz war tot, spatztot, für alle Zeiten.
Es tat mir sehr leid.
Ich versprach mir, niemals wieder auf einen Vogel (oder sonst ein Tier) zu schießen.
Es war mein letzter Schuß.
Jetzt bin ich fünfzig Jahre alt, und ich stehe dazu: Das damals war mein letzter Schuß.

scherzo

ein schnürchen
ganz pürchen
gold

ein goldchen
ganz schnürchen
pür

ein pürchen
ganz goldchen
schnür

Hold und Geheuer

Sie haben alles Mißliche abgestreift
und sind jetzt nur noch positiv.
Ohne die rufschädigende Vorsilbe
kommen sie besser im Leben voran.

Wohlstand

Ein Hündchen wird eingekleidet,
kriegt Werktagsjoppe und Sonntagsstaat,
die Krawatte kommt noch,
wenn es lieb lächelt,
lugt ein Goldzähnchen hervor.

Seelenallein

Ein Nest, in dem
das schweifende Auge
hängenbleibt ...

Ein Pfiff, scharf gebrochen,
der durch Nacht stampfenden
Lokomotive ...

Ein Wink, froh
wie in plötzlichem Erkennen,
hinauf zur dichtbesetzten Tribüne ...

Ein Finger, an beringter Hand,
der durch den Schwarzwald wandert
bei offenem Fenster ...

Rückblick auf die Lage der Nation 1973-1974

Wir sind ein heiteres Volk, ein heiteres Volk —
und wer was andres sagt, dem haun wir auf die Fresse:

den blinden Miesmachern, Veränderern und Umverteilern,
Sozialisten, Sympathisanten und sonstigen Schielenden
wie schiefen Christen, Pazifisten, Antiimperialisten,
linken Brüdern bei Kirche, Funk und Fernsehen,
auch Schriftstellern und Narren aller Schattierungen,
die fortwährend das Grundgesetz im Munde führen.

In deren Ohren das fröhliche Olympiaklingelspiel keinen Eingang fand
(wohl aber die Schüsse von Fürstenfeldbruck);
sie sehen nicht die Millionen bunter Telefone,
die ständig wachsende Zahl lustig gefranster Markisen,
ebensowenig das Mehr an parfümierten Toiletten mit Musik;
sie übersehen das Gepränge der Blümchen auf der Kleidung der Jugend,
den konvexen Schimmer neuer Butzenscheiben (die keiner mehr einwirft),
die erheiternden Floh- und Plundermärkte in den großen Städten,
die Tivolis, Fantasialänder, die Riesenräder der Volksbelustigung,
ja selbst das Volksfest vor den Bonner Rathaustreppen
oder Gustavs und Friedas republikanische Gartenfeier,
wo hoch und gering sich freimütig aussprechen konnte;
ohne Bedeutung für sie auch der Tanz frommer Krishna-Söhne,
die Mao-, Miu- und Mitzu-Kurse an den Stätten der Bildung,
umsonst die pluralistischen Farbtupfer der Zeitungskioske,
umspült von den fröhlichen Käufermassen in Fußgängerzonen;
vor allem sehen sie nicht die vielen Möglichkeiten
der individuellen Lebensgestaltung (auf astrologischer Grundlage),
und es rührt sie schon gar nicht
der pastorale Zauber unseres christlichen Bodens.
Auch sehen sie nicht, die Unbelehrbaren,
wie in Ruhe Wissen und Erfahrung sammelt die Jugend fürs Leben,
das Alter verehrt und Unerreichbares nicht weiter begehrt;
wie das schaffende Volk in aller Stille emsig Vermögen bildet
(und des Kapitals Stachel schon längst gezogen hat);
wie dies Volk in gewichtiger Mitbestimmung sein eignes Schicksal lenkt,
wie singende Arbeiterscharen des Abends rotwangig Fabriken verlassen
an munter plätschernden Fontänen vorbei zur Familie hineilend,
die, wohluntergebracht in billigen Mietwohnungen und
von den Leistungen der Industriegesellschaft mehr denn je verwöhnt,
in gesunder Runde wartet auf des Ernährers Heimkehr;
und Fernsehen und Fußball und Picknick vergolden das Wochenend
wie Hummel- und Doktor-Tigges-Reisen schließlich das Jahr.

Nein, Freunde, nein: Wir haben die besseren Argumente
(und nochmals die besseren Argumente).
Vor allem aber haben wir ein heiteres Volk, ein heiteres Volk —
und wer das nicht kapiert, den jagen wir (zum Teufel).

Kneipenszene

Hochgewachsen,
aufrechten Gangs,
betritt der Major a. D.
der einstigen Wehrmacht
die Kneipe.

Nimmt Stellung
an der Theke,
registriert rundum
stramm nickende Köpfe,
sichtet mit scharfem Artillerieblick
die Position der Gäste.

Vor ihm
in den Regalen
wohlgeordnete Batterien
von Cognac, Rum, Johnny Walker's
und noch schärferem Zeug
in Reih' und Glied.

Die Welt
scheint in Ordnung,
in der Tasche die kleckliche Pension,
in den Visagen der alte Gehorsam,
der Major merkt es und nickt
schließlich selbst.

Hochgewachsen,
aufrechten Gangs,
bläst der alternde Major
zu einem Entlastungsangriff
und verfügt sich
auf die Toilette.

Bonnericks

Ein Baggerführer aus Aachen,
der hatte bald nichts mehr zu laaschen,
   sein Brotgeber meinte,
   mein lieber Herr Heinte,
Sie verschwinden mit Ihren Saachen.

Ein Mann namens Botho aus Vlotho,
der spielte schon immer im Lotho
   und hatte viel Schwein
   jahraus und jahrein,
so war denn auch Geld Bothos Motho.

Ein verdienter Schulmann aus Lehrte,
der Damen über alles verehrte,
   der hatte mal eine,
   doch die kam nur aus Peine
und war nicht, was er begehrte.

Ein Zuhälter aus der Stadt Leyden,
der ließ sich von seiner Frau scheyden,
   denn zu den Gästen im Bett,
   war sie ihm zu nett,
und ihn selbst begann sie zu meyden.

Ein Gottesmann in der Stadt Mayen,
der herrschte mal an seine Layen:
   Soll ER euch erhöhren,
   so müßt ihr in Chören
leis beten und nicht so wirr schrayen.

Ein Mann ohne Arbeit in Staufen,
der mochte nicht ewig verschnaufen,
   geht hin zu dem Boss
   und brüllt plötzlich los:
Uns könnt ihr für dumm nicht verkaufen!

Ein Spätaussiedler aus Posen,
der wähnte das Glück zu erlosen,
   zog hin in die Fremde
   in seinem letzten Hemde,
doch zum Schluß ging das doch in die Hosen.

Ein Händler mit Waffen in Lübeck,
der knüllt in die Taschen egal welchen Scheck,
   wenn's dann irgendwo knallt
   und selbst bis zu ihm hallt,
so fragt er kopfschüttelnd: Was schert mich der Dreck?

Ein Zwischenrufer in Exter
der fand die Welt immer verhexter:
   ein einziges Wort
   in der Versammlung dort
soll mich kosten mein Brot, so ächzt er.

Ein entlassener Lehrer aus Thule
der klagte beim Heiligen Stuhle,
   doch was hat er davon?
   Demokratie à la Bonn
ist doch nichts für Somnambule.

Die Trennung

Am 16. November des Jahres 1976 fährt vor der Wohnung der Familie M. ein kleiner, grell angestrichener Möbel-Transportwagen vor. Herr M. kommt gerade, es war gegen drei Uhr am Nachmittag, von der Frühschicht nach Hause. Er trifft vor dem Haus seine Frau und deren Freunde, die als Helfer oder — gegebenenfalls — als Zeugen gebraucht werden.

Herr M. begrüßt Frau M. mit einem Kuß auf die Stirn. Er reicht den anderen, die auch seine Bekannten sind, etwas kühl die Hand, korrekt, wie der Gruß des Duellanten an den Sekundanten des Gegners. Zwei Transportarbeiter im Blaumann stehen anbei und warten auf ihren Einsatz.

Die Gruppe bewegt sich ins Innere des Hauses und gelangt in die Wohnung im ersten Stockwerk. Die Arbeit ist im Nu getan. Das Treppenhaus des Altbaus ist breit genug, und Frau M. besitzt nichts Sperriges, soweit sie überhaupt etwas besitzt. Ihr schmales Bett schaffen die Leute im Spielen hinunter, dann etwas Wäsche, ein paar hundert in Kartons gefüllte Bücher, und schließlich aus dem Kinderzimmer das meiste vom Spielzeug des fünfjährigen Söhnchens, der dem ganzen Vorgang aus wohlerwogenen Gründen ferngehalten wurde. Einiges von dem Spielzeug wird mit Absicht zurückgelassen. Das alles geschieht in stummer Eile, im Vorraum wechselt Herr M. einige belanglose Worte mit den Freunden seiner Frau, die gar nichts zu tun kriegen. Herr M. legt da und dort Hand an, leicht abwesend, doch gefaßt. In einer Viertelstunde steht die Gruppe wieder vor dem Haus auf der Straße. Herr M. versucht zu erfassen, wieweit das Geschehen von der Nachbarschaft wahrgenommen oder verfolgt wird. Die Straße ist ruhig, so gut wie menschenleer, die Vorhänge hinter den Fenstern bewegen sich nicht.

Er steht seiner Frau allein gegenüber. Sie trägt einen braunen Poncho mit einem eingestickten Reh. In der einen Hand hält sie ihre kleine Schreibmaschine, in der anderen eine Plastik-Tragtüte mit allerlei hineingestopftem Kleinzeug. Die Freunde sitzen schon im Auto und verfolgen die Szene mit etwas vorgebeugtem Oberkörper. Frau M. hat ein leicht gerötetes Gesicht. Sie stellt ihre Sachen auf den Bürgersteig und nähert sich mit halb ausgebreiteten Armen ihrem Mann. Sie umarmen und drücken sich. Herr M. will Frau M. küssen, doch durch eine kleine Seitenbewegung ihres Kopfes landen seine Lippen auf der Wange. Er sagt: "Ich wünsche dir alles Gute!" Sie sagt: "Ich dir auch."

Herr M. steht noch immer winkend vor der Haustür, als die Wagen sich in Bewegung setzen und um die Ecke biegen. Die Straße ist wie tot, und Herr M. geht in seine halbleere Wohnung in das erste Stockwerk zurück. Er schreitet mehrmals die Wohnung ab und setzt sich schließlich an einen Tisch. So sitzt er lange da und versucht, das Wesentliche der neuen Lebenslage zu begreifen.

Buß- und Bettag

Die vollendete Ungewißheit der Zukunft öffnet uns und fördert unsere Bereitschaft zu eigenartigen Kombinationen und Deutungen dessen, was wir erleben, denkt Herr M.

Da kommt einer von einem ausgiebigen Kneipenbesuch heim, hat Mengen von Alkohol und Nikotin aufgenommen, und da rutscht ihm beim Suchen nach einem Aschenbecher eine Zigarette aus der Packung heraus, und ausgerechnet neben den Mülleimer. Ein Zeichen, daß er das Rauchen endlich lassen sollte? Ein Wink, wo er landen kann, wenn die entscheidende Willensaufbäumung weiter ausbleibt? Zeichen von jenseits, von "oben" — oder sonstwoher?

Das Leben ist gespickt mit derlei Zusammenhängen; unser schlechtes Gewissen und unsere Unsicherheit bringen auch weit auseinander liegende Dinge zusammen und schaffen zeichenhafte Sinnverbindungen. Ja die Neigung, derlei erratischen Wahrnehmungen und Erlebnisfetzen über ihren realistischen Anlaß weit hinaus gehende Bedeutung beizumessen, ist selbst bei Leuten anzutreffen, die sonst dem Glauben anhängen, die Vernunft könne alles erklären. Auch in den Träumen rückt vieles näher zusammen, so meint Herr M., was im hellwach erlebten Alltag weit verstreut und ohne erkennbaren Zusammenhang vorhanden ist.

Den Buß- und Bettag hat Herr M. zu Hause verbracht, abwechselnd im Bett und am Schreibtisch. Mitten im seichten Schlaf am Nachmittag, nach einer wirren Traumszenenfolge, hörte er plötzlich eine Stimme, die eindringlich warnend, ja beschwörend ihn beim Namen nannte. Er rüttelte sich selbst wach, schaute auf die Uhr, es war Viertel nach vier. Es war rundherum Stille, unterbrochen nur durch gelegentliches Vorbeirauschen eines Autos auf der Straße ... Ist jemand gestorben, liegt jemand im Sterben, war es seine letzte Botschaft? Eine merkwürdige, rätselvolle Fernberührung, bewirkt durch konzentrierten Willensentschluß des Abschiednehmenden? Es kann aber auch Angst sein, denkt Herr M., die Folge etwa einer anhaltenden Erwartung, ein Telegramm oder einen Telefonanruf derartigen Inhalts eines Tages entgegennehmen zu müssen. Falls ihm selbst bis auf weiteres die Fortdauer seines Lebens beschieden sein sollte, wird ihn mit Gewißheit irgendwann eine derartige Nachricht erreichen. Diese Gewißheit, an die Bedingung des eigenen Weiterlebens geknüpft, schafft die Bereitschaft, gewissermaßen angstvoll hellhörig zu sein ...

Doch ein Telegramm kam nicht an diesem Tag, nicht einmal ein Telefonanruf. In dieser Hinsicht blieb die Einsamkeit des Herrn M. den ganzen Tag über erträglich. Er blieb vollkommen allein, von den fünf-sechs kleinen Insekten mal abgesehen, die aufschwirrten, als er in der Küche die dekorativ angelegten Südfrüchte in der tönernen Schale neu ordnete oder in der Toilette das Wasser zog ... Ein geradezu bewegendes Erlebnis hatte allerdings Herr M. an diesem Nachmittag des Buß- und Bettages, als er auf dem Schreibtisch eines kleinen und offenbar noch sehr jungen Marienkäfers gewahr wurde, der sich gleich für mehrere Minuten totstellte, als sich ihm Herr M. mit einem Finger näherte. Als dann, aus der Käfersicht, die gröbste Gefahr vorüber war, krabbelte das Marienkäferbaby einen Bleistift entlang, fiel von dessen bleiern schimmernder Spitze hinunter auf die grüne Schreibtischfläche, überquerte, vermutlich immer noch in größter Lebensangst, die etwa zwanzig Zentimeter lange Entfernung bis zu einer erratisch herumliegenden Büroklammer, turnte dort auf und nieder, gewann wieder festen Boden unter die Füße und stand plötzlich vor dem Sockel der kleinen blauen Schreibtischfahne der UNO, die Herr M. vor einigen Jahren im Souvenir-Shop des Glaspalastes am East River erstanden hatte ... Einige Minuten später sah Herr M. noch, wie der kleine unerfahrene Marienkäfer in der hart glänzenden Fahnenseide Halt suchte, dann öffnete er das Fenster, und die Folgen des mit kühlender Frische hereinströmenden Windes für das kleine Lebewesen beachtete er nicht mehr weiter ... Herr M. hatte sich mittlerweile der Lektüre englischer Sprichwörter zugewandt. Da las er zum Beispiel, und dies prägte sich ihm ein: "He who lives in hope — dances without music."

Der Name Karadžić. Zwei Männer — zwei Welten

Allein die bloße Nennung eines Namens kann Ungeduld und Widerspruch auslösen, Stirnrunzeln, Kopfschütteln, eine wegwerfende Bewegung. "Nomina sunt odiosa" — es gibt Namen, die sind geradezu verpönt oder verhaßt, wie schon die alten Römer erkannten ...

Vielleicht reagieren Sie, meine Damen und Herren, so oder ähnlich beim Namen Karadžić. Denn Sie werden doch gleich an den bosnischen Serbenführer denken, den Psychiater mit der Haartolle, den Kriegstreiber und schamlosen Geiselnehmer ... Ich kann Ihre Reaktion gut verstehen, doch den meine ich gar nicht, den Radovan Karadžić, diesen unrühmlichen Zeitgenossen ...

Nein, ich meine einen anderen, einen anderen Karadžić, und dieser hat vor langer Zeit gelebt und gewirkt.

Die Rede ist von Vuk Karadžić, mit Vatersnamen Stefanović Karadžić — und es lohnt sich, über diesen Mann zu sprechen, sich seinen Namen zu merken.

Vuk kam aus bescheidensten dörflichen Verhältnissen im östlichen Bosnien. Er studierte auch nicht Psychiatrie, er studierte überhaupt nichts. Im wesentlichen blieb er ein Leben lang genialer Autodidakt, er hat niemals eine richtige Hochschule besucht. Das schwere Leben, seine Zeit, das waren seine "Universitäten" ...

Warum erzähle ich Ihnen das, was ist das Besondere an diesem "anderen" Karadžić?

Weil aus diesem kränklichen, auch noch stark gehbehinderten serbisch-bosnischen Hirtenjungen nach und nach eine europäische Berühmtheit wurde. In den damaligen Kulturzentren: in Wien, in Berlin, in Prag, überall kannte man ihn.

In Leipzig, bei den Brüdern Grimm, ging er ein und aus. Goethe, der Dichterfürst, empfing ihn in Weimar. Er war Ehrendoktor der Universität Jena. Er war beteiligt an dem Buch, mit dem der große deutsche Historiker Leopold von Ranke zum ersten Mal die Blicke Europas auf das damals noch von den Türken beherrschte Serbien lenkte.

Um es abzukürzen: Vuk Karadžić ist die große Jahrhundertfigur der serbischen und südslawischen Kultur. Sprachschöpfer und Bibelübersetzer in einem, wie unser Martin Luther. Wie die Brüder Grimm hat er Märchen, Sprichwörter und andere halbverschollene Kulturgüter dem Vergessen entrissen. Wie sie, hat er ein Wörterbuch herausgegeben, an dem Generationen weiter arbeiten. Gegen vielfachen Widerstand hat er die Grundlagen zu einer serbo-kroatischen Sprachkultur gelegt, und nicht zuletzt ist er Sammler und Herausgeber jener altserbischen epischen Lieder, die einen Goethe in ihren Bann schlagen konnten.

Indem Vuk Karadžić das Vertrauen und das Interesse der großen Geister damals in Deutschland für sich und seine Sache gewinnen konnte, wurden Serbien und seine Kunstschätze in ganz Europa überhaupt zum ersten Mal wahrgenommen.

Daran wollte ich kurz erinnern: Es gibt eben nicht nur einen Radovan Karadžić, sondern auch einen Mann gleichen Namens, der freilich in einer ganz anderen Tradition der deutsch-südslawischen Beziehungen steht. Ein Name und doch zwei Welten: eine gute Gelegenheit, das Unterscheiden zu üben. Zu einer Zeit, da auch diese Fähigkeit im Kriegsgeschrei und Pulverdampf auf dem Balkan unterzugehen droht. So wie es keine Kollektivschuld gibt, so gibt es auch nicht die Serben, die bösen Serben — es gibt nur Menschen, und die sind in der Tat unterschiedlich ...

Soviel zum Namen Karadžić, meine Damen und Herren.

Siegfried Chambre
Wiesenhaid — Belp

Siefried Chambre wurde am 16. Februar 1961 in Wiesenhaid im Kreis Arad (Banat/Rumänien) geboren. Schulbildung an der deutschen Volksschule in Wiesenhaid und Engelsbrunn. Nach seiner Ausbildung zum Lokomotivelektriker arbeitete er als Betriebselektriker in einer Arader Konservenfabrik; nebenbei Besuch des Abendlyzeums. Zwischen 1979 und 1981 mehrfache Versuche, aus Rumänien zu fliehen. Im Dezember 1981 gelang ihm schließlich die Flucht nach Deutschland. Lebte zwei Jahre in Uhingen (Württemberg), erwarb 1982 die deutsche Staatsbürgerschaft. Zog 1984 nach Luzern, studierte dort am Katechetischen Institut der Theologischen Fakultät, Diplom 1987. Danach Katechet und Jugendarbeiter in Biel. Daneben Radiokurs in Moderation und Studiotechnik in Zürich. Sommer 1989 Aufenthalt im Westjordanland bei einer karitativen bundesdeutschen Organisation zur Betreuung Behinderter. 1989-90 Volontariat bei den "Solothurner Nachrichten", Übernahme des Ressorts "Region aktuell". Seit 1990 freier Journalist für verschiedene Publikationen, Reportagen besonders in den Bereichen Soziales, Gesellschaft, Osteuropa und Naher Osten sowie Jugend. Außerdem Redakteur des Schweizerischen Katholischen Jugendverbandes. Er schreibt Sachbücher zu journalistischen Themen, aber auch Belletristik. Nach seinem ersten Band "Auf und davon oder Der Traum vom roten Flugzeug" (1994) plant er eine biographische Erzählung, der das Leben seines Großvaters zugrunde liegt. Siegfried Chambre lebt mit seiner Familie in Belp/Schweiz.

Leckwar und Melonen

In der Mitte des Tisches stand ein emaillierter Blechteller mit Wasser. Darin lag ein Pappkarton mit der Aufschrift 'Musca-mor'. Der Teller war schwarz, mit toten Fliegen übersät. Viele lagen auf dem Tisch verstreut und zuckten sich das letzte bißchen Leben aus dem Leib.
 Mutter stellte den Teller mit dem Fliegengift auf den Boden, wischte mit einem nassen Lappen die krepierten Viecher vom Wachstischtuch auf den Boden und lamentierte:
 "Du bist schon wieder zu spät, wir warten mit dem Essen!"
 Im Sommer aßen wir oft draußen im Hof unter einem mit Reben überwachsenen Glasdach. Heute war der blinde Anton zu Gast. Ich grüßte respektvoll und setzte mich neben ihn. Der alte Mann war seit seiner Kindheit völlig blind, und doch fühlte ich mich in seiner Nähe immer beobachtet.
 "Warst du in den Wasserlöchern?" fragte er unvermittelt. Ich sah hinab auf meine nassen Füße und die vom Sandhaufen verdreckten Hosen. Auf dem linken Knie klebte Zigarettenasche. Schnell wischte ich sie weg. Zum Glück benutzte Hannah kein Parfüm. Der blinde Anton hätte es sicher gerochen. Er täuschte sich zwar wegen der Wasserlöcher, aber ich sagte trotzdem: "Woher wissen sie, wo ich war?" Vor den Sumpflöchern jenseits der Weingärten, im Dorf Wasserlöcher genannt, hatte Mutter mich schon oft gewarnt. Sie waren tief genug, um darin zu ertrinken, und dreckig genug, um sich eine Krankheit aufzulesen.
 "Ich rieche es", sagte der blinde Anton. "Aber keine Angst, ich verrate dich nicht."
 Mutter kam mit einer Schüssel aus der Küche und betrachtete mich skeptisch: "Wie du wieder aussiehst! Warst du in den Wasserlöchern?" Der blinde Anton lachte lautlos. "Sie hören nicht, diese Kinder hören einfach nicht auf das, was man ihnen sagt", jammerte Mutter, und es klang, als rede sie mit sich selbst. "Bis mal was passiert und sie ertrunken oder mit gebrochenem Genick nach Hause kommen." Sie stellte einen Teller vor den blinden Anton. In den Teller legte sie einen Pfannkuchen. Daneben stellte sie ein Glas mit Konfitüre. "Hier steht das Leckwarglas, bedienen Sie sich!"
 Der blinde Anton konnte nicht für sich kochen. Er aß jeden Mittag, manchmal auch abends, bei einer anderen Familie im Dorf.
 Heute gab es Pfannkuchen und anschließend Melonen. Immer wenn es Melonen gab, sagte Mutter: "Die kann jeder Kranke essen." Es war zwar niemand bei uns krank, aber sie meinte wohl, wenn sogar jeder Kranke Melonen essen kann, umsomehr wir Gesunde. Vielleicht sagte sie es auch als Rechtfertigung, weil es so oft Wassermelonen gab. Dabei schmeckten uns Melonen vorzüglich, es störte uns keineswegs, wenn wir mit prallen

Wasserbäuchen durch die Gegend watschelten. Melonenzeit war ja nur von Ende Juli bis Mitte September.

Melonenzeit war Abenteuerzeit. Die Früchte in Nachbars Garten schmecken bekanntlich viel besser als die im eigenen.

Die aber, die auf meinem Teller lagen, waren nicht gestohlen, sondern besorgt. Besorgt war zwar auch gestohlen, doch nicht vom Nachbarn, sondern von den Feldern der LPG. Die LPG war eine Art Staatsgenossenschaft, gehörte also schließlich allen. Deshalb besorgten sich auch alle Melonen, Bohnen, Mais und andere Lebensmittel von den Feldern der LPG. Es gab zwar einen Melonenhüter, aber der hütete sich, etwas zu verraten, weil er sich selbst auch reichlich Melonen besorgte. Die Melonen, die geblieben waren, nachdem sich im Dorf alle mit Melonen versorgt hatten, wurden in der Stadt verkauft. In der Stadt gab es immer zu wenig Melonen. Die Städter hatten nicht so viele Besorgungsmöglichkeiten wie die Dörfler. In Arad gab es dafür eine Konservenfabrik, die Refacerea. Dort konnte auch einiges besorgt werden, natürlich nur durch Beziehungen zu den Fabrikangestellten. Man brauchte jemanden wie meinen Cousin Franz Fleischberger. Er war Chefelektriker in der Refacerea und gleichzeitig Chefbesorger für die ganze Verwandtschaft.

"Die Leckwar schmeckt hervorragend", sagte der blinde Anton. "Die Hausfrau ist eine gute Köchin." Das sagte er jedesmal, wenn er bei uns aß. Mutter lächelte. Die Konfitüre war aus der Refacerea.

Nach dem Essen stellte sich Vater in der Küche vor den Waschtisch und bearbeitete seinen Stoppelbart mit Pinsel und Rasierseife. Der Waschtisch war eine Vorrichtung in Haushalten, wo es kein Badezimmer gab. Er stand in der Wohnküche an der Wand, eine Art Tisch mit einem runden Loch, in das die Waschschüssel eingelassen war. Über der Waschschüssel hatte Großvater mit Ölfarben einen Spruch aufgemalt: Wasch dich oft und kalt, bleibst gesund und wirst alt.

Vater seifte sich den Bart ein und schliff die Rasierklinge an einem Wasserglas. Er drückte sie mit dem Finger innen ans Glas und wetzte daran. Dann legte er sie in den Klingenhalter, schraubte zu und zog das Gerät über die Backe. "Zehnmal", betonte er, "zehnmal kann ich mich mit einer Wilkinson-Klinge rasieren, bevor ich sie schleifen muß. Mit einer rumänischen geht das kaum einmal. Spätestens beim zweiten Mal macht man in die Hose vor Schmerzen." Die Rasierklingen hatte Vater von seinem Onkel aus München. Immer wenn der zu Besuch kam, brachte er den Männern Rasierklingen, den Kindern Kaugummi und den Frauen Nylonstrumpfhosen. Von uns bekam er dann Paprikawurst, Räucherschinken oder Pariser. Pariser wurde manchmal mißverstanden. Vaters Onkel hatte sich auch gewundert, als ich aus der Stadt nach Hause kam und meine Mutter mich fragte, ob ich Pariser gekauft hätte. Bei uns war es nur die Bezeichnung für eine beliebte Wurst, eine Art Lyoner. Als ich den Onkel darüber aufgeklärt hatte, sah er irgendwie erleichtert aus. Jedenfalls griff er in die Tasche und gab mir noch ein Päckchen Kaugummi und ein Päckchen Rasierklingen für meine erste Rasur, welche spätestens zur Kirchweih anstehen würde. Denn in meinem Gesicht wucherte schon seit längerem ein dünner Flaum.

Vater schabte sich die Stoppeln vom Bart, spülte den Klingenhalter geräuschvoll in der Waschschüssel und schickte sich an, sein frischrasiertes Gesicht mit Spiritus zu desinfizieren.

"Ich wurde aus dem VKJ ausgeschlossen." Es war schon mehr als einen Monat seit dem Ausschluß her, doch ich hatte es bis jetzt noch nicht gewagt, davon zu Hause zu berichten. Nicht, daß meinen Eltern der VKJ so wichtig gewesen wäre, aber die VKJ-Mitgliedschaft war sowas wie ein Leumundszeugnis. Jemand, der nicht dabei war, wurde gesellschaftlich ganz an den Rand gedrängt.

Vater klatschte sich Spiritus ins Gesicht und schnitt Grimassen, weil das Zeug fürchterlich brannte. Ich dachte schon, er hätte mich nicht gehört, doch dann sagte er: "Halt, da muß man vorsichtig sein." Das sagte er immer, wenn er etwas nicht verstand.

"Man hat mich aus dem Verband der Kommunistischen Jugend ausgeschlossen!" wiederholte ich etwas lauter.

Er klatschte sich weiter die Hand an die Backen.

"Was soll ich jetzt machen, wie wird meine Zukunft aussehen? Jetzt muß ich mir gar nicht erst überlegen, welchen Beruf ich ergreifen soll. Ich hab' in diesem Land sowieso keine Chance mehr!"

Vaters Hand zuckte unmerklich, dann hörte ich ihn leise fluchen. An seinem Kinn klaffte eine kleine Wunde, aus der ein Blutrinnsal den Hals hinabrann.

"Das mit dem Beruf hat noch Zeit bis nächstes Jahr."

Nun hatte er scheinbar begriffen und wurde unwillig.

"Hör auf zu jammern und lerne Elektriker. Die haben es gut, müssen nichts Schweres heben, hantieren mit leichten Drähten, sind meistens im Trockenen und verdienen nicht schlecht." Er prüfte mit den Fingerspitzen die Wunde am Kinn. Die Wilkinson-Klinge hatte ganze Arbeit geleistet. Die Wunde war tief und hörte nicht auf zu bluten. Vater nahm die Zeitung vom Tisch, riß ein Stück davon ab und hielt es auf die Wunde, bis es klebte. "Wenn du Elektriker bist, kann dein Cousin Franz Fleischberger dich vielleicht in der Refacerea unterbringen."

Die Weichen zum Refacerea-Elektiker waren gestellt. Mir war das egal, denn ich wußte, daß ich eines Tages, irgendwo, etwas ganz anderes machen würde.

Die Zigeunerin

Sie hielt ein Bündel Zettel in der Hand. Auf jedem stand mit Kugelschreiber dasselbe: Eintrittskarte zum Zirkus, zehn Lei.
"Willst du auch eine Karte für heute abend?" fragte sie, als ich mich ihr näherte. Ich versuchte ihr Alter zu schätzen, doch das war nicht einfach. Der lebendige Glanz ihrer schwarzen Augen war jung, sehr jung. Doch in ihren pechschwarzen Haaren, die sie zu einem Knoten zusammengebunden hatte, schimmerten vereinzelt ein paar graue Strähnen. Ihre braune Haut war glatt und straff, und die etwas krumme Nase paßte zu ihrem markanten Gesicht. Sie war keine Schönheit vom Schlage eines Mannequins, doch es ruhte ein Strahlen in ihrem Wesen, das mich von Anfang an verzauberte.
Ihr rotes Blumenkleid reichte bis hinab zu den Knöcheln, die Füße steckten in blauen Gummipantoffeln. Freundlich lächelnd streckte sie mir das Papierbündel entgegen. "Nur zehn Lei", sagte sie, "zehn Lei für einen unvergeßlichen Abend im Zirkus 'Steaua'."
Ruhig und bedächtig nahm sie das Geld aus meiner Hand und sah mich neugierig an. "Hast du keine Stimme oder kannst du nicht rumänisch?" fragte sie belustigt.
Ihre Blicke waren so direkt und offen, daß ich verwirrt zu Boden sah. "Ich mache auch im Programm mit", sagte sie nun leise. "Ich bin Sängerin."
Ich nickte knapp, und während ich davoneilte, glaubte ich, ihren belustigten Blick in meinem Rücken zu spüren.

Andreas saß im Gras vor einem kleinen Lagerfeuer, während ich nach dürren Ästen suchte.
Die Leute waren gegangen, die Gaukler hatten ihre Geräte weggepackt, der Zauberer schnarchte laut in seinem Wagen. Etwas abseits grasten sieben Pferde. Ein silbriger Vollmond lag schimmernd über der Szene. Als ich mit dem Brennholz zum Feuer trat, lag Andreas auf dem Rücken und starrte in den Sternenhimmel. In einem Mundwinkel steckte ein langer Grashalm, auf dem er langsam und bedächtig kaute. Er hatte wie immer sein Schachbrett dabei und fragte, ob wir noch ein Spiel machen, als sich mir von hinten zwei kühle Hände über die Augen legten. Sie waren sanft und leicht, wie Tamaras Hände und doch anders, ruhiger, vielleicht reifer.
"Du hast eine wunderschöne Stimme", sagte ich der Zigeunerin. Sie nahm ihre Hände von meinen Augen und lachte laut. "Du kannst also doch sprechen. Und ich hatte schon gedacht, du wärst stumm." Fröhlich setzte sie sich zu uns und bedeckte ihre Beine mit dem langen Kleid. Zierlich und klein wirkte sie jetzt, fast zerbrechlich. Ihre langen Haare waren nun

zu einem Zopf geflochten, der über den ganzen Rücken hinabhing. Das rote Kopftuch schimmerte darunter wie ein Schleier.

"Ich bin Valkiria", sagte sie und sah mich fragend an.

"Julian", sagte ich, "und das ist Andreas."

"Das sind keine rumänischen Namen."

"Ist das wichtig?"

Valkiria zuckte mit den Schultern.

"Eigentlich nicht. Aber es gab Zeiten, da war der Name lebenswichtig."

Ich begriff nicht, was sie meinte, sagte aber:

"Unsere Muttersprache ist deutsch."

"Meine ist Roma", entgegnete Valkiria mit gerunzelter Stirn und warf einen dürren Ast in die Glut.

"Ich habe gehört, daß die Deutschen Zigeuner hassen", sagte sie plötzlich auf deutsch. Andreas hob die Augen von seinem Schachbrett. "Wer sagt das?" fragte er.

"Im Krieg haben sie uns getötet und verbrannt."

Andreas spuckte seinen Grashalm in die Luft. "Hast du das gemeint vorhin, als du sagtest, Namen seien einmal lebenswichtig gewesen?"

"Tut mir leid", sagte Valkiria plötzlich ernst und neigte den Blick zu Boden. "Aber die meisten Menschen behandeln uns heute noch wie Abfall." Wir schwiegen verlegen.

"Was tut dir leid?" fragte dann Andreas.

"Ihr seid Gäste bei uns, man behandelt Gäste nicht so." Valkiria sprang auf, lief zu einem der Pferdewagen und kam mit einer Flasche Wein zurück, die sie öffnete und Andreas hinstreckte.

"Warum hat man euch denn damals umgebracht?" fragte Andreas.

"Weil wir angeblich minderwertig sind."

"Minderwertig?"

"Ja, wir sollen weniger wert sein als andere."

"Und das haben die Leute damals geglaubt?"

"Sie glauben es auch heute noch. Oder habt ihr schon jemanden gesehen, der keine Vorurteile hat, wenn es um Zigeuner geht?"

"Wahrscheinlich ist es einfacher, Parolen zu glauben, als selbst zu denken", sagte ich, um mich auch am Gespräch zu beteiligen.

"Der Versuch, uns kennenzulernen und unsere Lebensweise zu verstehen, wäre sicher schwieriger, da hast du recht."

"Ja, dann müßte man sich zuerst selbst an der Nase nehmen", sagte Andreas.

Valkiria war eine interessante Frau. Ich wollte mehr von ihr wissen.

"Du sprichst gut deutsch", sagte ich deshalb.

Sie hob den Kopf und sah mich stolz an. "Das habe ich von meinen Eltern gelernt und die von ihren Eltern. Meine Großeltern sind viel herumgekommen in der Welt."

"Waren sie auch in Deutschland?" fragte ich.

"Ja, in einem Konzentrationslager. Es hieß Birkenau."
Die Abendstille wirkte plötzlich bedrückend. Den Namen Birkenau hörte ich zum ersten Mal, aber ich fühlte instinktiv, daß Schrecken von ihm ausging.
"Großvater ist dort geblieben", sagte Valkiria.
"Er wollte nicht mehr zurückkommen?" fragte Andreas ein wenig naiv.
"Er ist tot."
Valkiria sagte diesen Satz auf eine Art, die keinen Zweifel zuließ. Ihre Großeltern, oder zumindest ihr Großvater, waren in diesem Konzentrationslager umgekommen, wahrscheinlich ermordet worden.
Nach einer langen Weile fragte ich zögernd: "Und die Großmutter?"
"Sie hat das Lager überlebt und ist hierher zurückgekehrt. Vor fünf Jahren ist sie im hohen Alter gestorben."
Nun setzte Andreas die Flasche an und nahm einen großen Schluck. Er reichte sie mir, und nachdem auch ich getrunken hatte, sagte ich, nur um etwas zu sagen:
"Und du? Reist du auch viel herum?"
"Eure Landesgrenzen sind auch unsere Landesgrenzen. Ins Ausland dürfen auch wir nicht", sagte Valkiria und ergänzte leise: "Wahrscheinlich will uns auch dort niemand."
Andreas hob wieder den Kopf: "Auch wir möchten gerne reisen, andere Länder sehen, möchten heraus aus diesem großen Käfig. Doch jeder Reiseantrag wird ohne Begründung abgewiesen. Man will uns das Ausland vorenthalten." Andreas sah Valkiria fragend an. "Weißt du vielleicht, warum das so ist?" fragte er.
Valkiria schüttelte stumm den Kopf.
"Mein Großvater war in Amerika, er hatte in Boston eine Jazzband. Aber das ist schon sehr lange her. Ich glaube, es war 1927 oder 1928", sagte ich.
"Zeit spielt in solchen Dingen keine Rolle", meinte Valkiria bestimmt. "Hauptsache, er war dort und hat es erlebt. Wenn meine Großmutter von früher erzählte, war die Zeit vergessen, als gäbe es sie nicht mehr, als würden alle, die ihr zuhörten, alles nochmals miterleben."
"Wie im Theater", sagte Andreas. "Auch da kann man die Zeit nach Belieben zurück oder vorwärts drehen, je nachdem, wann die Geschichte spielt."
Valkiria hob bewundernd die Augen. "Du hast begriffen, was ich meine. Bist du Künstler oder Artist?"
"Nein", sagte Andreas. "Ich spiele nur Handharmonika." Er schwieg verlegen.
"Hast du eine Uhr?" fragte Valkiria nach einer Weile. Ich zeigte sie ihr. Es war eine tschechische Prim, ich hatte sie von meinem Firmpaten erhalten. Valkiria rutschte näher und faßte nach meinem Handgelenk. Auf-

merksam betrachtete sie die Uhr und stellte fest: "Es ist eine Uhr mit einem runden Zifferblatt, keine Digitaluhr."
"Ist das von Bedeutung?"
"Die Zeiger deiner Uhr drehen sich im Kreis. Deine Zeit kehrt also wieder."
"Und wenn ich eine Digitaluhr hätte?"
"Dann wäre deine Zeit eine gerade Linie in die Unendlichkeit. Sie würde niemals wiederkehren."
Valkiria lächelte geheimnisvoll. Ich begriff nur Bahnhof.
"Was willst du uns eigentlich sagen, Valkiria?"
"Die Zeit ist für niemanden gleich. Manche haben das Gefühl, sie sei endlos, und versuchen, sie irgendwie totzuschlagen. Den Alten läuft sie meistens davon, und sie möchten sie mit allen Mitteln aufhalten. Und es gibt Menschen, ein paar, eine Handvoll vielleicht, für die existiert die Zeit nicht. Es sind jene Auserwählten, die es schaffen, immer im Jetzt zu leben, immer den Augenblick zu fühlen, der gerade ist." Valkiria redete schnell und begeistert, als würde sie von einem Abenteuer erzählen.
"Ich verstehe zwar, was du sagst, begreife aber trotzdem nichts", murmelte ich verwirrt.
"Ihr wollt weg von hier, wollt in einem anderen Land anders leben, weil ihr hier traurig seid. Deshalb träumt ihr Tag und Nacht von jenem fernen Tag, an dem euer Wunsch Wirklichkeit wird. Und die Wirklichkeit, das, was ihr jeden Tag erlebt, wird daneben ganz klein. Nicht nur das Traurige, leider auch das Schöne."
Das verstand sogar ich, und ich betrachtete Valkiria erstaunt.
"Kannst du auch Handlesen?" fragte plötzlich Andreas.
Valkiria lächelte ironisch. "Jede Zigeunerin kann aus der Hand lesen." Sie faßte nach Andreas' linker Hand und fuhr mit dem Finger leicht über die Handfläche. Und plötzlich erstarrte sie.
Andreas hörte auf, seinen Grashalm mit den Zähnen zu bearbeiten. "Was ist los?" fragte er, als sie ihn erschrocken ansah.
Doch Valkiria schwieg.
Da meinte Andreas lakonisch: "Laß nur, ich glaube sowieso nicht an den Quatsch." Er legte sich wieder auf den Rücken und starrte in den Himmel. "Außerdem kann niemand seinem Schicksal entrinnen. Jedem ist seine Zeit gegeben, die gute und auch die schlechte, das hast du doch gerade gesagt, oder nicht?" Er spuckte den Grashalm in weitem Bogen in die Luft, riß einen neuen aus dem Boden, steckte ihn zwischen die Zähne und kaute darauf herum.
"Ich muß nach Hause", sagte er plötzlich. "Es ist nach Mitternacht."
Andreas stand auf und verabschiedete sich.
Valkiria warf noch einen Ast ins Feuer. So saßen wir stumm nebeneinander und blickten in die Flammen.

"Wie alt bist du eigentlich?" fragte ich irgendwann. Valkiria lächelte verloren vor sich hin. "Was macht das schon? Die Jahre sind bedeutungslos."

Ich hoffte insgeheim, daß Valkiria nicht die ganze Nacht so philosophisch sprach, denn je später die Stunde, umso schwerer wurde mein Kopf. Trotzdem ging ich darauf ein und sagte: "Manchmal habe ich das Gefühl, die Zeit renne mir davon, sie gehe verloren, als würde ich mein Leben gar nicht selbst leben, als würden das andere für mich tun. Es ist wie ein Film, im dem ich mitspiele und zugleich auch zuschaue. Manchmal habe ich das Gefühl, daß die Zeit für mich verlorengeht. Ich bin gezwungen, hier zu leben, obwohl ich das nicht will. Deshalb denke ich immer an die Zukunft und wie es einmal sein wird. Verstehst du das, Valkiria?"

"Du bist nicht glücklich hier", sagte sie schlicht.

Ich griff nach ihrer Hand. "Irgendwann werde ich dieses Land verlassen, irgendwann, ganz bestimmt."

Das Feuer war inzwischen völlig niedergebrannt. Wir starrten in das Häuflein Asche und schwiegen lange. Bevor auch ich nach Hause ging, verabredeten wir uns für den nächsten Abend.

"Singst du nochmals das Lied von gestern?" fragte ich Valkiria.

Es war wie am Abend zuvor. Wir saßen am Lagerfeuer und hingen unseren Gedanken nach. Valkiria hatte versprochen, für mich zu singen, wenn ich am nächsten Abend wiederkäme.

Nun stand sie auf und lief zu einem der Wagen. Als sie zurückkam, hielt sie eine Gitarre in den Händen. Sanft glitt ihr Daumen über die Saiten: "Der Text ist von Eminescu, die Musik von meinem Großvater", sagte sie.

Soll ich zerren einen Ton aus der Vergangenheit des Lebens
und dich, oh Seele, nochmals schaudern lassen?
Mit meiner Hand in Eitelkeit gleite ich auf einer Lira:

Verloren ist alles im Morgenrot der Jugend,
und stumm ist der süße Mund anderer Zeiten.
Die Zeit nach mir erhebt sich, wächst, und ich versinke.

(Frei übersetzt aus dem Gedicht Trecut-au anii von Mihai Eminescu.)

"Es ist der letzte Abend", sagte Valkiria, als die Töne verklungen waren. "Wir ziehen morgen weiter."

"Du bist anders als andere Frauen", sagte ich, ohne auf ihre Ankündigung einzugehen.

Ich mußte plötzlich an Phyllis denken. Kurz vor dem Filmende begann sie genervt im Sessel hin und her zu rutschen. Meine Hand lag schon lange nicht mehr auf ihrem Bein, mir war die Lust auf ein neues Abenteuer vergangen. Phyllis schien frustriert. Als der Film endlich zu Ende war und wir uns draußen verabschiedeten, sagte sie spitz: "Läßt du dir immer so lange Zeit, oder getraust du dich einfach nicht?"
Ich spürte, wie mir das Blut in den Kopf stieg, wie ich mich schämte. Vielleicht hatte ich einfach zuviel Respekt vor der Tochter des Geschichtslehrers, oder es war schlicht nicht mein Tag. Vielleicht aber hatte ich auch genug von den Casanovaspielchen. Für Phyllis war ich jedenfalls ein Grünling, noch naß hinter den Ohren, wie Peter in seinen Wichtigtuermomenten zu sagen pflegte. Und wenn man es genau nimmt, war ich das auch.
"Was meinst du mit anders?" fragte Valkiria und holte mich zurück in die Gegenwart.
"Es müßte mehr Menschen wie dich geben", antwortete ich, "wie dich und wie Tamara."
"Ist Tamara deine Freundin?"
"Ja."
Valkiria griff zur Gitarre und spielte ein paar traurige Takte. "Ich möchte mir dir schlafen", sagte sie plötzlich und unvermittelt. Verwundert hob ich den Kopf. Sie lag auf dem Rücken, in ihren Augen spiegelte sich der Vollmond. "Ich möchte mit dir schlafen", wiederholte sie und sah mir in die Augen.
Nun war ich vollends verwirrt. Gerade jetzt, dachte ich, da meine innere Stimme mich zur Vernunft rief.
"Warum, Valkiria?" fragte ich überrascht und verdattert. Sie streckte ihre Hand nach mir aus und fragte leise, aber deutlich: "Warum nicht, Julian?"
Ich erhob mich. Mit einem noch grünen Zweig begann ich, in der Glut des Lagerfeuers zu schüren, bis es brannte. Kleine Feuerzungen bissen sich durch die Rinde, und feuriges Harz tropfte zurück in die Glut.
"Deine Eltern würden dich umbringen", sagte ich dann ebenso leise und deutlich.
"Du sorgst dich um mich?" fragte sie mit einem leisen Zittern in der Stimme.
"Mich würden sie auch umbringen", gab ich zu bedenken.
Valkiria lächelte verträumt. "Ich bin nicht mehr so jung, wie du vielleicht glaubst. Meine Eltern sind schon vor Jahren gestorben, noch vor meiner Großmutter. Es gibt niemanden, dir mir etwas zu befehlen hat."
Ich stocherte weiter verlegen in der Glut. "Aber ich dachte, Zigeunerinnen bleiben nur unter ihresgleichen, sie sind zu stolz ..."
"Stolz ist manchmal ein Zeichen von Dummheit", fiel mir Valkiria ins Wort.

Ich setzte mich und starrte weiter in die Flammen.

"Was hast du, warum zierst du dich?" fragte sie, und als ich nicht gleich antwortete, fügte sie bitter hinzu: "Du willst dich nicht mit mir beschmutzen, ich bin auch für dich nur eine dreckige Zigeunerin." Sie lag immer noch mit ausgestreckter Hand auf dem Rücken. Ich zog den Ast aus dem Feuer — er war etwa zur Hälfte abgebrannt — und schüttelte entschieden den Kopf.

"Du bist eine wunderschöne Frau, Valkiria", flüsterte ich, doch ich griff nicht nach ihrer ausgestreckten Hand. Nach einer Weile kam sie zu mir herüber, griff nach dem halbverbrannten Ast, mit dem ich immer noch in der Glut stocherte, und warf ihn vollends in die Flammen. Dann sah sie mir lange in die Augen, während ich versuchte, ihrem fordernden Blick standzuhalten. "Ist es wegen deiner Freundin?" fragte sie plötzlich.

In meinem Hals saß ein dicker Knoten, den ich trotz wiederholtem Schlucken nicht wegbrachte.

"Ich habe noch nie mit einem Mädchen geschlafen", sagte ich endlich. Nun war es heraus, und irgendwie war ich erleichtert.

Mit wurde heiß. Ich griff zum Hemd und öffnete mehrere Knöpfe. Ein kühler Windzug glitt unter das Hemd und ließ mich erschauern. Oder war es gar kein Windzug? Valkiria öffnete langsam die restlichen Knöpfe, ihre Finger glitten zärtlich über meine Haut.

"Es gibt Momente im Leben, denen man nicht ausweichen kann, man achtet nicht auf die Folgen", hörte ich sie flüstern. Ich fühlte immer noch Verlegenheit, noch war ich nicht bereit. Mit einem Scherz versuchte ich, meinen Wünschen zu entrinnen: "Hat das deine Großmutter gesagt?"

Doch es war zu spät. Valkiria lächelte. "Vielleicht. Und ich glaube, von ihr weiß ich, daß nur der Augenblick zählt. Was vorher war, ist vorbei, und was kommt, weiß niemand."

Sie glitt zurück ins Gras und zog mich zu sich hinab, ruhig und sanft wie ein warmer, duftender Sommerabend.

Ich war hellwach. Ich wurde nicht verführt. Ich wollte es!

Die Zigeunerwagen waren am nächsten Tag verschwunden und mit ihnen auch Valkiria. Das Leben nahm seinen gewohnten Lauf. Doch seltsamerweise war ich nicht traurig, spürte ich keinen Verlust. Ich hatte nichts verloren. Mir war etwas geschenkt worden, unerwartet und unverdient. Die Zigeunerin Valkiria war nun ein Teil von mir. Sie war immer da, um meine Traurigkeit zu vertreiben, und um mich daran zu erinnern, daß es Dinge im Leben gibt, die man nicht begreifen, sondern nur erfahren kann. Das Wichtigste aber: Ich habe gelernt, daß man vor seinen eigenen Gefühlen nicht fliehen kann. Auch nicht in ein fremdes, fernes Land.

Hans Christ †
Meknitsch — Weinstadt

Hans Christ wurde am 30. November 1914 in Meknitsch/Mekényes (Schwäbische Türkei/Ungarn) geboren. Er entstammte einer Tagelöhner-Familie. Besuchte die deutsche Volksschule in Meknitsch, wurde anschließend Kleinbauer, Tagelöhner, Waldarbeiter, Soldat. Bei der Hitlerjugend wurde er in Deutschland zum Jugendleiter ausgebildet. Nach 1945 zunächst Gasthörer der Universität Erlangen, 1948 Begabtenabitur in München, dann Studium der Philosophie und Theologie in Erlangen. 1951 Promotion mit einer Arbeit über die christlich-soziale Bewegung im mittleren 19. Jahrhundert bei den Professoren Schoeps und Althaus. Nach Studienabschluß Assistent an den Evangelischen Akademien Tutzing und Friedewald. Von 1960 bis 1970 Dozent und Studienleiter am Europahaus Marienberg im Westerwald sowie Gastdozent in den Niederlanden. Sein Buch "Die Rolle der Nationen in Europa", ein Versuch, das Vertriebenenschicksal geistig zu bewältigen und der Vereinigung Europas Vorschub zu leisten, erregte Aufsehen. Ab Juli 1970 Dozent für Politik und Zeitgeschichte an der Evangelischen Volkshochschule Alexandersbad im Fichtelgebirge. Christ war Mitbegründer und Kulturreferent der Bundeslandsmannschaft der Deutschen aus Ungarn, erhielt 1968 den Förder-, 1983 den Hauptpreis des Donauschwäbischen Kulturpreises. Für sein publizistisches Wirken und seine staatsbürgerliche Bildungsarbeit wurde er 1984 mit dem Bundesverdienstkreuz ausgezeichnet. Hans Christ starb am 15. Dezember 1985 in Weinstadt-Endersbach.

Abschied

Die Götterdämmerung hebt an,
Die Akteure verschwinden
Von der Bühne der Politik.
Die Sieger werfen ihre Bomben
Voll Übermut in die Seen
Der österreichischen Bergwelt,
Und die Soldaten unseres Heeres
Suchen die kleinen Wege
In den Seitentälern.
Auf den Straßen des Elends
Liegen die Flüchtlingstrecks;
Die Pferde können nicht mehr!
Nun heißt es, Abschied nehmen
Von allem, was hinter uns liegt.
Von den Dörfern mit den stillen Gassen,
Von den Bildern alter Kaiser,
Von den Liedern und Märschen
Bewegter Jugend.
Abschied von den Toten,
Abschied von den starken Worten,
Abschied von den Chorälen
Der Götter, die allzumenschlich waren,
Abschied von der großen Illusion!
Nie war der Frühling schöner
Und voller Trauer.
Nie pochte das Leben heißer durch Blut und Adern
Als in den Tagen
Des epochalen Niemandslandes
Zwischen gestern und morgen.
Versteckt die Bilder der Erinnerung,
Meine Zeitgenossen!
Nehmt Abschied von Trommeln und Orden,
Und seid auf der Hut:
Der tote Glaube steht auf,
Wenn nicht ein stärkerer geboren wird.

(Am 8. Mai 1945)

Generation zwischen den Zeiten

I

Die Zeit war um, die alten Tafeln brachen,
Wir horchten fragend in das Abendrot,
Dann kam der Morgen, kam das Neuerwachen,
So folgten wir dem Ziel, das man uns bot. —

Wir griffen gläubig nach den neuen Fahnen,
Wir traten reinen Herzens in den Kreis,
Nur manchmal traf es uns wie dunkles Ahnen,
Auf das man keine rechte Antwort weiß.

Wir nahmen froh den Spaten, um zu bauen
Das neue Reich — so makellos und rein,
Und wie ein Garten Gottes anzuschauen —

So hatten wir's gewollt — so sollt' es sein.
Wir wollten frei dem jungen Tag vertrauen,
Wir nahmen Schritt und traten in die Reih'n. —

II

Wir waren noch zu jung, um die Gewalten
Zu sehen, die der Dämon jäh entfacht,
Wir wollten unsre Fahnen rein erhalten,
Nun werden wir von aller Welt verlacht.

Wir sehen jetzt den Turm zusammenbrechen.
Wir wissen nicht, ist's Segen oder Fluch —
Wir hören allenthalben Urteil sprechen,
Und sperr'n uns gegen jeden Urteilsspruch.

Wir stehn allein, gequält von tausend Fragen,
Wir schwanken zwischen Fluchen und Gebet,
Und müssen alles, alles einsam tragen.

Und keiner weiß, was uns zutiefst bewegt;
Wir, die Verlor'nen, können es nicht sagen,
Wir müssen warten — bis man uns versteht. —

III

Wir sehen — wie schon oft — das Reich verbluten,
Der Pfeil des Todes traf es tief ins Mark.
Die Dämme brechen von den Wasserfluten
Und jeder selbstgemachte Trost ist karg.

Mit Mann und Roß hat uns der Herr geschlagen.
Die Form zerbricht, der Purpur wird zu Staub,
Und mancher Glaube wird zu Grab getragen,
Von kahlen Ästen fällt das letzte Laub. —

Es tanzt um uns in tausend tollen Wirren,
Wo ist die Hand, die noch die Waage hält?
Wir hören allenthalben Scherben klirren.
Und sehen keinen Mann mehr, der sich stellt.
Nur selten wagt noch einer, zu bekennen —
Das Spiel ist aus, der Vorhang fällt.

(Herbst 1945)

Totenehrung

Wir denken der Toten,
Die weitverstreut ruhn
In mancherlei Erde.
Wir denken der Heimat,
Dem Kranze der Dörfer,
Wo sie gelebt,
Klein und geborgen,
In ländlicher Anmut,
Das war die Welt unserer Kindheit,
Der Garten unserer Jugend.
Weit und unübersehbar —
Von Sibirien bis jenseits der Meere —
Dehnt sich das Feld unserer Toten,
Reicht unser Gottesacker.
Groß ist die Ernte des Todes
Auf unsern schmalen Feldern.
Greise nahm er und Knaben,
Und auch vor Kindern und Müttern

Machte die Sense nicht Halt.
Wir weinen um Väter und Söhne,
Um Brüder und Kameraden,
Die — kaum noch richtig gelebt —
Vorzeitig schon gefallen,
Für ein Deutschland, das nie sie gesehen,
Für den Staat, dem wir nicht mehr genehm.
Wir weinten um Töchter und Mütter,
Um Schwestern in Rußlands Erde,
In Gräbern, von keinem gepflegt.
Und neben den Straßen,
Die wir gezogen im herbstlichen Nebel,
Im grimmigen Winter,
Sind manche begraben
Ohne Kreuz und Gebet.
Im alten Friedhof,
Im Dorfe daheim, verfallen die Hügel.
Um neue Häuser, die wir hier bauen,
Wächst manch ein Grab,
So formt sich das Leben
Zu neuer Gestalt.
Wir denken der Toten
Und ihrem Vermächtnis.
Mit kargen Tränen
Ist nichts getan!
Nur wenn unser Leben
Geprägt wird von Treue
Zu Gott und der Heimat,
Finden die Toten
Heimrecht bei uns!

Wir vor den Grenzen

Wir vor den Grenzen lagen lange brach,
Nachdem wir erst viel Brachfeld umgebrochen.
Wir vor den Grenzen lagen lange wach,
Und unsre Worte sind noch nicht gesprochen.

Wir wuchsen langsam — wie die Saat im Feld,
Zeit war bei uns zumeist noch Jahreszeit.
Das kleinste Ding war hier noch eine Welt;
Und über allem wehte Ewigkeit.

Wir vor den Grenzen lebten noch der Stille,
Wo alles hier so laut schon von sich spricht;
Der Tag, die Nacht, des Jahreslaufes Fülle —
Hier war es noch. Wir kannten nicht die "Schicht"!

Wir alle sind wie Hirten in der Nacht
Und wie ein Wandrer, der nicht weiß, wohin!
Unruhe hat uns um den Schlaf gebracht;
Wir sind die Suchenden nach einem neuen Sinn.

Der Tod des Großvaters

An einem nebligen Novembertag trugen wir Großvater zu Grabe. In dem alten Stammhaus seiner Sippe war er vor einigen Tagen abgeschieden. Die Uhr blieb stehen, und die Kinder verhielten sich stiller als sonst, denn Großvater wurde noch nach alter Sitte im eigenen Hause aufgebahrt. In dem Hause, in dem er das Licht erblickt hat, in dem er konfirmiert wurde, in dem er eine christliche Ehe geschlossen hat. Großvater hatte von der Wiege bis zur Bahre noch seine feste Ordnung. Eine Ordnung, die heute aus den Fugen ging und die uns Heutigen nicht mehr so recht gelingen will.

Das Leben von Großvater verlief noch langsam. In seiner Kindheit hatte seine Heimat noch etwas von ihrer landschaftlichen Jungfräulichkeit. In jener Zeit ging man noch zu Fuß von Weiler zu Weiler und sang den Kindern noch Wiegenlieder. Haus, Acker und Weingärten hatten noch etwas Beständiges, beinahe Ewiges, an sich, und Möbel und Kleidung besaßen noch Rang und Würde. Man hatte den Arbeitskittel für den Werktag und den schwarzen Anzug für die Sonn- und Feiertage oder auch die Trauerfälle — wie es sich gehörte. Unter den Teilnehmern des Trauerzuges sah man Menschen, die ähnlich wie Großvater — noch mit den Resten einer festen Ordnung lebten. Aber zugleich sah man, wie es bei den Jüngeren schon anders ist, wie ihre Konfektionskleider sich schlecht eignen für einen Trauerzug. Diese Kleidungsstücke sind wohl elegant und fein, aber sie wirken schal bei Trauer und Begräbnis. Es wird auch an diesem anscheinend so harmlosen Umstand deutlich, daß Trauer und Tod für den modernen Menschen nur noch eine Art *Pech*, aber keine ernste Realität mehr darstellen. Die Alten oder die in der früheren Ordnung Lebenden kommen nicht in Verlegenheit mit ihren Garderoben, wenn ein Begräbnis anfällt. Ein Leichenzug zeigt uns heute recht deutlich, wie weit man noch aus Erbe und Tradition lebt oder wie weit eine neue Form im Kommen ist, für die es noch keine Namen gibt.

Für Großvater gab es auch noch einen Platz auf dem Friedhof, für ihn reichte die Erde noch aus — wo heute so viele Tote nur noch eingeäschert werden können, wo es namentlich für die Neuhinzugekommenen kaum noch Platz auf den Friedhöfen gibt. Wie tröstlich muß es für die Menschen früherer Zeiten gewesen sein, auch die Toten um sich zu haben und selbst zu wissen, wohin man einmal zur letzten Ruhe gebettet wird. Sicher wurde dadurch dem Tode der Stachel nicht genommen, aber das Wissen um den Platz für das Erdengrab gehört nun einmal zu einem ruhigen Sterben, und wie sollen die vielen Menschen der heutigen technischen Welt einmal das Ende ertragen, ohne eine solche Ordnung im Leben und im Sterben zu besitzen! Oft kann man sich die Menschen von heute nicht mehr als Großväter vorstellen. Sie leben vielfach ohne Kontinuität und jagen tausend Irrlichtern nach, die nur noch blenden, aber nicht leuchten. Vielleicht will man auch darum mit allen Mitteln jung bleiben, weil das Haus, der Herd fehlen, die man als Großvater benötigt. Für die Menschen ohne letzte Bindung zu Gott ist das Altwerden peinlich und das Denken an den Tod eine Verlegenheit. In den Wohnapparaten von heute ist es schlecht, Großvater zu sein und in den Altersheimen nicht minder. Wir haben wohl Fernsehapparate und Nierentische in unseren heutigen Wohnungen, aber kaum noch eine Ecke für den Ähnelstuhl des Großvaters. Wie unser heutiges Geschlecht wohl einmal das Altsein ertragen wird? Wie werden die Menschen von heute denn einmal zu sterben verstehen? Wohl verstanden sie, zu fallen. Sie verstehen es auch, ihr Leben bei Motorradrennen und sonstigen Dingen tausendfach aufs Spiel zu setzen, aber dies alles geschieht ja in einem Zustand des Rausches. Man braucht dazu nicht jene Fassung, mit der gereifte Menschen alten Schlages sich auf die Stunde rüsteten, in der sie die Reise in die Ewigkeit antreten mußten.

An all dies dachte ich, als wir im Hofe des alten Fachwerkhauses Aufstellung nahmen und der Sarg von Großvater von den Nachbarn auf die Schultern genommen und zum Friedhof getragen wurde. Und während wir langsam und gemessen hinter dem Sarg her schritten, haben einige Fernlaster ihr Tempo nur widerwillig verlangsamt. Und als wir vor dem offenen Grabe standen und die warme Erde den Toten aufnahm, mußte ich unwillkürlich an mich und meine Generationsgenossen denken, die wir bis dahin, von einem *Ereignis* in das andere getrieben, nur kurzatmig und für den jeweiligen Augenblick zu leben gelernt haben. Wir besitzen weder einen schwarzen Traueranzug, noch jene Beständigkeit, auf die hin der Mensch leben und alt werden kann. Vielleicht lebt sich's in der Welt der Asphalte *feiner*. Wie es sich aber einmal in ihr sterben wird, ist eine der stummen Fragen unserer Zeit.

Zeit und Ewigkeit

Seit wir die Zeit messen können, haben wir keine Zeit mehr — obwohl wir durch unsere Errungenschaften doch dauernd welche gewinnen. Dies ist merkwürdig und stimmt uns zuweilen etwas seltsam; soweit wir uns noch stimmen lassen. —

Kaum begann ein Zyklus von 365 Tagen, ist er auch schon durchgeteilt und zerronnen. Offen und unverhüllt rechnen wir unsere Zeit auf. Hier ist kein Platz mehr für ein Geheimnis, für etwas Dunkles an Leid und

Schmerz, sondern alles ist eingeteilt und bemessen. Wir sind zu Sklaven unserer Terminkalender geworden.

Alles hat es heute eilig. Wehe dem, der Zeit hat. Er ist ein Stein des Anstoßes. Je weniger Zeit ein Mensch hat, desto interessanter erscheint er uns. Auf wendigen Fahrzeugen saust der Mensch von heute dahin — als hätte er die Ewigkeit zu gewinnen. Dabei gewinnt er meistens nur etwas Zeit, die ihm zugleich wieder unter den Händen zerrinnt. Mit dem Lärm unserer Maschinen haben wir die Zeit gewonnen und die Muße verloren. Darum läßt sich auch in die eingesparte Zeit das nicht einfangen, was nur den Mußestunden zugänglich war.

Neulich sah ich einen jungen Mann an einem Geldautomaten. Fast eine Stunde lang rang er dem toten Gehäuse karge Gewinne ab, die er weiterer Gewinne wegen wieder ins Spiel setzte. Über ihm aber teilte die Bahnhofsuhr die Stunden und Minuten ein. Draußen flutete ein herrliches Abendrot über die Dächer einer württembergischen Stadt, aber wir Menschen achten der elementaren Dinge nicht mehr, weil uns irgendein Apparat daran hindert.

Seit wir die Ewigkeit geschaffen haben, haben wir auch keine Zeit mehr. Dafür hat die Zeit jetzt uns. Und mit einem Male wird einer unsere Seele zurückverlangen — just an einem Tag, den wir längst verplant und für andere Dinge vorgesehen hatten. —

ICH SUCHE NACH NEULAND
In wachsenden Wüsten,
Nach Heimat und Wärme
Hinter glaskalten Wänden,
Nach lebenden Menschen
Im Strome der Vielen.

Ich irre allein
Durch belebte Straßen.
Wie graue Gespenster
Gleiten Gestalten
Durch die Grelle des Lichts,
Das die Sterne verdeckt.
Getrieben von Unrast
Geh ich mit allen,
Und bin unter ihnen,
Einsam — allein. —
Nur lächelnde Lügen

Hinter den Scheiben
Sehen mich an,
Doch ihr Blick ist aus Wachs.

Ich suche nach Erde
Im Asphalt der Städte,
Nach stillen Wegen,
Abseits der Straßen,
Nach freiem Lachen
Hinter leerem Gelächter,

Ich suche nach Gott,
Wo kann ich ihn finden?
Ich seh nur Altäre,
Gehütet von Wächtern
Zum Schutze der Lehre;
In gläsernen Schreinen
Erstorbenen Glauben. —

Ich suche nach Neuland
In wachsenden Wüsten,
Nach frischem Quell
Im Flugsand der Zeit. —
Ich suche nach Neuland,
Herr, steh mir bei. —

Prometheus 1962

Herr bleib bei uns,
Denn es will Abend werden,
Der Weltentag verrinnt.
Wir sind allein,
Seitdem wir Dir das Feuer stahlen.
Wir sind allein,
Seitdem wir sind wie Du.
Wir setzen nun zum letzten Fluge an,
Zu neuen Sternen
Oder in das Nichts. —

Wir machten uns die Erde untertan.
Wir formten sie so sehr zu unserem Paradiese um,
Daß selbst Du staunen würdest, Herr!
Wir fliegen durch den Weltenraum
Wie nur Geschosse fliegen,
Und frieren doch zutiefst,
Wie Kinder frieren,
Wenn zur Herbsteszeit
Es rauh und kalt
Um Haus und Garten weht. —

Wir leben von dem Ausverkauf der Schöpfung.
Wir bauen aus den Resten ihres Vorrats
Die gleißenden Fassaden unsres Nichts.
Zuweilen zucken wir
Beim Anblick unsres Spiegelbildes
Und fürchten uns
Vor unsrer Göttlichkeit.

Wir sind erschreckend mündig, Herr,
Und kaum noch Mensch
Im Sinne Deines Bildes.
Und während wir uns Götterkleider schneidern,
Aus Chrom und Leichtmetall,
Erschrecken wir
Bisweilen vor uns selbst,
Und merken, daß wir nackt sind, Herr,
Und daß wir feige zittern,
Wenn Deine Stimme
Durch den Garten dringt. —

Vergib uns Herr,
Und sieh, wie hinter allem Stolze
Wir arm und einsam sind
Und ohne Heimat.
Vergib uns Herr!

Zwischenbilanz ...

Wer von denen, die einst antraten,
Um das Volk zu erneuern,
Ist heute noch wach,
Wo die "Jünger" schlafen?

Wer zählt die Garben
Seiner bisherigen Ernte
Gnadenlos und ohne Verzweiflung?

Wer leidet noch Hunger,
In all dem Überfluß,
Und geht zuweilen
Allein durch die Wälder,
Um sein Bekenntnis
In Rinden zu schneiden?

Wer hat noch Mut,
Die Hände zu falten,
Nicht in der Arena der Institution,
Sondern als Mann oder Frau
In der stillen Kammer?

Wer hält noch Zwiesprache
Mit Toten und Dichtern,
Und fragt nach dem Sinn?

DIE ZWISCHENBILANZ
Der Kriegsgeneration
Steht noch aus! Vielleicht ist sie da,
Doch die Garben liegen
Verstreut auf den Äckern;
Es gilt, sie zu sammeln. —

Jan Cornelius
Reschitz — Düsseldorf

Jan Cornelius wurde am 24. Februar 1950 in Reschitz (Banater Bergland/Rumänien) geboren. Seine Muttersprache ist Deutsch. Er verbrachte seine Kindheit abwechselnd in Reschitz und Temeswar, wo seine Großeltern lebten. Der Vielvölkercharakter dieser beiden Städte, der hier gesprochene deutsche Dialekt, der dem wienerischen sehr ähnlich ist, wie auch die damit verbundene Weltanschauung prägten ihn in seiner Entwicklung. 1969 legte Cornelius die Abiturprüfung in Reschitz ab, zwischen 1965-73 studierte er Französisch und Russisch an der Universität Temeswar. Bis 1977 arbeitete er als Französischlehrer in Amira und Reschitz. 1977 kehrte er von einer Frankreichreise in seine Heimat nicht mehr zurück, weil er sich von der Ceauşescu-Diktatur besonders eingeengt fühlte. Seine Kurzgeschichten wurden zwar sporadisch veröffentlicht (in der Studentenzeitschrift "forum", "Orizont"), aber in der Regel abgewiesen "wegen Abwesenheit einer sozialistischen Botschaft". Seit Ende 1977 lebt Jan Cornelius in Düsseldorf. Zwischen 1978-81 studiete er an der Universität Düsseldorf und an der Universität Stirling (Großbritannien) Anglistik und Amerikanistik. Er absolvierte in Köln seine zweite Staatsprüfung für das Lehramt und ist seit 1986 Französisch-/Englischlehrer für die Oberstufe. Sein erstes Buch in der Bundesrepublik veröffentlichte er 1986 bei Rowohlt. Er machte sich mit vielen darauffolgenden Büchern einen Namen als Humorist und Kinderbuchautor. Er schreibt auch für den Rundfunk.

Der Cowboy

Ich hab Papa gefragt, ob ich mir eine Pistole kaufen darf von meinem Taschengeld aus dem Sparschwein. Keine Wasserpistole, sondern so eine, die ganz laut knallt, jedesmal, wenn man abdrückt. Denn das ist dann fast so toll wie im Fernsehen, wenn die Cowboys herumballern, und die Verbrecher fallen alle tot um.
   Aber Papa hat gesagt: "In meinem Haus wird nicht herumgeschossen!" Und solange er noch mein Papa ist, werde ich mein Taschengeld bestimmt nicht für Waffen ausgeben, auch wenn die nur zum Spielen sind.
   "Aber ich möchte eine Pistole, die knallen kann, Papa! Das möchte ich!" hab ich gerufen und hab so getan, als ob ich schon fast heule, damit er sie mir dann doch noch kauft, aber das hat den Papa nur noch mehr aufgeregt.
   "Ich hab dir doch gesagt: Ich mag keine brutalen Sachen!" hat er mich angemotzt. "Und wenn du das nicht kapierst, setzt es etwas, verstanden?"
   Danach ist Papa aber doch wieder ganz friedlich geworden, und er hat mich gefragt: "Also sag mal, Balthasar! Fällt dir eigentlich nichts Besseres ein?" Da hab ich hübsch nachgedacht, aber es ist mir nichts Besseres eingefallen. Also, ich hab mir dann diese Superpistole von dem Taschengeld, das mir Oma gegeben hat, doch noch gekauft. Und zwar im Laden um die Ecke, wo es Spielsachen und Schreibwaren gibt. Denn vor einer Woche haben die dort auch Pistolen gekriegt.
   Ich war unheimlich glücklich, nachdem ich dort drin mein ganzes Geld ausgegeben hatte, denn nachher hat eine von diesen Pistolen nur mir ganz allein gehört. Mensch, Balthasar, hab ich gedacht, ab sofort bist du gar nicht mehr Balthasar, sondern ein echter Cowboy! Und sehr bald wirst du erleben, wie dich alle fürchten und wie dir die Leute aus dem Weg laufen, wenn du ganz stolz durch die Straße spazierst. Dafür brauchst du bloß aus diesem Laden rauszugehen!
   Dann bin ich aus dem Geschäft rausgegangen, und Frau Sehliger und ihr Mann, die wollten in den Papierladen reinkommen, aber sie haben mich ganz normal angeguckt, und sie haben sich vor mir nicht gefürchtet. Mann! hab ich gedacht. Die wissen wohl nicht, was hier los ist! Also mußte ich von meiner Pistole leider Gebrauch machen, damit sie das endlich merken, doch ich hab nur in die Luft geschossen. Gott, sind die zusammengezuckt!
   Und Frau Sehliger hatte eine Flasche in der Hand, aber nur am Anfang, denn nachher ist diese Flasche auf den Boden gefallen, und das hat so laut geknallt, als ob Frau Sehliger praktisch zurückgeschossen hätte.
   Also in der Flasche war Speiseöl. Das hat mir Mama gesagt, aber erst viel später, als sie die Flecken aus meiner Hose nicht mehr herauskriegte.

Und Frau Sehliger und Herr Sehliger, die haben laut losgeschrien, und sie wollten mich überfallen, und deswegen haben sie zu zweit Bande gegen mich gemacht.

Doch mit mir geht das nicht so einfach! Ich bin doch nicht doof! Ich bin ein Cowboy, hab ich gedacht, und bin sofort in Deckung gegangen. Also eigentlich bin ich weggelaufen. Aber ich hab mir dabei versprochen: Ich werde bestimmt bald wieder zurückkommen! Und meine Feinde taten mir schon jetzt leid.

Ich hab mich vorläufig hinter meinem Wohnblock versteckt: Dort habe ich nämlich einen Geheimplatz, den ich jetzt nicht verraten kann. Den kennt nämlich nur noch Waldemar, und den hab ich dann auch dort getroffen.

"Was hast du denn da?" hat mich Waldemar gefragt. Er hat sich unheimlich dumm gestellt, und er hat auf meine Pistole gezeigt.

"Eine Pistole, siehst du das nicht?" hab ich zurückgegeben.

Doch Waldemar hat ganz unbeeindruckt getan: "Na und?" hat er gesagt. Da war ich ziemlich erstaunt.

"Wie, na und?" hab ich ihn gefragt. "Wenn ich die Pistole jetzt auf dich richte, dann mußt du so richtig zittern!"

Aber Waldemar hat sich auch weiter unheimlich doof angestellt, und er hat sich über mich als Cowboy einfach lustig gemacht und ganz albern gekichert.

Da mußte ich ihm einfach zeigen, wo es langgeht. Ich habe ihm meine Pistole unter die Nase gehalten und hab genau wie in den Cowboyfilmen gerufen: "Hände hoch, oder es knallt!"

"Sag mal, Balthasar! Spinnst du?" hat mich Waldemar gefragt, und meine Pistole ist dann plötzlich losgegangen, und sie hat *peng, peng, peng* gemacht.

"Fall jetzt sofort um!" hab ich geschrien. "Du bist ein toter Mann!"

Doch Waldemar wollte das überhaupt nicht einsehen.

"Soweit kommt es noch!" hat er mir geantwortet. "Fall doch du um, du Knallkopf!"

Danach bin ich dicht an ihn rangegangen, wie das Cowboys so tun, damit sich die Feinde bei ihnen entschuldigen.

Aber Waldemar war unheimlich frech zu mir. Er hat sich überhaupt nicht entschuldigt. Er hat mir einfach einen Schubser gegeben, und ich hab ihn darum mit der Pistole auf den Kopf gehauen.

Wir haben gegeneinander gekämpft, und das war gar nicht so einfach, weil am Boden ziemlich viel Dreck lag, und einmal war er unten, einmal ich. Aber am Ende war natürlich wieder ich der Stärkste, obwohl Waldemar noch immer behauptet, daß er der Sieger war. Meine eigene Meinung ist mir aber viel, viel wichtiger.

Und am Abend hat Mama zu Papa gesagt: "Guck dir mal Balthasars Anziehsachen an!"

Da hat sich Papa meine Anziehsachen angeguckt, und genauso wie Mama war er unheimlich unzufrieden damit.
Beide haben gesagt, das sieht ganz fürchterlich aus, und daß man fast meinen könnte, ich hätte im Dreck gelegen.
Also da waren Mama und Papa wieder mal im Unrecht: Nicht nur, daß man das so meinen konnte, sondern das war auch wirklich passiert.
Aber da war ich lieber ruhig, denn ein knallharter Cowboy redet kein unnötiges Zeug.

Der Horizont

Mama hat mir erklärt, daß dort, wo der Himmel und die Erde zusammenkommen, der Horizont ist. *Horizont*, das ist wieder so ein komisches Wort, das ich andauernd vergesse, doch wenn ich mich daran erinnern will, dann denke ich immer an 007. Das ist ein ganz super Geheimagent, und er heißt mit seinem richtigen Namen James Bond. Also wenn ich an James Bond denke, dann weiß ich es auch schon sofort: Aha! Horizont. Das paßt ganz toll zusammen.
Also, nachdem mir Mama erklärt hat, was der Horizont ist, hab ich sie gefragt, wann wir mal zusammen dahin fahren, aber Mama hat darauf geantwortet, daß das nicht geht.
"O. K., ich werde halt die ganze Woche früh ins Bett gehen und mir vorher so richtig die Zähne putzen!" hab ich versprochen, aber Mama hat dann gelacht und mich auf dem Kopf gestreichelt und gesagt, daß es den Horizont eigentlich gar nicht gibt. "Das kommt uns nur so vor, daß die Erde und der Himmel sich irgendwo treffen", hat sie zu mir gesagt, "aber sie treffen sich eigentlich gar nicht!"
Komisch! Erst gibt es den Horizont, aber wenn ich dahin will, dann gibt es ihn natürlich nicht mehr, nur damit man mir keinen Gefallen tun muß!
Also wenn das so ist, dann komme ich auch von selbst zurecht, hab ich gedacht, und vorvorgestern war ich bei Thomas und habe ihm über den Horizont Bescheid gesagt, und er wollte dann auch dahin. Also sind wir zusammen losgegangen. Bei Thomas ist der Horizont *hinter* seiner Wohnung, denn von seinem Fenster aus sieht man nur Hochhäuser.
"Gehen wir zu Fuß, oder fahren wir mit der Straßenbahn?" hat Thomas gefragt, und ich hab gesagt, mit der Straßenbahn, natürlich, denn er ist wohl doch ganz schön weit weg, der Horizont.
Wir sind ein paar Haltestellen gefahren und haben immer nach draußen geguckt, ob wir schon da sind. Wir haben uns hingesetzt, aber die Stühle

in der Straßenbahn sind so schlecht, daß man damit kein bißchen schaukeln kann, so daß wir wieder aufgestanden sind, und zwei alte Frauen haben sich dann auf unsere Plätze gesetzt und "Recht schönen Dank" gesagt.

Danach ist der Kontrolleur eingestiegen und hat zu uns "Fahrkarten bitte!" gesagt. Wenn ich mit der Straßenbahn fahre, dann kaufen immer Mama oder Papa eine Fahrkarte für mich, aber keiner von ihnen war diesmal dabei, so daß ich umsonst in meinen Hosentaschen herumgesucht habe. Eigentlich gab es gar nichts zu finden, und das gleiche passierte auch dem Thomas.

"So kleine Jungs, und sie fahren schon schwarz!" hat dann der Kontrolleur gesagt, und Thomas hat ihm geantwortet: "Ich kann ja nichts dafür, wenn ich noch nicht größer bin." Das stimmte doch, oder? Aber der Kontrolleur hat sich unheimlich darüber aufgeregt, so sehr, daß wir an der nächsten Haltestelle aussteigen mußten. Danach haben wir uns noch einmal umgeguckt, und der Horizont war fast noch weiter weg als vorher.

"Ich glaube, wir sind in die falsche Richtung gefahren!" hat Thomas gesagt.

"Nee", hab ich dann geantwortet, "du hast doch gesehen, wir haben die ganze Zeit aufgepaßt."

"Das stimmt", sagte Thomas, "das heißt dann, daß die Straßenbahn irgendwann abgebogen ist, wir haben mit dem Kontrolleur geredet und haben es nicht gemerkt, und so sind wir ganz woanders gelandet."

Die ganze Umgebung war uns plötzlich wildfremd, und es war uns ganz unheimlich zumute, so weit weg von zu Hause. Wir haben dagestanden und darüber nachgedacht, was wir jetzt am besten machen sollten.

"Am besten, wir gehen zurück zu dir", hab ich zu Thomas gesagt, "und wir versuchen ein anderes Mal den Horizont zu finden", und Thomas war damit einverstanden, aber er wußte nicht mehr so richtig, wo seine Wohnung ist. Das hat er aber erst nachher zugegeben, als er angefangen hat zu heulen. Dieses Heulen hörte sich ganz doof an, aber ich hab gedacht, wie arg sich Thomas jetzt verlaufen hat, und er hat mir so leid getan, daß ich dann auch auf einmal heulen mußte.

Nachher ist eine junge Frau mit ihrem Baby auf dem Arm gekommen, und sie hat uns gefragt, wie wir heißen und wo wir denn wohnen, und das erste wußten wir, das zweite wußten wir aber nicht.

"Ihr wißt aber doch bestimmt eure Telefonnummer", hat dann die Frau zu uns gesagt, doch weder Thomas noch ich hatten unsere Telefonnummer im Kopf. Aber zum Glück wußte ich die Telefonnummer von Thomas, und Thomas wußte meine Telefonnummer, denn wir rufen uns sehr oft an, wenn wir nicht gerade zufällig Krach haben.

Also, die Frau hat uns drei Groschen gegeben, und ich und Thomas sind in eine Telefonzelle gegangen und haben Thomas' Papa angerufen. Wo wir denn sind, wollte der Papa von Thomas wissen, doch das war genau das, was wir nicht wußten, so daß die Frau mit dem Baby das an unserer

Stelle erklären mußte. Aber sie paßte nicht so gut zu uns in die Telefonzelle, und dem Baby hat es da drin auch nicht gefallen, und es hat wie am Spieß gebrüllt. Also dann mußten ich und Thomas rausgehen, so hat es dann endlich geklappt mit dem Telefonieren.

Der Papa von Thomas ist nachher ganz schnell mit seinem Auto zu uns gekomen, und er hat große Augen gemacht. Was in aller Welt wir an diesem Ort machen, hat er uns gefragt. Und bei der Frau mit dem Baby hat er sich schön für die Hilfe bedankt, uns hat er aber nur angemotzt, und er hat geschrien, er erwarte jetzt sofort eine Antwort.

"Wir haben uns einfach verlaufen!" hat Thomas gesagt, und den ganzen Rest der Geschichte hat er nicht mehr erwähnt. Das finde ich auch gut so, denn Erwachsene kapieren so etwas nie und nimmer.

Sieglinde

Sieglinde hält gar nichts von Karl-Dieter.

Karl-Dieter aber ist in Sieglinde bis über beide Ohren verliebt.

Sieglinde weiß das, da sie schon seit zwei Jahren mit Karl-Dieter verheiratet ist, aber sie kann ja nichts dafür. Denn zwei Jahre sind eine lange Zeit, und jetzt liebt Sieglinde den Wolfgang.

Obwohl Wolfgang weiß, daß Sieglinde ihn heiß und innig liebt, will er nichts von ihr wissen, da er nur sich selbst liebt.

Sieglinde aber macht sich große Hoffnungen mit Wolfgang, weil sie keinen blassen Schimmer davon hat, daß er sie total ablehnt, obwohl er weiß, daß sie ihn heiß und innig liebt.

Aber woher hat Wolfgang überhaupt von ihrer Liebe erfahren? Von Sieglinde?

Nein! Von Sieglinde bestimmt nicht, denn Sieglinde ist zu stolz, um dem Wolfgang ihre Liebe einfach so mitzuteilen.

Dafür aber hat sich Sieglinde dem Karl-Dieter mitgeteilt, denn sie hatte ein gutes Gespräch mit ihm, über Ehe und so, und woran das wohl liegen mag, wenn es mit dieser Institution nicht klappt, und daß man nichts dafür kann, wenn Gefühle nach zwei Jahren so langsam absacken, und daß sie sich plötzlich irgendwie einem anderen an den Hals werfen möchte, beziehungsweise dem Wolfgang.

Das alles hat Sieglinde an einem Abend dem Karl-Dieter in der gemeinsamen Küche mitgeteilt.

Daraufhin rief Karl-Dieter bei Wolfgang an und erzählte ihm alles ganz offen.

Infolgedessen gab Wolfgang zurück, daß es ihm unheimlich leid tue für Sieglinde, aber, daß er, offen gesagt, nur sehr wenig von ihr halte, und das Ganze habe keine Zukunft, und Karl-Dieter sei außerdem sein Freund.

Als nächstes erzählte Karl-Dieter der Sieglinde, die ganz offen mit ihm gewesen war, daß er seinerseits ganz offen Wolfgang gegenüber gewesen war und daß Wolfgang wiederum nicht weniger offen mit ihm, Karl-Dieter, gewesen war, und daß er, Wolfgang, demzufolge, ihm, Karl-Dieter, erzählt habe, daß er von Sieglinde nur sehr wenig hält.

Das hatte Sieglinde bisher noch nicht gewußt, also war das für sie nicht nur ausgesprochen unangenehm, sondern auch ganz neu.

Anschließend aber gelang es ihr, sich zusammenzuraffen. Sie schrie Karl-Dieter an, warf ihm Vertrauensbruch vor und sagte ihm ganz offen, daß sie von ihm *überhaupt* nichts hält.

Das war für Karl-Dieter sehr unangenehm, aber nicht mehr ganz neu, da er das eigentlich schon wußte, und wir auch, denn damit hat diese Geschichte ja angefangen.

Die schönste Frau

"Diese schönen langen Beine!" dachte der Mann. "Dieses Lächeln!"

Das war wirklich die schönste Frau, die er nicht nur im Fernseher, nein, sondern auch in seinem ganzen Leben gesehen hatte.

"Geh doch nicht so nahe dran!" sagte seine Frau. Aber er hörte sie nicht. "Dieser Busen!" dachte er, und samt Sessel näherte er sich dem Fernsehgerät.

"Du wirst dir noch die Augen kaputtglotzen!" sagte seine Frau. "Ich habe nichts gegen dieses Flittchen, aber wenn du so nah an den Bildschirm heranwanderst, wirst du noch Probleme mit deinen Augen kriegen!"

"Ja, ja!" sagte er, und dann fragte er plötzlich, ohne jeden Übergang: "Schätzchen, müssen wir denn auf meine Frau hören? Das müssen wir nicht, oder?"

"Du steckst ja schon fast den Kopf in den Bildschirm hinein!" sagte seine Frau. "Was zum Teufel ist denn heute abend mit dir los?"

"Also soll ich zu dir kommen Schatz? Oder kommst du zu mir?" fragte er, indem er sich ein Herz faßte. Sie erwiderte gar nichts, aber Schweigen ist ja auch eine Antwort, und er fühlte sich ganz ganz glücklich.

"Du wirst sehr bald von dieser verdammten Glotze ganz verschluckt werden!" sagte seine Frau.

"Dieser Duft!" dachte er. "Diese Augen!"

"Was hat denn die, was ich nicht habe?" fragte seine Frau und regte sich zunehmend auf. "Hee ... wo bist du denn? Das gibt's doch nicht!" rief sie erstaunt. "Wo in aller Welt hast du dich plötzlich verkrochen?"

Es war schon merkwürdig: Die Wohnzimmertür war fest geschlossen: dennoch war ihr Mann plötzlich verschwunden. Es fiel ihr schwer zu glauben, daß er sich in einem unerwarteten Anfall von Übermut wie ein Kind versteckt haben könnte; sie sah jedoch unter der Couch und hinter dem großen Wandschrank nach.

Ihre Nachforschungen erwiesen sich als erfolglos. Als sie auf einmal den Gesuchten in unmittelbarer Nähe auf dem Bildschirm wahrnahm, stieß sie einen kurzen schrillen Schrei aus und fiel fast in Ohnmacht. Nein, nein, sie konnte sich unmöglich täuschen: Er hatte ja noch die hellbraunen Filzpantoffeln an, die sie im letzten Winterschlußverkauf für nur 7,80 persönlich erstanden hatte.

Es sah so aus, als ob ihr Gatte gerade dabei wäre, der Fernsehschönheit, die er vorher auf so lächerliche Weise bewundert hatte, eine Liebeserklärung zu machen. Jawohl. Er kniete mitten auf der Showbühne, und mit der Hand auf dem Herz sprach er leise etwas vor sich hin.

Wie vom Blitz gerührt sprang die sich betrogen fühlende Frau zum Fernseher und drehte die Lautstärke voll auf.

"Bitte sag's doch! Sag, daß du mit mir kommst!" dröhnte es jetzt durch die ganze Wohnung.

"Das ist gar nicht so einfach, wie du dir das vorstellst", erwiderte der Bildschirmstar. "Wir können nicht einfach abhauen und auf einer einsamen Insel leben!"

"Doch, das können wir! Hier ist mein Scheckheft. Fast eine Million, erspart in dreißig Jahren. Komm, sei mit mir glücklich!" Und er klopfte sich zuversichtlich auf die Hosentasche.

"Du Halunke, du Schuft!" brüllte die Frau aus dem Wohnzimmer. "Das ist mein Geld!"

"Und was wird deine Frau sagen?" fragte die Frau aus dem Fernseher.

"Vergiß sie! Ist doch egal!"

"Egal?" rief die Frau aus dem Zimmer und schlug mit der Faust gegen die Mattscheibe, daß die Hauswände nur so wackelten. "Komm sofort raus, du Miesling, oder ich bringe dich um!"

Aber der Fernseher ist, wie bekannt, so gemacht, daß wir als Zuschauer das, was sich auf dem Bildschirm ereignet, problemlos mitbekommen, doch umgekehrt ist das nicht der Fall: Kein Mensch rechnet ernsthaft damit, daß seine Handlungen von den Bildschirmgestalten wahrgenommen werden könnten, es sei denn, er ist irgendwie verrückt. Und die Frau im Wohnzimmer spürte, wie sie langsam, aber sicher irgendwie verrückt wurde. Sie hatte schon reichlich nervtötende, geschmacklose Fernsehprogramme erlebt, doch das, was jetzt gerade ablief, schlug dem Faß den Boden aus.

"Ich mach dich kaputt! Komm sofort zurück, oder ich reiß dich auseinander!" rief sie ihrem Gatten abermals zu. Er war nun gerade dabei, sich Hand in Hand mit dieser Halbnackten auf und davon zu machen, und sie erwog ernsthaft, den Fernseher in tausend Stücke zu schlagen, noch bevor die beiden hinter den Bühnenkulissen verschwunden waren. Doch im letzten Augenblick ließ sie ihre erhobene Hand mit der schnell erwischten Eisengußpfanne langsam sinken, da sie sich der Sinnlosigkeit ihrer beabsichtigten Tat bewußt wurde. Durch ihren Totschlag hätte sie nichts erreicht, denn in Millionen anderen Haushalten, die gerade dieses Programm eingeschaltet hatten, hätte ihr Ehemann weitergelebt. Fernsehhelden kann man eben nichts antun, egal wie schlecht man sie findet.

Das Bild wechselte, und das breite Lächeln der Ansagerin strahlte sie routinemäßig an: "Sie sahen eine Unterhaltungsshow aus dem Jahre 1922 mit dem amerikanischen Star Cindy Heartbreaker und einem unbekannten deutschen Verehrer. Wir hoffen, Sie hatten viel Spaß dabei. Und nun die Nachrichten und das Wetter."

"Mein Gott, gib mir ein Zeichen, nur ein kleines Zeichen, daß das nicht wahr ist!" flehte die Frau. "Er brennt einfach mit unseren gesamten Ersparnissen durch. Und das mit einem halbnackten Flittchen, das seit sechzig Jahren nicht mehr jung ist, wenn es heute überhaupt noch lebt!"

Nach zweieinhalb Wochen berichteten die Schlagzeilen über eine Frau, die nachts heimlich wie ein Dieb in das ZDF-Archiv eingedrungen war, mit dem einzigen Zweck, eine Filmrolle aus alten Zeiten zu zerreißen. Sie machte einen verwirrten Eindruck und versuchte jedem, der sich ihr näherte, in die Kehle zu beißen.

Ihr Verhalten, erklärte ein in Untersuchungshaft hinzugezogener Psychologe, sei offensichtlich darauf zurückzuführen, daß ihr Ehegatte, mit dem sie jahrelang tagtäglich sieben bis neun Stunden ferngesehen hatte, sie eines Abends während einer Unterhaltungssendung ohne jede Erklärung, aber mit ihrem gesamten Vermögen, verlassen hätte.

Die Frau habe das nicht verkraften können und leide seither unter der Wahnvorstellung, ihr Mann sei einfach in den Bildschirm gestiegen.

Anschließend warnte der Psychologe eindringlich vor unselektiertem, täglichem Verweilen vor dem Fernsehgerät, denn dies könne zu Müdigkeit, Schlappheit und leichten Kopfschmerzen bis hin zum Wahnsinn führen, wie in diesem Fall bewiesen.

Erotik

Eins steht fest: sich in voller Nacktheit zu zeigen, ist im Hinblick auf subtile erotische Ausstrahlung unangebracht und daher abzuraten vor allem an öffentlichen Orten wie Fußgängerzonen, Marktplätzen, Museen etc. Damit wollen wir uns auch nicht näher auseinandersetzen, weitere Auskunft erteilt die Polizei.

Jede kultivierte Frau vermeidet es kategorisch, ihren Körper auf solche plumpe Weise zur Schau zu stellen, und ist bemüht, durch das, was sie versteckt, die erlesene Phantasie der Verehrer wachzuhalten.

Also nicht das Bein, den Fuß zeigen, sondern lediglich einen Zeh, nicht den Arm, die Hand bloßstellen, sondern höchstens den Daumen, nicht den ganzen Kopf fremden Blicken anbieten, sondern nur die Nasenspitze. Das reicht vollkommen, denn in diesem Fall heißt weniger mehr.

Nach einer Frau, die so geschickt auftritt, werden sich alle Köpfe wenden, und jedermann wir sich die Frage stellen, wer diese geheimnisumwitterte Person ist: Petra oder Marianne? Gisela oder Krista?

Die Kunst der Erotik will erlernt sein, und sie hat nichts mit Schönheit, die relativ ist, zu tun.

Ich kannte eine potthäßliche Frau, die am schönsten und erotischsten wirkte, sooft sie in eine Holzkiste stieg und den Deckel hinter sich zuklappte.

Das Telefon

Es ist keine Seltenheit, daß man bei einem guten Bekannten oder bei einem Freund anrufen will, bei dieser Gelegenheit aber merkt, daß man die entsprechende Telefonnummer nicht mehr weiß.

In dieser Situation hat man es ziemlich leicht: Man schlägt in seinem Notizheft oder im Telefonbuch nach, findet die gewünschte Nummer heraus, und als nächstes hat man die fragliche Person schon erreicht.

Und ereignet sich einmal das Gegenteil, also daß einem die Rufnummer eines guten Bekannten oder Freundes plötzlich einfällt, man aber merkt, daß man vergessen hat, wie diese Person heißt, ist die Lösung genauso simpel: Man wählt die ins Gedächtnis gerufene Nummer und fragt den Bekannten oder den Freund, der sich meldet, wie er eigentlich heißt.

Im dritten Fall, wenn einem Rufnummer wie auch Name der telefonisch zu sprechenden Person abhanden gekommen sind, sollte man nicht verzweifeln: Mit der Zeit fallen sie einem vielleicht wieder ein.

Anders sieht es in der parallelen Situation aus, in der man seine eigene Telefonnummer vergessen hat: Man schläft zwar in seinem Notizheft oder im Telefonbuch unter dem eigenen Namen nach und entdeckt die Nummer dort ohne Schwierigkeiten, aber wenn man seinen Hörer abnimmt und bei sich anruft, ist die Leitung immer besetzt.

Genauso schlimm erweist sich der Fall, in dem man sich an die persönliche Rufnummer erinnert, der eigene Name einem jedoch plötzlich entfallen ist: Man begibt sich zwar zu seinem Telefonanschluß, wenn man sich aber fragen will, wie man heißt, ist die Leitung schon wieder besetzt.

So daß man sich im dritten Fall, wenn einem weder persönliche Rufnummer noch eigener Name gegenwärtig sind, nicht unnötig aufzuregen braucht, denn wie es uns die vorangegangenen Beispiele zeigen: Wer an seinem eigenen Telefon sitzt und bei sich anruft, kann sich niemals erreichen.

Der Beamte

Es war einmal eine Zeit, in der es den schriftlichen Antrag nicht gab. Hatte man ein Anliegen bei der Behörde, mußte man dort persönlich erscheinen, um es mündlich vorzutragen. Und die Schlangen der Wartenden vor den verschiedenen Ämtern waren so lang, daß man sie ohne Fernglas gar nicht mehr überblickte.

Das geht so nicht weiter! sagte sich ein besonders Schlauer, setzte sich hin und überlegte, was er an dieser Situation ändern könnte. Da erfand er das DIN-A-4-Blatt, und kaum lag das DIN-A-4-Blatt auf seinem Tisch, erfand er den Kugelschreiber. Sodann machte er sich auf den Weg zum Patentamt und zeigte seine Erfindung einem Beamten. Er erklärte ihm, daß eine neue Zeit angebrochen sei, denn ab jetzt könne man problemlos einen *schriftlichen* Antrag stellen.

Also wenn das wirklich so ist, sagte der Beamte, dann gehen Sie doch bitte nach Hause und stellen Sie einen schriftlichen Antrag. Darin teilen Sie uns ausführlich mit, was Sie erfunden haben, und beantragen Sie gleichzeitig, daß wir von Ihrer Erfindung Kenntnis nehmen. Dann stellen Sie einen zweiten Antrag, in dem Sie auf den ersten Antrag verweisen und das Patent für diese Erfindung beantragen.

Nachdem der Erfinder den ersten und den zweiten Antrag gestellt hatte, forderte ihn der Beamte auf, einen dritten Antrag mit zusätzlichen Erklärungen zu dem ersten Antrag und einen vierten mit Nebenerklärungen zu dem zweiten zu stellen, denn die Zweckmäßigkeit dieser neuen Idee wollte gründlich geprüft werden.

Da stellte der Mann Antrag auf Antrag, und als die Behörde sah, wie reibungslos das alles funktionierte, patentierte sie den schriftlichen Antrag, und seitdem nehmen wir ihn alle in Anspruch.

Der Kommissar

Personen:
Der Kommissar
Müller, Der Kommissarlehrling

M: Herr Kommissar!
K: Was ist denn, Müller?
M: Ich habe eine Brille gefunden.
K: Eine Brille? Und wem gehört sie denn?
M: Ich weiß es nicht, Herr Kommissar! Ich hab sie eben gefunden.
K: O. K., Müller. Nur langsam. Was man nicht weiß, kann man noch herausfinden.
M: Jawohl, Herr Kommissar.
K: Aber wissen Sie, Müller, wie man so etwas überhaupt herausfinden kann?
M: Nein, Herr Kommissar.
K: Durch Nachdenken, Müller, nur durch Nachdenken! Denn sonst tut man sich in unserem Beruf sehr sehr schwer. (...) Haben sie schon über diese Brille nachgedacht?
M: Noch nicht, Herr Kommissar.
K: Sehen Sie? Sie müssen an die Sache rangehen! Sie müssen schlau sein! Haben sie mich verstanden?
M: Jawohl, Herr Kommissar!
K: Gut. Also nehmen wir diese Brille. Wo haben Sie sie denn gefunden?
M: Auf dem Flur.
K: Ah so, auf dem Flur! (denkt nach) Hmmm... Und was heißt es denn, wenn man eine Brille auf dem Flur findet?
M: Daß sie dort jemand verloren hat, Herr Kommissar!

K: Richtig, Müller! Sehr richtig! So fängt es an: Da paßt irgendein Trottel nicht auf und verliert irgendwas, und dort kommt ein anderer und zack! hat er es schon gefunden. Und *wer* hat denn diese Brille auf dem Flur gefunden, Müller?
M: Ich, Herr Kommissar, ich.
K: Ah so, das wissen wir schon! Da gibt es aber auch etwas ganz anderes, das wir bestimmt nicht wissen: Wer hat diese Brille verloren?
M: Ich weiß es nicht, Herr Kommissar. Keine Ahnung.
K: Gut. Da haben wir's! Sie wissen es nicht!
M: Nein, Herr Kommissar, ich weiß es nicht.
K: O. K., Müller. Da gibt es aber auch ganz bestimmt etwas anderes, das Sie wissen! Wissen Sie, was ich meine?
M: Nein, Herr Kommissar. Ich weiß es nicht.
K: Müller! Seien Sie doch *einmal* schlau! Kann man denn eine Brille verlieren, wenn man sie überhaupt nicht hat?
M: Nein, Herr Kommissar, das geht nicht. Es ist schlicht unmöglich.
K: Sehen Sie, Müller? Sie wissen es also doch. Und wenn einer, der diese Brille nicht hatte, sie auch nicht verlieren konnte, wer hat denn in diesem Fall diese Brille verloren? Na, Müller, na?
M: (nachdenkend) Einer, der diese Brille hatte. Oder nicht, Herr Kommissar?
K: Doch, Müller, doch! Sie beginnen mir zu gefallen! Und jetzt eine ganz wichtige Frage: (überraschende Tonwendung) Als was entpuppt sich schließlich eine Person, die eine Brille hat?
M: (nachdenkend, noch nicht so ganz sicher) Als Brillenträger!
K: Also, Müller! Also! So langsam haben wir's doch! Im Augenblick wissen wir folgendes: Nur ein Brillenträger, der diese Brille auch hatte, konnte sie wirklich verlieren. Alle anderen Personen schließen wir als potentielle Verlierer dieser Brille aus. Und worauf konzentrieren wir nun unsere Aufmerksamkeit? (keine Antwort) Wir suchen nach ...
M: (anknüpfend) ... nach einem Brillenträger, Herr Kommissar, nicht?
K: So ist es, Müller. Genau so. Ist er groß oder klein? Hat er grüne, blaue oder vielleicht schwarze Augen? Trägt er eventuell einen falschen Bart, oder ist er gar eine verkleidete Frau? All diese Fragerei können wir uns diesmal schenken!! Oder nicht, Müller? Denn wir suchen nach einem Brillenträger einer ganz besonderen Sorte. Was zeichnet unsere Person im Augenblick aus, Müller? Na?
M: Sie trägt jetzt keine Brille, oder?

K: Genau das, Müller. Unser Brillenträger hat seine Brille verloren. Das ist der springende Punkt! Und jetzt zur Sache! Indem Sie das eben Gelernte praktisch anwenden, gehen Sie ab sofort auf alle Nichtbrillenträger los und fragen sie rundheraus: Pardon, wo ist denn eigentlich Ihre Brille? Haben Sie mich verstanden?
M: Jawohl, Herr Kommissar. Wo ist denn eigentlich Ihre Brille?
K: Richtig, Müller, sehr richtig!
M: Nein, Herr Kommissar! Ich meine nur, wo denn eigentlich Ihre Brille ist!
K: Ja, Müller ... Meine Brille ... Tatsächlich ... Geben sie mal diese Brille her, Müller! ... Danke!

Der Leserbrief

Liebe Zeitung!
In Ihrer Mittwochausgabe berichteten Sie auf der ersten Seite unter dem Titel "O ja, mein Hengst, mach weiter!" über Prinzessin Dianas absolut heimliches Treffen mit einem unbekannten Liebhaber. Nun fühle ich mich als aufmerksamer Leser Ihrer Zeitung reichlich verunsichert, denn sie liefern in Ihrem Artikel keinerlei Beweise für Ihre Ausführungen. Wo wollen Sie das, was Sie da alles behaupten, überhaupt erfahren haben? Und wie habe ich das Foto des Big Ben, das Sie als Begleitmaterial zu Ihren Behauptungen drucken, zu verstehen? Das hat doch mit der ganzen Geschichte nichts zu tun, oder?
Hans Schmidt

Der Chefredakteur antwortet:
Lieber Herr Schmidt!
Wir freuen uns, in Ihnen einen kritischen Leser gefunden zu haben. Es ist nur allzu verständlich, daß Sie in Erfahrung bringen wollen, woher wir überhaupt wissen, daß das erwähnte Treffen tatsächlich stattgefunden hat. Diese Frage erscheint auf den ersten Blick als berechtigt, auf den zweiten Blick jedoch als unangemessen. Denn woher sollen wir das auch wissen? Wir haben unserer werten Leserschaft von Anfang an klargemacht, daß Dianas Treffen mit dem mysteriösen Liebhaber absolut heimlich war, mit anderen Worten konnte kein einziger Mensch davon Wind bekommen, nicht einmal wir, denn wir sind schließlich auch nur Menschen.

In diesem Zusammenhang: Jeder Versuch, den wir machen würden, unsere Behauptungen unter Beweis zu stellen, wäre ein klarer Betrug an dem Leser. Unserem Leser wollen wir aber nichts vormachen.

Aus diesem Grund haben wir auch keine Beweisfotos zu unseren Schilderungen geliefert. Der famose Big Ben, dessen Abbild wir statt dessen veröffentlichten, scheint, wie Sie sagen, tatsächlich mit der skandalösen Affäre nichts zu tun zu haben, dennoch wollen wir keineswegs in die Urteilsbildung unserer Leserschaft eingreifen. Deswegen haben wir uns auch jeglichen Kommentars zu diesem Foto enthalten.

Wir bemühen uns um eine durchaus objektive Berichterstattung und dürfen mit freundlichen Grüßen daher hoffen, daß Sie uns auch weiterhin treu bleiben.

Hans Dama
Großsanktnikolaus — Wien

Hans Dama wurde am 30. Juni 1944 in Großsanktnikolaus (Banat/Rumänien) geboren. Lebt seit 1974 in Wien. Studium der Germanistik, Rumänistik, Geographie und Wirtschaftskunde in Temeswar, Bukarest und Wien. Staatsexamen in Bukarest mit der Arbeit "Sonderformen moderner deutscher Lyrik". 1986 in Wien: Promotion zum Dr. phil. mit der Dissertation "Die Mundart von Großsanktnikolaus im rumänischen Banat", die als Band 89 in der Reihe Deutsche Dialektgeographie 1991 in Marburg erschienen ist. Universitätslektor am Institut für Romanistik und am Institut für Übersetzer- und Dolmetscherausbildung der Universität Wien. Seine ersten Verse schrieb er als Zwölfjähriger zunächst in deutscher Sprache. Später dann auch in rumänischer Sprache. Als Student erhielt er für ein rumänisches Gedicht den ersten Preis der Studentenzeitschrift "Viata studenteasca". Dama debütierte 1966 in der Temeswarer Zeitung "Die Wahrheit". In zahlreichen rumäniendeutschen, österreichischen und deutschen Zeitschriften und Anthologien sind seine Gedichte erschienen. Aus Damas Lyrik erfolgten Übersetzungen ins Rumänische und ins Spanische (Mexico). Veröffentlichte Gedichtbände: Schritte, Wien 1980, Gedankenspiele, Frankfurt 1990, Rollendes Schicksal, Frankfurt 1993. Dama besorgte Nachdichtungen und Übersetzungen aus dem Rumänischen. Verfasser von Arbeiten zur deutschen und rumänischen Literatur, zur Banater Kulturgeschichte und zur Mundartforschung.

Im Morgengrauen

Im Nebel lächeln die Lichter.
Im Höllenglanz auf dem Parkett
erstarren die Mohngesichter
und lächeln ultra-violett.

Von Ferne bellen die Stunden,
verscheuchen die Vergänglichkeit.
Die Spinne hackt ihre Runden
in ihrem Beutenetze weit.

Die faulen Dächer verwehren
dem Blick den allerersten Tanz.
Der Seele gähnende Leeren
erdrosseln uns den letzten Glanz.

Der Himmel will heut nicht sputen,
verkriecht sich müd im Sarkophag.
Wir spalten träumende Fluten
und heben aus den trägen Tag.

Fremder Daheim

Wiedersehnsfreuden berauschen
heute mich sicherlich nicht.
Niemand ist da, um zu lauschen,
wenn fremder Heimkehrer spricht.

Stolz paradierten einst Straßen,
heut' stehn sie öde und kalt;
Häuser das Leben vergaßen,
Höfe verlieren Gestalt.

Einsame Stätten der Kindheit
winkten vertraut wie jetzt fremd,
gähnende Leere für Allzeit,
drüben ein Haustor verklemmt.

Würde verstreu'n nur die Pappeln
über die Landstraße hin.
Wege im Abendschein zappeln,
wollen der Heide entflieh'n.

Und wenn Akazien jetzt greinen,
tröste ich sie aber kaum.
Ich hab mein eigenes Weinen,
und mit mir weinet der RAUM.

Einsamkeit spinnt ihre Netze
für den Unendlichkeitslauf.
Ich aber halt' ein paar Sätze
fest: geb' die Heimat nun auf ...

Die Zeit

Die Zeit schleppt Ewigkeiten mit,
taucht in Äonen unter;
und Zeit lenkt jeden frischen Schritt
den Zukunftspfad hinunter.

Die Zeit klopft selbst Epochen breit,
dehnt in dem Lauf die Mitte;
und Zeit läßt schwinden Einsamkeit,
erfüllt gar manche Bitte.

Die Zeit führt niemals gerne Buch,
verdeckt die Einzelheiten
mit Staub und Dunst, sie drängt zum Bruch
mit den Gegebenheiten.

Die Zeit verpönt, beglücket auch
in angemess'nen Stäben
der Dinge Kern —, den Ruß, den Rauch
vertilgt, verschluckt sie eben.

Die Zeit ist Freund dir oder Feind,
je wie man sie behandelt;
beim Abschied wird um sie geweint,
sie hat auch dich verwandelt.

Spätherbst

Die Weiden schlummern am Wasser,
die Schollen stöhnen im Feld;
verlegen der Himmel tränt blasser,
der Horizont langsam zerfällt.

Im lahmen Geäst schweigen Raben,
die Augen so teilnahmslos, kalt;
der reifüberbettete Graben
durchbricht den gezeichneten Wald.

Unendlichkeitsflügel, sie schwingen,
erheben die Krallen aus Blei;
im Herzen nie endendes Ringen,
die Seele gräbt keuchend sich frei.

Es rahmet die Nachmittagsstille
die Sehnsucht in hehren Granit;
nur langsam erwachet der Wille,
schleppt tausend Verlangen uns mit.

Durch Balkanruinen

Das Land ertränkt in blauen Dünsten
der Menschen Hoffnung.
Seelengebaumel plätschert unendlich weit ...
Augen haben das Weinen verlernt,
gebannt schweigt die Zunge ...

Sehnsuchtsschatten poltern durch Ruinen.
Im Abendschein verwest der Glockenklang
gelynchter Kirchen.
Im Urgestank gebleichter Erde
quält sich ein Herz in letzten Zügen ...
Sterbendes Auge träumt bereits
vom *Sieg*,
labt sich an triumphaler Finsternis.

Du bleibst Mensch

Du willst Mensch sein,
Mensch bleiben
situationsgerecht
und freiheitsumgeben.
Du suchst
ferne Geborgenheit
in bodenständigen Gedanken
und wühlst die Zukunft auf,
die in Erinnerungen nistet.
Dein Schritt schleicht nüchtern
und distant
über politisch schimmelnden Krautacker.
Du bleibst Mensch,
kein Nagel fürs Magnetfeld.

Den Poeten

Sie schreiben schizophrene Zeilen
im Glauben, es sei ein Gedicht,
ob Worte etwas mitzuteilen,
ob die Semantik daraus spricht?!

Werden zerrissne Spiegelbilder
des Geistes wie der Seele sein ...
Oder ein Traum, mal tief, mal milder
eindringen in den Totenschrein

der Sprache, wenn das Wort gehetzt,
verstümmelt, pathologisch-träge
in seiner Form, im Sinn zerfetzt.

Wie weise sich Poeten wähnen,
wenn Nonsens ihre Verse setzt.
Die Lyrik aber schwimmt in Tränen ...

Russischstunde

Fremdsprachunterricht gehört nun mal als bedeutender Bestandteil unseres Bildungssystems in jeden Schultyp, egal ob in einem mit sämtlichem Drumherum ausgestatteten Sprachlabor eines modernen Wissenstempels oder in einer entlegenen Landschule eines verschlafenen ehemaligen k. u. k. Marktfleckens, der sich Großsanktnikolaus nennt ...
  Der Wichtigkeit des Fremdsprachenunterrichts ist man auch dort mit allem Ernst begegnet, hatte doch das kommunistische Bildungssystem darauf geachtet, daß Russisch als Fremdsprache Nr. 1 (wie hätte es auch anders sein können!) gelehrt werden mußte.
  Damals, es war so um die Mitte der fünfziger Jahre, war man an höchsten Stellen wohl noch davon überzeugt, daß Russisch *die* Fremdsprache sein, daß Russisch an Bedeutung gewinnen werde und andere Fremdsprachen früher oder später ausbooten werde ...
  Nun, derlei hat sich bis heute nicht bewahrheitet, und der Blick nach dem Osten richtet sich bestenfalls der aufgehenden Sonne, nicht aber einem vielgespriesenen Wirtschafts- und Sozialsystem zu, mit dessen Untergang die Sprache oder besser gesagt die Funktion der Sprache "als Schulsprache" im sterbenden System dezimiert worden ist.
  Ich durfte aber noch in den Genuß des Russischunterrichts kommen, und, ich muß gestehen, schon die Tatsache, daß mir die Möglichkeit geboten worden war, mich mit dieser Sprache auseinanderzusetzen, befriedigte den intellektuellen Anspruch des "Kostens", obwohl zur Tatzeit der Russischunterricht als solcher keineswegs ein Honiglecken war. Allein eine unangebrachte abfällige Bemerkung bezüglich des Unterrichtsgegen-

standes, und man hätte unabsehbaren Schwierigkeiten entgegenschlittern können.

So mußten wir bereits in der vierten Volksschulklasse — dann setzte das Unterrichtsfach RUSSISCH nämlich schon ein — mit unserer Meinung hinter dem Berg halten, denn unser Russischlehrer war ein gefürchteter Mann, der, wie es sich später herausstellte, die Sprache selber unter traurigen Umständen — er wurde 1945 als Sechzehn- oder Siebzehnjähriger wie so viele Banater Burschen und Mädchen zur Zwangsarbeit in die Sowjetunion deportiert — erlernt hatte.

Wir fürchteten ihn und den Unterricht, wurden wir doch mit ungewöhnlichen Buchstaben konfrontiert. Das schien schwierig, und wir mühten uns ab mit der Schreibung, mit dem holprigen Lesen und ...

Doch je mehr wir davon mitbekamen, was da allerhand drinnensteckte, desto aufmerksamer wurden wir, wenn unsere serbisch sprechenden Spielgefährten mit ihren Eltern oder Geschwistern in ähnlichen Tonarten quasselten.

Nun, es ging vorwärts mit dem Russischlernen, schwierig zwar, doch es ging.

Eines Tages hatten wir ein Lesestück zu bezwingen, das den geheimnisvollen Titel "Tschudesnüy dom" (zu deutsch: "Sonderbares Haus") trug. Es handelte von einem Mähdrescher, der eben als ein *sonderbares Haus* dargestellt worden war.

Sonderbar war aber auch *mein* Verhalten in jener Russischstunde. Denn als es plötzlich hieß "dalsche!" (d. h. weiter!) schaute ich etwas verdattert drein, weil ich den Faden verloren hatte, obwohl ich dem Unterricht regelrecht gefolgt war. In Erwartung einer Donnerorgie, die auf mich doch nun herabgehen hätte müssen, stand ich gleich einem Häufchen Elend da, bereit, alles über mich ergehen zu lassen. Doch es geschah nichts dergleichen. Unendlich tiefe Stille überschwemmte die Klasse, und nach einer langen Pause raunte der Gewaltige: "Dama, Idi na tschjort!" (d. h. "Geh zum Teufel!") Dieser dürfte mich in jenem Augenblick wohl geistig geritten haben, denn, wie aus der Pistole geschossen sprudelte, unbewußt natürlich, nur gefühlsmäßig, meine Antwort: "Idite wü!" (Gehen Sie doch!")

Der Gewaltige blieb offenen Mundes, und ich erahnte es, es mußte etwas Fürchterliches gewesen sein, was ich da als Antwort hervorgezaubert hatte.

Er mußte damals wohl einen seiner seltenen guten Tage erwischt haben, denn plötzlich umspielte ein breites Lächeln seine wulstigen Lippen.

"Ich habe dich zum Teufel geschickt, und du hast mir gesagt, daß ich dorthin gehen solle", übersetzte er bereitwillig mit seiner sonorigen Stimme.

Der Raum drehte sich, ich wurde kreidebleich und erinnerte mich nur noch daran, daß ich eine Entschuldigung hervorstammeln konnte.

"Setzen! du Teufelskerl", zischte er mich an.

Die Zeit bis zur rettenden Glocke mag mir damals wie eine Ewigkeit vorgekommen sein.

Später, als ich bereits selber unterrichtete und der Gewaltige als Direktor gleichzeitig mein Kollege und Vorgesetzter war, erinnerten wir uns des öfteren voller Amüsement dieses Vorfalls.

Der letzte Weihnachtsabend

Graue Schleier pirschen über die plattgedrückte Heide und schleichen um die vereinsamten Baumkronen, die heute krähenleer dahinfrieren, denn der eiskalte Nordostwind hat in den letzten Stunden kein Aufatmen der eingeschüchterten Sonnenstrahlen zugelassen.

Eingeschüchtert schlängelt sich auch die aalglatte Landstraße an brachliegenden Feldern hilfesuchend, doch nie enden wollend, vorbei und raunt das Lied von der Einsamkeit.

"Heuer ist noch kein Schnee gefallen, zur Weihnachtszeit", meint trokken der Beifahrer und dreht sich zu der im Fond des Wagens sitzenden alten Frau um, deren ausdrucksloser Blick über die sanfte Landschaft zu gleiten scheint.

Aus dem Fond des Wagens ist keine Antwort zu vernehmen.

Zwischen Gepäckbarrikaden sitzt die Frau eingeengt und stiert durch das halbvereiste Fenster in den weihnachtsheischenden Spätnachmittag. Ihre Gedanken winden sich in die verborgensten Ecken ihres Gehirns und kratzen ERINNERUNGEN hervor. Denn es gibt deren hinreichend, wenn man auf die Achtzig zugeht, den Mann vor vier Jahren beerdigen mußte und ... jetzt unterwegs in ein fremdes Land ist.

Eingefroren scheinen ihre Augen, doch das Hirn pendelt zu den Kindheitserinnerungen in einer großen Bauernfamilie, in der die Mutter als 26jährige Verwitwete vier Kinder aufzog und sich für diese völlig aufopferte, auf alles verzichtete, auf eine Wiederheirat, auf eine ...

"Die eigenen Kinder", erinnerte sich plötzlich die Frau, "ja, die sind überall verstreut: im Schwarzwald, in Wien, in meinem zurückgebliebenen Zuhause ... Mich haben sie auf die lange Reise geschickt, mich wollen sie losreißen von dem Stück, das sich in jeder Menschenbrust als HEIMAT festgenagelt hat ... Warum? Warum habe ich eingewilligt, mich der Fremde auszuliefern, dem, was mir hoch und heilig war und noch immer ist, den Rücken zu kehren?!"

Und nie endet die Landstraßensymphonie der müden Räder, die vom keuchenden Motor angetrieben, stets neuen, uninteressanten Zielen entgegeneilen.

Langsam sinkt das Dunkel nieder und frißt sich in Weg und Flur. Die Kälte zieht an, und der apere Feldboden stöhnt unabläßlich vor sich hin, als wolle er die geplagten dahineilenden Reisenden um einen Mitleidsblick erleichtern.

"Ich hätte es nicht tun dürfen", flüstert die Alte vor sich hin, "ich hätte stark bleiben sollen" ... Doch wer bleibt schon stark, wenn er in der Achtzigerschwelle dahinpendelt?!

Sie sieht, malerisch und zufrieden, das Haus, in dem sie einige Jahrzehnte gelebt, gearbeitet, nein, geschuftet hatte, den Hof, den Garten mit seinen exotischen Kostbarkeiten, den Gemüse- und Weingarten mit seinem unentwegten Arbeitsgebrüll, nunmehr in fremde, unerfahrene, rohe Hände gleiten, denen vermutlich bei jeder Berührung mit dem unsanften Dorn einer angegriffenen Rose die Geduld reißen wird, um die Königin des Gartens dann zu entthronen ... Nein, nein, nicht weiterdenken, sie muß jetzt auf andere Gedanken umsatteln, sonst wird sie die zwanzigstündige Reise wohl nicht durchhalten können ...

Doch der Weihnachtsabend läßt sich nicht so leicht verdrängen; wohl versuchten die Kommunisten, ihn zu deplacieren, um am Jahresausklang "Väterchen Frost" zu feiern, doch in ihrer Familie, im Verwandten- und Bekanntenkreis, wie in der gesamten Bevölkerung ihres Herkunftsortes, blieb man streng religiös, denn was die Wurzel schlägt, vermag der Wind, selbst der Sturm nicht zu knicken. Biegen schon, knicken aber nicht ...

Inzwischen lugt die Nacht aus drohenden Augen hervor. Die Scheinwerfer des PKW durchbrechen die Dunkelheit und wagen es, sich weiter, immer näher an den Grenzkontrollpunkt vorzutasten. Überall Kontrollen auf der Landstraße. Kaum war man ein paar Kilometer vorwärtsgekommen, erhebt sich erneut ein Leuchtzeichen in der Finsternis: anhalten, Paßkontrolle, überflüssige Fragen. Die können die Papiere und die Identität wohl überprüfen, doch eines können sie nicht: den Gedankengang der alten Frau durchleuchten. Apathisch verfolgen die müden Augen das Geschehen rundherum. Ihre Gedanken aber schwenken zurück, stets zurück, wo die Räder doch vorwärts drängen ...

Das Grenzstationsgebäude gähnt verschlafen in die Heilige Nacht. Kein Betrieb, nur gelangweilte Gestalten schlendern, uniformtrunken und wichtigtuend, vorbei.

Die Abfertigung verzögert sich. Der Motor des PKW muß abgestellt werden. Die Kälte beginnt nun auch im Wageninneren zu beißen, doch die wohlsorglich mitgenommenen Decken tun das ihrige.

Nicht enden wollende Gedankengänge bemächtigen sich herrscherisch des geplagten Gehirns der alten Frau ... Jetzt, wo in fast allen Wohnungen die Kerzen am Christbaum angezündet werden sollten, die Geschenke bereitgelegt und die ganze Familie um den Baum in Eintracht versammelt sein mußten, jetzt sitzt sie da, in einem pausenbedürftigen PKW eingebunkert, an einer gottverlassenen Grenzstation, und weiß nicht, ob Vergangenheit oder Zukunft ihre Gegenwart zu sein hat.

Wohin haben sich die vielen Jahre verirrt, als allemal am Heiligen Abend alle Schäfchen versammelt um den eigenen Herd lagern konnten...?! Das Mütterchen wollte die Kinder stets beisammenhalten, doch die strebten in verschiedene Richtungen aus, jedes wollte und mußte das Leben irgendwie, auf seine Weise, gestalten. Und sie?

Nun sitzt sie da ... Allein!

Die Männer, Fahrer und Beifahrer, sind inzwischen ausgestiegen und haben sie in und mit ihrer Gedankenwelt völlig allein gelassen. Nun kommen sie aber endlich wieder zurück zum Wagen.

"Es geht weiter ..."

Widerspenstig springt der Wagen an. Die lange Reise liegt noch vor ihm. Der Fahrer ist sichtlich erleichtert, als sie den Schlagbaum passiert haben ...

Die alte Frau dreht sich um: Der Schlagbaum geht nieder, eine Bewegung, seine einzige Bewegung, die er jahraus, jahrein auszuführen hat.

Für die Frau hat diese e i n e Bewegung symbolischen Charakter, denn sie hat soeben etwas verloren, für immer verloren, das, was ihr teuer und heilig, so heilig wie dieser Heilige Abend, ohne Christbaum und ohne Mitternachtsmette. Sie hat ihre Bodenständigkeit, sie hat die HEIMAT verloren.

Dieser Begriff ist für sie weder ein ethnischer noch ein politischer. Er bedeutet für sie das Grab, in dem seit Jahren ihr Mann liegt, das Haus als trautes Heim, das Umfeld, ihre kleine Welt. Und jetzt sitzt sie da und wird der großen Welt entgegengerollt.

Christnacht in einer unchristlichen Zeit, in einer Zeit, in der alles Kopf steht.

Die Frau begreift die Welt nicht mehr. Ob da ihre zum Himmel gestoßenen Gebete etwas fruchten werden?!

Eines bestimmt: Der Wille zu leben und zu überleben wird, gestärkt durch die Bedeutung des Heiligen Abends, stärker sein als der Abschied für immer von einer Welt, die nur noch Trug und Schein darstellt ...

Der Wagen fährt durch das erste Dorf hinter der Grenze. Weihnachtsglocken rufen zur Mitternachtsmette. Die Gassen werden lebendig; scharenweise streben die Menschen der Kirche zu.

Hungrige Tränen kollern über die Faltenwangen der alten Frau: Sie betet und weint.

Und einsam rollt der Wagen durch die Heilige Nacht einer ungewissen Zukunft entgegen.

Irene Decker
Hatzfeld — Bonn

Irene Decker wurde am 24. August 1910 in Hatzfeld (Banat/Rumänien) als Tochter des Hutfabrikanten Robert Decker geboren. Besuchte das lokale Deutsche Realgymnasium, unterbrach nach der Mittleren Reife den Schulbesuch. Daraufhin beschloß sie, Schriftstellerin zu werden. 1938 lernte sie den berühmten Karansebescher Schriftsteller René Fülöp-Miller kennen, der öfter als guter Freund zu Gast bei ihrer Familie war. Er entdeckte ihr Schreibtalent und ermunterte sie zur literarischen Arbeit. Der Eiserne Vorhang unterbrach diese Verbindung endgültig. (In einem zur Veröffentlichung bereitstehenden Band Erzählungen "Interludium" beschreibt sie diese Beziehung.) Während Krieg, Flucht und Stalinismus Kampf um die Existenz, sie mußte ihre Familie ohne jedwedes Einkommen ernähren. Ihr Exehemann war politisch verhaftet und starb nach sieben Jahren Haft. Im Januar 1971 wanderte sie aus Rumänien in die Bundesrepublik Deutschland aus und lebt seitdem in Bonn. Tochter und Sohn holte sie höchst umständlich nach Jahren nach. In Heimatzeitungen wie "Der Donauschwabe", "Banater Post" wurden in den 70er Jahren einige ihrer Erzählungen veröffentlicht, manche in Fortsetzungsform: "In der Stadt sind Russen", "Der Baragan", "Stille Nacht in Rumänien". Anfang der 80er Jahre war sie jahrelang Mitarbeiterin bei "Das Donautal Magazin": Redakteurin der Rubrik "Hatzfeld". Hier wurden auch einige Novellen und Kurzgeschichten gebracht. "Der Verdacht", "Genosse Oberleutnant Loewe" u. a. In der Halbjahresschrift "Geschichte, Literatur, Politik" erschien die Erzählung "Die Generalprobe". Unveröffentlichte Romane: "Rote Dornen" (erscheint demnächst im Oswald Hartmann Verlag), "Meine Fischersleute in Hellas" und Erzählungen. Schreibt unter dem Pseudonym **"Irene van Dekker"**, wie sich ihre Vorfahren vor 150 Jahren schrieben, bevor sie durch Ehefrauen eingefleischte Donauschwaben wurden.

An der Dnjeprbiegung

Vier junge Leutnants wurden vom obersten Befehlshaber in das ukrainische Dorf beordert, um es von Bolschewiken zu säubern. Es war ein leuchtender Septembertag des Jahres 1941. Nowo Kamenko lag unmittelbar am Dnjepr. Der Deutsche und die drei rumänischen Kameraden dienten als Reserveoffiziere in der rumänischen Armee an der russischen Front.

Damals konnten unsere jungen Leute noch nicht zur Wehrmacht übertreten, sonst hätte es der Banater Schwabe getan. Er hatte vor dem Ausbruch des Krieges gerade die Handelsakademie in Königsberg absolviert und war von allem, was deutsch war, schwer begeistert. Doch auch bei den Rumänen genoß er Ansehen, und der Oberst war — trotz des Altersunterschiedes und der verschiedenen Mentalitäten — sein persönlicher Freund geworden. Dessenungeachtet gab es Augenblicke, wo er sich verärgert sagte: "Ich werde es diesen Walachen zeigen, wie man das auf deutsch macht!" Nun, diesmal nahm ihn das Schicksal beim Wort.

Die vier marschierten auf Befehl samt Mannschaft und durchkämmten das Dorf an der Dnjeprbiegung von Haus zu Haus. Sie wurden ab und zu beschossen und antworteten ihrerseits mit MP-Salven. Sobald sie das gevierteilte Dorf von Bolschewiken gesäubert hätten, wollten sie sich an der Stelle wieder treffen, von der sie ausgegangen waren und gemeinsam zur Einheit zurückmarschieren. Die Kommandozentrale war einige Kilometer weit von dort entfernt. Nach einigen kleineren Kämpfen trafen drei der vier Offiziere mit ihren Männern ein. Der vierte war noch in ein Gefecht verwickelt, sie hörten heftige Schießereien aus dessen Viertel.

"Kommt! Wir müssen ihm helfen, der Mann wird allein nie damit fertig!" sagte der Deutsche.

"Es tut mir leid, ich habe Familie zu Hause", sagte der eine, "wir haben unseren Befehl ausgeführt, das übrige liegt nicht in unserem Pflichtbereich!"

"Ich habe auch Familie!" ereiferte sich der andere. "Ich schlage vor, wir fahren schleunigst zur Einheit zurück und bringen Verstärkung."

"Nun, Ihr seid mir schöne Kameraden! Der arme Kerl zwingt das nicht allein, er ist in ein Nest hineingeraten, wir müssen uns beeilen! Bis wir zurückkämen, wäre er samt Mannschaft erledigt! Benehmt Euch!"

"Reiner Selbstmord!" reagierten die beiden. "Wenn du Lust dazu hast, mach' es allein. Wir haben unsere Pflicht getan", fügten sie bedauernd hinzu.

"Schön!" sagte der Deutsche entsetzt, "auch ich habe meine Familie, trotzdem kann ich Euch zu der Einstellung nur gratulieren! Männer, wer von Euch kommt freiwillig mit mir, um die Kameraden zu befreien? Wir dürfen sie nicht einfach im Stich lassen! Wer hat den nötigen Mannesmut?

Jedem von uns hätte das passieren können! Wie hätten wir uns denn dann zum Problem gestellt?"

Die Mehrheit der Mannschaft trat stumm vor und folgte dem Deutschen, der von den Leuten geachtet und außerdem wegen seiner demokratischen Gesinnung besonders beliebt war.

Die Zurückgebliebenen hörten noch eine Zeitlang das Rattern der Gewehre. Dann war nur noch Hundegebell zu vernehmen vom Kriegsschauplatz.

Sie hatten nicht viel Verluste, doch der Deutsche blieb dort. Als der Oberst den Bericht bekam, bedeckte er das Gesicht mit den Händen, stützte die Arme auf den Schreibtisch, und seine Schultern zuckten.

"Er war nicht nur mein bester Offizier ...", vermochte er noch zu sagen, leise und gequält, bevor seine Stimme ganz versagte.

Exodus der Schwaben aus dem Banat

Anfang des Jahres 1944 konnte man in Hatzfeld, dem rumänisch-jugoslawischen Grenzstädtchen, nicht mehr ausgehen, ohne Erschütterndes zu sehen. Uns war bewußt geworden, daß der Krieg einen ungünstigen Ausgang nehmen würde, und jedermann trachtete für sich und seine Familie, eine annehmbare Lösung zu finden. Jene, die sich zum Hierbleiben entschlossen hatten, mieteten eine Zweitwohnung, möglichst weit vom Heim, um Wertgegenstände unterzubringen, oder sie schafften diese zu Freunden und Bekannten. Man half sich gegenseitig und war solidarisch.

Ich brachte soeben Wäsche und Hausrat zu einer Freundin zur Aufbewahrung. An der Ecke vor der alten Holzschen Apotheke stand ein Trupp Militär in undefinierbarer Uniform, ich hörte Kommandorufe. Einige Passanten umringten ihn interessiert. Es wurde geflüstert: "Das ist Horia Sima, wenn der sich zurück ins Land wagt, dann hat er etwas vor! ... Das sind die von Antonescu verjagten Eisengardisten!" Schon im Sommer waren Panzerwagen mit deutscher Mannschaft in Tarnuniform hier durchgefahren.

Beim Anblick der endlosen Militärkolonnen wurde allgemein gemutmaßt: "Die kommen aus Griechenland ... Rückzug ... Die jugoslawische Grenze ist offen, alles strömt dort zu. Links Richtung Julia Major, rechts Richtung Großkikinda ... Niederlage ... Kapitulation ..." Jeder sprach vom Flüchten, keiner wußte wohin. Das eine war klar: Richtung Westen!

Es kann der zehnte September gewesen sein, ich stand vor unserer Villa mit einer Nachbarin und sprach über diese schlimme Lage. "Du, Margarete! Was ist das dort?" fragte ich, auf eine weitentfernte Schlangenform deutend, die auf einem Landweg vorwärtsstrebte und in eine Staubwolke gehüllt war.

"Seit dem Morgengrauen kommen ständig ganze Dörfer vorbei", antwortete sie. "Schau mal, die Karawane dort hinter der Mühle ist Gertjanosch, dort rechts die Lieblinger. Am nächsten Weg biegen die Lenauheimer ab. Dahinter Gottlob. Man erkennt sie nach dem Weg, woher sie kommen. Ich kenne hier alle Wege, weil wir ständig zu unseren Feldern und zur Pußta hinausfahren. Je ein ganzes Dorf flüchtet, außer wenigen Alten. Ihr Hab und Gut haben sie auf Pferdewagen geladen. Und Kühe haben sie auch dabei."

"Herrgott!" stotterte ich mit würgender Kehle, "Völkerwanderung! Wie wird das nur ausgehen? Flüchtet Ihr auch?"

"Nein! Wir haben uns entschlossen zu bleiben."

"Wir ebenfalls. Komme, was wolle!"

Wir standen am Grabatzer Weg, der entlang unseren Häusern führte. In der Ferne sahen wir die Karawanen aus den genannten Richtungen kommen.

"Da müssen die Verwandten meines Bruders aus Grabatz auch mit dabei sein", sagte ich erschrocken. "Die Kriegswitwe und die kleine Renate. Mein Gott! An diese Möglichkeit habe ich noch gar nicht gedacht! Die müssen ja hier vorbeifahren! Ich warte. Gott, o Gott!"

"Dort kommt Kleinjetscha", stellte Margarete fest. "Dort rechts, siehst du? Drüben sind die Groß- und Kleinkomloscher! Dahinter kommen die Lowriner. Im Schneckentempo. Die Männer geh'n zu Fuß, um die Pferde nicht zu belasten."

"Wo ist nur Stefan Jäger, unser Hatzfelder Maler, der das überdimensionale Einwanderungs-Triptychon gemalt hat, von dem in kaum einem Banater Haushalt eine Reproduktion fehlt?" fragte ich nostalgisch und mit Galgenhumor. "Das Bild, das sich da zeigt, müßte ihn inspirieren! Margarete, ich werde gleich zu weinen anfangen, und ich weiß nicht, ob ich überhaupt je aufhören kann. Du weinst ja auch. Schon die ganze Zeit! Ach, Stefan Jäger! Er ist gewiß nicht mitteilsam und doch machte er mit mir eine Ausnahme: Ich glaube, er mochte mich, während ich ihn bewunderte. Kennst du das Porträt, das er von mir gemalt hat? Während der Arbeit durfte ich kein Wort sprechen, auch das Bild während der Gestaltung nicht ansehen; nur nach der Fertigstellung und dann erst, als er es verpackt nach Hause geschickt hatte. Glaubst du, er würde jetzt den Exodus der Schwaben aus dem Banat malen? So etwas Grausames wie das Bild heute hier hat noch nie existiert! Nach etwa zweihundertfünfzig harten Jahren!"

"Du lieber Gott! Grabatz ist im Anzug!"

Die immer näherrückenden Wagen waren mit Strohmatten gedeckt wie bei Wanderzigeunern. Eine Kuhherde wurde von einigen Männern getrieben.
"Die reichen Schwaben! Die fleißigen Schwaben! Alle Großgrundbesitzer, vom Vater zum Sohn. Seit vielen Generationen vererbtes Vermögen. Jetzt fahren sie ins Ungewisse! Die jungen Männer sind entweder eingerückt oder gefallen", dachte ich verbittert.
Ganz wenige Männer waren dabei, Alte, Kranke und Kinder saßen verpackt auf den Wagen. Nun weinte ich ohne Hemmung, daß es mich nur so schüttelte, weil ich die Tragödie von so nahe erlebte. Alle Fuhrwerke waren mit Matratzen, Federbetten und Decken vollgeladen. Die Kleinkinder schliefen auf den Schößen ihrer Mütter. Dort! Ja. Dort! Das waren die Unseren! Ich lief ihnen entgegen, doch sie konnten nicht anhalten! Wenn ich mit ihnen reden wollte, mußte ich schon ein Stück mitgehen.
"Mischi!" rief ich dem Vater meiner Schwägerin zu, "um Gottes Willen! Seid ihr alle hier? Wohin wollt Ihr eigentlich? Muß das sein?"
"Wir können ja nicht allein im Dorf bleiben!" sagte er verzweifelt. "Alle ziehen wir einem unbekannten Ziel entgegen. Unser Sohn ist in Wien an der Akademie. Wir hoffen, ihm zu begegnen." Ich schaute in einen Wagen hinein, wo das Kind meines gefallenen — einzigen — Bruders schlief.
"Nein, nicht wecken, es erschrickt nur, wenn es uns alle weinen sieht. Vielleicht sehen wir uns wieder! Lebt wohl! Gott sei mit uns allen!"
Lange blickte ich ihnen nach, bis auch der letzte Wagen aus dem Blick entschwand.
Junge Hunde liefen in Horden den jeweiligen Dorfkolonnen nach, und unter jedem Wagen trottete je ein alter Hund. "Wir können sie nicht wegtreiben. Öfter haben wir sie zurückzuscheuchen, festzubinden oder einzusperren versucht, sie brechen aus, schleichen uns nach, jeder Hund folgt seiner Familie instinktiv", erzählten die Nachkömmlinge.
"Oh ... Stefan Jäger, Stefan Jäger", sagte ich im Geiste, weinend noch. Das müßtest du alles festhalten!"
Und ich weinte und weinte ... wegen der wackeren Schwaben, des sinnlosen, verlorenen Kriegs, der Trennungen, der Liebe, der endlosen Karawanen des Elends, wegen Stefan Jäger, wegen meines Bruders, der Kinder und Witwen auf aller Welt, der Alten und Jungen, der Soldaten und schließlich auch wegen der Hunde. Wegen des überall schleichenden Todes und dieses niederträchtigen Lebens — hier und überall ...

Besuch in der Gefängnisstraße

Nachdem wir die Postkarte vom Boten in Empfang genommen hatten, mußte die gesamte Familie herumrätseln, um den Inhalt in etwa zu begreifen. In den Jahren, als meine beiden Kinder bei besonderen Anlässen am Marktplatz zusammen mit ihren Lehrern "Stalin, Stalin, Stalin" schreien mußten, in der Stadt im Altreich, wo wir notgedrungen vegetierten, wurden wir Experten im Entziffern. Die Karte kam von meinem geschiedenen Ehemann, dem Vater meiner Kinder, ohne Absender. Der Poststempel verriet nur das Absendedatum, während anstelle der Ortsangabe eine unbekannte, fiktive Benennung figurierte.

Aus dem Inhalt wurden wir vorerst nicht klug: "Meine Lieben! Bin auf der Durchreise nach dort, wo Euer Nachbar verweilte, und falls es mir beschieden sein sollte, Euch nochmals wiederzusehen, werde ich der glücklichste Mensch sein. Seid herzlichst geküßt von Eurem Vater."

Nachdem wir nach dem Umsturz fluchtartig ins Altreich Rumäniens übersiedelten, in der Hoffnung, hier eine Existenz zu gründen, welcher Versuch durch die Verstaatlichungen scheiterte, verblieb mein Exmann nach der Scheidung in Temeschburg, wo er als Polizeichef über das Banat fungierte. In der Zwischenzeit beantragte er seine Pensionierung.

"Ich hab's" rief unser Sohn aufgeregt, "als Vater zu Besuch hier war, erzählte ich ihm, daß unser Nachbar, Kapitän Ionescu, nur weil er während des gewesenen Regimes aktiver Offizier war, verhaftet worden ist."

"Das heißt, daß unser Vater auch verschleppt ist." Das Mädchen weinte.

"Nun, das ist noch kein Grund zu verzweifeln. Warten wir's ab, warten wir's ab", sagte ich begütigend, aber ohne viel Zuversicht.

"Ich gehe jetzt vorerst zu Frau Ionescu hinüber und frage sie, wo sich ihr Mann gegenwärtig befindet", fügte ich hinzu und wollte zur Tür hinaus.

"Das wird sie dir nicht verraten", prophezeite meine Mutter.

"Du weißt genau, daß wir alle unseren eigenen Schatten fürchten."

"Wenn wir nicht feige Hunde wären und uns nicht alles gefallen ließen, könnten die Machthaber nicht so gemein an uns handeln", tobte ich nun gereizt. "Der Westen wird uns befreien! Weiß Gott, wie! Vielleicht fallen eines Tages Fallschirmjäger vom Himmel! Churchill sieht ein, daß die Weltmächte nicht das richtige Schwein geschlachtet haben."

"Mutter, du mit deinem ewigen Optimismus! Uns kann niemand mehr helfen. Wir sind unterjocht. Diese Bande wird die ganze Welt schlucken. Himmelschreiend, sie sind doch in Berlin!" sagte der kaum vierzehnjährige Junge.

"Ich glaube gleichfalls, daß Frau Ionescu, auch wenn sie von ihrem Mann Bescheid weiß, dies verschweigen wird", mischte sich das Mädel ins Gespräch. "Ich sah sie gestern bei der Zwangsarbeit sich mit Riesensteinen abrackern, die schwerer waren als sie selbst. So groß, wie sie ist — sie tut immer so überheblich —, hatte sie nicht den Mut, sich zu weigern, wie du es tust, beim Wegebau mitzuarbeiten. Sie ist zwar eine Rumänin. Auf unser Deutschtum wird immer gepocht ..."

Mein Sohn schluckte und gestand — die Gelegenheit nutzend — seine Furcht ein: "Danach werde ich auch immer gefragt. Die Muttersprache und die deutsche Erziehung können wir nicht leugnen. Doch vielleicht könntest du auch mitmachen, Mutti! Ich bin der Meinung, du müßtest beim Staat eine leichtere Arbeit suchen, um weiteren Schikanen zu entgehn, jetzt wo Vater ... Ich werde ständig zum Schulrat gerufen und gefragt, womit wir unseren Lebensunterhalt bestreiten."

"Interessiert mich nicht! Wir verkaufen unsere Wertgegenstände, und damit basta!" rief ich zornig. "Und Deutsche bleiben wir!"

"Wertgegenstände zu besitzen, ist auch ein Verbrechen. Hast du denn noch immer nicht genug von Hausuntersuchungen, Geheimpolizei und Ähnlichem?" wagte das Mädchen nun einzuwenden.

"Schluß damit! Wir haben die Sachen nicht gestohlen. Das kann ich wohl verantworten", sagte ich entschlossen, "Und jetzt gehe ich zu Frau Ionescu."

Die Nachbarin empfing mich nicht gerade herzlich, aber als sie die Ursache meines Besuches erfuhr, erklärte sie sich bereit, mir zu verraten, daß bei Erstverhaftungen die Nachbarstadt Pitescht in Frage käme. Sie lebe ständig unter Terror, seit ihr Mann abtransportiert wurde. Das abgekartete Spiel nehme kein Ende. Ich solle ihren Namen gegebenenfalls unter keinen Umständen nennen, bat sie mich, und es wäre zu überlegen, ob es im Moment nicht abgebrachter wäre, die Dunkelheit abzuwarten und zwischen zwei leicht loszureißenden Brettern von ihrem Hof aus in unseren Garten hinüberzuschlüpfen, sie würde die Bretter morgens zurücknageln. Abends stehe neuerdings ein Spitzel vor dem Hause. Auch bat sie mich, von weiteren Besuchen Abstand zu nehmen.

Frühmorgens stieg ich aus der Eisenbahn und fragte die Fußgänger nach der Popa-Schapka-Straße.

Pitescht ist eine typische Stadt des Altreiches, mit fast orientalischem Charakter. Strotzt vor Schmutz und Gestank. Der Wind wirbelt Staub auf und weht Papiere vor sich her, angebissenes Obst, Melonenschalen, abgenagte Knochen und allerlei undefinierbares Zeug liegt herum. Die engen Straßen winden sich schlangenartig, und es wimmelt von lärmenden Bauern. Katzenkopfpflaster, Pfützen, Seifenwasser. Fast alle Fenster der alten kleinen Häuser sind von innen mit von der Sonne verblichenem lila Packpapier oder einfach mit Zeitungspapier zur Verdunkelung und zum Schutz gegen die Hitze versehen. Einige Treppen führen zu je einer kleinen Loggia, zum Eingang ins Haus. Zwei, drei Pfeiler stützen die gewölbte Decke dieses Zuganges, die den rumänischen Stil vertreten. Die Nebenstraßen wie auch die Häuser unterscheiden sich kaum voneinander.

Mein Gepäck wurde immer schwerer und lästiger. Die Riemen des Rucksackes drückten und rieben mir die Schultern wund. Ich mußte sie hin und her schieben zur Milderung der Schmerzen. Unterm Arm hielt ich eine zusammengerollte Wolldecke, die ständig hinunterzurutschen drohte. In beiden Händen mehrere schwere Pakete, deren Kordeln mir ins Fleisch schnitten.

Die Ochsenkarren ratterten faul durch die Stadt. Die Bauern schrien den Tieren wenig schmeichelhafte, mit Flüchen gewürzte Worte zu. Die Peitschenhiebe pfiffen unbarmherzig.

Doch das Ganze hatte eine eigenartige Romantik. In seinen "Opanken" als Fußbekleidung schritt das Bauernvolk Altrumäniens lautlos einher. Ein eckiges Hartlederstück wird am Fuß mit Lederriemen überkreuz bis zu den Knien festgeschnürt. Gehört zur Nationaltracht und wird von manchen Dörflern auch heute noch getragen. Es kamen Lastkraftwagen angefahren und hielten kurz, um je dreißig, vierzig Bauern in aller Eile aufzunehmen, die ein Indianergeschrei anstimmten und mit Affengeschwindigkeit hinaufkletterten. So konnten sie schnell und billig in irgendein Nebendorf reisen, im Stehen hielten sie sich brüllend aneinander fest. Die Fahrer riskierten es trotz Verbot, dem Trinkgeld zuliebe.

Die Bauern hatten ihre eingeflochtenen Krüge mit Zuika (Zwetschgenschnaps), den sie selbst brannten und der in keinem Hause fehlte, mit sich, und waren infolgedessen immer gut gelaunt. Der Kraftfahrer nahm bald aus dieser, bald aus jener Flasche eine Kostprobe.

Unter diesen Eindrücken wanderte ich bis zur Popa-Schapka-Straße, wo bei dem Anblick, der sich mir bot, meine Beine zu versagen drohten. Die breite Straße war bunt von lärmenden Menschen, so vollgelagert, daß ich mir unwillkürlich ans Herz griff. Alle waren mit Gepäck beladen wie ich selbst, und ihre weit aufgerissenen Augen richteten sich voller Grauen auf das Gefängnistor, wo zwei Soldaten mit auf uns gerichteten Maschinengewehren Wache standen und "Zurück! Zurück!" schrien.

Ich drängte mich nach vorne, so gut es ging, denn ich stieß auf energischen Widerstand, und da das viele Volk ungehemmt durcheinanderschrie, war es leicht zu begreifen, daß die hier Versammelten alle dasselbe Ziel verfolgten, nämlich zu erfahren, ob der jeweils politisch Verhaftete sich überhaupt hier befinde. Sie wollten alle ein Lebenszeichen dieses Angehörigen bekommen und die für ihn so notwendigen Sachen abgeben. Der Winter stand vor der Tür.

Von Stunde zu Stunde trafen Neuankömmlinge ein, und die ungeduldige, alarmierte Menschenmenge drohte nun das Gefängnis zu stürmen. "Zurück! Zurück! Zwingen Sie uns nicht zu schießen!" brüllten die Wachtposten ununterbrochen.

Den meisten Wartenden sah man die gute Herkunft an, wenn sie auch zerknirscht und zerknittert von der oft langen Reise waren, denn sie kamen aus allen Teilen des Landes angefahren. Jene, die schon mehrere Tage und

Nächte hier weilten, saßen in mitgebrachte Wolldecken gehüllt auf ihren Bündeln. Mütter, Gattinnen, Geschwister, Söhne und, weiß Gott, auch Freunde der Häftlinge.

Auf dem ersten Stockwerk des mächtigen Backsteinbaus befand sich ein einziges riesiges Gitterfenster, durch das wir allmählich vorbeihuschende Gestalten beobachten konnten, doch das Gefängnis lag weit im Innenhof. Einige Damen wähnten ihren Liebsten zu erkennen, was ihre Aufregung noch steigerte.

Eine auffallend schick gekleidete junge Dame — wahrscheinlich aus der Hauptstadt — entnahm ihrer Handtasche ein Fernglas, doch kaum hob sie es zu den Augen, wurde sie von zwei Zivilisten abgeführt. Sie stand zuvor unmittelbar neben mir, und der Fall mahnte mich zur Vorsicht.

Das Unterfangen der Tausende, die hier so zäh ausharrten, schien mir fast aussichtslos. Doch weder ich noch sonst jemand dachte an aufgeben.

Nachmittags zogen böse schwarze Regenwolken herauf und kündeten Gewitter an. Ein eiskalter Wind zerzauste unsere Haare.

Das alles erinnerte mich an die Baragan-Steppe, wo ich kürzlich Verwandte besucht und einen Orkan erlebt hatte.

Dort waren es die Deutschen, die von Kommunisten festgenommen worden waren zur Zwangsarbeit hinter Stacheldraht.

Diese Finsternis über uns! Wir waren in Gefahr naß zu werden. Jeder suchte in seinem Gepäck warme Sachen. Doch es konnte sich niemand dazu entschließen, seinen schwer eroberten Platz aufzugeben, in der Hoffnung, wir könnten aufgefordert werden, näher zum Gefängnistor treten zu dürfen. Doch nach einigen Minuten waren wir, ob unter Dach oder auch nicht, klatschnaß, denn der Wind trieb die Wasserströme nach allen Seiten.

Wir hockten mit tropfenden Haaren und Beinen da, als es zu dämmern anfing, und zitterten wie Espenlaub. In den Häusern der Gefängnisstraße konnten wir nicht um Obdach bitten, denn sämtliche Eingänge waren auf Befehl verschlossen.

Nach dem Gewitter brach die Nacht an. Sie verging bleiern schwer, denn wir waren weder lebendig noch tot, und ich glaube, unser Eifer allein hielt uns bei Kraft.

Als der Morgen graute, wurde das eiserne Tor knirschend geöffnet, und es rollten zehn, zwölf Kraftfahrzeuge aus dem Gefängnishof beladen mit Häftlingen noch in Zivilkleidung, die gegen alle Vorschriften durcheinanderschrien und die Namen ihrer Angehörigen riefen. Dieses Ereignis brachte auch in die soeben noch still vor sich hinbrütenden müden Menschen wieder Leben. Mütter riefen mit alten krächzenden Stimmen nach ihren Söhnen, Frauen die Namen ihrer Männer. Ein Häftling erkannte seine Frau und schrie durchdringend: "Elena!" Ein anderer ohrenbetäubend: "Mama!" Wieder andere eine Stadt oder den Namen eines berüchtigten Gefängnisses, beispielsweise "Jilava". Letzteres bedeutete sicheren Tod.

Mir rollten seit gestern die Tränen ununterbrochen, und jetzt schüttelte das Schluchzen meinen ganzen Körper. Ich fühlte mich mit dieser Menschenmenge so fest verbunden, daß ich mich nicht mehr bemühte, meine Haltung wiederzugewinnen. Wer nicht zu uns gehörte, der war einfach nicht da! Die Spitzel zählten sowieso nichts mehr!

Plötzlich sprang die Dame, die neben mir die Nacht verbracht hatte, mit einem wilden Schrei von einer alten, hier vergessenen Theke zu Boden und schrie markerschütternd: "Mircea, Geliebter!" Ich verfolgte sie mit dem Blick. Sie verlor in der Eile den einen Schuh und lief dessen ungeachtet hinkend, wie von Sinnen einer Kutsche nach, sprang auf den Bock, riß dem Kutscher die Zügel aus den Händen und kreischte wie besessen: "Zum Bahnhof! Schnell! Um Himmels willen, um Christi willen schnell! Wir müssen den Zug erreichen. Ich bezahle, soviel du willst. Schnell! Onkelchen, hab Erbarmen! Mensch, schnell!" Sie rang mit dem Mann, der vermutlich zu erklären versuchte, daß er seine Pferde sicherer in Gewalt habe als irgendein Fremder. Inzwischen wurde der Wagen bestürmt. Einige setzten sich auf den Schoß der anderen, und wieder andere klammerten sich an der Kleidung derer fest, die auf den Füßen der Sitzenden standen. Ein Mann hing in der Luft, denn er konnte sich nur mit einer Hand irgendwo festhalten und mit dem einen Fuß auf dem kleinen Trittbrett der Kutsche Platz finden. Von dem sich steigernden Lärm hoben sich die erschrockenen Pferde auf die Hinterbeine, sich gegen die Verfahrensweise, Lärm und Peitschenhiebe wehrend.

Neue Wagen fuhren heran, ebenfalls gewaltsam in Besitz genommen von wild zerzausten, nassen, schmutzigen Menschen, ebenfalls via Bahnhof. Autos, die nicht weiterkonnten, mußten anhalten, und das Geschrei vervielfachte sich. Ein Jüngling sprang auf den nackten Rücken eines vorgespannten Pferdes und hielt sich an dessen Mähne fest, um eventuell ein Winken des geliebten Vaters wahrzunehmen, vielleicht das letzte. Die nun weniger bevölkerte Gefängnisstraße war voller umherrollender Äpfel, Kissen, allerlei Sachen, die mit viel Liebe, Opfer und Mühe herangeschleppt worden waren ...

Es war am dritten Tag nach meiner Ankunft, als wir dazu aufgefordert wurden, einzeln bis zu einer gewissen Distanz vorzutreten und die Pakete abzugeben.

Wir sollten uns beim Ausgang des Gefängnisses aufstellen, also in der Parallelstraße, und des Kommenden harren. Wer aufgerufen würde, erhalte die Bescheinigung mit der Unterschrift des betreffenden Sträflings und könne gehen, wer nicht, bekomme nachher seine Sachen zurückerstattet, hieß es.

Erneut wurde es stockfinster, bis wir aufgerufen wurden. Ich war erstaunlicherweise unter den ersten. Beim matten Schein der Straßenbeleuchtung konnte ich die wohlbekannte Unterschrift entziffern. Das Glück, ihm Freude bereitet zu haben, schien mir köstlicher als all die Zärtlichkeiten in unserer Jugend. Was zählte da noch eine gerichtliche Ehescheidung?

Sieben Jahre wurde mein Exgatte von Gefängnis zu Gefängnis geschleppt zusammen mit Tausenden anderen politischen Häftlingen. Oft bekamen wir monatelang kein Lebenszeichen, und der Rundfunk brachte des öfteren die Nachricht, er sei tot. Dies verheimlichte ich vor den Kindern, und es war gut so, denn nach Verlauf einiger Monate bekamen wir jeweils tatsächlich, wie ich es insgeheim gehofft hatte, aus irgendeinem unbekannten Ort, in dessen Nähe sich ein geheim gehaltenes Gefängnis befand, eine Karte, und es wurde uns wieder gestattet, die monatlichen Pakete zu versenden. Jedoch niemals ohne Zweifel, ohne Furcht.

In Temeschburg fand nach der Freilassung der Prozeß statt, bei dem der Richter nicht den Mut hatte, zu fragen: "Weshalb war dieser Mann sieben Jahre lang inhaftiert? Es liegt keine einzige Anklage gegen ihn vor."

Daraufhin folgten einige Monate Krankenhausaufenthalt, Rehabilitation, Mindestrente, Tod.

Auf meine Anfragen bei den behandelnden Ärzten bekam ich die eindeutige Erklärung: "Kein einziges gesundes Organ. Sieben Jahre. Sagt das nicht alles?!"

Bei seiner Bestattung war nur ein kleiner Freundeskreis zugegen. Hinter dem Sarg ging ich mit unseren beiden Kindern, die inzwischen erwachsen waren.

Unter dem Einfluß des Erlebten, trotz gescheiterter Ehe, woran ich mich selbst für unschuldig — oder doch schuldig? — hielt, schrieb ich ihm einen Liebesbrief — und ließ ihn verstohlen in den Sarg gleiten.

Jakob Dietrich
Grabatz — Karlsruhe

*Jakob Dietrich (Pseudonym: "**Theodor Alzinger**") wurde am 2. Juli 1924 in Grabatz (Banat/Rumänien) geboren. Vater: Landwirt Michael Dietrich, Mutter: Magdalena, geborene Klein. Gymnasium in Hatzfeld 1936-37, Realgymnasium Temeschburg 1937-40, Ackerbauschule Wojtek 1940-42. Kriegsteilnahme nach Einzug zum Deutschen Heer 1943-45 mit dreimaliger Verwundung. Nach amerikanischer Kriegsgefangenschaft 1946 zurück nach Grabatz; dort Landwirtschaftstechniker von 1948-51 bei der Grabatzer Staatsfarm. Baraganverschleppung von 1951-56 in Mazareni, nahe Braila. Dort Landwirtschafts- und Verwaltungstechniker. Nach der rechtlichen Rehabilitierung der Verschleppten 1954 blieben jedoch ihm wie auch seiner Frau die Bürgerrechte weiterhin versagt. 1956-58 Verwaltungstechniker im Landwirtschaftlichen Staatsunternehmen Grabatz. 1958 wegen politischer Unzuverlässigkeit zum Landwirtschaftstechniker herabgestuft. 1962-84 Baustellenleiter im Staatlichen Landwirtschaftsunternehmen Grabatz und Bauaufsicht bei den Trusts in Großsanktnikolaus und Temeschburg. 1984 Übersiedlung in die Bundesrepublik Deutschland, Karlsruhe; seit 1985 Vorsitzender des "Kreisverbandes der Banater Schwaben" und der "Heimatortsgemeinschaft Grabatz". Die meisten seiner Gedichte entstanden während der Baragan-Verschleppung, wurden aber erst in der Bundesrepublik Deutschland veröffentlicht, in seinem bisher einzigen Buch, dem Lyrikband "Damit dies wüste Land zur Heimat werde". In Vorbereitung ist ein Buch über seinen Heimatort Grabatz.*

Zur Donau

Zur Donau, zur Donau, ohn Dolche und Degen,
im heißsehnend Herzen die Hoffnung wir hegen
nach Friede und Freiheit, nach Frohsinn und Freude,
drum waltet zu wagen den Weg in die Weite.

Wo wogende Wellen da wallen in Wonne,
um scheidende Schiffe im Scheine der Sonne,
und Lieder, so lieblich entlocket der Leier,
erschließen im Schlummer verschlossene Schleier.

Und führen uns fort in befreiende Ferne,
zu stählen das Streben, zu stürmen die Sterne,
im Herzen die Heimat in heiliger Helle,
so schwöret ihr Schwaben den Schwur an der Schwelle.

Ährenfelder

Das Gelb des Sommers fährt durch die Gewannen,
hat wie ein Netz sich fächrig ausgebreitet,
Idyll, an dem sich Sinn und Auge weidet
im Sonnengold der rauhen Weizengrannen.

Die Halme tragen schwere, volle Ähren,
die festlich sich im Hochzeitskleide zeigen,
vom Wind getrieben erdetief sich neigen,
als gälts den Boden, der sie trägt, zu ehren.

Der Sonne Glut liegt überm Halmenwalde
und sendet immer neue Strahlenblüten,
mit ihrem Feuer warm die Brut zu hüten,

daß in dem Samen sich der Keim entfalte;
denn morgen schon soll dieses Meer von Ähren
gebräuntes, lebensfrisches Korn gebären.

Braunes Brot

Brot, braunes Brot, du Brot aus schwerer Zeit,
o Brot, du heilger Preis der schwarzen Scholle,
die Urkraft zeugte dich, die übervolle,
mit Tränen, Mühe und Verbissenheit.

Du flößtest Kraft in müde Siedlerhände,
du gabst den Glauben den Verzagten wieder,
aus dir erwuchsen helle Hoffnungslieder,
die Morgenröte zu der Schicksalswende.

Brot, braunes Brot, du Brot aus frühen Jahren,
erkenntnisreiches Ziel zum Wunderbaren
mit rauher Krume und mit harter Rinde.

Und grobe Hände, die wie ein Gebinde
aus frischen Blumen zärtlich dich umhegten,
vertraut dich in den Schoß der Treue legten.

Distel

Ein stachelvolles Unkraut bist du nur,
doch zaubern deine violetten Blüten,
die Bienen, Wespen eifersüchtig hüten,
ein Stimmungsplätzchen lebender Natur.

Betäubend wirkt dein schwerer Blütenduft,
und eingehüllt im weichen Flaum sich wiegen
im Winde deine Samen, hasten, fliegen
wie weiße Schmetterlinge durch die Luft.

Du bist gehetzt, der Hacke Schneide
dein Feind ist; rauhe, große Bauernhände
verwehren dir durch Jahre Blüten, Samen,

doch Wurzeln, die Besitz vom Boden nahmen,
stehn harrend stets, daß sich ein Lichtblick fände,
der voll den Sommer wieder dir bereite.

Feierabend

Mit Glockenklang im Dämmergrau der Heide,
so schließt der Tag die müden Augen zu;
zum Schlafe, zu ersehnenswerter Ruh
ermahnet weisungsvoll das traut Geläute.

Die letzten Wagen trabend heimwärts ziehen,
verspätet von dem Werk im Ährenmeer;
der Tag war glühend heiß, der Tag war schwer,
doch gabenreich an freudevollem Mühen.

Gespensterartge Schatten an den Wänden
erstehn vom zitterhaften Talglichtschein,
und viele Augenpaare, groß und klein,
sie danken für das Brot aus Vaters Händen.

Aufgeweichte Straßen

Kein Stückchen mehr von festgefahrnen Wegen,
wie aufgedrossen, wie ein Pfuhl die Straßen,
und Spuren tief sich in den Boden fraßen,
ermuntert, angestachelt von dem Regen.

Es mühet sich ein Viergespann der Pferde,
um flott zu machen den beladnen Wagen,
der eingesunken nach den Nässetagen
gleich achsentief in aufgeweichte Erde.

Und Kinder, Greise stumm am Wege bleiben,
zu schauen teilnahmsvoll das rührig Treiben,
wie Bauernhände fassen in die Speichen

und so den müden Pferden Hilfe reichen,
gemeinsam Kräfte schonungslos entfalten
im steten Kampfe mit Naturgewalten.

Heidezauber

Wenn machtvoll drängt im Lenz das junge Grün
und strebt zur Helle, steil zum Lichte hält,
erwacht der Heide zarte Zauberwelt,
wo tausend wundersame Blumen blühn.

Wenn das Gesumme all der Bienen hallt
und wie Gedröhn erfüllt die klare Luft,
geschwängert von Akazien-Lindenduft,
kein Künstler, der dies Bild so wahr dir malt.

Wenn Vogelzwitschern schallt von Baum und Strauch,
vertraulich still der Tau am Morgen fällt,
lebt auf der Tropfen, der die Strahlen bricht,

mit Silberglitzern hell im Sonnenlicht,
und flimmert wie verzierter Märchenhauch
und krönet die erwachte Zauberwelt.

Es war die Hoffnung

Es war die Hoffnung, die den Ahn bewogen,
zu schenken diesem Lande sein Vertrauen,
um hier der Heimat Gotteshaus zu bauen
in Freiheit, Redlichkeit und unbetrogen.

In Liebe, Ehrfurcht und Zufriedenheit,
aus tiefem, treuevollem Selbstempfinden
die angsterfüllten Hürden überwinden
für eine Zukunft in Gerechtigkeit.

Und festgefügter Wille, Wahrheitswille,
der aus der Not des Augenblicks geboren,
und zum Geborgenheits-Symbol erkoren,

bezwang die Ungewißheit der Gefühle.
Und Urkraft strömte als die Übervolle,
als Treuegabe aus der schwarzen Scholle.

Daheim

Es blinken Silberperlen süß die Wonne,
um sonnenklare Tropfen spielet eigen,
so wie ein Märchenhauch auf Blättern, Zweigen,
der erste Strahlengruß der Morgensonne.

Und schelmenhaft, als ob dem Lenz zum Lohne,
zwei Sperlinge sich freudezwitschernd neigen,
stolz um ein Nest erst halbgebaut, im Reigen,
hoch oben in des Maulbeerbaumes Krone.

Da schwelgt das Herz; entledigt seiner Hülle
entströmt der Ruf aus einer Brust voll Feude,
durchdringet das Idyll der Sonntagsstille:

Ich hab dich wieder, dich und deine Weite,
nun laß mich trinken deiner Schönheit Fülle
und bleiben immerfort, du Dorf der Heide.

Unterwandert

Verschwunden sind die matten Hoffnungsstrahlen,
verweht, versandet auch die Richtungsspuren;
von fernem Blau umsäumte Zielkonturen
verblichen in dem Dämmergrau, dem fahlen.

Und fremder Sitten lähmendes Gebilde
liegt bleiern auf noch redlichem Bemühen,
wirft Schatten auf das sonngewohnte Blühen,
das einst so wohlumsorgt das Sein erfüllte.

Die Fremden, gähnend an den Grabenrändern,
die wollen kein Almosen, wollen hastig ändern,
die wollen zügig auf den Drücker treten,

im Lauf die Redlichkeit jäh überlisten,
Erfüllung bringen langen Traumgelüsten
und reichlich ernten, dort wo andre säten.

Schweigen

Mich drückt die Fülle ehrvoller Gedanken,
die totgeboren in mein Ich gedrungen,
die hilfesuchend Seele, Herz umschlungen,
nun stumm durchs Labyrinth des Dunkels wanken.

Und Lippen, die vom Licht der Liebe tranken,
dies Lied von Treu und Redlichkeit gesungen,
das längst im Schicksalssturm der Zeit verklungen,
sie schweigen angstgebunden, sind befangen.

Und Worte, eingeschüchtert, flügellahm,
verkriechen sich in dunkle Strassenecken,
den Mann, der ihnen Freud am Fluge nahm,

mit seinem Argwohnsinnen nicht zu wecken.
Das Raunen, das als noch vom Winde kam,
verebbt, verfängt sich hinter leeren Säcken.

Der letzte Pflüger

Ich bin der letzte Pflüger auf dem Boden,
dem heilgen Acker edler Ahnentreue;
ganz im Gedankenflug ans Werk der Toten
zieh ich der Furchen allerletzte Reihe.

Und sehe sie, die einst aus Deutschland kamen,
Vertrauen schenkend überlautem Werben,
wie sie die Bürde auf die Schulter nahmen,
seh ich sie lachen, singen, weinen, sterben.

Und warmer Tränen will ich mich nicht schämen,
ich lass' sie rinnen, kann sie gar nicht hemmen,
die Tränen voll der Trauer, nicht der Reue,

denn ich war kein Verräter, kein Betrüger,
auf heilgem Acker edler Ahnentreue
bin ungewollt ich nun der letzte Pflüger.

Mutterhände

Nun ruhen sie, die nimmermüden Hände,
gefaltet, anmutsvoll, so wie zum Beten,
als ob sie inbrünstig zum Himmel flehten,
daß er die Schirmhut für die Lieben fände.

In ihnen lag Geborgenheit, Verstehen,
wenn streichelnd sie mir Mut und Rückhalt gaben,
und jede Falte, die sich eingegraben
in ihnen, zeugt von Liebe, Sorgfalt, Wehen.

O Mutterhände, künftig euch zu missen,
euch untätig und abwesend zu wissen,
ist schwer. Doch gönnet mir ein letztes Walten,

daß ich euch zart zum Abschied ganz verhalten,
im Unabänderlichen der Geschicke,
noch inniglich an meine Lippen drücke.

Zages Hoffen

Wo kranke Triebe, stures Tun und Denken
sich abgekehrt von Wahrheit und Gewissen,
die Menschlichkeit dem Seelenbild entrissen,
kann leer Versprechen kein Vertrauen schenken.

Doch wo das prüfend Auge klar und offen,
und wo des Steinbrechs Trotz zum Überdauern
sich eingenistet in den Stein der Mauern,
erwächst auch Mauerblümchens zages Hoffen.

Und zählt beharrlich Jahre, Tage, Stunden,
bis aus des Winters eisigkalten Fängen
sich kühn des Frühlings Knospendrang entwunden;

und neuerwacht, aus Niedergang und Zwängen,
in dir, mein Herz, der Glaube wächst, daß offen
die Welt, die gute Welt! Ein zages Hoffen.

Abschied von daheim

Und alles, alles war ja doch nur Lüge,
und ohne Liebe diese Welt, ein Hassen,
und keine Freude kann sich niederlassen
und hellen tiefe Falten müder Züge.

So stehst nun traurig, Dorf du meiner Wiege,
du Zukunftstraum der Kindheit, nun verlassen,
und keine Hoffnung bergen deine Straßen
und stumm der Turm, als ob er ewig schwiege.

Noch einmal will ich deine Felder, Wiesen,
die Weiten, die wie in den Himmel fließen,
zur Abschiedsstunde liebevoll umschließen.

Und will noch still der Ahnen Stätten grüßen,
die hier ein mühevolles Leben ließen,
bevor sich Tore, ach, für ewig schließen.

Abschied vom Grabe der Mutter

Verzeihe Mutter mir, wenn ich jetzt gehe,
wenn ich im Schicksalslauf der späten Tage
gefühlsbetonte Abschiedsworte sage,
weil ich die Zukunftszeichen nicht mehr sehe.

Du lehrtest mich: "Sei aufrecht und bestehe",
was ich als Pflichtschuld im Bewußtsein trage,
drum stellt' ich immer wieder mir die Frage
nach Wahrheit, Sinn und Zweck, nach Wohl und Wehe.

Doch jetzt, wo Menschlichkeit schon längst verblichen
und liebeloser Unfreiheit gewichen,
da bleibt kein Flecken Platz mehr für's Verstehen.

Es ist so weh mir tief im Herzen drinnen,
da fühl ich, wie die Tränen rastlos rinnen,
und weine, weine ... weine still beim Gehen.

Foto: Jakob Bohn

**Hans Diplich †
Komlosch — Ravensburg**

Hans (eigentl. Johann) Diplich wurde am 23. Februar 1909 in Großkomlosch (Banat/Rumänien) geboren. Besuchte das Deutsche Realgymnasium in Temeswar. Studium der Philosophie, Rumänistik, Germanistik in Bukarest, Klausenburg und Münster, 1932 Staatsexamen in Bukarest. 1933-41 Lehrer für rumänische und deutsche Sprache in der "Banatia" in Temeswar. 1941-44 Pädagoge und Schulleiter an der deutschen Oberschule Weißkirchen. Herbst 1944 Flucht nach Westen, bis 1948 als Aushilfslehrer in Böhmen und Bayern. In der "Kirchlichen Hilfsstelle" zu München, dem "Banater Ausschuß", aus dem dann die Landsmannschaft der Banater Schwaben hervorging, war er tätig als Mitarbeiter des "Christ unterwegs", des "Volksboten" und des "Volkskalenders" sowie im "Arbeitskreis Südostdeutscher Katholiken", der auf seinen Vorschlag den Namen "Gerhardswerk" erhielt. Diplich gehörte zu den Wegbereitern, Initiatoren und Mitbegründern verschiedener landsmannschaftlicher Einrichtungen und Periodika. 1954-66 war er Studienrat bzw. Oberstudienrat am Gymnasium in Schwenningen/Neckar, 1964-72 am Mädchengymnasium Homburg/Saar. Pensionierung 1972. Neben seiner pädagogischen Laufbahn war Diplich Lyriker, Schriftsteller, Essayist, Übersetzer, Kunsthistoriker, Volkskundler, Kritiker und Herausgeber. "Die markante Persönlichkeit wurzelt in der Banater Heimat und ist durch die Werte deutschen Geistes geprägt; das Werk bereichert die deutsche Kulturlandschaft mit dem Erbe der Banater Schwaben und wirkt zugleich brückenschlagend zu rumänischer und ungarischer Poesie und Volksseele", schrieb Kaspar Hügel zu seinem 75. Geburtstag in "Der Donauschwabe". 1966 wurde Diplich als erster mit dem Hauptpreis des Donauschwäbischen Kulturpreises ausgezeichnet. 1974 erhielt er den Georg-Dehio-Preis der Künstlergilde Esslingen und 1978 den Adam-Müller-Guttenbrunn-Ehrenring der Internationalen Lenau-Gesellschaft. Hans Diplich starb am 2. Juli 1990 in Ravensburg.

Ausklang

Das Dorf ist gut; es münden alle Wege
Und Straßen dieses Landes in mein Haus.
Und wenn zu ruhen ich mich abends lege,
Dann schwingt die Stille in den Raum hinaus.

Getreide reift im Lande allerenden,
Daß unser sei des Tisches Brot und Krug;
Zu viel ... zu viel ... aus gebefrohen Händen!
Der Krug, der Laib, der Tisch ... es ist genug.

Mich zwingt nun sanft zu mählicher Gewöhnung
Der Brust Gefangenschaft in Qual und Lust.
Dies Trachten, Planen, Mühen sei Versöhnung
Und Sühne, mir als Siedlerlos bewußt.

Was ich aus meinem Eigenen vermochte,
Ich tats; wenn ich auch Tag' und Nächte litt —
Ich zwang, was hart an meine Schläfe pochte,
Und geh der Väter strenggemessnen Schritt.

Ich komme und ich gehe alle Tage
Und tu und bin im sachten Fall der Zeit,
Daß ich den Erben für und fürder trage
Mein menschlich Teil der Unvollkommenheit.

Sieh! unser Herd ist Hort der ewgen Flamme,
Um die wir sind zu dienen, stets bereit,
Daß einstens noch ein Zweig von unsrem Stamme
Sich breite dort bis in die späteste Zeit.

Dem Ahnen stand der Sinn auf weite Reisen;
Der Enkel lebt nach vorbedachtem Plan.
Mein Lied erklingt in des Südostens Weisen
Und will, ins Wort gehüllt, zum Licht hinan!

Mein Mund erdröhnt ... Was ich noch künftig schreibe,
Es soll des Landes Lied und Inbild sein ...
Und im Gedächtnis meines Volkes bleibe
Nur eine Strophe, würdig für den Stein.

Das Banat — mein Arkadien

> So komm! Daß wir das Offene schauen,
> Daß ein Eigenes wir suchen, so weit es auch ist.
> *Friedrich Hölderlin*

Rühmenswertes Land! unser Banat;
Anders grünt dort die Saat,
Anders gesellt sich dort der entschlossene Tag
Unserem Herzen, das ihn lieben mag,
Wie den Akazienduft und des Heidewinds herben Odem.
Dort, in des Sommertags mittäglichem Brodem
Liegt der träge Flurgott hingestreckt an die Erde,
Denn er verweilt bei einer Herde
Bis das uralte Hirtenlied
Vom Flötenmund des Knaben in den Abend zieht,
Er schweigt dann und lauscht,
Wie der Wind in den Halmen rauscht
Und von fern her gezogen aus den Wiesen steigt
Der immer junge Gesang der Grille,
Den sie andächtig geigt:
Ich fahr heim ... ich fahr heim ...
Es ist des Flurgotts Wunsch und Wille.
Freuden irdischer Hochzeit rufen mich,
Sterne der ewigen Heimat stufen sich
Himmelan in beseligtem Kreise.
Sie drängt heran, die immer währende Weise:
Duft und Farbe der Rosen im Grunde,
Lieblicher Schall aus der Liebsten Munde,
Sagen umwehn die bewaldeten Höhn,
Ruhloser Seelen tausendjährig Gestöhn — —
Hügelauf strebt der Wandrer in die Ferne,
Abgrundtiefe Brunnen verdämmern das Licht der Sterne,

Frei steht in der Steppe ein Baum allein,
Mondlicht umhüllt ihn mit milderem Schein,
O du meine endlose unterwürfige Heide!
Pflanze und Tier und alles Getreide ...
Wie schmal ist worden der heimwärts lenkende Pfad,
Hin zu meinem Arkadien, dem rühmenswerten Banat.
Rühmenswert bleibt es und mein,
Jenseits von Strom und Schlucht:
Anders reifen dort Brot und Wein,
Des Lebens Mystische Frucht.

Sors germanorum

An der Quelle der Donau empfing einst der Wandrer die Weisung,
    Stets beharrlich gen Ost, immer dem Aufgange zu
Weiter zu ziehn und in der Mitte des Erdteils zu wohnen.
    Damals sandte viel Volk unser Gebiet an den Strom.
Andere Richtung bedeuteten ihm der Rhein und der Neckar:
    Beide wiesen hinauf an die Gestade der See.
Viele der Kinder entließ die alemannische Mutter,
    Fanden bald Heim und Dach dort in Amerikas Welt.
Aber nicht wurden vergessen die Stätten, die heil'gen, der Herkunft.
    Treue um Treue so lohnt jedem das schwäbische Land.

Transgressio

Was wir auch immer berechnen, denken, erwägen und wähnen,
    Solches steht als ein Beschluß über dem menschlichen Plan.
Weltweite Herzen sind ein Vermächtnis der reisigen Vorfahrn:
    Seht, einen offenen Sinn pflanzeten jene uns ein.
Möge der heimische Geist sich brüderlich ihnen verbünden,
    Die in der weiten Welt unsre Geschwister doch sind.
Sagen hörten wir's! wo das Überlieferte wieder
    Unsere Jugend bewegt, muß sich das Leben erneun!

Brief nach Sylt
Wien 1965

Für die Sonnensüchtigen und Nackten
Bin ich eine Weile taub.
Ich wisch von lieben Akten
Jahrhunderte alten Staub.

Euch umspielt die heftige Welle
Am tückischen Nordischen Meer,
In meine einsame Zelle
Reiten viel Türken daher.

Es leuchten Prinz Eugens Tage
Sie senden mir hellen Schein,
Und was ich schreibe und sage,
Muß nach seinem Sinne sein.

Graf Mercy fährt durch die Auen
Im segenschweren Banat,
Muß nach dem Rechten schauen
Und schützen des Kaisers Staat.

Die Häuser der Siedlerbauern
Erstehen im Heideland,
Und Temeswars Festungsmauern
Sind als die stärksten bekannt.

Die landeigne Kathedrale
Baut Bischof Falkenstein,
Daß nun zum dritten Male
Der Christ kehr bei uns ein.

Das Land durchschneiden Kanäle:
Aus Holland Herr Fremaut
Baut sicher und ohne Fehle
Ein Wall dem Sumpftod so.

Die Fürstin Mutter und Kaiserin
Ruft viele Bauern ins Land,
Es sorgt für sie mit edlem Sinn
In Lieb Herr Hildebrand.

Noch viele könnt ich euch nennen,
Die dort am Werke stehn,
Ihr sollt die Redlichen alle kennen
Und was durch sie geschehn.

Ansonsten könnt ihr baden
So lang und so viel ihr wollt,
Bloß wenn an jenen Gestaden
Der Blanke Hans nicht grollt.

Bauernsiedler
Nach Motiven von Stefan Jäger

Ihr armen Leute, höhnt ihr gar,
Daß bloß ein Bauer mein Ahnherr war,

Dann wisset, daß zu seiner Frist
Im Staat er galt als Spezialist.

Er förderte der Menschheit Heilung
Durch konsequente Arbeitsteilung.

Auch blieb er fromm, der Erd ergeben,
Doch neue Richtung nahm sein Leben.

Der Siedler in sein Eigen kam,
Empfing es in des Kaisers Nam,

Im freien Lande ging sein Pflug
Und Hafer, Weizen, Mais genug

Entsprossen, wo er rang und bat,
Als menschenwürdig Resultat.

So wurde er zum guten End
Ein vielbegabter Produzent.

Im Dorfe dehnt sich Hof und Haus,
Am Herd geht Feuer nimmer aus.

Die Gassen hin, die Giebelreihn
Stehn festlich da, jahraus jahrein.

In schmucker Tracht, schön anzuschaun,
Gehn Mädchen und gehn junge Fraun,

Sind alle wie ein Maientag,
Den jedes Mannsbild preisen mag.

Aus Gottes Gnad, mit eigner Kraft
Erhebt sich deutsche Bauernschaft,

Geht fürchtig trutzig durch die Zeit
Zu jedem neuen Werk bereit.

Stimme des Ostwindes

Am Wege steht ein alter Baum,
Er muß im Winde lauschen,
Die Blätter alle flüstern kaum
Wenn sie Gespräche tauschen.

Der Ostwind kommt von ferne her,
Ist von besondrem Klange;
Die Pußta rauscht als wie das Meer,
Mir bangt vor ihrem Sange.

Die Geißel Gottes rast im Land,
Vom Hufschlag dröhnt die Erde,
Und heisres Schreien, Krieg und Brand
Und wilde Jagd zu Pferde.

Uralte Klagen werden laut,
Des Georg Dozsas Stöhnen ...
Doch wenn im Tal der Nebel braut,
Will mich ein Ruf versöhnen:

Vom hohen Dom zu Temeswar
Hör zum Gebet ich fodern,
Und aus der wackern Dörfer Schar
Steigt hell der Türme Lodern.

Und keine Glocke schweigt mir dann;
Es schallt von Turm zu Turme,
Der Feind bedroht uns, Hennemann,
Jetzt eil zum Türkensturme!

Und wieder schauerts durch die Nacht,
Aus Fernen hergetragen,
Denn Kossuth will des Kaisers Macht
Sich freventlich entschlagen.

Der Frevler seine Heere rief
Vor Temeswar zu sterben,
Begrub die Krone klaftertief,
Kein Kaiser sollt sie erben.

Heran rollt eine wüste Zeit,
Die Glocken stürzten nieder.
Das Reich verlor in langem Streit
Sein Haupt und seine Glieder.

Was bleibst du nicht zuhause, Wind,
Mit den uralten Klagen?
Das Weh macht uns von Tränen blind,
Aus Osten hergetragen ...

Mit den Liedern der Nachbarn

Die Herde grast im Wiesengrund,
Wellt in der Abendröte,
Da hebt der Hirt an seinen Mund
Die zarte Buchenflöte.

Du hörst aus seinem Spiele schon
Rumänische Weise klagen,
Der altvertraute Flötenton
Will dir von Liebe sagen.

Ein Lied das rührt dich freundlich an
Es will dir gar gefallen,
Der Hirt also sein Lieb gewann
Mit frohem Klang und Schallen.

Nun wendest du das teure Blatt
Und hörst ganz andre Weise,
Ein Reiter sie erfunden hat
Auf seiner Pußta-Reise.

Er ritt hinaus, die Welt war weit,
Umbraust vom Steppenwinde,
Er flog so eilig wie die Zeit
Daß er sein Liebchen finde.

Sein Rappe war ihm zugetan,
Die Ungarmaid ihm teuer,
Er hub ein Lied zu singen an,
Das loderte wie Feuer.

Ihr Lieder von Hirten und Reitern erdacht,
Den Nachbarn zum Angebinde
Hab ich euch in deutsche Reime gebracht,
Daß man Gefallen dran finde.

In meinen Adern brennt ein süßes Fieber,
Der Frühling gießt die liebsten Abenteuer
In unsre Herzen, wundertätge Feuer,
Nur Duft und Farb, und nichts ist heut mir lieber!

Du Frühlingswind, mein fleißger Wolkenschieber,
Durchschreitest Himmelsräume ungeheuer,
Komm her, sei auch der engen Wohnung teuer,
Geh ein und aus, je länger umso lieber!

Schon naht er überm Wald am steilen Kamme
Läßt sich besänftigt in den Garten nieder
Wärmt seine Glieder an der Tulpenflamme

Und freut sich über unsrer Amsel Lieder.
Die Krone grünt auf weißem Birkenstamme.
Wohltätiger Lenz bist da und gehst nicht wieder.

Die Not verwich vor allem Unbestand
Der Zeit, der Menschen; nun, seit du mir lieb,
Erweist sich diese Welt als mir bekannt,
Vertraut und sinnvoll jeder Keim und Trieb.

Das Frühjahr brach mit ungestümem Sinn
Ein in das langersehnte Eigentum —
Der Sommer sinkt mit Früchten bald dahin,
Im rauhen Herbst verwehen Blatt und Blum.

Am Himmel folgst dem Wandervogel lang,
Er flieht bevor das Land umher vereise.
Nach langer Fahrt bewegt ihn selger Zwang

Zur alten Heimstatt nieder und die Reise
Muß sich vollenden, dort am stillen Hang
Als Jubellied, das unsren Schöpfer preise.

Schläfrig geht der Sommertag zu Ende.
Geliebte, schlanke, ruhest neben mir.

Atmest leise. Hin und wieder senden
Deine Augenlider, blickentblößend,

Zärtliche und liebliche Gewalt.
Und nun wandert meine Hand und baut

Brücken zwischen zwei gleich festen Hügeln,
Läßt der Rundung Pracht und senkt sich kosend

Ins ebne Feld, verweilt am Schwung der Hüften,
Wohl ahnend eines jungen Waldes Nähe,

Dem nachbarlich geselln sich feuchte Tale.
Ackerboden fruchtbar und ergiebig

Wartet dorten auf den Riß des Pflugs.
Säer warn zu ihrer Zeit die Väter,

Laß, Geliebte, es auch uns so halten.

Nicht zu weinen kamst du, liebliche Thesila,
Da wir uns trennen und dein Blick, du Steppenkind,
Nun nicht mehr willig in den meinen sinken mag.
Du gehst. Ich bleibe wie am ersten Frühlingstag
Im Buchenwalde wandelnd, wo ich dich im Vorjahr
Allein mit meiner Liebe traf. Erinnerung
Ist mir verhaßt. Im gleichen Winde summen schon
Die Bienen und die jungen Zweige wiegen sich.
Im Garten blühen wieder meine alten Reben.
Ich gehe nicht in jenes ferne Dorf, wo du
Mit deinem Volke heimisch bist, doch unerlöst
Nicht glücklich wie die meinen sind, in ihrem Haus
In ihrem Land voll Licht und heilgem Überschwang.
Und glaubtest du mich diesem Übergang ganz nahe,
Dein Mund, Thesila, ein taufrisches Rosenblatt
Bedeckte alle Not des wunden trünnigen Herzens.
Derweil ich mich ergab dem Wucher deines Fleisches,
Lag ich in tiefer Schmach, war feig und ohne Streben,
So büßte ich ein Jahr und kehr als Fremdling heim.

Geopolitik
Einem Schüler

Mit dem Studieren ist das nämlich so,
Entweder ihr lernt es gleich oder ihr lernt es nie:
Der Rhein und die Donau sind das A und O
Der deutschen Geschichte und Geographie.
Jener weist von Süden nach Norden,
Er zeigt wie unser Reich geworden,
Was die Ahnen sich erwarben,
Was die Erben dann verdarben.
Diese bindet Osten und Westen,
Da stand es auch nicht immer zum besten.
Doch nimmt man beide in eins zusammen,
Weiß man woher wir Banater stammen.

Heinrich Zillich zum 80. Geburtstag
23.5.1978

Alles was woer is gleich wiedr do wie am heemliche Anfang,
    Schennere Bilder gitt's nit, wu se aa immer als suchscht.
Maitag is noch, sei muntr im Friehjohr wann Schwalme un Lerchl
    Singe un flien in der Luft, sing vielleicht mit, un sei gut.
Glattiche Wackesteen bhosslt de Bach un laaft heint sowie morje,
    Stolz hebt de Felse sei Gsicht heecher un trutzt jeder Zeit.
Des heör ich saan dich un wees, wuhin du immer do naus willscht:
    Dichter bischt worre, das heescht, dienscht im e heiliche Amt;
Schenkscht uns ball alletäg hunnertfach, was in deim standfeschte Sinn
                                                                           wohnt,
    Liewes un nochmol die Lieb aus deme tappere Herz.
So sinn dei große Romane un schenschte Nuvelle zu uns kumm,
    Arweide aus eme Guß, wie's for e Klassiker gheört.
Ad retinendam coronam, des hat mer eich hinner die Ohre
    Rechtzeidich gschrieb un des bleibt stets enger Stolz un Gebot.
Zilliche Henrich, dich zähle se gmeenerhand nor zu de Sachse;
    Ich weeß es besser, du gheörscht lang schun der ganzi Nation.
Heit noch träämscht gere vun Kronstadt, wärscht immer es liebscht uff der
                                                                                                          Zinne,

Wu ihr als Buwe so oft euch mit de Ungre gekloppt.
Oweds am Hang wu de Wald rauscht, unne im Tal wann die Glock noch
    Vun der Schwarz Kerch es Geläut schickt ins karpatische Land,
Han die Junge sich geere wie ehmols, ich heör se noch pischpre ...
    Eil nit vun danne un bleib du mir die allerschenscht Zeit!
So därfscht du saan un flunkre vun Dorfleit beim Weinkrug un Hanklich,
    Un wie die Schulmaschtre sich mager dorchs Lewe tun schlaan.
Uff dene Baureheff finne die bruschliche Määde es Gfalle,
    Prachtvoll is so e Ding, do is was dran, nit zum saan.
Dich hat ke Leichtsinn betroo. Unser Sproch un Geschichte seit jeher
    Binne in Zucht un Gesetz gildich dei Arweit ans Wort.
"Klingsor" heescht eeni, die anner sin unseri "Blätter" in Minchen,
    Landsleit lese se ball iwerall in dere Welt.
Mooß un Ordnung hadde die deitsche Leit ellewegs geere,
    Loss jetz de russische Sturm heule in unserem Land.
Weescht es jo, noo jedem Windr kummts Friehjohr un wärmere Summer,
    Zeidich werd Kukruz un Frucht, Trauwe die koche am Berch,
Denk an dei Haus in der Reih, an die Gasse un Gäwle und Gärte,
    Denk, sie kummt doch nocheemol, Heemat so nochet un weit!
Zillich, du hascht selli immer veracht, die gurich un hungrich
    So wie im Windr die Welf reiße un fresse die Schoof.
Fremde un artliche Kerle rede un schrein in der Heemat,
    Daß unser eigeni Sproch sich in dem Lärme verliert.
Awer dei klorhelle Aue sie weise die Kinner die Zukummt,
    Was dei Stimm als verlaut, hat sich noch niemols verlor.
Warscht alldie Johre dei Leit e gar gudder Vadr un Brudr,
    Hascht alli Dummheit un Neid anständig vun eich gewies.
Zillich, dei Schreiwes, dem du seit jeher alleenich gedient hoscht,
    Macht dich heit zu eme Ferscht, dem aa die Enkel noch traun.

Blick in den Rhein

    Voll Drang der Wellengang und Schub
    Nur immer fort und fort geleitet;
    In dieses flache Land gebreitet,
    Darin ich jeden Wahn begrub.

Hier stand der Vorfahr seinerzeit,
Ins Strombett schaute er hinab,
Zu einer weiten Fahrt bereit —
Banat hieß dann das Massengrab.

Dem Ahnherrn dort im Donauland
Beschied ein altes deutsches Los:
Es blieb den Seinen bloß bekannt,
"Die Fremde macht ihn reich und groß."

So war daheim die Rede nur
Von dem gepriesnen Fahrtenglück,
Verloren ging der Reise Spur,
Auch kam er nimmermehr zurück.

Augenzeuge

Zehnerreihen,
Fesseln um die Gelenke,
Schwankten zur Richtstätte,
Nachbarn, eure Söhne,
Die bis ans End mich begleiten.

Epitaph

(Rudolfsgnad)

Unser Gedächtnis
Euch, die nach Haß und Gewalt
Böser Nachbarn
Tödlich getroffen, sich doch
In unsren Herzen erhoben.

Wilhelm Divy
Borjád — Friedrichshafen

Wilhelm Divy wurde am 18. Februar 1934 in Borjád (Baranya/Ungarn) geboren. Volksschule in Borjád, Bürgerschule in Deutschboly. Starker Einfluß durch die begabte Deutschlehrerin Elisabeth Gut. Hinwendung zur Literatur. Nach Enteignung und Verfolgung unter schwierigsten Umständen Abitur 1953 in Fünfkirchen/Pécs. 1953 Studienbewerbung für Germanistik an der Universität Budapest mit der Begründung abgelehnt: "Wer deutsch kann, sollte nicht auch noch DEUTSCH studieren." 1953-55 Studium an der Pädagogischen Hochschule Fünfkirchen/Pécs: Geschichte und Geographie. 1955-57 Lehrtätigkeit an der Grund- und Hauptschule Magyarbóly/Branau. 1956 während des Aufstandes gegen die kommunistisch-stalinistische Diktatur gewählter Bürgermeister im Dorf. Auf Wunsch der Eltern Einführung des Lehrfaches Deutsch. Im Frühjahr 1967 Flucht über Jugoslawien nach Deutschland mit Frau Elisabeth und Kleinkind. 1958-60 Studium an der Pädagogischen Hochschule Stuttgart: Musik und evangelische Religion. Seit 1960 Lehrer an Grund- und Hauptschulen in Baden-Württemberg. Seit 1963 in Friedrichshafen am Bodensee beheimatet. 1964 Staatliche Prüfung als Übersetzer und Dolmetscher für Ungarisch. Seitdem nebenberufliche Tätigkeit als gerichtlich bestellter und beeideter Urkundenübersetzer und Verhandlungsdolmetscher für Deutsch-Ungarisch. Seit 1973 Veranstalter für Studienreisen nach Ungarn mit besonderem Schwerpunkt "Die Donauschwaben". 1964 Veröffentlichung der ersten Erzählungen in "Unsere Post" und "Der Donauschwabe". 1980 mit mehreren Erzählungen in der Anthologie "Zwischen Weiden und Akazien" vertreten. 1987 eigener Erzählband unter dem Titel "Als Großvaters Haus noch stand".

Die Kommission
Erzählung aus einer düsteren Zeit der Ungarndeutschen

Als das gewalttätige, ungeduldige Pochen am Hoftor die sommerliche Nachmittagsstille jäh zerriß, zuckten die alten Leute in der kühlen Stube des kleinen, strohbedeckten Hauses zusammen und begannen am ganzen Körper zu zittern. Anna, die Schwiegertochter, rückte hastig ihre Schürze zurecht, band sich rasch ein verblichenes Kopftuch um, als wollte sie ihr schönes, in einem kecken Knoten gebändigtes Haar verbergen, und schlüpfte leichtfüßig zur Hintertür ins Freie hinaus, um im dichten Maisfeld hinter der Scheune das Ende des unheilverheißenden Besuches abzuwarten.

Der alte Mann faltete die übergroßen, von schwerer Feldarbeit unförmig gewordenen Hände und flüsterte gen Himmel: "Herrgott, gütiger Vater der Entrechteten und Verfolgten, laß sie nicht schon wieder kommen. Erbarme dich unser." Der im Schatten der Scheune dösende Hofhund, ein sonst von Bettlern, Zigeunern und Postboten gebührend respektierter Hüter des gepflegten Anwesens, schreckte auf, schüttelte sich den Schlaf aus dem Kopf, nahm einen empörten Anlauf Richtung Tor, hielt aber plötzlich inne, verstummte wie eine abgeschaltete Sirene und verzog sich mit gesträubtem Haar hinter den Strohschober. Die Erinnerung an seine erste, schmerzhafte Begegnung mit den Eindringlingen hatte ihn noch im letzten Augenblick vor einer unüberlegten Kraftprobe bewahrt.

Die alte Frau schlürfte mit winzigen, verunsicherten Schritten aus dem Haus und entriegelte schließlich umständlich das mannshohe, aus rauhen, wettergeschwärzten Akazienbrettern gezimmerte Tor. Es war ihr nur mit Mühe gelungen, zur Seite zu treten, denn die Männer stießen mit brutalen Stockschlägen und Fußtritten gegen die Bretter und drängten wie von der Weide heimgekehrte Borstentiere in den Hof.

Die alte Frau hob wie zur Abwehr ihre knochigen, abgemagerten Hände, öffnete den von unzähligen Runzeln umrandeten Mund zu einem spontanen, nutzlosen Protest, aber niemand beachtete sie.

Der alte Mann stand indessen wie angewurzelt am Fenster. Er spürte wieder jene lähmende Ohnmacht in den Gliedern und in den Schläfen, die sich in letzter Zeit wiederholt seiner bemächtigte, wenn er sich durch die unberechenbaren Ereignisse seiner Hilflosigkeit bewußt wurde.

Er beobachtete, wie die Männer durch das Tor stoben, wie sie mit den langen Stöcken ungelenk fuchtelten, als hätten sie die Absicht, irgend ein Ungeheuer unschädlich zu machen.

Sie nannten sich "Kommission zur Landverteilung". Ihre Gründung wurde zwar von der Regierung angeordnet, doch war die Zusammensetzung Zufällen und der örtlichen Willkür überlassen. Für die Berufung in die Kommission waren weder Sachkenntnisse noch irgendwelche Qualifikationen erforderlich.

Menschenverachtung, Neigung zu Gewalttaten und die Bereitschaft, hinter dem Mantel der "Anordnungen" Sadismus zu verbergen, waren gute Merkmale für die Mitgliedschaft. Vertreter der "NEUEN GESELLSCHAFT": Neusiedler, besitzlose Proletarier, die beuteverheißend aus dem Kohlenrevier der großen Stadt in die Schwabendörfer gelockt wurden, drängten genauso in das neue Gremium wie Einheimische mit gemeiner Gesinnung.

Und eben die letzteren taten sich durch besondere Härte und Erbarmungslosigkeit hervor. Sie waren aus der Tiefe der Bedeutungslosigkeit aufgetaucht und wurden zu übereifrigen Akteuren des herrschenden Unrechts. Es schien, als hätte ihr Dasein den einzigen Zweck gehabt, für kurze Zeit unter ihren Mitmenschen Schrecken und Angst zu verbreiten.

Die Kommission hatte die Aufgabe, das Hab und Gut der "Kriegsverbrecher", wie es hieß, zu enteignen und "Berechtigten" zu übergeben. Jedermann war aufgerufen, seinen Anspruch auf enteignetes Vermögen bei der Behörde anzumelden. Der üble Bazillus der Gier begann in den Herzen der Menschen zu wirken. Die Entrechteten waren fassungslos, als Bürger aus den eigenen Reihen ihre Hände nach geraubtem Gut ausstreckten.

Der alte Mann war völlig verwirrt. Er verstand das alles nicht. Die WELT schien ihm total aus den Fugen geraten zu sein. Er vermochte in dieser bösen Heimsuchung keinen Sinn zu finden.

Er, ein Kriegsverbrecher?

Eine unbegreifliche, aberwitzige Behauptung!

Er kannte sich ein wenig in der Bibel aus und suchte darin nach einer Erklärung, fand aber keine.

Manchmal verglich er das alles mit der Heimsuchung des Hiob. Doch meist haderte er mit Gott und den Menschen. Er haderte still und verbissen. Was sollte er, der unbedeutende schwäbische Kleinbauer in einem unbedeutenden Provinzdorf, mit dem Krieg und dessen Ausgang zu tun haben?

Er konnte sich dem Vaterland gegenüber nicht einmal eines abtrünnigen Gedankens entsinnen. Wer hatte das Recht, ihn für die Untaten der Mächtigen zu bestrafen?

War es nicht genug, daß der einzige Sohn aus diesem Krieg nicht mehr heimkehrte? War das nicht Opfer und Strafe genug?

Während ihm all diese Gedanken wie elektrische Ströme durch den Kopf jagten, beobachtete er, wie Alois Fels, der gefürchtete Anführer der Kommission, mit rotunterlaufenen Augen Stall und Scheune durchstöberte, als suchte er nach verstecktem, nicht aufgefundenem Vieh. Doch er wußte, wonach dem Angetrunkenen der Sinn stand, und war beruhigt, daß sich Anna in Sicherheit gebracht hatte.

Fels und seine Schergen hatten ihm alles genommen. Zuerst wurde die einzige Kuh mit dem Kalb weggetrieben, dann kamen die Schweine dran und schließlich das Geflügel.

Auf die bange Frage, warum Fels das alles tue, erhielt er die barsche Antwort: "Alle Nazis werden bestraft, enteignet. Wer auf der Liste steht, wird ohnehin in Kürze nach Deutschland abgeschoben. Also braucht ihr die Tiere nicht mehr." Zugegeben, er stand in der Tat auf der Liste, er hatte es mit eigenen Augen gelesen. Der Notär hatte auch den Grund zu erklären versucht: "Ihr habt bei der Volkszählung als Nationalität und Muttersprache DEUTSCH angegeben." Das also war sein "Kriegsverbrechen".

Am härtesten hatte den alten Mann die Mitteilung getroffen, daß er seinen Weinberg und das Kellerhaus nicht mehr betreten dürfe. Fels persönlich hatte diesen beansprucht und ließ keine Gnade walten.

Es war Spätsommer. Die harte Arbeit des Jahres war auch im Weinberg getan. Die Trauben nahmen allmählich Farbe an und reiften verheißungsvoll der Lese entgegen. Die frühen Pfirsiche, die vereinzelt zwischen den Reben standen, waren reif. Erst am Abend vor der verhängnisvollen Mitteilung hatte er für Anna und seine Frau einige Früchte zum Versuch mitgebracht. Und nun sollte ihm der Zugang zu seinem gehegten und gepflegten Rebgarten verwehrt werden! Er spürte, wie sich der tiefe Schmerz in seine Seele einbrannte.

Wie hatte er doch die Gänge in dieser Jahreszeit zu seinen Reben und zum Kellerhaus geliebt. Unbeschwert konnte man da nach dem Rechten sehen, im kühlen Keller die Korbflasche füllen, bei einem Schwätzchen mit einem Nachbarn ein, zwei Gläschen leeren und dann gemächlich und mit der Welt zufrieden nach Hause gehen.

Der alte Mann wurde jäh aus seinen Gedanken gerissen. Fels fiel mit dem Stock polternd in das Zimmer ein und zischte ungeduldig: "Wo ist Anna, wo habt ihr sie versteckt?" Seine rotunterlaufenen Augen waren wässrig, das hochschießende Blut färbte seinen kürbisförmigen Kopf feuerrot.

"Schafft mir die Anna bei", herrschte er den alten Mann an, "wenn sie mir willfährig ist, will ich gnädig sein. Sonst wehe euch!"

Inzwischen war es der Schwiegertochter im Maisfeld mulmig geworden. Sie ahnte, daß der neuerliche Einfall der Schergen in das Haus, aus dem es nichts mehr zu holen gab, ihr galt. "Doch mich soll der Schweinehund nicht noch einmal anrühren", dachte sie verbissen und erinnerte sich wutentbrannt und mit Ekel an den Versuch des Unholds, die Lage nutzend ihr in der Scheune Gewalt anzutun. Seitdem war sie auf der Hut und flüchtete jedesmal in den dichten Mais, wenn der Hund anschlug und an das Hoftor gepocht wurde. Doch diesmal hatte sie unheimliche Gefühle.

Sie schlüpfte aus dem Mais, huschte gebückt über ein Luzernenfeld und hätte am liebsten vor Freude und Erleichterung aufgeschrien, als sie auf einer benachbarten Hofstelle eine ihr gutgesinnte Familie bei der Kartoffelernte antraf. Sie brauchte nichts zu erklären. Man wußte Bescheid, setzte die Erschöpfte auf einen Kartoffelsack und umringte sie schützend, die Griffe fest am Hackenstiel.

"Hierher traut er sich nicht", sagte der grauhaarige Bauer beruhigend. Er hatte plötzlich ein finsteres Gesicht. Er war der Hölle in Kroatien nur mit Mühe entronnen und hatte im sinnlosen Kampf gegen die Partisanen die Angst verlernt. "Ich schlage der Bestie sonst den Schädel ein", setzte er entschlossen hinzu.

Inzwischen steigerte sich die Erregung des Anführers bis zur Weißglut. Anna war ihm entkommen, das wußte er nun. Seine blinde Wut brauchte ein Ventil.

Während sich die anderen im Schatten des Maulbeerbaumes niederließen und die mitgebrachte Korbflasche in die Runde schickten, begann Fels die Wohnung zu durchwühlen. Er riß die Kleider aus den Schränken, raffte die säuberlich aufgestapelten Leinentücher aus der buntbemalten Truhe und versetzte dem schuldlosen Möbelstück einen dröhnenden Tritt. Seine blutunterlaufenen Augen kreisten fiebrig durch die Stube. Dann warf er Decke und Kissen vom Ehebett der alten Leute und betastete, von einem teuflischen Instinkt geleitet, den prallgefüllten Strohsack.

Ein ungezügelter Freudenschrei ließ die alten Leute und die Mittäter unter dem Maulbeerbaum aufhorchen.

Nach wenigen Minuten stürmte Fels aus dem Haus und brüllte den staunenden Gesellen den Erfolg seines Suchens entgegen. Sein Gesicht war gefärbt wie der Kamm eines wütenden Truthahnes. Seine Schergenarme hoben einen prächtigen, goldgelb geräucherten Schinken in das grelle Licht. Der letzte Raub in diesem Haus. Der letzte Schlag gegen die schutzlosen alten Leute.

Mittlerweile war auf der gegenüberliegenden Seite der Straße ein kleiner Auflauf entstanden. Es hatte sich im Dorf rasch herumgesprochen, daß die Unholde wieder einmal die Wehrlosesten heimsuchten. Empört blickten die herbeigeeilten Dorfbewohner hinüber und ballten die Fäuste.

"Nicht einmal die Russen waren beim Einmarsch so schlimm wie diese Unmenschen", sagte eine aufgebrachte Frau. Die anderen nickten zustimmend.

"Dieses Unrecht schreit gen Himmel und wird seine Antwort erhalten", meinte der alte Dorfpfarrer.

Er hatte mit Fels seine unangenehme persönliche Erfahrung gemacht. Er wollte in einem gutgemeinten Gespräch den Entarteten milde stimmen. Doch die Reaktion des Machtberauschten entsprach seinem primitiven Wesen: "Vorsicht, Herr Pfarrer, im Internierungslager Hortobágy gibt es noch reichlich Platz für Pfaffen, die mit den Nazis sympatisieren."

Drohungen dieser Art waren damals durchaus ernst zu nehmen.

Die machtlosen Augenzeugen beobachteten, wie die Horde grölend das Anwesen der alten Leute verließ und mit dem erbeuteten Schinken Richtung Weinberg zog. Später erfuhr man, daß die Übeltäter in einem Wirtshaus auf der Straße zur Kreisstadt den Raub in Wein und Schnaps umsetzten und ihre Missetat mit einem wilden Gelage als eine Art Sieg feierten.

Als die Wüstlinge abgezogen waren, eilten einige der Augenzeugen zu den alten Leuten hinüber, um sie zu trösten.

"Wir werden euch nicht verhungern lassen", versicherten sie den Verzweifelten. Noch am selben Tag brachte man Brot, Speck und Milch in das heimgesuchte Haus. Anna kam sichtbar verstört über die Hofstelle zum Haus zurück und hatte gerötete Augen.

"Wie lange noch müssen wir dies ertragen?" fragte sie verbittert, "Gott, wie lange noch?"

Die Leute schwiegen betroffen. Niemand vermochte eine Antwort zu geben.

Anna mußte mit der Gefahr leben und mit der Angst wie viele Tausende der entrechteten Deutschen im Ungarnland.

Erst als der Zug mit den Vertriebenen den Bahnhof verließ, hatte sie das Gefühl, dem Schlimmsten entkommen zu sein.

Seitdem sind Jahrzehnte vergangen. Der Schleier des Vergessens hat sich leicht über die Erinnerung an das grauenvolle Unrecht gelegt. Doch die Narben in den Seelen der Betroffenen beginnen immer wieder zu schmerzen, wenn sie daran erinnert werden, daß so manche der einstigen Peiniger als "Ehrenmänner" im Besitz der geraubten Habe sich ihres Daseins erfreuen.

Epilog: Der Name "Fels" wurde vom Autor erfunden, nicht aber seine Tat, seine gemeine, niedere Rolle, die er im Dienste des Bösen spielte. Der Name "Fels" soll symbolisch verstanden werden. Er steht für all jene Typen, die es immer und überall gegeben hat und geben wird.

Als Großvaters Haus noch stand

Das Haus meiner Großeltern stand am Ende des Dorfes, am Ende der Friedhofsgasse, am Ende der Welt.

Dort, an der Grenze, wo der tiefausgewaschene Hohlweg aus der Welt der Lebenden zu den Friedhöfen hinausführt, hatten sie den quadratischen Platz aus dem mächtigen Löß gestochen und aus der Erde die Mauern des Häuschens gestampft, in dem sie ihr arbeitsreiches Leben verbrachten.

Was sie damals besaßen, als sie jung und voller Zuversicht damit begonnen hatten, am Rande des Totenreiches ihr eigenes Heim aufzubauen, war reichlich wenig.

Großmutter war mit etwas Bargeld aus der Tolnau gekommen und hatte den ungebrochenen Kolonistengeist mitgebracht, welcher Großvaters Wagemut glücklich ergänzte.

Ursprünglich war sie für einen anderen bestimmt. Aber Großvater hatte die kraftvolle junge Schwäbin dem Unentschlossenen kurzerhand ausgespannt und geheiratet.

Nach der bescheidenen Hochzeit gingen sie sogleich ans Werk. Sie trugen den Löß ab und begannen mit Hilfe der Nachbarn, wie das in der Branau eben üblich war, in bewährter Weise die Mauern zu stampfen. Zuerst wurde das Wohnhaus errichtet, dann bauten sie die Räume für das Vieh: Stall, Schuppen, Hühnerhaus.

Die Bauten aus dem gelben Löß waren stabil und trocken. Sie wurden mit einem Lehm-Spreu-Gemisch säuberlich verputzt und schließlich mit dem freundlichen, heimeligen Weiß des gelöschten Kalkes getüncht. Und am Ende betrachteten die Bauleute das Ergebnis ihrer Hände Arbeit mit großer Zufriedenheit.

Das kleine Anwesen hob sich strahlend hell von dem akazienüberwucherten Hang der Friedhöfe ab.

Im Winter gingen die beiden in den fürstlichen Wald, schlugen für geringen Anteil das Holz, bündelten Reisig und hatten nach Wochen schwerer Arbeit genügend Brennmaterial fürs Heizen und Kochen der Mahlzeiten.

Im Frühjahr und Sommer bestellten sie Pachtland, später die eigenen kleinen Äcker. Sie bauten Weizen an fürs Brot, Mais für das Vieh, Kartoffeln und Rüben, Gemüse und allerlei Früchte für den Eigenbedarf.

Nach einigen Jahren legten sie auch einen kleinen Weinberg an, pflanzten Kirsch- und Pfirsichbäume zwischen die Reben und waren glücklich. Für den Wein gruben sie einen Keller in den Löß, begnügten sich an Arbeitstagen mit dem gestreckten Trinkwein und hoben den "GUTEN" im kleinen Faß für Festtage auf.

Sommers, wenn die eigene Ernte eingebracht war, verpflichtete sich Großvater zu den Drescharbeiten. In diesen Wochen verrichtete Großmutter alleine die Arbeit in Haus und Hof. Mittags brachte sie ihrem Mann eine warme Mahlzeit an die Dreschmaschine und lächelte zufrieden, wenn sie ihm das duftende Essen reichte und Großvaters Augen aus dem staubverschmierten Gesicht anerkennend aufleuchteten.

Der Verdienst wurde in Getreide ausgezahlt und ergänzte die Vorräte fürs Jahr merklich.

Bei Eintritt des Frostes schlachteten sie zwei Schweine, lagerten Speck, Schinken, Würste und Schmalz in der Speisekammer und lebten davon ein ganzes Jahr.

Großmutter trug Milchprodukte auf den Wochenmarkt nach Bohl, verkaufte Eier, zuweilen auch Geflügel und hielt das Geld sorgsam zusammen, damit sie der Familie all die Dinge kaufen konnte, die man nicht selber erzeugte.

Sie zogen zwei Kinder groß. Heinrich, der Ältere, taugte nicht für die Landwirtschaft. Er war kränklich und hegte eine tiefe Abneigung gegen alles Bäuerliche. Großvater gab ihn dann nach Fünfkirchen in die Lehre, wo er sich an das städtische Leben rasch anpaßte.

Eva, die jüngere Tochter, wurde meine Mutter. Wir wohnten im Oberdorf, aber ich hatte es sehr früh schon gelernt, daheim auszureißen und durch das lange Dorf tippelnd die Großeltern zu besuchen. Die Menschen, meist alte, die im Schatten der Bäume auf den Bänken vor ihren Häusern vor sich hindösten, versuchten, mich mit ihren Fragen immer wieder aufzuhalten.

Frau Sünder, die beleibte Gattin des einzigen Schneiders im Unterdorf, lauerte mir beharrlich auf und rief mir wie ein gackerndes Huhn jedesmal schon von weitem entgegen:

"Ja Willichen, ja wo gehst du hin?"

"Na, zu meiner Großmutter", gab ich zurück.

"Und was tust du bei der Großmutter?"

"Na, mittagessen, Tante Sünder", antwortete ich leicht ungehalten, weil sie immer dasselbe fragte.

Aber so leicht war die Alte nicht abzuschütteln, wenn sie einmal jemanden in ein Gespräch verwickelt hatte. Sie versuchte, mich anzuhalten, aber ich wich aus.

"Ja, sag einmal, Kleinwilli", rief sie mir dann nach, "was hat denn deine Großmutter heut gekocht?"

"Na, Rindsuppe mit Nudeln", rief ich zurück und eilte hüpfend in das Haus am Hohlweg.

Später erfuhr ich dann, daß Großmutter an Arbeitstagen niemals Rindsuppe kochte. Aber was sie da aus Petersilienwurzeln und Gemüsearten in die Teller zauberte, schmeckte in der Tat wie eine köstliche Fleischbrühe.

Kurz vor dem Krieg waren die beiden Alten des Alleinseins überdrüssig geworden. Sie verkauften das kleine Anwesen und zogen zu uns in die Froschgasse, wo ihr Leben in Frieden ausklingen konnte.

Die bösen Zeiten der Enteignung und Vertreibung hatten sie nicht mehr miterleben müssen.

Nach dem verheerenden Krieg waren Zigeuner aus ihren erbärmlichen Hütten am Rande der Gemeindeweide in die Friedhofsgasse umgesiedelt worden. Sie sollten wertvolle Bürger der neuen Gesellschaft werden. Aber die kleinen Häuser hielten der Aktion nicht lange stand. Der Kalk bröckelte von den Wänden, der Zerfall breitete sich beängstigend rasch aus.

Bald nach diesen Ereignissen hatte ich das Dorf verlassen und war lange fortgeblieben. Erst nach Jahrzehnten kehrte ich als gestandener Mann besuchsweise nach Borjád zurück. Ich hatte das unwiderstehliche Verlangen, alles noch einmal zu sehen. Am meisten hatte mich der Gang in die Friedhofsgasse belastet. Johann, der treue Gefährte aus der Jugendzeit, hatte mich begleitet, stand mir bei. Der Anblick war erschütternd. Auf dem Gehweg lagen Kot und Kehricht, vor den halbverfallenen Katen kauerten Hunde. Schon wollte ich umkehren, aber da sah ich genau an jener Stelle, wo einst die beleibte Frau Sünder zu sitzen pflegte, ein Lumpenbündel im Schmutz des Gehwegs sitzen. Das Lumpenbündel bewegte sich, und ein greller Aufschrei unterbrach jäh die schläfrige Stille in der Gasse des Zerfalls.

"Oh, das ist ja der kleine Willi, der immer zu seiner Großmutter ging", hörte ich mit Verwunderung.

Betroffen hielt ich inne. Ich spürte die Last der vergangenen Jahre auf meinen Schultern. Die Beine versagten für einen Moment den Dienst. Waren das Stimmen aus dem Jenseits? War es Halluzination? Wann hatte ich diese Stimme schon einmal gehört? Gestern oder vor einem Jahrhundert?

Johanns Berührung holte mich aus der Versteifung zurück.

"Du mußt sie doch noch kennen", sagte er und nannte den Namen.

Ich griff mir an die Stirn und übersprang in Gedanken die verflossenen Jahrzehnte. Und auf einmal erinnerte ich mich in aller Schärfe an "Umpa", an die eifrigste Bettlerin unter den Zigeunern der Umgebung.

Ein wenig nähertretend betrachtete ich das ewige Hutzelweib mit Interesse: Sie war schwarz wie Pech und zusammengeschrumpft wie eine dürre Zwetschge.

Daß sie mich noch erkannte, hatte mich angenehm gerührt.

Instinktiv griff ich in die Taschen und legte der immer auf Gaben Wartenden alles Kleingeld, das ich eben dabei hatte, in die Knochenhände und schritt dann rasch weiter.

Ihr freudiges Kreischen hörte ich noch, als wir den Hohlweg zu den Friedhöfen hinaufstiegen.

Dann aber, als ich alles gesehen hatte, ging ich besänftigt ins Dorf zurück.

Dort, wo Großvaters Haus einst stand, war nicht mehr viel zu sehen. Nachdem die Großeltern in den gelben Löß des von Akazien umrandeten

Friedhofs zur ewigen Ruhe gebettet wurden, war ihnen das kleine Anwesen bald gefolgt. Menschen hatten ihr Lebenswerk zerstört, und der Löß hatte die gestampften Mauern wieder geholt. Akazien- und Holundergestrüpp hatte die Stätte überwuchert.

Daheim, im kühlen Keller bei Johann, saß ich noch lange schweigend und sinnierte darüber nach, wie das hier alles war, als Großvaters Haus noch stand.

Veronika Dreichlinger
Temeswar — Jülich

Veronika (Vera) Dreichlinger wurde am 1. Januar 1935 in Temeswar (Banat/ Rumänien) geboren und ist dort aufgewachsen. Sie mußte den Leidensweg vieler Schwaben im sozialistischen Rumänien gehen, u. a. blieb ihr der direkte Studienweg versperrt. Erst Leistungssportlerin, dann Chemiearbeiterin, Schweinehirtin, Krankenschwester und endlich Medizinstudium, Dr. med. Die ersten Literaturversuche in Rumänien, Ende 1960, wurden wegen der demokratisch-kritischen Einstellung der Autorin durch die berüchtigte Zensur verhindert. Der Druck der rumänischen Geheimpolizei "Securitate" zur Zwangsrumänisierung führte 1974 zur schwer erreichten Aussiedlung der Autorin und ihrer Familie in die Bundesrepublik Deutschland, wo sie Heimat finden und Wurzeln schlagen konnte. Heute lebt die schreibende Ärztin, Mitglied des Bundesverbandes der Schriftsteller-Ärzte und der Künstlergilde Esslingen, in der Herzogstadt Jülich (Rheinland). Ihre humorvoll-bitteren Erzählungen haben ihr durch Veröffentlichungen und Lesungen ein treues Publikum nicht nur unter ihren Landsleuten gesichert.

Dämon, welcher die Menschen besitzt

Dämon, welcher die Menschen zum Irrsinn, zu Wahnsinnstaten treibt und ihr Tun sowohl im Alltag als auch im Beruf und im zwischenmenschlichen Dasein beherrscht. Wahnsinn als *Kunst* des Lebens und des Überlebens. Und der Trennung vom eigenen *'Ich'*. Wahnsinn, durch perfekte Geheimpolizei überwacht und mittels des *'antifaschistischen Schutzwalls'* — schlicht: der Mauer der Unmenschlichkeit — getrennt und isoliert, abgeschottet vom Rest der freien und frei vor sich hindösenden Welt. Wahnsinn, durch befohlenen Mord geschützt. Wahnsinn als hochgezüchtete Staatskunst, Wahnsinn dem eigenen Volk schon in der Wiege eingeimpft.

'Es war einmal' kann man heute, Gott sei Dank, sagen. Doch die Nachwehen dieses als höchste Kunst der Ideologie geschaffenen Wahnsinns wirken nach. Heute erst brodelt aus dem Krater des zusammengefallenen Wahnsinns die verpestete Wahrheit empor und erreicht unsere abgestumpften Sinnesorgane.

Irgendwann, in der Blütezeit des deutsch-perfektionierten Wahnsinns, so beiläufig am Anfang der siebziger Jahre, fand ein internationaler medizinischer Kongreß statt. In Berlin-Ost, der durch die freiheitabweisende Schutzmauer wohlbehüteten Hauptstadt der Deutschen Demokratischen Republik. Aus diesem Krater steigt heute der giftige Gestank des Vergessengeglaubten und regt verdrängte Gedankenfugen an. Das Grab des alles beherrschenden Wahnsinns ist noch nicht genügend zugeschaufelt, der Leichnam läßt wieder mal grüßen.

Zum besagten Medizinerkongreß waren Berühmtheiten aus dem Westen ebenso eingeladen wie auch viele aus den 'östlichen Brüderstaaten'. Feinsauber getrennt: Die beste Adresse Ostberlins, das 'Interhotel', wurde den mit Westdevisen zahlenden Professoren aus der verpönten kapitalistischen Welt zugewiesen, das Rahmenprogramm, unter der direkten Leitung des Kongreßbüros, auf deren Ansprüche maßgeschneidert. Die Genossinnen und Genossen Wissenschaftler aus den 'sozialistischen Bruderstaaten' mußten sich als 'geladene Gäste' — sozusagen als die 'arme Verwandtschaft' — mit bescheidenen Unterkünften in verschiedenen Gewerkschafts- und Jugendheimen ebenso wie auch mit Stadtrundfahrten als Kulturprogramm zufrieden geben.

Anne, eine Dozentin aus der Bundesrepublik Deutschland, gebürtige Deutsche aus einem der Ostblockstaaten und erst seit kurzer Zeit freie Staatsbürgerin des kapitalistischen, 'feindlichen' Deutschlands, saß mit sehenden Augen und begreifender Seele zwar wie die Made im Speck im 'Interhotel', schämte sich jedoch dieser Tatsache ebenso wie auch der besonderen Bevorzugung, mit welcher sie hofiert wurde. Der Kongreßleiter persönlich und seine alles und alle umsorgende Frau kümmerten sich mit außerordentlicher Zuneigung um ihr Wohlergehen. Und zwei gutaussehende, ständig in Lederkluft gehüllte Männer begleiteten sie schweigsam beobachtend auf Schritt und Tritt. Sie trugen auf ihren Jacken keine der üblichen Namenstäfelchen, logierten aber im 'Interhotel' und waren als schweigende Namenlose an allen wissenschaftlichen Veranstaltungen und Rahmenprogrammen der Westler dabei. Immer in Annes nächster Nähe.

An einem Tag dieser der Wissenschaft gewidmeten Woche sollte eine Arbeitspause eingelegt und das berühmte Schloß 'Sanssouci' in Potsdam besichtigt werden. Das Frühstück im 'Interhotel' dehnte sich in gemütlichen Zwiegesprächen bis in die späten Morgenstunden hinein. Der hochgeschossen-aufrechte und korrekt gescheitelte Professor Müllermann, der Ostberliner Kongreßleiter, Direktor eines berühmten Klinikums und wie immer schon in aller Herrgottsfrühe bei seinen Kollegen im 'Interhotel' anwesend, schwärmte mit schwellender Brust und blaublitzenden Stahlaugen über das Kulturvorhaben des Tages. Über den Kunstsinn und die künstlerische Ader Friedrichs des Großen und sein Schloß 'ohne Sorgen', wo dieser revolutionäre Monarch, frei von Regierungsbürden, sich ausschließlich dem Schönen, der Kunst widmen konnte. Am Ende seines Vortrages erschien Frau Müllermann, ging mit strahlendem Lächeln auf Anne zu und lud sie in ihren 'Opel Kadett' zum Mitfahren nach Potsdam ein.

"Wissen Sie, das ist unser 'bitte-bitte-Wagen', ein Geschenk meiner Schwester, die drüben im Westen Berlins als Ärztin praktiziert!" erzählte sie ohne Scheu und lotste Anne neben ihren Mann, der höchstpersönlich am Lenkrad saß. Frau Müllermann stieg auf den Rücksitz ein, wo sie Professor Chevreux aus Frankreich Gesellschaft leisten wollte. Im nachfahrenden Dienstwagen mit Chauffeur saßen andere Wissenschaftler aus der freien westlichen Welt.

Der Weg nach Potsdam zog sich endlos und verschlungen dahin, denn man mußte den westlichen Teil der geteilten Stadt umfahren und hatte die unheilvoll drohende Mauer — *das* Kunstwert des Wahnsinns — als ständigen Weggefährten zur Seite. Durch unvorhersehbare Ereignisse verkürzte sich jedoch in schnellhämmernder Reihenfolge die Fahrtzeit.

Auf der verschneiten und vereinsamten Straße begegnete man alle Nase lang Soldaten mit schußbereit gehaltenen Maschinengewehren. Die allgegenwärtige Realität der innerdeutschen Trennung und das ihr zum Schutz bereitgestellte, massenweise auftretende Militär vermittelten einen kaum noch zu überbietenden menschenunwürdigen, ja sogar todbringenden Eindruck. Schmutzigweißer Februarschnee bedeckte die ausgestorbene, kahle Landschaft, die versteinerten Gesichter der Grenzsoldaten wirkten gespenstisch, angst- und horrorerregend. Ein vor ihnen fahrender Wagen wurde angehalten. Zwei Soldaten richteten ihre Flinten auf die herauskommandierten Insassen, die mit hocherhobenen Händen, zu Eiszapfen erstarrt, mit den Gesichtern zu ihrem Auto gewendet stehen mußten, während das Wageninnere von anderen Satrapen der Mauer durchwühlt wurde.

Professor Müllermann fuhr langsam heran, seine Rechte hielt ein kleines, viereckiges Stück Hartpapier gegen die Frontscheibe. Anne konnte den auf der Vorderseite aufgedruckten Stempel und die Schrift nur erahnen, sehr wohl jedoch den höflichen Wink des herantretenden Grenzschützers bemerken. Nun gab der Mann am Lenkrad Gas, und sie brausen unbehelligt weiter. Professor Chevreux atmete tief durch, sein deutsch-demokratischer Kollege erklärte in fließendem Englisch, daß dies alles harmlos sei, man müsse sich gegen Ganoven, Schmuggler und allerlei undurchsichtiges Volk doch wehren dürfen!

Der Dienstwagen des Professors — ein großer 'Wartburg' volkseigener Herkunft — wurde ebenfalls nicht angehalten. Der Chauffeur beachtete das Geschehen nicht und hoffte, daß seine Fahrgäste nichts beobachtet oder gar verstanden hätten. Deren Augen sahen zwar, ihre Gedanken nahmen jedoch die Hintergründe der Szene nicht wahr.

Schloß Sanssouci mitsamt seiner architektonischen Harmonie und seiner kostbaren Innenausstattung verblaßte in der Kälte des eben Erlebten.

Zum Mittagessen lud das Ehepaar Müllermann seine Gäste in einen eleganten Gasthof Potsdams ein. In dieser Nobelgaststätte wartete in einem Séparée ein überdimensionaler Tisch mit ziemlich vereinzelt vorbereiteten Gedecken auf die kleine Gesellschaft. Anne saß vereinsamt an einem Tischende, der Professor aus Ostberlin rückte sein Gedeck dicht an die Ecke neben das ihre. Die Größe des Tisches und die Sitzfolge verhinderten eine gemeinsame Unterhaltung, allem Anschein nach sollte man sich voll und ganz den Gaumenfreuden widmen. Der Trinkspruch des Tagungsleiters erzeugte mit launigen Redewendungen und in Englisch ein bißchen Heiterkeit, die für wenige Augenblicke menschliche Nähe vorgaukeln konnte. Nach seiner kurzen Ansprache, während er das Fischbesteck in die Hände nahm, beugte er sich lächelnd zur Tischnachbarin hinüber:

"Liebe Frau Kollegin Anne, ich darf Sie wohl so ansprechen, Sie vermissen sicherlich die beiden eleganten Herren in Lederanzügen? Heute fehlen uns diese lieben Beschützer! Bitte, machen Sie sich keine Sorgen: Ich weiß, Sie stammen aus einem Land, wo die Staatssicherheit in hohen Ehren steht, der Dienst, welcher das Beste für den Staat, für das Volk leistet. Unser Staatssicherheitsdienst sorgt bei uns in der Deutschen Demokratischen Republik ebenfalls für das höchste Ziel unseres Staates, nämlich: die innere und die äußere Sicherheit. Doch hier und jetzt soll das für Sie, liebe Anne, keinerlei Bedeutung haben!"

Der Frau Wahrnehmungen schlugen lange nicht mehr gekannten Alarm: "Weshalb und warum diese Andeutung, diese Anspielung? Ich finde keine Zusammenhänge!" — Die Frage bröckelte wie eine zersplitternde Eiskugel von ihren Lippen. Professor Müllermann schmunzelte:

"Als verantwortlicher Leiter dieser großen wissenschaftlichen Veranstaltung *muß* ich sehr vieles kennen, vieles, das Sie gar nicht erahnen mögen, wissen. Ich wollte Sie warnen, im freundschaftlich-kollegialen Sinne warnen: Einer der beiden Herren ist ein gewesener Landsmann von Ihnen, ein Kerl von der Securitate. Der andere jedoch, der im schwarzen Ledermantel herumläuft, ist unser Mann und hat die Aufgabe, Sie, liebe Kollegin, vor der Zudringlichkeit Ihrer gewesenen Heimat zu beschützten! So nebenbei nehmen sich die beiden befreundeten Genossen auch unsere anderen Gäste unter die Lupe."

Der ausgestreute Köder hatte die Beute angelockt. Doch die Beute sträubte sich, wollte nicht anbeißen.

Annes Rücken entlang kroch frostige Kälte. Ihre Augenbrauen zuckten nach oben, sie blickte fragend in die Augen ihres Gastgebers. Dieser ließ sich viel Zeit für den Lachs auf seinem Teller, erst nach einem genüßlich verzehrten Happen lächelte er seiner Beute wieder zu:

"Nun ja, ich sah mich dazu verpflichtet, in Ihr Leben, in Ihre Vergangenheit hineinzuschnuppern; ich kenne einige Ihrer Veröffentlichungen, sowohl von 'damals' als auch aus den letzten Jahren. Ihr Name stand auf unserer Einladungsliste weniger wegen Ihrer wissenschaftlichen Bedeutung, sondern vielmehr wegen Ihrer Herkunft! Nehmen Sie mir diese Aussage nicht übel, fassen Sie es als Kollegialität auf und glauben Sie mir eins: Sie können Ihre Vergangenheit nicht abschütteln, Ihre Vergangenheit als einstige Staatsbürgerin eines sozialistischen Landes wird Sie niemals loslassen! Als Beweis für diese Behauptung soll Ihnen die Anwesenheit des braungekleideten Ledermannes dienen. Dennoch: Für Ihre Unantastbarkeit in unserem Staat und in unserer Mitte sorgt — nach meinem Einschreiten — unser Mann!"

Er hob grüßend das Weinglas und trank ruhig-genießerisch einen kleinen Schluck der goldenglänzenden, geistigen Flüssigkeit. Anne verschluckte sich, als sie das gleiche tun wollte. Ihr Inneres bebte und wehrte sich. Was will die eigene Vergangenheit von ihr? Was die Gegenwart des Stasimannes? Und vor allem: Wer ist eigentlich dieser perfekte Kongreßleiter und Gastgeber und wer seine überall mitanwesende und überfreundliche Ehefrau? Alte und fast schon vergessene — oder nur vergessen geglaubte — Bedrohungen verkrallten sich in ihr rasend pochendes Herz. Sie riß sich zusammen, wollte Gelassenheit vortäuschen, wollte sich auf keinen Fall bloßstellen.

Der Wechsel der Gedecke und des Weines verhalfen Anne zu einer Verschnaufpause. Nach ein paar tiefen Atemzügen entschloß sie sich zum Gegenangriff:

"Arbeiten Sie denn, sehr geehrter Herr Professor, mit Ihrem Staatssicherheitsdienst zusammen, für diesen Geheimdienst?"

Der so Angesprochene nippte am eben eingeschenkten Rotwein, fand diesen vorzüglich und antwortete mit belanglosem Tonfall:

"Ach, so darf man dieses komplexe Problem nicht vereinfachen, so unbedarft kann man diese Frage nicht angehen! Sicherlich wissen Sie aus

Ihrer Vergangenheit, daß wir Auskünfte von und über unsere Tagungen, über Kollegenkontakte und Gespräche erteilen müssen! Das ist üblich und außerordentlich erfolgversprechend, übrigens auch für *unsere* zukünftige Zusammenarbeit, liebe Frau Kollegin!"

Annes Sehschlitze fixierten den Rubinglanz ihres Weinglases. Daran schnuppernd, bohrte sie weiter:

"Ich habe mich niemals zu irgendeiner Berichterstattung verpflichtet oder verpflichten müssen! Vielleicht ist Ihnen diese Tatsache aus meiner Vergangenheit entgangen? Und daß Sie, der Sie die Auskunftserteilung an die sozialistischen Geheimdienste für gut und wertvoll betrachten, eben in meinem Fall so etwas verhindern wollen, klingt nicht besonders glaubwürdig!"

Der deutsch-demokratische Bonze entgegnete spitz:

"Sie befinden sich auf einem Irrweg, liebe Frau Kollegin! Legen wir mal unsere Karten offen auf den Tisch: Sie sind, Sie könnten für uns eine besonders wertvolle Informationsquelle sein. Sie kennen Kollegen von hüben und drüben, Sie kennen leitende Firmenangestellte, Wissenschaftler und haben einen ziemlich großen Freundeskreis in der Bundesrepublik. Sie kennen deren politische Einstellungen, menschliche Schwächen, deren Beziehungen zu Politik und Wirtschaft. Und vergessen Sie die Hauptsache nicht: Sie haben noch Verwandte 'drüben', in Ihrer abgestreiften Heimat! Wollen Sie Ihrer Familie, Ihren Freunden helfen oder schaden? Ich glaube, Sie haben mich verstanden?"

Kalter Schauer umarmte Anne. Ihr Weinglas zitterte um die Wette mit ihrem ganzen Wesen. Ein gequältes Lächeln huschte über ihre aschfahlen Wangen:

"Alle Ehre und Respekt, Herr Professor, für Ihr allumfassendes Wissen! Sind die Kollegen aus den anderen kapitalistischen Staaten — aus den freien Ländern der Welt — ebenfalls als 'Informationsquellen' hierher eingeladen worden? Oder wurde diese Ehre nur mir zuteil? Prosit!"

Sie aßen schweigend weiter, der große Tisch, der Raum verschluckten das leise Gespräch, das verbindliche Lächeln auf ihren Gesichtern zeugte von der Belanglosigkeit des gesellschaftlichen Zusammenseins. Im Schweigen jedoch fand Anne Gelegenheit zum Nachdenken, schließlich war sie Staatsbürgerin eines freien und demokratischen Landes! Und dennoch: Sie konnte ein ungutes, ein mulmiges Gefühl nicht abschütteln. Wahnsinnserregende Angst nahm die Wissenschaftlerin in ihren Bann.

Während der Rückfahrt nach Berlin herrschte eisiges Schweigen im Wageninneren. Professor Müllermanns Anspielungen auf das politische Tagesgeschehen in der Bundesrepublik Deutschland, in ihrer Heimat, ließen Anne kalt. Sie mimte auf dem Beifahrersitz einen kurzen Schlaf, der Professor aus Frankreich tat es ihr gleich. Nur Frau Müllermann summte eine leise Melodie vor sich hin.

Die ganze Gesellschaft sollte noch den Fernsehturm — von den Einheimischen liebevoll 'Telespargel' bespöttelt — besichtigen und in dem für Ostberlin berühmten Drehrestaurant des 'Telespargels' bei Kaffee und Kuchen die Osthauptstadt aus der luftigen Höhe genießen.

Die kleine Gruppe der Bevorzugten besetzte zwei Tische in den Fensternischen. Der Tagungsleiter sprach ein paar gemurmelte Worte mit dem Oberkellner und nahm erst nach diesem kurzen Zwischenspiel neben seinem französischen Kollegen Platz. Diesmal saß die immer freundliche Frau Müllermann neben Anne. Der Turm drehte langsam seine Runde, der Ostberliner Professor erläuterte die Sehenswürdigkeiten der Stadt, die von dieser Höhe aus betrachtet einen zu Zündholzschachteln verzerrten Eindruck machten.

"Rrratsch-Klack! — Rrratsch-Klack!" ertönte etwas wiederholterweise aus immer ein und derselben Richtung, der sich ihre beiden Tische nun ebenfalls näherten. Frau Müllermann wies mit einer ungenauen Handbewegung zum selben Blickwinkel hin und flüsterte ihrem Schützling zu:

"Dort, in Westberlin wohnt meine Schwester. Wenn Sie die Stadt kennen würden, könnte ich Ihnen sogar das Haus zeigen, im welchem mein Schwesterherz ihre Praxis und ihre Wohnung hat."

Ihre Fenster drehten jetzt genau in Richtung Westberlin, und Professor Müllermann erklärte, wie selbstverständlich, einige Monumente und Gebäude dieses Stadtteils, als es hinter Doktor Chevreux' Ohren plötzlich krachte. Er drehte sich um und erfaßte endlich die Ursache des unangenehmen und sich eindringlich wiederholenden Geräusches:

"Mon Dieu! Seid Ihr denn mit Brettern vernagelt?!" schrie er auf und knallte wutentbrannt seine Kuchengabel auf den Teller.

Erst jetzt wurden die Gäste des deutsch-demokratischen Professors dessen gewahr, was diese penetrante Geräuschkulisse bedeutete: Soft ein Fenster des Drehturmrestaurants den Ausblick auf Berlin-West eröffnet hätte, sauste automatisch eine Verdunklungsgardine auf Schienen herunter und rutschte wieder nach oben, wenn das Fenster den Blick erneut auf Berlin-Ost freigab. In Annes Kopf meldete eine Warnanlage das anfängliche Gespräch des Kongreßleiters mit dem Oberkellner ...

Der Tag war gründlich versalzen, die Schönheiten, die mit so viel Stolz und so siegessicher vom wirklichen Fleisch-und-Blut-Berliner, von Professor Müllermann, vorgestellt wurden, verloren endgültig ihre vielgepriesenen Reize. Der Verstand begann zu begreifen, und die Gedanken kreisten unruhig in den Köpfen der 'Westler'.

Das Statussymbol der Paranoia, der von der Westseite mehr oder minder kunstvoll bemalte und besprühte 'antifaschistische Schutzwall' grüßte toddrohend frostig von der Ostseite der geteilten Stadt Berlin. Der Schutzschirm verbot sogar die Aussicht in die Freiheit. Das Schiff des Wahnsinns, der sozialistische Seelenverkäufer dampfte noch trotzig und Dreck aus seinen Schloten schleudernd durch die Geschichte des irrsinnigen zwanzigsten Jahrhunderts. Was waren die Schlote des noch nicht gekenterten Irrenschiffes? Die Seelen und die Münder seiner erkauften, erpreßten und unterdrückten Bürger! Und die der vom Dämon Überzeugten und Besessenen.

Die Erinnerung ätzt heute noch schmerzhafter als damals an den Herzen der Wiedererkennenden. Das Wetterleuchten der Geschichtswende wirft sein grelles Licht auf die niedergerissene, aber in den Seelen noch immer bestehende Mauer. Das Höllenfeuer der verdrängten, der nichtbeachteten Wahrheiten brennt und fackelt noch immer.

Schritte in der Nacht

Schritte, kommende und gehende, sich nähernde und sich entfernende oder zaudernd stehenbleibende Schritte. Menschen in der Nacht und einer, Er, der die Schritte hört. Er möchte die Dunkelheit horchend erkunden. die blinde, nichtssehende, alles verdeckende Dunkelheit will Er, muß Er, mit äußerst geschärftem Hörsinn enträtseln! Dadurch sich kurzen, von Schritten unterbrochenen Schlaf verschaffen. Schlafen, Minuten nur, oder vielleicht etwas mehr! Er ist müde, von grausiger, fesselnder Angst gelähmt, und Er friert unter der warmen Decke.

Tapp, Tapp, Tapp? Regelmäßiges Geräusch, schwerfällig und langsam. Nichts! Bloß der Alte vom Nachbarhaus. Er fällt zurück in seinen bleiernen Tran, in kurzen Schlaf.

Tipp-Tipp-Tipp? Leichtfüßige, schnelle Schritte, die sich nähern. Aufgeschrecktes Horchen seinerseits, dann Aufatmen. Es muß die junge Arbeiterin sein, sie kommt von der Spätschicht, vielleicht von einem Stelldichein? Er möchte erleichtert und vielleicht auch lächelnd zurücksinken, doch, schon wieder Schritte!

Tapp, Tipp-Tipp, Tapp? Er horcht angestrengt und angstbesessen durch das geschlossene Fenster. Doppelfüßig, ungleich schlurfend und klappernd nähert sich ein Paar. Die dort draußen müssen jetzt dicht unter seinem Fenster sein, sie stehen eben da! Seine Finger verkrallen sich in der Decke, kalter Schweiß perlt ihm die Schläfen entlang. Horch! Sie wollen zu mir! Sie suchen mich! Nein, die beiden sprechen miteinander! Wortfetzen, für ihn unverständliche Laute und Töne, vielleicht ein Stöhnen dazwischen, wechseln sich dort draußen, unter seinem Fenster ab. Die beiden wissen nichts von ihrem heimlichen Belauscher. Haben sie keine Angst vor der dunklen Nacht?

Er, der Lauscher, fällt zurück in die Kissen, sein Herzrasen ebbt ab. Er dreht und wendet sich unruhig in seinem Bett, wühlt nach ein bißchen herbeigesehntem Schlaf. Den Er nicht finden kann. Angst raubt ihm die Ruhe, den Schlaf.

Rasche, schwere, gestiefelte Schritte, mehrere Paar Füße eilen heran, bleiben kurz unter seinem Fenster stehen. Jetzt, ja, jetzt treten sie durch das Tor! Das Kopfende seines Bettes steht an der Wand zum Treppenhaus, und diese Wand ist ebenso hellhörig wie Er selbst. Er hört die sich nähernde Drohung, Er will sich unter seinem Bettgestell verkriechen, doch Er sieht sofort die Sinnlosigkeit solch eines Unterfangens ein:

"Holt mich schon, holt mich endlich, ich halte diese Nächte nicht mehr aus!"

Sein erstickender Schrei erhellt die Dunkelheit des Zimmers. Er rast zur Türe, reißt sie auf:

"Nicht schlagen! Nein, nur nicht schlagen! Ich komme ja mit!"

Gewehrkolben sausen schwer auf seine Schultern herab, Stiefel treten seine Weichteile:

"Du Schuft, wo steckt Dein Vater, der Staatsfeind und Parteigegner? Wo? Wir machen Hackfleisch aus Dir! Wo steckt der Verräter? Wir bringen Dich schon zum Reden!"

Mit jedem Wort dreschen sie auf ihn ein. Er wimmert. Dumpfe Schläge in der Nacht. Leuchtende Blitze, diese Schläge und Tritte, sein Schmerz. Keine Gesichter, die Folterer haben keine Gesichter, nur zischende, peitschende Drohlaute, ihre Schlagstöcke und ihr Eisen.

"Mutter, lauf, flieh!" hört Er sich schreien. Dann das Keuchen der niedergetrampelten Frau.

"Im Nachthemd muß sie sein!"

Der Gedanke, sein letzter Gedanke geht unter im Dunkel der Qual, der Ohnmacht.

Der Schmerz weckt ihn auf, der Schmerz und Kälteschauer. Auf seinem Körper die kalte Klebrigkeit, um ihn herum eisige Stille. Einsame, tiefe Stille umgibt ihn.

"Hat die Geheimpolizei von mir gelassen? Sind sie weg?"

Zugleich mit dieser verwunderten Frage probiert Er sich zu bewegen:

"Ja, ich lebe! Diese Nacht lebe ich noch!"

Das Verstehen sticht stählern und scharf in sein Bewußtsein. Er tastet um sich und stößt auf Bekanntes: Stuhl und Kleidung ordentlich neben seinem Bett. Er begreift, er ist zu Hause. Doch: Wo ist die Mutter? Die geplagte, verhärmte und ihn verzweifelt beschützende Mutter?

Er reißt sich zusammen, steht schwankend auf den Beinen. Mit zitternden Gliedmaßen erreicht Er den Lichtschalter.

In triefenden, kalten Schweiß gehüllt, lehnt Er an der geschlossenen Türe und blinzelt in sein friedliches Schlafzimmer. Nun ist Er voll erwacht und weiß auch, die Mutter ist tot! Tot, seit der grausamen, fernen Nacht seiner Kindheit, seit der Nacht, die ihn nicht mehr losläßt.

Die gebrochenen Augen seiner toten Mutter schimmern jetzt matt durch das sanfte Licht der Deckenlampe. Damals sahen sie ihn durchdringend und doch so leer und starr an! Die Mutter wurde umgebracht, sein Tod als sicher angenommen. Wahrscheinlich. Man ließ beide liegen, damals, in der schaurigen, grausamen Folternacht.

Doch Er ist aufgestanden, damals, eben so wie heute Nacht. Er ist am Leben geblieben. Der Alptraum jedoch und die Angst, die quälende Angst, holen ihn immer wieder, fast Nacht für Nacht ein. Leben mit ihm.

ANHANG

VERZEICHNIS DER AUTOREN, TEXTE, ENTSTEHUNGSJAHRE ODER QUELLEN UND LIZENZGEBER

ACZEL, OTTO * 31.7.1929 Großkomlosch

Der Zeitenkreis	32
Unveröffentlicht, 1981	
umkehrung	32
In: Neue Banater Zeitung v. 30.8.1981	
versöhnung	33
Unveröffentlicht, 1982	
Verweht vom Wind	33
Unveröffentlicht, 1994	
Auguste Rodin	34
Unveröffentlicht, 1987	
Ameise und Grille	35
In: Der Donauschwabe v. 28.3.1993	
Honeckers Ode "An die Freunde"	36
a. a. O., 21.3.1993	
Vergangenheitsweh	37
Unveröffentlicht, 1994	
Die Kaul	38
Unveröffentlicht, 1994	
De Ota un de Tierpark	39
Unveröffentlicht, 1994	
Enttäuschung	40
Unveröffentlicht, 1987	
De Vogl im Käfich	41
In: Neue Banater Zeitung v. 9.11.1980	
Die klaani Freid	41
a. a. O., 11.11.1979	
An Silvester	42
a. a. O., 30.12.1979	

ANGELI, ANNA MARIA * 15.8.1944 Miletitsch

Kein Wetter für Oleander	44
In: Der Donauschwabe v. 24.1.1993	

ANNABRING, MATTHIAS * 23.8.1904 Kübekhausen
† 5. 2.1961 Stuttgart

Die Dame im Sommerkleid	48
In: Kreuz und quer durch das rote Ungarn. Tagebuch eines Donauschwaben aus der Zeit der Deutschenverfolgung in Südosteuropa, Verlag "Unsere Post", Stuttgart 1953, S. 11-13	
Schwabenzüge 1945	50
a. a. O., S. 28-40	

APPELTAUER, JOSEF * 4.8.1925 Temeswar

Morgenbesinnung 64
Unveröffentlicht, 1992
Dir 64
Unveröffentlicht, 1988
Am Lohmühlenteich 64
Unveröffentlicht, 1988
Meinen Kritikern 65
Unveröffentlicht, 1975
Don Quijote 65
Unveröffentlicht, 1968
Ballett 66
Unveröffentlicht, 1995
Frühlingswandel 66
Unveröffentlicht, 1995
Übergang 66
Unveröffentlicht, 1994
Sehnsucht 67
Unveröffentlicht, 1994
Herbstbirke 67
Unveröffentlicht, 1987
Bäume im Göhlbachtal 67
Unveröffentlicht, 1990
Illusion 68
Unveröffentlicht, 1994
Dezembermorgen 68
Unveröffentlicht, 1994
Am Gardasee 68
Unveröffentlicht, 1990
Gunst des Augenblicks 69
Unveröffentlicht, 1977
Guter Mond von La Palmyre 69
Unveröffentlicht, 1993
Schubertsche Melodie 69
Unveröffentlicht, 1988
Vor dem Bamberger Reiter 70
Unveröffentlicht, 1990
Nachhall 70
Unveröffentlicht, 1994
Kölner Dom. Dreikönigsfenster 70
Unveröffentlicht, 1987
Limburger Dom 71
Unveröffentlicht, 1992

Byzantinische Kuppel 71
Unveröffentlicht, 1967
Marienkirche zu Lübeck 72
Unveröffentlicht, 1990
Mysterium 72
In: Gerhardsbote, 1977
Du 73
In: Gerhardsbote, 1991
Nachhall 73
Unveröffentlicht, 1994
Symphonie 74
Unveröffentlicht, 1994
Der weihnachtliche Gott 74
Unveröffentlicht, 1995
Zustände 75
Unveröffentlicht, 1995
Zwiespalt 75
Unveröffentlicht, 1995
Gott in der Welt 75
Unveröffentlicht, 1995
Erlösung 76
Unveröffentlicht, 1995
Geheimnis 76
In: Gerhardsbote Nr. 4, 1995
Eucharistie 76
Unveröffentlicht, 1995

ASTFALK, SABINE-ELSE * 13.9.1973 Stuttgart
"Schwäbisches Erbe" im Studentenheim 78
In: Donauschwaben Kalender 1995, S. 173-175
Oft gehört: "Kulturelles Erbe" 80
In: Donauschwaben Kalender 1994, S. 136 f.
Wider das Vergessen 82
In: Banater Post v. 20.2.1995, S. 1
All Leben still nun schlafen will 84
In: Banater Post v. 20.11.1994, S. 1

ÁTS, ERIKA, * 11.8.1934 Miskolc
Du meinst 90
In: Gefesselt ans Pfauenrad (Gedichte und Nachdichtungen), Lehrbuchverlag, Budapest 1981, S. 36 f.
Zu dir laß mich beten 91
a. a. O., S. 9 f.

Die Linde ... 92
a. a. O., S. 38-49
Parabel einer Pantomime ... 100
a. a. O., S. 62 f.
Troika ... 102
a. a. O., S. 19

AUER, JOHANN * 7.4.1928 Karawukowo
Ameriganisch is a schweri Längwitsch ... 104
In: Donauschwaben Kalender 1960, S. 160
Das unbegrenzte Amerika ... 105
In: Donauschwaben Kalender 1963, S. 145
Zwaa Banater Rekrute in Mazedonien ... 106
In: Banater Schwaben Kalender 1959, S. 192
Lirum Larum ... 107
In: Der Donauschwabe, 1993
Der unvergessene Heimatfreund ... 108
In: Neuland, Januar 1958
Der Holzschuhbaum ... 112
In: Donauschwaben Kalender 1966, S. 129

BAHL, FRANZ * 1.10.1926 Tscheb
Am Fenster ... 116
Unveröffentlicht, 1993-94
Nachtgang ... 116
Unveröffentlicht, 1993-94
Chimäre ... 116
Unveröffentlicht, 1993-94
Idylle ... 117
Unveröffentlicht, 1993-94
Waldgang ... 117
Unveröffentlicht, 1993-94
Worte ... 118
Unveröffentlicht, 1993-94
Sätze ... 118
Unveröffentlicht, 1993-94
Notiz ... 119
Unveröffentlicht, 1993-94
Aus dem Romanmanuskript "Nimrod", Erstes Buch ... 119
Unveröffentlicht, 1993-95
Kirndorfer Feld ... 127
Unveröffentlicht, 1993-94
Nokturn ... 128
Unveröffentlicht, 1993-94

November 129
Unveröffentlicht, 1993-94
Spruch 130
Unveröffentlicht, 1993-94
Am Fenster 130
Unveröffentlicht, 1993-94

BALLMANN, MAGDALENA * 2.5.1917 Liebling
Ich sein ou Schwob 132
Unveröffentlicht, 1978
Mei Mottr 133
In: Neue Banater Zeitung, zum letzten Geburtstag ihrer Mutter am 25.7.1971
Pipatsch-Hymne 133
In: Neue Banater Zeitung v. 19.10.1980
Vorbei 135
Unveröffentlicht, 1995
Frühlingserwachen 136
Unveröffentlicht, 1994
Loblied auf den Mai 137
Unveröffentlicht, 1995
Herbst 137
Unveröffentlicht, 1994
Mein Spiegelbild 138
Unveröffentlicht, 1995
Wann's nor nimmi trummelt 139
In: Triebswetterer Monatsblatt 21/1995
De Geldbriefträger 139
In: Banater Volksgut. Erster Band: Märchen, Sagen und Schwänke, hrsg. v. Walthar Konschitzky und Hugo Hansl, Kriterion Verlag, Bukarest 1979, S. 266 f.

BARTH, PETER * 2.6.1898 Blumenthal
† 1 3. 1984 Temeswar
Den Neuzeitlichen 142
In: Purpurnes Schattenspiel. Gedichte, Auswahl aus dem Schaffen der letzten zwanzig Jahre und Nachwort von Andreas A. Lillin, Kriterion Verlag, Bukarest 1971, S. 9 f.
Am Straßensaum der Jahrhunderte 142
a. a. O., S. 35 ff.
Mein Vaterhaus 144
a. a. O., S. 15 f.
Das Heimweh 145
a. a. O., S. 38 ff.

Nur einmal 146
a. a. O., S. 55 f.
Lockung des Lebens 147
a. a. O., S. 19 f.
Verstummt 148
a. a. O., S. 100
Der erste Reif 148
a. a. O., S. 71 f.
Silvester 149
a. a. O., S. 87
Anfang Feber 150
a. a. O., S. 29 f.
Morgens früh im Felde 151
a. a. O., S. 63 f.
März 152
a. a. O., S. 92
Ein goldner Strahlenstrom ... 152
Triebswetterer Monatsblatt (letztes Gedicht vom 29.2.1984)

BAUER, LUDWIG * 15.1.1892 Werschetz
† 26.6.63 Mittersill/Österreich
Die Flucht 154
In: Werschetz (Versecz — Vrsac). Kommunale Entwicklung und deutsches Leben der Banater Wein- und Schulstadt, verfaßt und zusammengestellt von Helmut Frisch, Verlag des Werschetzer Buchausschusses, Wien 1982, S. 650 f.

BAUER, MARIA * 1.3.1927 Baar
Die Katz und die Schwortekinde 158
Unveröffentlicht, 1980
Wir fuhren Schlitten 158
Unveröffentlicht, 1980
Die Staffier 159
Unveröffentlicht, 1980
Weihnachtsfest 160
In: Neue Zeitung v. 22.12.1990

BAUER, NIKOLAUS * 10.3.1935 New York
Mein Heimatdorf 162
Unveröffentlicht, 1994
Wahre Freunde 164
Unveröffentlicht, 1993
Aus meinen Lebenserfahrungen 165
Unveröffentlicht

BAUMUNG, ERHARD * 26.1.1925 Mramorak
Reinhold, unser Lagerarzt 168
Unveröffentlicht, 1989
Der alte Djemalj wird Vater 172
Unveröffentlicht, 1989

BAYER, BÉLA * 7.5.1951 Waroli
Trockendock 176
Unveröffentlicht, 1993
Nostalgie 177
Unveröffentlicht, 1992
Gebet 177
Unveröffentlicht, 1990
Sonett 178
In: Deutscher Kalender 1994
Heute noch ... 178
In: Das Zweiglein. Nachrichten aus Ungarn. Anthologie junger ungarndeutscher Dichter, Olms Verlag AG, Hildesheim 1991, S. 24
Abschied 179
a. a. O., S. 25
Impromtu 179
In: Bekenntnisse eines Birkenbaumes. Ungarndeutsche Anthologie, RWAG Dienste und Verlag GmbH, Dortmund 1990, S. 84
Erbe 180
a. a. O.
Der Beobachter 180
In: Deutscher Kalender 1989, S. 211
Liebe 181
a. a. O.
Wunsch und Realität 181
a. a. O.
Reimspiele 181
In: Deutscher Kalender 1994, S. 237
Wörter 182
In: Deutscher Kalender 1989, S. 211
Wehrlos 182
In: Deutscher Kalender 1991, S. 271
Doch 183
In: Deutscher Kalender 1993, S. 244
Aquarell 183
a. a. O., S. 222
Kraftborn 184
a. a. O., S. 240

Mutter	184

In: Deutscher Kalender 1991, S. 271

Gebet	185

In: Deutscher Kalender 1990, S. 250

BECHTOLD, Jakob * 22.8.1888 Budakeszi/Wudigeß
† 30.8.1982 Pfarrkirchen

Die Bierpreiserhöhung	188

In: Ein Donauschwabe kritzelt ... Ungarndeutsches Sozial- und Kulturwerk e. V., München 1977, S. 18 f.

Die Wawi-Basl und das Heimweh	190

a. a. O., S. 37

Düsenzwillinge	191

a. a. O., S. 28

Der Eiffelturm (und ich)	192

a. a. O., S. 22 f.

Auf in den Kosmos!	194

a. a. O., S. 74 f.

Zan Fosching	197

a. a. O., S. 28

BECKER, ROBERT * 25.2.1970 Pécs

Ver-suche	200
Unveröffentlicht	
Schade	200
Unveröffentlicht	
Bahnhof	200
Unveröffentlicht	
Irrgang	201
Unveröffentlicht	
Geplündert	201
Unveröffentlicht	
R. B.	202
Unveröffentlicht	
Stilleben	202
Unveröffentlicht	
Russiko	203
Unveröffentlicht	
Mein Opa	203
Unveröffentlicht	
Erinnerung Am Jenenser Bahnhof	204
Unveröffentlicht	
Dämmerung	204
Unveröffentlicht	

Pegasus — eine Versprechung 205
In: Deutscher Kalender 1989, S. 210
Gekritzel an der Wand der Dunkelheit 205
a. a. O.
Lebensraum — Wolkenland 206
In: Das Zweiglein. Nachrichten aus Ungarn, Anthologie junger ungarndeutscher Dichter, Olms Verlag, Hildesheim 1991, S. 96
Sachen 206
a. a. O., S. 100
Parallele 207
a. a. O., S. 98
Blind 207
a. a. O., S. 103
Unsere Worte ... 208
a. a. O., S. 102
Einsam 208
a. a. O., S. 105
Emigration 209
Unveröffentlicht

BEISSMANN, MICHAEL * 27.1.1907 Apatin
† 23.8.1974 Elwood
Eugenien 212
In: Dr Apetinr Lachtanischtr. Donauschwäbisches Archiv, Apatiner Beiträge, hrsg. von Josef Volkmar Senz im Auftrag der "Apatiner Gemeinschaft e. V.", Straubing 1967, S. 8 f.
Dr Trulatschki Sepp 213
a. a. O., S. 9-12
Do hört sich alli Gemütlichkeit uf 217
a. a. O., S. 16 f.
Sichr is sichr 219
a. a. O., S. 21-23

BERGER, JOSEF * 7.7.1924 Mercydorf
Das Banat 222
Unveröffentlicht, 1946
Winterbetrachtung 222
Unveröffentlicht, 1987
Onser Tracht 223
In: Neue Banater Zeitung v. 27.5.1989
Wann fangt 's Fruhjohr an? 224
In: Neue Banater Zeitung v. 29.3.1986
De Gschmack kommt nie zu spot! 225
Unveröffentlicht, 1984

Wer kann am scheenste singe? 226
In: Neue Banater Zeitung v. 16.12.1989
Mercydorfer Schweinschlacht 226
Unveröffentlicht, 1986
Zornich un schlachfertich 227
Unveröffentlicht, 1987
Katzehoor an de Flasch! 228
In: Neue Banater Zeitung v. 12.10.1985, Der Donauschwabe v. 16./23.4.1995
Ein peinlicher Irrtum 229
In: Der Donauschwabe v. 3.7.1994
Onser alte Spiegl 230
In: Neue Banater Zeitung v. 26.12.1981
Was will der Mann am Tisch ... 231
Unveröffentlicht, 1970
Lebensweisheiten 231
In: Neue Banater Zeitung v. 28.9.1985
De Witzmacher 232
In: Neue Banater Zeitung v. 25.12.1982
Vom Elternhaus zieh ich ... 232
In: Der Donauschwabe v. 16.10.1994

BERIĆ, LJILJANA WILHELMINE * 18.1.1950 Belgrad
Donaufluß 234
In: Deutsches Wort
Die Sonne in Franztal 235
Unveröffentlicht, 1990-93
Krieg in Kroatien 236
In: Deutsches Wort
Weit von hier 239
Unveröffentlicht, 1990-93
Haß 239
Unveröffentlicht, 1990-93
Brille 240
Unveröffentlicht, 1990-93
Wein 241
Unveröffentlicht, 1990-93
Wer sind wir? 242
Unveröffentlicht, 1990-93
Mein Herz in Sindelfingen 242
Unveröffentlicht, 1990-93

BERNER, HELMUT * 15.11.1944 Großbrembach

Wie einst 244
In: Donauland Kalender 1986, Oswald Hartmann Verlag, Sersheim 1985, S. 94

Übereinstimmung 244
Unveröffentlicht, 1995

Heimkehr 245
Unveröffentlicht, 1976

Komm 246
Unveröffentlicht, 1995

Durchleuchtung 247
Unveröffentlicht, 1978

Flucht 248
Unveröffentlicht, 1989

Suche 249
Unveröffentlicht, 1993

Gesegnete Morgen 250
Unveröffentlicht, 1981

Kumm hewele 253
Unveröffentlicht, 1988

Vorwegnahme 256
Unveröffentlicht, 1994

BERNHARDT, VINZENZ * 8.4.1916

Von Australien in die alte Heimat 258
In: Neuland, Folge 21, 27.5.1967, S. 6; Fortsetzung Folge 22, 3.6.1967, S. 6

Heimat 267
In: Heimatbote, Juni 1995, S. 5

BERWANGER, NIKOLAUS * 5.7.1935 Freidorf
† 1.4.1989 Ludwigsburg

schwäbischer seiltänzer 270
In: schneewittchen öffne deine augen. lyrische texte, Facla Verlag, Temeswar 1980, S. 62

abends auf der heide 271
In: an meine ungeborenen enkel, Facla Verlag, Temeswar 1983, S. 34

Unser Nußbaum 272
In: letschte hopsepolka, Kriterion Verlag, Bukarest 1982, S. 75 unter dem Titel "unser nussebaam" in banatschwäbischem Dialekt, später überarbeitet und hochdeutsch

babylonische liebeserklärung 273
In: In Liebe und in Haß. der große Schwabenausverkauf und andere texte, © Olms Verlag, Hildesheim 1987, S. 79
Mit freundlicher Genehmigung des Verlags
ufrichtich 274
a. a. O., letschte hopsepolka, S. 78 f.
spätes bekenntnis 275
In: spätes bekenntnis, Kriterion Verlag, Bukarest 1979, S. 33 f.
frage 276
a. a. O., schneewittchen öffne deine augen, S. 51
Als ich noch ein Junge war ... 276
Unveröffentlicht
Spätes Aufbegehren 277
In: Meine Oma und andere Erzählungen, © Hartmann Verlag, Sersheim 1987, S. 41-43
Mit freundlicher Genehmigung des Verlags
du und ich 278
In: Offene Milieuschilderung. lyrische Texte anno '85, © Olms Verlag, Hildesheim 1985, S. 36
Mit freundlicher Genehmigung des Verlags
wir sprangen vom mond in die sonne 278
a. a. O., In Liebe und in Haß, S. 27
deutschland dein wochenende 279
a. a. O., In Liebe und in Haß, S. 63 f.

BICSKEY, EMILIE * 19.5.1965 Temeswar
Einsicht 282
Unveröffentlicht, 1989
Zuversicht 282
Unveröffentlicht, 1989
Mal de Siècle 283
In: Südostdeutsche Vierteljahresblätter, Folge 2, München 1992, S. 128
Über die Kunst 284
Unveröffentlicht, 1987
Moira 284
Unveröffentlicht, 1988
Das Lied vom Selbstmord 285
a. a. O., S. 129
Es gibt ... 286
Unveröffentlicht, 1989
Gesetz 286
Unveröffentlicht, 1989

An die Muse   287
Unveröffentlicht, 1989
Zustand   287
Unveröffentlicht, 1989
Herbstbeginn   288
Unveröffentlicht, 1989
Vater!   288
Unveröffentlicht, 1990
Genesis   289
Unveröffentlicht, 1989

BINDER, GEORG * 13.12.1935 Dorog
Flucht vor der russischen Front   292
Unveröffentlicht, 1988

BINDER, MAGDALENA * 25.4.1948 Deutsch-Sankt-Peter
September   302
Unveröffentlicht, 1990
Zeit   302
Unveröffentlicht, 1990
Finden   302
Unveröffentlicht, 1991
Sarkastische Idylle   303
Unveröffentlicht, 1991
Abschied und Willkommen   303
Unveröffentlicht, 1990-93

BINDER, THEO * 2.9.1924 Essegg
Der Ruf im Baum   310
Unveröffentlicht, 1979
Der Waldaltar   311
Unveröffentlicht, 1976
Fenek   312
Unveröffentlicht, 1982
Der Kristall   313
Unveröffentlicht, 1978
Das Ewige Buch   313
Unveröffentlicht, 1976
Es reift der Mais ...   315
Unveröffentlicht, 1981
Das Nußbaumeinaugige   316
Unveröffentlicht, 1984

BLASCHEK, JOSEF * 31.3.1925 Hodschag
† 30.3.1989 Frankfurt am Main
Das nannte man Petöfi Brigade 320
In: Mahnruf. Gedichte und Berichte, Hartmann Verlag, Sersheim
1989, S. 41 f.
Südslawen 328
a. a. O., S. 29
Pompeji 328
Unveröffentlicht, 1963
Bundesrepublik Deutschland 329
a. a. O., Mahnruf, S. 35 f.
Hvar 330
Unveröffentlicht, 1965
Müllplatz 331
Unveröffentlicht, 1967

BLASKOWITZ, STEFAN * 25.7.1912 Batsch
† 2.1.1994 Wien
Das Schwabenepos 334
In: Das Schwabenepos. Gang der Donauschwaben durch die Geschichte, Wien 1987, S. 24-27
Michelangelo 338
In: Michelangelo. Ein Künstlerdrama in vier Akten, unveröffentlicht
Wer hat unsere Väter ermordet? 342
In: Wer hat unser Väter ermordet? Ein schwäbisches Drama in fünf Akten, unveröffentlicht

BODO, MARIE * 21.7.1907 Schuschara
Die vier Jahreszeiten 346
In: Gedichte einer Analphabetin, Holzschnitte von Robert Hammerstiel, Verlag Niederösterreichisches Presshaus, St. Pölten-Wien 1984, S. 5
Ostersonntag 347
a. a. O., S. 21
Mein Gärtlein klein ... 348
a. a. O., S. 27
Kommt der Frühling ... 348
a. a. O., S. 32
Häuschen hatt' ich ... 349
Unveröffentlicht, 1994
Das große Wasser ist gekommen ... 350
Unveröffentlicht, 1994
Ich hatt' ein Gut ... 351
a. a. O., Gedichte einer Analphabetin, S. 35

Oh, Maria Gnade ... 351
a. a. O., S. 40
Ich hab' das Meer geseh'n ... 352
Unveröffentlicht, 1994
Köln am Rhein 352
Unveröffentlicht, 1994
Novemberabend I 353
a. a. O., Gedichte einer Analphabetin, S. 42
Novemberabend II 353
a. a. O., S. 44
Dezember 353
a. a. O., S. 45
Weihnacht 354
a. a. O., S. 46
Wenn er nur da wäre 355
Unveröffentlicht, 1994
Es wollen zwei Brüder streiten 356
Unveröffentlicht, 1994

BOHN, ALBERT * 13.6.1955 Arad
Lied der Fischer 358
In: Neue Banater Zeitung v. 5.11.1971, S. 6
Hoch am Himmel steht der Bär 358
a. a. O., 3.3.1972, S. 6
Die Fliegen fallen auf den Boden 359
a. a. O., 30.11.1972, S. 5
Tief fliegen die Schwalben 359
In: Karpaten-Rundschau v. 8.12.1972, S. 13
Was mit Herrn Buchwald geschah 360
In: Neue Literatur, Bukarest, Heft 4, 1974, S. 18-21
Tulcea 364
a. a. O., Heft 4, 1978, S. 19
Wie man Dorfschullehrer wird 364
a. a. O., Heft 4, 1980, S. 9 f.
Abfahrt 366
a. a. O., S. 12 f.
Die Dichterlesung 367
a. a. O., Heft 4, 1981, S. 20 f., veröffentlicht unter dem Titel "Offener Brief"
Auf der Suche nach Äneas 367
a. a. O., S. 21 f.
Heimat 368
Unveröffentlicht, 1984

BOHN, HANS * 13.1.1927 Klein-Sankt-Peter
Sommerregen im Banat 370
In: Im Acker der Zeit, Helicon Verlag, Timisoara 1992, S. 51 f.
Pendeluhr 370
a. a. O., S. 130 f.
Die alte Akazie 372
a. a. O., S. 174
Renatus 372
a. a. O., S. 73-79
Astkreuze im Wind 378
a. a. O., S. 166-171
Totina 383
a. a. O., S. 21

BOHN-FABRI, LUISE * 11.12.1938 Reschitz
Aufnahmezustand 386
Unveröffentlicht, 1973-80 (aus dem Zyklus "Anastasius und andere Staatsbürger")
Gegenüberstellung 386
In: Süddeutsche Zeitung v. 27.11.94 unter dem Titel "Jeder kann der Täter sein"
Der Stempel 387
Unveröffentlicht, 1973-80 (aus dem Zyklus "Anastasius und andere Staatsbürger")
Gustl 389
Unveröffentlicht, a. a. O.
Versuche mit Kisten 392
Unveröffentlicht, a. a. O.
Irgend ein Treuburger 394
Unveröffentlicht, a. a. O.

BOSSERT, ROLF * 16.12.1952 Reschitz
† 17.2.1986 Frankfurt
Aus meinem Leben 398
In: Auf der Milchstraße wieder kein Licht. Gedichte, Rotbuch Verlag, Berlin 1986, S. 26 f.
Mit freundlicher Genehmigung des Verlags
Gartenlokal 399
a. a. O., S. 40
Ballade vom guten Verlierer 399
a. a. O., S. 43
Camping, Doi Mai 400
a. a. O., S. 45

Die Joplin. Geschichte 401
a. a. O., S. 51
Lied 401
a. a. O., S. 57
Heimweg 402
a. a. O., S. 53
Rosettiplatz, siebzehn Uhr 402
a. a. O., S. 65
Post nach Bucuresti, Romania 403
a. a. O., S. 83
Oma liebt jene Ecke im Garten dort 404
a. a. O., S. 91
Seitensprung, widerborstig 405
a. a. O., S. 97
Stilleben mit Schreibtisch 405
a. a. O., S. 104

BRADEAN-EBINGER, NELU * 22.07.1952 Arad
Haus im Banat 408
In: Budapester Resonanzen. Lyrische Gedanken in einer Minderheitensprache, Budapest 1987, S. 48
Der Fremde 409
In: Auf der Suche nach ... Heimat. Gedichte und Essays, Budapest 1995, S. 16
Bekenntnis 410
a. a. O., Budapester Resonanzen, S. 46
Blaßnatur 410
a. a. O., S. 42
Bruderherz 411
a. a. O., S. 43
Erwachen 411
a. a. O., S. 21
Liebe 412
a. a. O., S. 24
Mit dreißig 412
a. a. O., S. 86
Bekenntnisse eines Mitteleuropäers 413
In: Neue Zeitung, Budapest, März 1989
Mitteleuropa 416
a. a. O.
Ost-Mitteleuropa am Scheideweg 417
a. a. O., Auf der Suche nach ... Heimat, S. 26

Unter uns 418
In: Das Zweiglein. Nachrichten aus Ungarn. Anthologie junger ungarndeutscher Dichter, Georg Olms Verlag AG, Hildesheim 1991, S. 32

BREITENHOFER, ANTON * 10.4.1912 Reschitz
† 17.12.1989 Bukarest
Der Fünfzehnte 420
In: Aus unseren Tagen. ESPLA Staatsverlag für Kunst und Literatur, Bukarest 1958, S. 92-113

BRESSER, MICHAEL * 8.12.1924 Deta
1975 432
In: Der Schwengelbrunnen. Schöpfungen aus Amerika, Kulturzeitschrift des Verbandes der Donauschwaben in den USA, Nr. 1, Chicago 1990, S. 13
Mei Moddersproch 432
a. a. O., S. 13
3245 N. Mascher St. 433
a. a. O., 1991, S. 19 f.
Let's go home ... 437
a. a. O., Nr. 1, S. 14-19

BRITZ, HELMUT * 28.1.1956 Temeswar
Splitterglück 1 448
In: Schorfeis. Gedichte, Dacia Verlag, Cluj-Napoca 1989, S. 20
Nebelleben 448
a. a. O., S. 64
Transparente Mythen 449
a. a. O., S. 47
Wasserwillig 449
a. a. O., S. 17
Büffelbrunnenelegie 450
a. a. O., S. 65-75
Narrenkarren 456
a. a. O., S. 25

BRITZ, NIKOLAUS * 7.11.1919 Großkikinda
† 10.11.1982 Wien
Vorfrühling 458
In: Das kleine Vöglein Ziwüi. Drei Dutzend Reime und Gedichte für Kinder, hrsg. v. d. Forschungs- und Kulturstelle d. Österreicher aus dem Donau-, Sudeten- und Karpatenraum, Krems 1973, S. 27

Hochsommermittag im Dorfe 458
a. a. O., S. 37
Das eitle Mücklein 459
a. a. O., S. 45
Zwischen Dämmerung und Nacht 459
a. a. O., S. 65
Religionsunterricht 460
In: Als ich noch ein Schüler war. Sechs lachende Satiren, hrsg. v. d. Forschungs- und Kulturstelle d. Österreicher aus dem Donau-, Sudeten- und Karpatenraum, Krems 1971, S. 23-25
Eine Handvoll Heimaterde 462
In: Eine Handvoll Heimaterde. Erzählungen für die Jugend, © Verlag Julius Lichtner, Wien 1948, S. 12-15
Die Landnahme 465
In: Skizzen uznd Erzählungen, Forschungs- und Kulturstelle der Österreicher aus dem Donau-, Sudeten- und Karpatenraum, Wien 1970, S. 17-21

BRUNNEN-STILLING, ANNI * 10.6.1929 Srpski Miletić
Die Evbäsl un 's Kamilleroppe 470
In: Der Donauschwabe v. 1.11.92
Winterfreuden 471
In: Der Donauschwabe u. Das Donautal Magazin v. 15.12.95, S. 4
An Omami 472
In: Der Donauschwabe v. 12.5.91, S. 1
Otati — Du? 474
In: Der Donauschwabe v. 27.10.91, S. 11
Hová Valósi, Viktor? 474
In: Der Donauschwabe v. 18./25.8.91
Vom Hansvettr und seinem Pferd 475
In: Der Donauschwabe v. 4.8.91 u. Das Donautal Magazin v. 15.9.93, S. 40
Im Bürgergarten 476
In: Der Donauschwabe
Waldsommerfest 477
In: Der Donauschwabe v. 9.8.92, S. 9
Habe ich? 478
In: Der Donauschwabe v. 19.7.92
Unsere Donau 478
In: Der Donauschwabe v. 4.7.93 u. Das Donautal Magazin v. 15.6.93 u. Miletitscher Wortschatz, Schönaich 1994, S. 255

BUNDY, JOHANN * 23.3.1910 St. Hubert
An Jakob Wolf.
Schüttelreime zu seinem Eintritt in den Ruhestand — 482
Unveröffentlicht, 1984
Ausgespielt — 483
Unveröffentlicht
Sinnsprüche — 484
Unveröffentlicht, vor 1985
Aphorismen über Liebe — 484
Unveröffentlicht, vor 1985
Der Lebensherbst — 486
Unveröffentlicht, 1990
Kommers — 486
Unveröffentlicht, 1. Strophe um 1928 in Werschetz, 2. und 3. Strophe 1985 in Babylon entstanden
Weihnacht in der Kriegsgefangenschaft — 487
Unveröffentlicht, 1946/47
Weihnachten in der Kriegsgefangenschaft — 487
Unveröffentlicht, 1946/47
Unsere inneren Werte — 490
An seine Kameraden. Aus einer Wandzeitung 1946/47 in der Kriegsgefangenschaft im Lager Rimini

BUSCH, MARIA * 19.8.1927 Palanka
Einführung — 496
In: Das Grab in meiner Seele. Berufung — Liebe — Schicksal, Haag und Herchen Verlag, Frankfurt 1992, S. 7-13
Solange ich von deinem Atem lebe — 502
In: Herr, zeige mir den Weg. Gespräche — Gebete — Gedanken eines engagierten Christen von heute, Herstellung LIT privat, Löhne 1992, S. 17
Gott ist der Ursprung der Liebe — 503
a. a. O., S. 5
Glück? Gibt es das? — 503
a. a. O., S. 37-40

BUTSCHER, VIKTOR * 20.7.1935 Feketitsch
Der Abschied — 508
In: Das Donautal Magazin Nr. 63, 15.12.1991
Der Russe — 509
Unveröffentlicht, 1992
Volltreffer — 510
Unveröffentlicht, 1985

scherzo 511
Unveröffentlicht, 1977
Hold und Geheuer 511
Unveröffentlicht, 1977
Wohlstand 511
Unveröffentlicht, 1977
Seelenallein 512
Unveröffentlicht, 1976
Rückblick auf die Lage der Nation 1973-1974 512
Unveröffentlicht, 1974
Kneipenszene 514
Unveröffentlicht, 1979
Bonnericks 515
Unveröffentlicht, 1974-76
Die Trennung 517
Unveröffentlicht, 1978
Buß- und Bettag 518
Unveröffentlicht, 1978
Der Name Karadžić. Zwei Männer — zwei Welten 519
Politisches Tagebuch, Deutsche Welle Radio, Sendung am 11.6.1995

CHAMBRE, SIEGFRIED * 16.2.1961 Wiesenhaid
Leckwar und Melonen 522
In: Auf und davon oder Der Traum vom roten Flugzeug, © Rex-Verlag, Luzern/Stuttgart 1994, S. 50-55
Mit freundlicher Genehmigung des Verlags
Die Zigeunerin 525
a. a. O., S. 99-111

CHRIST, HANS * 30.11.1914 Meknitsch
† 15.12.1985 Weinstadt-Endersbach
Abschied 534
In: Ich suche nach Neuland. Lyrik und Prosa aus der Kriegs- und Nachkriegszeit,
© J. Fink Verlag, Stuttgart 1964, S. 46 f.
Generation zwischen den Zeilen 535
a. a. O., S. 48 ff.
Totenehrung 536
a. a. O., S. 54 f.
Wir vor den Grenzen 538
a. a. O., S. 60
Der Tod des Großvaters 539
a. a. O., S. 73-76

Zeit und Ewigkeit   540
a. a. O., S. 79 f.
Ich suche nach Neuland   541
a. a. O., S. 89 f.
Prometheus 1962   542
a. a. O., S. 98 f.
Zwischenbilanz ...   544
a. a. O., S. 102 f.

CORNELIUS, JAN * 24.2.1950 Reschitz
Der Cowboy   546
In: Ein Cowboy namens Balthasar, Hoch Verlag, Stuttgart-Wien 1990, S. 24-28
Der Horizont   548
a. a. O., S. 33-37
Sieglinde   550
In: Das schaffst du mit links. Überleben im Alltagsstreß, Rowohlt Taschenbuch Verlag GmbH, Reinbek bei Hamburg 1990, S. 16-20
Die schönste Frau   551
a. a. O., S. 20-24
Erotik   554
a. a. O., S. 25
Das Telefon   554
a. a. O., S. 43-45
Der Beamte   555
a. a. O., S. 66 f.
Der Kommissar   556
a. a. O., S. 69-72
Der Leserbrief   558
a. a. O., S. 78-80

DAMA, HANS * 30.6.1944 Großsanktnikolaus
Im Morgengrauen   562
In: Gedankenspiele, Edition Fischer, Frankfrut a. M. 1990, S. 44
Fremder Daheim   562
In: Rollendes Schicksal, Edition Fischer, Frankfurt a. M. 1993, S. 38
Die Zeit   563
Unveröffentlicht, 1993
Spätherbst   564
Unveröffentlicht, 1993
Durch Balkanruinen   564
a. a. O., Rollendes Schicksal, S. 30
Du bleibst Mensch   565
a. a. O., S. 29

Den Poeten 565
a. a. O., S. 9
Russischstunde 566
In: Pannonia, Eisenstadt, Jg. 22, Nr. 1/1994, S. 13
Der letzte Weihnachtsabend 568
In: Der Donauschwabe v. 10.12.1993

DECKER, IRENE * 24.8.1910 Hatzfeld
An der Dnjeprbiegung 572
Unveröffentlicht, 1971
Exodus der Schwaben aus dem Banat 573
Unveröffentlicht, 1975
Besuch in der Gefängnisstraße 576
Unveröffentlicht, 1971

DIETRICH, JAKOB * 2.7.1924 Grabatz
Zur Donau 584
In: Damit dies wüste Land zur Heimat werde, Battert Verlag, Baden-Baden 1990, S. 21
Ährenfelder 584
a. a. O., S. 33
Braunes Brot 585
a. a. O., S. 40
Distel 585
a. a. O., S. 41
Feierabend 586
a. a. O., S. 42
Aufgeweichte Strassen 586
a. a. O., S. 43
Heidezauber 587
a. a. O., S. 46
Es war die Hoffnung 587
a. a. O., S. 47
Daheim 588
a. a. O., S. 55
Unterwandert 588
a. a. O., S. 61
Schweigen 589
a. a. O., S. 100
Der letzte Pflüger 589
a. a. O., S. 101
Mutterhände 590
a. a. O., S. 102

Zages Hoffen   590
a. a. O., S. 103
Abschied von daheim   591
a. a. O., S. 104
Abschied vom Grabe der Mutter   591
a. a. O., S. 105

DIPLICH, HANS * 23.2.1909 Komlosch
† 2.7.1990 Ravensburg
Ausklang   594
In: Südöstliche Weisen. Gedichte. Auswahl für die Freunde zu meinem 75. Geburtstag 23.2.1984, S. 21
Sieh! unser Herd ...   594
a. a. O., S. 22
Das Banat — mein Arkadien   595
In: Zur fälligen Stunde: Angewandte Gedichte, J. G. Bläschke Verlag, St. Michael 1982, S. 9 f.
Sors germanorum   596
a. a. O., S. 30
Transgressio   596
a. a. O., S. 31
Brief nach Sylt   597
a. a. O., S. 48 f.
Bauernsiedler   598
a. a. O., S. 50 f.
Stimme des Ostwinds   599
a. a. O., S. 52 f.
Mit den Liedern der Nachbarn   600
a. a. O., S. 54 f.
In meinen Adern ...   601
a. a. O., S. 63
Die Not verwich ...   602
a. a. O., S. 64
Schläfrig geht der Sommertag ...   602
a. a. O., S. 68
Nicht zu weinen ...   603
a. a. O., S. 69
Geopolitik   604
a. a. O., S. 85
Heinrich Zillich zum 80. Geburtstag   604
a. a. O., S. 88 f.
Blick in den Rhein   605
a. a. O., S. 93

Augenzeuge 606
In: Lob des Lebens. Hundert Gedichte, Banater Hausarchiv, Vogt,
Wangen im Allgäu 1987, S. 100
Epitaph 606
a. a. O., S. 101

DIVY, WILHELM * 18.2.1934 Borjád
Die Kommission 608
Unveröffentlicht, 1994
Als Großvaters Haus noch stand 613
In: Als Großvaters Haus noch stand, Liebel Verlag, Bad Waldsee
1987, S. 7-11

DREICHLINGER, VERONIKA * 1.1.1935 Temeswar
Dämon, welcher die Menschen besitzt 618
Unveröffentlicht, 1992
Schritte in der Nacht 624
In: Schritte durch Nebel und Licht. Halbes Dutzend Kurzgeschichten,
Erzählungen, Helios Verlags- und Buchvertriebsgesellschaft, Aachen
1990, S. 7-9

VERÖFFENTLICHUNGEN DER AUTOREN

Annabring, Matthias

Werke: 1) Das ungarländische Deutschtum. Leidensweg einer südostdeutschen Volksgruppe, Stuttgart 1952, 80 S.; 2) Kreuz und quer durch das rote Ungarn. Tagebuch eines Donauschwaben aus der Zeit der Deutschenverfolgung in Südosteuropa, Stuttgart 1953, 111 S. + 1 Karte; 3) Die katholische Kirche im kommunistischen Ungarn. Studie zum Kirchenkampf in Südosteuropa, Stuttgart 1953, 32 S.; 4) Volksgeschichte der Deutschen in Ungarn. Stuttgart 1954, 112 S. + 16 Bildtafeln; 5) Volksgeschichte der Donauschwaben in Jugoslawien, Stuttgart 1955, 80 S. + 8 Bildtafeln + 1 Karte; 6) Volksgeschichte der Donauschwaben in Rumänien, Stuttgart 1956, 64 S. + 4 Karten + 8 Bildtafeln; 7) Vater erzählt von der Heimat. Eine donauschwäbische Volksgeschichte für die Jugend in Bildern und Landkarten, Stuttgart 1957, 48 S.; 8) Der Freiheitskampf in Ungarn. Ursachen, Verlauf und Auswirkungen, Aalen 1957, 68 S.; 9) Aus Vergangenheit und Gegenwart der Donauschwaben. Volksgeschichte des jüngsten deutschen Neustammes, Stuttgart 1957, 300 S. + 36 Bildtafeln; 10) Deutsches Schicksal in Alt-Ungarn, Stuttgart 1960, 96 S.; 11) Memoiren von Matthias Annabring, abgedruckt in: "Unsere Post" Nr. 23-26/1960, auszugsweise in: "Archiv der Suevia-Pannonica, 1. Jg., Heidelberg 1964, S. 51-59

(Nach: Anton Peter Petri, Biographisches Lexikon des Banater Deutschtums)

Appeltauer, Josef

Literarische Veröffentlichungen: 1) seit Oktober 1990 Leitartikel im Gerhardsboten, auch einzelne Gedichte; 2) Kirchen im Banat. Ein Erinnerungskranz Banater Lebens, gebunden aus geistlichen Gedichten Hans Mokkas von Josef Appeltauer, St. Gerhards-Werk, Stuttgart 1994; 3) einige Gedichte in "Der Donauschwabe"

Wissenschaftliche Veröffentlichungen: 35 in Zeitschriften, 19 in Tagungsbänden (Bundesrepublik, USA, England, Frankreich, Österreich, Ungarn, Rumänien, Sowjetunion usw.); 4 Buchveröffentlichungen

Astfalk, Sabine-Else

Veröffentlichungen: 1) Sein oder nicht sein, das war immer schon sehr fraglich. Maturazeitung 1991 (Hrsg.); 2) Oft gehört: "Kulturelles Erbe". Gedanken einer 19jährigen zu ihrem Donauschwabentum. In: Donauschwaben Kalender 1994, S. 136 f.;3) Schwäbisches Erbe im Studentenheim. In: Donauschwaben Kalender 1995, S. 173-175; 4) Temeschburg — Temeswar — Das Buch über die Stadt. In: Banater Post, 15/1994, S. 5; 5) All Leben still nun schlafen will. Gedanken zu Allerheiligen. In: Banater Post, 20/1994, S. 1; 6) Wider das Vergessen. — Gewalt und Völkermord aus der Perspektive einer Jugendlichen. In: Banater Post, 4/1995, S. 1

Áts, Erika

Werke: 1) Tiefe Wurzeln. Eine ungarndeutsche Anthologie (Hrsg.), Demokratischer Verband der Ungarndeutschen, Budapest 1974; 2) Gefesselt ans Pfauenrad (Gedichte und Nachdichtungen), Lehrbuchverlag, Budapest 1981, 90 S.; 3) Bekenntnisse eines Birkenbaumes. Ungarndeutsche Anthologie, RWAG Dienste und Verlag GmbH, Dortmund 1990, S. 115 f.; 4) In mehreren Sprachen mit gemeinsamem Willen. Nationalitäten in der Ungarischen Volksrepublik (Hrsg.), Népmüvelési Propaganda Iroda, Budapest 1974, 112 S.; 5) zusammen mit Guth, Zoltán: Klubleben, Demokratischer Verband der Ungarndeutschen, Budapest 1977, 64 S.

Auer, Johann
Werke: 1) Landsleit und andere Mitmenschen. Gedichte teils in donauschwäbischer Mundart und humoristisch, Eigenverlag, New York 1971, 120 S.; 2) Lusticus. Donauschwäbische heitere Gedichte, Eigenverlag, New York 1972, 84 S.; 3) 20 Märchen aus dem Reich des Doppeladlers, Eigenverlag, New York 1973, 144 S.; 4) Bittere Episode. Tagebuch aus dem Vernichtungslager, Eigenverlag, New York 1973, 209 S.

Bahl, Franz
Werke: 1) Schwarze Vögel. Roman, Westermann Verlag, Braunschweig 1957, 195 S.; 2) Spuren im Wind. Erzählung, Pannonia-Verlag, Freilassing 1960, 93 S.; 3) Patrouillen der Nacht. Roman. Westermann Verlag, Braunschweig 1960, 220 S.; 4) Die Donau von der Quelle bis zur Mündung. Ein Strom der Völker (Mit 2 Vorsatzkt. u. 147 Fotos), Pannonia-Verlag, Freilassing 1961, 190 S.; 5) Spiegel der Zeiten. 4 Bde., Verlag Moritz Diesterweg, Frankfurt 1970 (mit Co-Autoren); 6) Geschichtliche Weltkunde. 4 Bde., Verlag Moritz Diesterweg, Frankfurt 1978 (mit Co-Autoren); 7) Unsere Geschichte. 4 Bde., Verlag Moritz Diesterweg, Frankfurt 1984 (mit Co-Autoren).
Essays, Abhandlungen und Erzählungen in "Die Sammlung", "Der Deutschunterricht", "Bildung und Erziehung", "Die Pädagogische Provinz", "Südostdeutsche Vierteljahresblätter", "Gerhardsbote", "Donauschwaben Kalender"

Ballmann, Magdalena
Literatur: 1) Banater Volksgut. Erster Band: Märchen, Sagen und Schwänke, hrsg. v. Walther Konschitzky u. Hugo Hansl, mit einem Vorwort v. Johann Wolf, Kriterion Verlag, Bukarest 1979, S. 203, 239, 266 f.

Barth, Peter
Werke: 1) Flammengarben. Gedichte, Timisoara 1933, 227 S.; 2) Die Erde lebt! Deutsche Gedichte aus dem Banat, herausgegeben und eingeleitet von H. Kindermann, Wien-Leipzig 1939, 74 S. [Süd-Ost/2/8.]; 3) Purpurnes Schattenspiel. Gedichte, Bukarest 1971, 120 S.; 4) Ich suche den Sommerpfad. Ein Lesebuch für Erwachsene, Lyrik und Prosa, Temeswar 1975, 104 S.

Bauer, Ludwig
Werke: 1) Von den Schlachtfeldern in Galizien. Kleine Bilder aus dem großen Kriege, Leipzig 1914, 111 S.; 2) Lyrische Gedichte. Werschetz 1922, 47 S. [Banater Bücherei. 7.]; 3) Kurze Geschichte der Stadt Werschetz-Hennemannstadt. Werschetz [o. J.], 16 S.

Bayer, Béla
Veröffentlichungen in: 1) Bekenntnisse eines Birkenbaumes. Ungarndeutsche Anthologie, RWAG Dienste & Verlag GmbH, Dortmund 1990, S. 84; 2) Das Zweiglein. Nachrichten aus Ungarn, Anthologie junger ungarndeutscher Dichter, Olms Verlag Hildesheim 1991, S. 20-26; 3) Deutscher Kalender 1989, 1990, 1991 1993, 1994, Jahrbuch der Ungarndeutschen, Verband der Ungarndeutschen, Verantwortl. Red. u. Hrsg. Géza Hambuch, Budapest

Bechtold, Jakob
Werke: Ein Donauschwabe kritzelt ... Ungarndeutsches Sozial- und Kulturwerk e. V., München 1977, 200 S.

Becker, Robert
Veröffentlichungen in: 1) Bekenntnisse eines Birkenbaumes. Ungarndeutsche Anthologie, RWAG Dienste & Verlag GmbH, Dortmund 1990, S. 85; 2) Das Zweiglein. Nachrichten aus Ungarn, Anthologie junger ungarndeutscher Dichter, Olms Verlag Hildesheim 1991, S. 96-106; 3) Deutscher Kalender 1989, Jahrbuch der Ungarndeutschen, Verband der Ungarndeutschen, Verantwortl. Red. u. Hrsg. Géza Hambuch, Budapest

Beißmann, Michael
Dr Apetinr Lachtanischtr. Donauschwäbisches Archiv, Apatiner Beiträge, hrsg. von Josef Volkmar Senz im Auftrag der "Apatiner Gemeinschaft e. V.", Straubing 1967, 32 S.

Berner, Helmut
Veröffentlichungen in Zeitungen und Zeitschriften: 1) "Dr. Braitling". Sathmarschwäbisches Lustspiel mit Gesang in einem Aufzug. In: Volk und Kultur, 22/1, 1970, S. 26-35; S. 34-35: Volkslieder; 2) Sathmarschwäbische Sitten und Bräuche. In: Volk und Kultur, 20/11, 1968, S. 45; 3) Mundart und Sprachbildung "Wiear dieane drei Sproche it ka ..." Die Mundart der Sathmarer Schwaben nebst einigen ihrer Besonderheiten. In: Neuer Weg, 21/6400, 28.11.1969, S. 4. Weitere Kurzgeschichten, Aufsätze, Reportagen, Schwänke veröffentlichte Berner in der "Karpaten-Rundschau", "Neuer Weg", "Volk und Kultur" u. a. auch in rumänischen Publikationen.
Bücher: 1) "Krieg im Scherbenland. Sathmarschwäbische Schwänke". Dacia-Verlag, Klausenburg (rum. Cluj) 1973, (Der Band erschien ohne den Namen des Autors, weil dieser kurz vorher in die Bundesrepublik Deutschland übersiedelt war.); 2) "Volksgut der Sathmarschwaben". N. G. Elwert-Verlag, Marburg 1985, (CIP-Kurztitelaufnahme der Deutschen Bibliothek: Berner Helmut, Volksgut der Sathmarschwaben/Helmut Berner; Claus Stephani. Schriftenreihe der Kommission für ostdeutsche Volkskunde in der Deutschen Gesellschaft für Volkskunde e. V., Bd. 32, ISBN 3-7708-0814-2)
Als Herausgeber veröffentlicht: 1) "Beiträge zur Geschichte der Sathmarer Schwaben. 50 Rundbriefe", Ferdinand Flesch, Ravensburg 1984, Druck: Schirmer & Traub, Weißenau bei Ravensburg; 2) "Wurzeln im Licht". Zeitgenössische rumänische Lyrik, 1984, Druck: Schirmer & Traub, Weißenau bei Ravensburg; 3) "Wer sind die Sathmarer Schwaben?", 1994, Ravensburg 1993
Verschiedenes: Von 1977 bis 1983 und von 1990 bis heute auch Chefredakteur (ehrenamtlich) des "Sathmarer Heimatbriefes. Mitteilungen der Landsmannschaft der Sathmarer Schwaben und der Oberwischauer Zipser". Erscheint jeden zweiten Monat. Herausgeber: Landsmannschaft der Sathmarer Schwaben in der Bundesrepublik Deutschland e. V., Ravensburg

Berwanger, Nikolaus
Veröffentlichte Bücher: 1) Schwäbisches. Dialektprosa, Kriterion Verlag, Bukarest 1971; 2) Satirische Briefe. Dialektprosa, Facla Verlag, Temeswar 1974; 3) Ich hänge mein Gesicht nicht an den Nagel. Dialektgedichte, Kriterion Verlag, Bukarest 1976; 4) Adam Müller-Guttenbrunn. Bildmonographie, Kriterion Verlag, Bukarest 1977; 5) Allein mit mir. Gedichte, Facla Verlag, Temeswar

1978 (rumänisch); 6) Aus vier Herzen. Gedichte, Eminescu Verlag, Bukarest 1978 (rumänisch); 7) Geschichten über Seppi und Peppi. Prosa für Kinder, Facla Verlag, Temeswar 1979; 8) Spätes Bekenntnis. Gedichte, Kriterion Verlag, Bukarest 1979; 9) Ein Schriftstellerleben. Zweisprachige Monographie (deutsch-rumänisch), dem 80jährigen Franz Liebhard gewidmet, Facla Verlag, Temeswar 1979; 10) Schneewittchen öffne deine Augen. Gedichte, Facla Verlag, Temeswar 1980; 11) Alltagsbekenntnisse. Gedichte, Eminescu Verlag, Bukarest 1980 (rumänisch); 12) Ich lebe zwischen Zeilen. Gedichte, Verlag Cartea Romaneasca, Bukarest 1981 (rumänisch); 13) Letzte Polka. Dialektgedichte, Kriterion Verlag, Bukarest 1982; 14) Hallo, mein Knecht. Theater, Neue Literatur, Bukarest 1981; 15) An meine ungeborenen Enkel. Gedichte, Facla Verlag, Temeswar 1983; 16) Steingeflüster. Gedichte, Olms Verlag, Hildesheim 1983, 1985; 17) Augenzeuge. Gedichte, Eminescu Verlag, Bukarest 1983 (rumänisch); 18) Die schönsten Gedichte. Albatros Verlag, Bukarest 1984; 19) Vom täglichen kleinen Sterben. Gedichte, Makedonska Verlag, 1984 (makedonisch); 20) Offene Milieuschilderung. Gedichte, Olms Verlag, Hildesheim 1985; 21) Mein Oma und andere Erzählungen. Hartmann Verlag, Sersheim 1987; 22) Ich möcht mich verabschieden. Dialektgedichte mit Tuschzeichnungen von Gert Fabritius, Peter Schlack Verlag, Stuttgart 1987; 23) In Liebe und in Haß — der große Schwabenausverkauf und andere Texte. Olms Verlag, Hildesheim 1987; 24) Du hast nicht Dein Leben Du hast Deine Zeit gelebt. Gedichte aus dem Nachlaß, Olms Verlag, Hildesheim 1992

Anthologien: Studien, Verse, Reportagen und Kurzprosa, erschienen in deutscher, rumänischer und ungarischer Sprache in den Verlagen Cartea Romaneasca (Bukarest), Dacia (Klausenburg), Eminescu (Bukarest), Facla (Temeswar), Ion Creanga (Bukarest), Kriterion (Bukarest), Volk und Welt (Berlin) sowie im "Bairischer Burgschreiber" (Spiegelau); "Oder Büchner" (Darmstadt); "Stimmen der Völker" (Sindelfingen); "Lenauforum" (Stockerau); "Kulturzeitschrift im Dreyekland" (Buhenbach); "Wortmühle" (Burgenland).

Begründer und Herausgeber der Dialektbeilage "Pipatsch", Herausgeber des ersten Volkskalenders der NBZ (1978 ff), veranlaßte das Erscheinen der Banater Mundartanthologie von den Anfängen bis heute ("Schwowische Gsätzle", Lyrik, und "Schwowisches Volksbuch", Prosa und Theater), Mitverfasser der Theatergeschichte "Zwei Jahrzehnte im Rampenlicht", Kriterion Verlag, Bukarest 1974, und des Studienbandes "Die Zeit in der Zeitung", Dacia Verlag, Klausenburg

Gedichte, Gespräche sowie Reportagen erschienen in den Zeitschriften: "Die Brücke" (München); "Das Donautal Magazin" (Sersheim); "Südostdeutsche Vieteljahresblätter" (München); "Convorbiri Literare" (Bukarest); "Cronica" (Jassy); "Dialekt", "Literaricum", "Wiener Tagebuch", "Podium" (Wien); "Düsseldorfer Illustrierte", "Düsseldorfer Debatte" (Düsseldorf); "das fenster" (Wien); "Volk und Heimat" (Eisenstadt); "Neue Literatur" (Bukarest); "Volk und Kultur" (Bukarest); "Utunk" (Klausenburg); "Lumina" (Pacevo); "Panorama" (Maracaibo); "Schmankerl" (München); "Der Gemeinsame Weg", "Kulturpolitische Korrespondenz" (Bonn); "Schwäbische Heimat" (Stuttgart); "Revue Alsacienne de Littérature" (Strasbourg); "DIMENSION"-Contemporary German Arts and Letters (Texas); "Monatshefte" (Wisconsin); "Auspuff", "Portland Review" (Portland); "German Studies in den USA", Proceedings, International Symposium on German Studies (New Mexico)

Rundfunkmitarbeiter (Gedichte, Essays, Kommentare), Autor der Fersehdokumentationen: 1) Der Dichter Nikolaus Lenau und das Banat; 2) Ein Banater Maler (Franz Ferch); 3) Die Geschichte eines Gemäldes (Stefan Jäger); 4) Adam Müller-Guttenbrunn heute; 5) Johann Szimits, der Begründer des schwäbischen Schrifttums im Banat; 6) Der Temeswarer Dichter und Kulturhistoriker

Franz Liebhardt; 7) Die Seele der Erde (rumänisch); 8) Ich habe Wasser aus der Bega getrunken (rumänisch); 9) Temeswarer Denkmäler (rumänisch)
Gestaltung und Redaktion von neun Almanachen
Aufsätze und Studien: 1) Adam Müller-Guttenbrunn in der Banater deutschen Presse der Vorkriegszeit (Lenau-Forum), Vierteljahresschrift für vergleichende Literaturforschung, Jahrgang 9/10, Folge 1-4, 1977/1978, Wien, S. 78-82); 2) Zum Hermannstädter Aufenthalt Adam Müller-Guttenbrunns und zum "Banater Kapitel" in Adolf Meschendörfers "Karpathen" (Vergleichende Literaturforschung, Internationale Lenau-Gesellschaft 1964-1984, Wien 1984, S. 446-455); 3) Die Banater schwäbische Dialektdichtung und ihre heutige Funktion (Dialect, Internationale Halbjahrschrift für Mundart und Mundartliteratur, 2. Jahrgang 1978, Wien, S. 87-92); 4) Eine neue Kulturlandschaft (Sprache und Macht, Symposium, Straßburg, 17.-20. September 1982, S. 118-123, Herausgeber: IDI Wien); 5) Die banatdeutsche Literatur heute (Zusammenfassende Betrachtungen und einige Feststellungen, Neue Literatur, Bukarest, Heft 12, Dezember 1980, S. 5-8); 6) Temeswarer Nachrichten — Erste deutsche Zeitung des Banates — erste Zeitung auf dem Gebiete des heutigen Rumänien (Die Zeit in der Zeitung, Beiträge zur rumänien-deutschen politischen Publizistik, Dacia Verlag, Klausenburg 1977, S. 13-23); 7) Nikolaus Schmidt in Rumänien heute (Arbeiterbewegung und Arbeiterdichtung, Beiträge zur Geschichte der sozialdemokratischen Arbeiterbewegung im Sudeten-Karpaten-Donauraum, Schriftenreihe des Seliger-Archivs, Stuttgart 1980, S. 39-51); 8) Sozialdemokratische Parteiorganisationen in den Banater Landgemeinden am Beispiel des Dorfes Großjetscha (Schriftenreihe des Seliger-Archivs, Stuttgart 1981, S. 72-83); 9) Literatur im Temeswarer Arbeiter-Kalender 1920-1948 (Schriftenreihe des Seliger-Archivs, Stuttgart 1982, S. 40-49); 10) Josef Mayer — letzter Chefredakteur der letzten deutschsprachigen sozialdemokratischen Tageszeitung in Südosteuropa (Schriftenreihe des Seliger-Archivs, Stuttgart 1985, S. 53-65); 11) Zur banatdeutschen Literatur 1944-1984 (Beiträge zur deutschen Literatur in Rumänien seit 1918, Verlag des Südostdeutschen Kulturwerks, München 1985, S. 19-30); 12) Müller-Guttenbrunn-Rezeption in Rumänien (Beiträge zur deutschen Literatur in Rumänien seit 1918, Verlag des Südostdeutschen Kulturwerks, München 1985, S. 9-17)
Gedichte wurden übersetzt ins Rumänische, Ungarische, Serbische, Russische, Ukrainische, Englische, Makedonische, Französische, Spanische, Bulgarische, Slowakische.
Preisgekrönt beim I., II. und III. Landesfestival "Cintaresa Romaniei" für Lyrik, ausgezeichnet mit dem "Goldenen Ring" der Internationalen Lenau-Gesellschaft, Österreich, für die Bildmonographie "Adam Müller-Guttenbrunn" (1977). Preis des Schriftstellerverbandes der SRR, Rumänien, für den Gedichtband "Spätes Bekenntnis" (1978). Vertreten im Literatur-Brockhaus, Ausgabe 1988, Band 1 A-FT, S. 228, in weiteren Nachschlagewerken und Enzyklopädien in Rumänien, in der Bundesrepublik Deutschland, in den USA und in England.

Binder, Georg
Christian Lindingers Auswanderung, in: Unser Hauskalender 1995. Jahrbuch der Deutschen aus Ungarn, Schwabenverlag, S. 54 f.; in: Deutscher Kalernder 1995. Jahrbuch der Ungarndeutschen, Verband der Ungarndeutschen, Budapest, S. 284 f.; in: Festschrift zur Einweihung des Waisenhauses in Leányvár

Binder, Magdalena
Veröffentlichungen in Rumänien (Gedichte): 1) Ich such es Glick. Mundart, Neue Banater Zeitung, 1975; 2) Mir losse uns net. Mundart, Neue Banater Zeitung, 1975; 3) Steckepherd. Mundart, Neue Banater Zeitung, 1979; 4) Herbscht. Mundart, Neue Banater Zeitung, 1979; 5) Grenzsteen. Mundart, Neue Banater Zeitung, 1979; 6) Laßt mir den Himmel. NL, 1985; 7) Mainacht. NL, 1985; 8) Einsamkeit. NL, 1985; 9) Entschluß. NL, 1985; 10) Fragebogen. NL, 1985; 11) Regen auf Bestellung. NL, 1985; 12) Es Glick wachst im Friede. Mundart. NL. 1986; 13) Komm. NL, 1986; *Volksgut aus dem Banat:* 1) Volksgutpflege durch die Rai. Sitten und Bräuche von Guttenbrunn, Neue Banater Zeitung, 1975; 2) Buschärmel und Leiwl. Betrachtung zur Fest- und Alltagstracht in Deutschsanktpeter, 3 Folgen, Neue Banater Zeitung, 1976; 3) Was sie trugen — von Kopf bis Fuß. Über die Entwicklung der Tracht in Guttenbrunn von der Ansiedlung bis heute, Neue Banater Zeitung, 1976; 4) verschiedene Artikel und Berichte über Guttenbrunn in "Neue Banater Zeitung" und "Volk und Kultur"; 5) Dramatisierung des Romans "Meister Jakob und seine Kinder". Von A. Müller-Guttenbrunn, in Mundart, Erstaufführung Silvester 1976/77 von der Laientheatergruppe aus Guttenbrunn

Binder, Theo
Veröffentlichungen: 1) Vom Ufer löst sich ein Kahn, Margarete-Friedrich-Rohrer-Verlag, Wien/Innsbruck/Wiesbaden 1960, 35 S.; 2) Die Wandlung, Margarete-Friedrich-Rohrer-Verlag, Wiesbaden 1964, 26 Bl. gez.; 3) Verborgenes Flötenspiel, Volkstum-Verlag, München 1971, 33 Bl; 4) Opfer und Werk. Briefwechsel einer Dichterfreundschaft, (Paul Stotzer, Theo Binder), 1. u. 2. Aufl. Benteli-Verlag, Bern 1979, 1980, 107 S., 144 S.; 5) Der Hüter. Volkstum-Verlag, Wien 1985, 30 S.; 6) Das Buch der Bäume, der Krüge und der Brunnen, Wien 1991, 63 S.; 7) Aus Sonnengold getrieben. Haikus, Anna Pichler Verlag, Wien 1992, 80 S.

Blaschek, Josef
Mahnruf. Gedichte und Berichte, Hartmann Verlag, Sersheim 1989, 75 S.

Blaskowitz, Stefan
Werke: 1) Batsch. Geschichte einer tausendjährigen Stadt in der Batschka, Pannonia-Verlag, Freilassing 1965; 2) Dr Schwowefratz vrzählt. Wie mir Schwowe verstande henn zu lewe, Eigenverlag 1987; 3) Das Schwabenepos. Gang der Donauschwaben durch die Geschichte, Wien 1987, 141 S.

Bodo, Marie
Gedichte einer Analphabetin. Holzschnitte von Robert Hammerstiel, Verlag Niederösterreichisches Pressehaus, St. Pölten-Wien 1984, 47 S.

Bohn, Albert
Gedichte in folgenden Anthologien: 1) Eduard Schneider (Hrsg.): Wortmeldungen. Eine Anthologie junger Lyrik aus dem Banat, Facla Verlag, Temeswar 1972, 160 S.; 2) Claus Stephani (Hrsg.): Befragung heute. Junge deutsche Lyrik in Rumänien, Kriterion Verlag, Bukarest 1974, 180 S.; 3) Das Wort ist eine offene Hand. Eine Gedichtsammlung, Kriterion Verlag, Bukarest 1977, 96 S.; 4) Anton Palfi (Hrsg.): Im Brennpunkt stehn. Lesebuch, Facla Verlag, Temeswar 1979, 112 S.

Bohn, Hans

Erste Kindergedichte 1936 in "Der gute Kamerad"; 1949-65 Bergmannserzählungen, literarische Reportagen, Gedichte in Zeitschriften, Tageszeitungen und Anthologien in Rumänien, kulturwissenschaftliche Arbeiten
Hörspiele (Auswahl): 1) Die Wege haben helle Augen (1970); 2) Das falsche Kappa (1970); 3) Die Antwort gab das Leben (1971); 4) Das andere Gesicht (1971); 5) Das Beispiel (1971); 6) Ein spezieller Fall (1972); 7) Aniko I. (1972); 8) Aniko II. (1972); 9) Aniko III. (1972) 10) Fünf Minuten vor 12. Zur Geschichte der klösterlichen Bildungs- und Erziehungsanstalten in Rumänien, 1992
Werke: 1) "So hab ich das Leben lieben gelernt". Gedichte, Bukarest 1956, 101 S.; 2) "Im Acker der Zeit" (Erzählungen, Essays, Gedichte), Landshut 1992, 315 S.; 3) "Verlorene Heimat", Helicon Verlag, Timisoara 1993, 347 S.; 4) "Weiden biegen sich im Wind". Banater Lesebuch aus bewegten Zeiten, Eigenverlag 1995, 312 S.; 5) Zur Geschichte der klösterlichen Erziehungs- und Bildungsstätten im Rumänischen Banat, bearbeitet von Hans Bohn, Landshut 1990, 45 S.

Bohn-Fabri, Luise

1) Phraseologismen in der deutschen Mundart von Reschitz, Temeswar 1963, 85 S. [Manuskr. Universitätsbibl. Temeschburg]; 2) Regenbogen. Gedichte, Bukarest 1968. 95 S.

Bossert, Rolf

Buchveröffentlichungen in Rumänien: 1) *siebensachen*. Gedichte; Kriterion Verlag, Bukarest 1979; 2) *Mi und Mo und Balthasar*. Kinderbuch, Ion Creanga Verlag, Bukarest 1980; 3) *Der Zirkus*. Kinderbuch, Ion Creanga Verlag, Bukarest 1982; 4) *neuntöter*. Gedichte, Dacia Verlag, Cluj Napoca 1984
Übersetzungen aus dem Rumänischen: 1) Victor Eftimiu: *Märchen*. Ion Creanga Verlag, Bukarest 1980; 2) Gellu Naum: *Der Pinguin Apollodor*. Ion Creanga Verlag, Bukarest 1982; 3) Mircea Zaciu: *Ion Agârbiceanu*. Verlag Cartea Românesca, 1983.
Veröffentlichungen in der BRD: 1) So entstand ein Gedicht (Essay), in: Gesang auf mein Messer, 3. Jahrbuch für junge Lyrik für 1985, herausgegeben von Ronald Glomb, Wolfgang Heyder und Lothar Reese, Mariannenpresse, Berlin 1985, S. 90-101; 2) Der Exitus der deutschsprachigen Literatur Rumäniens, ein Gespräch mit Rolf Bossert, geführt von Gisela Lerch am 11. Februar 1986, Frankfurter Rundschau v. 20.2.1986; 3) Auf der Milchstraße wieder kein Licht. Gedichte, eingeleitet von Guntram Vesper, Nachwort von Gerhardt Csejka, Rotbuch Verlag, Berlin 1986

Bradean-Ebinger, Nelu

1) Budapester Resonanzen. Lyrische Gedanken in einer Minderheitensprache, Budapest 1987, 64 S.; 2) Bekenntnisse eines Birkenbaumes. Ungarndeutsche Anthologie, RWAG Dienste und Verlag GmbH, Dortmund 1990, S. 55; 3) Das Zweiglein. Nachrichten aus Ungarn. Anthologie junger ungarndeutscher Dichter, Georg Olms Verlag AG, Hildesheim 1991, S. 27-36; 4) Auf der Suche nach ... Heimat. Gedichte und Essays (Hazakeresöben. Versek és esszék), Eigenverlag, Budapest 1995, 76. S.

Breitenhofer, Anton

1) Reisenotizen. In: Banater Schrifttum (1955) Nr. 2, S. 67-73; 2) Die Pastorale. In: Neuer Weg. 21.3.1958, S. 3 f.; 3) Erlebnis im Herbst. In: Neue Literatur. Jg. 7 (1956) Nr. 4, S. 29-31; 4) Aus

unseren Tagen. (Din zilele noastre, Dt.) Bukarest: Staatsverl. Kunst u. Literatur 1958. 112 S. = Kleine Espla-Bücherei; 5) Im Land der Skipetaren. Bukarest: Staatsverl. f. Kunst u. Literatur 1959. 148 S. = Kleine Espla-Bücherei; 6) Die Lehrjahre des Franz Jakobi. Fragment. In: Wahrheit. 23.4.1960. S.3; 7) Die Lehrjahre des Franz Jakobi. Bukarest: Staatsverl. f. Kunst u. Literatur 1959. 112 S. [Rumän. Übers. u. d. T.: Ucenicia lui Jakobi. Bucuresti: Ed. tineretului 1961. Bespr.: Neue Literatur. Jg. 11 (1960) H. 3, S. 143 f., H. Stanescu, In: Volk u. Kultur. (1960) Nr. 9, S. 46.]; 8) Der Geburtstag. In: Neuer Weg. 6.3.1959, S. 3; 9) Hanna. In: Neue Literatur. Jg. 10 (1959) H. 1; 10) Die Angel. In: Neue Literatur. Jg. 11 (1960) H. 2, S. 15-26; 11) Das Feuer. In: Neue Literatur. Jg. 12 (1961) H. 2, S. 26-38; 12) Das Wunderkind und andere Erzählungen. Bukarest: Literatur-Verl. 1962. 36 S. m. Abb. Auch in: Neue Literatur. Jg. 13 (1962) H. 2, S. 10-65; 13) Wochenende. In: Neue Literatur. Jg. 14 (1963) H. 5, S. 80-83; 14) Die Schlotmauer. In: Neue Literatur. Jg. 15 (1964) H. 4, S. 53-77; 15) Polio. Skizze. In: Neuer Weg. 12.6.1964, S. 3

Bresser, Michael
Werke: 1) The Danube Swabians. Biography of a People from Inception to Despersal. Dedicated to the more than 200 000 innocent Danube Swabians who died in the concentration camps of Yugoslavia and Russia from 1944 to 1948, fotokopiertes Typoskript, Danube Swabian Association, Philadelphia 1992, 19 S.; 2) zusammen mit Gisela Bresser: Homeland of the Danube Swabians 1722-1944, mit Zeichnungen, Plänen und Fotos, fotokopiertes Typoskript, 1994, 31 S.

Britz, Helmut
In: Der zweite Horizont. Dacia Verlag, Cluj-Napoca 1988; Schorfeis. Gedichte, Dacia Verlag, Cluj-Napoca 1989, 78 S.; In: Das Land ist ein Wesen. Prosaversuche. Eine Debütanthologie von Roland Kirsch, Jakob Mihailescu, Uwe Hienz, Helmut Britz, Editura Kriterion, Bukarest 1989, 128 S.; In: Vint potrivit pina la tare. Zece tineri poeti germani din Romania. O antologie de Peter Motzan, Editura Kriterion, Bucuresti 1982, 173 S.

Britz, Nikolaus
Herausgeber von Zeitschriften: 1) Kinderland. Zeitschrift für die Volksschuljugend. (1943-44); 2) Österreichische Begegnung. Vierteljahresschrift für Kultur und Zeitgeschichte (1960-66); 3) Lenau-Forum. Vierteljahresschrift für vergleichende Literaturforschung, Wien (1969-82)
Werke: 1) Es war einmal. Märchen — Sagen — Fabeln und Geschichten, Belgrad 1942, 53 S.; 2) Eine Handvoll Heimaterde. Erzählungen für die Jugend, Wien 1948, 103 S.; 3) Die internationale Emigration und die großserbische Politik im Rahmen der österreichfeindlichen Konspiration von 1855 bis 1867. Wien 1954 [1955 als Diss. eingereicht]; 4) Lenau und Stockerau ..., Wien 1964, 35 S.; 5) Der Dichter Fritz Felzmann. Bildnis und Leseproben, Wien & Heidelberg 1965, 34 S.; 6) Der Dichter Ernst Jirgal. Bildnis und Leseproben, Wien & Heidelberg 1965, 34 S.; 7) Der Dichter Nikolaus Lenau. Wien & Heidelberg 1965, 71 S.; 8) Der Dichter Hermann Krimmel. Wien & Heidelberg 1966, 27 S.; 9) Der Dichter Bruno Kühnl. Wien & Heidelberg 1967, 43 S.; 10) Adalbert Stifter und Wien. Wien & Heidelberg 1969, 65 S.; 11) J. A. Stranitzky und Wien. Wien & Heidelberg 1968, 24 S.; 12) Alois Blumauer und Wien. Wien & Heidelberg 1968, 32 S.; 13) Skizzen und Erzählungen. Wien 1970, 58 S.; 14) Bürgermeister Josef Wondrak. Das Werden einer Stadt ..., Stockerau 1970, 96 S.; 15) Der Gerichtsbezirk Stockerau im Mittelalter. Eine historische Plauderei, Krems 1970, 127 S.; 16) Als ich noch Schüler war. Sechs lachende Satiren, Wien & Krems

1971, 28 S.; 17) Gewaltig, Alte, glaub mir, ist das Leben. Ein Vortrag zum 75. Geburtstag des ... Dichters Theodor Kramer, Wien & Krems 1972, 24 S.; 18) Nikolaus Lenau und Wien. Wien & Heidelberg 1972, 35 S.; 19) Abt Gabriel Weinberger. Wien 1973, 27 S.; 20) Dr. Edmund Krivachy. Wien 1973, 39 S.; 21) Bundesminister Dr. Fred Sinowatz. Mit Schreibmaschine und Schere verfaßt ..., Wien 1974, 115 S.; 22) Lenau in Niederösterreich ..., Wien 1974, 76 S.; 23) Johann Szimits. Der "Lerche der Banater Heide" zum Gedenken, Wien 1963, 24 S.; 24) Das kleine Vöglein Ziwüi. Drei Dutzend Reime und Gedichte für Kinder, Krems 1973. 71 S.; 25) Walther von der Vogelweide und Wien. Wien & Stuttgart 1975, 47 S.; 26) Begegnung mit dem Gedicht aus heimatvertriebener und heimatverstoßener Sicht. Stuttgart 1975, 44 S.; 27) Der Expressionismus und sein österreichischer Jünger Hans Kaltneker. Eine Paraphrase zum 80. Geburtstag des Dichters, Wien 1975, 162 S.; 28) Lenau-Bildband. Wien 1975, 60 S.; 29) Lenau und Klosterneuburg. Literaturkundliches Lenau-Lesebuch der Stadt, Wien 1975, 124 S.; 30) Lenau und Stockerau. Kleiner illustrierter Führer zu den Lenau-Gedenkstätten der Stadt, Wien. 1975, 47 S.; 31) Was von 800 Jahren geblieben ist. Bilder aus der Geschichte Niederösterreichs ..., Wien 1976, 237 S.; 32) Jede Woche eine ganze Stunde ..., Wien 1977, 171 S.; 33) Dr. Fred Sinowatz. Eine Laudatio ..., Wien 1977, 49 S.; 34) Dichtung im Leben und in der Schule. Zwei Vorträge, Wien 1977, 50 S.; 35) Schwäbische Frauen in Lenaus Leben und Dichten ..., Wien 1977, 150 S.; 36) Mein erstes Gedichtbuch. 100 Gedichte für Schule und Haus, Wien 1978, 124 S.; 37) Adam Müller-Guttenbrunn. Feuilletons ..., Wien 1978, 742 S.; 38) Die Weihnachtsgeschichten des Herrn Josef P. Wien 1979, 65 S.; 39) In einer altösterreichischen Bergbaukolonie ..., Mattersburg 1979, 23 S.; 40) Kommentar und Katalog zur Ausstellung Adam Müller-Guttenbrunn ..., München [o.J.]. 32 S.; 41) Lenau in Baden. Kulturbilder aus dem Bereiche der ehemaligen Weilburg und ihrer Bewohner, Wien 1980, 106 S.; 42) Lenau und Stockerau ..., Stockerau 1982, 206 S.; 43) Aus Nikolaus Lenaus familiengeschichtlicher Vergangenheit. Mattersburg 1982, 20 S.; 44) Laudatio auf Oberbürgermeister Dr. Burger ..., Wien & Mattersburg 1982, 8 S.; 45) Adam Müller-Guttenbrunn und Niederösterreich. Mattersburg 1982, 83 S.; 46) Adam Müller-Guttenbrunn: Feuilletons. Wien 1981, 330 S.; 47) Adam Müller-Guttenbrunn: In der Sommerfrische. Wien 1982, 235 S.; 48) Aus Nikolaus Lenaus familiengeschichtlicher Vergangenheit ..., Mattersburg 1982, 101 S.

Herausgeber, Redakteur von: 1) Die Donauschwaben zwischen gestern und heute. Festschrift zur Fünfzigjahrfeier des Schwabenvereines Wien, Wien 1957, 144 S.; 2) Prinz Eugen. Eine donauschwäbische Gedenkschrift zum 300. Geburtstag des Prinzen Eugen, Wien 1963, 104 S.; 3) Bericht über die Gründungsversammlung der Internationalen Lenau-Gesellschaft. Wien 1965, 95 S.; 4) Adam Müller-Guttenbrunn. Ein Lebensbild ..., Wien 1966, 122 S.; 5) Die goldene Brücke. Ein Märchenbuch, Märchen aus Ungarn, Heidelberg & Budapest 1967, 364 S.; 6) Stockerauer Beiträge zur Fünfjahrfeier der Internationalen Lenau-Gesellschaft. Wien 1969, 29 S.; 7) Sándor Petöfi zum 150. Geburtstag. Nachdichtungen. Wien 1972-73, Heft 1: 41 S.; Heft 2: 42 S.; 8) Korneuburger Lesegabe der Dichter und Schriftsteller ..., Wien 1974, 79 S. 9) Erstes Adam Müller-Guttenbrunn-Symposion in Klosterneuburg 1975. Vorträge, Wien 1976, 35 S.; 10) Zweites Adam Müller-Guttenbrunn-Symposion in Klosterneuburg. Vorträge, Wien 1977, 21 S.; 11) Aus der Vergangenheit der Kulturstadt Bad Vöslau ..., Wien 1977, 25 S.; 12) Das burgenländische Jahrzehnt des Dr. Fred Sinowatz ..., Mattersburg 1979, 264 S.; 13) Nikolaus Schmidt: Mein Herz ist eine Harfe im Wind ..., Stuttgart & Mattersburg 1981, 21 S.; 14) Nikolaus Schmidt: Buch der Erlebnisse. Kleine Gedichte bis Ende 1912 ..., Stuttgart & Mattersburg 1981, 118 S.

(Aus: Anton Peter Petri: Biographisches Lexikon des Banater Deutschtums)

Busch, Maria

Unter dem Pseudonym "Felicitas Fabian" sind von Maria Busch folgende Bücher erschienen: 1) Der Kaktus und seine Orchidee oder der ungeschliffene Diamant. Fünf Liebesgeschichten aus unserer Zeit, Heimatland-Verlag, Wien 1974, 132 S.; 2) Liebe, die den Tod überwindet und das Leben. Die Geschichte eines Gefühles, Roman, J. G. Bläschke Verlag, St. Michael 1979, 315 S.; 3) Herr, zeige mir den Weg. Gespräche — Gebete — Gedanken eines engagierten Christen von heute, LIT privat, Löhne 1992; 4) Das Grab in meiner Seele. Berufung — Liebe — Schicksal, Roman, Haag und Herchen Verlag, Frankfurt 1992, 355 S.

Butscher, Viktor

1) Zahlr. überw. polit. Rundfunkbeiträge seit 1969 insbes. zum Schwerpunkt Ost-West-Beziehungen (Kommentare, Interviews, Reportagen, Features, Glossen etc.); 2) Gelegtl. Mitarbeit b. Zeitungen/Zss., u. a. Badische Zeitung, Das Donautal Magazin, unabh. illustr. Zs. f. Donauschwaben etc.; 3) Rez. Freeborn, Richard: "Turgenev: the Novelist's Novelist. A Study." Oxford University Press, 1960, 201 S. In: Welt der Slaven. Vierteljahresschrift f. Slavistik, Jg. XII, H. 2, S. 112-121; 4) "Desintegration und Integration. Wandel in Ungarn aus deutscher und europäischer Sicht". In: Liberal. Vierteljahreshefte f. Politik u. Kultur, H. 4, 1990, S. 35-40

Chambre, Siegfried

Bücher: 1) Jugend und Gewalt. Reportagen und Hintergrundberichte, Simone Burgherr, Siegfried Chambre, Seyed Shahram Iranbomy, Rex-Verlag, Luzern/Stuttgart 1993, 120 S.; 2) Auf und davon oder Der Traum vom roten Flugzeug. Rex-Verlag, Luzern/Stuttgart 1994, 260 S..
Berichte und Reportagen in Zeitungen und Zeitschriften (kleine Auswahl): 1) Aufgestöbert: Besuch bei einem Ex-Securitate-Major, Zeitungsartikel, erschienen in der Tageszeitung "Solothurner Nachrichten" am 19. Mai 1990; 2) Die letzte Schweineschlacht in Wiesenhaid. Kultureller Aderlass im Banat: Warum immer mehr Rumäniendeutsche auswandern — ein Schicksal, Zeitungsartikel, erschienen in der Schweizer Tageszeitung "Tages-Anzeiger" am 27. August 1993; 3) Gleichgültigkeit ist ein fruchtbares Umfeld für Gewalt. Artikel zum Thema Gewalt unter Kindern und Jugendlichen, erschienen im Fachblatt "Schule und Elternhaus Schweiz", Sonderaktuell Juli 1994; 4) Siegt die Toleranz? Israel: Land mit drei Religionen, eine Reportage zum Zusammenleben zwischen Juden, Moslems und Christen im Heiligen Land, erschienen in der Schweizer Wochenzeitschrift "Sonntag" am 11. Juli 1991; 5) Heiltherapien mit beschränkter Haftung. Ein Artikel zur Alternativmedizin, erschienen in der "Schweizer Woche" am 10. März 1992; 6) Wo der Abschied durch die Gassen zieht. Emigration aus Transsylvanien, Über das Schicksal der Siebenbürger Sachsen, erschienen in der Wochenzeitung "Brückenbauer" im März 1994; 7) Geht die Jugend zum Teufel? Moderner Jugendokkultismus, erschienen in der Wochenzeitung "Brückenbauer" am 18. März 1992; 8) Die Königskinder von Biel. Religiöser Fundamentalismus bei Jugendlichen, erschienen in der Wochenzeitschrift "Sonntag" am 6. Juni 1991; 9) Antimodernismus: Retter der katholischen Tradition? Ein Artikel über die Priesterbruderschaft St. Pius X (Lefevristen) in Econe, Wallis, Schweiz, erschienen in den "Solothurner Nachrichten" am 27. März 1990; 10) Eine fast stille Nacht über Rumänien. Wie in Rumänien Zwangsumsiedlungen vorgenommen werden, erschienen in den "Solothurner Nachrichten" am 17. Februar 1990; 11) Vier Jahre lang vergeblich gewartet. Ein Artikel über eine Flucht aus Rumänien, publiziert in den "Solothurner Nachrichten" am 15. Februar 1990; 12) Die Grenzen zwischen normal und krank sind fliessend. Ein Tag in der

kantonalen Psychiatrischen Klinik des Kantons Solothurn, publiziert in den "Solothurner Nachrichten" am 9. August 1990

Christ, Hans

1) Kunstwanderungen in Württemberg und Hohenzollern (mit Eugen Gradmann und Hans Klaiber), Stuttgart 1955 (Nachdruck der 3. Auflage); 2) Ich suche nach Neuland. Lyrik und Prosa aus der Kriegs- und Nachkriegszeit,J. Fink Verlag, Stuttgart 1964; 3) Die Rolle der Nationen in Europa. Gestern — Heute — Morgen? Ein Diskussionsbeitrag zum Thema "Europa ja, aber wie?" 3. überarbeitete und erweiterte Auflage, Andernach 1968; 4) Gedenktafeln für Unbekannte, in: Magisches Quadrat. Erzählungen. Bekenntnisse zur Heimat in Deutschland, hrsg. u. eingeführt v. Franz Heinz, Walter Rau Verlag, Düsseldorf 1979, S. 20-29

Cornelius, Jan

Werke: 1) Der geschenkte Führerschein, Rowohlt Verlag, Reinbek bei Hamburg 1987; 2) Das schaffst du mit links, Rowohlt Taschenbuch Verlag GmbH, Reinbek bei Hamburg 1990, 91 S.; 3) Ein Cowboy namens Balthasar, Hoch Verlag, Stuttgart-Wien 1990, 111 S.; 4) Hanna und Hugo hauen ab, Thienemanns Verlag, Stuttgart 1992; 5) Tante Mathilde macht Geschichten, Patmos Verlag, Düsseldorf 1993; 6) Pack' die Koffer, Liebling! Rowohlt Verlag, Reinbek bei Hamburg 1993

Dama, Hans

Literaturkritik und Literaturgeschichte: 1) Moderne Lyrik — zuerst überlegen. In: NW vom 2.3.1968; 2) Hollinger-Abend in Wiener Literaturklub. Briefe des Temeswarer Dichters und Wissenschaftlers an Hermann Hesse. In: DD vom 4.12.1983; 3) Gedankenlyrik bei Rudolf Hollinger. In: DsFLBI., 1/1988, S. 30-32; 4) Lyrik auf dem Lebensweg. Das dichterische Werk Rudolf Hollingers. In: Beiträge zur deutschen Literatur in Rumänien seit 1918. Hrsg. von Anton Schwob, München 1985, S. 45-54; 5) Rudolf Hollinger: Dichter und Wissenschaftler aus dem Banat. In: SODtVJBI. Nr. 4/1983, München, S. 295-302; 6) Hans Wolfram Hockl 75. Im Wandel der Zeit. In: DD vom 8.2.1987; 7) Georg Herwegh — Dichter und Patriot seiner Zeit. Zum 90.Todestag des fortschrittlichen und proletarisch gesinnten Dichters. In: NW vom 7.4.1965; 8) Mozarts Künstlerpersönlichkeit in Mörikes Novelle Mozart auf der Reise nach Prag. In: V. u. K., Bukarest; 9) Der Banater Lehrer Prof. Dr. Rudolf Hollinger als Dichter und Wissenschaftler. In: DSFLBI., 2/1985, S. 49-56; 10) Prof. Dr. Rudolf Hollingers Faust-Deutung in einem Münchner Vortrag. In: DSFLBI. 4/1988, S. 181; 11) Portrait Rudolf Hollinger. In: Literaricum, Wien, Nr. 2/1984, S. 2-5; 12) Portrait Nikolaus Berwanger. In: Literaricum, Wine, Nr. 3-4/1983, S. 43; 13) Prof. Dr. Rudolf Hollinger zum 75. Geburtstag, In: DD vom 11.8.1985, Jg. 35/Nr. 32; 14) Werte wollen weiterleben. Dichtung und Vermittlungsbestrebungen zwischen Multikulturen. Nachtrag zum 80. Geburtstag von Hans Diplich In: DD vom 16.4.1989; 15) Adam Müller-Guttenbrunn einmal anders. Aus seinem Briefverkehr. In: DD vom 4.7.1978.

Sprachwissenschaftliche Arbeiten: 1) Spricht man im Banat schwäbisch? In: DD vom 1.2.1976; 2) Abkürzungen und Kunstwörter. In: NW vom 20.6.1970; 3) Kleine en-zyklop-ädische Wortklauberei. In: NBZ vom 1.6.1968; 4) Die Mundart von Großsanktnikolaus im rumänischen Banat. Bd. 89, Reihe: Deutsche Dialektgeographie, Marburg, 1991, 195 S., 8 Karten; 5) Die Mundart von Großsanktnikolaus im rumänischen Banat. In: Banatica, 1/1989, S. 27-39.

Didaktisch-methodische Arbeiten: 1) Wie du säst, so erntest du. In: DW vom 24.1.1964; 2) Schüler sollten vorausdenken. In: Das Spekulieren — ein offenes Geheimnis, Bukarest, 1968; 3) Soll ein Junge Märchen lesen? In: NW vom 15.10.1964; 4) Ein paar Takte zuviel. In: NW vom 6.7.1964; 5) Was werden? In: NW vom 3.9.1964; 6) Meister am Katheder. In: NBZ vom 6.6.1968; 7) Eine außergewöhnliche Klassenstunde. In: NBZ vom 5.6.1968; 8) Den Film interpretieren können. In: NW vom 20.6.1970.
Literarische Texte, Gedichtbände und Übersetzungen: 1) Schritte. Gedichtband, Edition Fischer, Frankfurt/Main 1990; 2) Gedichte. In: Österreichische Lyrik, Band XXVIII, Europäischer Verlag, Wien 1981, S. 25-30; 3) Gedichte. In: An Donau und Theiß, hrsg. von Horst Fassel und Josef Schmidt, München 1986, S. 97; 4) Übertragung aus dem Rumänischen: Gedichtband von Teresa Reiner: Der Tanz des Edelweiß, Europäischer Verlag, Wien 1980; 5) Zahlreiche Einzelveröffentlichungen in verschiedenen in- und ausländischen Zeitschriften und Anthologien; 6) Kurzprosa: "Die Verspätung", "Es war für ihn eine Lehre" usw. erschienen in: V. u. K., Bukarest, Nr. ?/1969; 7) Gedichte in rumänischer Sprache. In: UNIREA, Nr. 2/1988, S. 54-58; 8) Poeti austrieci: Christine Busta, Hans Dama. In: Orizont, Timisoara, Nr. 43 (925), 25.10.1985, S. 8; 9) "Wiener Heldenplatz" und andere Texte. In: Banatica, Nr. 2/1988, S. 54-58; 10) Gedichte. In: Das Bleibende im Vergänglichen. In: SODtVJBI., München, 1/1985; 11) Rollendes Schicksal, Gedichtband, Edition Fischer, Frankfurt/Main 1993; 12) Gedichte. In: Periodico de POESIA, Nr. 3/1993 unter: POESIA AUSTRIACA, Mexico, S. 32-33 (Cuatro poemas de Hans Dama); 13) Österreichische Lyrik. europäischer Verlag, Wien 1992, S. 47-52; 14) Gedichte in rumänischer Sprache. In: ROZIG/Romanistik-Zeitung der Uni Wien, Nr. 4, 1991, S. 9
Herausgeber, Mitherausgeber... 1) Hollinger, Rudolf: Gedankensplitter aus dem Osten. Aus dem Tagebuch eines Südosteuropäers, Auswahl und Einleitung Hans Dama, Wien 1985; 2) Hollinger, Rudolf: Gedichte. Nachwort: Hans Dama, München 1986; 3) Hockl, Hans Wolfram: Oweds am Brunne. Mundartgedichte, mit einem Geleitwort von Hans Dama, Linz 1988.
Referate und Vorträge bei Tagungen im In- und Ausland: 1) Was will moderne Lyrik? — Vortrag an der Pädagogischen Akademie des Bundes in Wien 10, Ettenreichgasse (11.6.1986); 2) Lyrik auf dem Lebensweg. Das lyrische Werk R. Hollingers. Granz/Uni, 15.9.1984; 3) Wanderungen durch die Lyrik Rudolf Hollingers, Wien, 8.5.1985 anläßlich des unter dem Ehrenschutz des BMfUKS Dr. Herbert Moritz stattgefundenen Hollinger-Symposions im Palais Palffy; 4) Die Mundart von Großsanktnikolaus im rumänischen Banat als Beispiel einer Sprachinselmundart. 28.11.1980 im Rahmen des Symposions "Die deutsche Sprache in Südosteuropa, ihre Geschichte und ihre Erforschung", Südost-Institut, München; 5) Was sagt uns Faust heute? Eine Veranstaltung mit Em. Prof. Dr. Rudolf Hollinger bei der Goethe-Gesellschaft in Wetzlar, 14.4.1986; 6) Wie aktuell ist Goethes Faust in unserer Gegenwart? Vortrag mit Prof. Dr. Rudolf Hollinger am 9.6.1988, veranstaltet vom Südostdeutschen Kulturwerk, München; 7) Die Sprachinselmundarten im Banat. Vortrag am Institut für Germanistik, Wien, WS 1981.
Geschichte: 1) Die Ansiedlung der Donauschwaben im Kronland BANAT. In: DD vom 12.9. und 19.9.1976; 2) Ada-Kaleh. Der Zauber einer verschwundenen Insel. In: DD vom 2.5.1976 und in: SODVJBI., München, 2/1989, S. 137-141; 3) Temeswarer Kirchendenkmäler nach der Türkenvertreibung. In: DD vom 21.11. und 28.11.1976; 4) Ein Leuchtturm nach Südosten. Die Wiener Universität 600 Jahre alt. In: Kulturpolitische Korrespondenz, Bonn, 2/1985; 5) Wie Morissenea zu Großsanktnikolaus wurde. Aus der Vergangenheit einer Heidestadt. In: NBZ vom 27.7.1968; 6) Der sonderbare Vogel Nimmersatt, welcher eigentlich im Banat Timisoara zu Hause gehört... Was

ein dreibändiges Buch über das Banat, gedruckt 1777 in Leipzig, berichtet, In: DD vom 24.7.1977; 7) Histörchen um den Kaffee. In: NBZ vom 7.5.1969; 8) Wissenschaftlich tötig. In: DW vom 2.4.1964.
Geographie und Reiseberichte: 1) Entdeckte Kolumbus Amerika? (3 Folgen). In: NBZ im Juni/1971 und In: Donauschwäbische Forschungs- und Lehrblätter, 3/1992, S. 131-134; 2) Wissenschaftliche Studienreise Temeswarer Studenten: Banat-Siebenbürgen-Moldau. In: DW vom 30.4.1964; 3) Der GW-Unterricht für 10-14jährige Schüler in Rumänien. Hausarbeit Pädagogische Akademie, Wien 10, 1977; 4) Stadt auf zwei Kontinenten — Istanbul. Zu Besuch bei der entthronten Königin am Bosporus. In: Karpatenrundschau. Kronstadt (Brasov) vom 25.12.1970; 5) JOSEF II: Besucht die Wallfahrtskirche von Maria Radna. In: DD vom 21.3.1976.

Rumänische Literatur und Kulturgeschichte: 1) Aspecte din activitatea studentului Eminescu la viena (1869-1972). In: UNIREA, Wien, 2/1989, S. 10-11; 2) Eminescus Studienjahre in Wien, w. o., S. 16-17; 3) Anghel Dumbraveanu — ein rumänischer Dichter der "Generation 60". In: ÖOH, Nr. 3/1989, S. 617-631; 4) Um Vorurteile abzubauen. Rumänistik-Abend an der Universität Wien abgehalten. In: NW vom 7.4.1990; 5) Eminescu als Student in Wien. In: LENAU-FORUM, 18. Jg. 1992, Folge 1-4, S. 147-159, Wien

Verschiedenes: 1) Faust-Vortrag Rudolf Hollingers. In: SODVJBI., München, 3/1986, S. 224 2) Dr. Hermann Lein — neuer Generalsekretär der Internationalen Lenau-Gesellschaft. In: SODVJBI., München, 3/1983, S. 236-238; und DSFLBI, 3/1983, S. 125-128; 3) Anekdoten um Vater Galgotzy. In: SODVJBI., München, 3/1987, S. 209-215; 4) Miklós Révay — Begründer der modernen ungarischen Sprachwissenschaft. In: SODVJBI., München, 3/1990, S. 248-250; 5) Bibliographische Wanderung durch Jahrhunderte. Alexander Krischan zum 70. Geburtstag. In: SODVJBI., München, 1/1991, S. 37-39; 6) "70 Jahre Elisabethstädter Kirche/Temeswar." In: Banatica, 4/1989, S. 32-37; 7) Anredeformen im Banat. In: BP vom 15.8.1983; 8) Stefan Jäger. Kurze Biographie des Banater Malers. In: DD vom 6.3.1977, (8.2.1976); 9) Histörchen um den Kaffee. In: DW (NBZ) vom 7.5.1969; 10) Osterbrauch lebt weiter. In: DD, Osterausgabe 1976; 11) Das Glas und seine Geschichte. In: KR vom 12.3.1971; 12) Zwischen Klassik und Volksstück: "Stern ohne Namen" in Erstaufführung In: NBZ vom 4.4.1972; 13) Freunde werden Partner: Laien- und Berufsschauspieler treten gemeinsam auf. In: NBZ vom 15.3.1971; 14) Seit wann Augengläser? In: KR vom 11.5.1972; 15) Laienspieler mit richtigem Stück: Pretz-Aufführung wurde Erfolg. In: NW vom 4.5.1973; 16) Amateure spielen Molière: "Georges Dandin" auf der Bühne von Großsanktnikolaus. In: NBZ vom 8.2.1971; 17) Eine Stimme aus Metall. Vom Erfinder des Saxophons und seinem Instrument. In: NW vom 3.6.1969; 18) Schauspieler zu Gast. In: DW vom 9.4.1964; 19) Ein Theaterbesuch. In: DW vom 5.3.1964; 20) Fünf Jahre Pädagogisches Institut in Temeswar. Studenten entfalten wissenschaftliche Forschungstätigkeit. In. DW vom 14.11.1964; 21) Aufstieg einer Theaterformation. In: DW vom 6.4.1964; 22) Zwei Schulmuseen. In: DW vom 30.3.1968; 23) Neuntklässler spielen Schiller. In: DW vom 5.6.1968; 24) Hat sich viel vorgenommen. Anton Tafferner zum 80. Geburtstag. In: DD, 14.10.1990 (Jg. 40, Nr. 41); 25) Dichterlesung für ein Lebenswerk. Hans Wolfram Hockl in der Pfalz ausgezeichnet. In: DD vom 20.11.1988; 26) Hollinger-Vortrag bei Goethe-Gesellschaft. In: DD vom 11.5.1986, Jg. 36, Nr. 19; 27) Im Dienst von Kirche und Mitmenschen. Dr. theol. Dr. rer. pol. h. c. Adolf Fugel: ein aufrechter Banater. In: DD vom 18.6.1989; 28) Pfarrer Ferdinand Flesch zum goldenen Priesterjubiläum. In: BP vom 5.3.1985, Jg. 30, Nr. 5; 29) Österreichischer Unterrichtsminister mit Adam-Müller-Guttenbrunn-Ring ausgezeichnet. "Das geistige Gewicht des Burgenländers Sinowatz

kommt nicht von ungefähr." In: DD vom 4.12.1977; 30) "Der sonderbare Vogel 'Nimmersatt', welcher eigentlich im Banat Timisoara zu Hause gehöret". Was ein dreibändiges Buch über das Banat, gedruckt 1777 in Leipzig, berichtet. In: DD vom 24.7.1977; 31) Wenn die Vöglein südwärts ziehn... In: NBZ vom 24/Teil 1/und 31.10.1974.
Rezensionen (einige): 1) Grammatik der rumänischen Sprache der Gegenwart. In: SODVJBI., München, 4/1987, S. 349-50; 2) Hans Peter Müller: Michel. In: SODVJBI., München, 1/1988, S. 87; 3) Maria Hornung: Lexikon österreichischer Familiennamen. In: SODVJBI., München, 4/1991, S. 338-339; 4) P. Wiesinger/E. Raffin/G. Voigt: Bibliographie zur Grammatik der deutschen Dialekte 1800-1980. In: DSFLBI. 3/1983, S. 137-138; 5) Nikolaus Berwanger: Steingeflüster: In: Literaricum, Wien, Nr. 1/1985, S. 6; 6) Zoe Dumitrescu-Busulenge: Rumänische Literatur 1944-1980. In: ÖOH, Nr. 2/1988, S. 250-254; 7) Südostdeutsche Wanderer. Zu Kopp, Josef: "Lebens- und Leidensweg der Donauschwaben. Gedichte einer alten und neuen Heimat. "Erschienen im Selbstverlag Josef Kopp, Herweghstraße 10, 78056 VS-Schwenningen, 111 S., In: DD vom 3.9.1989; 8) Hans Wolfram Hockl: Oweds am Brunne. In: BP

Dietrich, Jakob
Theodor Alzinger, Damit dies wüste Land zur Heimat werde. Battert Verlag, Baden-Baden 1990, 105 S.

Diplich, Hans
Werke: 1)Erste Gedichte. Timisoara 1934, 34 S., [Banater Blätter. 1.]; 2) Am Meer. Aufzeichnungen, Timisoara 1936, 35 S., [Banater Blätter. 2.]; 3) Das deutsche Buch im Banat. Rede, Timisoara 1937, 7 S., [Banater Blätter. 4.]; 4) Das deutsche Volkslied im Banat. Timisoara 1938, 32 S., [Banater Blätter. 5.]; 5) [Mit Rober Teiter:] Zur Woche des deutschen Buches im Banat 1938. Timisoara-Temeswar 1938, 35 S., [Banater Blätter. 6.]; 6) Von Volksart und Volksleben der Banater Schwaben. Hermannstadt [1939], 12 S., [Banater Blätter. 10.], [1941], 23 S.; 7) Rumänische Lieder. Timisoara 1940, 39 S., [Banater Blätter. 11.]; 8) Nikolaus Lenau. Eine Rede. Bukarest 1940, 16 S., [Banater Blätter. 19.]; 9) Südöstliche Weisen. Temeschburg 1941, 48 S., [Banater Blätter. 20.]; 10) Stimme aus dem Südosten — Reden und Aufsätze. 1937-1944, Belgrad 1944, [Buchreihe d. Volksgruppenführ. d. jugosl. Banats]; 11) Aus grünen Wäldern weht der Wind. Rumänische Dichtungen übertr. v. —, Arnold u. Hermann Roth, Wien 1941, 123 S.; 12) Aus donauschwäbischem Erbe. Betrachtungen und Bemerkungen, München 1951, 48 S., [Hrsg. v. d. Landsm. d. Ban. Schwaben], 1952, 78 S., [Donauschwäb. Beitr. 3.]; 13) Das Banat — die Porta Orientalis dreimal zerstört. Beitrag zur Geschichte der Tschanad-Temeschwarer Diözese, 1030-1950, München 1952, 20 S., [Donauschwäb. Beitr. 5.]; 14) Rumänische Lieder. Nachdichtungen, München 1953, 80 S., [Veröffentl. d. Südostdeutschen Kulturwerks A/1.]; 15) Konrad Mischung. Ein Vermächtnis in Briefen. München 1954, 27 S., [Donauschw. Beitr. 8.]; 16) Aus donauschwäbischem Erbe. 2. Teil d. Betrachtungen und Bemerkungen, Freilassing 1956, 80 S., [Donauschwäb. Beitr. 16.]; 17) Südöstliche Weisen. Gedichte, München 1960, 130 S., [Veröffentl. d. Südostdeutschen Kulturwerks A/8.]; 18) Heimat in alter und neuer Bedeutung. Aalen 1960; 19) Rumänisch-Deutsche Kulturbeziehungen im Banat und Rumänische Volkslieder (Relatiile culturale romăno-germane în banat si Folclor romănesc), Freiburg/Breisgau 1960, 100 S. [Hektogr.]; 20) Teil. München 1963, 88 S., [Südostdeutsches Kulturwerk A/9.]; 21) Am Prinz Eugen Brunnen. Auswahl donauschwäbischer Sagen und Legenden, München 1964, 134 S., [Südostdeutsches

Kulturwerk A/10.]; 22) Stimmen aus der Puszta. Nachdichtungen ungarischer Lieder, München 1967, 38 S., [Veröffentlichungen des Südostdeutschen Kulturwerks. A/12.]; 23) Die Domkirche in Temeswar. Ein Beitrag zu ihrer Baugeschichte, München 1972, 332 S. + Abb., [Veröffentlichung des Südostdeutschen Kulturwerks. B/28.]; 24) Barocke Formen des Bauernhauses in Südosteuropa. München 1974, 16 S., [Veröffentlichung des Südostdeutschen Kulturwerks. B/31.]; 25) Essay. Beiträge zur Kulturgeschichte der Donauschwaben, Homburg/Saar 1975, 312 S.; 26) Das Bauopfer als dichterisches Motiv in Südosteuropa. München 1976, 48 S., [Veröffentlichung des Südostdeutschen Kulturwerks. A/15.]; 27) Bei den Nachbarn. Nachdichtungen rumänischer Lyrik aus hundert Jahren, Homburg-Saar 1978, 80 S.; 28) Zur fälligen Stunde. Angewandte Gedichte, St. Michael 1982, 98 S.; 29) [Mit Christof Deffert:] Das Staatliche Deutsche Realgymnasium zu Temeswar — Die Deutsche Mittelschule Nr. 2 "Nikolaus Lenau" zu Temeswar. Dokumentationen, St. Michael 1982, 729 S.; 30) Südöstliche Weisen. Gedichte, Auswahl für die Freunde zu meinem 75. Geburtstag, 23.2.1984., [o. O.] 1974, 32 S.; 31) [Mit Franz Hutterer:] Hoch am Himmel steht ein Falke. Liebeslieder übertragen aus dem Serbokroatischen, München 1986, 111 S., [Veröffentlichung des Südostdeutschen Kulturwerks. A/22.]; 32) Lob des Lebens. Hundert Gedichte, Wangen im Allgäu 1987, 116 S.

Herausgeber: 1) Josef Gabriel der Ältere: Gedichte, aus dem Nachlaß ausgewählt u. eingeleitet v. -, Timisoara 1937, 40 S., [Ban. Blätter. 3]; 2) Josef Gebriel der Jüngere: Saatgang. Gedichte, Sibiu 1938, 46 S., [Ban. Blätter. 7.]; 3) Hilda Martini-Striegl: Schwäbischer Garten. Gedichte, ausgewählt u. eingeleitet v. -, Temeschburg 1940, 55 S., [Ban. Blätter. 13.]; 4) Hans Wolfram Hockl: Lieder einer Landschaft. Gedichte, Hermannstadt 1939, 63 S., [Ban. Blätter. 8.]; 5) Hans Wolfram Hockl: Volkstümliche Spiele aus dem Banat. Sibiu-Hermannstadt 1941, 29 S., [Ban. Blätter. 21.]; 6) Nikolaus Hans Hockl: Das deutsche Banat. Seine politisch-geschichtliche Entwicklung und Aufgabe, Temeschburg 1940, 72 S. [Ban. Blätter. 14.]; 7) Nikolaus Hans Hockl: Deutsche Jugenderziehung in Rumänien. Hermannstadt 1940, 74 S., [Ban. Blätter. 15.]; 8) Rudolf Hollinger: Junge Banater Dichtung. Reden und Gedichte einer Feierstunde, Hermannstadt 1940, 61 S., [Ban. Blätter. 9.]; 9) Gedichte. Auswahl v. Barth, Diplich, Erk, Gabriel, Hirsch, H.W.Hockl, Temeschburg 1940, [Ban. Blätter.]; 10) Heinrich Erk: Gedichte. Hermannstadt 1940, 48 S., [Ban. Blätter. 16.]; 11) Heinrich Erk: Szenen. Temeschburg 1940, 72 S., [Ban. Blätter. 17.]; 12) Johannes Schmidt: Rundfunkreden. Belgrad 1941, [Buchreihe d. Volksgruppenführ. d. jugosl. Banats]; 13) Christian Brücker: Geschichte der Stadt Belgrad. Belgrad 1942, [Buchreihe d. Volksgruppenführ. d. jugosl. Banats]; 14) Sepp Janko: Reden und Aufsätze. Mit einem Vorwort v. -, Belgrad 1943, 186 S., [Buchreihe d. Volksgruppenführ. d. jugosl. Banats]; 15) Volkskalender für Heimatvertriebene aus dem Südosten. 1949, München [1948], 191 S.; 16) Volkskalender für Südostdeutsche. 1950, München [1949], 184 S.; 17) Volkskalender für Donauschwaben und Karpatendeutsche. 1951, München [1950], 184 S.; 18) Volkskalender für Donauschwaben und Karpatendeutsche. 1952, München [1951], 152 S.; 19) Noch läuten uns der alten Heimat Glocken. München 1952, 44 S., [Hektogr.]; 20) Volkskalender für Donauschwaben und Karpatendeutsche. 1953, München [1952], 136 S.; 21) Volkskalender für Donauschwaben und Karpatendeutsche. 1955, München-Salzburg [1954], 150 S.; 22) Deutsches Bauernleben im Banat. Hausbuch des Mathias Siebold aus Neubeschenowa, Banat, 1842-1878, München 1957, 72 S., [Veröffentl. d. Südostdeutschen Kulturwerks B/6.]; 23) [Mit H. W. Hockl:] Wir Donauschwaben. Reihe "Heimat im Herzen", Salzburg 1950, VII + 408 S. + 24 Kunstdrucktaf.; 24) [Mit A. Karasek-Langer:] Donauschwäbische Sagen. Märchen und Legenden, München 1952, 112 S., [Donauschwäb. Beiträge

6.]; 26) [Mit N. Engelmann:] Volkskalender für Donauschwaben und Karpatendeutsche. 1954, München-Salzburg [1953], 160 S.; 26) [Mit Karl Waldner:] Die Donaudeutschen an der Saar. Auszug und Heimkehr eines Kolonistenvolkes, Homburg 1962, 159 S.; 27) Franz Griselini: Aus dem Versuch einer politischen und natürlichen Geschichte des Temeswarer Banats in Briefen 1716-1778. München 1969, 56 S. + 12 Tafeln, [Veröffentlichung des Südostdeutschen Kulturwerks, Kleine Reihe. 11.]; 28) Franz Xaver Eckert: Meine Reise nach Ungarn im Jahr 1857. München 1971, 50 S., [Veröffentlichungen des Südostdeutschen Kulturwerks, Kleine Reihe. 13.]; 29) Schwester Patricia B. Zimmermann. Eine Monographie. Vogt 1989, 134 S.; 30) [Mit Martin Kurzhals:] Heimatbuch der Heidegemeinde Großkomlosch im Banat. St. Michael 1983, 340 S.
(Aus: Anton Peter Petri: Biographisches Lexikon des Banater Deutschtums)

Divy, Wilhelm

Als Großvaters Haus noch stand, Liebel Verlag, Bad Waldsee 1987, 194 S.

Dreichlinger, Veronika

Werke: 1) Weg in die Freiheit. Erzählung in 7 Folgen in der Wochenzeitung "Der Donauschwabe", Jahrgang 32, Nr. 31-37/1982; 2) Der Große Luftsprung — wir sind Siebzehn. Erzählung in der Anthologie Ostdeutsche Autorinnen der Gegenwart: Wer verzeiht, kann wieder lachen. Herausgeber: Irma Bornemann, Verlag des Frauenbundes für Recht und Freiheit im BdV e. V./1985; 3) Ionika, Erzählung in 6 Folgen in der Wochenzeitung "Der Donauschwabe", Jahrgang 39, Nr. 2-8/1989; 4) Andere Sitten, Erzählung in 7 Folgen in der Wochenzeitung "Der Donauschwabe", Jahrgang 39, Nr. 51-57/1989; 5) Zwischen 1982 und 1990 hauptsächlich politischer Journalismus und Feuilletons in "Der Donauschwabe", Conrad Theiß Verlag, Aalen. 6) Schritte durch Nebel und Licht — Halbes Dutzend. Kurzgeschichten und Erzählungen, Helios Verlags- und Buchvertriebsgesellschaft, Aachen 1990, 60 S.; 7) Blick zurück in Tills Eulenspiegel. Eine rumänisch-deutsche Vergangenheit, Frieling - Neue Texte, Berlin 1994, 320 S.; 8) Sie und Er. Erzählung, in: Spuren auf meiner Seele — Ärzte schreiben, H. W. Verlag, Dorsten 1994; 9) Schritte in der Nacht. Kurzgeschichte, in: Spuren auf meiner Seele — Ärzte schreiben, H. W. Verlag, Dorsten 1994